新譯孔子家語

羊春秋　注譯
周鳳五　校閱

三民書局

刊印古籍今注新譯叢書緣起

劉振強

人類歷史發展，每至偏執一端，往而不返的關頭，總有一股新興的反本運動繼起，要求回顧過往的源頭，從中汲取新生的創造力量。孔子所謂的述而不作，溫故知新，以及西方文藝復興所強調的再生精神，都體現了創造源頭這股日新不竭的力量。古典之所以重要，古籍之所以不可不讀，正在這層尋本與啟示的意義上。處於現代世界而倡言讀古書，並不是迷信傳統，更不是故步自封；而是當我們愈懂得聆聽來自根源的聲音，我們就愈懂得如何向歷史追問，也就愈能夠清醒正對當世的苦厄。要擴大心量，冥契古今心靈，會通宇宙精神，不能不由學會讀古書這一層根本的工夫做起。

基於這樣的想法，本局自草創以來，即懷著注譯傳統重要典籍的理想，由第一部的四書做起，希望藉由文字障礙的掃除，幫助有心的讀者，打開禁錮於古老話語中的豐沛寶藏。我們工作的原則是「兼取諸家，直注明解」。一方面熔鑄眾說，擇善而從；一方面也力求明白可喻，達到學術普及化的要求。叢書自陸續出刊以來，頗受各界的喜愛，使我們得到很大的鼓勵，也有信心繼續推廣這項工作。隨著海峽兩岸的交流，我們注譯的成員，也由臺灣各大學的教授，擴及大陸各有專長的學者。陣容的充實，使我們有更多的資源，整理更多樣化的古籍。兼採經、史、子、集四部的要典，重拾對通才器識的重視，將是我們進一步工作的目標。

古籍的注譯，固然是一件繁難的工作，但其實也只是整個工作的開端而已，最後的完成與意義的賦予，全賴讀者的閱讀與自得自證。我們期望這項工作能有助於為世界文化的未來匯流，注入一股源頭活水；也希望各界博雅君子不吝指正，讓我們的步伐能夠更堅穩地走下去。

新譯孔子家語 目次

導讀

(一)

《漢書‧藝文志》著錄《孔子家語》二十七卷，顏師古注：「非今所有《家語》。」蓋〈漢志〉所著錄的《家語》，至唐已亡。今本《家語》十卷，共四十四篇，為三國魏王肅所傳，王氏在《孔子家語‧序》中，託言「孔子二十二代孫有孔猛者，家有其先人之書。昔相從學，頃還家，方取已來，與予所論，有若重規疊矩」，欲以說明他所傳的《家語》，確係孔氏之家藏祕本，而非他所偽撰；並以書中所記，作為攻擊鄭玄的根據，與其所作的《聖證論》相表裡，以提高自己的聲價。《三國志‧魏書‧王朗傳》附〈王肅傳〉云：「初，肅善賈（逵）馬（融）之學，而不好鄭（玄）氏。」因「集《聖證論》以譏短玄」，被鄭玄的學生孫叔然「駁而釋之」，由是後人認為今所傳之《家語》，實乃王肅所偽作，用以攻擊鄭氏之學的。本來綴集六經百家之語，用來羽翼孔書，宏揚儒學，歷代多有，如梁武帝的《孔子正言》二十卷，王勃的《次論語》十卷（今皆不傳），楊簡的《先聖大訓》十卷、薛據的《孔子集語》二卷、曹廷棟的《孔子逸語》十卷、孫星衍的《孔子集語》十七卷，都屬於這一類。然此皆博搜群籍，纂輯成書，往往一一注明出處，故或有援稽失實之譏，而絕無託名偽造之嫌。獨王肅所傳的《家語》，假託家藏，疑竇滋多。如今本《家語》四十四篇，其中有故事及言論二百六十餘則。錄自群經的，有《左傳》、《禮記》、

《詩大序》、《尚書大序》；錄自先秦諸子的，有《莊子》、《列子》、《荀子》、《韓非子》、《呂氏春秋》等。錄自漢人著述的，有《淮南子》、《韓詩外傳》、《大戴記》、《史記》、《說苑》、《新序》以至東漢王充的《論衡》等。移錄的形式：一是一字不易，照錄原文，這是絕大多數；二是改成孔子與其弟子及時人相與問答的故事或言論；三是顛倒原著的次序，綴輯其中的要言妙語。這兩項是少數。以王肅的博學多識，在他所作的簡注中，避而不談那些故事與言論的來源，以神其書為孔氏的家藏祕本，並非綴輯古籍而成的。僅就訓詁、名物、義理與鄭玄相齟齬的加以注釋，藉以攻擊鄭氏之失。茲就其移錄《禮記》中的〈儒行〉和〈禮運〉兩篇鄭、王兩家的分歧加以對比，便可以見其眉目了：

(1)訓詁上的分歧

①阻之以兵而不懾（〈儒行〉）：

王肅注：阻，難也，以兵為之難。

鄭玄注：沮，謂恐怖之也。

②不隕穫於貧賤，不充詘於富貴（〈儒行〉）：

王肅注：隕穫，憂悶不安之貌；充詘，踴躍參擾之貌。

鄭玄注：隕穫，困迫失志之貌；充詘，失節之貌。

(2)名物上的分歧

①衣逢掖之衣（〈儒行〉）：

王肅注：深衣之褒大也。

鄭玄注：逢，猶大也，大掖之衣。大袂，襌衣也，此君子有道藝者所衣也。又說：襌衣，袂二尺二寸，袪二寸。深衣，謂連衣裳而純之以采也。

②環堵之室（〈儒行〉）：

王肅注：方丈曰堵，一堵，言其極小也。

鄭玄注：環堵，面一堵也，五版為堵，五堵為雉。

⑶義理上的分歧

①杞之郊也禹（〈禮運〉）：

王肅注：杞，夏后本郊鯀，周公以鯀非令德，故令杞郊禹。

鄭玄注：先祖法令，子孫所當守。

②大夫死宗廟謂之變（〈禮運〉）：

王肅注：大夫有去就之義，未必當死宗廟者。其死宗廟者，權變為也。

鄭玄注：變，當為辨，聲之誤也，君守社稷，臣衛君宗廟者。

我們且不去論鄭氏與王氏的是非，即此數例，亦可以見王肅偽撰《家語》之用心，在於以它作為攻擊鄭氏的工具，則是非常明顯的了。而吳郡黃魯曾不察，在其所作之《孔子家語・後序》中說：「是以孔氏獨多述作，自《魯論》、《齊論》言之，又有《家語》，疑多鯉、伋所記，並門人先後雜附之者，要之，咸孔子之意也。」肯定王肅所傳的《家語》，乃孔鯉、孔伋所記，並孔氏門人先後之所雜附，顯然是失於稽考的。我已把全書四十四篇，其中含小言論、小故事二百六十餘則，除個別的小言論外，一一注明其出處於每章章旨之中，使讀者知其所自來，雖「咸孔子之意」，但絕不是孔鯉、孔伋「所記」，更非孔氏的門人「先後雜附之者」，而是群經、諸子及漢人著述中的「百衲衣」、「綴白裘」，這應該是本書所作的貢獻。

(二)

《孔子家語》綴輯了群經之言、百家之語，不管王肅偽撰之目的如何，客觀上起到了羽翼孔書、宏揚儒學的作用。它通過了具體的言論和故事，從為政以德、修身以禮、待人以恕、辨物以審諸方面，歌頌了孔子的至德、至聖、至仁、至博的品德和修養。

孔子對於為政之道，不但有系統的理論，而且有豐富的實踐經驗。他說：「雖有國之良馬，不以其道服乘之，不可以道里；雖有博地眾民，不以其道治之，不可以致霸王。」而治國之道，在於「內修七教，外行三至」。所謂「七教」，就是「上敬老則下益孝，上尊齒則下益悌，上樂施則下益寬，上親賢則下擇友，上好德則下不隱，上惡貪則下恥爭，上廉讓則下恥節」。所謂「三至」，就是「至禮不讓而天下治，至賞不費而天下士悅，至樂無聲而天下民和」。他還認為「仁者莫大乎愛人，智者莫大乎知賢，賢政者莫大乎官能」（以上並引自〈王言解〉）。說明孔子政治思想的核心，在於「愛人」、「知賢」和「官能」。所以他告訴魯哀公說：「政之急者，莫大乎使民富且壽也。」「省力役，薄賦斂，則民富矣。敦禮教，遠罪疾，則民壽矣。」這就是「愛人」的具體體現。又告訴子路說，賢君治國所先者，「在於尊賢而賤不肖」，但如果「尊賢而不能用，賤不肖而不能去」，那就不免於滅亡（以上均引自〈賢君〉）。這就是「知賢」的主要內涵。又說：「為政在於得人。」「得人」就是要「爵其能，重其祿，同其好惡」，使之能盡心竭智以為國（以上引自〈哀公問政〉）。這就是「官能」的基本要領。孔子的政治思想，雖然是一以貫之的，但他卻能「各因其事」，具體對待，齊君為政，「奢乎臺榭，淫于苑囿，五官伎樂，不解於時」，孔子則告以「政在節財」；魯國的「三桓」，「內比周以愚其君，外距諸侯之賓以蔽其明」，孔子則告之以「政在諭臣」；楚國的政治危機在於「民有離心，莫安其居」，孔子則告之以「政在悅近而來遠」（以上均引自〈辯政〉）。雖然所告不同，但仍然沒有離開他的「愛人」、「知賢」和「官能」的基本政治原則，這也是孔子不易企及的地方。

孔子不但有一套系統的政治理論，而且在政治實踐上，得到了很好的驗證。他在為中都宰時，便推行了一系列行之有效的教化政策，如「長幼異食，強弱異任，男女別塗，路無拾遺，器不雕偽」，使當地的風俗有了很大的改變，「鬻牛馬者不儲價，賣羊豚者不加飾，男女行者別其塗，道不拾遺，男尚忠信，女尚貞順」，「行之一年，而西方之諸侯則焉」。這是「敦禮教，遠罪疾」的「愛人」政治。及其為魯司寇以至攝行相事，既隳了超過規定的三都，以「強公室，弱私家」；又誅了「心逆而險」、「行僻而堅」、「言偽而辯」、「記醜而博」的「姦雄」少正卯，以防其聚徒成黨，談說飾非；還挫敗了「鼓譟劫定公」的陰謀，指出「裔不謀夏，夷不亂華，俘不干盟，兵不偪好」的盟約原則，但卻赦免了父子相訟的當事人，認為「慢令謹誅，賊也；徵斂無時，暴也；不試責成，虐也」（以上引用的是〈相魯〉和〈始誅〉）。仍然是圍繞「為政以德」的政治原則來施政的。

孔子不但自己在政治實踐上是堅持自己的政治原則，而且在評價他的學生及時人的政績時，也是用這把尺來衡量的。子路治蒲，孔子入其境，不斷地對他的政績加以贊揚，子貢懷疑他「未見由之政，而三稱其善」，是偏了心眼，孔子解釋說：「吾見其政矣。入其境，田疇盡易，草萊甚辟，溝洫深治，此其恭敬以信，故其民盡力也。入其邑，牆屋完固，樹木甚茂，此其忠信以寬，故其民不偷也。至其庭，庭甚清閒，諸下用命，此其言明察以斷，故其政不擾也。」（〈辯政〉）這就是用「為政以德」的尺來衡量子路的政績的。因為子路以自己的忠信、寬厚和明察，使其民能盡力，能不苟且，能樂其生、安其居。孔子北遊於農山，要求子路、子貢、顏淵各言其志，顏淵最後表示要「敷其五教，導之以禮樂，使民城郭不修，溝池不越，鑄劍戟以為農器，放牛馬於原藪，室家無離曠之思，千歲無戰鬥之患，則由（子路）無所施其勇，而賜（子貢）無所用其辯矣」。孔子嚴肅地贊揚他說：「美哉德也！」（〈致思〉）還是用「為政以德」這把尺來衡量他們的志趣的。子張問入官，孔子告以「臨之無抗民之惡，勝之無犯民之言，量之無佼民之辭，養之無擾於其時，愛之無寬於刑法，若此，則身安、譽至而民得也」。又說：「故君子蒞民，不臨以高，不導以遠，不責民之所不為，不強民之所不能。」（以上均引自〈入官〉）一切從「愛人」出發，一切以仁厚為本，才能得到人民的擁護和愛戴，這是孔子政治思想的核心，所以孔子一再闡釋它、強調它。所謂「為政以德，譬如北辰，居其所而眾星拱之」（《論語‧為政》）。「古之為政，愛人為大。所以治，愛人」（《禮記‧哀公問》）。正因為孔子在魯，推行了以「愛人」為中心的「德政」，取得了巨大的成績，因而「齊人患其將霸，欲敗其政，乃選好女子八十人，衣以文飾，而舞〈容璣〉，及文馬四十駟，以遺魯君」。季桓子接受了齊國所送的女樂，「君臣荒淫三日，不聽國政」，孔子知其不可與有為，才憤而離開魯國（〈子路初見〉）。這是孔子的不幸，也是魯國的不幸。

修身以禮，是孔子所恪守的。〈儒行解〉中所列舉的自立、容貌、備預、近人情、特立、剛毅、自立、為士、憂思、寬裕、舉賢援能、特立獨行、規為、交友、尊讓等十多種品德，是孔子對一般儒士的要求，自然也是孔子所身體力行的。孔子是聖人，他說：「所謂聖人者，德合於天地，變通無方，窮萬事之終始，協庶品之自然，敷其大道，而遂成情性，明並日月，化行若神，下民不知其德，覩者不識其鄰。」（〈五儀解〉）即無論道德修養、學問器識，都達到了最高的境界，這是孔子衡量聖人的標準，也是孔子所嚴格要求自己的。所以他常說，君子有三患，有五恥，有三恕，有三思。所謂「三患」，即患不得聞，患弗得學，患弗能行。聞道、學道、行道，是君子所追求的三種境界。所謂「五恥」，就是恥有其德而無言，恥有其言而無行，恥既得而復失，恥地有餘而民不足，恥眾寡均而人功倍己（〈好生〉）。恥這恥那，就是要把知和行、學和用有機地結合起來。所謂「三恕」，就是「有君不能事，有臣而求其使，非恕也；有親不能孝，有子而求其報，非恕也；有兄不能敬，有弟而求其順，非恕也」。這就是韓愈所批評的「不以眾人待其身，而以聖人望於人」，顯然是和忠恕之道背道而馳的。所謂「三思」，就是「少而不學」、「老而不教」、「有而不施」（〈三恕〉）。不學，就沒有知識；不教，就沒有培育人才；不施，就不能在窮困時得到別人的援助，所以要很好地反思。因此，他總是用「恭敬忠信」來教育自己的學生。他說：「恭則遠於患，敬則人愛之，忠則和於眾，信則人任之。」（〈賢君〉）有了這四個方面的修養，就能遠患、和眾，得到人們的愛戴和信任，因而有終身之樂。他說：「君子之修行也，其未得之，則樂其意；既得之，又樂其治。是以有終身之樂，無一日之憂。」（〈在厄〉）所以他厄於陳、蔡之間，絕糧七日，而絃歌不絕，甚至把它看作一種鍛鍊，一種幸福。他說：「夫陳、蔡之間，丘之幸也，二三子從丘者皆幸也。吾聞之：君不困，不成王；烈士不困，行不彰。庸知其非激憤勵志之始，於是乎在。」在匡人的包圍中，也泰然處之，彈琴而歌，他說：「不觀高崖，何以知顛墜之患；不臨深泉，何以知沒溺之患；不觀巨海，何以知風波之患。」（以上均見〈困誓〉）真是貧不改樂，窮不改節，正像他所說的那樣：「芝蘭生於深林，不以無人而不芳；君子修道立德，不謂窮困而改節。為之者人也，生死者命也。」（〈在厄〉）這是孔子敦品勵行的梗概。

值得進一步強調指出的，孔子經常把學習和修身聯繫起來，把學習和虛心也聯繫在一起。他認為非學無以進德，不虛心則不容易收到溫故知新之效。他經常教育他的兒子伯魚說：「吾聞可以與人終日不倦者，其唯學焉？其容體不足觀也，其勇力不足憚也，其先祖不足稱也，其族姓不足道也，終而有大名以顯聞四方，流聲後裔者，豈非學之效也？故君子不可以不學。」（〈致思〉）他把「學」放在「容體」、「勇力」、「先祖」、「族姓」之上，是「顯聞四方」、「流聲後裔」的唯一選擇，所以他嚴正地表示：「夫幼而不能強學，老而無以教，吾恥之。」（〈三恕〉）他自己也是以「好學不倦」、「誨人不厭」自豪的。老聃、萇弘、師襄、郯子之徒，其賢不及孔子，而孔子不恥下問，向他們問禮、問樂、學琴、問以鳥名官之故，而且「奉教唯謹」。他說：「吾聞老聃博古知今，通禮樂之原，明道德之歸，則吾師也。」（〈觀周〉）於是「問禮於老聃，訪樂於萇弘」，「學琴於師襄子」（〈辨樂解〉），孔子知道郯子熟悉少昊氏以鳥名官之故，「遂見郯子而學焉」（〈辨物〉）。要真學到一點東西，就要虛懷若谷。所以孔子經常以「謙受益，滿招損」來警惕自己、告誡學生。他在參觀了魯桓公廟的欹器後，喟然歎曰：「夫物惡有滿而不覆哉？」接著便告訴子路以「持滿」之道說：「聰明睿智，守之以愚；功被天下，守之以讓；勇力振世，守之以怯；富有四海，守之以謙，此所謂損之又損之之道也。」（〈三恕〉）他在讀《易》至於〈損〉、〈益〉，也喟然而歎曰：「夫自損者，必有益之；自益者，必有決之。」接著又告訴子夏說：「凡持滿而能久者，未嘗有也。故曰：自賢者，天下之善言不得聞於耳矣。」（〈六本〉）孔子之所以那樣博古通今、博學多聞，應該說是他虛心好學的結果。他不僅虛心學習，而且善於學習。看到東流之水，便悟出「水似乎德」。他說：「其流也則卑下倨邑，必修其理，此似義；浩浩乎無屈盡之期，此似道；流行赴百仞之嵠而不懼，此似勇；至量必平之，此似法；盛而不求概，此似正；綽約微達，此似察；發源必東，此似志；以出以入，萬物就以化絜，此似善化也。水之德有若此，是故君子見必觀焉。」（〈三恕〉）他看到了「君子貴玉而賤珉」，便悟出「君子比德於玉」的道理，認為玉的「溫潤而澤，仁也；縝密以栗，智也；廉而不劌，義也；垂之如墜，禮也；叩之其聲清越而長，其終則詘然樂矣，瑕不掩瑜，瑜不掩瑕，忠也；孚尹旁達，信也；氣如白虹，天也；精神見于山川，地也；珪璋特達，德也；天下莫不貴者，道也」，因而

「君子貴之」（〈問玉〉）。他總結出水的八種品德，玉的十一種屬性，都可以對人的道德修養產生著積極的影響，所以人們「樂水」而「貴玉」，這是他在學習中善於領悟、善於聯想的一些適例。

學以致用，是孔子對學習的目的性的一個明確的要求。他認為自以為了不起的，則天下之善言必不入於耳，因此他在政治實踐中，樂於聽取別人的意見，故他在斷獄處事時，很少有失誤。〈好生〉中記載了他一個斷獄的故事：「孔子為魯司寇，斷獄訟皆進眾議者而問之曰：『子以為奚若，某以為何若？』皆曰云云如是，然後夫子曰：『當從某子，幾是。』」這是何等的審慎，何等的謙虛！所以他主張「凡聽五刑之訟，必原父子之情，立君臣之義以權之；意論輕重之序，慎測淺深之量以別之；悉其聰明，正其忠愛以盡之。大司寇正刑明辟以察獄，獄必三訊焉」（〈刑政〉）。他不但自己以敬慎恐懼的態度對待國家大事，而且也常常是這樣去要求他的學生的。他告訴子貢在「治民」時，要「懍懍焉若持腐索之扞馬」。子貢認為他膽太小了，他說：「夫通達御皆人也，以道導之，則吾畜也；不以道導之，則吾讎也，如之何其無畏也！」（〈致思〉）這是孔子把學習的目的性運用在政治實踐中的具體體現。他不但能虛心接受建設性的意見，而且能夠心平氣和地接受侮辱性的評論，〈困誓〉中說他到鄭國去，與弟子們走失了，孤單單地站在東郭門外，有人把他比作「纍然如喪家之狗」，子貢把這話告訴了他，他不僅沒有生氣，而且欣然歎曰：「形狀末也，如喪家之狗，然乎哉！然乎哉！」說明孔子是何等的豁達大度、寬厚容人，這也是他成為「大成至聖」的原因吧！

孔子的博學多識，與他的學而不倦、溫故知新是密切相關的。他的知識，有來自書本的，有來自生活的，也有來自推理的。如季桓子穿井獲狗，而孔子知其為羵羊。因為他從書本上得知「木石之怪夔蝄蜽，水之怪龍罔象，土之怪羵羊」。吳隳會稽，得到一節能夠裝滿一車的「巨骨」，誰都不知道這是什麼骨頭，而他卻從書上得知：「昔禹致群臣於會稽之山，防風後至，禹殺而戮之，其骨專車焉，此為大矣。」有隼飛到陳侯的宮庭便死了，用石砮做鏃的楛矢貫穿了牠的胸部，那石砮的長度竟有一尺八寸，誰都不知道它的來歷，而孔子卻從書本上得知：「此肅慎氏之矢，昔武王克商，通道於九夷百蠻，使各以其方賄來貢，而無忘職業，於是肅慎氏貢楛矢石砮，其長尺有咫。」（〈辨物〉）說明孔子是博覽群書、博聞強記的。最值得注意的是他注意調查研究，善於從民謠中吸取營養和儲備知識，如楚王渡江，有「大如斗，圓而赤」的東西直觸王舟，楚王「遍問群臣，莫之能識」，而他卻從「之鄭過乎陳」的野外聽到童謠說：「楚王渡江得萍實，大如斗，赤如日，剖而食之甜如蜜。」從而知道它是「萍實」（〈致思〉）。齊有一足之鳥，落在宮殿之前舒翅而跳，齊侯大為怪異，不曉得是什麼東西，而他卻因為過去曾經看到一些兒童「屈其一腳，振訊兩眉」，邊唱邊跳道：「天將大雨，商羊鼓舞。」從而認定牠是「商羊」，且告以將有大雨，結果諸國遭到水災，只有齊國有備無害（〈辯政〉）。而且因為他「少也賤，故多能鄙事，多識於鳥獸草木之名」。如叔孫氏的車夫在野外採薪，獲得一隻像獐而有角的東西，「叔孫以為不祥，棄之於郭外」，使人去問孔子，孔子一看便曉得是一隻名叫「麟」的瑞獸，並且「反袂拭面，涕泣沾衿」而歎息道：「胡為來哉？胡為來哉？」（〈辨物〉）季康子問孔子為什麼「夏之十月，而猶有螽」？這是有關律曆的專門知識，而孔子卻從「火伏而後蟄者畢」的實際生活中，認定是主管律曆的官員漏算了一個閏月（〈辨物〉），說明孔子的知識領域是非常廣闊的。孔子「不語怪力亂神」，他說：「未知生，焉知死？」「未能事人，焉能事鬼？」（《論語・先進》）然而並不是他缺乏這方面的知識，而是他不願意講，不能夠講。如子貢問孔子死者到底「有知」呢？還是「無知」？孔子說：「吾欲言死之有知，將恐孝子順孫妨生以送死；吾欲言死之無知，將恐不孝之子，棄其親而不葬。」（〈致思〉）說明孔子任何時候都沒有忘記他的社會責任和歷史責任，任何問題都要考慮社會效益和風俗得失。宰我向孔子請教什麼叫做「鬼神」？孔子告訴他：「人生有氣有魂。氣者，人之盛也。夫生必死，死必歸土，此謂鬼。魂氣歸天，此謂神。合鬼與神而享之，教之至也。」（〈哀公問政〉）他對鬼神的理解，雖未必合乎科學，但他接著便從社會效益和教育作用出發，指出人們之所以要「事死如事生」，要「春秋祭祀」，是為了告訴人們「反古復始，不敢忘其所由生也」。在這裡我們可以進一步認識孔子的博學多聞，是超越他的時空界限的。

孔子不但有豐富的生活知識，而且有豐富的歷史知識，他曾經「略舉耳目之所及」，對著子貢縱論古今的歷史人物，用極其精簡的語言，科學地概括他們的突出品德，無不恰如其分，恰中肯綮，如以「不克不忌，不念舊怨」，來概括伯夷、叔齊的品行；以「國家有道，其言足以治；無道，其默足以生」，來描繪銅鞮伯華的智慧；以「孝恭慈仁，允德圖義，約貨去怨，輕財不匱」，來評價柳下惠的德性；以「蹈忠而行信，終日言，不在尤之內。國無道處賤不悶，貧而能樂」，來贊美老子的修養。一口氣概述了十幾個歷史人物的為人處世的哲學，外行內美的品性，叫子貢佩服得五體投地（〈弟子行〉）。他曾經如數家珍地回答了宰我關於五帝的歷史，那些「上世之傳，隱微之說，卒采之辯，闇忽之意」，在別人是難言之的，而他卻對黃帝、顓頊、堯、舜和禹的世系、功德，瞭如指掌，使宰我「一日遍聞遠古之說」（〈五帝德〉）。還曾經回答了季康子關於「太皞配木，炎帝配火，黃帝配土，少皞配金，顓頊配水」的意義，原來是「古之王者，易代而改號，取法五行，五行更王，終始相生，亦象其義」（〈五帝〉）。說明孔子是博覽古籍、精通古史的。知古而不知今，是孔子所不取的。所以他不僅博古，而且通今。他對於當時政治的利弊、諸侯的賢否，無不瞭如指掌，正如陳、蔡的大夫所說的那樣：「孔子聖賢，其所刺譏，皆中諸侯之病。」（〈在厄〉）更重要的是他善於從各諸侯的政治得失中，總結一套治國治民的經驗，有的至今仍然有著借鑑的作用。如他說：「舟非水不行，水入舟則沒；君非民不治，民犯上則傾。」（〈六本〉）把「君」和「民」的關係，比作「舟」和「水」的關係，「水」既可以載「舟」，又可以覆「舟」。怎麼協調「舟」和「水」的關係呢？他主張政治要寬猛相濟，張弛結合，不要把弓弦拉得太緊，所謂「張而不弛，文武弗能；弛而不張，文武弗為。一張一弛，文武之道也」（〈觀鄉射〉）。所以他對於刑法的看法是設而不用，防於未然，不是刑罰越殘酷，國家越安定。他說：「聖人之設防，貴其不犯也，制五刑而不用，所以為至治也。」尤其可貴的是他把犯罪的根源，歸結為生活資料的不足，要消滅犯罪的行為，就要有豐富的生活資料。他說：「凡夫之為姦邪竊盜、靡法妄行者，生於不足；不足生於無度；無度則小者偷盜，大者侈靡。」（〈五刑解〉）所以他主張「飲食有量，衣服有節，宮室有度，畜積有數，車器有限，所以防亂之原也」（〈六本〉）。在生產水平比較低下的情況下，消費水平沒有嚴格的限制，是不可能解決生活資料不足的問題的。在獎賞的問題上，他認為應該「當功受賞」，「賞」不當「功」，就是濫賞；「刑」不當「罪」，就是濫刑。濫刑，就是「苛政」，而「苛政」是「猛如虎」的（〈正論解〉）。他之所以辭廩丘而不受，就是因為他的建議，齊君「未之有行，而賜吾邑」，就不是「賞功受賞」（〈六本〉）。他是這樣要求別人，也是這樣要求自己的。特別是他反對用「器與名」來做獎賞，一直為歷代的明君賢相所遵循。他不同意衛孫桓子獎給新築大夫仲叔于奚以曲懸之樂，以報答其出師解圍之恩，因為那是諸侯才有的樂，大夫的家臣是不應該擁有的，「不如多與之邑」，以答其勳。他說：「惟器與名，不可以假人。」「假人，與人政也。政亡，則國家從之，不可止也。」（〈正論解〉）他認為一個國家要想長治久安，除了刑賞得當之外，還要能夠虛心地接受自下而上的批評，使君臣無間，上下相親，以增加國家的凝聚力。他說：「良藥苦於口而利於病，忠言逆於耳而利於行。湯武以諤諤而昌，桀紂以唯唯而亡。君無爭臣，父無爭子，兄無爭弟，士無爭友，無其過者，未之有也。」（〈六本〉）這些都說明孔子是「身在江湖、心存魏闕」的用世之士，他始終把眼光注視著治國治民的問題。他認為秦穆公「國小處僻」而能成為霸主，是因為他「其舉也果，其謀也和，法無私而令不愉」。他告訴宋君使「民無惑」的辦法是「不殺無辜，無釋罪人」（以上均見〈賢君〉）。所謂「法無私而令不愉」，所謂「不殺無辜，無釋罪人」，就是刑賞要得當，法律要公允，不阿其所私，不陵其所怨。

孔子深深地知道一切法令，都要各級官吏來貫徹執行。官吏非其人，一切善政良法都得不到應有的效果。所以他總結了一套選擇人才的經驗，他說：「無取捷捷，無取鉗鉗，無取啍啍。捷捷，貪也；鉗鉗，亂也；啍啍，誕也。」對於各級官吏，首先要求忠實可靠，然後再考慮他的智謀與才能。「不愨而多能，譬之豺狼不可邇」（〈五儀解〉）。也就是說選擇官吏要把品德放在首要的地位，無德而多能，就是害人虐物的豺狼。他還把人分成庸人、士人、君子、賢人和聖人五個層次，並把每個層次的主要特徵，用最精練的語言表述出來，他說：「心不存慎終之規，口不吐訓格之言，不擇賢以託其身，不力行以自定，見小闇大，而不知所務；從物如流，不知其所執。」（〈五儀解〉）這就是「庸人」的特徵。其中最引人注目的一條，就是不知道選擇人才。反之，凡是能夠注意發揮人才的作用的，他便給予很高的評價。他的學生宓子賤治單父，取得了很好的政績，便問他「何施而得之」？宓子賤告訴他所採取的許多措施，他都認為是「小節」、「中節」，還很不夠，及至宓子賤告訴他充分發揮當地五位賢於自己的人的作用時，他才感歎著說：「其大者乃於此乎有矣。昔堯、舜聽天下，務求賢以自輔。夫賢者，百福之宗也，神明之主也，惜乎！不齊（宓子賤）之以所治者小也。」（〈辯政〉）荊公子行年十五而代理荊國的宰相，孔子打發人去了解荊公子是怎麼治理國家的，使者回來告訴他說：「其堂上有五老焉，其廊下有二十壯士焉。」孔子說：「合二十五人之智以治天下，其固免矣，況荊乎？」（〈六本〉）又如史魚以屍諫衛靈公，使之「進蘧伯玉而用之，退彌子瑕而遠之」，孔子贊美他說，歷史上有許多直言敢諫的人，死了也就算了，「未有若史魚死而屍諫，忠感其君者也」（〈困誓〉）。他甚至認為「閨門無別」的衛靈公，是當時最賢的君主，就是因為他對「智足以治千乘」的弟弟渠牟「愛而任之」，對「見賢必進之，而退與分其祿」的林國「賢而尊之」，對「無事則退而容賢」的慶足「悅而敬之」，對大夫史鰌（即史魚）離開了衛國，他便「郊舍三日，琴瑟不御，必待史鰌之入而後敢入」。他還認為齊的鮑叔、鄭的子皮是當時最好的賢臣，比起輔佐齊桓公「九合諸侯，一匡天下」的管仲和被廣大群眾頌揚為「我有子弟，子產誨之；我有田疇，子產殖之」的子產還要賢，就是因為「鮑叔達管仲，子皮達子產」，而管仲和子產卻沒有推薦賢於自己的人才（〈賢君〉）。說明孔子認為薦賢舉能比盡忠竭智還要好。正因為他重視人才的引進，所以他對人才的考察與分析，也特別深刻與具體，從他的弟子到各諸侯國的賢臣，如顏淵、子貢、子路、子羔、子夏、宓不齊，以及管仲、晏嬰、子產、臧文仲、臧武仲、延陵季子等，他都能夠科學地對他們作出權威的評價。他說：「回（顏淵）有君子之道四焉：強於行義，弱於受諫，怵於待祿，慎於治身。」（〈六本〉）又說：「吾死之後，則商也（子夏）日益，賜也（子貢）日損。」因為「商也好與賢己者處，賜也好說不若己者」（〈六本〉）。他對學生的才能、品德和個性都有深刻的了解，宓子賤恐魯君聽信讒言，使之無法推行其政治措施，便故意令君之近史二人「方書輒掣其肘，書不善則從而怒之」，魯君以此來責問孔子，孔子說：宓子賤「君子也，其才任霸王之佐，屈節治單父，將以自試也。意者，以此為諫乎？」說明孔子對他的弟子是深知之的，是深信之的。又如田常將為亂，而憚鮑氏與晏氏，欲移其兵以伐魯，於是孔子會諸弟子而告之曰：「魯父母之國，不可不救，不忍視其受敵，今吾欲屈節於田常以救魯，二三子誰為使？」子路、子張、子石都相繼請往，孔子都沒有同意，只有子貢請往，孔子才欣然同意了。果然子貢一出，很快收到了「亂齊存魯」的效果（〈屈節解〉）。又如子路與子羔都在衛國做官，碰上了「蒯聵之亂」，孔子在魯國聽到了消息後說：「柴也（子羔）其來，由也（子路）死矣。」衛國的使者來了，果然證實了孔子的預見（〈曲禮子夏問〉）。這些都雄辯地說明孔子對自己的弟子是知之也審，信之也專，用之也當的。

孔子不但對自己的弟子了解極深，對當時的賢大夫也非常了解，既肯定他們的優點，又指出他們的不足，給予了他們恰如其分的評價。如肯定管仲是「仁」者，澄清了子路的一些錯誤觀念，即認為管仲曾經遊說襄公，襄公不聽，是「不辯」；想立公子糾為君，而又辦不到，是「不智」；家殘於齊，而無憂色，是「不慈」；戴著鐐銬，坐在囚車裡，卻沒有羞愧之心，是「無醜」；事奉他親手想射殺過的君主，是「不貞」；召忽為公子糾死難，而管仲不死，是「不忠」，難道這還算做「仁人」嗎？孔子都一一作出了很好的解釋，說明管仲的忍羞含辱，而立功名，「未可非也」（〈致思〉）。但他又認為管仲沒有推薦「賢於己者」，就不及鮑叔（〈賢君〉）；認為管仲「鏤簋而朱紘，旅樹而反坫，山節藻梲」，雖不失

為「賢大夫」，「而難為上」（〈曲禮子貢問〉）。他對於子產一向給予了很高的評價，贊美子產「於民為惠主，於學為博物」，願意事之如兄，而加以愛敬（〈辯政〉）；他聽說子產說了「其所善者，吾則行之；其所否者，吾則改之」，而決定不毀鄉校，便明確地表示：「以是觀之，人謂子產不仁，吾不信也。」（〈正論解〉）他贊成子產的「寬以濟猛，猛以濟寬，寬猛相濟，政是以和」的政治思想，聽到子產逝世的消息，便流著眼淚說：「古之遺愛。」（〈正論解〉）但他不滿意子產沒有舉賢任能，而說他的賢是不及子皮的（〈賢君〉）。他對於晏子也是贊不絕口的，他說晏子「於君為忠臣，而行為恭敏」（〈辯政〉）。晏子贈曾參以言道：「夫君子居必擇處，遊必擇方，仕必擇君。擇君所以求仕；擇方所以修道；遷風移俗者，嗜欲移性，可不慎乎？」孔子聽說了，便贊美他說：「晏子之言，君子哉！」（〈六本〉）晏子平時也是這樣來要求自己的，孔子曾經贊美他的言行說：「君雖不量於其身，臣不可以不忠於其君。是故君擇臣而任之，臣亦擇君而事之。有道順命；無道衡命。」這就是晏子的德行（〈弟子行〉），但他卻又認為晏子「祀其先祖，而豚肩不掩豆，一狐裘三十年」，雖不失為賢大夫，是失於儉，是「難為下」，是「下偪上」（〈曲禮子貢問〉）。他認為臧文仲雖然「身歿言立」，但有「不仁者三，不智者三」，即「下展禽，置六關，妾織蒲」，以及「設虛器，縱逆祀，祠海鳥」。臧武仲雖然「身不免於罪」而又「挫銳於邾」，但他預見「齊將有禍，不受其田，以避其難」，所以賢於文仲（〈顏回〉）。這種觀點，他一直堅持著，當冉求說到臧文仲「立言垂法，于今不亡，可謂知禮矣」的時候，他又指出文仲「夏父弗綦逆祀而不止，燔柴於竈」，何能算知禮；臧武仲率師與邾人戰於狐駘，死傷甚多，但其君有詔，罪不在他（〈曲禮子貢問〉）。說明他對於人的褒貶，是非常嚴格的。所謂「一字之褒，榮于華袞；一字之貶，嚴于斧鉞」者，從這裡可以得到很好的印證。以上是從不同的角度和側面，說明孔子為政以德，修身以禮，博學多識，知人善任的品德與才能，的確是「江漢以濯之，秋陽以曝之，杲杲乎不可尚已」。

(三)

孔子雖然拳拳服膺於周禮，處事論人，無不以禮為準繩，合乎禮則褒揚之，違了禮則貶抑之。但他是「聖之時者也」，他並不墨守成規，斤斤於周禮的三尺法，而是能從經達權，從具體情況出發，來處理和評價當時的事物。比如按照禮的要求，子應該堅決服從父親，臣應該無條件地服從君主，後來發展成為「父要子亡，不得不亡；君要臣死，不得不死」的教條，但孔子卻對子貢提出的「子從父命，孝；臣從君命，貞乎」的問題，給予嚴厲的批評道：「鄙哉！賜，汝不識也。」他認為「萬乘之國有爭臣七人，則主無過舉；千乘之國有爭臣五人，則社稷不危也；百乘之家有爭臣三人，則祿位不替；父有爭子，不陷無禮；士有爭友，不行不義。故子從父命，奚詎為孝？臣從君命，奚詎為貞？夫能審其所從之謂孝之謂貞矣」（〈三恕〉）。說明孔子不主張國家只有一個聲音，不主張愚忠愚孝，這在當時是一個卓越而大膽的見解，是對專制主義的一種挑戰，因而是進步的。所以「曾子耘瓜，誤斬其根」，其父曾晳拿著大杖把他打暈在地上，很久不省人事，孔子聽說了，怒而告其門弟子說：「參來勿內。」曾參自以為無罪，孔子數之道：「舜之事瞽瞍，欲使之未嘗不在於側；索而殺之，未嘗可得。小棰則待過，大杖則逃走，故瞽瞍不犯不父之罪，而舜不失烝烝之孝。今參事父，委身以待暴怒，殪而不避，既身死而陷父於不義，其不孝孰大焉？」（〈六本〉）這是孔子反對愚孝的一個適例。陳靈公宣淫於朝，泄冶正諫而被殺，子貢認為他和比干諫而死有著同樣的意義，而孔子卻說：「泄冶之於靈公，位在大夫，無骨肉之親，懷寵不去，仕於亂朝，以區區之一身，欲正一國之淫昏，死而無益，可謂捐矣。」（〈子路初見〉）這是孔子反對愚忠的一個適例。他認為忠臣諫君有五種方法，即譎諫、戇諫、降諫、直諫和風諫，並明確表示他贊成採用依違遠禍的風諫，而不主張採用戇諫和直諫（〈辯政〉），也是反對愚忠的一種表現。又如信守盟約，待人以誠，是孔子歷來所倡導的。但在某些特殊情況下，就要具體問題作具體分析了。如他在往衛國去的途中，被蒲人截住了，孔子在蒲人的要挾下，同意放棄去衛國的企圖，以換取蒲人的撤圍。等到出了重圍，孔子便驅車直奔衛國而去，子貢不以為然地說：「盟可負乎？」孔子說「要我以盟」，本身就是「非義」的，談不上什麼負不負約的問題（〈困誓〉）。這在一般的情況下，自然是棄信背義的，但在武力威脅下所訂的盟約，就沒有必要去忠實地履行這種「非義」的盟約了。這也是通權達變的一種表現。孔子自己這樣做，別人若是這樣做，他也是堅決予以支持的。子服景伯想阻止吳王夫差將與魯哀公去拜見晉侯的打算，便對吳王說：「王合諸侯，則伯率侯牧以見於王；伯合諸侯，則侯率子男以見於伯。今諸侯會，而君與寡君見晉君，則晉成為伯也。」吳人便放棄了與魯君一同拜見晉侯的打算，後來出於別的利益的考慮，又後悔起來，便囚禁了子服景伯，景伯便向吳太宰嚭詐稱：魯將在十月第一個逢辛的日子祭祀上帝與先王，直到最後一個逢辛的日子才結束，我世世代代擔負著籌備祭典的任務，如果不能按時籌備好祭典，那麼我們的祝宗便只好如實地稟告上帝說：「吳實然。」吳人這才放了景伯，子貢亦不以為然說：景伯「以實獲囚，以詐得免」，也太拙於言辭了。孔子卻批評子貢道：「吳子為夷德，可欺而不可以實，是聽者之蔽，非說者之拙也。」（〈辨物〉）這種「嚴夷夏之辨」的觀點，雖然是不可取的，但他能夠辯證地對具體問題進行具體的分析，則是值得我們借鑑的。孔子看問題，往往能夠由表及裡，比一般人深入一層。有的事，表面上看來是好的，是積極的，是值得贊揚的，但從深層次去觀察它，卻是有害的，既無益於己也無益於國的。如子路在蒲，為了防止水災，動員百姓大修溝瀆；為了慰勞百姓，「人與之一簞食，一壺漿」，這在表面上看來，自然是「仁政」，是「德政」，但孔子聽說了，卻使子貢去阻止子路這麼去做，子路憤憤不平地走來質問孔子說：「夫子以仁教而禁其行，由不受也。」孔子告訴他說：「汝以民為餓也，何不白於君，發倉廩以賑之，而私以爾食饋之，是汝明君之無惠，而見己之德美矣。汝速已則可，不則，汝之見罪必矣。」（〈致思〉）這在表面上是好事，實際上則可能因此而獲罪，是無大益於國而有大害於己的。又如「魯國之法，贖人臣妾于諸侯者，皆取金於府」。子貢從別的諸侯國，贖回了一些被鬻為僕妾的人，而拒絕到國庫去領取贖金。這自然是一種廉潔的表現，在通常的情況下，是應該受到表揚的。而孔子卻看到了深層次的隱憂，他說：「夫聖人之舉事也，可以移風易俗，而教導可以施之於百姓，非獨適身之行也。」如今子貢不接受贖金，是以接受贖金為不廉，那麼自今以後，誰還會去「贖人於諸侯」呢（〈致思〉）？子貢這種自以為可以倡廉的「適身之行」，不但沒有起到「移風易俗」的作用，反而給「贖人臣妾」造成了新的困難，因而是不可取的。什麼樣的行為可以「移風易俗」，可以把教導「施之於百姓」呢？大的如愛國的思想，小的如修身的問題。如齊師侵魯，公叔務人與其鄰童汪錡「乘往奔敵」，英勇犧牲，孔子認為「能執干戈以衛社稷」，就是應該用成人之禮來安葬汪錡，以鼓勵人們去抵抗強敵、保衛祖國（〈曲禮子貢問〉）！榮聲期鹿裘帶索，過著十分貧窮的生活，但他卻「瑟瑟而歌」，孔子問他為什麼這樣快樂，他說：「吾樂甚多，而至者三：天生萬物，唯人為貴。吾既得為人，是一樂也；男女之別，男尊女卑，故人以男為貴。吾既得為男，是二樂也；人生有不見日月，不免襁褓者，吾既以行年九十五矣，是三樂也。貧者士之常，死者人之終，處常得終，尚何憂哉？」孔子贊美他說：「善哉！能自寬者也。」（〈六本〉）這種憂樂觀，使人能夠貧而無憂，賤而常樂，是君子「固窮」的表現，是社會安定的一種必要的心理素質，所以孔子表揚他。還有一種較高的自我修養的境界，是孔子要求他的侄兒孔蔑的，那就是「知而弗為，莫如勿知；親而弗信，莫如勿親。樂之方至，樂而勿驕；患之將至，思而勿憂」。而且要「攻其所不能，補其所不備，毋以其所不能疑人，毋以其所能驕人」（〈子路初見〉）。這些話的核心就是要把「知」和「行」統一起來，要把「行己」和「待人」放在同等重要的位置，要善於辯證地看待歡樂和憂患的關係。這些就是孔子在人類社會的發展史上，猶之於「麒麟之於走獸，鳳凰之於飛鳥」一樣的出類拔萃。我不是說孔子沒有歷史的局限性，如他反對趙簡子把范宣子所為的《刑書》鑄在刑鼎上，認為晉國只能遵守「唐叔之所受法度，以經緯其民」，「今棄此度也，而為刑鼎」，便「何以尊貴?」「何以為國?」是一種衰亡的徵兆（〈正論解〉）。這就是抱住周代的禮制，作為抵制改革的依據。又如季康子根據社會的發展情況，改革過去的賦制，而他卻加以反對，死死扣住「先王制土，藉田以力，而底其遠近；賦里以入，而量其無有；任力以夫，而議其老幼」，「若以行之而取法，則有周公之典在。若欲犯法，則苟行之，又何訪焉」（〈正論解〉）。也是把「周公之典」，看作「天不變，道亦不變」的永恆真理，自然也是保守的。

羊春秋

一九九六年四月於湘潭大學之迎旭軒

卷一

相魯第一

【題解】歷敘孔子為中都宰、魯司空、大司寇至攝行相事的政治措施與應變能力。經過他不斷的努力，終於政化大行，邦國大定。內則道不拾遺，公室日強；外則與強齊修好訂盟，使之歸還所侵魯之四邑及汶上之田。歌頌了孔子「以禮治國」所取得的巨大成績。此雜採《荀子・儒效》及《史記・孔子世家》而成。

孔子初仕為中都❶宰，制為養生送死之節❷，長幼異食❸，強弱異任❹，男女別塗❺，路無拾遺，器不雕偽❻。為四寸之棺，五寸之槨❼，因丘陵為墳，不封不樹❽。行之一年，而西方之諸侯則焉❾。定公謂孔子曰：「學子此法，以治魯國，何如？」孔子對曰：「雖天下可乎，何但魯國而已哉！」於是二年，定公以為司空❿。乃別五土之性⓫，而物各得其所生之宜，咸得厥所⓬。先時，季氏⓭葬昭公⓮于墓道之南，孔子溝而合諸墓焉。謂季桓子⓯曰：「貶君以彰己罪，非禮也。今合之，所以揜夫子之不臣⑯。」由司空為魯大司寇⑰，設法而不用，無姦民。

【章旨】言孔子為中都宰，為魯司空，均能以禮治國，移風易俗，節用愛民，使生產得以發展，權臣受到抑制。及為大司寇，政化大行，國無姦民，雖設有法令而不須用。

【注釋】❶中都　魯國邑名。在今山東省汶上縣西。孔子為中都宰，在定公九年（西元前五〇一年），時已五十歲。❷節　禮節；禮儀。《論語・微子》：「長幼之節，不可廢也。」❸長幼異食　分別老少，給予不同的飲食。《禮記・鄉飲酒》：「六十，三豆；七十，四豆；八十，五豆；九十，六豆，所以明養老也。」豆，古代盛食物的器皿。《禮記・王制》：「五十異粻，六十宿肉，七十貳膳，八十常珍。」粻，米糧。貳膳，吃的食品常有儲副，不使缺乏。❹強弱異任　按照體力的強弱，擔負不同的勞動。《禮記・王制》：「五十不從力政，六十不與服戎，七十不與賓客之事，八十齊喪之事弗及也。」齊，「齋」之借字。指祭祀前整潔身心，以示虔敬。❺塗　「途」的異體字。即道路。❻器不雕偽　器皿上不雕刻圖形，不弄虛作假。《禮記・哀公問》：「器不刻鏤，食不貳味，以與民同樂，昔之君子行禮者如此。」《左傳・哀公元年》：「昔闔廬食不貳味，居不重席，室不崇壇，器不雕鏤，宮室不觀，舟車不飾。」都是節儉樸質的表現。❼四寸之棺二句　表示既要節葬，又不欲其速朽。《墨子・節葬下》：「棺三寸，不以朽體。」《禮記・檀弓上》：「有子曰：夫子制于中都，四寸之棺，五寸之槨，以斯知不欲速朽也。」槨，即套在外面的棺材。❽不封不樹　不壘高墳，不栽松柏。《易・繫辭下》：「古之葬者，厚衣之以薪，葬之中野，不封不樹，喪期無數。」❾西方之諸侯則焉　地處魯國以西的諸侯國，都以它為榜樣。西方，《史記・孔子世家》作「四方」。❿司空　官名。六卿之一。主管建築、交通及水土事宜。⓫五土之性　五種不同土壤的性質。舊注五土為山林、川澤、丘陵、墳衍、原隰。《禮記・月令》：「善相丘陵、坂險、原隰，土地所宜，五穀所植。」《周禮・地官・司徒》：「以土宜之法，辨十有二種之名物。」《尚書・禹貢》亦分天下之田為九等。按不同性質的土壤，種植不同性質的作物。⓬厥所　其所。⓭季氏　春秋時魯桓公的兒子季友的後裔。又叫季孫氏。自文公以後，季孫行父、季孫宿等世專國政，權力完全落在他們的手中。昭公不能堪，乃於二十八年（西元前五一五年）興兵伐之，被季平子所敗，趕出國外，死在乾侯。乾侯，當時屬晉國。在今河北省磁縣境內。⓮昭公　名裯。繼襄公而立，年十九，猶有童心。在位二十八年，出亡於晉四年。《左傳・定公元年》：「季孫役於闞，公氏將溝焉。」注云：「闞，魯群公墓所在地。季孫惡昭公，欲溝絕其兆域，不使與先君同。」

闞，春秋時魯邑名。在今山東省汶上縣西南。⓯季桓子　季平子的兒子。魯國的大夫。⓰所以揜夫子之不臣　用來掩蓋令尊失去為臣之禮。揜，通「掩」。掩蓋：遮蓋。不臣，失去為臣之禮。《左傳．昭公三十一年》：「若召季孫而不來，則信不臣矣。」⓱司寇　官名。六卿之一，主管刑獄。春秋時諸侯國都設有此官。

【語譯】孔丘第一次出山，做了中都的地方長官，並制定了養生送死的禮節。分別尊卑長幼，享有不同的食品；按照體力強弱，擔任不同的勞作。男女分開走路，丟失在路上的東西，沒有人撿到自己的腰包裡去。市集上出賣的器皿，沒有雕飾華麗或弄虛作假的。喪葬規定用四寸厚的內棺，五寸厚的外棺，依著丘陵，砌成墳墓，不壘很高的墳，不栽什麼松柏。這麼做了一年，位於魯國西面的國家，都以它為榜樣。魯定公對孔子說：「仿效您的辦法來治理魯國，怎麼樣？」孔子回答說：「即使拿它來治理天下也可以，何止魯國而已。」於是第二年，定公便讓孔子做了司空。孔子分別各種土壤的性質，栽種各種適宜生長的作物，無不各得其所。

先前，季氏把魯昭公埋在魯國群公的墓道南面，以貶低他的地位。孔子把他的墳塋溝通起來，以與魯群公墓合在一起。並對季桓子說：「貶低君主以彰揚自己的過失，是違禮的。現在把他的墓和群公的合在一起，正是為了掩蓋令尊失去為臣之禮。」後來孔子又由魯司空轉為大司寇，制定了許多的法令，但並沒有施行，因為魯國已經沒有作奸犯科的人了。

定公與齊侯❶會于夾谷❷，孔子攝相事❸。曰：「臣聞有文事者必有武備，有武事者必有文備❹。古者諸侯並出疆❺，必具官❻以從。請具左右司馬❼。」定公從之。至會所，為壇位❽，土階三等。以遇禮❾相見，揖讓❿而登，獻酢既畢⓫。齊使萊人⓬以兵鼓譟⓭劫定公。孔子歷階⓮而進，以公退，曰：「士以兵之⓯。吾兩君為好⑯，裔夷之俘⑰，敢以兵亂之，非齊君所以命諸侯也。裔不謀夏，夷不亂華⑱，俘不干盟，兵不偪好⑲。於神為不祥，於德為僭義⑳，於人為失禮。君必不然。」齊侯心怍㉑，麾而避之。有頃㉒，齊奏宮中之樂，俳優侏儒㉓戲於前。孔子趨進㉔，歷階而上，不盡一等，曰：「匹夫熒侮㉕諸侯者，罪應誅。請右司馬速刑焉。」於是斬侏儒，手足異處。齊侯懼，有慚色。將盟，齊人加載書㉖曰：「齊師出境，而不以兵車三百乘從我者，有如此盟。」孔子使茲無還㉗對曰：「而不返我汶陽之田㉘，吾以供命㉙者，亦如之。」齊侯將設享禮㉚。孔子謂梁丘據㉛曰：「齊魯之故㉜，吾子何不聞焉？事既成矣，而又享之，是勤執事㉝。且犧象㉞不出門，嘉樂不野合㉟。享而既具，是棄禮；若其不具，是用粃稗㊱。用粃稗君辱，棄禮名惡㊲。子盍圖之㊳？夫享所以昭德㊴也；不昭，不如其已。」乃不果享。齊侯歸，責其群臣曰：「魯以君子道輔其君，而子獨以夷狄道教寡人㊵，使得罪。」於是乃歸所侵魯之四邑及汶陽之田㊶。

【章　旨】言孔子陪同魯定公與齊景公會於夾谷，齊人玩弄種種陰謀，企圖侮嫚定公，干擾盟會。先使萊人鼓譟以劫定公，繼使俳優侏儒戲侮於前，後又要求魯國在齊師出境時，以兵車三百乘從之。孔子皆針鋒相對，據理力爭，終於不辱君命，迫使齊侯歸還魯的土地。此章分別見於《公羊・定公十年》、《穀梁・定公十年》。

【注　釋】❶齊侯　據《史記・孔子世家》，乃齊景公。他在位時，讓田氏市德於民，得齊民心。晏嬰諫，弗聽。景公死，政歸田氏。見《史記・田敬仲世家》。❷夾谷　地名。據顧炎武《日知錄・三一・夾谷》：「山東淄川（今淄博市）有夾谷山，舊名祝其山；又萊蕪縣有夾谷，齊魯相會，當在此地。」今按本篇有「齊使萊人以兵鼓譟劫定公」語，萊，姜姓諸侯國，後為齊靈公所滅，今山東省黃縣有萊子城，係萊的故城。亦可證夾谷當在山東，不當如《史記集解》引司馬彪所說的遠在春秋時屬於莒地的贛榆（今江蘇省贛榆縣）。❸攝相事　代理國相的職務。攝，代理；暫代。《禮記・文王世子》：「周公攝政。」即周公代理成王處理國事。❹有文事者必有武備二句　言用和平手段解決國與國之間的糾紛，一定要有武力做後盾；用戰爭手段解決國與國之間的矛盾，一定要做好和平解決的思想準備。語出《穀梁傳・襄公二十五年》：「古者雖有文事，必有武備。」❺出疆　離開國境，越出國界，前往他國。《禮記・曲禮下》：「大夫私行，出疆必請，返必有獻。」❻具官　配備應有的官員。❼左右司馬　官名。掌管軍事。❽壇位　除地為壇，設席於上，表示隆重的禮節。❾遇禮　會遇之禮。❿揖讓　賓主相見的禮儀。⓫獻酢既畢　賓主互相敬完了酒。《詩・大雅・行葦》：「或獻或酢。」鄭箋：「進酒於客曰獻，客答之曰酢。」⓬萊人　殷周時的姜姓諸侯國。在齊的東部。今山東省黃縣有萊子城，當為其故地。⓭以兵鼓譟　手裡拿著兵器，擂著鼓，叫喊著。譟，同「噪」。擂鼓曰譟。⓮歷階　登上階級。《禮記・檀弓下》：「歷階而升。」⓯士以兵之　戰士可以拿著兵器去殺死他們。兵，動詞。作「殺」講。《左傳・定公十年》作「士兵之」。⓰為好　結好；結盟；結為友好國家。⓱裔夷之俘　此指萊人。因為萊的故國，在齊的東部邊境，又為齊靈公所滅。裔，邊境。夷，《禮記・王制》：「東方曰夷。」俘，俘獲的人。⓲裔不謀夏二句　邊鄙的人不應該干預中原的事務，東夷的人不應該擾亂華夏的盟約。《左傳・定公十年》「裔不謀夏」二語疏云：「中國有禮儀之大，故稱夏。有服章之美，謂之華。華、夏，一也。」⓳俘不干盟二句　被俘的不當干預盟約，當兵的不應威偪友邦。⓴於德為僁義　從道方面來說是違反禮義的。僁，同「愆」。《左傳・定公十年》作「於德為愆義」。㉑心怍　內心感到慚愧。怍，羞愧。《論語・憲問》：「其言之不怍，則為之也難。」㉒有頃　不久；過了一會兒。㉓俳優侏儒　表演歌舞雜伎的藝人。《荀子・王霸》：「俳優、侏儒、婦女之請謁以悖之。」㉔趨進　疾走而前；迅速走向前去。趨，疾走；迅跑。㉕熒侮　炫惑侮嫚。《史記・孔子世家》作「熒惑」。蠱惑、迷惑的意思。㉖載書　會盟時所訂的條約。《孟子・告子下》：「葵丘之會，諸侯束牲載書而不歃血。」注云：「載書，盟書。」㉗茲無還　魯國的大夫。㉘返我汶陽之田退回侵占我們汶陽的田地。汶陽，魯國的屬地。《左傳．僖公元年》：「僖公賜季友汶陽之田。」〈定公十年〉：「齊人來歸鄆、讙、龜、陰四邑及汶陽之田。」疏云：「（定公）八年，陽虎入於讙陽關以叛，九年伐讙陽關，陽虎奔齊。其時，虎以讙去，鄆與龜、陰亦從之，皆為齊所取。」這一賜一歸，說明四邑及汶陽之田的歸屬及其侵占的經過。㉙供命　言如果魯以兵車三百乘從齊之命，那麼齊就應該歸還侵占魯汶陽之田，才是平等互惠的。供命，《左傳．定公十年》作「共命」。㉚享禮　宴會。《左傳．成公十二年》：「享以訓共（恭）儉，宴以示慈惠。」㉛梁丘據　齊大夫。㉜齊魯之故　齊魯過去的典章制度、文化傳統。㉝執事　官員。供役使的人。《左傳．僖公二十六年》：「使下臣犒執事。」㉞犧象　犧尊和象尊。尊，酒器。形似牛的叫犧尊，形似象的叫象尊。㉟嘉樂不野合　饗燕的音樂不應當在野外合奏。嘉樂，古時饗燕正禮。應當設在宗廟或宮廷，不得違禮而行於野。㊱秕稗　比喻瑣碎而毫無價值。秕，空殼的穀。稗，似穀的草。㊲棄禮名惡　拋棄禮義，便要背上惡名。㊳子盍圖之　先生何不仔細考慮它呢。子，男子之美稱。這裡作「先生」講。盍，「何不」兩字的合音。圖，考慮；籌畫。㊴昭德　顯示德政；表現出一種好的政治道德。㊵寡人　寡德之人。古代王侯的自謙之辭。這是齊侯的自稱。㊶乃歸所侵魯之四邑及汶陽之田　於是歸還了侵占魯國的四邑及汶陽的田地。《史記．孔子世家》作「於是齊侯乃歸所侵魯之鄆、讙、汶陽、龜陰之田以謝過」。《索隱》說：「鄆、讙及龜陰之田，則三田皆在汶陽也。」《正義》說：「鄆，今鄆州鄆城縣，在兗州龔丘縣東北五十四里。故謝城在龔丘縣東七十里。齊歸侵魯龜陰之田以謝魯，魯築城於此，以旌孔子之功，因名謝城。」按鄆，在今山東省鄆城縣東。龜陰，在今山東省東汶市一帶。汶陽，在今山東泰安西南一帶。讙，不詳。皆春秋時魯邑。

【語　譯】魯定公與齊景公在夾谷舉行盟會，孔子代理國相。他對定公說：「我聽說用和平手段來解決國與國之間的爭端，一定要有武力作後盾；用戰爭手段來解決國與國之間的糾紛，也一定要有和平解決的思想準備。古代的諸侯同時離開國境，一定要配備應有的官員作為隨從，讓我們配備左右司馬吧。」定公接受了他的建議。到了盟會的地方，除土為壇，上設席位，用土壘成三級的階梯，以諸侯會遇的禮節與齊侯會了面，賓主互相揖讓著登上壇來，又互相敬完了酒。齊方暗地裡嗾使萊人手執兵器，鼓譟喧呼，想要劫持定公。孔子登上階梯，走向前去，扶著定公退下壇來，對魯國的衛士說：「你們可以拿起兵器殺了他們。我們兩國的君主結盟，邊遠的東夷，戰敗的俘虜，竟敢稱兵鬧事，以破壞兩國的友誼，這不是齊君所以對待別國諸侯的道理。邊遠的人不應該參與中夏的政事，東夷之屬不應該干擾華夏的活動，俘虜不得干預盟約，兵士不得威偪友邦。

從神道來說是不祥的，從道德來說是違義的，從人際關係來說是失禮的。齊君一定不會這麼做的。」齊侯內心感到很慚愧，揮著手讓萊人退避下去。不久，齊人演奏起宮中的音樂，表演歌舞雜伎的藝人們嬉戲於前。孔子趕快跑上前去，登階而上，還有一個階梯來不及登，便說：「平頭百姓熒惑侮嫚諸侯的，論罪當殺，讓左右司馬趕快行刑吧。」於是斬殺了雜伎藝人，使之手腳分散在不同的地方。齊侯緊張起來，臉上露出羞愧的顏色。將要正式訂盟的時候，齊人又在盟約上加上一條說：「齊師離開國境，如果不派出兵車三百乘跟著我去征戰的，就要像盟約中所約束的那樣。」孔子使魯大夫茲無還回答說：「如果不歸還侵占我們的汶陽之田，而要我遵照出兵之命的，也一樣要受到盟約的制裁。」齊侯準備要宴會定公，孔子對齊大夫梁丘據說：「齊魯兩國的傳統制度，先生難道沒有聽說過嗎？盟約已經訂好了，如果又要設宴來招待我們，這不是太麻煩你們的官員麼！而且牛形或象形的酒器，是用來祀神和宴賓的，不應當拿到野外來，宴賓的音樂，也不應該到野外來合奏。宴會上如果配齊了這些東西，那就是丟掉了先王之禮；如果不配備這些東西，那就絲毫價值也沒有。沒有絲毫價值，我君會感到羞辱，丟棄先王的禮節，您齊侯會背上惡名。您何不仔細地考慮考慮？說到宴會，那是顯示一種政治道德和政治風度的；如果顯示不出來，還不如作罷的好。」終於沒有設宴來招待定公。齊侯回到國內，責怪他的群臣百官說：「魯人拿君子的道義去輔佐他的君主，而你們卻使用夷狄的辦法來教唬我，使我犯了不少的過失。」於是便歸還了過去侵占的魯國四邑以及汶陽的田地。

孔子言於定公曰：「家不藏甲❶，邑無百雉❷之城，古之制也。今三家過制❸，請皆損之❹。」乃使季氏宰仲由隳三都❺。叔孫不得意❻於季氏，因費宰公山弗擾❼率費人以襲魯。孔子以公❽與季孫、叔孫、孟孫，入于費氏之宮，登武子之臺❾，費人攻之，及臺側。孔子命申句須、樂頎❿勒士眾⓫下伐之，費人北⓬，遂隳三都之城⓭。強公室⓮，弱私家⓯，尊君卑臣，政化大行⓰。

【章　旨】言孔子採取強硬措施，堅決摧毀不合古制的叔孫氏的郈、季孫氏的費、孟孫氏的郕，以加強公室的權力，削弱大夫的勢力。

【注　釋】❶家不藏甲　卿大夫的采邑不當藏有鎧甲等武器。家，卿大夫的采邑或食邑。《周禮・夏官》：「家司馬各使其臣。」注：「家，卿大夫采地。」❷百雉　長和高各三百丈的城邑。高丈長丈曰堵，三堵曰雉。《左傳・隱公元年》：「都城過百雉，國之害也。」❸三家過制　三家的都邑都超過了古代的規定。三家，指魯國的權臣季孫氏、叔孫氏和孟孫氏。季孫氏，魯上卿。詳見〈相魯第一〉「季氏」注。叔孫氏，魯桓公之子叔牙之後，世為魯卿。孟孫氏，魯桓公之子慶父之後，世為魯下卿。❹損之　削弱它；減小它。❺使季氏宰仲由隳三都　派遣季氏的家臣子路去摧毀三座都邑。仲由，即子路。孔子弟子，性伉直，好勇力，曾經做過季孫氏的家臣。見《史記・仲尼弟子列傳》。三都，指季孫氏的費（今山東省費縣境）、叔孫氏的郈（今山東省東平縣東南）、孟孫氏的郕（今山東省寧陽縣東北）。❻不得意　不得志；不能如願以償而感到不滿。❼公山弗擾　費邑的地方長官。曾與陽父共執季桓子，而召孔子。《左傳・定公十二年》、《史記・孔子世家》均作「公山不狃」。❽以公　與定公一起。❾武子之臺　季武子的臺觀。季武子乃季文子之子，季平子之父。曾力主立昭公。死於昭公七年（西元前五三五年）。見《史記・魯周公世家》。❿申句須樂頎　皆魯國的大夫。⓫勒士眾　統帥士兵；部署軍隊。⓬費人北　費人被打得大敗。北，敗北；潰敗。⓭隳三都之城　《左傳・定公十二年》、《史記・孔子世家》均言：「將隳成，公斂處父（成邑之宰）謂孟孫曰：『隳成，齊人必至於北門。且成，孟氏之保障，無成，是無孟氏也。（子偽為不知，）我將弗隳。』十二月，公圍成，弗克。」可見當時只隳了費和郈，並未能隳成。⓮公室　指春秋時代諸侯國的政權。《左傳・襄公十一年》：「三分公室，而各有其一。」⓯私家　指大夫以下的家族。《禮記・禮運》：「冕弁兵革，藏於私家，非禮也。」這條規定，就是為了限制和削弱私家的勢力。⓰政化大行　政治與教化得到普遍的施行。

【語　譯】孔子對定公說：「卿大夫的采邑不應該藏有武器，都邑的高和長，不應該超過三百丈，這是古代的制度。如今季孫、叔孫、孟孫的都邑都超過了規定，讓我們都把它減小一點吧。」於是打發季氏的家臣子路去摧毀三家的都邑。叔孫氏跟季孫氏有矛盾，便倚仗費邑的地方長官公山弗擾的力量，統帶費邑的人來襲擊魯國。孔子與定公一道跟季孫、叔孫、孟孫進入費氏的宮室，登上季武子的臺觀。費人進攻他們，一直攻到了季武子臺觀的一側。孔子派遣大夫申句須、樂頎，統帥部隊去討伐他，費人被打得大敗，於是摧毀了三家的都城，使得諸侯的政權逐漸強大，大夫的勢力受到削弱，君權日尊而臣位日卑，孔子的政治與教化在魯國得到了普遍的推廣與施行。

初❶，魯之販羊有沈猶氏❷者，常朝飲其羊❸以詐市人；有公慎氏者，妻淫不制；有慎潰氏，奢侈踰法。魯之鬻六畜者，飾之以儲價❹。及孔子之為政也，則沈猶氏不敢朝飲其羊，公慎氏出其妻❺，慎潰氏越境而徙❻。三月，則鬻牛馬者不儲價，賣羊豚者不加飾，男女行者別其塗，道不拾遺，男尚忠信❼，女尚貞順❽，四方客至於邑，不求有司❾，皆如歸焉❿。

【章　旨】列舉沈猶氏、公慎氏、慎潰氏前後行為的對比，說明孔子執政後的魯國風氣，有著鮮明的好轉，以進一步推崇孔子以禮治國、移風易俗的偉大功績。此章亦見《新序・雜事一》。

【注　釋】❶初　從前；過去。❷沈猶氏　與下文「公慎氏」及「慎潰氏」皆魯之社會蛀蟲。❸朝飲其羊　早上拿水把羊灌得飽飽的。❹儲價　等待高價。❺出其妻　休了他的妻子，把妻子給遺棄了。❻越境而徙　逃離了國境，遷徙到別的地方。❼男尚忠信　男子以盡忠守信為習尚。❽女尚貞順　女子以堅貞和順為高貴。❾有司　官吏。古代設官分職，凡事各有專司，故稱有司。《尚書・大禹謨》：「好生之德，洽於民心，茲用不犯於有司。」❿皆如歸焉　都像回到家裡一樣。

【語　譯】從前，魯國有個叫做沈猶氏的羊販子，常常在早上用水把羊灌得飽飽的，以增加羊的重量，來詐騙市民。有個叫做公慎氏的人，聽任他的妻子淫亂，不加制止。有個叫做慎潰氏的，十分奢侈，超過了法令的規定。魯國那些出賣六畜的，往往把牠們修整打扮起來，以等待高價。到了孔子執政的時候，那個沈猶氏不敢再在早上給羊灌水了，公慎氏把老婆給休了，慎潰氏也逃離了國境，遷徙到別處去了。又過了三個月，賣牛馬的不等待高價了，賣羊豬的不再弄虛作假了，男的女的各自走各的路，道路上丟失的東西都沒有人撿了。男的以盡忠守信為高，女的以堅貞和順為貴。四面八方的客人到了魯國的都邑，不用去找那裡的官吏來解決他們的生活所需，都像回到了自己的家裡一樣。

始誅第二

【題解】孔子代理國相的職務，只有七天，便殺了魯國的名人少正卯，卻赦免了訟父的逆子。子貢和季氏都提出了意見，認為是孔子的失誤。孔子以極大的說服力，闡明其可殺可赦的道理，表現了孔子的法治與教化相結合的為政思想。此採自《荀子・宥坐》。

孔子為魯司寇，攝行相事，有喜色。仲由問曰：「由聞君子禍至不懼，福至不喜。今夫子得位而喜，何也？」孔子曰：「然❶，有是言也。不曰，樂以貴下人❷乎？」於是朝政七日，而誅亂政大夫少正卯❸。戮之于兩觀❹之下，屍於朝❺三日。子貢進曰：「夫少正卯，魯之聞人❻也。今夫子為政而始誅之❼，或者為失乎？」孔子曰：「居❽，吾語汝以其故❾。天下有大惡者五，而竊盜不與❿焉。一曰心逆而險⓫，二曰行僻而堅⓬，三曰言偽而辯⓭，四曰記醜而博⓮，五曰順非而澤⓯。此五者，有一於人⓰，則不免君子之誅⓱。而少正卯皆兼有之。其居處足以撮徒成黨⓲，其談說足以飾褒榮眾⓳，其強禦足以反是獨立⓴，此乃人之姦雄㉑者也，不可以不除㉒。夫殷湯誅尹諧㉓，文王誅潘正㉔，周公誅管蔡㉕，太公誅華士㉖，管仲誅付乙㉗，子產誅史何㉘，是此七子㉙皆異世而同誅者，以七子異世而同惡㉚，故不可赦也。《詩》云：『憂心悄悄，慍于群小㉛。』小人成群，斯足憂矣。」

【章旨】言少正卯是人間的姦雄，兼有心逆而險、行僻而堅、言偽而辯、記醜而博、順非而澤五大罪惡，所以非殺不可。

【注釋】❶然 是；是這樣的。《論語・憲問》：「子曰：其然，豈其然乎？」❷樂以貴下人 喜歡身處富貴之中，而能對人謙虛恭下。下人，能以謙下待人。《易・繫辭上》：「語人以其功下人也。」《左傳・宣公十二年》：「其君能下人。」言其能以功下人能以貴下人。《史記・孔子世家》作「樂其以貴下人」。❸少正卯 春秋時魯國的大夫。孔子攝行相事，以「心逆而險、行僻而堅、言偽而辯、託醜而博、順非而澤」的罪名把他殺了。但王充《論衡・講瑞》說：「少正卯在魯，與孔子並。孔子之門，三盈三虛，惟顏淵不去。」說明少正卯的地位與影響，在魯國是可以與孔子分庭抗禮的。❹兩觀 宮廷外懸掛法令之處。兩臺並列，故稱兩觀。《公羊傳・昭公二十五年》：「設兩觀。」注云：「天子諸侯臺門。天子外闕兩觀，諸侯內闕一觀。」說明魯設兩觀，是越禮的。❺屍於朝 陳屍於市朝。暴露其屍，以彰其罪。❻聞人 著名的人；有名望的人。❼始誅之 首先殺了他；第一個拿他來開刀。❽居 坐下。《論語・陽貨》：「居，吾語汝。」❾吾語汝以其故 我告訴你要殺他的緣故。❿不與 不在其中。⓫心逆而險 居心悖逆而又陰險。《荀子・宥坐》作「心達而險」，言其內心通達而行為陰險。⓬行僻而堅 行為乖僻而又固執。堅，堅持；固執。⓭言偽而辯 講的是異端邪說，而又有說服力。辯，雄辯；能言善辯。⓮記醜而博 記得很多的異說而又很通達。醜，眾多。博，通達。《荀子・修身》：「多聞曰博，少聞曰淺。」⓯順非而澤 順應錯誤的潮流，而又做得很漂亮。澤，光澤；潤澤。⓰有一於人 在人們身上有了一端。⓱不免君子之誅 免不了要被有道德有才能的人所殺。君子，指有道德有才能的人。⓲撮徒成黨 聚集門徒，結成黨羽。撮，聚集。《荀子・宥坐》作「聚徒成群」。⓳飾褒榮眾 誇大其辭，以迷惑廣大群眾。飾褒，誇大贊美。榮，「熒」之借字。熒惑、迷惑的意思。《荀子・宥坐》作「飾邪營眾」。營，亦「熒」之借字。⓴強禦足以反是獨立 橫暴足以抵制正確的東西而自成一說。強禦，橫暴。《荀子・宥坐》無「禦」字。㉑姦雄　姦人之雄。指智足以飾非、才足以欺世的野心家、陰謀家。《荀子・宥坐》作「桀雄」。即最凶暴的人、最難駕馭的人。㉒除　除掉；殺掉。㉓殷湯誅尹諧　商朝的開國君主湯王殺了尹諧。殷朝也稱商朝。商的始祖契封於商（今河南商丘），至湯滅夏，因以商為國號。及盤庚遷殷（今河南安陽小屯村），周人改稱商為殷。後來或殷商互舉，或殷商連稱。湯誅尹諧，其事不詳。㉔文王誅潘正　周文王殺了潘正。《荀子・宥坐》「潘正」作「潘止」。㉕周公誅管蔡　周公旦殺了管叔鮮和蔡叔度。管叔、蔡叔，是周文王的兒子，武王的弟弟，分別是周公的哥哥或弟弟。武王克殷之後，封叔鮮於管，叔度於蔡；協助紂的兒子武庚、祿父，治殷遺民。武王既崩，成王尚幼，周公攝政，管叔、蔡叔散布流言於國中說：「公將不利於孺子。」乃挾武庚作亂。周公旦奉成王之命，經過二年的東征，平定了這場叛亂，誅殺了管叔，流放了蔡叔。事見《尚書・金縢》和《史記・管蔡世家》。㉖太公誅華士　太公望殺了華士。華士，《荀子・宥坐》作「華仕」。西周初的高士。《韓非子・外儲說右上》：「太公望東封於齊。齊東海上有居士曰狂矞、華士，昆弟二人者議曰：『吾不臣天子，不友諸侯，耕作而食之，掘井而飲之，吾無求於人也。無上之名，無君之祿，不事仕而事力。』太公望至於營丘，使吏執殺之，以為首誅。周公旦從魯聞之，發急傳而問之曰：『夫二子，賢者也。今日享國而殺賢者何也？』太公望曰：『……先王之所以使其臣民者，非爵祿則刑罰也。今四者不足以使之，則望當誰為君乎？……己自謂為世之賢士，而不為主用，行極賢而不用於世，是以誅之。』」㉗管仲誅付乙　管仲殺了付乙。管仲，名夷吾。春秋時齊國的賢相。初事公子糾，後相齊桓公，九合諸侯，一匡天下，使齊桓公成為春秋時五霸之首。見《史記・管晏列傳》。付乙，人名。《荀子・宥坐》作「付里乙」，不詳。㉘子產誅史何　子產殺了史何。子產，名僑。春秋時鄭國的賢相。歷相簡、定、獻、聲諸朝。時晉楚爭霸，鄭國弱小，處於兩強之間。子產內修國政，外和強鄰，不卑不亢，周旋於晉楚之間，國以安寧。被孔子稱為「古之遺愛」。事見《史記・鄭世家》。《荀子・宥坐》作「子產誅鄧析、史付」。史何（付），人名，不詳。鄧析，春秋時鄭國著名的詭辯家。能操兩可之說，設無窮之辭。《呂氏春秋・審應覽・離謂》：「子產治鄭，鄧析務難之。與民之有獄者約，大獄一衣，小獄襦袴。民之獻衣襦袴而學訟者，不可勝數。以非為是，以是為非。是非無度，而可與不可日變。所欲勝因勝，所欲罪因罪。鄭國大亂，民口讙譁，子產患之，於是殺鄧析而戮之，民心乃服，是非乃定，法令乃行。」《淮南子・氾論》亦有「子產誅鄧析而鄭國之姦禁」的話。是鄧析為姦人之雄，亂政之罪魁禍首，子產殺了他，是完全應該的。但《左傳・定公九年》：「鄭駟歂殺鄧析而用其《竹刑》。鄧析制刑，書之於竹，鄭國用之，不以人廢言也。」是殺鄧析者乃駟歂，鄧析所制的《竹刑》，也是為政者所取法的。㉙七子　指尹諧、潘正、管叔鮮、蔡叔度、華士、付乙及史何七人。㉚異世而同惡　時代不同而罪惡相同。異世，不同的時代。《荀子・

宵坐》作「異世而同心」。㉛憂心悄悄二句　《詩經・邶風・柏舟》中的詩句。悄悄，憂愁的樣子。慍，惱怒。群小，許多的小人。

【語　譯】孔子擔任了魯國的司寇，代理國相的職務，臉上流露出高興的顏色。子路問孔子說：「我聽說一個有修養有道德的人，禍來了不慌張，福來了也不高興。如今你當上了大官，就顯得很高興，為什麼呢？」孔子說：「是這樣的，確實有這麼一句話。不是說過麼，處於尊貴的地位而喜歡對人謙下嗎？」於是他主持朝政，只有七天，便殺了擾亂政治的大夫少正卯。把他殺在張貼法令的兩觀之下，並在市朝上陳屍三天。子貢向孔子進諫說：「那個少正卯，是魯國的著名人物。如今你掌管了朝政，第一個便殺了他，也許是一個失誤吧？」孔子說：「坐下！我告訴你為什麼要殺他的緣故。世界上有五大罪惡，而匪盜不在其內。一叫內心悖逆而陰險，二叫行為邪僻而固執，三叫談的是異端邪說而又很有說服力，四叫記得很多的異說而又很通達，五叫順應錯誤的潮流而又說得很冠冕堂皇。這五大罪惡，人們只要犯了一種，就免不了要被有遠見卓識的政治家所殺。可少正卯一身兼有這五大罪惡。他住的地方，足以聚集門徒，結成黨羽；他談的東西，可以誇大贊美，以迷惑群眾；他那橫行霸道，足以顛倒是非，獨樹一幟。這是姦人中的頭頭，不可不把他除掉啊。那商湯王殺掉了尹諧，周文王殺掉了潘正，周公旦殺掉了管叔和蔡叔，太公望殺掉了華士，齊管仲殺掉了付乙，鄭子產殺掉了史何。這七個人生在不同的時代，卻遭到了同樣的殺戮。正是因為那七個人生活在不同的時代，卻有著同樣的罪惡，所以是決不可以寬容的。《詩經》上說：『多麼的憂心忡忡啊，因為惱怒了一群小人呀！』小人而結成了黨，這是值得憂慮的。」

孔子為魯大司寇，有父子訟❶者，夫子同狴執之❷，三月不別❸。其父請止❹，夫子赦之❺焉。季孫❻聞之不悅曰：「司寇欺余❼，曩❽告余曰：國家必先以孝❾。

余今戮一不孝⑩以教民孝，不亦可乎？而又赦何哉！」冉有⑪以告孔子。子喟然⑫歎曰：「嗚呼！上失其道而殺其下，非理也。不教以孝，而聽其獄⑬，是殺不辜。三軍⑭大敗，不可斬也。獄犴不治⑮，不可刑也。何者？上教之不行，罪不在民故也。夫慢令謹誅⑯，賊⑰也；徵斂無時，暴也⑱；不試責成，虐也⑲。政無此三者⑳，然後刑可即㉑也。《書》云㉒：『義刑義殺，勿庸以即汝心㉓。』惟曰未有慎事㉔，言必教而後刑也。既陳道德以先服之㉕；而猶不可，尚賢以勸之㉖；又不可，即廢之㉗；又不可，而後以威憚之㉘。若是三年，而百姓正矣。其有邪民㉙不從化㉚者，然後待之以刑，則民咸知罪矣㉛。《詩》云：『天子是毗，俾民不迷㉜。』是以威厲而不試㉝，刑錯而不用㉞。今世則不然，亂其教，繁其刑，使民迷惑而陷焉㉟，又從而制之㊱，故刑彌繁㊲，而盜不勝㊳也。夫三尺之限㊴，空車不能登者，何哉？峻故也㊵；百仞之山㊶，重載陟焉㊷，何哉？陵遲㊸故也。今世俗之陵遲久矣，雖有刑法，民能勿踰㊹乎？」

【章旨】言孔子赦免了訟父的逆子，季孫氏提出了異議。孔子認為「上失其道而殺其下」，是不合理的。只有「必教而後刑」，才能使民從化，使民悅服。闡明了孔子「為政以德」的思想。

【注釋】❶父子訟　父訟其子，子訟其父，父子相互訴訟。這是違反「父子有親」的倫理觀念的。❷同狴執之　同時關在監獄裡。狴，牢獄。❸不別　不審問；不判決。❹請止　要求停止宣判。❺赦之　赦免了他。《荀子・宥坐》作「舍之」。釋放了他。舍，「捨」之借字。❻季孫　魯大夫。此指季桓子。他曾使定公受齊女樂，君臣相與觀之，廢朝三日，孔子要求辭官而去。事見《史記・魯周公世家》。❼司寇欺余　司寇欺騙了我。《荀子・宥坐》作「是老也欺余」。這個老頭（指孔子）欺騙了我。語更生動形象。❽曩　從前；過去。❾國家必先以孝　治理國家，一定要把「孝」擺在首位。❿戮一不孝　處罰一個不孝的人。戮，殺戮；處罰。⓫冉有　冉求。字子有。孔子弟子，曾為季氏宰（家臣）。見《史記・仲尼弟子列傳》。⓬喟然　歎息的聲音。《論語・先進》：「夫子喟然歎曰：吾與點也。」點，曾點。字子晳，曾參之父。⓭聽其獄　受理或判決案件。聽，受理；判決。《周禮・秋官・小司寇》：「以五聲聽獄訟，求民情：一曰辭聽，二曰色聽，三曰氣聽，四曰耳聽，五曰目聽。」⓮三軍　春秋時，大國多設三軍。如晉稱中軍、上軍、下軍；楚稱中軍、左軍、右軍；魯稱上軍、中軍、下軍。⓯獄犴不治　牢獄管理不好。犴，牢獄。古代鄉亭的拘留所。⓰慢令謹誅　法令鬆弛而處罰很嚴。慢，通「嫚」。鬆懈；懈怠。⓱賊　敗壞；傷害。《孟子・梁惠王下》：「賊仁者謂之賊，賊義者謂之殘。」可見「賊」，就是敗壞仁義的人。⓲徵斂無時二句　隨時亂徵賦、亂收稅，就是殘暴。斂，賦稅。《孟子・盡心上》：「薄其稅斂。」暴，凶惡。⓳不試責成二句　沒有經過試驗、教育的階段，而責令作出成效來，就是虐害。責成，督責完成任務，作出成效。《荀子・宥坐》作「不教而責成功，虐也」。⓴政無此三者　為政沒有慢令謹誅、徵斂無時、不試責成這三項暴政。㉑刑可即　刑法可行。即，就；行。㉒書云　《尚書》上說。㉓義刑義殺二句　處罰合理，殺戮得當，就用不著就你的心之所安了。見《尚書・康誥》。《尚書・大禹謨》：「與其殺不辜，寧失不經。好生之德，洽於民心。」又說：「刑期於無刑，民協於中，時乃功，懋哉！」《禮記・緇衣》：「刑不試而民咸服。」《禮記・大傳》：「愛百姓故刑罰中，刑罰中故庶民安，庶民安故財用足，財用足故百志成。」這些都是「義刑義殺」的精神表現。庸，用；須。㉔慎事　謹慎從事；小心對待一切事務。㉕陳道德以先服之　陳述道德之義，先使其心悅誠服。《荀子・宥坐》作「陳之以道，上先服之」。㉖尚賢以勸之　尊重賢能，以鼓勵其向善。勸，鼓勵的意思。《荀子・宥坐》作「綦」。綦，「惎」的借字。勸教的意思。㉗廢之　廢除他；棄置他。㉘以威憚之　用政權或刑罰的威力去懾服他。憚，畏懼。㉙邪民　姦人；邪惡的人。㉚從化　順從教化。㉛咸知罪矣　都知道什麼樣的言行是犯法的。咸，皆；都。㉜天子是毗二句　言輔弼君主，使老百姓不迷失方向。《詩經・小雅・節南山》的詩句。毗，輔佐。俾，使。㉝威厲而不試　權力很大而不用。威，威勢；權力。厲，嚴厲；猛烈。試，用。㉞刑錯而不用　刑罰擺在一邊而不用。錯，「措」的借字。停止、棄置的意思。㉟民迷惑而陷焉　老百姓糊裡糊塗掉到罪惡的深淵中。陷，掉入、落到陷害人的網羅中去。㊱從而制之　跟著就去制裁他。制，制裁；控制。㊲刑彌繁　法令越多。彌，愈；越。繁，多。㊳盜不勝　盜賊卻制服不了。不勝，不能制服。《管子．正世》：「暴人不勝，邪亂不止。」㊴三尺之限　很小的險阻。限，險阻。《戰國策．秦策一》：「(秦)南有巫山、黔中之限，東有殽函之固。」㊵峻故也　高峭的緣故。峻，高峭；險峻。㊶百仞之山　很高的大山。仞，八尺曰仞。㊷重載陟焉　載著很重的車子可以爬上去。陟，登；升。㊸陵遲　延緩的斜坡。《淮南子．泰族》：「河以逶蛇故能遠，山以陵遲故能高。」「陵遲故也」之「陵遲」，正作此解。引申為「衰落」。《詩經．王風．大車．序》：「禮義陵遲，男女淫奔。」「今世俗之陵遲久矣」的「陵遲」，當作此解。㊹踰　違法；越規。

【語　譯】孔子當了魯國的大司法官，發生一件父子互相訴訟的案子，孔子把那父子抓起來一同關進監獄裡，過了三個月，不審理，也不判決。那做父親的請求不要審判了。孔子便把他倆放了。季桓子聽說了，很不高興地說：「這個大司法官欺騙了我，過去他告訴我說：要治理好國家，一定要把孝道擺在第一位。如今我們處罰一個不孝的兒子，來教育老百姓都要對父母盡孝，不是很好嗎？卻又把他釋放了，這是為什麼？」冉求把這些話告訴了孔子，孔子長歎了一聲說：「哎！當領導的喪失了治民之道，卻要殺掉老百姓來塞責，這是不合理的。不去教育老百姓講究孝道，而要判決不孝兒子的案件，就是殺害無辜的人。三軍打了大敗仗，不能去殺士兵啊。牢獄沒有整頓好，不可去濫用刑罰。為什麼？上面的教化沒有推行，罪責不在老百姓嘛！那法令鬆弛而刑罰嚴酷，就是凶狠；隨時徵賦收稅，就是殘暴；沒有經過試驗、教育的階段，而責令他作出成效，就是虐害。主宰政治如果沒有這三方面的問題，而後可以按法令去處理老百姓啊。《尚書》說：『處罰得當，殺戮適宜，就用不著你的內心感到不安了。』只說自己沒有謹慎從事，就是說要先教育而後刑罰啊。已經陳述了道德的具體內容，使他們先從內心裡感到心悅誠服；如果還不行，就尊重賢能來鼓勵他們向善；又不行，就廢除他的職務，停止他所享有的權利；仍然不行，而後用法令的權威去懾服他。這麼樣經過三年的教化，老百姓中間的正氣自然就形成了，那中間有少數邪惡的不聽教化的，然後拿刑罰來對待他們，那麼老百姓就都知道什麼樣便是作姦犯科了。《詩經》上說：『輔弼天子，使老百姓不致迷失方向。』因此權力雖大而不輕易去用，刑罰擺在一邊而不輕易拿來對待老百姓。如今的世道就不是這麼樣了，它的教化很紊亂，而刑罰卻很繁重，讓老百姓糊裡糊塗的掉進了陷害人的網羅中去，跟著就用刑罰去制裁他們，所以刑罰越多，而盜賊越制服不了。很小的險阻，一輛空車卻爬不上去，為什麼，因為它陡峭嘛。很高的山岳，滿載著貨物的重車也能夠爬上去，為什麼呢？因為它的坡度很斜緩嘛。現在社會風氣衰敗已經很久了，即便設置刑罰，老百姓怎麼能不違法犯規呢？」

王言解第三

【題解】通過孔丘答曾參的問，具體闡明了王者之道，它是與霸者之道相對待而言的。孔丘認為一個明王，必須「內修七教，外行三至」，才能使國家繁榮昌盛，臻於郅治。所謂「七教」，就是要敬老、尊齒、樂施、親賢、好德、惡貪、廉讓。所謂「三至」，就是要至禮不讓、至賞不費、至樂無聲。只有身體力行，為天下倡，才能「不出戶牖而化天下」。此與《荀子》和《禮記》中的〈王制〉，雖有聯繫，亦有區別。〈王制〉重在制度的確立，而〈王言解〉重在教化的推行。可與《荀子・君道》、《韓非子・主道》互參。

孔子閒居❶，曾參侍❷。孔子曰：「參乎！今之君子，唯士與大夫之言可聞也；至於君子之言者，希也。於乎❸！吾以王言之，其不出戶牖而化天下。」曾子起，下席而對曰：「敢問何謂王之言？」孔子不應。曾子曰：「侍夫子之閒也，難對，是以敢問。」孔子又不應。曾子肅然而懼❹，摳衣而退❺，負席而立❻。有頃❼，孔子歎息，顧謂曾子❽曰：「參！汝可語明王之道歟？」曾子曰：「非敢以為足也❾，請因所聞而學焉。」

【章旨】此章敘述答問的緣起。曾參欲問孔子「何謂王者之言」？而孔子以為曾參的學養，尚不足以語此，一再默而不應，直至曾參表現了巨大的誠意，希望能「因其所聞而學焉」，孔子才給他講了下面的一番大道理來。

【注　釋】❶孔子閒居　孔子獨自待在家裡。《禮記》有〈仲尼燕居〉、〈孔子閒居〉二篇。燕居，即「閒居」。退朝獨居的意思。❷曾參侍　曾參侍從在旁。曾參，字子輿。春秋魯人，孔子的高足，號稱宗聖。其事跡散見於《論語》及《史記．仲尼弟子列傳》。❸於乎　即「嗚呼」。歎息的聲音。❹肅然而懼　恭敬地露出疑懼的樣子來。肅然，恭敬貌。❺摳衣而退　提著衣裳退了下來。摳，提起。古人提衣而行，表示恭敬。❻負席而立　背向坐席站在那兒。負席，背向坐席。古人席地而坐，摳衣、負席，皆以表示恭敬。❼有頃　過了一會兒。頃，頃刻。❽顧謂曾子　回過頭來對曾子說。顧，回頭。❾非敢以為足也　不敢說自己已經夠條件了。足，夠。

【語　譯】孔子獨自待在家裡，曾參侍從在旁。孔子說：「曾參呀！現在這些掌權的人，只聽得到士與大夫階層的話，至於真正有道德有學問的人的話，就聽得很少了。唉！如果我拿王者的話去遊說他們，他們能夠採納的話，那麼他們不必出門，天下的老百姓就要受到他們的教化了。」曾子站起來，離開席位對孔子說：「斗膽地請問什麼叫做王者的話？」孔子沒有回答。曾子說：「我在陪侍您老先生，恰好您老又有空閒，這個問題實在回答不上來，因此才敢向您老請教。」孔子還是沒有回答。曾子恭敬地露出疑懼的神情，撩起衣裳退了下來，背向坐席站在那兒。過了一會兒，孔子一面歎著氣，一面回過頭來對曾子說：「曾參呀！能跟你講王者之道嗎？」曾子說：「我不敢說已經夠條件了，請讓我根據您所說的去學吧。」

子曰：「居❶！吾語汝。夫道者，所以明德❷也；德者，所以尊道❸也。是以非德，道不尊；非道，德不明。雖有國之良馬，不以其道服乘之❹，不可以道里❺；雖有博地眾民，不以其道治之，不可以致霸王❻。是故昔者明王，內修七教❼，外行三至❽。七教修然後可以守；三至行然後可以征❾。明王之道，其守也，則必折衝⑩千里之外；其征，則必還師衽席之上⑪。故曰：內修七教而上不勞，外行三至而財不費，此之謂明王之道也。」曾子曰：「不勞不費之謂明王，可得聞乎？」孔子曰：「昔者帝舜左禹而右皐陶⑫，不下席而天下治。夫如此⑬，何上之勞乎？政之不平⑭，君之患也；令之不行，臣之罪也。若乃十一而稅⑮，用民之力，歲不過三日。入山澤以其時⑯，而無征⑰，關譏市鄽，皆不收賦⑱。此則生財之路，而明王節之⑲，何財之費乎？」

【章　旨】此章泛論明王治天下，必須「內修七教，外行三至」的道理。首釋「道」與「德」之相互關係；次言「七教」、「三至」的政治效應；卒論「上不勞」、「財不費」的原因。層層誘導，不斷深入，足見孔子「循循善誘」的教育理論與實踐。

【注　釋】❶居　坐下。❷明德　發揚德性。語本《禮記．大學》「大學之道，在明明德」。❸尊道　崇尚正道。尊，尊重；推崇。❹不以其道服乘之　不用正確的方法去駕馭它。服乘，駕馭。❺道里　路程的里數。❻霸王　此言成就霸者、王者之大業。諸侯中的強有力者叫霸，統治整個天下的叫王。❼七教　七種教化。即敬老、尊齒、樂施、親賢、好德、惡貪、廉讓。❽三至　三種最高標準。即至禮、至賞、至樂。也就是最大的禮節、最高的獎賞、最好的音樂。❾征　征伐。即征有罪、伐無道。❿折衝　擊退敵人的戰車。也就是擊退敵軍。折，挫敗。衝，古代戰車的一種。⓫還師衽席之上　凱旋於廟堂。衽席，朝廷宴享時所設的席位。⓬帝舜左禹而右皐陶　舜王以禹和皐陶作為自己的左輔右弼。舜，傳說中的部落聯盟領袖。姚姓，名重華。唐堯的繼承人，史稱有虞氏。相傳他曾經消滅過鯀、共工、驩兜和三苗的勢力，並選拔治水有功的禹作為自己的繼承人。禹，部落聯盟的領袖。姒姓，名文命，史稱大禹或夏禹。他曾領導民眾疏通江、淮、河、漢，在治水期間，三過其門而不入，後來繼承了舜的王位，國號夏。皐陶，一作「咎繇」。偃姓。相傳曾被舜任命為掌管刑法的官。⓭夫如此　像這麼樣。

夫，語氣詞。置於句首，表示要下斷語、發議論。⓮政之不平　政令不劃一。平，整齊；劃一。⓯十一而稅　抽十分之一的稅。十一，也作「什一」。《孟子・滕文公上》：「夏后氏五十而貢，殷人七十而助，周人百畝而徹，其實皆什一也。」貢、助、徹，是夏、商、周三代的稅法，名稱雖然不同，其實都是十分中取其一分。⓰入山澤以其時　在適當的季節到山林水澤中去採伐漁獵。時，季節。《孟子・梁惠王上》：「斧斤以時入山林，材木不可勝用也。」《禮記・王制》：「獺祭魚，然後虞人入澤梁，……草木零落，然後入山林。」⓱無征　不抽稅。征，抽稅。⓲關譏市鄽二句　設立關卡，不為抽稅，只為稽查、盤問那些著異服、講異言的人；建立市集，也不為收稅，只為方便人們交易。譏，呵斥；查問。鄽，市集。《孟子・梁惠王下》：「昔者文王之治岐也，耕者九一，仕者世祿，關市譏而不征。」⓳節之　節制它；控制它。

【語　譯】孔子說：「坐下，我告訴你吧。所謂道，就是要發揚完美的德性；所謂德，就是要推崇正道的思想。所以沒有德，道就不能受到尊重；沒有道，德就不能完善和發揚。即使有國內最好的馬，如果駕馭的方法不對，也走不了遙遠的路程；即使有很寬的土地，有很多的民眾，如果治理的方法不對，也不可能成就霸者、王者的大業。因此過去英明的君王，對內要推行七種教化；對外要施行三大最高的要求。七種教化修明了，才可以守天下；三大最高要求實現了，而後可征伐四夷。英明君王的治國之道，當他採取守勢的時候，就一定能在千里之外擊退敵軍；當其採取攻勢的時候，就一定能夠凱旋坐到朝廷的慶功宴席上來。所以說對內推行七種教化，而主上並不感到勞累；對外實現三大要求，而財力上並沒有多大的開支，這就是英明君王的治國之道。」曾子說：「不勞累、不增加開支，就是英明的君王，這個道理可以進一步告訴我嗎？」孔子說：「從前舜王以大禹和皋陶作為自己的左右手，自己不必離開坐席，天下就大治了，如此一來，主上還有什麼勞累呢？政令不劃一，是君主的大患；政令不推行，是臣下的過失。如果稅收限制在十分之一以內，徵用老百姓的勞力，一年不過三天；讓人們按適當的季節到山林川澤中去採伐漁獵，而不抽稅；設立關卡市集，只稽查可疑的人，而不去徵稅收賦。這便開拓了生財的路子，而英明的君主，又有節制地來運用它，在財力上還有什麼浪費呢？」

曾子曰：「敢問何謂七教？」孔子曰：「上敬老則下益孝，上尊齒則下益悌❶，上樂施則下益寬，上親賢則下擇友❷，上好德則下不隱❸，上惡貪則下恥爭❹，上廉讓則下恥節❺，此之謂七教。七教者，治民之本也。政教❻定，則本❼正也。凡上者，民之表❽也。表正則何物不正？是故人君先立仁於己❾，然後大夫忠而士信，民敦俗璞❿，男慤而女貞⓫。六者⓬，教之致也⓭。布諸天下四方而不怨，納諸尋常之室而不塞⓮，等之以禮⓯，立之以義⓰，行之以順⓱，則民之棄惡，如湯之灌雪⓲焉。」曾子曰：「道則至矣⓳，弟子不足以明之。」孔子曰：「參！以為姑止⓴乎？又有焉㉑。昔者明王之治民也，法必裂地以封之㉒，分屬以理之㉓，然後賢民無所隱㉔，暴民無所伏㉕，使有司日省而時考之㉖，進用賢良，退貶不肖㉗，然則㉘賢者悅而不肖者懼，哀鰥寡㉙，養孤獨㉚，恤貧窮，誘孝悌㉛，選才能。此七者修㉜，則四海之內無刑民㉝矣。上之親下㉞也，如手足之於腹心；下之親上也，如幼子之於慈母矣。上下相親如此，故令則從，施則行。民懷其德㉟，近者悅服，遠者來附㊱，政之致也。夫布指知寸㊲，布手知尺，舒肘知尋㊳，斯不遠之則也㊴。周制㊵：三百步為里，千步為井㊶，三井而埒㊷，埒三而矩㊸，五十里而都㊹，封百里而有國㊺，乃為福積資求焉㊻，恤行者有亡㊼，是以蠻夷諸夏㊽，雖衣冠不同，言語不合，莫不來賓㊾。故曰：無市而民不乏，無刑而民不亂。田獵罩弋㊿，非以盈宮室也51；徵斂百姓，非以盈府庫52也；慘怛以補不足53，禮節以損有餘54，多信而寡貌55，其禮可守，其言可覆56，其跡可履57，如飢而食，如渴而飲，民之信之，如寒暑之必驗58。故視遠若邇59，非道邇也，見明德也。是故兵革不動而威60，用利不施而親61，萬民懷其惠，此之謂明王之守，折衝千里之外者也。」

【章　旨】此章具體闡明「七教」之內容，並進一步論述明王治民之道，重點在於說明如何才可以「守」。孔子認為只有愛民、親民，進賢退不肖，即所謂「內修七教」，才能收到「近者悅服，遠者來附」和「兵革不動而威，用利不施而親」的政治效應，才能達到守天下的目的。

【注　釋】❶上尊齒則下益悌　在上位的重視年齡的長幼次序，那麼老百姓便更加敬愛兄長。齒，指人的年齡。這裡指長幼次序。《左傳・文公元年》：「君之齒，未也。」注云：「齒，年也。」悌，敬愛兄長。❷上親賢則下擇友　在上位的親近德才兼備的人，那麼下面的人就要選擇益友了。賢，指德才兼備的人。《墨子・尚賢上》：「列德而尚賢。」友，指益友。即對自己有益的朋友。《論語・季氏》：「益者三友，損者三友。友直、友諒、友多聞，益矣。」❸上好德則下不隱　在上位的喜歡德行，那麼在下的就不會做不可告人的事。❹上惡貪則下恥爭　在上位的憎惡貪婪，那麼下面就會以爭奪為恥辱。惡，憎恨；討厭。惡貪，原作「惡貧」。形似而訛。❺上廉讓則下恥節　在上的清廉謙讓，那麼在下的就會以斤斤計較禮節為恥。❻政教　指刑賞與教化。《荀子・王制》：「平政教，正法則。」❼本　一切事物的根基和主體都叫「本」。此指國家的法令。《商君書・定分》：「法令者，民之命也，為治之本也。」❽表　標準。《荀子・天論》：「治民者表道，表不明則亂。」《禮記・表記》：「仁者，天下之表也。」❾人君先立仁於己　人君首先要求自己樹立一個愛人的觀念。仁，愛人的意思。《墨子・經說下》：「仁，仁愛也。」《論語・雍也》：「夫仁者己欲立而立人，己欲達而達人。」❿民敦俗璞　人民敦厚，風俗古樸。

璞，未經雕琢之玉。引申有自然、古樸的意思。⓫男慤而女貞　男的樸實而女的貞節。慤，樸實；謹慎。⓬六者　指上述的大夫忠、士信、民敦、俗璞、男慤、女貞。⓭教之致也　教化獲致的結果。致，達到；獲得。⓮納諸尋常之室而不塞　引進到普通的人家也不會受到阻礙。納，引進；納入。尋常，普通；平常。塞，阻礙；不通。⓯等之以禮　用禮來分別等級。⓰立之以義　用義來樹立威德。立，樹立。⓱行之以順　順應民心來推行政教。順，順應。⓲如湯之灌雪　像把熱水澆到雪上。枚乘〈七發〉：「小飲大歠，如湯沃雪。」湯，熱水。⓳道則至矣　辦法是好極了。道，指思想、方法。至，極點。⓴姑止已經停止。姑，已經。㉑又有焉　還有進一步的道理。㉒法必裂地以封之　辦法是分割土地去封賞他們。法，指明王之法。裂地，分割土地。《墨子・尚賢中》：「般（班）爵以貴之，裂地以封之。」㉓分屬以理之　分成若干部屬來管理他們。屬，族屬；部屬。《尚書・周官》：「六卿分職，各率其屬。」理，治理；管理。㉔然後賢民無所隱　如此而後良民沒有什麼痛苦。然，如此。隱，痛苦。《國語・周語上》：「是先王非務武也，勤恤民隱而除其害也。」民隱，即人民的痛苦。㉕暴民無所伏　凶暴的人沒有地方藏匿了。伏，藏匿。㉖使有司日省而時考之　打發主管官員天天去察看他們，時時去考查他們。有司，官吏。古代設官分職，事各有司，故稱「有司」。省，察看；觀察。考，考查；稽查。㉗退貶不肖　將沒有能力的人屏退和降職。退，屏退；解除。貶，貶抑；降職。不肖，不才；不正派。㉘然則　如此就。㉙哀鰥寡　憐恤那些老而無妻、老而無夫的人。無妻曰鰥，無夫曰寡。㉚養孤獨　安養幼而無父、老而無子的人。《禮記・王制》：「少而無父者謂之孤，老而無子者謂之獨。」㉛誘孝悌　誘導民眾去孝順父母，敬愛兄長。誘，誘導；教導。㉜此七者修　這七件事做好了。七者，指上述的進賢良、退不肖、哀鰥寡、養孤獨、恤貧窮、誘孝悌、選才能。㉝刑民　受過刑罰的民眾。㉞上之親下　君上如此的愛護臣下。之，表強調的副詞。親，愛。㉟民懷其德　民眾懷念他的恩德。《尚書・君陳》：「昔周公師保萬民，民懷其德。」㊱近者悅服二句　使近者心悅誠服，遠者來依歸附。《論語・子路》：「葉公問政。子曰：「近者說（悅），遠者來。」《禮・學記》：「夫然後足以化民易俗，近者說服，而遠者懷之，此大學之道也。」㊲布指知寸　擺出一個指頭，就曉得一寸有多長。㊳舒肘知尋　伸出一條胳膊，就曉得一尋有多長。尋，古代長度單位。八尺為一尋。㊴斯不遠之則也　這是就近採取的法則。㊵周制　周代的制度。㊶千步為井　千步那麼遠設立一井。井，八家為一井。㊷三井而埒　每三個井劃分一個田壠。埒，隄防；田壠。㊸埒三而矩　三壠而成為一塊矩形的方塊地。㊹五十里而都　五十里而設立一個都邑。都，城邑。《左傳・隱公元年》：「先王之制，大都不過參國之一。」㊺封百里而有國　封疆之內，有了一百里的地方，就設一個諸侯國。封，封域。指帝王分給諸侯的土地。㊻乃為福積資求焉　於是替他們辦些好事，提供生活的必需品。資求，供給需求的東西。㊼恤行者有亡　周濟行旅在外的人所匱乏的東西。行者，征人；行旅之人。《左傳・僖公二十八年》：「不有居者，誰守社稷？不有行者，誰扞牧圉？」有亡，即有無。偏義詞，偏在無。㊽蠻夷諸夏　生活在東南邊境的少數民族和居住在中原地區的姬姓諸侯。蠻夷，古代對東南邊境少數民族的蔑稱。《禮・王制》：「東方曰夷，被髮文身，有不火食者矣。南方曰蠻，雕題交趾，有不火食者矣。」諸夏，指周代分封的諸侯國。《左傳・閔公元年》：「諸夏親暱，不可棄也。」注：「諸夏，中國也。」㊾莫不來賓　沒有不來歸服的。賓，歸服；順從。漢班固〈東京賦〉：「自孝武之所不征，孝宣之所未臣，莫不陸讋水慄，奔走而來賓。」㊿田獵罩弋　打獵時用網去掩取禽獸，用矢去射殺禽獸。罩，網之類；弋，矰矢。都是捕殺禽獸的工具。《禮・王制》：「田獵罝罘、羅網、畢翳（弋）、餧獸之藥，勿出九門。」罝罘，羅網。即所謂「罩」。畢翳，即所謂「弋」。51非以盈宮室也　並非為了使財物充滿君王的宮殿。宮室，此指帝王的宮殿。《管子・八觀》：「入國邑，視宮室，觀車馬衣服，而侈儉之國可知也。」52府庫　官府儲存財物的倉庫。《孟子・梁惠王下》：「凶年饑歲，君之民老弱轉乎溝壑，壯者散而之四方，幾千人矣，而君之食廩實，府庫充。」53慘怛以補不足　盡心規畫來彌補那些缺衣少食的人。慘怛，勤勞憂傷的意思。不足，不夠。54禮節以損有餘　分別等級來徵稅，使富裕的多作貢獻。禮節，按等級、有分寸的意思。有餘，對「不足」而言，富裕的。55多信而寡貌　多講信用，少做表面的工作。56其言可覆　他的言論可以反覆考察和驗證。57其跡可履　他的功跡，可以繼續執行。跡，功跡；事跡。《尚書・武成》：「至於大王，肇基於跡。」履，施行；執行。《禮・表記》：「處其位而不履其事，則亂也。」58如寒暑之必驗　好像寒來暑往似的，一定經得起檢驗。59視遠若邇　看待遠方的，好像看待近鄰似的，看待疏遠的，好像看待近親一樣。60是故兵革不動而威　所以不必動用武力，而使人感到震懾。威，震懾。《戰國策・齊策一》：「吾三戰而三勝，聲威天下。」言其聲勢足以震懾天下。61用利不施而親　用不著給以勳位利祿，他們便愛護你、親近你了。用利，功勳和利祿。用，古通「庸」。庸，功勞。《國語・晉語七》：「無功庸（一作用）者不敢居高位。」注：「國功曰功，民功曰庸。」

【語　譯】曾子說：「請問什麼叫做七教？」孔子說：「在上位的尊敬老人，老百姓就更加孝順父母了；在上位的重視長幼次序，老百姓就更加敬愛兄長了；在上位的喜歡施捨，老百姓就更加寬厚了；在上位的親近德才兼備的人，老百姓就要選擇對他有益的人來交朋友了；在上位的喜歡修德敦品，老百姓就不會做不可告人的事了；在上位的憎恨貪鄙的人，老百姓便會以互相爭奪為可恥了；在上位的清廉謙讓，老百姓便以斤斤計較等級禮儀為可羞了。這就叫做七教。七教這個東西，是治理民眾的根本。有了一定的法制和教化，那麼立國的根本就會端正。所有在上位的，都是民眾的標準。標立得正，那麼哪一件東西不會隨之而正呢？所以人君首先要自己樹立愛人的形象，然後大夫才會忠誠，士才會誠實，老百姓才會敦厚，社會風氣才會樸質，男的才謹厚而女的才堅貞。這六個方面，是教化所獲致的結果。拿它推廣到天下四方，而老百姓不會有怨言；讓它納入到尋常百姓的家庭，也不會有什麼阻力。用禮來規範他們的行動，用義來確立他們之間的關係，順應民心去推而廣之，那麼老百姓拋棄罪惡行徑，就像熱水澆在雪上一樣，很快就消融了。」曾子說：「理論是好極了，但學生還不能夠完全了解它。」孔子說：「曾參，你以為只有這樣而已嗎？還有咧！從前，英明君主管理百姓的時候，他的辦法一定要分割土地加以封賞，分別部屬加以管理。這樣一來，良民就不會有什麼苦痛，凶殘的人也就無處藏匿了。打發官員們天天去察看他們，時時去考查他們，把德才兼備的人加以任用，把無所作為的人加以降免，於是好人就高興，壞人就害怕。哀憐老而無偶的人，收養無父的孤兒和無子的老人，照料貧窮的人，誘發孝悌之心，選舉才能之士。這七件事做好了，那麼四海之內，就不會有受到刑罰的人了。在上的愛護在下的，像手足對待腹心一樣；在下的信任在上的，像嬰孩對待慈母一樣。上下相愛相信到了這個樣子，所以有什麼命令，百姓就遵照它去幹，有什麼措施，百姓就按照它去做。人民懷念他的恩德，附近的人就會心悅誠服，荒遠的人就會來歸依附，這就是政令獲致的效果。擺出一個指頭，就曉得寸有多長；張開一隻手掌，就知道尺有多長；伸出一條胳膊，就明白八尺有多長，這是擺在眼前的準則啊。周代的制度，每三百步為一里，每千步為一井，三井劃分成一壠耕地，三壠耕地成為一塊矩形的鄉村，每五十里設一個都市，一塊封地有了一百里，便是一個諸侯國，於是成立一些福利設施、供應處所，向行旅之人提供一些他所缺乏的必需生活品。因此無論邊遠地區的少數民族也好，中原腹地的同姓諸侯國也好，儘管他們的服裝各異，語言不通，無不前來歸附。所以說沒有市集而老百姓並不感到匱乏，沒有運用刑罰手段，而老百姓並不鬧事。用網羅或弓矢去捕殺禽獸，並不是為了滿足宮廷的需要；向老百姓徵收賦稅，並不是為了讓官家的倉庫充實起來。盡心規畫來彌補那些貧困的人，按照等級徵收賦稅來限制那些富裕的人。多講信用，少做表面工作，他所頒布的禮法可以付諸實施，他所發表的言論經得起反覆驗證，他所創建的功績可以通過實踐來證明它的正確性。就像餓了就吃，渴了就喝，人民相信他，就好像寒來暑往似的，一定經得起檢驗。所以他對待遠的像看待近的一樣，並不是真正的距離近了，而是因為他宏揚了完美的德性。因此用不著使用武力，而他的聲威使人感到震懾；用不著賞功讓利，而老百姓自然愛戴他，億萬百姓都懷念他的恩惠。這就是上面所說的：英明的君王在採取守勢的時候，能夠挫敗敵人於千里之外的道理。」

曾子曰：「敢問何謂三至？」孔子曰：「至禮不讓而天下治❶，至賞❷不費而天下士悅，至樂無聲❸而天下民和。明王篤行三至，故天下之君可得而知❹，天下之士可得而臣，天下之民可得而用。」曾子曰：「敢問此義何謂❺？」孔子曰：「古者明王必盡知天下良士之名，既知其名，又知其實，又知其數❻，及其所在焉，然後因天下之爵以尊之❼，此之謂至禮不讓而天下治。因天下之祿以富天下之士❽，此之謂至賞不費而天下之士悅。如此，則天下之民，名譽興焉，此之謂至樂無聲而天下之民和。故曰：所謂天下之至仁者，能合天下之至親也❾；所謂天下之至明者，能舉天下之至賢者也；此三者咸通❿，然後可以征⓫。是故仁者莫大乎愛人，智者莫大乎知賢，賢政者莫大乎官能⓬。有土之君，修此三者，則四海之內，供命⓭而已矣。夫明王之所征，必道之所廢者也⓮。是故誅其君，而改其政，弔其民⑮，而不奪其財。故明王之政，猶時雨之降⑯，降至則民悅矣。是故行施彌博⑰，得親彌眾。此之謂還師衽席之上。」

【章　旨】此章具體闡明「三至」的思想內容，其精髓是「因天下之爵」以尊士，「因天下之祿」以富士。著眼點在於一個「征」字，以與上文的「守」相表裡。孔子認為「征」的對象是「道之所廢」的國家，即政治混亂、民不聊生的諸侯國。「征」的最終目的，在於「誅其君，而改其政，弔其民，而不奪其財」，這是一個具有借鑑意義的光輝思想。

【注　釋】❶至禮不讓而天下治　對待最高的禮遇而能勇敢地當仁不讓，那麼天下就大治了。至禮，最高的禮遇。《禮・樂記》：「禮至則不爭，揖讓而治天下者，禮樂之謂也。」《史記・項羽本紀》：「大行不顧細謹，大禮不辭小讓。」❷至賞　最高的獎賞。❸至樂無聲　最好的音樂是沒有聲音的。《禮・孔子閒居》：「無聲之樂，日聞四方。」《禮・樂記》：「樂由中出故靜，禮自外作故文；大樂必易，大禮必簡；樂至則無怨，禮至則不爭。」可參。❹天下之君可得而知　天下的君主都可以與之交往。知，交好。屈原〈九歌・少司命〉：「悲莫悲兮生別離，樂莫樂兮新相知。」新相知，即「新相交」的意思。❺敢問此義何謂　冒昧地請問這個道理怎麼理解呢。敢，謙詞。有冒昧的意思。義，道理。《周易・解》：「剛柔之際，義無咎也。」注：「義，猶理也。」❻又知其數　又曉得他的技能。數，技能；技術。《孟子・告子上》：「今夫弈之為數，小數也。」兩「數」字，即指「技能」、「技藝」而言。❼因天下之爵以尊之　利用國家設置的爵位來尊重他。因，利用；憑藉。《孟子・離婁上》：「為高必因丘陵，為下必因川澤。」因，即利用或憑藉之義。爵，爵位；官位。《禮・王制》：「王者之制祿爵，公、侯、伯、子、男，凡五等。」❽因天下之祿以富天下之士　利用國家訂定的俸祿，使國內的知識分子富裕起來。祿，俸祿；薪資；官吏的俸給。《禮・王制》：「位定，而後祿之。」❾能合天下之至親也　能夠把國內最可親近的人團結起來。合，團結。❿此三者咸通　這三個方面都能暢通無阻。三者，指至禮不讓、至賞不費和至樂無聲。⓫征　出兵征討。《荀子・議兵》：「以守則固，以征則強，令行禁止，王者之事畢矣。」《孟子・梁惠王下》：「東面而征西夷怨，南面而征北狄怨。曰：奚為後我？民望之，若大旱之望雲霓也。」⓬官能　以能者為官。官，授人以官。《尚書・皋陶謨》：「知人則哲，能官人。」⑬供命　依據命令提供貢物。引申可解釋成令行禁止。⑭必道之所廢者也　一定是政治荒廢的諸侯國。道，治國之道。⑮弔其民　撫慰其人民。《孟子·梁惠王下》：「誅其君而弔其民。」弔，慰問；憐恤。⑯猶時雨之降　像降了及時雨一樣。時雨，應時而降的雨水。《韓非子·主道》：「是故明君之行賞也，暖乎如時雨，百姓利其澤。」⑰行施彌博　推行得越廣。行施，推廣和施行。彌，越；愈；更加。下「彌」字同。

【語譯】曾子說：「請讓我冒昧地問一聲，什麼叫做三至？」孔子說：「給以最大的禮遇，能夠當仁不讓，天下就大治了；給以最高的獎賞，國家沒有增加開支，而知識分子皆大歡喜；演奏最好的音樂，細得像沒有聲音，而民眾深深地感到和樂。英明的君主能夠實實在在地推行『三至』的政策，那麼天下的諸侯都願意與你結交，天下的知識分子都願意供你驅使，天下的老百姓都願意聽從你的命令，為你去賣命。」曾子說：「請問這個道理何在？」孔子說：「古代的英明君王，務必完全了解天下賢士的名望。既了解他的名望，又了解他的實際，還了解他的技能，以及他生活的地方。然後利用國家設置的爵位來尊重他。這就是給予最大的禮遇，能夠當仁不讓，而天下大治。利用國家提供的俸祿，讓國內的知識分子富裕起來，這就是給以最高的獎賞，並不增加國家的開支，而國內的知識分子高興。這麼一來，天下的民眾都會追求美好的聲望。這就是最好的音樂雖然細得像沒有聲音，而天下的民眾都感到很祥和。所以說：天下最仁愛的人，才能團結天下最愛戴他的人；天下最英明的人，才能選舉天下最有才德的人。上述三個方面都能暢通無阻，然後才可以征伐無道之君。所以仁義之人，最好的德性莫過於愛人；智謀之人，最大的智慧莫過於能夠交結賢人；最好的政治家，莫過於能夠任命有能力的人出來做官。擁有土地的君主，能夠辦好這三件大事，那麼四海之內就會令行禁止了。英明君王征伐的對象，必然是政治荒亂的國家。所以要殺了它的君主，改變它的政治，撫慰它的人民，而不去奪取它的財物。所以明王的政教，就像一場及時雨，下到哪裡，哪裡的老百姓就高興。因此他的政教，推行的地域越廣，愛戴他的民眾越多。這就是王師凱旋，一定像坐在朝廷設置的宴會席上，那樣的安全無恙。」

大婚解第四

【題解】此章錄自《禮記・哀公問》。(從第二節起至篇末)言諸侯娶妻的婚禮。通過哀公與孔子的問答，闡明了「人道」(人際關係)最重要的一環是夫婦，而「愛」和「敬」是維持這種關係的根本，也是治理國家政教的根本。孔子認為「大婚」是「萬世之嗣」，是「為政之本」，所以他把「敬妻」與「敬身」以及「敬親」、「敬天」聯繫起來加以論述，是一種值得重視的婚姻觀。

孔子侍坐於哀公❶，公問曰：「敢問人道❷孰為大？」孔子愀然作色❸而對曰：「君及此言也❹，百姓之惠也❺。固臣❻敢無辭而對？人道，政為大。夫政者，正也。君為正，則百姓從而正矣。君之所為，百姓之所從；君不為正，百姓何所從乎❼？」公曰：「敢問為政如之何？」孔子對曰：「夫婦別，男女親，君臣信❽，三者正，則庶物❾從之。」公曰：「寡人雖無能也❿，願知所以行三者之道⓫，可得聞乎？」孔子對曰：「古之政⓬，愛人為大，所以治愛人；禮為大，所以治禮；敬為大，敬之至矣，大婚為大⓭。大婚至矣⓮，冕而親迎⓯。親迎者，敬之也⓰。是故君子，興敬為親⓱，捨敬，則是遺親⓲也。弗親，弗敬，弗尊也⓳。愛與敬，其政之本與⓴！」

【章　旨】此章敘述哀公與孔子問答的緣起。首言人類社會的道德規範最重要的是政教，而人君又是民眾的表率，人君的言行符合人類社會的道德規範，老百姓也就跟著走上正道了。次言為政之道在於「夫婦別，男女親，君臣信」。而推行三者的關鍵在於「愛人」、「崇禮」和「修敬」。而這些又都體現在「大婚」的隆重禮節中，可見「愛」和「敬」是政教的根本。

【注　釋】❶哀公　魯定公之子。名將（一作蔣）。即位後，看到「三桓」（即魯大夫孟孫氏、叔孫氏、季孫氏。他們都是魯桓公的後代，故稱「三桓」）的勢力日益強大，想利用外力來削弱他們，引起「三桓」聯合起來反對，他便逃奔到衛國、鄒國和越國去了。後來死於有山氏。見《史記・魯周公世家》。❷人道　人類社會的道德規範。《易・繫辭下》：「有天道焉，有人道焉。」❸愀然作色　嚴肅地變了臉色。❹君及此言也　您提到這個話題。❺百姓之惠也　是對百姓的熱愛啊。惠，仁愛。《書・皋陶謨》：「安民則惠，黎民懷之。」傳：「惠，愛也。」❻固臣　鄙陋之臣。此孔子謙辭。下文「寡人實固」之「固」，同。❼君為正六句　《荀子・君道》：「上好權謀，則臣下百吏誕詐之人乘是而後欺，上好曲私，則臣下百吏乘是而後偏；上好傾覆，則臣下百吏乘是而後險；上好貪利，則臣下百吏乘是而後豐取刻與，以無度取於民。……故上好禮義，尚賢使能，無貪利之心，則下亦將綦辭讓，致忠信，而謹於臣子矣。」可以作為它的注腳。君為正，您所做的是端正的。正，端正；公正。❽夫婦別三句　〈哀公問〉作「夫婦別，父子親，君臣嚴」。《禮・昏義》：「敬慎重正，而後親之，禮之大體。而所以成男女之別，而立夫婦之義也。男女有別，而後夫婦有義；夫婦有義，而後父子有親；父子有親，而後君臣有正。」可以作為此三語的注腳。別，區別。區別夫尊婦卑或男尊女卑的封建道德規範。❾庶物　眾物；萬事萬物。《孟子・離婁下》：「舜明於庶物，察於人倫。」❿寡人雖無能也　我雖然沒有什麼能耐。寡人，寡德之人。古時君主的謙辭。無能，〈哀公問〉作「無似」。猶言「不肖」。⓫願知所以行三者之道　希望了解上述三者的施行辦法。願知，〈哀公問〉作「願聞」。願，希望的意思。三者，〈哀公問〉作「三言」。指夫婦別、男女親、君臣信或夫婦別、父子親、君臣嚴。⓬古之政　〈哀公問〉作「古之為政」。⓭大婚為大　婚禮是禮中最大的禮節。言其為人倫之始，家國之本。⓮大婚至矣　婚禮中最重要的。〈哀公問〉此語下有「大昏既至」句。⓯冕而親迎　穿著禮服去迎親。冕，古代帝王、諸侯所戴的禮帽。親迎，婚禮中六禮之一。夫婿於親迎日穿著禮服至女家，迎新娘入室，行交拜合巹之禮。《詩・大雅・大明》：「文定厥祥，親迎於渭。」⓰親迎者二句　〈哀公問〉作「親之也。親之也者，親之也」。後一「親」字，亦親敬義。⓱興敬為親　相敬則親。⓲遺親　拋棄所親的。遺，忘記；拋棄。

⑲弗親三句 〈哀公問〉作「弗愛不親，弗敬不正」。⑳其政之本與 大概就是政教的根本吧。其，副詞。有「大概」的意思。與，即「歟」字。助詞，用於句末，表示疑問或感歎。

【語　譯】孔子陪坐在魯哀公身旁，哀公問道：「在人類社會的道德規範中，哪一個是最重要的？」孔子嚴肅地改變了臉色回答說：「您提起了這個話題，是對老百姓的熱愛啊！鄙陋的我豈敢默不作聲呢？人類社會的道德規範中，最重要的是政教。政教嘛，就是要公正。您的言行是公正的，那麼百姓也就跟著公正起來了。您的一言一行，都是百姓學習的榜樣；如果您不公正，百姓將怎麼向您學習呢？」哀公說：「請問怎麼才能治理政教呢？」孔子回答說：「要區別夫尊婦卑之道，要明確男親女愛之理，要堅持君信臣忠之則。這三個方面端正了，則萬事萬物的關係也跟著理順了。」哀公說：「我雖然沒有什麼能耐，希望了解怎麼樣施行三者的辦法，能夠告訴我嗎？」孔子回答說：「古代的政教，愛護人民是最大的政治。他之所以能使天下大治，就是因為他愛護人民；禮教也是最大的政治，他之所以能使天下大治，就是因為他推行了禮教。恭敬謹慎，是禮教中至關重要的。敬的最大的表現，莫大於諸侯的婚禮；諸侯婚禮中最重要的，是穿上大禮服去迎親。親迎，就是敬重的表現。所以那些有道德修養的人相敬則親。拋棄了『敬』，就是丟掉了『親』。不相愛，就不能相敬，也就不能互相尊重。所以說『愛』與『敬』，大概是政教的根本吧！」

公曰：「寡人願有言也❶，然冕而親迎，不已重乎❷？」孔子愀然作色而對曰：「合二姓之好❸，以繼先聖之後❹，以為天下宗廟社稷之主❺，君何謂已重焉？」公曰：「寡人實固，不固，安得聞此言乎？寡人欲問，不能為辭❻，請少進。」孔子曰：「天地不合❼，萬物不生。大婚，萬世之嗣❽也，君何謂已重焉？」

孔子遂言❾曰：「內以治宗廟之禮❿，足以配天地之神⓫；出以治直言之禮⓬，以立上下之敬⓭；物恥則足以振之⓮，國恥足以興之⓯。故為政先乎禮⓰，禮其政之本與！」孔子遂言曰：「昔三代⓱明王，必敬妻子⓲也，蓋有道焉⓳。妻也者，親之主也⓴；子也者，親之後也，敢不敬與？是故君子無不敬。敬也者，敬身為大㉑。身也者，親之支㉒也，敢不敬與？不敬其身，是傷其親。傷其親，是傷本也。傷其本，則支從之而亡。三者，百姓之象㉓也。身以及身，子以及子，妃以及妃㉔。君以修此三者，則大化愾乎天下矣㉕。昔太王之道㉖也，如此，國家順矣。」

【章　旨】此章闡明「大婚」是「繼先聖之後」，延「萬世之嗣」，故「冕而親迎」，不為「已重」，妻是「親之主」，子是「親之後」，故「君子無不敬」。以引導哀公「敬身」、「親親」。

【注　釋】❶願有言也　希望有所說明。❷不已重乎　不是太過分了嗎。已，副詞。太、過、甚的意思。《禮・檀弓上》：「所知，吾哭諸野。於野則已疏，於寢則已重。」注：「已，猶太也。」❸合二姓之好　締結男女雙方的美滿姻緣。合，締結。二姓，男女雙方。好，和美；美滿。《禮・昏禮》：「昏禮者，合二姓之好，上以祀宗廟，而下以繼後世也，故君子重之。」可為此句及下一句注腳。❹以繼先聖之後　用來延續周公的後裔。繼，延續；綿綿不斷。先聖，指周公。因魯為周公之後。❺為天下宗廟社稷之主　作為天下宗廟社稷的主人。天下，因魯為周公之後，享有郊祀天地的特權，故云為天下主。宗廟，天子、諸侯祭祀祖先的地方。他們在祭祀宗廟時，君裸獻，后、夫人亞獻。故云為宗廟主。社稷，土神和穀神。《白虎通義・三》：「人非土不立，非穀不食，……故封土立社，示有土也；稷，五穀之長，故立稷而祭之也。」歷代封建帝王在開國時，必先立社稷壇墠，滅掉別的國家時，亦必變置其社稷。故以「社稷」作為國家政權的標誌。❻不能為辭　不知道怎麼說才好。〈哀公問〉作「不得其辭」。即找不到適當的話來。❼不合　不和。合，和洽；融洽。❽萬世之嗣　世世代代繼續下去。嗣，繼承；持續。❾遂言　徑情直說。❿宗廟之禮　祭祀祖先之禮。言夫人供粢盛祭祀，與親為主。⓫配天地之神　《禮・禮器》：「君在阼，夫人在房，大明生於東，月生於西，此陰陽之分，夫婦之位也。」故曰「足以配天地之神」。天地，指日月。言夫配日，婦配月。⓬出以治直言之禮　出在於外，亦修正言之禮。治直言，即修政教。直言，正言。《禮・昏義》：「天子聽外治，后修內職。教順成俗，外內和順，國家理治，此之謂盛德。」⓭以立上下之敬　〈哀公問〉「以」上有「足」字，與上文為對。言足以建立君臣上下的禮節。⓮物恥則足以振之　臣下做了可恥的事，禮便可以挽救他。物恥，指臣下幹的可恥之事。振，拯救；挽救。⓯國恥足以興之　君主做了可恥的事，禮亦可以使他振奮起來。國恥，君主的恥辱。興，興起；恢復；振作。⓰為政先乎禮　處理政務要把禮放在首要的位置。為政，處理政務。⓱三代　指夏、商、周。《荀子・王制》：「道不過三代，法不貳後王。」⓲必敬妻子　〈哀公問〉作「必敬其妻子」。⓳蓋有道焉　大概是有道理的。蓋，副詞。表示疑似之間，有大概的意思。⓴妻也者二句　言妻可以供粢盛祭祀，與親為主，故云。㉑敬身為大　愛自己是最重要的。身，自身；自己。《爾雅・釋詁下》：「朕、余、躬，身也。」㉒親之支　父母的支派。〈哀公問〉「支」作「枝」，分枝的意思。㉓百姓之象　百姓所取法的。象，法則；取法的對象。㉔身以及身三句　言愛己身則以及百姓之身，愛己子以及百姓之子，愛己妃以及百姓之妃。㉕大化愾乎天下矣　廣遠深入的教化到了普天之下了。大化，深遠的教化。愾，通「迄」。至、到的意思。㉖太王之道　太王治國之道。太王，周先祖古公亶父。武王時，追尊為太王。相傳他曾居於豳，狄人侵之，事之以皮幣、犬馬、珠玉，狄人還是進攻不止。他乃對其徒眾說：「狄人所欲者，吾土地也。吾聞之土地所以養人，君子不以其所養人者而害人。」乃率其妻子臣民居於岐山之下，國人束脩奔走而從者三千戶。魏王肅注「太王之道」曰：「太王出以姜女，入亦姜女，國無鰥民。愛其身以及人之身，愛其子以及人之子。故曰太王之道也。」

【語　譯】哀公說：「我希望還有所說明。穿著禮服去親迎，不太過分了嗎？」孔子嚴肅地變了臉色回答說：「締結男女雙方的美滿姻緣，以延續周公的後裔，作為祭祀天地、宗廟和社稷的主人，您怎麼說是過分了呢？」哀公說：「我的確是鄙陋得很，要是沒有這麼鄙陋，怎麼能聽到這番大道理呢？我想進一步向您請教，又不曉得怎麼措辭，還請進一步告訴我吧。」孔子說：「天地不和洽，萬物就不能生長。諸侯的婚禮關係到子孫萬代的接續問題，您怎麼說過重了呢？」孔子徑情直遂地說：「它對內來說，君主和后妃可以在宗廟裡主持先祖的祭祀，像天上之有日月一樣；對外來說，可以處理國家的政教，以建立上下尊卑的禮節。臣下幹了有愧於心的醜事，可以用禮教來挽救他；君主做了可恥的事，可以用禮教來恢復他的形象。所以推行政教，要把禮擺在頭等重要的地位。禮，恐怕是政教的根本啊！」孔子又徑情直遂地說：「往古夏、商、周三代的英明君主，一定要尊重和愛護自己的妻與子，大概是有道理的。因為妻乃一家之主，子乃祖先之後，豈敢不敬重呢？所以有道德修養的人沒有不敬重妻兒子女的。談到敬重，最重要的是敬重自己。因為自己是父母衍生的支派，怎麼敢不敬重呢？不敬重自己，就是損害自己的父母；損害父母，就是斲傷自己的根本；斲傷根本，則它的枝葉也要跟著受到傷害，甚至於死亡。妻、子和本身，是百姓所取法的。只有愛其身以及人之身，愛其子以及人之子，愛其妻以及人之妻，那麼深遠的教化，才能推廣到普天之下。過去周代的先祖古公亶父就是從愛身、愛子、愛妻做起，而把這種愛推廣到全國的，所以他的國家就繁榮昌盛起來了。」

公曰：「敢問何謂敬身？」孔子對曰：「君子過言❶則民作辭❷，過行❸則民作則❹。言不過辭，動不過則❺，百姓恭敬以從命❻。若是則可謂能敬其身❼，則能成其親矣。」公曰：「何謂成其親❽？」孔子對曰：「君子者也❾，人之成名也❿。百姓與名⓫，謂之君子，則是成其親，為君而為其子也⓬。」孔子遂言曰：「愛政而不能愛人，則不能成其身；不能成其身，則不能安其土⓭；不能安其土，則不能樂天⓮。」

【章旨】此章進一步闡明「敬身」的道理。孔子認為自己是百姓的表率，所以一言一動，都要符合人類社會的道德準則。所以只有「敬身」，才能「成身」；只有「成身」，才能「成親」。也就是說：只有尊重自己，才能成就自己的事業，才能成就父母的名譽。三者是相互聯繫、相互影響的。

【注　釋】❶過言　失誤了的話；錯話。❷作辭　拿來作為說話的依據。❸過行　錯誤的行為。《禮・表記》：「是故君子……過行勿率，以求處原。」❹則　法則；效法。❺言不過辭二句　君子舉動不得有誤於法，言論不得有誤於辭。言不過辭，不說過頭的話。動不過則，一舉一動都不能違背法則。動，舉動；行為。❻百姓恭敬以從命　〈哀公問〉作「百姓不命而恭敬」。從命，聽從命令。不命，不須發布命令。❼若是則可謂能敬其身　〈哀公問〉作「如是則能敬其身，能敬其身」。❽成其親　成就其親的名譽。言因為自己講求修身之道，而使其親享有君子之名。❾君子者也　〈哀公問〉作「君子也者」。者也，助詞。表示解釋。❿人之成名也　人們之所以樹立聲名。成名，成就名譽；樹立聲望。《論語・子罕》：「大哉孔子，博學而無所成名。」⓫百姓與名　〈哀公問〉作「百姓歸之名，謂之君子之子」。即百姓給他一個美好的名譽。⓬則是成其親二句　〈哀公問〉作「是使其親為君子也，是為成其親之名也已」。⓭愛政而不能愛人四句　〈哀公問〉作「古之為政，愛人為大，不能愛人，不能有其身。不能有其身，不能安土」。不能成其身二句，言不能保有其身，便將流離失所，不能在自己的土地上平安地生活著。⓮不能樂天　不能安於天命而自樂。言身既失業，不知悔過自新，反而怨天尤人，便是不能自樂於天命。《周易・繫辭上》：「樂天知命，故不憂。」此句〈哀公問〉下有「不能成其身」一句。

【語　譯】哀公說：「請問什麼叫做敬重自己？」孔子回答說：「有道德修養的人，說了錯誤的話，老百姓就要跟著說錯話；做了錯誤的事，老百姓也會拿來作準則。只有出言不失誤，舉動不違法，那麼老百姓就會恭恭敬敬地聽從你的命令了。如果能像這樣，那就可以算是尊重自己了，也就能夠為其父母樹立好的聲望了。」哀公說：「請問怎麼才能成就父母的聲望？」孔子回答說：「所謂君子，就是人們樹立的好名聲。老百姓給你一個美名，叫你做君子。那就是為你的父母取得好的聲譽。既是為了君親，也是為了兒孫啊。」孔子接著徑情直遂地說：「希望有好的政治，而不知道愛護百姓，那就不能使自己成就事業；自己沒有什麼成就，那就不能平平安安地生活在自己的土地上；不能平安地生活在自己的土地上，就不能安於天命而自樂其樂。」

公曰：「敢問何能成身❶？」孔子對曰：「夫其行己不過乎物❷，謂之成身，不過乎合天道❸也。」公曰：「君子何貴乎天道也？」孔子曰：「貴其不已❹也，如日月東西相從而不已也，是天道也。不閉而能久❺，是天道也；無為而物成❻，是天道也；已成而明之❼，是天道也。」公曰：「寡人且愚冥，幸煩子之於心❽。」孔子蹴然避席而對曰：「仁人不過乎物，孝子不過乎親❾。是故仁人之事親也如事天，事天如事親❿，此謂孝子成身⓫。」公曰：「寡人既聞如此言，無如後罪何⓬？」孔子對曰：「君子及此言，是臣之福⓭也。」

【章　旨】此章深入闡明個人道德修養的自我完善問題，即所謂「成身」的道理。孔子認為要完善自己的道德修養，就要像天體的運行一樣，自強不息；像天地生長萬物一樣，無為而成。

【注　釋】❶成身　自我完善；完善自己的道德修養。❷行己不過乎物　行動時不做錯誤的事。過，錯誤；失誤。物，事情；事物。❸天道　自然的規律。《荀子・天論》：「天有常道矣，地有常數矣。」❹貴其不已　可貴之處在於永遠不停止其活動。已，停止。❺不閉而能久　不受到阻塞而能永遠運行下去。閉，阻塞。❻無為而物成　不要施行刑罰而能使社會安寧，人民康泰。《論語・衛靈公》：「無為而治者，其舜也與？夫何為哉？恭己正南面而已矣。」此儒家謂可以德政感化人民，不必動用刑罰，與道家的順應自然，不求有所作為，有著本質的區別。物成，萬物生成。❼已成而明之　已經成長了，又使它發展光大。❽寡人且愚冥二句　我愚蠢昏庸，希望麻煩您一下，讓我從心裡明白這個道理。愚冥，愚蠢昏庸。此二句〈哀公問〉作「寡人惷愚冥煩，子志之心也」。言其愚蠢而不明事理，你心裡是曉得的。冥煩，不明事理。志，識；了解。❾孝子不過乎親　孝子事親，不會有過失。〈哀公問〉作「孝子不過乎物」。物，事。言孝子在其親前不會做錯事。❿事天如事親　侍奉上天如同侍奉父母一樣。事，侍奉。《荀子・王制》：「能以事親謂之孝，能以事兄謂之弟。」⓫此謂孝子成身　這就是孝子完善其自我的道德修養。⓬無如後罪何　無奈以後犯了錯誤怎麼辦呢。無如，無奈。後罪，後來的過失。⓭臣之福　我的福氣。

臣，臣下對君主的自稱。《禮・禮運》：「仕於公曰臣。」

【語　譯】哀公說：「請問怎樣才能完善自我的道德修養？」孔子回答說：「那便是自己的行為都合乎中正之道，不幹錯誤的事，叫做自我完善，也就是符合自然的規律。」哀公說：「有道德修養的人，為什麼把天道看得那麼重？」孔子說：「它的可貴，在於它不停止地運動，像日往月來、月往日來一樣的永不停止，這就是天道；運行不止，而又能永恆如此，這就是天道；不用強制，而萬物自然成長，這就是天道；已經生長了，而又能任其自然發展，這就是天道。」哀公說：「我又這麼的昏聵而不明事理，麻煩您讓我從心裡明白這個道理吧。」孔子恭恭敬敬地離開自己的座位回答說：「仁愛的人，處事不犯錯誤；孝悌的人，事親不犯過失。所以仁愛的人，侍奉自己的父母，像侍奉天地一樣；對待天地，像對待自己的父母一樣。這就叫做孝子完善了自我的道德修養。」哀公說：「我已經聽到了這麼好的一番道理，自然要努力去實踐，但以我的才力，無奈以後難免發生錯誤，怎麼辦呢？」孔子回答說：「您能說這些話，真是我們的福氣啊！」

儒行解第五

【題　解】孔子因哀公之問，將儒者的品性，作了全面的概括。他分別從儒者的「自立」、「容貌」、「備預」、「近人情」、「特立」、「剛毅」、「為士」、「憂思」、「寬裕」、「舉賢援能」、「特立獨行」、「規為」、「交友」、「尊讓」等方面，加以深入的論述，既透闢，又嚴謹，為儒者樹立了崇高的形象，也是知識分子立身處世的準繩。它與《禮記‧儒行》相較，多了篇首一章，而少了「儒有聞善以相告也，見善以相示也」的「其任舉有如此者」一節。可與《荀子‧儒效》互參。

孔子在衛❶，冉求❷言於季孫❸曰：「國有聖人❹，而不能用，欲以求治；是猶卻步而欲求及前人❺，不可得已。今孔子在衛，衛將用之❻，己有才而以資❼鄰國，難以言智也。請以重幣❽迎之。」季孫以告哀公，公從之。孔子既至，舍哀公館焉❾，公自阼階❿，孔子賓階⓫，升堂立侍⓬。公曰：「夫子之服，其儒服⓭與？」孔子對曰：「丘少居魯⓮，衣逢掖之衣⓯；長居宋⓰，冠章甫之冠⓱。丘聞之，君子之學也博，其服以鄉⓲，丘未知其為儒服也。」

【章　旨】此章言冉有在季孫氏面前，盛贊孔子足以治國安民，衛國準備加以重用。讓人才這麼外流，太不「智」了，於是季孫轉告哀公，將孔子迎了回來。

【注釋】❶衛　國名。開國的君主是周武王的弟弟康叔。周公平定武庚的叛亂以後，把商都周圍的地區和殷民七族分封給他，成為當時的大國。周公擔心康叔年少，不能安撫其民，乃作〈康誥〉、〈酒誥〉、〈梓材〉來教育他。建都於朝歌（今河南省淇縣）。至衛懿公，被狄人擊敗，在齊的支持下，遷到楚丘（今河南省滑縣），從此淪為弱國。詳見《史記・衛康叔世家》。❷冉求　即冉有。字子有，春秋時魯人，孔子弟子，為季孫氏家臣。見《史記・仲尼弟子列傳》。❸季孫　魯桓公的後裔。魯國的大夫，世專國政，權勢日重，公室日益衰弱。其事跡略見於《論語・季氏》。❹聖人　人格品德最高尚的人。《易・乾・文言》：「聖人作而萬物睹。」儒家定於一尊之後，便成為孔子專有的尊稱。❺是猶卻步而欲求及前人　這就好像向後退卻想要趕上走在前面的人一樣。是，這。卻步，倒退；往後走。前人，走在前面的人。❻衛將用之　此指孔子的弟子，有很多的人在衛做官，在他們的游揚推薦下，衛君準備重用孔子主持政務。《論語・子路》及《史記・孔子世家》均載有：「子路曰：衛君待子而為政，子將奚先？」可證。❼資　資助；給濟。《莊子・大宗師》：「堯何以資汝？」注：「資者，給濟之謂也。」❽重幣　優厚的聘禮。❾舍哀公館焉　住宿在哀公的客舍裡。舍，住宿。《莊子・山木》：「夫子出於山，舍於故人之家。」館，客舍；賓館。《左傳・昭公元年》：「將入館。」注：「就客舍。」❿阼階　東階。古代宮殿前面有東西兩階，賓主相見，主人立東階，賓自西階升降。《儀禮・鄉射禮》：「席主人於阼階上西面。」⓫賓階　西階。《書・顧命》：「大輅在賓階面。」⓬升堂立侍　登上殿堂，站著陪伴在一旁。升，登上。⓭儒服　儒生所著的衣服。儒，儒生；讀書人。後來專指信奉孔子學說的人。《孟子・盡心下》：「逃墨必歸於楊，逃楊必歸於儒。」⓮丘少居魯　我少年時住在魯國。丘，孔丘。古人在尊者、長者面前，要自稱其名，以示謙敬。魯，古國名。周武王封其弟周公旦於魯，周公旦之子伯禽始就封，成為魯的開國君主，建都於曲阜（今屬山東）。至春秋後期，政權落在季孫氏、孟孫氏、叔孫氏三家手裡，公室為三家所分，後來被楚所滅。詳見《史記・魯周公世家》。⓯逢掖之衣　寬袖之衣。古代的儒者所服。亦作「逢衣」。《荀子・儒效》：「逢衣淺帶，解果其冠。」亦作「縫掖」。《後漢書・王充傳》：「徒見二千石，不如一縫掖。」⓰宋　古國名。開國君主是微子啟，建都商丘（今屬河南）。春秋時宋襄公曾經一度強盛，被稱為「五霸」（齊桓、晉文、秦穆、宋襄、楚莊）之一。戰國初，因受到韓、魏的威脅，遷都彭城（今江蘇徐州）。後被齊所滅。詳見《史記・宋微子世家》。⓱章甫之冠　緇布做的帽子。章甫，殷時的冠名。《儀禮・士冠禮》：「章甫，殷道也。」⓲其服以鄉　按照鄉裡的習俗來穿衣著帽。以，按照；依據。《禮・儒行》作「其服也鄉」。

【語譯】孔子客居在衛國，他的弟子冉求對季孫氏說：「國內有道德修養最高的人而不能用，想要使國家治平，這就像退著走而想趕上走在前面的人一樣，自然是辦不到的。如今孔子客居在衛國，衛國打算要重用他：自己有了才智之士，卻拿來資助鄰國，很難說是明智的。希望用優厚的聘禮去歡迎他回國。」季孫氏將這話告訴了魯哀公，哀公採納了他的意見。孔子已經回到了魯國，住在哀公為他安排的客館裡。哀公從東階而下，孔子自西階而上，舉行了賓主相見之禮，於是孔子走上殿堂，侍立在哀公身旁。哀公說：「您老先生穿的衣服，大概是儒者所穿的衣服吧？」孔子回答說：「我少年時代住在魯國，穿的是袖子寬大的衣服；壯年時代住在宋國，戴的是緇布做的帽子。我聽說過：有修養的人學問是淵博的，但其穿著卻要按照他所生活的地方的風俗習慣。我不管他是不是什麼儒者之服。」

公曰：「敢問儒行❶！」孔子曰：「略言之，則不能終其物❷；悉數之，則留僕未可以對❸。」哀公命席❹，孔子侍坐曰：「儒有席上之珍以待聘❺，夙夜強學以待問❻，懷忠信以待舉❼，力行以待取❽，其自立❾有如此者。

【章　旨】此章言儒者的品性之一是敦品勵學，自強不息，以期有所樹立。

【注　釋】❶儒行　儒者的品性。即知識分子的學養。❷終其物　全面地論述這個事情。物，事。此指儒者的品性。❸留僕未可以對　《禮・儒行》作「乃留更僕，未可終也」。言事物繁雜，更換幾班侍者，要說的話還是說不完。留，久的意思。僕，僕人；侍者。❹命席　為孔子設置座位。命，使；指使。席，座位。❺席上之珍以待聘　鋪陳上古的美言善政，準備隨時回答君主的提問。席，鋪陳。珍，美玉。比喻美言善政。聘，問；聘用。❻夙夜強學以待問　早晚努力學習以待諮詢。夙夜，早晚。《詩・小雅・小宛》：「夙興夜寐，無忝爾所生。」強學，勉力學習。問，諮詢。❼懷忠信以待舉　抱著忠誠和信義以待任用。懷，懷抱。舉，舉用；任用。❽力行以待取　勉力前進以待推選。力行，盡力進行；勉力而為。《禮・中庸》：「好學近乎知；力行近乎仁。」取，選用；推選。❾自立　自己努力上進，有所建樹。

【語　譯】哀公說：「請問什麼叫做儒者的品性？」孔子說：「說得簡略了，又不能全面地加以介紹；全部條陳出來，那就長久地把侍者留下來，也難得回答好。」哀公使人為孔子設置座位，孔子陪伴在一旁說：「儒者們鋪陳古代的美言善政，隨時準備君主的提問；日日夜夜努力學習，準備著君主的諮詢；懷抱著滿腔的忠誠與信義，等待著君主的擢舉；勉力進取，等待君主的選用。他們希望有所建樹的精神是多麼的強烈啊！

「儒有衣冠中❶，動作順❷，其大讓如慢❸，小讓如偽❹，大則如威❺，小則如愧❻，難進而易退❼，粥粥❽若無能也，其容貌有如此者。

【章　旨】此章言儒者在處理人際關係時的容貌舉止，從容不迫，很有修養。

【注　釋】❶衣冠中　言其所著的衣冠，不標奇立異，與普通人一樣。中，中間。言在尋常百姓之中。❷動作順　言其一舉一動，都順乎人情，合乎禮儀。《禮・儒行》「順」作「慎」。嚴肅謹慎之意。❸大讓如慢　言其讓大物之時態度堅定，似乎有點傲慢的樣子。慢，傲慢。❹小讓如偽　言其讓小物之時，語言寬緩，似乎有點虛偽的樣子。偽，詐偽。❺大則如威　言其對待大是大非的問題，戒慎恐懼，嚴肅認真。威，威儀。言其有威可畏，有儀可象。❻小則如愧　言其對待小事物、小問題，也深自抑損，愧不敢當。❼難進而易退　言其被進用時，要擇君擇時，不輕率地接受任命；而在被斥退時，則急流勇退，絕不貪圖利祿富貴。亦即所謂「邦有道則見，邦無道則隱」、「用之則行，舍之則藏」的意思。❽粥粥　柔弱愚笨的樣子；卑謙敬慎的樣子。《漢書・禮樂志二》：「粥粥音送，細齊人情。」注引晉灼曰：「粥粥，敬懼貌也。」

【語　譯】「儒者的衣著，與普通老百姓沒有什麼不同，他的一舉一動，也順乎人情，合於禮節。在推讓大物時，他態度堅定，好像有些傲慢；推讓一般的小物，也常常語言寬緩，好像有些做作。在大是大非的問題上，他嚴肅認真，有威可畏；在非關原則的小事上，他謙遜退讓，好像有愧於心，無功受祿一樣。要他出山做官，他是慎之又慎，從不輕易許人；要他退隱不仕，他卻泰然處之，從不留戀富貴。看起來好像很懦弱，沒有什麼能耐似的。他們的外表是多麼的普通啊！

「儒有居處齊難❶，其起坐恭敬❷，言必誠信❸，行必忠正❹，道塗不爭險易❺之利，冬夏不爭陰陽之和❻，愛其死以有待❼也，養其身以有為❽也，其備預❾有如此者。

【章旨】此章言儒者的品性之三，是在平常生活中嚴格要求自己，不肯與別人爭一時之小利，而要準備擔當治國平天下的大任。

【注釋】❶居處齊難　平居時端肅莊嚴，凜然難於侵犯。居處，住所；平時居住的地方。《史記・呂不韋列傳》：「居處困，不得意。」❷起坐恭敬　起而行，坐而言，都是恭謹敬慎的。起坐，「坐言起行」的縮語。謂坐而能言、起而能行。《荀子・性惡》：「故坐而言之，起而可設，張而可施行。」❸言必誠信　《禮・儒行》作「言必先信」。此孔子一貫思想。《論語・公冶長》：「聽其言而觀其行。」《論語・子路》：「言必信，行必果。」皆這種思想的表現。❹行必忠正　《禮・儒行》作「行必中正」。中正，正直的意思。屈原〈離騷〉：「跪敷衽以陳辭兮，耿吾既得此中正。」❺險易　險阻和平坦。❻冬夏不爭陰陽之和　言當陽處，冬日則暖；背陰處，夏日則涼，不與人爭，以免發生無謂的爭鬥。❼有待　有所等待。言等待明時盛世的到來。此亦《論語・泰伯》「危邦不入，亂邦不居；天下有道則見，無道則隱」的思想體現。❽有為　有所作為。言將推行自己治國平天下之道。此亦《孟子・盡心上》所說的「得志澤於民，不得志修身見於世；窮則獨善其身，達則兼善天下」的意思。❾備預　儲備知識，預防禍害。即事先有所準備的意思。《左傳・成公九年》：「備豫不虞，善之大者也。」

【語譯】「儒者們在平居生活中，也是很嚴肅端莊的，像是凜然不可侵犯一樣。無論是坐而言，起而行，都恭謹敬慎，不敢有絲毫輕率。他說的話，一定能夠兌現；他做的事，一定十分正直。他在道路上，決不避開艱險的地段，爭奪平坦的路段，與別人發生爭鬥；他在夏天和冬季，絕不爭占背陰的地方以取涼，當陽的地方以取暖。不肯作無謂的犧牲，是因為要等待明時盛世的到來；保養自己，是因為要施展自己的才能，推行自己的政治理想。他那事先做好準備的思想，是多麼的詳盡啊！

「儒有不寶金玉❶，而忠信以為寶；不祈❷土地而仁義以為土地；不求多積❸，多文以為富❹。難得而易祿❺也，易祿而難畜❻也。非時❼不見，不亦難得乎？非義不合❽，不亦難畜乎？先勞而後祿❾，不亦易祿乎？其近人情有如此者。

【章旨】此章言儒者的品性之四是在價值觀上，重忠信而輕金玉，重仁義而輕土地，重學問技能而輕利祿貨財。在出處問題上，是非時不見，非義不合。

【注釋】❶不寶金玉　不以金玉為寶。寶，珍貴的東西。《呂氏春秋・異寶》：「子以玉為寶，我以不受為寶。」❷不祈　不求。《禮・禮器》：「祭祀不祈。」注：「祈，求也。」❸多積　積貯很多的財貨。積，積聚；積累。❹多文以為富　多積文學技藝，就是富有。❺易祿　俸祿爵位的問題，是容易打交道的。〈儒行〉疏云：「非道之世，則不出仕，是難得也；先事後食，是易祿也。」❻難畜　難以久留。畜，容留。《左傳・襄公二十六年》：「獲罪於兩君，天下誰能畜之？」〈儒行〉疏曰：「無義則去，是難畜也。」❼非時　無道的時代。不是太平盛世。❽非義不合　道不同則不相合。〈儒行〉疏云：「君有義而與之合，無義則去。」❾先勞而後祿　先付出勞力，而後享其俸祿。

【語譯】「儒者們另一種品德是：他認為最珍貴的東西不是良金美玉，而是一個人的忠誠與信用；他不去求田問舍，而以施行仁義作為他的產業；不希望多積財富，而以博學多才作為自己的財產。難以獲致而易於酬勞；易於酬勞而難以容留。不是政治清明的時代，他不肯出來，不是難得嗎？不是志同道合，他就要掛冠而去，不是難留嗎？先付出勞力，而後取得祿米，不是易祿嗎？他那近乎人情的德性多麼的鮮明啊！

「儒有委之以財貨而不貪❶，淹之以樂好而不淫❷，劫之以眾而不懼❸，阻之以兵而不懾❹。見利不虧其義❺，見死不更其守❻，往者不悔❼，來者不豫❽，過言❾不再，流言❿不極⓫，不斷其威⓬，不習其謀⓭，其特立⓮有如此者。」

【章　旨】此章言儒者第五種品德是：「富貴不能淫，貧賤不能移，威武不能屈。」義之所在，雖死不辭；利之所在，非義不取。

【注　釋】❶委之以財貨而不貪　〈儒行〉此句無「而不貪」三字。委之以財貨，付給他很多的錢財。委，付給。財貨，財物。❷淹之以樂好而不淫　〈儒行〉此句無「而不淫」三字。淹之，慢慢地演變他。言隨著時間的推移，而使之逐漸發生變化。淹，浸漬。本指物受水的影響，逐漸地滲透的現象。樂好，泛指聲色犬馬之類。❸劫之以眾而不懼　〈儒行〉此句無「而不懼」三字。劫之以眾，用多數人的力量去強迫他。劫，威脅；強迫。❹阻之以兵而不懾　〈儒行〉此句無「而不懾」三字。阻之以兵，用武力去威脅他。阻，使恐怖。懾，使懾伏。❺見利不虧其義　見到了利，絕不損害他的義。即《禮・曲禮上》「臨財毋苟得」的意思。虧，損害。〈儒行〉此句在「淹之以樂好」句下。❻見死不更其守　〈儒行〉此句下有「鷙蟲攫搏，不程勇者；引重鼎，不程其力」四句，言當往而往，不顧自己的力量是否可以勝任。更，改變。守，操守。❼往者不悔　言該做的事，過去雖然曾經失敗，也不會追悔的。❽來者不豫　將來的事，也不預先去考慮它的利害關係。豫，事先防備。《荀子・大略》：「先患慮患謂之豫。」❾過言　錯誤的話。❿流言　帶有誹謗性的話。《荀子・大略》：「流言止於智者。」⓫不極　不去窮根究底。⓬不斷其威　言其常常保持威嚴。不斷，不間斷。⓭不習其謀　不預先設置圈套。⓮特立　獨特的操守。

【語　譯】「儒者們，你給他以很多的財物，他也不愛；你想用聲色狗馬之類的東西，慢慢地改變他的愛好，他也不為所惑；你用群眾去強迫他，他也不害怕；你用武力去恐嚇他，他也不屈服。不因為看到了利，而損害他的義；不因為看到了死亡的威脅，而改變他的操守。該勇往直前的，雖然失敗了，決不追悔；該做的事，即使將來有什麼危險，也決不畏首畏尾，事先就顧慮重重，患得患失。說錯的話，不再重複；遇到流言蜚語，也不去窮根究底。常常保持自己的威嚴，不去預先設置什麼圈套，打好什麼主意。他的獨特的操守是多麼的堅定啊！

「儒有可親而不可劫❶，可近❷而不可迫❸，可殺而不可辱❹。其居處不過❺，其飲食不溽❻，其過失可微辯❼而不可面數❽也。其剛毅有如此者。

【章旨】此章言儒者的第六種品性是「可親而不可劫，可近而不可迫，可殺而不可辱」的剛毅精神。

【注釋】❶劫　劫持；威脅。❷可近　可以接近；可以親近。《書・五子之歌》：「皇祖有訓，民可近，不可下。」❸迫　逼迫；壓迫。❹辱　侮辱；玷辱。❺過　超過限度；超過本分。❻不溽　不過於濃厚。〈儒行〉注云：「恣滋味為溽，溽之言欲也。」❼微辯　稍加辨析；婉轉說明。❽面數　當面責備。數，責備；數說。《左傳・昭公二年》：「使吏數之。」注：「責數其罪。」

【語譯】「儒者們可以親近，而不可以威脅；可以接近，而不可逼迫；可以殺他的頭，而不可以侮辱他的人格。他生活的環境，不會超過他的本分；他日常的飲食，不會追求濃厚的滋味；他有了失誤，可以略加辨析，而不可以當面指責。他們的品性，是多麼的剛毅啊！

「儒有忠信以為甲胄❶，禮義以為干櫓❷，戴仁而行❸，抱德而處❹，雖有暴政，不更其所❺。其自立❻有如此者。

【章旨】此章言儒者的第七種品性是：以忠信禮義作為自己的防禦武器，戴仁抱德，作為自己的終身追求。

【注　釋】❶忠信以為甲冑　言其依靠忠信作為防患禦侮的武器。甲冑，鎧甲與兜鍪。❷禮義以為干櫓　言其憑藉禮義作為捍衛自己利益的工具。干櫓，小盾和大盾。❸戴仁而行　遵循一個「仁」字去行動。戴，奉行；崇奉；遵循。❹抱德而處　懷抱一個「德」字來約束自己的生活。抱，懷抱。〈儒行〉「抱德」作「抱義」。❺不更其所　不改變他的操守。更，改變。其所，他的立足之處。指志願和操守。❻自立　努力有所建樹。此與第一種品性文字相同而內容有別：前言強學力行以自樹立，此言戴仁抱義以自完善。

【語　譯】「儒者們依靠忠誠和信用，作為自我防禦的武器；憑藉禮教和道義，作為捍衛自己的工具；他的一舉一動，都是奉行一個『仁』字；他的一飲一啄，都是胸懷一個『德』字。即使遇上了殘暴的政治環境，也絕不改變他的志願和操守。他那戴仁抱德的操守是多麼的堅定啊！

「儒有一畝之宮❶，環堵之室❷，蓽門圭窬❸，蓬戶甕牖❹，易衣而出❺，并日而食❻，上答之不敢以疑❼，上不答之不敢以諂❽。其為士❾有如此者。

【章　旨】此章言儒者的第八種品性是安貧樂道，不以惡衣惡食為恥。若顏回之一簞食，一瓢飲，而不改其樂，原憲之蓬戶、褐衣、蔬食，而不以為病。

【注　釋】❶一畝之宮　徑一步長百步為一畝，若折而方之，那就等於縱橫各十步的小宅。宮，住宅。❷環堵之室　周圍只有五版的房子。堵，五版為一堵。❸蓽門圭窬　荊竹編織起來的門，上尖下方、形狀如圭的小戶。❹蓬戶甕牖　用蓬蒿編的門，以破甕做的窗。❺易衣而出　言合家共一衣，更相穿換，才可以出門。❻并日而食　兩天吃一頓飯。并日，兩日。一說：合一日之糧，為一食之用。❼上答之不敢以疑　言君主用了他的話，他就全心全意地去幹。答，應允；採用。疑，疑貳；猜疑。❽諂　諂媚；阿諛。❾為士　〈儒行〉作「仕」。言其做小吏。

【語　譯】「儒者們生活在十步見方的小宅裡，周圍才五版的牆垣，編竹為門，穿牆作戶，門口塞滿了蓬蒿，窗戶小得只有罈子口一樣大，一家只有一件衣服，只好輪換著穿了出門；兩天的糧食合起來，才夠吃一頓飯。君上採用了他的話，他就全心全意地去幹；主上不採納他的意見，他也不去阿諛逢迎，希望能夠得到進用，他那知識分子的骨氣是多麼的感人啊！

「儒有今人以居❶，古人以稽❷，今世行之，後世以為楷❸。若不逢世❹，上所不受❺，下所不推❻，詭諂❼之民，有比黨而危之❽。身可危也，其志不可奪❾也。雖危，起居猶竟信其志❿，乃不忘百姓之病⓫也。其憂思⓬有如此者。

【章　旨】此章言儒者的第九種品性是：以古人為榜樣，無論得志與否，終身不忘為百姓解除痛苦的憂國憂民精神。

【注　釋】❶今人以居　與今人生活在一起。今人，指今之小人。以，與。〈儒行〉「以」正作「與」。❷古人以稽　與古人的德行相合。古人，指古之聖賢。稽，合；同。❸以為楷　作為楷模。楷，楷模；榜樣。❹若不逢世　如果不逢盛明的時代。〈儒行〉作「適弗逢世」。言恰巧遇到亂世。❺上所不受　在上的不接受他。受，接受。〈儒行〉此句作「上弗援」。援，引進。❻下所不推　〈儒行〉作「下弗推」。推，推舉。❼詭諂　巧詐阿諛。〈儒行〉作「讒諂」。❽有比黨而危之　又互相勾結，連成黨羽來毀害他。有，又。比黨，勾結成黨。危，毀害。❾不可奪　不可改變。奪，變易；改變。《論語・子罕》：「三軍可奪帥也，匹夫不可奪志也。」兩「奪」字，即改變的意思。❿起居猶竟信其志　〈儒行〉此句作「起居竟信其志」。注：「信，讀如屈伸之伸，假借字也。」起居，動靜。信，伸。⓫病　疾苦；困苦。《爾雅・釋詁》：「病，苦也。」⓬憂思　憂愁的思緒。

【語　譯】「儒者們與今之小人生活在一起，做起事來卻求與古之聖賢相一致。他今天的言行，可以作為後代的榜樣。如果生不逢時，在上面的不接受他，在下面的不推舉他，加之一些奸詐諂諛的人，勾結在一起，毀謗他，陷害他。他的本身可能受到極大的毀害，但他的志願和操守是不可改變的。即使生活在最危險的境地，他的一舉一動，仍然要體現自己的志節，仍然沒有忘記老百姓的疾苦。他那憂國憂民的思想是多麼的強烈啊！

「儒有博學❶而不窮❷，篤行❸而不倦，幽居❹而不淫，上通而不困❺，禮必以和❻，優遊以法❼，慕賢而容眾❽，毀方而瓦合❾，其寬裕❿有如此者。

【章　旨】此章言儒者的第十種品性是：博學不窮，篤行不倦，無論何時何地，都能愛身如玉，但卻能磨去稜角，收斂鋒芒，以寬厚容眾，和光同塵。

【注　釋】❶博學　廣泛地尋求知識。❷不窮　不止。❸篤行　力行；專心去做。《禮·中庸》：「博學之，審問之，慎思之，明辨之，篤行之。」❹幽居　獨居。❺上通而不困　言其推行正道，不為惡勢力所困擾。上通，通達；顯達。不困，不為利祿所困惑。❻禮必以和　用和藹的態度來處理人際關係。〈儒行〉作「禮之以，和為貴」。以，用的意思。言禮的作用在於和樂。《論語·學而》正作「禮之用，和為貴」。又〈儒行〉此句下有「忠信之美」一句。❼優遊以法　〈儒行〉「以」作「之」。注：「優遊者，和柔也。見人和軟，則己法之。」❽慕賢而容眾　既仰慕賢者，又汎愛眾人。〈儒行〉注云：「見賢思齊，是慕賢也；汎愛一切，是容眾也。」❾毀方而瓦合　言去己之鋒芒稜角而隨和從眾。〈儒行〉疏云：「方，謂物之方正，有圭角鋒芒也。瓦合，謂瓦器破而相合也。言儒者身雖方正，毀屈己之方正，下同凡眾，如破去圭角與瓦器相合也。」❿寬裕　寬容。《荀子·君道》：「其於人也，寡怨寬裕而無阿。」

【語　譯】「儒者們能夠廣泛地向別人學習，而不故步自封；專心致志地去力行，而不知道什麼是疲倦；一個人單獨生活在房子裡，也沒有什麼邪惡的念頭；一旦顯達起來，也不為利祿所困惑；在處理人際關係時，能夠以和為貴；看到別人和順的樣子，一定要拿去作榜樣；他既仰慕賢人，又能汎愛眾人；既能磨去自己稜角，又能與眾人勉強結合在一起。他的胸懷是多麼的寬廣啊！

「儒有內稱不避親❶，外舉不避怨❷，程功積事❸，不求厚祿；推賢達能❹，不望其報。君得其志❺，民賴其德，苟利國家❻，不求富貴。其舉賢援能❼有如此者。」

【章旨】此章言儒者的第十一種品性是：從國家的利益出發，不避個人的恩怨，去舉賢援能。

【注釋】❶內稱不避親　對內不迴避自己的親屬。像春秋時晉國的祁奚推舉自己的兒子祁午出來做官，而人不以為他出自私心。稱，推舉的意思。避親，迴避親戚關係。❷外舉不避怨　推舉別的人，也不迴避自己的仇人解狐出來繼承自己的官位。怨，仇敵。❸程功積事　衡量功勳，積累勞績。程，衡量；考核。❹推賢達能　使賢者在位，能者顯達。推，舉薦。達，使之顯達。❺君得其志　君主能滿足其願望。得，能夠。志，慾望；目的。❻苟利國家　假如對國家有利。苟，假使；如果。❼舉賢援能　推舉賢人，引進能者。援，引進。

【語譯】「儒者們推舉賢者出來，對內不迴避自己的親屬，對外不迴避自己的仇敵。他考核功勳，積累勞績，不要求有優厚的待遇；推舉賢人，援引能者，不希望有什麼報酬。君主能夠實現其政治目的，民眾能夠依賴其深厚的恩德。只要對國家有利，他並不要求自己因此而得到大富大貴。他那舉賢薦能是多麼的大公無私啊！

「儒有澡身浴德❶，陳言❷而伏❸，靜言而正之❹，而上下不知也。默而翹之❺，又不急為也。不臨深而為高❻，不加少而為多❼。世治不輕❽，世亂不沮❾。同己不與❿，異己不非⓫。其特立獨行⓬有如此者。

【章　旨】此章言儒者的第十二種品性是：向君主陳述善言善政，不急躁，不誇大；對待同列的態度，不黨同，不伐異。

【注　釋】❶澡身浴德　洗滌身上的汙濁，沐浴於道德之中。使自己的身心在不斷修養中淨化。〈儒行〉疏云：「澡身，謂能澡潔其身，不染汙濁也。浴德，謂沐浴於德，以德自清也。」❷陳言　陳述善言；提出意見。❸伏　伏候；伏聽。言聽候君主的裁答。❹靜言而正之　設法以正君主之失。靜言，巧飾之言。《書・堯典》「靜言庸違」《傳》：「靜，謀。」正，匡正。❺默而翹之　暗地裡去啟發他。默，〈儒行〉作「粗」。疏的意思。引申為微的意思。翹，啟發。❻不臨深而為高　不站在下臨深淵的絕壁懸巖上，以增加自己的高度。此言不因自己的勢位而自矜高大。〈儒行〉疏云：「猶言不臨此眾人卑賤處，而自尊顯也。」❼不加少而為多　不把少的誇大為多的，小的矜誇為大的。〈儒行〉疏云：「謂己有謀，事少勝，不增加。」❽世治不輕　言身處治平之世，雖群賢並列，亦不妄自菲薄。❾世亂不沮　言身處亂世，道雖不行，亦不沮喪。沮，沮喪。❿同己不與　與己的觀點相同，也不更加親附，結成同盟。與，親附；黨羽。⓫異己不非　與己的主張相異，也不非議他，毀謗他。⓬特立獨行　獨立的見解和操守。

【語　譯】「儒者們能夠潔身自好，在自我修養中使身心得到淨化。向君主陳述了自己的意見之後，就靜候君主的裁答，並冷靜地巧妙地匡正君主的失誤。上上下下都不了解他的意見時，那就暗地裡啟發一下，又不顯出急躁的情緒來。不憑藉自己的勢位來抬高自己，不誇大自己的成績來美化自己。生活在治平的時代，雖然群賢並列，也不妄自菲薄；生活在黑暗的年月，即使他的政治主張未能實現，也不感到沮喪。與自己的觀點相同的人，並不因此而特別親附；與自己的主張不同的人，也不因此而非議他、毀謗他。那獨特的見解和操守確實不一般啊！

「儒有上不臣天子❶，下不事諸侯❷，慎靜尚寬❸，底厲廉隅❹。強毅以與人❺，博學以知服❻。雖以分國，視之如錙銖❼。弗肯臣仕，其規為❽有如此者。

【章　旨】此章言儒者的第十三種品性是：不事王侯，高尚其志，視富貴如錙銖。

【注　釋】❶不臣天子　不做天子的奴隸；不為天子所役使。如伯夷、叔齊之類。臣，奴隸；役使。《左傳・昭公七年》：「王臣公，公臣大夫，大夫臣士，士臣皁，皁臣輿，輿臣隸，隸臣僚，僚臣僕，僕臣臺。」共十個等級，一級役使一級。❷不事諸侯　不侍奉諸侯。如長沮、桀溺等人。此即《易・蠱》所說的「不事王侯，高尚其事」的意思。❸慎靜尚寬　敬慎冷靜，崇尚寬緩。❹廉隅　稜角。比喻人的品性端方。❺強毅以與人　言不屈己以從人。強毅，剛強堅毅。❻知服　知道服畏先賢。❼錙銖　喻輕微細小的東西。錙和銖，都是重量單位，說法不一。〈儒行〉疏云：「十黍為參，十參為銖，二十四銖為兩，八兩為錙。」❽規為　謀度。〈儒行〉疏云：「謂不與人為臣，不求仕宦，但自規度其所為之事而行。」

【語　譯】「儒者們上不做天子的奴隸，下不屈節以侍奉諸侯，敬慎冷靜，崇尚寬緩，不斷地磨去自己的稜角。剛強堅毅，不屈己從人；博學多聞，又能服善尊賢。即使給以優厚的俸祿，以至割地分封，他也看作像錙銖一樣的輕微眇小。他不肯為臣，也不求做官，其謀畫規度又是多麼的高尚啊！

「儒有合志同方❶，營道同術❷，並立❸則樂，相下❹不厭❺。久別則聞流言不信❻，義同❼而進，不同而退❽，其交有如此者。

【章　旨】此章言儒者的第十四種品性是：對待志同道合的朋友，能夠互相謙讓，互相信任，觀點與行為與己相合，則進而從之；不合，則退而避之。

【注　釋】❶合志同方　意志一致，方法相同。❷營道同術　經營道藝，路數相同。術，方法；路數。❸並立　並列朝班。即一齊出來做官。❹相下　互相謙抑。❺不厭　不倦。❻久別則聞流言不信　〈儒行〉作「久不相見，聞流言不信」。流言，散播的無稽之談、毀謗的話。❼義同　行為相合。義，行誼。❽退　退避。言不爭鬥。

【語　譯】「儒者們與他的朋友，考慮問題的方法相同，經營道藝的路子相同，在一起做官，就十分歡樂；互相謙下，一點也不厭倦。分別很久，聽到有關朋友的流言蜚語，也不會輕易相信。他的言行與自己相合，則進而從之；不合，則退而避之，決不與之發生衝突。他們的交友之道又是多麼的好啊！

「夫溫良❶者，仁之本也；慎敬者，仁之地也❷；寬裕者，仁之作也❸；遜接❹者，仁之能❺也；禮節者，仁之貌也；言談者，仁之文❻也；歌樂❼者，仁之和也；分散❽者，仁之施也；儒皆兼此而有之，猶且不敢言仁也，其尊讓❾有如此者。

【章　旨】此章總言儒者的品性，可以用一個「仁」字來概括：無論從哪一個角度來看，儒者都是圍繞「仁」來立身處事的。大概是針對當時有人毀謗孔子是假言仁義的譏言而發的。

【注　釋】❶溫良　溫和善良。《禮．內則》：「必求其寬裕慈惠、溫良恭敬、慎而寡言者，使為子師。」❷慎敬者二句　地是生長萬物的，言謹慎恭謹，是仁的土壤。仁之地，仁的肥沃土壤。❸寬裕者二句　言仁者的一舉一動，必然寬緩優遊。仁之作，仁者的動作。❹遜接　謙遜地去待人接物。❺仁之能　仁的藝術。❻仁之文　仁的文彩。❼歌樂　音樂和舞蹈。❽分散　分財散物。言分散所積的財物，以救濟貧窮。❾尊讓　對人尊敬，對己謙讓。

【語　譯】「溫和善良，是仁的根本；謹慎恭敬，是仁的土壤；寬容優裕，是仁的動作；謙遜地去待人接物，是仁的藝術；有區別地去施行禮儀，是仁的外貌；言論談吐，是仁的文彩；音樂舞蹈，是仁的和悅的表現；

分財散物，是仁的恩施。儒者們都兼而有之，尚且不敢自以為仁。他那尊敬謙讓的美德又是多麼的完美啊！

「儒有不隕穫❶於貧賤，不充詘❷於富貴，不溷❸君王，不累❹長上，不閔❺有司❻，故曰儒。今人之名儒也忘常❼，以儒相詬疾❽。」

【章旨】此章繼續深入地概括儒者的品性，並指出今人戲弄儒者是錯誤的。

【注釋】❶隕穫　憂悶不安、困迫失志的樣子。❷充詘　歡喜擾攘、失去節制的樣子。❸溷　恥辱。❹累　牽連；連累。《莊子・天下》：「不累於物。」❺閔　病；詬疾。❻有司　官員。❼今人之名儒也忘常　〈儒行〉作「今眾人之命儒也妄常」。命，名。妄，無。忘常，沒有常規常理。❽詬疾　侮辱。

【語譯】「儒者們不因為貧賤而感到憂悶不安，不因為富貴而擾擾攘攘，失去節制，不為君主所辱，不為長上所牽累，不為官員所詬病，所以才稱之為儒。現在這些人不用常理來稱呼儒者，而把儒者作為侮辱的對象，顯然是不對的。」

哀公既得聞此言也，言加信，行加敬❶。曰：終歿吾世❷，弗敢復以儒為戲矣。

【章旨】此章言孔子陳述儒者的各種品性後，所獲得的效應。

【注釋】❶言加信二句　言語更加誠實，行為更加謙遜。加，更加。❷終歿吾世　到我死那一天。終歿，死亡。吾世，我這一生。

【語　譯】哀公聽了這番話之後，說話更誠實了，行為更謙遜了。他說：到我死那一天，我都不敢再拿儒者作為戲弄的對象了。

問禮第六

【題解】此篇從篇首至「今之君子莫能為禮也」錄自《禮・哀公問》，從「言偃問曰」至篇末錄自《禮・禮運》。通過孔子與哀公及言偃的問答，闡明了尊禮在治國平天下中的重要性與迫切性，進而探討了禮發生發展的過程。孔子認為禮「始於飲食」，而後有養生送死事鬼神之禮。這觀點是極有見解的。可與《禮》之〈禮運〉、《荀子》之〈禮論〉互參。

哀公問於孔子曰：「大禮❶何如？子之言禮，何其尊❷也？」孔子對曰：「丘也❸鄙人❹，不足以知大禮也。」公曰：「吾子❺言焉。」孔子曰：「丘聞之：民之所以生者禮為大。非禮，則無以節事天地之神焉；非禮，則無以辯君臣、上下、長幼之位焉；非禮，則無以別男女、父子、兄弟、婚姻、親族疏數之交❻焉。是故君子此之為尊敬，然後以其所能教順百姓❼，不廢其會節❽。既有成事❾，而後治其文章❿黼黻⓫，以別尊卑上下之等。其順之也，而後言其喪祭之紀⓬，宗廟之序。品⓭其犧牲⓮，設其豕腊⓯，修其歲時⓰，以敬其祭祀，別其親疏，序其昭穆⓱。而後宗族會醼⓲，即⓳安其居，以綴⓴恩義。卑其宮室，節其服御㉑，車不雕璣㉒，器不雕鏤，食不二味㉓，心不淫㉔志，以與萬民同利。古之明王行禮也如此。」

公曰：「今之君子，胡㉕莫之行也？」孔子對曰：「今之君子，好利無厭，淫行不倦，荒怠慢遊，固民是盡㉖，以遂㉗其心，以怨其政，忤㉘其眾以伐有道㉙，求得當欲㉚，不以其所㉛；虐殺刑誅，不以其治。夫昔之用民者由前，今之用民者由後。是即今之君子莫能為禮也。」

【章　旨】此章極言尊禮的重要性，在於非禮則無以事天地、辨君臣、別男女。古之君子能「與民同利」，故能推行禮教；今之君子不願推行禮教，在於「好利無厭，淫行不倦」，以天下之公利，奉一己之私欲，害怕禮束縛了自己。古今對比，矛頭是指向哀公的。

【注　釋】❶大禮　言禮的內容，包含極廣；禮的作用，影響到個人、社會、國家者極大，故曰大禮。❷尊　尊重；推崇。❸丘也　孔子名丘，在哀公前自呼其名，以示謙遜。❹鄙人　鄙陋之人；淺薄之人。自謙之詞。❺吾子　您；先生。表示尊敬和親信的稱呼。如《管子．中匡》：「吾子猶如是乎？」《孟子．告子下》：「吾子過矣。」❻疏數之交　言親疏、遠近交替的時候。疏數，疏與親；遠與近。交，交接；交替。❼以其所能教順百姓　言君子以其所知之禮，去教育和感化百姓。所能，指禮教。❽會節　男女之會，親疏之節。❾既有成事　言其推行禮教，取得成效。成事，成功；成績；成效。❿文章　指禮樂法度。如《論語．泰伯》：「煥乎其有文章。」亦指紅白相錯的花紋。⓫黼黻　古代禮服上繡的花紋。《荀子．富國》：「故為之雕琢刻鏤，黼黻文章以藩飾之。」⓬紀　法度；準則。《呂氏春秋．孟春紀》：「無亂人之紀。」⓭品　等級；規格。⓮犧牲　供祭祀用的純色牲畜。《書．泰誓上》：「犧牲粢盛，既于凶盜。」⓯豕腊　古祭祀用的醃製乾肉。《禮．哀公問》疏云：「設其豕腊者，謂喪中之奠，有豕有腊也。」⓰歲時　一年四季中的節候。⓱昭穆　古代的宗法制度，在宗廟中的位次排列規定：始祖居中，二世、四世、六世，位於始祖的左方，稱作昭；三世、五世、七世，位於始祖的右方，稱作穆，用來分別宗族內部的長幼、親疏和遠近。⓲會醼　聚集起來飲宴。醼，宴會。⓳即　就。⓴綴　連綴；連接；聯繫。㉑服御　衣服和車馬。《戰國策．趙策四》：「葉陽君、涇陽君之車馬衣服，無非大王之服御者。」㉒雕璣　〈哀公問〉作「雕幾」。

器物上雕成凹凸線狀的花紋。《禮・少儀》：「國家靡敝，則車不雕幾，甲不組縢。」㉓二味　〈哀公問〉作「貳味」。即兩種以上的葷菜。疏云：「食不貳味者，謂不副貳肴膳也。」㉔淫　迷惑；惑亂。《孟子・滕文公下》：「富貴不能淫。」注云：「淫亂其心也。」㉕胡　何故；為什麼。㉖固民是盡　此指耗盡民力。固，故。盡，竭盡。㉗遂　滿足。㉘忤　違反。㉙有道　指有道之國。即推行禮教的國家。㉚當欲　滿足慾望。當，稱。㉛不以其所　不是依據自己所處的地位。

【語　譯】哀公問孔子說：「大禮是怎麼講的？您所講的禮，為什麼那麼重要呢？」孔子回答說：「我是個鄙陋的人，不足以了解大禮啊！」哀公說：「您還是說說吧！」孔子說：「我聽說過：在人類生活中，禮是最重要的。沒有禮，就不能按照不同的地位等級，來祭祀天地的神祇；沒有禮，就不能區別君臣、上下、長幼的地位；沒有禮，就無從區別男女、父子、兄弟、婚姻、親族的親疏遠近關係，所以有修養、在高位的人對於禮教是十分重視的。於是才把自己所掌握的禮教，來教育和感化百姓，使之不要拋棄男女期會和親疏遠近的禮節。取得成效之後，才在禮服上面繡上不同顏色的花紋，以區別尊卑上下的等級；等到百姓都順從了，而後來談喪禮、祭祀的規定，宗廟席位的次序，分別犧牲的毛色，供上祭祀的腊味，按照四時的節候，恭敬地祭祀自己的祖先，依據宗法制度，分別親疏，將靈位依次排在始祖的左右，然後聚集宗族，舉行宴會，以安定其生活，以聯繫其感情。房子住得卑陋一點，衣服車馬用得儉樸一些，車子上不雕飾凹凸的線條，器皿上不雕刻各種花卉禽獸，不吃兩種以上的葷菜，不被聲色狗馬之類來惑亂自己的意志，以便與億萬百姓同享其利。古代的英明君主是這樣來推行禮教的。」哀公說：「現在這些在上位的，為什麼不推行禮教呢？」孔子回答說：「現在這些在上位的，貪財沒有止境，荒淫不知疲倦，怠惰放蕩，耗盡老百姓的財力物力，以滿足他個人的私欲，以致民眾埋怨其暴政，而他也違背民眾的意願，去征伐那些施行仁政的國家，以僥倖稱其所欲完全不依據自己所處的地位；對百姓採取各種殘酷的鎮壓手段，並不是要使國家長治久安。古代那些使用民力的，像前面所說的那樣；如今這些使用民力的，像方才所說的那樣。這就是今天這些在上位的，不肯推行禮教的原因。」

言偃[1]問曰：「夫子之極言禮[2]也，可得而聞乎？」孔子言：「我欲觀夏[3]，是故之杞[4]，而不足徵[5]也，吾得夏時[6]焉。我欲觀殷[7]道，是故之宋[8]，而不足徵也，吾得坤乾[9]焉。乾坤之義，夏時之等，吾以此觀之。夫禮初也，始於飲食。太古[10]之時，燔黍[11]擘豚[12]，汙樽杯飲[13]，蕢桴[14]土鼓[15]，猶可以致敬鬼神。及其死也，升屋[16]而號[17]，告曰：高，某復[18]！然後飲腥[19]苴熟[20]，形體則降，魂氣則上，是謂天望[21]而地藏[22]也。故生者南嚮，死者北首[23]，皆從其初也。昔之王者，未有宮室，冬則居營窟[24]，夏則居橧巢[25]。未有火化，食草木之實，鳥獸之肉，飲其血，茹[26]其毛。未有絲麻，衣其羽皮。後聖[27]有作，然後修火之利，範金[28]合土[29]，以為宮室戶牖；以炮[30]以燔[31]，以烹[32]以炙[33]，以為醴酪[34]；治其絲麻，以為布帛；以養生送死，以事鬼神。故玄酒[35]在室，醴醆[36]在戶，粢醍[37]在堂，澄酒[38]在下，陳其犧牲，備其鼎俎[39]，列其琴瑟[40]、管磬[41]、鐘鼓[42]，以降上神[43]，與其先祖。以正君臣[44]，以篤父子[45]，以睦兄弟，以齊上下[46]，夫婦有所，是謂承天之祜[47]。作其祝號[48]，玄酒以祭，薦其血毛，腥其俎[49]，孰其殽，越席[50]以坐，疏布以冪[51]，衣其浣帛[52]，醴醆以獻，薦其燔炙，君與夫人交獻，以嘉[53]魂魄。然後退而合烹[54]，體[55]其犬豕牛羊，實其簠簋[56]、籩豆[57]、鉶羹[58]。祝以孝告[59]，嘏以慈告[60]，是為大祥㊶，此禮之大成也。」

【章　旨】此章言孔子親自到杞國與宋國，通過對夏禮與殷禮的實地調查，始得出禮「始於飲食」的可靠結論。然後通過飲食文化、居住文化、服飾文化，以及喪葬、祭祀的文化，具體而深刻地闡明了禮的原始形態及其發展完善的全過程，具有極強的說服力。

【注　釋】❶言偃　字子游。孔子弟子，在孔門四科中，以文學見稱。學成後，曾任魯國的武城宰，在那裡推行禮樂仁政，孔子經過武城，聽到弦歌之聲，曾經高興地笑著說：「割雞焉用牛刀。」謂其大材小用。一說，他是魯人；一說吳人。吳郡有言偃冢，當以吳人為是。事見《史記・仲尼弟子列傳》。❷極言禮　盡力主張禮教。❸觀夏　考察夏禮。夏，即夏后氏。傳說中的部落名稱，是禹的兒子啟所建立的國家，先後建都於安邑（今山西夏縣北）、陽翟（今河南禹縣），傳到第十三代的桀，為商湯所滅。❹杞　古國名。夏后氏的後裔，姒姓。《史記・陳杞世家》：「周武王克殷紂，求禹之後，得東樓公，封之於杞，以奉夏后氏祀。」杞，在今河南杞縣。❺徵　徵信；驗證。《禮・禮運》注作「成」。言「無賢君不足與成也」。亦可通。❻夏時　農曆。夏以建寅月為歲首，自漢至清，皆用夏時。《禮・禮運》注云：「得夏四時之書也，其書存者有〈小正〉。」今《大戴禮》有〈夏小正〉一篇。❼殷　朝代名。商王盤庚從奄（今山東曲阜）遷到殷（今河南安陽），故又號殷，傳到商紂王，被周武王所滅。❽宋　古國名。周公平定武庚的反叛後，封微子啟於商丘（今屬河南），是為宋國，後來被齊所滅，它是殷的後代。❾坤乾　坤為地為陰，乾為天為陽，指陰陽之書。即殷之《歸藏》，其書與《周易》不同，坤在前，乾在後，故稱坤乾。❿太古　遠古；上古。一般指唐、虞以前。⓫燔黍　遠古沒有釜甑，以黍加於燒石之上，燒之使熟。⓬擘豚　〈禮運〉作「捭豚」。擘、捭均有撕裂的意思。即將豚的肉撕開。⓭汙樽抔飲　鑿地為樽，用手掬酒而飲。〈禮運〉作「汙尊而抔飲」。疑「杯」為「抔」之誤。抔，雙手捧物。⓮蕢桴　遠古祭祀時，用土塊捏成的鼓槌。桴，鼓槌。⓯土鼓　古代的樂器。用瓦做框，用皮革蒙上兩頭，敲打以合樂。⓰升屋　登上屋頂。⓱號　引聲長喊。⓲高某復　〈禮運〉作「皋某復」。高、皋音同，呼告的意思。某，指死者的姓名。復，回來。招其魂使歸。⓳飲腥　置生黍於死者口中，叫做含禮。⓴苴熟　用苞苴裹著熟肉以送靈。㉑天望　謂望天而招魂。㉒地藏　謂葬地以藏屍。㉓北首　首向北。北屬陰，故有歸陰之義。㉔營窟　掘地而居。㉕橧巢　遠古人類構木為巢的居處。㉖茹　吃。㉗後聖　後代的聖人。對先聖而言。㉘範金　冶金作為模型。範，模具。㉙合土和土以做瓦器。㉚炮　燒烤。去毛叫做炮。㉛燔　燒。加火曰燔。㉜烹　煮之曰烹。㉝炙　炮之曰炙。㉞醴酪　甜酒和醬酢。㉟玄酒　水。㊱醴醆　甜酒和白酒。醴，醴齊。即甜酒。醆，盎齊。即白酒。㊲粢醍　用穀類釀成的淺紅色的酒。㊳澄酒　淡酒。㊴鼎俎　烹調用的鍋及切肉用的砧板。㊵琴瑟　樂器。琴和瑟同時彈奏，其音和諧。㊶管磬　樂器名。竹製的叫管，石製的叫磬。㊷鐘鼓　皆樂器。古代祭祀、宴享時所用。㊸上神　天神。㊹正君臣　辨正君臣之間的名分。㊺篤父子　使父子的關係真誠純厚。篤，篤厚。《論語・泰伯》：「君子篤於親，則民興於仁。」㊻齊上下　使上下一致。齊，整齊；劃一。㊼承天之祜　承奉上天的福祐。承，承奉；承受。祜，福祐。㊽祝號　祝辭的名稱。《周禮》：「祝號有六：一曰神號，二曰鬼號，三曰示號，四曰牲號，五曰齍號，六曰幣號。號者，所以尊神顯物也。」㊾腥其俎　將半生不熟的豚肉放在砧板上。以示不忘遠古之法。㊿越席　離席。(51)冪　覆蓋酒的手巾。(52)浣帛　練染的祭服。(53)嘉　嘉樂；善樂。(54)合烹　將前所薦祭未熟之肉，烹之使熟，以饋食賓客宗族。(55)體　體解；分割。(56)簠簋　古代祭祀宴享時，用來盛稻粱黍稷的器皿。內方外圓曰簠，用來盛黍稷；外方內圓曰簋，用來盛稻粱，各容一斗二升。(57)籩豆　古代祭祀宴享時，用來盛果脯之類的食器。用竹編的叫籩，用木做的叫豆。(58)鉶羹　羹之調以五味、盛於鉶器者。鉶，盛羹的器皿。(59)祝以孝告　男巫把孝子的話奉告給先祖。祝，男巫。祠廟中主持祭禮的人。(60)嘏以慈告　巫祝把先人的祝福傳達給孝子。嘏，古代祭祀時，巫祝替受祭者向主人致福叫做嘏。(61)大祥　大善。一說：古時父母死去兩週年的祭禮。所謂「父母之喪，期而小祥，又期而大祥」。

【語譯】言偃問道：「您老先生極力主張禮教的道理，能不能告訴我們呢？」孔子表述說：「我想要考察夏朝的禮制，所以到了夏后氏的後裔杞國去，但那裡流傳下來的禮俗是不足徵信的，我從那裡只得到了夏代的曆書。我想考察殷朝的禮制，所以到殷朝的後裔宋國去，那裡的文獻資料很少，也無可驗證，但我卻從那裡得到了陰陽之書。從陰陽之書所講的義理和夏時之曆所分的等差中，我對古代的禮制作了考察。禮的產生，是從日常的飲食生活中萌芽的。遠古的時代，沒有釜甑，便把去了殼的米、撕裂開的肉，放在燒石之上，加火煮熟。在地上挖個孔做酒杯，用雙手捧著來喝。用荊條做鼓槌，用瓦做成鼓，仍然可以向鬼神表達自己的誠敬之心。到了死了人，喪主便登上屋頂，哭著喊著：『某某回來呀！』然後將生米含於死者口中，將草苴裹著死者的遺體，使其形體下藏於地，魂魄上升於天，這就是望天而招魂，入地而藏屍。所以活著的人要站在南面，表示歸陽；死了的人，頭部要朝著北方，表示歸陰。都是取法於上古的。過去的帝王，沒有房屋，冬天來了，就住在地洞裡；夏天到了，又搬到樹上的窩棚裡。也不知道用火來把食物煮熟，吃的是草木上所結的果實；獵取了鳥獸，就連血帶毛吃下。也不曉得繅絲績麻，只好披著鳥類的羽毛，穿著獸類的毛皮。後來出來個聰明的人，像神農氏之類，才開始發揮火的作用，治金做成模具，和土製成瓦器，用來建築房屋，用來烹調食品，用來釀製甜酒和醬菜。繅成絲，績成麻，織成布帛，用這些東西來養活生的，哀悼死的，事奉鬼神。所以水陳設在室內，甜酒、白酒陳設在戶內或戶外，穀酒陳設在堂前，淡酒陳設在堂下。陳列著祭祀用的犧牲，備辦著各種各樣的菜餚，擺上琴瑟、管磬、鐘鼓之類的樂器，以迎奉天神的下降及其先祖的來臨。憑藉這些來辨正君臣的名分，加深父子的恩愛，融洽兄弟的感情，劃一上下、夫婦之間的位次。這就是奉承上天的福祐。制定不同的祝辭，以尊崇所祭的神靈，顯示所獻的物品。奠以清水，獻上連血帶毛的肉類，砧板上擺著半生不熟的祭品，這是繼承上古的遺風。陳列著煮熟的菜餚，坐在蒲席上面，用質地很疏的布覆蓋著酒，穿上練染過的祭服，獻上穀類釀成的甜酒和白酒，進以經過烹調好的肉味，君主與后妃交替著敬獻，使祖先的魂靈感到和樂愉悅，然後撤下祭品，進行加工烹煮，將犬、豕、牛、羊加以肢解，分別放在方圓各異、竹木編製的器皿裡，男巫把孝子的誠意奉告先祖，又把先祖向主人的祝福轉達給孝子。這就是親死以後兩週年的祭典，也是今天最完善的大禮。」

五儀解第七

【題 解】五儀，指人的五種儀型，即庸人、士人、君子、賢人和聖人。孔子詳細地論述了上述五種人的操守和表現，目的是希望哀公不要重用庸人，所以進一步誘導哀公正確對待哀、憂、勞、懼的問題，以及如何取人之法，並嚴肅地指出國家的存亡禍福，在於推行政教的人，而與天災地妖無關。此篇與《荀子・哀公》略同。

哀公問於孔子曰：「寡人欲論❶魯國之士，與之為治，敢問如何取❷之？」

孔子對曰：「生今之世，志古之道；居今之俗，服古之服。舍此❸而為非者，不亦鮮❹乎？」曰：「然則章甫❺絇履❻，紳帶❼縉笏❽者，皆賢人也？」孔子曰：「不必然也，丘之所言，非此之謂也。夫端衣❾玄裳❿，冕而乘軒⓫者，則志不在於食君⓬；斬衰⓭管菲⓮，杖而歠⓯粥者，則志不在於酒肉。生今之世，志古之道；居今之俗，服古之服，謂此類也。」公曰：「善哉！盡此而已乎？」孔子曰：「人有五儀：有庸人，有士人，有君子，有賢人，有聖人。審⓰此五者，則治道畢矣。」

公曰：「敢問何如斯可謂之庸人？」孔子曰：「所謂庸人者，心不存慎終⓱之規，口不吐訓格之言⓲，不擇賢以託其身，不力行以自定，見小闇大⓳，而不知所務⓴；

從物如流，不知其所執㉑，此則庸人也。」公曰：「何謂士人？」孔子曰：「所謂士人者，心有所定，計有所守，雖不能盡道術㉒之本，必有率㉓也；雖不能備百善之美，必有處㉔也。是故知不務多，必審其所知；言不務多，必審其所謂；行不務多，必審其所由。智既知之，言既道之，行既由之，則若性命之形骸之不可易也。富貴不足以益，貧賤不足以損，此則士人也。」公曰：「何謂君子？」孔子曰：「所謂君子者，言必忠信，而心不怨㉕；仁義在身，而色無伐㉖；思慮通明，而辭不專㉗，篤行信道，自強不息，油然㉘若將可越㉙，而終不可及者，此則君子也。」公曰：「何謂賢人？」孔子曰：「所謂賢人者，德不踰閑㉚，行中規繩㉛，言足以法於天下，而不傷於身；道足以化於百姓，而不傷於本，富則天下無宛財㉜，施則天下不病貧，此則賢者也。」公曰：「何謂聖人？」孔子曰：「所謂聖人者，德合於天地，變通無方㉝，窮萬事之終始，協庶品㉞之自然，敷其大道，而遂成情性，明並日月，化行若神，下民不知其德，覩者不識其鄰㉟，此謂聖人也。」

【章旨】此章分別論述了庸人、士人、君子、賢人和聖人的不同品德。其中所說的庸人，蓋以諷諭哀公，希望他不要「見小闇大」，而應該「擇賢自託」。至於「德合天地」、「明並日月」的聖人，則是夫子自道。錄自《荀子・哀公》。

【注釋】❶論 通「掄」。撰擇。《國語・齊語》：「權節其用，論比協材。」注：「論，擇也。」❷取 選拔；任用。❸舍此 以此自處。❹鮮 少。❺章甫 殷代的一種帽子。❻絇履 鞋頭上有著鉤飾，可以繫上鞋帶。❼紳帶 繫在腰間、一頭垂下的大帶。古代有身分的人才能繫。《禮・玉藻》：「紳長，制：士三尺，有司二尺有五寸。」❽縉笏 把笏插在紳帶上面。古代有地位的人，垂紳插笏，故以「縉紳」為士大夫的代稱。縉，同「搢」。插的意思。笏，古代朝會時所執的手板。有事則書於上，以備遺忘。❾端衣 古代祭祀時所穿的禮服。❿玄裳 黑色的下衣。⓫冕而乘軒 《荀子・哀公》作「絻而乘路」。絻，同「冕」。路，亦車。軒，一種曲輈有幡的車子。為卿大夫及諸侯夫人所乘。⓬食君 吃葷。《荀子・哀公》作「食葷」。君，葷。指蔥韭之類。⓭斬衰 喪服的一種。用粗麻布做成，左右和下邊不縫，是喪服中最重的一種。⓮管菲 草鞋。《荀子・哀公》作「菅屨」。管，當為「菅」之誤。一種莖可以做繩織屨的草。菲，通「扉」。草履。⓯歠 通「啜」。飲；喝。⓰審 詳細地了解；周密地觀察。⓱慎終 謹慎小心；始終如一。一般指對父母之喪。⓲訓格之言 合乎常規常法的話。訓，常規。格，常法。⓳見小闇大 對小事則洞察，對大事則糊塗。闇，昏昧；糊塗。⓴所務 所從事的；所應當致力的。㉑所執 所應當堅持的；所應當辨別的。執，堅持；判斷。㉒道術 指道德學問。㉓率 遵循。㉔處 常規。《呂氏春秋・誣徒》「喜怒無處」注：「處，常也。」㉕怨 怨咎；埋怨。㉖伐 誇耀。㉗專 專恣；專橫。㉘油然 舒緩的樣子；進步緩慢的樣子。《荀子・哀公》作「猶然」。㉙越 超過。㉚踰閑 越過範圍。《論語・子張》「大德不踰閑，小德出入可也」注：「閑，猶法也。」可見閑有法度、限度的意思。㉛規繩 規矩繩墨。比喻法度。校正圓形的工具叫規，方形叫矩。打直線的工具叫繩墨。㉜宛財 積蓄私財。《荀子・哀公》作「怨財」。怨，讀作「蘊」。宛，通「蘊」。積蓄的意思。㉝無方 沒有極限。㉞庶品 眾多的物品。庶，眾多。品，事物；品物。㉟鄰 此喻界限、涯垠、邊際。

【語譯】哀公問孔子說：「我想選擇魯國一些知識分子，和他們一起來治理國家，請問怎麼樣選擇呢？」孔子回答說：「生活在今天的世界上，而以推行古代的禮制為職志；居住在今天的社會中，而要著古代的禮服。以此自處而欲為非作歹的，不是太少了嗎？」哀公說：「那麼戴著殷代的帽子，著上尖端有鉤飾的鞋子，腰上繫著一頭下垂的帶子，帶上插著手板的，都是賢人麼？」孔子說：「不一定啊！我所說的不是這個意思呀。

那些穿上禮服，著上黑色的下衣，戴上禮帽，坐著華貴的車子的，那麼他的興趣就不在乎吃點散發著葱韭香味的葷菜；穿上粗麻布做的喪服，著上苞茅做的草鞋，扶著拐杖喝著粥，那麼他的志趣就不在於喝酒食肉。生活在今天的時代，而以推行古代的禮制為職志；居住在今天的社會，而要穿上古代的禮服，說的是這一類的人啊！」哀公說：「太好了，道理說完了麼？」孔子說：「人類有五種不同的儀型：有的是庸人，有的是士人，有的是君子，有的是賢人，有的是聖人。能夠分辨出這五種人，那麼治國的方法就全在這裡了。」哀公說：「請問什麼樣的便叫做庸人？」孔子說：「我所說的庸人，心裡從來沒有想過謹慎小心、貫徹始終的規範，口裡從來沒有說過合理合法的語言，不選擇賢人作為自己的依靠對象，不身體力行來實現自己既定的目的，對小事則明察，對大事則糊塗，因而不知道自己要從事什麼；聽信別人的話，像流水一樣的迅速，可是不知道自己應該堅持什麼，這就是庸人啊！」哀公說：「什麼叫做士人呢？」孔子說：「我所說的士人，心裡有自己的定見，謀畫有自己的原則，雖然沒有完全掌握道德學術的根本，但一定有所遵循；雖然沒有完全具備眾善的優點，但一定有以自處。所以他不求知的太多，但一定要洞悉他所知的那一點；不求說的太多，但一定要辨析他所說的核心問題；不求做的太多，但一定要明辨他為什麼要這樣做。已經了解的道理，已經說過的語言，已經做過的事情，那就像生命附著在形體之中似的，再也不可能改變的。讓他富貴起來，他並不覺得有什麼好處；叫他貧賤下去，他也不認為有什麼損失。這就是士人啊。」哀公說：「什麼叫做君子呢？」孔子說：「我所說的君子，說的一定不違背忠誠的原則，心裡並不埋怨忠而見疑；本身完全合乎仁義，卻並沒一點誇耀的神色；考慮問題非常透闢，而說出來的話，卻沒有半點專橫跋扈的樣子；堅決地力行，忠誠地奉信禮法，自強不息，進展得很緩慢，好像馬上可以超過他，但始終又趕不上他。這就是君子啊。」哀公說：「什麼叫做賢人呢？」孔子說：「我所說的賢人，品德不超越禮教的範圍，一舉一動都是循規蹈矩、合乎法度的。他說的話，可以作為天下的法式，而自己並不感到受了約束；他做的事，可以感化天下的百姓，而自己並沒有受到什麼損害。國家富起來了，自己並沒有什麼私人的積蓄；施散了財富，百姓就不會害怕貧困。這就是賢人啊。」哀公說：「什麼叫做聖人呢？」孔子說：「我所說的聖人，品德可以與天地相匹配，應變和開拓的精神是沒有極限的。能夠窮究萬事萬物發生和消亡的規律，能夠協調萬事萬物的本來關係，他的至理大道一經推廣，就能使百姓的本性得到發展和滿足。他的光輝像日月一樣的明亮，他的教化像神靈一樣的迅速，民眾受到他的恩澤，認為是自然的，並不知道他的所以然；看到所以然的，也不知道所施恩德的範圍到底有沒有邊際。這就是我所說的聖人啊。」

公曰：「善哉！非子之賢，則寡人不得聞此言也。雖然，寡人生於深宮之內，長於婦人之手，未嘗知哀，未嘗知憂，未嘗知勞，未嘗知懼，未嘗知危，恐不足以行五儀❶之教，若何？」孔子對曰：「如君之言，已知之矣，則丘亦無所聞焉。」公曰：「非吾子寡人無以啟❷其心，吾子言也。」孔子曰：「君子入廟如右，登自阼階❸，仰視榱桷❹，俯察机筵❺，其器皆存，而不睹其人，君以此思哀，則哀可知矣。昧爽❻夙興❼，正其衣冠，平旦❽視朝❾，慮其危難，一物失理❿，亂亡之端⓫。君以此思憂，則憂可知矣。日出聽政，至于中冥⓬，諸侯子孫，往來為賓，行禮揖讓⓭，慎其威儀⓮。君以此思勞，則勞亦可知矣。緬然⓯長思，出於四門⓰，周章⓱遠望，睹亡國之墟⓲，必將有數⓳焉。君以此思懼，則懼可知矣。夫君者，舟也，庶人者，水也。水所以載舟，亦所以覆舟。君以此思危，則危可知矣。君既明此五者，又少留意於五儀之事，則於政治，何有失矣。」

【章 旨】此章就哀公提出的不知哀、憂、勞、懼、危，不足以行五儀之教的問題，孔子不憚其煩地啟發其如何思哀、思憂、思勞、思懼、思危，以誘導其逐步推行「五儀之教」。全文亦見《新序．雜事四》。

【注 釋】❶五儀　五種儀型。即庸人、士人、君子、賢人和聖人五種不同等級的品德類型。❷啟　啟發；開導。❸阼階　東階。主人沿著階級上登的路線。❹榱桷　椽條。放在檁上架瓦的木條。❺机筵　几案。机，與「几」通。❻昧爽　拂曉；天未全明之時。昧，昏暗。爽，明亮。❼夙興　清晨起來。夙，早。興，起。❽平旦　清晨；天剛亮的時候。❾視朝　臨朝聽政。❿失理　處理政務失當。理，治。⓫端　開始；緣由。⓬中冥　中午和黃昏。中，日中。冥，日夕。⓭揖讓　賓主相見的禮儀。揖，古時的拱手禮。讓，謙讓。⓮威儀　莊嚴的容貌舉止。據《禮．中庸》有「威儀三千」，可見禮儀的細節非常煩瑣。⓯緬然　深思的樣子。⓰四門　四方之門。《書．堯典》：「賓於四門，四門穆穆。」注：「四門，四方之門。」⓱周章　循環反覆。⓲墟　故城；廢址。⓳數　道理。一說：幾個；不止一個。

【語 譯】哀公說：「講得多好啊！沒有你這麼高明的人，那麼我就不能聽到這些很好的意見。但是，我出生在深宮裡面，成長在婦人手中，從來不曉得什麼叫悲哀，什麼叫憂愁，什麼叫勞苦，什麼叫恐懼，什麼叫危險，恐怕不能推行你所講的『五儀』的教化，怎麼辦呢？」孔子回答說：「像你所說的，說明你已經知道了，那麼我也沒有什麼可說的了。」哀公說：「不是您，沒有人能啟發我、開導我，你還是進一步說說吧。」孔子說：「你到宗廟裡去，從東階一步一步往上走，抬頭看到屋頂上的椽條，低頭看到擺在那裡的几案，那些祖宗曾經用過的器皿還完好地保存在那裡，而他們卻永遠看不到了。你能因此而想到哀，那就可以懂得什麼是悲哀了。天剛亮就起來，戴好禮帽，穿好朝服，一清早就臨朝聽政，考慮國家的危亡和困難，一件事情處理不當，就覺得那是禍亂危亡的開始。你能因此而想到憂，那就可以懂得什麼是憂愁了。日頭一出來就臨朝聽政，到了日中日昃，鄰國的君主，同族的子孫，往來不絕地來這裡作客，必須以莊嚴的容貌和舉止，小心謹慎地奉行賓主之禮。你能因此而想到勞，那就懂得什麼是勞苦了。深謀遠慮，走出東西南北四門，把視線向周圍的遠方望去，就可以看到那些被滅亡的國家，遺留下來的廢墟，一定有好幾個。你能因此而想到懼，那就懂得什麼叫恐懼了。人君，好比一條船；百姓，好比一江水。水可以讓船浮起，也可以讓船翻覆。你能因此而想到危，那就懂得什麼叫做危險了。你既能明白上述的這五個方面，又能略微留意如何推行五儀之教，那麼處理國家的政務，還會有什麼失誤呢？」

哀公問於孔子曰：「請問取人❶之法。」孔子對曰：「事任於官，無取捷捷❷，無取鉗鉗❸，無取啍啍❹。捷捷，貪也；鉗鉗，亂也；啍啍，誕❺也。故弓調而後求勁焉，馬服❻而後求良焉，士必愨❼而後求智能者焉。不愨而多能，譬之豺狼不可邇❽。」

【章　旨】此章係孔子告訴哀公如何選擇善人。他認為能言善辯的，妄言誕語的，多嘴多舌的都不可取，因為他們不是貪夫，就是亂臣和妄人。

【注　釋】❶取人　選拔人才。❷捷捷　能言善辯的樣子。《詩・小雅・巷伯》：「捷捷幡幡，謀欲譖言。」《荀子・哀公》「捷捷」作「健」。亦敏捷之意。❸鉗鉗　妄言誕語的樣子。原注作「妄對，不謹誠」。❹啍啍　多嘴多舌的樣子。❺誕　荒唐；誕妄。❻服　順從。❼愨　樸實；誠謹。❽邇　接近。

【語　譯】哀公問孔子說：「請問選拔人才的方法。」孔子回答說：「選擇那些才能足以應付官位所需者，不要選拔那些能言善辯的人，不要選擇那些妄言亂語的人，不要選擇那些多嘴多舌的人。能言善辯的，往往急於進取，所以是貪夫；妄言亂語的，往往沒有根據，所以是亂臣；多嘴多舌的，往往誇耀自己，所以是荒唐的妄人。所以弓矢調協了，而後從其中去選擇強弓；馬群馴服了，而後從其中選擇良馬；知識分子一定要誠實，而後從其中選拔多謀多才的人。如果不樸實誠謹，而又多才多能，這種人就好比豺狼一樣，不可以和他接近。」

哀公問於孔子曰：「寡人欲吾國小而能守，大則攻，其道如何？」孔子對曰：「使❶君朝廷有禮，上下相親，天下百姓皆君之民，將誰攻之？苟❷為此道，民畔❸如歸❹，皆君之讎也，將與誰守？」公曰：「善哉！」於是廢山澤之禁❺，弛❻關市❼之稅，以惠百姓。

【章旨】孔子針對哀公的發問，指出能夠推行禮治，加強團結，天下百姓，皆來歸服，又何必去攻伐；否則，百姓把你看作仇敵，你又跟誰來守。真可謂一語破的。

【注釋】❶使　假設；倘若。❷苟　如果；假若。❸畔　通「叛」。❹歸　回到了老家。❺禁　禁令。❻弛　放寬；放鬆。❼關市　關卡和市集。

【語譯】哀公問孔子說：「我希望國家在弱小的時候能夠守，在強大的時候能夠攻，那辦法怎麼樣呢？」孔子回答說：「假使你的政府能夠推行禮治，上上下下又能親如一家，那麼世界所有的，都是你的民眾，你打算攻打誰呢？如果你推行的那套政治，老百姓背叛你，逃到別的國家去，像回到了自己的老家一樣，國家的民眾，都是你的仇敵，你又打算跟誰來守呢？」哀公說：「說得多麼的好呀！」於是廢除了上山採樵、下水捕魚的禁令，放寬了關卡和市集上徵收賦稅的規定，以此讓老百姓得到一些實惠。

哀公問於孔子曰：「吾聞君子不博❶，有之乎？」孔子曰：「有之。」公曰：「何為？」對曰：「為其二乘❷。」公曰：「有二乘則何為不博？」子曰：「為其兼行惡道❸也。」哀公懼焉，有間❹，復問曰：「若是乎？君子之惡惡道至甚也。」

孔子曰：「君子之惡惡道不甚，則好善道亦不甚；好善道不甚，則百姓之親上亦不甚。《詩》❺云：『未見君子，憂心惙惙❻；亦既見止❼，亦既覯止，我心則悅。』《詩》之好善道甚也如此。」公曰：「美哉！夫君子成人之善，不成人之惡❽，微❾吾子言焉，吾弗之聞也。」

【章　旨】此章言孔子諄諄啟發哀公好善惡惡，而且只有惡到極點，才能愛到極點。此節亦見《說苑．君道》。

【注　釋】❶博　通「簙」。古代一種近乎賭博的遊戲。此章與《韓非子．外儲說左下》的命意相似。「齊宣王問匡倩曰：『儒者博乎？』曰：『不也。』王曰：『何也？』匡倩對曰：『博貴梟，勝者必殺梟。殺梟者，是殺所貴也。儒者以為害義，故不博也。』」❷二乘　兩個等級；兩個類別。乘，等級；類別。如言上乘、下乘，即上等和下等。❸惡道　斜道；邪道。與「正道」相對。古代的博局，共三十六道。❹有間　過了一會兒。間，頃刻。❺詩　指《詩經》。下面的引詩，見《詩．召南．草蟲》。❻惙惙　憂鬱的樣子。❼見止　見到。止，助詞。無義。下「止」字同。《毛傳》謂：「見止，同牢而食；覯，謂已婚也。」因為《草蟲．序》云：「大夫妻能以禮自防也。」❽君子成人之善二句　見《論語．顏淵》。惟「善」字作「美」字。❾微　非；無；沒有。

【語　譯】哀公問孔子說：「我聽說有道德修養的人不參加賭博的遊戲，有這個事嗎？」孔子說：「有這個事。」哀公說：「為什麼呢？」孔子回答說：「因為它有善惡兩種類別。」哀公說：「有善惡兩種類別，為什麼不能玩呢？」孔子說：「因為它同時要走惡道。」哀公有些不知所措，過了一會，又問道：「是這樣嗎？您憎恨惡道到了極點了啊。」孔子說：「君子對惡道不是恨到了極點，那麼他對善道也就不會愛到極點；對善道不能愛到極點，那麼老百姓也不會對你愛到極點。《詩經》上說：『沒有看到君子，我心裡充滿了疑慮和鬱悶；

既已看到了，而且加深了理解，我心裡就高興了。』」《詩經》中的人喜歡善道也到了這個地步啊。」哀公說：「好極了！有道德修養的人，總是幫助別人完成好事，而不會促成別人去幹壞事的。要是沒有你，我是聽不到這番議論的。」

哀公問於孔子曰：「夫國家之存亡禍福，信❶有天命❷，非唯人也。」孔子對曰：「存亡禍福，皆己而已，天災地妖，不能加❸也。」公曰：「善！吾子之言，豈有其事❹乎？」孔子曰：「昔者❺，殷王帝辛❻之世，有雀生大鳥於城隅❼焉。占之曰：『凡以小生大，則國家必王❽而名必昌。』於是帝辛介❾雀之德，不修國政，亢暴❿無極，朝臣⓫莫救⓬，外寇⓭乃至，殷國以亡，此即以己逆⓮天時，詭福⓯反為禍者也。又其先世殷王太戊⓰之時，道缺法圮⓱，以致夭蘖⓲，桑穀于朝⓳，七日大拱⓴。占之者曰：『桑穀野木，而不合㉑生朝，意者㉒國亡乎！』大戊恐駭，側身修行㉓，思先王之政，明養民之道，三年之後，遠方慕義。重譯㉔至者，十有㉕六國，此即以己逆天時，得禍為福者也。故天災地妖，所以儆㉖人主者也；寤夢㉗徵怪㉘，所以儆人臣者也。災妖不勝善政，寤夢不勝善行，能知此者，至治之極也。唯明王達此。」公曰：「寡人不鄙固㉙，此亦不得聞君子之教也。」

【章　旨】此章亦見於《說苑》的〈君道〉和〈敬慎〉。存亡禍福，無關於天災地妖，而在於自己的修身為政，並歷舉徵驗，加以印證，極富於科學精神。

【注　釋】❶信　的確；真的。❷天命　上天的意志。《論語・季氏》：「君子有三畏：畏天命，畏大人，畏聖人之言。」❸加　施於；作用於。❹事　往事；典故。❺昔者　從前；過去。❻帝辛　殷紂王。殷代的最後一個君主。他才力過人，手格猛獸，智足以拒諫，言足以飾非。他經營東南，使中原文化逐漸傳播到淮河、長江流域，對奠定中國的統一格局起到了積極的作用。但他好酒淫樂，剝削殘酷，為酒池肉林，作長夜之飲。在連年作戰中，消耗了大量的人力物力。周武王乘他的主力集中在東南的機會，發動大規模的進攻，在牧野（今河南省淇縣）一戰中，紂因軍隊在陣前倒戈，兵敗自焚，商朝遂亡。事見《史記・殷本紀》。❼城隅　城樓。因為它位於城角或城曲處，故名。隅，角落。❽王　成就王者的偉大業績。《孟子・公孫丑上》：「以德行仁者王，王不待大。」❾介　依賴；憑藉。❿亢暴　殘暴。亢，至；極；最。⓫朝臣　指滿朝文武官員。⓬救　阻止。⓭外寇　敵軍。⓮逆　不順。⓯詭福　奇福；特別的吉祥。⓰太戊　亦作「大戊」、「天戊」。商朝的國王，太庚的兒子，小甲和雍己的弟弟。他曾經任用伊陟為相、巫咸處理政務，使商朝得以復興，所以被稱為中宗。⓱法圮　法制敗壞。圮，毀壞；敗壞。⓲夭蘖　茂盛的枝條，開始長出的幼芽。⓳桑榖于朝　古時迷信以桑、榖二木生於朝為不祥之兆。《書・咸有一德》：「伊陟相太戊，亳有祥，桑、榖共生於朝。」疏云：「桑、榖二木，共生於朝。朝非生木之處，是為不善之徵。」⓴大拱　兩手合抱。《史記・殷本紀》：「帝太戊立伊陟為相。亳有祥，桑、榖共生於朝，一暮大拱。帝太戊懼，問伊陟。伊陟曰：『臣聞妖不勝德，帝之政其有闕歟？帝其修德。』太戊從之，而祥桑枯死而去。」此言「七日大拱」，史言「一暮大拱」；此言「占之者曰」，史言「伊陟曰」，略有出入。㉑不合　不當；不應該。㉒意者　料想；抑或。㉓側身修行　《詩・大雅・雲漢・序》：「遇災而懼，側身修行。」疏云：「側者，不正之言，謂反側也。憂不自安，故處身反側。」側身，戒慎恐懼、不敢安息的意思。修行，修養身心。㉔重譯　展轉翻譯。㉕有　又。㉖儆　警惕；警戒。㉗寤夢　半睡半醒，似夢非夢，恍惚如有所見。㉘徵怪　怪異的徵兆。㉙鄙固　鄙陋頑固；淺薄保守。

【語　譯】哀公問孔子說：「國家的存亡禍福，的確是上天的意志在起作用，不僅是人事的關係啊。」孔子回答道：「存亡禍福都決定於自己罷了，天災地妖對它是不能施加影響的。」哀公說：「好啊！你所說的，難道有什麼事實根據嗎？」孔子說：「過去，殷紂王的時候，有一隻小麻雀在城樓上生了一隻大鳥，占卜的說：

『凡是小的養育大的，那麼國家一定興旺，國家的命運一定昌盛。』於是紂王憑藉雀的吉兆，不治理國家的政務，殘暴到了極點，滿朝的文武官員沒有一個能阻止他的，以致敵軍來了，殷國就被滅了。這就是因為自己的行為違背了天的意志，使得本來是奇福反而變成了大禍的。還有紂王的先祖殷王太戊的時候，政治紊亂，法制敗壞，以致廟堂之上，長出了桑和穀的幼芽，才七天就長成雙手合抱那麼大。占卦的說：『桑和穀本來應該生長在田野裡，不應當生長在廟堂之上，料想國家可能要被滅亡吧？』太戊非常害怕，謹慎不安地修養身心，考察先王的仁政，明確養民的良法，過了三年，遠方的人仰慕他的仁義，展轉翻譯到殷國來的十又六國。這也是用自己的行為去改變天的意志，把應該得到的大禍轉變為大福的。所以天災地妖，不過是上天用來警告君主的；異夢怪兆，不過是上天用來警戒人臣的。災妖是壓不倒好的政治的，夢兆是抵不過人的善行的。能夠明瞭這一點，便可以實現最好的政治目標。希望您能夠了解這個道理。」哀公說：「我要是不這麼鄙陋，一再向您請教，也不可能聽到這番很受教益的話啊。」

哀公問於孔子曰：「智者壽乎？仁者壽乎❶？」孔子對曰：「然❷！人有三死，而非其命❸也，行己自取也。夫寢處不時，飲食不節，逸勞過度者，疾共殺之；居下位而上干❹其君，嗜欲無厭❺而求不止者，刑共殺之；以少犯眾，以弱侮強，忿怒不類❻，動不量力者，兵共殺之。此三者，死非命也，人自取之。若夫智士仁人，將身有節❼，動靜以義，喜怒以時，無害❽其性，雖得壽焉，不亦可乎？」

【章　旨】此章亦見於《說苑・雜言》及《韓詩外傳・一》。言壽夭在己，病殺、刑殺、兵殺，都是咎由自取；如果能「將身有節，動靜以義，喜怒以時，無害其性」，就能夠永其天年。

【注　釋】❶智者壽乎二句　這是針對孔子曾經說過「智者動，仁者靜；智者樂，仁者壽」（見《論語・雍也》）的話，而提出來的疑問。智者，有謀略的人。仁者，居心仁愛的人。❷然　如此；是這麼樣的。❸命　命運；生命。《易・乾》云：「乾道變化，各正性命。」注云：「命者，人所稟受，若貴賤夭壽之屬是也。」❹干　犯；冒犯。❺無厭　沒有止境；無法滿足。❻不類　不當；不善。❼將身有節　立身行事有操守。將，行。節，操守。❽害　損害；妨害。

【語　譯】哀公問孔子說：「到底是足智多謀的人長壽，還是居心仁愛的人長壽呢？」孔子回答說：「是這麼樣的：人有三種死亡的原因，並不是他命該如此的，是他自己的行為決定的。休息沒有定時，飲食沒有節制，休息或勞動沒有限度，這樣的人，各種疾病都可以致他的死命。處於卑下的地位，而喜歡冒犯他的君主，慾望無法滿足，要求沒有止境。這樣的人，各種刑罰可以致他的死命。少數去觸犯多數，弱的去侵侮強的，憤怒不得當，行動不量力。這樣的人，刀槍可以致他的死命。這三種人的死亡，並不是他的命運決定的，而是自己討到的。要是心術善良的智者與仁人，立身行事有操守，一舉一動合道義，或喜或怒得其時，從來不妨礙其自然的情性，即使是安享壽考，不是應當的麼？」

卷二

致思第八

【題解】致思，就是通過一件具體的事，表達個人的思想觀點。此篇記錄了十七則小故事，體現了許多人的思想活動。從子路、子貢和顏淵各言其志開始，至子路治蒲為止，中間通過孔子和其弟子子路、子貢、子夏、曾子、伯魚、季羔以及其他一些人的問答和活動，把孔子的思想觀點，具體而生動地表現了出來。這些小故事，都見於劉向《說苑》。

孔子北遊於農山❶，子路❷、子貢❸、顏淵❹侍側，孔子四望，喟然❺而歎曰：「於斯致思，無所不至矣。二三子❻，各言爾志，吾將擇焉。」子路進曰：「由願得白羽❼若月，赤羽❽若日，鐘鼓之音，上震於天；旍旗❾繽紛❿，下蟠⓫于地，由當一隊而敵之，必也攘地⓬千里，搴旗⓭執聝⓮。唯由能之，使二子⓯者從我焉。」夫子曰：「勇哉！」子貢復進曰：「賜願使齊⓰、楚⓱，合戰於漭瀁⓲之野，兩壘⓳

相望，塵埃相接，挺刃⑳交兵㉑，賜著縞衣㉒白冠，陳說㉓其間，推論㉔利害，釋㉕國之患，唯賜能之。使夫二子者從我焉。」夫子曰：「辯哉！」顏回退而不對。孔子曰：「回！來，汝奚㉖獨無願乎？」顏回對曰：「文武之事，則二子者既言之矣㉗，回何云焉？」孔子曰：「雖然㉘，各言爾志也。小子言之。」對曰：「回聞薰蕕㉙不同器而藏，堯㉚桀㉛不共國而治，以其類異㉜也。回願得明王聖主輔相之，敷㉝其五教㉞，導之以禮樂，使民城郭不修，溝池不越，鑄劍戟以為農器，放牛馬於原藪㉟，室家無離曠㊱之思，千歲無戰鬥之患，則由無所施其勇，而賜無所用其辯矣。」夫子凜然㊲曰：「美哉德也！」子路抗手㊳而對曰：「夫子何選焉？」孔子曰：「不傷財，不害民，不繁詞㊴，則顏氏之子有矣。」

【章旨】此章記述子路、子貢和顏淵各言其志：子路欲以勇致勝，子貢欲以辯釋患，顏淵則希望銷毀兵器，消滅戰爭，讓人民休養生息，永遠過著和平的生活，孔子褒獎了顏淵。全章見於《說苑・指武》。

【注釋】❶農山　疑即「龍山」。在今河南省寶豐縣境，昔劉累學擾龍，遷於魯縣，因以名山。❷子路　孔子弟子。一字季路，號仲由，春秋卞人。亢直好勇，曾經擔任過蒲的大夫，後又仕於衛，因不肯迎立蕢聵為衛公，被殺。孔子曾經表揚他說：「片言可以折獄者，其由也歟！」又說：「衣敝縕袍，與衣狐貉者立而不恥者，其由也歟！」事見《史記・仲尼弟子列傳》。❸子貢　孔子弟子。是孔門四科中言語科的代表。姓端木，名賜，春秋時衛人。能言善辯，善經商，有「億則屢中」的稱譽。曾經出任過魯、衛的相，嘗受孔子命，遊說於吳越、齊晉之間，使之互相牽制，故有「子貢一出，存魯、亂齊、破吳、強晉而霸越」的傳說。事見《史記・仲尼弟子列傳》。❹顏淵　孔子最得意的弟子。在孔門四科中以德行著稱。字子淵，名回，春秋時魯人，年二十九，髮盡白，早逝。孔子曾經歎美他說：「有顏回者好學，不遷怒，不貳過，不幸短命死矣，今也則亡。」又說：「賢哉回也，一簞食，一瓢飲，在陋巷，人不堪其憂，回也不改其樂。」事見《史記・仲尼弟子列傳》。❺喟然　歎息的聲音和樣子。❻二三子　諸位；幾位；你們幾個人。❼白羽　白色羽毛裝飾起來的箭。❽赤羽　用赤色羽毛飾成的旗幟。❾旍旗　旌旗。亦作「旍旂」。❿繽紛　繁盛的樣子。⓫蟠　充塞；充滿。⓬攘地　闢地；侵奪地盤。⓭搴旗　拔取敵方的旗幟。⓮執馘　拿著敵人的左耳。馘，截掉耳朵。古代戰爭中割取敵人的左耳以計功，叫「獻馘」。⓯二子　指子貢和顏淵。下文的二子，則指子路和顏淵。⓰齊　古國名。姜姓，建都營丘（今山東淄博）。春秋初期，齊桓公任用管仲，進行政治改革，國力富強，成為「五霸」之一。後為秦國所滅。⓱楚　古國名。羋姓，建都於郢（今湖北江陵），後來陸續吞併了漢水以南的姬姓諸侯國，國勢強大，長期與晉國爭霸。楚莊王也曾經成為「五霸」之一。到了楚懷王任用小人，政治腐敗，國勢逐漸衰弱，最後為秦所滅。⓲漭瀁　廣大的原野。《說苑・指武》作「莽洋」。義同。⓳壘　兵壘；戰壘；軍隊的防守工事。⓴挺刃　拔出刀子。㉑交兵　交戰。㉒縞衣　白色的衣服。言兵凶戰危，故著白色的衣服。縞，細白的生絲。㉓陳說　陳述意見。㉔推論　推求論述；推理作出結論。㉕釋　解脫；消除。㉖奚　何；為什麼。㉗二子者既言之矣　兩人已經說了。二子，指子路和子貢。㉘雖然　即使如此。㉙薰蕕　香草和臭草。《說苑・指武》作「蘭芷」。㉚堯　傳說中的部落聯盟領袖。姓陶唐氏，名放勳。年老以後，禪位於舜。被儒家美化為古代的聖君。㉛桀　夏朝最後一個國王。殘暴荒淫，被史家稱為暴君的代表，後被商湯所滅。㉜類異　類別不同。類，種類。㉝敷　施行；頒布。㉞五教　父義、母慈、兄友、弟恭、子孝。㉟原藪　原野。藪，大澤。㊱離曠　指怨女和曠夫。離，分散。曠，指曠夫。即成年而無妻的男子。㊲凜然　態度嚴肅、令人敬畏的樣子。㊳抗手　舉手。㊴繁詞　浮誇的語言。

【語　譯】孔子往北遊到了農山，子路、子貢和顏淵陪從在旁。孔子向四面眺望了一會，歎息著說：「在這裡陳述自己的思想，沒有不可以說的。你們幾個人，各人談談自己的志向，我打算從中挑選出最好的來。」子路走到前列說：「我希望用白羽裝飾起來的箭，把弓扯得像滿月一樣；用赤羽裝飾起來的旗幟，像日色一樣的燦爛。鳴鐘擊鼓的進軍號，上徹雲霄；眾多的旌旗，充滿於地。我獨當一面出來抵抗，一定能夠奪取廣闊的地方，拔了敵人的旗幟，割了敵人的耳朵，大奏凱歌，讓子貢和顏淵跟著我幹，恐怕只有我能做到這一點。」

孔子聽了說：「多麼勇敢啊！」子貢也走到前列來說：「我希望齊國和楚國，在廣闊的原野上打起來，兩國的防禦工事，可以互相瞭望得到；兩國兵馬揚起的塵土，飛揚在一起，彼此拔出刀來，扭結在一起。於是我穿上白色的衣裳，戴上白色的帽子，在齊楚之間陳述自己的意見，把戰爭導致的利害關係加以推論，以解除兩國的兵患，讓他們兩個跟著我來，恐怕也只有我能做得到。」孔子聽了說：「多麼的能言善辯呀！」顏回卻避而不答，孔子說：「顏淵呀，來吧，為什麼只有你沒有志願呢？」顏淵回答說：「用文和用武兩方面的事，那他們兩個人已經說了，我還有什麼可說的呢？」孔子說：「即使是這樣，各人談各人的志向嘛，年輕人還是談談吧。」顏淵回答說：「我聽說過香草和臭草不藏在一個器皿裡，堯王和桀王不領導一個國家，為什麼呢？因為他們不是同一個類別的啊。我希望能夠遇到一位聖明的君主，幫助他施行禮治，用禮樂來教育和感化老百姓，讓他們在城市裡不設防，在兩國接壤的溝洫池沼旁不越境，把兵器鑄為農器，把牛馬放到平原大澤中去，百姓沒有怨女曠夫的憂思，國家永遠沒有戰爭的災難，那麼子路的勇力，子貢的巧辯，就沒有用武之地了。」孔子聽了嚴肅地說：「多麼好的道德呀！」子路舉起手來說：「您老人家選擇哪一個呢？」孔子說：「不損害財力，不危害百姓，又沒有浮誇的話，那麼要推姓顏的那個人了。」

魯有儉嗇❶者，瓦鬲❷煮食，食之自謂其美，盛之土型❸之器，以進❹孔子。孔子受之，歡然而悅，如受大牢❺之饋。子路曰：「瓦甂❻，陋器也，煮食，薄膳❼也，夫子何喜之如此乎？」子曰：「夫好諫者思其君，食美者念其親，吾非以饌具❽之為厚，以其食厚而我思焉。」孔子之❾楚，而有漁者❿而獻魚焉，孔子不受。漁者曰：「天暑市遠，無所鬻⓫也，思慮棄之糞壤⓬，不如獻之君子，故敢以進焉。」於是夫子再拜⑬受之，使弟子掃地，將以享祭⑭。門人⑮曰：「彼將棄之，而夫子以祭之何也？」孔子曰：「吾聞諸⑯：惜其腐餕⑰，而欲以務施者，仁人之偶⑱也，惡有受仁人之饋⑲，而無祭者乎？」

【章旨】此章兩個故事，分別見於《說苑》的〈反質〉和〈貴德〉。它說明孔子在接受饋贈時，不以物之輕重為輕重，而以義之厚薄為厚薄。

【注釋】❶儉嗇　節省；儉約。❷瓦鬲　瓦製的炊具。❸土型　亦作「土刑」、「土形」、「土鉶」。盛羹的瓦器。❹進獻　給；奉獻。❺大牢　祭祀用的牲畜叫牢，牛、羊、豕三牲叫「大牢」。❻瓦甂　闊口的瓦盆。❼薄膳　淡薄的飲食。❽饌具　餐具。❾之　往。❿漁者　捕魚的人。⓫鬻　出賣。⓬糞壤　穢土；荒穢的土地。⓭再拜　兩拜；拜而又拜。表示恭敬的禮節。⓮享祭　把祭品供獻給祖宗神靈。⓯門人　徒弟；學生。⓰諸　之。指代人或事。⓱腐餕　腐敗的熟食。餕，熟食。⓲偶　類；同類。⓳饋　贈送。

【語譯】魯國有一個非常節儉的人，用瓦做的炊具煮東西吃，吃了之後，自己覺得味道很美，便把它裝到盛羹的瓦器裡，拿來獻給孔子，孔子接受了，非常高興，像接受了三牲的饋贈一樣。子路說：「闊口的瓦盆，是一種鄙陋的器皿；煮熟的食品，是一種淡薄的飲食，而您老人家為何這麼高興呢？」孔子說：「喜歡進諫的人，常常會想到君主；吃到美味的人，常常會想到父母。我並不是因為他饋贈的食品和餐具是豐厚的、美好的，而是因為他吃到好東西就想到我啊。」孔子到楚國去，有一個捕魚的人送了一條魚來，孔子不肯接受。捕魚的人說：「天氣這麼熱，市集又這麼遠，沒有地方去賣啊。考慮到與其把牠丟在荒穢的地上，不如送給你這有學問有修養的人，所以我冒昧地拿來送給你。」於是孔子恭敬地接受了牠，並且要弟子們把室內打掃乾淨，準備把牠作為祭品供獻給祖宗神靈，他的學生們說：「那捕魚的人打算把牠丟了，而您卻拿來做祭品，為什麼呢？」孔子說：「我聽說，愛惜已經腐敗了的熟食，以求施與別人，是心存仁愛的人那一類的啊。哪有受到仁愛的人的饋贈，而不去祭祀祖宗神靈呢？」

季羔❶為衛之士師❷，刖❸人之足，俄而衛有蒯聵之亂❹，季羔逃之，走郭門❺，刖者守門焉，謂季羔曰：「彼有缺❻。」季羔曰：「君子不踰❼。」又曰：「彼有竇❽。」季羔曰：「君子不隧❾。」又曰：「於此有室。」季羔乃入焉。既而❿追者罷，季羔將去⓫，謂刖者：「吾不能虧⓬主之法，而親刖子之足矣。今吾在難，此正子之報怨之時，而逃我者三，何故哉？」刖者曰：「斷足，固我之罪，無可奈何！曩者⓭，君治臣以法，令先人後臣，欲臣之免也；臣知獄決罪定⓮，臨當論刑⓯，君愀然⓰不樂，見君顏色，臣又知之，君豈私⓱臣哉？天生君子，其道固然⓲，此臣之所以悅君也。」孔子聞之曰：「善哉為吏，其用法一也，思仁恕則樹德⓳，加嚴暴則樹怨⓴，公以行之，其子羔乎！」

【章　旨】這則故事，見於《說苑·至公》。言執法以公，居心以仁，則被刑者心悅誠服，反之，就要樹怨成仇。

【注　釋】❶季羔　高柴的字。齊人，孔子弟子。他長不盈五尺，學業未成，子路便要他擔任費邑和郈邑的宰，孔子以為不適合，並且曾經說過「柴也愚」的話。❷士師　主管刑法的官員。❸刖　砍掉腳的古代酷刑。❹蒯聵之亂　蒯聵是衛靈公的太子，因得罪靈公的寵姬南子，跑到晉國。及靈公卒，立蒯聵的兒子輒為君，蒯聵勾結衛大夫孔悝，自晉國偷襲衛君，衛君奔魯，蒯聵便做了衛國的君主。這時子羔正在衛國做官。蒯聵，《史記．仲尼弟子列傳》作「蕢聵」。❺郭門　城門。❻缺　同「缺」。缺口。❼踰　跳過；越過。❽竇　小孔；小洞。❾隧　地道。此指從洞口鑽出去。❿既而　一會兒；不久。⓫去　離開。⓬虧　損害。⓭曩者　往日；從前。⓮獄決罪定　案情判明，罪行斷定。⓯臨當論刑　要宣判定刑了。臨當，快要判斷。當，斷；判斷。論刑，科以刑法。論，定罪。⓰愀然　憂傷的樣子。⓱私　偏。此指偏愛。⓲固然　本來應該如此。⓳樹德　立德；樹立恩德。⓴樹怨　結怨；結仇。

【語譯】季羔擔任衛國的刑官，砍掉一個人的腳。不久，衛國發生了蒯聵稱兵作亂的事，季羔逃出去，走到城門口，恰好被砍掉了腳的那個人在守城門，他對季羔說：「那邊有個缺口。」季羔說：「有道德修養的人，是不肯從那裡跳越的。」又說：「那邊有個小洞。」季羔說：「有道德修養的人，是不肯從洞口鑽出去的。」又說：「在這裡有一間房子。」季羔於是走了進去。過了一會，追捕的人停止了搜查，季羔準備離開那裡，便對被砍掉了腳的人說：「我不能損害君主的法制，親自下令砍了你的腳，如今我在危難之中，這正是你報仇的好機會，反而三次讓我逃走，是什麼原因呢？」被砍掉了腳的那個人說：「砍了我的腳，本來是我的罪嘛，是沒有辦法的。過去，你按法令來治我的罪，叫行刑的人先砍別人的，然後再砍我的，是希望我能夠僥倖赦免啊。我知道案情已經查明，罪行已經判定，要宣判定刑了，你那憂愁的樣子，從臉色上表現了出來，我都看在眼裡，難道你對我有什麼偏愛嗎？上天誕生一個有道德修養的人，本來應該如此嘛，這便是我喜歡你的原因。」孔子聽說了道：「真會做官啊！同樣是執行法令，從仁愛寬恕出發就可以樹立恩德；從嚴酷殘暴出發就要結成仇怨，秉公辦事，恐怕只有子羔啊！」

孔子曰：「季孫❶之賜我粟千鍾❷也，而交益親；自南宮敬叔之乘我車❸也，而道加行。故道雖貴，必有時而後重❹，有勢而後行，微夫二子❺之貺❻財，則丘之道，殆❼將廢❽矣。」

【章旨】此章見於《說苑・雜言》。言要有一定的條件，才能取得較好的成績；否則，是辦不成事的。

【注釋】❶季孫　魯國的大夫。魯桓公的兒子季友的後裔。❷粟千鍾　很多的穀米。鍾，古代的容量單位，能夠容納六斛四斗。❸南宮敬叔之乘我車　《史記・孔子世家》云：「南宮敬叔言魯君曰：『請與孔子適周。』魯君與之一乘車，兩馬，一豎子俱，適周問禮，蓋見老子云。」當為此事。南宮敬叔，魯大夫。❹重　見重；尊重。❺微夫二子　沒有那兩個人。指季孫氏和南宮敬叔。微，非；沒有。❻貺　賜與；贈給。❼殆　大概；恐怕。❽廢　衰敗；衰落。

【語譯】孔子說：「自從季孫氏贈給我千鍾的穀米，而結交的朋友更加和我親近了；自從南宮敬叔向魯君建議，給了我的車馬，而我的學說便更加推廣了。可見一個人的學說雖然了不起，但一定要碰上時機，才能受到重視；一定要適應形勢，才能得以施行。要沒有那兩個人的贈與，那麼我的學說，恐怕也會衰落的。」

孔子曰：「王者有似乎春秋❶，文王❷以王季❸為父，以太任❹為母，以太姒❺為妃，以武王❻、周公❼為子，以太顛❽、閎夭❾為臣，其本美矣。武王正其身以正其國，正其國以正天下，伐無道❿，刑有罪⓫，一動而天下正，其事成矣。春秋致⓬其時而萬物皆及，王者致其道而萬民皆治。周公載己行化⓭，而天下順之，其誠至矣。」

【章旨】此章見於《說苑・君道》，言正其根本，而後萬物皆隨之而正。其身不正，是決不能正人的。

【注　釋】❶春秋　四季。舉春以包夏，言秋以含冬。因春是播種的季節，秋是收穫的季節，是四季中的黃金日月。❷文王　姓姬，名昌。曾被殷紂王囚於羑里。在他當政時期，曾使虞、芮歸附，黎、邗稱臣，國勢逐漸強盛起來。❸王季　名季歷。古公亶父之子，文王之父，曾繼承古公為公。❹太任　亦作「大任」。季歷之妃，文王之母。《詩・大雅・思齊》：「思齊大任，文王之母。」就是歌頌她的詩。❺太姒　有莘氏之女。文王之妻，武王之母。《詩・大雅・大明》：「纘女維莘，長子維行，篤生武王。」就是歌頌她的。❻武王　周朝的開國君主。姓姬，名發。繼承文王滅商的遺志，在牧野一戰中，一舉滅了商朝，殺了紂王。❼周公　名旦。亦稱叔旦，武王之弟，曾輔佐武王滅商，武王死後，又由他攝政，消滅了武庚的叛亂，建立了周代的典章制度，是周朝的大政治家。❽太顛　西周的大臣。曾與散宜生、閎夭輔佐周文王。❾閎夭　西周初年的大臣。《史記・周本紀》：「帝紂乃囚西伯於羑里，閎夭之徒患之，乃求有莘氏美女，驪戎之文馬，有戎九駟，他奇怪物，因殷嬖臣費仲而獻之紂。紂大說，曰：『此一物足以釋西伯，況其多乎！』乃赦西伯。」❿伐無道　指武王伐紂事。《史記・周本紀》：「居二年，聞紂昏亂暴虐滋甚，殺王子比干，囚箕子，太師疵、少師彊抱其樂器而奔周。於是武王遍告諸侯曰：『殷有重罪，不可以不畢伐。』乃遵文王，遂率戎車三百乘，虎賁三千人，甲士四萬五千人，以東伐紂。」⓫刑有罪　指殺紂及其嬖妾。《史記・周本紀》：武王「以黃鉞斬紂頭，懸之太白之旗。已而至紂之嬖妾二女，二女皆經自殺。武王又射三發，擊以劍，斬以玄鉞，懸其頭小白之旗」。⓬致　獲致；給予。⓭載己行化　在自己力行的基礎上推廣教化。載，行。

【語　譯】孔子說：「實行王政的君主，有些像自然界的春夏秋冬四季一樣，自己按照自然規律運行，萬物也隨之而生長成熟。文王有王季做他的父親，太任做他的母親，太姒做他的妻子，武王、周公做他的兒子，太顛、閎夭做他的大臣。他的根本就好極了。武王首先端正了自己，然後端正他的國家；國家端正了，然後再使天下隨之而端正起來。他討伐了無道的殷紂王，誅戮了有罪的紂王及其寵妃二人，只動了一次武力，而天下從此安定，他的事業也就獲得了成功。春季和秋季給予了好的氣候條件，而萬物因而普遍地成長；王者實行了仁政禮教，而萬民便生活在太平的盛世之中。周公從自己身體力行做起，然後推廣他的教化，因而天下的人都順從他，他的忠誠可以說是盡善盡美了。」

曾子❶曰：「入是國❷也，言信於群臣，而留可也；行忠於卿大夫，則仕❸可也；澤施於百姓，則富❹可也。」孔子曰：「參之言此，可謂善安身❺矣。」

【章旨】此章見於《說苑・談叢》。言人應該選擇政治環境和生活環境，來決定自己的行止。

【注釋】❶曾子　曾參。字子輿，魯武城（今山東兗州）人。孔子弟子，被稱為「宗聖」。❷是國　這個國家。是，此；這。❸仕　做官。❹富　《說苑・叢談》作「安」。義較勝。❺安身　容身；存身；保全自己。

【語譯】曾子說：「走到這個國家去，發現一般官吏的話是守信用的，你便可以暫時居留在那裡；高級官員的行為是忠誠的，你便可以在那裡做官；老百姓普遍受到恩澤，你便可以在那裡安居樂業。」孔子說：「曾參這些話，可以說是善於保全自己了。」

子路為蒲宰❶，為水備❷，與其民修溝瀆❸；以民之勞煩苦也，人與之一簞食❹，一壺漿❺。孔子聞之，使子貢止之，子路忿❻不悅，往見孔子曰：「由也以暴雨將至，恐有水災，故與民修溝洫❼以備之。而民多匱餓❽者，是以簞食壺漿而與之。夫子使賜❾止之，是夫子止由之行仁也。夫子以仁教❿而禁其行，由不受⓫也。」孔子曰：「汝以民為餓也，何不白⓬於君，發倉廩⓭以賑之？而私⓮以爾食饋⓯之，是汝明君之無惠⓰，而見己之德美矣。汝速已⓱則可，不則⓲，汝之見罪⓳必矣。」

【章旨】此章見於《說苑・臣術》。言做人臣的，有善應歸之於君，讓君在群眾當中樹立一個美好的形象，如果突出了自己，就會遭到不測之禍。

【注釋】❶蒲宰　蒲邑的長官。蒲，地名。春秋時衛地，在今河南長垣縣境。❷水備　防備水災。❸溝瀆　溝渠。溝，田間水道。瀆，水渠。❹簞食　用竹器裝的飯。簞，盛飯用的竹器。❺壺漿　用瓦壺盛的米汁。漿，米所熬的汁。❻忿　憤怒；埋怨。❼溝洫　田間水道。洫，田間水道。❽匱餓　貧窮飢餓。匱，缺乏；窮無所有。❾賜　子貢。姓端木，名賜。❿仁教　以仁義為教育宗旨。⓫不受　不接受；不受教。⓬白　告訴；陳述。⓭倉廩　儲藏米穀的倉庫。藏穀的叫做倉，藏米的叫做廩。一說：方形的叫倉，圓形的叫廩。⓮私　私人；私自。⓯饋　贈送。⓰無惠　沒有恩德。⓱速已　趕快停止。⓲不則　否則。《說苑・臣術》正作「否則」。⓳見罪　被加以罪。見，助動詞。作「被」講。

【語譯】子路擔任蒲邑的長官，為了防備水災，率領百姓去修溝渠；因為百姓勞動非常辛苦，便給了每人用竹器盛的一點飯，用瓦壺裝的一點米汁。孔子聽說了，打發子貢前去制止，子路生著氣，很不高興地走到孔子那裡說：「我因為一場暴雨快要來了，恐怕發生水災，所以率領老百姓去修整田間的水道，作為防洪的準備。可是老百姓很窮，大多是餓著肚皮來的，所以給了他們每人一點飯和一點米汁。您老人家又打發子貢來制止我這麼做，這是您制止我施行仁義啊。您平常以仁義為教育的宗旨，然而又禁止別人去實行，我是無法接受的。」孔子說：「你認為百姓們在飢餓中掙扎，為什麼不告訴君主，打開倉庫去賑濟他們呢？你卻私自拿自己的糧食去贈送給他們，這是張揚君主沒有恩德，而表現自己的恩德美好。你趕快停止這麼做還來得及，否則，你一定會被加之以罪的。」

子路問於孔子曰：「管仲❶之為人何如？」子曰：「仁也。」子路曰：「昔管仲說襄公❷，公不受，是不辯也；欲立公子糾❸而不能，是不智也；家殘於齊❹，而無憂色，是不慈也；桎梏❺而居檻車❻，無慚心❼，是無醜❽也；事所射之君❾，是不貞也；召忽❿死之，管仲不死，是不忠也。仁人之道，固⓫若是乎？」孔子曰：「管仲說襄公，襄公不受，公之闇⓬也；欲立子糾而不能，不遇時也；家殘於齊，而無憂色，是知權命⓭也；桎梏而無慚心，自裁⓮審⓯也；事所射之君，通於變也；不死子糾，量輕重⓰也。夫子糾未成君，管仲未成臣，管仲才度義⓱，管仲不死，束縛⓲而立功名，未可非也。召忽雖死，過與取仁，未足多也。」

【章　旨】此章見於《說苑・善說》。通過子路與孔子的辯難，對管仲的功過，作了全面而正確的評價。說明看問題的角度不同，往往會得出不同的結論。

【注　釋】❶管仲　即管敬仲。名夷吾，春秋初期的大政治家，齊潁上（潁水之濱）人。在鮑叔牙的推薦下，為齊桓公相，主張通貨積財，富國強兵，九合諸侯，一匡天下，使齊桓公成為春秋時「五霸」之首。現存《管子》一書，雖係後人偽託，但可以從中了解管仲的政治思想。❷襄公　齊國的昏君，名諸兒。曾與其妹魯夫人私通，被魯桓公發現，便使力士彭生拉殺桓公，遭到魯國的責備，又殺了彭生以滅口，後被公孫無知所弒。❸公子糾　齊襄公的弟弟。他的母親是魯國人，因為襄公荒淫無道，恐怕連累自己，便和他的心腹管仲及召忽逃到了魯國，等到公孫無知被殺，魯國便發兵送他回來，不料小白已經先回，並被立為國君，是為齊桓公。魯人害怕齊國的勢力，便把公子糾殺了。❹家殘於齊　家敗人亡於齊國，事無可考。殘，殘破；毀滅。❺桎梏　腳鐐手銬。❻檻車　囚車。❼慚心　羞愧之心。此指「桓公之立，發兵攻魯，心欲殺管仲」、「召忽死之，管仲請囚」的事。見《史記・齊太公世家》。❽無醜　無恥。《史記・管晏列傳》：「吾（管仲）幽囚受辱，鮑叔不以我為無恥，知我不羞小節而恥功名不顯於天下也。」此與孔子對此事的觀點略同。❾所射之君　指齊桓公。無知死了以後，魯國發兵送公子糾回國，而使管仲另率一枝軍隊，阻住齊桓公自莒返國的要道，管仲射中了齊桓公的帶鉤。事見《史記・齊太公世家》。❿召忽　春秋時齊人。與管仲同事公子糾。襄公死，齊國發生了內亂，跟著公子糾逃到魯國。齊桓公即位後，要求魯國殺了公子糾，他也自殺了。見《左傳・莊公九年》及《史記・齊太公世家》。⓫固　原來；本來。⓬闇　昏昧。⓭權命　暫時認命。權，暫且；姑且。⓮自裁　自行決定。裁，裁奪；裁定。⓯審　詳細；周密。⓰輕重　分量的大小。⓱度義　衡量合不合義。度，揣度；考慮。⓲束縛　綑綁。《韓非子・難一》：「桓公解管仲之束縛而相之。」正是說的這個。

【語譯】子路問孔子說：「管仲的為人，到底怎麼樣？」孔子說：「是一個仁愛的人。」子路說：「過去，管仲曾經向齊襄公陳述過自己的政治主張，而襄公沒有接受，說明他沒有口才；打算擁立公子糾來做齊國的國君，而沒有能夠成功，說明他缺乏智謀；在齊國搞得家破人亡，而沒有一點憂傷的顏色，說明他不是一個慈愛的人；戴上腳鐐手銬關在囚車裡，而沒有一點羞愧之心，說明他是無恥的；事奉曾經要射殺的人做君主，說明他沒有操守；召忽在公子糾被殺以後便自殺了，而管仲還活著，說明他是不忠誠的。仁愛的人的處世之道，原來是這樣的麼？」孔子說：「管仲向襄公遊說，襄公沒有接受，因為襄公太昏昧了；想擁立公子糾而沒有成功，是沒有碰到時機；在齊國弄得家破人亡，而沒有憂傷的顏色，是姑且認命罷了；戴上腳鐐手銬，而沒有羞愧之心，是經過自己詳細考慮的；事奉曾經要射殺的人，是善於通權達變；沒有為公子糾殉難，是他衡量了不值得一死，因為死的輕而生的重啊。當時子糾並沒有成為國君，管仲也沒有成為他的臣子，管仲量才度義，沒有去死，而在被綑綁著以後，建立了不世的功名，不可以否定他啊。召忽雖然自殺了，在選擇仁義方面，未免過分了一點，是不值得贊美的呀。」

孔子適❶齊，中路❷，聞哭者之聲，其音甚哀。孔子謂其僕❸曰：「此哭哀則哀矣，然非喪者❹之哀矣。」驅而前，少進❺，見有異人❻焉，擁鐮❼帶素❽，哭者不哀。孔子下車，進而問曰：「子，何人也？」對曰：「吾，丘吾子也。」曰：

「子今非喪之所，奚哭之悲也？」丘吾子曰：「吾有三失❾，晚而自覺，悔之何及！」曰：「三失可得聞乎？願子告吾，無隱❿也。」丘吾子曰：「吾少時好學，周遍⓫天下後，還喪吾親，是一失也；長事齊君，君驕奢失士⓬，臣節⓭不遂，是二失也；吾平生厚交，而今皆離絕⓮，是三失也。夫樹欲靜而風不停，子欲養而親不待，往而不來者，年也；不可再見者，親也。請從此辭。」遂投水而死。孔子曰：「小子識之，斯足為戒矣。」自是弟子辭歸養親者十有三。

【章　旨】此章見於《說苑．敬慎》。說明「樹欲靜而風不停，子欲養而親不待」，晚雖自覺，悔已無及，是敬老養親的好教材。

【注　釋】❶適　往。❷中路　半路上；途中。❸僕　駕車的人。《論語．子路》：「子適衛，冉有僕。」正是說冉有駕車。❹喪者　居喪的人。❺少進　略微前進了幾步。❻異人　不尋常的人。❼擁鐮　腰上掛著鐮刀。❽帶素　繫著白帶子。《說苑．敬慎》作「帶索」。❾三失　三個錯誤。❿隱　瞞；藏。⓫周遍　周遊各地，環行各處。⓬失士　喪失民心。士，士庶；民眾。⓭臣節　人臣的操守。⓮離絕　離散斷絕。

【語　譯】孔子往齊國去，半路上，聽到有人在哭，哭得非常悲哀。孔子對駕車的人說：「這個哭的，悲哀雖則很悲哀，但不像家裡死了人那樣的悲痛啊。」趕著馬走到前面去，略微前進了一段路，看到一個不尋常的人，掛著鐮刀，繫著白帶，在那裡哭，但不很悲痛。孔子下了車，追著他問道：「先生，你是什麼人？」那人回答說：「我嘛！叫做丘吾子啊。」孔子說：「你現在並不是服喪的時候，為什麼哭得這麼悲哀啊？」丘吾子說：「我有三個錯誤，到了晚年雖則覺悟了，但追悔也來不及了。」孔子說：「你的三個錯誤，可以讓我知道嗎？希望你能夠告訴我，不要有什麼隱諱啊。」丘吾子說：「我年輕的時候喜歡學習，到處尋師訪友，等到我環遊一圈回來，我的父母已經死了，這是一大錯誤；到了壯年，我侍奉齊國的君主，君主驕傲奢侈，喪失了民心，我沒有盡到人臣的職責，這是第二大錯誤；我生平很重視友誼，可是如今有的離散了，有的斷絕了音問，這是第三大錯誤。樹木想靜下來，可是風卻颳個不停；兒子想奉養父母，可是父母卻一去不返。一天一天過去，卻永遠不會再來的，是年齡啊；再也見不到的，是父母啊。讓我從此辭謝這個人世吧！」於是便投水自殺了。孔子說：「你們記著吧，這個人值得作為我們的鑑戒啊！」從這以後，學生們告辭孔子，回家奉養父母的，達到十三個之多。

孔子謂伯魚❶曰：「鯉乎！吾聞可以與人終日不倦者，其唯學焉。其容體不足觀也，其勇力不足憚❷也，其先祖不足稱❸也，其族姓不足道也，終而有大名以顯聞❹四方，流聲❺後裔❻者，豈非學之效也？故君子不可以不學。其容不可以不飭❼，不飭無類❽，無類失親，失親不忠，不忠失禮，失禮不立❾。夫遠而有光者，飭也；近而愈明者，學也。譬之汙池❿，水潦⓫注焉，雚葦⓬生焉，雖或以觀之，孰知其源乎？」

【章　旨】此章見於《說苑．建本》，而文字略異。極言學的作用和效應，可與《荀子》的〈勸學〉、〈儒效〉互參。

【注　釋】❶伯魚　孔子的兒子。名鯉，字伯魚。比孔子先死，死時年五十。見本書〈本姓解第三十九〉及《史記．孔子世家》。❷憚　畏懼；害怕。❸稱　頌揚。❹顯聞　揚名。顯，顯揚。聞，聲名；聲譽。❺流聲　傳布聲名。流，傳布。聲，名譽。❻後裔　後代。❼飭　整治；修整。❽類　榜樣；模式。《禮・淄衣》：「身不正，言不信，則義不壹，行無類也。」注云：「類，謂比式。」就是模樣的意思。❾不立　不能立身處世。即《論語・季氏》孔子教導孔鯉說：「不學禮，無以立」的意思。❿汙池　蓄水的池塘。⓫水潦　雨水。《禮・曲禮上》：「水潦降，不獻魚鼈。」注：「雨水謂之潦。」⓬雚葦　蘆荻；蘆葦。

【語譯】孔子對他的兒子伯魚說：「孔鯉呀！我聽說可以跟人在一起，整天都不感到疲倦的，恐怕就是學習吧。他的容貌和體裁，不值得一看；他的勇力，不值得害怕；他的祖先，不值得頌揚；他的門閥，也不值得稱道。但他最終享有大名，姓名傳布於四方，聲譽流傳於後代，難道不是學問的效應嗎？所以有身分的人，不可以不學。當然，一個人的容貌，也不可以不加修整，不修整就不能做榜樣，不能做榜樣就沒有人親近你，不親近你，自然談不上對你忠誠了；對你不忠誠，就會對你無禮；對你無禮，你就無法立身處世了。隔得遠就能看到你的光彩照人，是因為整頓儀容；離得近就感到你能洞悉各種事物，是因為你有淵博的學問。譬如一個蓄水的池塘，雨水流到裡面去，蘆葦生長在裡面，即使有人看到了這些表象，有誰能知道它的源頭呢？」

子路見於孔子曰：「負重涉遠，不擇地而休；家貧親老，不擇祿❶而仕。昔者，由也事二親之時，常食藜藿❷之實，為親負米百里之外。親歿之後，南遊於楚，從車❸百乘❹，積粟萬鍾，累茵❺而坐，列鼎❻而食，願欲食藜藿，為親負米，不可復得也。枯魚銜索❼，幾何❽不蠹❾！二親之壽，忽若過隙❿。」孔子曰：「由也事親，可謂生事⓫盡力，死事⓬盡思⓭者也。」

【章　旨】此章見於《說苑・建本》。言子路奉養父母，在生的時候能夠盡力，死了以後，又能思念不已。是一篇宣揚孝道的作品。

【注　釋】❶擇祿　選擇待遇。祿，俸祿。❷藜藿　野菜。貧者所食。藜，一種名叫「萊」的草。初生時可食。藿，豆葉。嫩時可食。❸從車　隨從的車輛。❹乘　車一輛為乘。❺累茵　很多層的坐墊。茵，坐褥；坐墊。❻列鼎　陳列著很多的菜肴。鼎，古代貴族的食器。❼枯魚銜索　串在繩索上的乾魚。形容過不了多久。枯魚，乾魚。❽幾何　多少；若干。❾蠹　蛀蝕；敗壞。❿過隙　超越一條裂縫。極言其快。隙，裂縫；縫洞。⓫生事　事奉生的。⓬死事　事奉死的。⓭盡思　盡了哀思。

【語　譯】子路拜見孔子說：「背著很重的東西，經過很遠的道路，往往不選擇地方就去休息。家裡很窮，父母又老，往往不計較待遇就去做官。過去，我侍奉父母的時候，常常吃的是野菜，替父母在百里之外背米回來。父母去世之後，我到南方的楚國去做官，隨從的車子達到一百輛，貯藏的穀米超過一萬鍾，坐的有幾層褥子，吃的有很多的殽饌，希望去吃野菜，替父母背米，再也沒有機會了。真是串在繩索的乾魚，能夠經過幾天不會敗壞的。父母的壽年，像超越一條縫隙似的，很快就過去了。」孔子說：「子路對待父母，可以說在生的時候，盡了自己的力量，去世以後，又盡了自己的哀思了啊。」

孔子之郯❶，遭❷程子❸於塗，傾蓋❹而語，終日甚相親，顧❺謂子路曰：「取束帛❻以贈先生。」子路屑然❼對曰：「由聞之，士不中間見，女嫁無媒❽，君子不以交，禮也。」有間❾，又顧謂子路，子路又對如初。孔子曰：「由！《詩》不云乎？『有美一人，清揚宛兮，邂逅相遇，適我願兮❿。』今程子，天下賢士也，於斯⑪不贈，則終身弗能見也。小子行之。」

【章　旨】此章見於《說苑・尊賢》。言對待天下的賢士，應該尊之重之，不必問過去的交情如何。

【注　釋】❶郯　古國名。少昊之後，己姓，戰國初年被越所滅。故城在今山東省郯城縣境。❷遭　遇。❸程子　春秋時賢人。❹傾蓋　停車。後來指初交。蓋，車蓋。❺顧　回頭看著。❻束帛　古代聘問或朋友饋贈的禮物。帛五匹為一束，一束十端，一端丈八尺，兩端合成一卷，總為五匹。❼屑然　不介意的樣子。❽士不中間見二句　《說苑・尊賢》作「士不中而見，女無媒而嫁」。中間，中介；媒介。❾有間　過了一會。❿有美一人四句　語見《詩・鄭風・野有蔓草》。有美一人，借指賢士。清揚，形容眉目之間婉麗之態。邂逅，不期而遇；偶然碰到。適，恰巧；正好。⑪斯　斯人；這個人。

【語　譯】孔子往郯國去，在路上遇到了程先生，停下車子就交談起來，談了一整天，談得很親熱，回頭看著子路說：「拿一束帛來送給先生。」子路滿不在乎的回答說：「我聽說過：男的沒有介紹而互相見禮，女的沒有媒妁而出嫁；有修養的人是不去結交這樣的人的，這是合乎禮教的。」過了一會，孔子又回過頭來對子路說，子路還是像以前一樣的回答。孔子說：「子路呀，《詩》不是這麼說嗎？『有那麼一位美人，眉目之間多麼秀麗啊。不期而遇，正好是我所期望的啊。』如今程先生，是天下德才兼備的好人，對於這樣的人還不贈送禮品，那你這一輩子再也莫想見到這樣的人了。你去照辦吧。」

孔子自衛反魯，息駕❶于河梁❷而觀焉。有懸水❸三十仞❹，圜流❺九十里，魚鼈不能導❻，黿鼉不能居❼，有一丈夫❽，方將厲❾之，孔子使人並涯❿止之曰：「此懸水三十仞，圜流九十里，魚鼈黿鼉不能居也，意者⑪，難可濟⑫也。」丈夫不以措意⑬，遂渡而出。孔子問之曰：「子乎！有道術乎？所以能入而出者，何也？」丈夫對曰：「始吾之入也，先以忠信⑭；及吾之出也，又從以忠信。忠信措⑮吾軀於波流，而吾不敢以用私⑯，所以能入而復出也。」孔子謂弟子曰：「二三子識之，水且猶可以忠信成身⑰親⑱之，而況於人乎？」

【章　旨】此章見於《說苑・雜言》，言只要一片真誠，毫無私心，去對待客觀事物，就能夠走向自由王國。《莊子・達生》中也有一則內容相同的故事，但它是說要順應客觀事物的本性，才能走向自由王國。同一故事，代表兩種不同的思想學說。錄之以供互參：

孔子觀於呂梁，懸水三十仞，流沫四十里，黿鼉魚鼈之所不能游也。見一丈夫游之，以為有苦而欲死也，使弟子并流而拯之。數百步而出，被髮行歌而游於塘下。孔子從而問焉，曰：「吾以子為鬼，察子則人也。請問蹈水有道乎？」曰：「亡，吾無道。吾始乎故，長乎性，成乎命；與齊俱入，與汩偕出，從水之道而不為私焉，此吾所以蹈之也。」孔子曰：「何謂始乎故，長乎性，成乎命？」曰：「吾生於陵而安於陵，故也；長於水而安於水，性也；不知吾所以然而然，命也。」

【注　釋】❶息駕　停車。❷河梁　橋梁。《說苑・雜言》作「呂梁」。指龍門。❸懸水　瀑布。❹仞　長度單位。八尺為一仞。❺圜流　迴流；環流。❻導　游。❼居　停留。❽丈夫　漢子；男子。❾厲　涉水。連衣涉水叫厲，提起衣裳涉水叫揭。一說：涉深水叫厲，涉淺水叫揭。❿並涯　走近水邊。並，靠近。⓫意者　料想。⓬濟　渡過。⓭措意　著意；注意。⓮忠信　真誠；沒有二心。⓯措　安放。⓰私　個人的想法和願望。⓱成身　成人；大人。⓲親　接近；狎暱；玩弄。

【語　譯】孔子從衛國回魯國去，停了車在橋梁上觀賞自然景物，看到一條瀑布有二十四丈高，激起的迴流有九十里長，魚鼈不能在那裡游，黿鼉不能在那裡停。有一個漢子正打算涉水過去，孔子打發人走近水邊去制止他說：「這條瀑布有幾十丈高，激起的漩渦都有幾十里長，連魚鼈黿鼉之類都不能在那裡停留，料想是很難渡過去的。」那漢子毫不在乎，於是便渡了過去。孔子問他說：「先生呀！你有什麼道法麼？為什麼能夠鑽到漩渦裡去，又能鑽了出來呢？」那漢子回答說：「我開始鑽到水裡去的時候，首先是一片真誠，毫無雜念；等到我游出來的時候，還是一片真誠，是真誠把我的軀體安放在洶湧的波濤之上，而我不敢夾雜個人的念頭在裡面，所以能鑽進去又能鑽出來啊。」孔子對弟子說：「你們幾個人記著：用一片真誠去對待水，一個大漢猶然可以親近它、狎玩它，何況是對待民眾呢？」

孔子將行❶，雨而無蓋❷。門人曰：「商❸也有之。」孔子曰：「商之為人也，甚悋❹於財。吾聞與人交，推❺其長者，違❻其短者，故能久也。」

【章旨】此章見於《說苑・雜言》。言對待朋友，應該揚其所長，避其所短，才能保持交情。

【注釋】❶行　外出。❷蓋　傘。❸商　卜商。字子夏，春秋時衛人，在孔門四科中以文學著稱，序過《詩》，傳過《易》，曾經教於西河之上，魏文侯師事之。❹悋　與「吝」同。吝嗇；慳吝。❺推　舉；稱。❻違　避。

【語譯】孔子將要外出，下了雨，沒有傘。學生們說：「卜商有一把傘。」孔子說：「卜商平日的為人，對待財物，非常吝嗇。我聽說過：跟別人交朋友，要稱道他的長處，避開他的短處，才能保持長久的友誼。」

楚王❶渡江，江中有物，大如斗，圓而赤，直觸王舟，舟人❷取之，王大怪之，遍問群臣，莫之能識。王使使❸聘❹于魯，問於孔子，子曰：「此所謂萍實❺者也，可剖❻而食之，吉祥也。唯霸者為能獲焉。」使者反，王遂食之，大美。

久之，使來以告魯大夫❼，大夫因子游❽問曰：「夫子何以知其然乎？」曰：「吾昔之鄭❾，過乎陳❿之野，聞童謠⓫曰：『楚王渡江得萍實，大如斗，赤如日，剖而食之甜如蜜。』此是楚王之應⓬也，吾是以知之。」

【章 旨】此章見於《說苑・辨物》。言孔子博學多識，善於向群眾汲取知識的營養，故能多識於鳥獸草木之名。

【注 釋】❶楚王 據《說苑・辨物》，係指楚昭王。名珍，平王之子。即位後，伍子胥率領吳兵伐楚，攻入郢都，鞭了平王的屍，昭王出奔，使申包胥乞師於秦，秦以車五百乘救楚，因得打敗吳兵。後以帥兵救陳，病死軍中。見《史記・楚世家》。❷舟人 船夫。❸使使 派遣使者。❹聘 訪問；探問。❺萍實 萍蓬草所結的果實。萍蓬草亦名水粟，生於南方的池澤中，葉大如荇，開黃花。❻剖 破開。❼大夫 官名。春秋時，周天子、諸侯國，都設有此官。❽子游 姓言名偃。春秋時吳人，曾擔任過武城宰。在孔門四科中以文學著稱。見《史記・仲尼弟子列傳》。❾鄭 國名。姬姓諸侯，建都在新鄭（今屬河南），鄭武公與鄭莊公，相繼為周平王卿士，在春秋初為強國，後漸衰弱，戰國時為韓所滅。見《史記・鄭世家》。❿陳 古國名。媯姓，相傳為舜的後裔，武王滅商時所封，建都宛丘（今河南淮陽），後為楚所滅。⓫童謠 兒童的歌謠。⓬應 報應。

【語 譯】楚王渡過了一條江水，江面上有一個東西，有斗那麼大，形是圓的，色是紅的，對著楚王坐的船撞了過來，船夫們取了上來，楚王覺得那東西很奇怪，遍問了所有的隨從官員，沒有一個認識它的。派遣使者到魯國去訪問，向孔子請教，孔子說：「這是萍蓬草所結的果實，可以剖開來吃。這是吉祥的兆頭，只有成就霸業的君主，才能得到它啊。」使者回去了，楚王於是拿它來吃，果然味道好極了。又過了很久，楚國的使者又來到魯國，把這事告訴了魯國的大夫，大夫又通過孔子的弟子子游問道：「先生怎麼知道它可以吃又是吉祥的徵兆呢？」孔子說：「我過去到鄭國去，經過陳國的原野，聽到兒童們唱道：『楚王過江得萍實，形大如斗，色如紅日，剖開來吃甜如蜜。』這事應在楚王身上，所以我知道。」

子貢問於孔子曰：「死者有知❶乎？將❷無知❸乎？」子曰：「吾欲言死之有知，將恐孝子順孫妨生❹以送死❺；吾欲言死之無知，將恐不孝之子，棄其親而不葬。賜不欲知死者有知與無知，非今之急，後自知之。」

【章旨】此章亦見於《說苑・辨物》。言孔子對於回答學生的話，都非常注意它的社會影響。所以明知死者無知，也不願說了出來。

【注釋】❶有知　有知覺。此指靈魂。❷將　表選擇的連詞。猶言抑或、還是。❸無知　沒有知覺。❹妨生　妨礙活著的人。❺送死　辦理父母的喪事。

【語譯】子貢問孔子說：「死了的人有知覺麼？還是沒有知覺呢？」孔子說：「我想說死了的人是有知覺的，又怕孝子順孫妨礙活著的人，去大辦父母的喪事；我想說死者是沒有知覺的，又怕那些不孝之子，拋棄父母的遺體，不去安葬了。你想知道死者到底有知覺還是沒有知覺嗎，這不是當今的急務，以後你自然會知道的。」

子貢問治民於孔子。子曰：「懍懍焉❶若持腐索❷之扞馬❸。」子貢曰：「何其畏也？」孔子曰：「夫通達御❹皆人也，以道導之❺，則吾畜也；不以道導之，則吾讎也，如之何其無畏也！」

【章旨】此章見於《說苑・政理》。言孔子認為治民，應當戒慎恐懼，善於誘導。

【注釋】❶懍懍焉　危懼貌；戒懼貌。❷腐索　朽了的繩子。❸扞馬　奔突的馬。《說苑・政理》正作「奔馬」。❹通達御通曉駕車的人。《說苑・政理》作「通達之國」。❺以道導之　用正確的方法去引導。以，用。道，方法。導，引導；誘導。

【語　譯】子貢向孔子請教怎樣才能治理好百姓呢。孔子說：「要像拿著一根腐朽了的繩索，駕御一匹正在奔突的悍馬一樣，那麼的戒慎恐懼。」子貢說：「為什麼那樣的怕呢？」孔子說：「所有知道駕車的都是人，用正確的方法加以引導，那馬便是我馴服的牲畜；用不正確的方法去引導牠，那馬便成了我的仇敵。怎麼不感到畏懼啊！」

魯國之法，贖人臣妾❶于諸侯❷者，皆取金於府❸。子貢贖之，辭而不取金。孔子聞之曰：「賜失❹之矣。夫聖人❺之舉事❻也，可以移風易俗，而教導可以施之於百姓，非獨適身❼之行也。今魯國富者寡，而貧者眾，贖人受金，則為不廉，則何以相贖乎？自今以後，魯人不復贖人於諸侯。」

【章　旨】此章亦見於《說苑・政理》。言孔子精通治道，個人的一舉一動，不但要注意自己的道德修養，而且考慮是否符合百姓的長遠利益。

【注　釋】❶臣妾　奴隸。男的叫臣，女的叫妾。❷諸侯　天子分封的各個侯國。❸府　國庫。即國家貯藏財物的地方。❹失　失誤；錯誤。❺聖人　品德最高尚的人。❻舉事　行事；辦事。❼適身　適合自己；符合本人的意願。

【語　譯】魯國的法規，凡是向別的諸侯國贖回奴隸的，都可以向國庫領取贖金。子貢贖回了一批奴隸，但卻謝絕了國庫給的贖金。孔子聽到了說：「子貢錯了。一個品德最高尚的人的每個行動，可以轉變社會的風氣；他的教導，也可以在百姓中普遍施行，並不只考慮是否符合自己的道德修養啊。如今魯國富裕的人少，貧困的人多，贖了奴隸回國，如果到國庫裡去領取贖金就算是不夠清廉，那又拿什麼去贖呢？恐怕從今以後，魯國將沒有人向別的國家贖回奴隸了。」

子路治蒲，請見於孔子曰：「由願受教❶於夫子。」子曰：「蒲其何如？」對曰：「邑多壯士❷，又難治也。」子曰：「然！吾語爾：恭而敬，可以攝❸勇；寬而正，可以懷❹強；愛而恕，可以容❺困；溫而斷，可以抑❻姦。如此而加❼之，則正不難矣。」

【章旨】此章亦見於《說苑·政理》。言孔子能針對具體情況，採取不同的為政措施，是一個善於通權達變的政治家。

【注釋】❶受教　接受教誨。❷壯士　勇士。❸攝　通「懾」。畏懼。❹懷　安撫。❺容　接納；收容。❻抑　克制；遏制；壓制。❼加　施於；施行。

【語譯】子路管理蒲邑，要求拜見孔子說：「我期望得到您的教誨。」孔子說：「蒲邑的情況如何？」子路回答說：「蒲邑那個地方有很多的勇士，又很難治理啊。」孔子說：「是的，我告訴你：謙遜而又謹慎，可以懾服勇者；寬恕而又正直，可以安撫強悍的人；親近而又仁慈，可以收容困窮的人；溫厚而又果斷，可以抑制姦邪的人。用這些原則施之於蒲邑，那麼就不難了。」

三恕第九

【題　解】此係雜錄《荀子》和《說苑》的一些小故事，並以第一章提出的主要論點「三恕」為題。通過孔子的言論和答問，以頌揚孔子的道德學問，巍巍蕩蕩，人莫能及。

孔子曰：「君子有三恕：有君不能事，有臣❶而求其使❷，非恕也；有親不能孝，有子而求其報❸，非恕也；有兄不能敬，有弟而求其順❹，非恕也。士能明於三恕之本，則可謂端身❺矣。」

孔子曰：「君子有三思，不可不察❶也。少而不學，長無能也；老而不教，死莫之思也；有❷而不施，窮莫之救❸也。故君子少思其長則務學，老思其死則務教，有思其窮則務施。」

【章　旨】此章見於《荀子．法行》。言一個人要存心寬厚，經常反思自己的行為，才能逐漸完善自己的品德修養。

【注　釋】❶臣　奴隸。❷使　支使；使喚。❸報　報答；報恩。❹順　順從。❺端身　正直的人。❻察　考察；明白。❼有　富有；富裕。❽救　援助。

【語　譯】孔子說：「凡是有道德修養的人，有三個方面要心存寬厚。自己有君主不能忠心地侍奉，有奴隸卻要隨便使喚，這不是寬厚。有父母不能盡孝，有兒子卻要求他報恩，這不是寬厚。有哥哥不能恭敬，有弟弟卻要求他順從，這也不是寬厚。一個人能夠懂得忠於君、孝於親、悌於兄，是寬厚的根本，那就可算是一個正直的人了。」

孔子說：「有道德修養的人，經常要思考三個方面的問題，這些問題是不能不思考的。年輕的時候不努力學習，年紀大了，就沒有能力啊；年老的時候不推廣教化，死了以後，就沒有人懷念啊；富裕了而不肯施捨，窮困了便沒人來援助啊。所以有道德修養的人，在年輕的時候就考慮到老大，於是力求多學一點；在年老的時候就考慮到死亡，於是力求多教一些；在富有的時候就考慮到窮困，於是力求多施捨一些。」

伯常騫❶問於孔子曰：「騫，固周國之賤吏也，不自以不肖❷，將北面❸以事君子❹。敢問正道❺宜行，不容於世；隱道❻宜行，然亦不忍。今欲身亦不窮，道亦不隱，為之有道乎？」孔子曰：「善哉！子之問也。自丘之聞，未有若吾子所問辯且說❼也。丘嘗聞君子之言道矣，聽者無察❽，則道不入；奇偉❾不稽❿，則道不信。又嘗聞君子之言事矣，制無度量⓫，則事不成；其政曉察⓬，則民不保⓭。又嘗聞君子之言志矣，剛⓮折者不終，徑易⓯者則數傷⓰，浩倨⓱者則不親，就利⓲者則無不弊⓳，又嘗聞養世⓴之君子矣，從輕勿為先，從重勿為後，見像㉑而勿強，陳道㉒而勿怫㉓。此四者，丘之所聞也。」

【章　旨】此章見於《晏子春秋・內篇・問下》，通過言道、言事、言志和養世之君子四個方面，陳述了孔子的學術思想、政治觀點和為人處世的原則。

【注　釋】❶伯常騫　東周的小吏。❷不肖　不才。❸北面　向人稱臣。舊時君見臣，尊長見卑幼，皆南面而坐，臣下和卑幼則北面而立。❹君子　指孔子。❺正道　正常的準則；確當的道理。❻隱道　隱居不仕的道路。❼辯且說　明辯而又得當。辯，辯析。說，得其所說。❽察　明察；考察。❾奇偉　奇特；特異。❿稽　考核；考查。⓫度量　借指法度、法制。⓬曉察　明白細察；分明。⓭保　安定。⓮對　同「剛」。《字彙・寸部》：「對，俗剛字。」⓯徑易　輕易；輕率。⓰數傷　多次受到損害。⓱浩倨　簡傲；疏慢。⓲就利　近利；好利。⓳無不弊　沒有不壞事的。⓴養世　入世；出仕。㉑像　法規；法式。㉒陳道　陳述主張；說明道理。㉓怫　違反。

【語　譯】伯常騫問孔子說：「我本來是周國的小吏，自己不以為是沒有能力的，打算向您請教。請問按正常的準則出來做官，卻為時代所不容；如果隱居不仕，又不能斷然做到。現在我想本人能夠通顯，學說也能夠發揚，這樣做有辦法麼？」孔子說：「你問得多好啊！自從我聽人家來問難，沒有像你所說的那樣明辯而且又說得有理啊。我曾經聽到有道德修養的人談到政治規律的問題，要是聽的人不明白，那你所說的那一套，他就聽不進去；如果你說的過於奇特，又難以考稽，那你所說的那一套，就得不到信任。又曾經聽到有道德修養的人談到政務方面的問題，如果政府沒有法度，那將什麼事也辦不成；如果政令過於煩瑣和苛刻，那麼百姓就不知所措，無法安定下來。又曾經聽到有道德修養的人談到個人的操守問題：如果太剛強了，就要折斷，不能保持到最後；太輕率了，就要損害自己的情操；太簡慢高傲了，人們就不和你親近；太貪圖利益了，就沒有不壞事的。還曾經聽到出仕的有道德修養的人說：面對憂患和勞苦，不要在輕的方面搶先，不要在重的方面爭後；公布法規，不要強制百姓去幹；陳述意見，不要違背當時的法令。這四個方面，是我曾經聽說過的。」

孔子觀於魯桓公❶之廟，有欹器❷焉。夫子問於守廟者曰：「此謂何器？」對曰：「此蓋為宥坐❸之器。」孔子曰：「吾聞宥坐之器，虛❹則欹，中則正，滿則覆，明君以為至誡❺，故常置之於坐側。」顧謂弟子曰：「試注❻水焉。」乃注之水，中則正，滿則覆。夫子喟然❼歎曰：「嗚呼！夫物惡❽有滿而不覆哉？」子路進曰：「敢問持滿有道乎？」子曰：「聰明睿智❾，守之以愚；功被❿天下，守之以讓；勇力振世⓫，守之以怯；富有四海，守之以謙，此所謂損⓬之又損之之道也。」

【章　旨】此章見於《荀子・宥坐》及《說苑・敬慎》。指出一個人驕傲自滿，就一定要招致失敗。持盈保泰的辦法，就是要大智若愚，大勇若怯，大功則讓，大富則謙。

【注　釋】❶魯桓公　名子允。隱公之異母弟。因其夫人與齊襄公私通，恐怕醜聞泄露出去，齊襄公便使公子彭生乘醉拉殺桓公於車上。事見《史記・魯周公世家》。❷欹器　亦作「攲器」。傾斜易覆之器。❸宥坐　置於座右，以為勸誡。宥，與「右」同。一說：與「侑」同。勸的意思。❹虛　空。❺至誡　最好的勸誡。❻注　灌注；注入。❼喟然　歎息的樣子。❽惡　疑問詞。如何；怎麼。❾睿智　明智。以下四個方面，《說苑・敬慎》作「高而能下，滿而能虛，富而能儉，貴而能卑，智而能愚，勇而能怯，辯而能訥，博而能淺，明而能闇」。共九個方面。❿被　蓋。⓫振世　震撼世界。振，通「震」。震動。⓬損　謙抑；貶抑。

【語　譯】孔子在魯桓公的廟堂上參觀，有一只傾斜易覆的器皿。孔子問守廟的人說：「這是一種作什麼用的器皿？」守廟的人回答說：「這是放在座右提醒人們不要自滿的器皿。」孔子說：「我聽說放在座右的器皿，空了就傾斜，不多不少就端正，滿了就傾覆。英明的君主拿來作為最好的鑑誡，所以常常拿它放在座位的旁邊。」於是回過頭來對他的學生們說：「放水進去試試看。」於是把水灌了進去，恰到好處它便端正，水滿了它就傾覆。孔子歎息著說：「唉！一切事物哪有滿了而不傾覆的呢？」子路進一步問道：「保持將滿的勢頭有辦法麼？」孔子說：「聰明絕頂，而能自安於愚；功蓋天下，而能以謙讓自持；勇力足以震撼世界，而能以怯懦自居；擁有四海的財富，而能以謙遜自守。這是謙抑又謙抑的辦法啊。」

孔子觀於東流之水，子貢問曰：「君子所見大水必觀焉，何也？」孔子對曰：「以其不息❶，且遍❷，與諸生❸而不為❹也，夫水似乎德；其流也則卑下❺倨邑❻，必修❼其理❽，此似義；浩浩❾乎無屈盡❿之期，此似道；流行赴百仞之嵠⓫而不懼，此似勇；至量⓬必平之，此似法；盛而不求概⓭，此似正；綽約⓮微達⓯，此似察；發源必東，此似志；以出⓰以入⓱，萬物就以化絜⓲，此似善化⓳也。水之德有若此，是故君子見必觀焉。」

【章　旨】此章見於《荀子・宥坐》及《說苑・雜言》。以水之性喻人之德，說明孔子能夠循循善誘，給人適當的啟發。

【注　釋】❶不息　不停止；永遠前進。❷遍　普遍。❸諸生　各種生物。❹不為　不以為德。❺卑下　低下。言水往低處流。❻倨邑　彎曲；紆迴。❼修　《說苑・雜言》作「循」。沿著。❽理　紋理。此指水的通道。❾浩浩　水勢盛大的樣子。❿屈盡　竭盡；窮盡。屈，竭盡的意思。⓫百仞之嵠　《說苑・雜言》作「百仞之谷」。百仞，八百尺。極言其深。八尺曰仞。

嵠，同「谿」。山谷。⑫至量 〈宥坐〉作「主量」。用水作為衡量地平面的標準。⑬概 刮平斗斛的工具。引申為刮平、削平。⑭綽約 柔美的樣子。《說苑・雜言》作「綿弱」。⑮微達 微呈透明之狀。⑯以出 以鮮潔出。⑰以入 以不潔入。⑱化絜 變成新鮮乾淨的東西。⑲善化 善於教化；善於感化。

【語譯】孔子觀賞著向東流去的水，子貢問道：「有道德修養的人一看到大水，就要前去觀賞，是什麼緣故呢？」孔子回答說：「因為它永遠不會停止前進，而且到處都流，給與各種生物以滋潤，自己卻不以為有什麼恩德，這好像有很高的德性；它不管流向低下的地方，還是流向屈折的地方，一定按照自己的水道去走，這似乎是義；那水勢盛大，永遠沒有窮竭的時候，這似乎是道；它奔流到很深的谿谷，而毫無懼色，這有些像勇；作為衡量地平面的標準，它一定要平，這有些像法；水盛滿了，它不用拿什麼去刮平，這似乎是正；柔美而略呈透明，這有些像明察；不論從哪裡發源，它一定要向東流，這似乎是它的操守；它流出流進，一切東西都要因此而變得潔淨，這像是它善於教化和感化啊。水的德性有這麼好，所以有道德修養的人，一見到水，就一定要去觀賞一番。」

子貢觀於魯廟❶之北堂❷，出而問於孔子曰：「向❸也，賜觀於太廟❹之堂，未既❺，輟❻，還瞻北蓋❼，皆斷焉，彼將有說❽耶，匠過之也？」孔子曰：「太廟之堂宮致❾良工之匠，匠致良材❿，盡其功巧，蓋貴久矣，尚有說也。」

【章旨】此章見《荀子・宥坐》。言孔子博學多聞，有問必答，而又不強不知以為知。〈宥坐〉言其所以沒有整塊木料，是「貴文」，即加以文飾。

【注釋】❶魯廟 魯國的宗廟。即魯君祭祀祖先的地方。❷北堂 古代居室在房的北邊的叫北堂。❸向 過去；以往。❹太

廟　本指天子的祖廟，春秋時，魯國對周公的廟，也稱為太廟。《公羊傳・桓公十三年》：「周公稱太廟，魯公稱世室。」❺未既　沒有完畢。既，盡；完。❻輟　停止。❼北蓋　北面的門板。❽有說　有用意；有緣故。❾致　獲致；得到。❿良材　好的木材。

【語　譯】子貢參觀了魯國宗廟的北邊居室，出來問孔子說：「過去，我在周公的廟堂裡參觀，沒有參觀完，我就停止了，回過頭來，看看北邊的那些門板，都是拼湊起來的，沒有一個整塊的木材，那是另有用意的呢？還是匠人的失誤啊？」孔子說：「修建太廟的宮室，一定要選用最好的工匠，工匠一定要選用最好的木料，盡力做得精致巧妙一些，大概貴在保持很久吧。如今用拼湊起來的木料，想必另有用意啊。」

孔子曰：「吾有所齒❶，有所鄙❷，有所殆❸。夫幼而不能強學❹，老而無以教，吾恥之；去❺其鄉，事❻君而達❼，卒❽遇故人❾，曾無舊言❿，吾鄙之；與小人處⓫而不能親賢，吾殆之。」

【章　旨】此章見於《荀子・宥坐》。言孔子對於那些少不力學、貴不念舊、處不親賢的人，表示極端的輕蔑。

【注　釋】❶齒　《宥坐》作「恥」。以下文「吾恥之」看，當以作「恥」為是。❷所鄙　輕視他。❸所殆　感到他很危險。言其疏遠賢者，親近小人，走在危險的道路上。❹強學　力學；勉力去學。❺去　離開。❻事　侍奉。❼達　顯達；顯貴。❽卒　同「猝」。突然；忽然。❾故人　熟人；老朋友。❿舊言　敘舊的話。⓫處　居住；生活。

【語　譯】孔子說：「我對有的人感到可恥，有的人感到可鄙，有的人感到他是很危險的。那少年的時候不努力學習，到了老了，也就無法進行教育了，我就感到他是可恥的；離開自己的故鄉，在君主那裡受到寵信，因而飛黃騰達起來，突然遇到了老朋友，連一句敘舊的話也沒有，我就瞧他不起；跟小人廝混在一起，卻疏遠了品德好的人，我覺得他是很危險的。」

子路見於孔子，孔子曰：「智者若何❶？仁者若何？」子路對曰：「智者使人知己，仁者使人愛己。」子曰：「可謂士矣。」子路出，子貢入，問亦如之❷。子貢對曰：「智者知人，仁者愛人。」子曰：「可謂士矣❸。」子貢出，顏回入，問亦如之。對曰：「智者自知，仁者自愛。」子曰：「可謂士君子矣❹。」

【章　旨】此章見於《荀子・子道》。言孔子對學生提出什麼叫做智者和仁者的問題，學生的答案不同，孔子的評語亦不盡相同，仍是歌頌孔子循循善誘和誨人不倦的精神。

【注　釋】❶若何　如何；怎樣。❷如之　像先前問的那樣。❸可謂士矣　《荀子・子道》作「可謂士君子矣」。士，古代對男子的美稱。❹可謂士君子矣　《荀子・子道》作「可謂明君子矣」。

【語　譯】子路拜見了孔子，孔子說：「智者怎麼樣？仁者怎麼樣？」子路回答說：「智者能使人了解自己，仁者能使人親愛自己。」孔子說：「算得一個知識分子了。」子路出去了，子貢走了進來，孔子也像問子路一樣，子貢回答說：「智者能夠知人，仁者能夠愛人。」孔子說：「夠得上一個有修養的知識分子了。」子貢出去了，顏淵走了進來，孔子還是那麼問，顏淵回答說：「智者能夠自知，仁者能夠自愛。」孔子說：「算得上一個聰明的知識分子了。」

子貢問於孔子曰：「子從父命，孝；臣從君命，貞❶乎？奚疑焉？」孔子曰：「鄙❷哉！賜，汝不識也。昔者明王萬乘之國❸，有爭臣七人❹，則主無過舉；千乘之國❺，有爭臣五人❻，則社稷不危也；百乘之家❼，有爭臣三人❽，則祿位❾不替❿；父有爭子⓫，不陷無禮；士有爭友⓬，不行不義。故子從父命，奚詎⓭為孝？臣從君命，奚詎為貞？夫能審⓮其所從之謂孝之謂貞矣。」

【章　旨】此章見於《荀子・子道》，而文字小有出入。言孔子不主張愚孝愚忠，不管君父的命令是否正確，都去照辦，就算不得孝也算不得忠。

【注　釋】❶貞　忠；正。❷鄙　淺薄；鄙陋。❸萬乘之國　指天子。周制：天子地方千里，出兵萬乘。諸侯地方百里，出兵千乘。故以萬乘代指天子。乘，輛。❹爭臣七人　直言敢諫的臣子七個人。爭臣，直言敢諫之臣。爭，同「諍」。下同。七人，天子有三公四輔共七人。三公，指太師、太傅、太保。四輔，前曰疑，後曰丞，左曰輔，右曰弼，都是可以面諫天子的。❺千乘之國　指諸侯。《孟子・梁惠王上》：「萬乘之國，弒其君者，必千乘之家。」注：「千乘，諸侯也。」❻五人　諸侯有三卿，即司徒、司馬、司空；有二股肱之臣，即內外各一，故有五人。❼百乘之家　指大夫。家，指卿大夫的采地食邑。❽三人　指室老、家相和邑宰。❾祿位　官職。祿，俸祿。位，爵位。❿替　衰落；廢止。⓫爭子　直言敢諫的兒子。⓬爭友　直言規勸的朋友。⓭奚詎　何曾；難道就。⓮審　詳察；仔細考察。

【語　譯】子貢向孔子請教說：「兒子依照父親的吩咐辦事是孝，臣子遵照君主的命令行事是忠，有什麼可以懷疑的呢？」孔子說：「多麼的鄙陋呀！子貢，你不懂得啊。過去，那些英明的天子，任命了七位直言敢諫的臣子，主上就沒有錯誤的舉動了；諸侯任命了五位直言敢諫的臣子，國家就不會有什麼危險了；卿大夫設置了直言敢諫的臣子三人，官職就能保持下去了；做父親的有了敢於勸諫的兒子，他就不會陷入無禮的泥坑裡去了；做『士』的有了直言規勸的朋友，就不會幹出不合道理的事了。所以兒子依照父親的意志辦事，何嘗就是孝？臣子遵照君主的命令行事，難道就就是忠？要考察他所遵從的是否得當，才叫做孝叫做忠啊。」

子路盛服❶見於孔子，子曰：「由！是倨倨❷者何也？夫江❸始出於岷山❹，其源可以濫觴❺，及其至于江津❻，不舫舟❼，不避風，則不可以涉❽，非唯下流❾水多耶？今爾衣服既盛，顏色充盈❿，天下且孰肯以非⓫告汝乎？」子路趨⓬而出，改服而入，蓋自若⓭也。子曰：「由志⓮之，吾告汝：奮於言⓯者華⓰，奮於行者伐⓱，夫色智⓲而有能者，小人也。故君子知之曰智⓳，言之要⓴也；不能曰不能，行之至也。言要則智，行至則仁，既仁且智，惡不足哉？」

【章　旨】此章見於《荀子・子道》及《說苑・雜言》。言孔子告誡學生要知之為知之，能之為能之，不要華而不實，誇誇其談。

【注　釋】❶盛服　華麗的衣服。也指衣冠整齊。❷倨倨　形容衣服穿得很瀟灑、很整潔。《荀子・子道》作「裾裾」。《說苑・雜言》作「襜襜」。《韓詩外傳・三》作「疏疏」。意義均同。❸江　長江。❹岷山　在四川松藩縣北。綿延於四川、甘肅兩省，為長江、黃河的分水嶺。❺濫觴　浮起一只酒杯。言發源處的水量極小，只能泛杯。❻江津　在四川省重慶市境內。原屬巴郡。❼舫舟　兩條船併起來。《說苑・雜言》作「方舟」。❽涉　渡過。❾下流　河的下游。❿充盈　豐盛；富足。⓫非　錯誤。⓬趨　疾走；快步；跑。⓭自若　保持原來的樣子。《荀子・子道》作「猶若」。《說苑・雜言》作「自如」。意義並同。⓮志　通「識」、「誌」。記住。⓯奮於言　大言；高調。⓰華　浮華；不切實際。⓱伐　自誇；自矜。⓲色智　所知道的都表現在臉色上。⓳智　知識。⓴要　要點；綱要。

【語　譯】子路穿上整齊華麗的服裝來見孔子，孔子說：「子路！你穿得這麼整齊華麗做什麼啊？長江從岷山流出來，它的源頭只能浮起一只酒杯，等它流到江津的時候，不把船併攏，不是躲開颷風的日子，就渡不過去，不是因為它的下游水勢太大了嗎？如今你的衣服那麼整齊，臉色那麼神氣光潤，天下的人哪一個敢說你一個不字呢？」子路快步走了出去，換了一套衣服進來，神氣大致還是原來那個樣子。孔子說：「子路，你要記得，我告訴你：唱高調的往往流於浮誇，粉飾自己所作所為的往往自我吹噓，所有的知識和才能都表現在臉色上的，往往是一個淺薄而不正派的人。所以有道德修養的人，曉得的東西就說曉得，所說的才算是實話；不能的就說不能，所做的才算是最好的行為。說的是實話就是智，幹的是好事就是仁。仁而且智，還有什麼不滿足呢？」

子路問於孔子曰：「有人於此❶，被褐而懷玉❷，何如？」子曰：「國無道❸，隱❹之可也；國有道❺，則衮冕❻而執玉❼。」

【章　旨】此章重申了孔子「邦有道則見，邦無道則隱」、「邦有道，貧且賤焉，恥也；邦無道，富且貴焉，恥也」的一貫精神。

【注　釋】❶於此　在這裡。❷被褐而懷玉　喻生活貧困而才能美好的人。被褐，穿上粗麻布做的短衣。貧賤的人所穿。懷玉，懷才。❸無道　暴虐，沒有德政。❹隱　隱居，不出來做官。❺有道　施行仁政，政治清明。❻衮冕　大夫的禮衣和禮帽。引申為登朝出仕。❼執玉　拿著玉做的笏。古代臣下朝見君王時，要執玉笏為禮。

【語　譯】子路問孔子說：「有那麼一個人在這裡，生活非常貧困，而才能又非常出眾，怎麼辦呢？」孔子說：「如果那個國家，領導非常暴虐，沒有德政，隱居不仕就得了；如果那個國家政治清明，百姓能夠安居樂業，那就穿上大夫的禮服，戴上大夫的禮帽，手裡拿著朝見時的玉笏，出來幹一番事業嘛。」

好生第十

【題　解】此係綴輯《禮記・雜記》、《荀子・哀公》及《說苑》的〈君道〉、〈貴德〉、〈權謀〉、〈至公〉、〈談叢〉等有關孔子的言論，以表現孔子的道德修養及學問文章。題作「好生」者，因為本篇所言，多為愛惜生民、反對刑殺的仁者之言，且為首章的主要論點。

魯哀公問於孔子曰：「昔者，舜冠何冠乎？」孔子不對。公曰：「寡人有問於子，而子無言，何也？」對曰：「以君之問，不先其大者，故方思所以為對。」公曰：「其大何乎？」孔子曰：「舜之為君也，其政好生❶而惡殺，其任授賢❷而替❸不肖。德若天地而靜虛❹，化若四時而變物❺，是以四海承風❻，暢於異類❼，鳳翔麟至❽，鳥獸馴德❾。無他也，好生故也。君舍此道而冠冕是問，是以緩對。」

【章　旨】此章見於《荀子・哀公》。言孔子針對魯哀公的缺點，提出好生惡殺、授賢退不肖的主張，使魯國的人民得以樂生樂業。

【注　釋】❶好生　愛惜生靈。❷授賢　任用賢人。授，授與。言授與爵位。❸替　廢除。❹靜虛　寧靜而又謙虛。❺變物　使萬物得以成長變化。❻承風　接受教化。❼異類　指生活在邊遠地區的夷狄。❽鳳翔麟至　祥瑞之兆。古人以鳳凰為瑞禽，麒麟為瑞獸。❾馴德　服德。馴，順；服。

【語　譯】魯哀公問孔子曰：「過去，舜王戴什麼樣的帽子呢？」孔子沒有回答，哀公說：「我向您有所請教，可您沒有回答，為什麼呢？」孔子回答說：「因為你提出的問題，不是把大的方面放在前頭，所以我正考慮怎麼回答才好。」哀公說：「什麼是大的方面呢？」孔子說：「舜做君王的那個時候，他所推行的政治，愛惜生民，憎惡刑戮；他所任命的官吏，選舉賢能，廢除不才。他的德像天之高、地之厚，但他卻是寧靜的、謙虛的，他的教化像四時的生長萬物一樣，是以四海接受教化，即使在邊遠的少數民族地區也暢行無阻。祥鳳威麟，出現在境內，就連鳥類獸類，也無不馴服。沒有別的原因，就是愛惜生民啊。您丟掉這些大的方面，而只是問他戴的什麼帽子，所以我才沒有及時回答。」

孔子讀史，至楚復陳❶，喟然歎曰：「賢哉楚王，輕千乘之國，而重一言之信。匪❷申叔❸之信，不能達其義；匪莊王❹之賢，不能受其訓。」

【章　旨】此章言孔子對於歷史事件的評價，著眼點在一個「信」字，不信，就無以「令於天下」。

【注　釋】❶楚復陳　陳靈公與其大夫孔寧、儀行父皆與夏姬私通，君臣淫亂，醜聲四播，夏姬之子夏徵舒射殺靈公而自立為陳侯。時楚莊王為霸主，乃率諸侯以伐陳，並對陳人說：「無驚，吾誅徵舒而已。」及其將徵舒車裂於陳之城門，乃滅陳而作為楚國的一個縣，群臣皆賀，申叔時從齊國出使回來，獨不賀，莊王責問他為什麼不賀，申叔曰：「諸侯之從也，曰討有罪也。今縣陳，貪其富也；以討召諸侯，而以貪歸之，無乃不可乎？」莊王接受了他的意見，乃退其地而迎立陳靈公之子午於晉。事見《左傳．宣公十一年》及《史記》的〈陳杞世家〉與〈楚世家〉。❷匪　非；不是；沒有。下「匪」字同。❸申叔　名時。楚國的大夫。❹莊王　春秋時「五霸」之一。名侶，穆王之子。相傳他「即位三年，不出號令，日夜淫樂」。後來伍舉設為隱語以諫之曰：「有鳥在於阜，三年不蜚不鳴，何也？」莊王曰：「三年不蜚，蜚將沖天；三年不鳴，鳴將驚人。」於是乃理朝政，卒為霸主。事見《史記》的〈楚世家〉及〈滑稽列傳〉。

【語　譯】孔子閱讀歷史，看到楚國退還了陳國的土地，恢復了陳國的社稷，贊歎著說：「楚王真是賢能呀，把一個諸侯國看得很輕，而把國家的信用看得很重。要不是申叔時那麼誠實，就不能很好的表達它的意義；要不是楚莊王的賢明，也不會接受他的勸戒。」

孔子常自筮❶其卦，得〈賁〉❷焉，愀然❸有不平❹之狀，子張❺進曰：「師聞卜者得〈賁卦〉，吉也，而夫子之色有不平，何也？」孔子對曰：「以其離❻耶！在《周易》❼山下有火❽謂之賁，非正色❾之卦也，夫質❿也黑白宜正焉，今得〈賁〉，非吾兆⓫也。吾聞丹漆⓬不文⓭，白玉不雕，何也？質有餘，不受飾⓮故也。」

【章　旨】此言孔子十分注意自我修養，自我完善，認為只有本質純正，才能達到至善至美的境界。

【注　釋】❶筮　占卜。即以蓍草卜休咎。❷賁　卦名。其卦為離（☲）下艮（☶）上，卦辭云：「賁，亨，小利，有攸往。」故子張說：「吉也。」❸愀然　憂懼的樣子。❹不平　憤慨不滿。❺子張　孔子弟子。陳人，名顓孫師。❻離　卦名。其卦為離（☲）下離上。其卦辭云：「離，利貞，亨。」其彖曰：「離，麗也。日月麗於天，百穀草木麗乎土，重明以麗於正，乃化成天下。」❼周易　即《易經》。是儒家的重要經典，內有六十四卦，三百八十四爻，其卦辭、爻辭叫做經，上彖、下彖、上象、下象、上繫、下繫、文言、說卦、序卦、雜卦，合稱為十翼，叫做傳。❽山下有火　《周易・賁》象辭的原文。因為〈賁卦〉為䷕，即離下艮上，而離為火，艮為山，故云「山下有火」。❾正色　純色。指青、赤、黃、白、黑五色。❿質　本體。⓫兆　古代以火灼龜板，看其裂紋以定吉凶叫做兆。⓬丹漆　紅色的漆。⓭不文　不加文飾。⓮飾　修飾。

【語　譯】孔子曾經為自己占了一卦，得到的是〈賁卦〉，表現出既憂懼又憤慨的樣子。子張走向前說：「我聽說占卜的占到一個〈賁卦〉，就算是吉祥的兆頭，而老先生的臉色卻有不滿與憤恨，是什麼原因呢？」孔子回答說：「因為〈賁卦〉中含有離的卦爻呢！《周易》的象辭說：『山下有火』叫做賁，即〈賁卦〉的組成是艮在上而離在下，艮為山，離為火，所以說山下有火。這不是一種純正的卦。卦的本體，應該具有黑白兩種純正的顏色，如今得到〈賁卦〉，便是一種青紅相雜的間色，所以不應該是我應該得的兆頭啊。我聽說紅色的漆不須加以文飾，白色的玉不須加以雕琢，是什麼緣故呢？是它的本質太好了，不須加以修飾的緣故啊。」

孔子曰：「吾於〈甘棠〉❶，見宗廟之敬，甚矣。思其人必愛其樹❷，尊其人必敬其位，道也。」

【章　旨】此章言孔子對召伯的遺愛在民，表示深深的敬意。

【注　釋】❶甘棠　《詩經．國風》中的篇名。它是歌頌召伯的教化的。詩序云：「〈甘棠〉，美召伯也。召伯之教，明於南國。」召伯，姬姓，名奭，周大夫。❷思其人必愛其樹　〈甘棠〉有云：「蔽芾甘棠，必翦勿伐，召伯所茇。」此用其意。詳見《韓詩外傳．一》。

【語　譯】孔子說：「我從〈甘棠〉一詩中，已看到祖廟的嚴肅莊敬到了極點。追思召伯的美德，一定會愛護他曾經在那裡休息過的大樹；尊敬他的為人，一定要給予他崇高的地位，這是合乎道理的。」

子路戎服❶見於孔子，拔劍而舞之曰：「古之君子，以劍自衛乎？」孔子曰：「古之君子，忠以為質，仁以為衛，不出環堵❷之室，而知千里之外。有不善則以忠化之，侵暴❸則以仁固❹之，何持劍乎？」子路曰：「由乃今聞此言，請攝齊❺以受教。」

【章　旨】此章見於《說苑・貴德》。言孔子崇尚的是忠信仁義，而反對依靠暴力來自衛。

【注　釋】❶戎服　軍服；武裝。❷環堵　四周圍很矮的土牆。周圍各一堵，叫做環堵。古代垣牆之制，每版寬二尺，五版為一堵，一堵即一丈。❸侵暴　使用暴力來欺凌侵犯。❹固　安定。❺攝齊　提起衣的下襬。表示恭敬有禮。攝，提起。齊，衣的下部所縫的邊。

【語　譯】子路全副武裝來拜見孔子，拔出劍來舞蹈著說：「古代那些有道德修養的人，也拿劍來自衛麼？」孔子說：「古代那些有道德修養的人，拿忠信作為追求的目標，拿仁義作為自衛的武器，不離開方丈之內的房子裡，卻能知道遠在千里之外的大事。遇到不好的事，就用忠信來感化他；遇到橫暴的人，就用仁義去安定他，為什麼要拿著劍呢？」子路說：「我而今才聽到這樣的話，我願意恭恭敬敬向您請教。」

楚王出遊，亡弓❶，左右請求之❷，王曰：「止！楚王失弓，楚人得之，又何求之！」孔子聞之：「惜乎其不大❸也，不曰：『人遺弓，人得之』而已，何必楚也！」

【章　旨】此章見於《說苑・至公》。言孔子具有博大的襟懷，希望把恩德推廣到全人類。

【注　釋】❶亡弓　丟掉了一把弓。❷求之　尋找它。❸不大　胸襟狹隘，氣度太小。

【語　譯】楚王到外面遊歷，丟掉了一把弓，隨從的人要求去尋找它，楚王說：「不用去找了！楚王丟掉了弓，楚人拾得了弓，還要找什麼！」孔子聽說了這件事：「可惜呀，楚王的氣度還不夠大啊，何不就說：『有人丟了弓，有人拾得了弓。』說到這裡就打止了，何必一定要說是『楚』呢！」

孔子為魯司寇❶，斷獄訟皆進❷眾議者❸而問之曰：「子以為奚若❹，某以為何若❺？」皆曰云云❻如是，然後夫子曰：「當從某子❼，幾是❽。」

【章　旨】此章見於《說苑・至公》。極言孔子對於聽訟斷獄，十分慎重，必須在廣泛徵求意見的基礎上，才肯作出決定。

【注　釋】❶司寇　主管刑獄的官。❷進　引進。❸眾議者　群眾中的評議者；一般的審判員。❹奚若　何如；怎麼樣。❺何若　何如。❻云云　如此如此；這般這般。❼某子　某先生。子，男子之美稱。❽幾是　大致是對的；似乎是正確的。

【語　譯】孔子擔任魯國主管刑獄的長官，在聽訟斷獄之前，都要引進一般的評審員來問道：「你以為應該怎麼樣，某先生以為應當怎麼樣？」大家都說應當如此如此，然後孔子才說：「應當這麼樣這麼樣，應當依據某先生的意見辦，大概是正確的。」

孔子問漆雕憑❶曰：「子事臧文仲❷、武仲❸及孺子容❹，此三大夫孰賢❺？」對曰：「臧氏家有守龜❻焉，名曰蔡❼。文仲三年而為一兆❽，武仲三年而為二兆，孺子容三年而為三兆。憑從此之見，若問三人之賢與不賢，所未敢識❾也。」孔子曰：「君子哉漆雕氏之子，其言人之美也隱而顯⑩，言人之過也微而著⑪，智而不能及，明而不能見，孰克⑫如此？」

【章　旨】此章見於《說苑・權謀》。言孔子高度評價了漆雕憑不肯在背後議論別人的賢否，只是客觀地擺出事實，讓人們去作判斷。

【注　釋】❶漆雕憑　姓漆雕，名憑。《說苑・權謀》作「漆雕馬人」。❷臧文仲　春秋時魯國的執政。姓臧孫，名辰，歷仕魯莊公、閔公、僖公、文公四君。曾經廢除關卡，使商業的流通得到了便利。他的言行略見於《論語》之〈公冶長〉及〈衛靈公〉、《左傳》之僖公和文公年間。❸武仲　春秋時魯大夫。擔任過魯司寇，姓臧孫，名紇。因幫助季武子而得罪於魯國的權臣孟孫氏，被告發其預謀叛亂，他逃到了邾國，不久便死於齊。❹孺子容　魯大夫。武仲之子。❺孰賢　誰好。孰，哪一位。❻守龜　占卜用的龜甲。❼蔡　占卜用的大龜。因牠產於蔡地，因而得名。❽兆　以火灼龜，視其裂紋，以定吉凶，叫做兆。❾識　知道。❿隱而顯　既隱晦又顯明。⓫微而著　因小見大。微，小。著，大。⓬克　能。

【語　譯】孔子問漆雕憑說：「你曾經事奉過臧文仲、臧武仲和孺子容，這三位魯國的大夫哪一位好？」漆雕憑回答說：「姓臧的家裡有一隻占卜用的大龜，名叫『蔡』，臧文仲三年才占一卦，臧武仲三年占了兩卦，孺子容三年占了三卦。我只看到了這一點，如果問他們三個人的好與不好，我不敢妄加評論啊。」孔子說：「多麼好的道德修養啊，漆雕氏這個人！他讚揚人家的好的方面，像是很隱晦，卻又非常明顯；他議論人家的過失方面，又能因小識大。他的機智是人所不能及的，他的聰明是不外露的，誰能做到這一點啊？」

魯公索氏❶將祭而亡❷其牲，孔子聞之曰：「公索氏不及❸二年❹將亡❺。」後一年而亡。門人問曰：「昔公索氏亡其祭牲，而夫子曰：『不及二年必亡。』

今過期❻而亡，夫子何以知其然？」孔子曰：「夫祭者，孝子所以自盡❼於其親，將祭而亡其牲，則其餘所亡者多矣。若此而不亡者，未之有也。」

【章旨】此章見於《說苑・權謀》。言孔子能夠見微知著，因小見大。

【注釋】❶魯公索氏　魯國一個姓公索的人。❷亡　遺失；丟掉。❸不及　不要等到。❹二年　《說苑・權謀》作「三年」。❺亡　死亡。下「亡」字同。❻過期　過了一年。即一年多。期，一週年。❼自盡　自己竭盡心力。

【語譯】魯國一個姓公索氏的，準備祭祀祖先的時候，卻丟掉了他供祭祀用的家畜。孔子聽了後說：「不要兩年，公索氏便要死亡。」果然過了一年他便死了。孔子的學生們問道：「過去公索氏丟掉了他供祭祀用的家畜，而先生說：『不出兩年，公索氏一定要死。』如今過了一週年他果然死了，先生怎麼知道他會死的呢？」孔子說：「祭祀，是孝子們對於他的父母自盡其心力的大事，準備要祭祀了，卻丟掉了那隻供祭祀用的家畜，那麼其他方面丟掉的便更多了，像這樣的人而不死的，世界上是沒有的啊。」

虞❶、芮❷兩國爭田而訟❸，連年不決❹，乃相謂❺曰：「西伯❻仁也，盍❼往質❽之？」入其境則耕者讓畔❾，行者讓路；入其朝，士讓為大夫❿，大夫讓于卿⓫。虞、芮之君曰：「嘻⓬！吾儕⓭小人也，不可以入君子之朝。」遂自相與⓮而退，咸以所爭之田為閒田⓯也。孔子曰：「以此觀之，文王之道，其不可加⓰焉，不令而從，不教而聽，至矣⓱哉！」

【章　旨】此章見於《說苑．君道》。言孔子認為用仁義去感化萬民，才能收到「不令而從，不教而聽」的政治效果。

【注　釋】❶虞　春秋時國名。姬姓的諸侯國，古公亶父之子虞仲的後代，後為晉所滅，故地在今山西省平陸縣。❷芮　古國名。亦為周初的姬姓諸侯國，故地在今陝西省大荔縣南。❸訟　爭論。❹不決　沒有結果。❺相謂　彼此互相告訴。❻西伯　即周文王。相傳他曾經獻出洛西之地，請求紂王廢除炮烙之刑，紂王答應了，賜以弓矢斧鉞，使得征伐，為西伯，即西方諸侯之長。❼盍　何不。❽質　評論；判斷；諮詢。❾讓畔　讓給田界。畔，田界。❿大夫　官名。春秋時，諸侯國及公族，都設有此官。⓫卿　官名。有上卿、中卿、下卿三個等級，比大夫的職位高。⓬嘻　表悲歎的詞。相當於「唉」。⓭吾儕　我輩。儕，輩。⓮相與　共同；一起。⓯閒田　空田；空地。⓰加　增加；增益。引申有超過的意思。⓱至矣　至高無上了。

【語　譯】虞、芮兩國為了田地的所有權而發生爭論，連年沒有結果，於是他們彼此互相告訴說：「周文王，是一位非常仁厚的人，何不請他來為我們判斷一下是非呢？」他們走到了文王的國境，只見耕田的互相退讓田界，走路的互相退讓路面；到了他們的朝廷，只見那些士階層的人，互相讓為大夫，做大夫的互相讓為卿。虞、芮兩國的君主說：「唉！我輩都是一些沒有氣度和才能的人，不配到有道德修養的文明國度裡去。」便一同回去了，把以往所爭的田讓出來作為閒田。孔子說：「從這一點來看，文王的道德，大概是不可超越的吧。不要發布命令，而百姓自然順從，不要進行教育，而遠近無不聽命，真是至高無上啊。」

曾子曰：「狎甚❶則相簡❷，莊甚❸則不親，是故君子之狎，足以交歡❹，其莊足以成禮❺。」孔子聞斯言也，曰：「二三子志之，孰謂參❻也不知禮乎！」

【章　旨】此章見於《說苑．談叢》。言孔子贊美曾參的言行中節，合乎禮教的要求。

【注釋】❶狎甚　太親密；過於親近。❷簡　怠慢。❸莊甚　過於嚴肅。❹交歡　在交往中取得對方的喜悅。❺成禮　完成禮儀。❻參　即曾參。孔子弟子。

【語譯】曾參說：「太親密了，就彼此容易怠慢；太嚴肅了，就彼此不易親近。所以有道德修養的人，親密的限度，足以在交往中取得對方的高興；嚴肅的限度，足以使彼此完成各種禮儀的形式。」孔子聽了這些話以後說：「你們幾個人記住：誰說曾參不懂得禮啊！」

哀公問曰：「紳❶委❷章甫❸，有益於仁乎？」孔子作色❹而對曰：「君胡然❺焉？衰麻❻苴杖❼者，志不存乎樂，非耳弗聞，服使然❽也；黼黻❾袞冕❿者，容不襲慢⓫，非性矜莊⓬，服使然也；介冑⓭執戈者，無退懦⓮之氣，非體⓯純猛⓰，服使然也。且臣聞之，好肆⓱不守折⓲，而長者⓳不為市⓴。竊㉑夫其有益與無益，君子所以知。」

【章旨】此章見於《荀子・哀公》。言孔子因魯哀公之問，極言一個人的服飾，足以約束一個人的言行。

【注釋】❶紳　大帶。❷委　周代的一種禮帽。用黑色的絲織品做成。❸章甫　殷代的一種帽子。❹作色　臉上變色。形容生氣的樣子。❺胡然　何故；怎麼的。❻衰麻　古代一種居喪的禮服。❼苴杖　古代居父母之喪時所用的竹杖。❽使然　使得如此。❾黼黻　古代禮服上繪繡的花紋。❿袞冕　袞衣和冠冕。古代帝王及大夫的禮衣和禮帽。⓫襲慢　褻瀆怠慢。襲，通「褻」。⓬矜莊　嚴肅端莊。⓭介冑　披甲戴盔。⓮退懦　退縮和怯懦。此與《禮・曲禮上》：「介冑則有不可犯之色。」同義。⓯體　本身。⓰純猛　真正的勇猛。⓱好肆　善於做生意的人。⓲守折　虧本；折耗。⓳長者　謹厚的人；顯貴的人。⓴為市　做生意。㉑竊　察。

【語譯】魯哀公問道：「拖著大紳，戴上周代或殷代的帽子，對於施行仁政有好處嗎？」孔子生了氣回答說：「您怎麼呢？穿著喪服，扶著喪杖的人，他的興趣不在乎音樂，不是耳朵聽不見，而是因為他著的喪服使得他如此的；穿上繡著花紋的袞衣禮帽，容貌不會輕浮怠慢，不是他的性格生來就是嚴肅端莊的，而是因為他穿的禮服使得他如此的；披甲戴盔，手裡拿著武器的人，沒有退縮怯懦的神情，不是他本身真正的勇猛，而是他著的武裝使得他如此的啊。而且我聽說，會做生意的人，是不會虧本的，而拘謹的人，也不會去做生意的。察看它有益還是無益，君子由此便懂得了這裡面的道理。」

孔子謂子路曰：「見長者❶而不盡其辭，雖有風雨，吾不能入其門矣。故君子以其所能❷敬人，小人❸反是❹。」

孔子謂子路曰：「君子以心導耳目，立義以為勇；小人以耳目導心，不孫❺以為勇。故曰退之❻而不怨，先之❼斯可從已。」

【章旨】此章言孔子針對子路好勇的性格，告訴他什麼才算有禮，什麼才算有勇。

【注釋】❶長者　指年長的，或位尊的。❷所能　所能做到的。❸小人　淺薄的人。❹反是　與此相反。❺不孫　不謙虛。孫，同「遜」。❻退之　屏退他；斥退他。❼先之　把他放在前列，擺在首要地位。

【語譯】孔子對子路說：「拜見年長的或者地位高的，如果不能讓我把應該說的話說完，即使颳風下雨，我也不願意進他的門了。所以有道德修養的人，總是拿他所能辦到的來敬重別人，而那些淺薄的人則恰恰相反。」

孔子對子路說：「有道德修養的人，總是拿他的思想去指導他的聽覺和視覺，以樹立仁義作為勇敢；而那些淺薄的人，卻拿聽覺和視覺去指導自己的思想，認為不謙遜就是勇敢。所以說：有道德修養的人，即使被斥退了，也沒有什麼怨言；把他放在前列，那就可以作為依靠的對象。」

孔子曰：「君子❶三患❷：未之聞，患不得聞；既得聞之，患弗得學；既得學之，患弗能行。有其德而無其言❸，君子恥之；有其言而無其行❹，君子恥之；既得之而又失之，君子恥之；地有餘，民不足，君子恥之❺；眾寡均，而人功倍己焉，君子恥之❻。」

【章　旨】此章見於《禮・雜記下》。言孔子認為居於統治地位的人，應該經常拿三患、五恥，作為自己反省的內容。

【注　釋】❶君子　此指貴族統治階級。❷三患　三種憂慮。患，憂慮。❸無其言　沒有有關的言論或學說。❹無其行　沒有實踐；沒有行動。❺地有餘三句　古者量地以制邑，度地以居民。土地的寬窄與居民的多少，是成正比例的，地多人少，說明居民或因暴政，或因戰禍，或因自然災害，而逃散到別的地方去了，故應引以為恥。❻眾寡均三句　言徵收的賦稅、徵用的勞役，與別人相等，而別人的功績，卻比自己多了一倍，故應引以為恥。

【語　譯】孔子說：「君子有三種憂慮：沒有聽說過先王之道，擔心聽不到先王之道；聽說了，擔心不能很好地學習；已經學好了，又擔心不能認真去實踐。有了那樣的道德，而沒有那樣的言論，君子認為是可恥的；有了那樣的言論，而沒有那樣的實踐，君子認為是可恥的；已經掌握了它，卻又很快忘記了，君子認為是可恥的；土地有多，而居民不足，君子認為是可恥的；徵收的賦稅和徵用的勞力跟別人相等，而別人取得的功績，卻比自己多了一倍，君子也認為是可恥的。」

魯人有獨處室❶者，鄰之釐婦❷亦獨處一室，夜暴風雨至，釐婦室壞❸，趨❹而託❺焉，魯人閉戶而不納，釐婦自牖❻與之言：「何不仁而不納我乎？」魯人曰：「吾聞男女不六十不同居，今子幼❼，吾亦幼，是以不敢納爾也。」婦人曰：「子何不如柳下惠❽然，嫗❾不建門之女❿，國人不稱⓫其亂⓬。」魯人曰：「柳下惠則可，吾固⓭不可，吾將以吾之不可，學柳下惠之可。」孔子聞之曰：「善哉！欲學柳下惠者，未有似於此者。期於至善⓮，而不襲⓯其為，可謂智乎！」

【章　旨】此章見於《詩・小雅・巷伯》「哆兮侈兮，成是南箕」漢毛亨《傳》。言孔子認為應該學習先哲的精神實質，而不應蹈襲他的行跡，模仿他的形式。

【注　釋】❶獨處室　單身住在房子裡。獨，單身獨自。處，居住。❷釐婦　寡婦。釐，通「嫠」。❸室壞　房子倒塌了。❹趨　跑；快步。❺託　依託；投靠。❻牖　窗戶。❼子幼　你年輕。幼，年紀很輕。❽柳下惠　即展禽。名獲，字禽，又字季，春秋時魯大夫。柳下，是他的食邑，諡號惠，故稱為柳下惠。他擔任士師的官時，三次被任命，沒有喜色；三次被罷免，也沒有怨言。孟子曾經多次拿他與伯夷並稱，故又合稱夷惠，是儒家所推崇的理想人物。❾嫗　愛撫；養育。❿不建門之女　沒有建立門戶的女子。即處女。⓫稱　說。⓬亂　淫亂。⓭固　此作副詞。表一定或本來的意思。⓮至善　最好的境界。⓯襲　蹈襲；因襲。

【語　譯】魯國有人單獨住在一間房子裡，他的鄰居是一個寡婦，也單身獨自住在一個房子裡。有一晚，暴風驟雨來了，寡婦的房子垮了，快步跑來要求寄居在那裡，魯國的那個男子關著門不肯收容。寡婦從窗口前對他說：「怎麼這樣的不仁慈，不肯收容我啊？」魯國的那個男子說：「我聽說男女不到六十，不可以住在一起。如今你年輕，我也年輕，所以不敢收容你啊！」那寡婦說：「你何不像柳下惠一樣，他曾經養育過尚未嫁人的女子，全國的人沒有一個說他是淫亂的。」那魯國的男子說：「柳下惠是那樣做行得通，我一定不可以那樣幹。我希望以我的不可以做，來學習柳下惠的可以做。」孔子聽了說：「好呀！想學柳下惠的，沒有一個學得這麼像的。要求學到盡善盡美，可又不因襲他的做法，真可以說是個聰明的人吧！」

孔子曰：「小辯❶害義，小言❷破道，〈關雎〉❸興❹于鳥，而君子美之，取其雄雌之有別❺。〈鹿鳴〉❻興於獸，而君子大之，取其得食而相呼❼。若以鳥獸之名嫌之，固不可行也。」

【章旨】言孔子憎惡那些無關大體的詭辯和巧語，因為它妨害了義，破壞了道。

【注釋】❶小辯　無關大體的辯論；小口才。❷小言　小意見；有關小事的言論。❸關雎　《詩經・國風》的首篇。〈序〉云：「愛在進賢，不淫其色，哀窈窕，思賢才，而無傷善之心焉，此〈關雎〉之義也。」❹興　詩歌即景生情的表現手法。《集傳》云：「興者，先言他物以引起所詠之詞也。」下「興」字同。❺取其雄雌之有別　《詩・國風・關雎》注云：「雎鳩，王雎也，鳥摯而有別。……后妃說樂君子之德，無不和諧，又不淫其色，慎固幽深，若關雎之有別焉。」❻鹿鳴　《詩・小雅》的第一篇。〈序〉云：「〈鹿鳴〉，宴群臣嘉賓也。既飲食之，又實幣帛筐篚，以將其厚意，然後忠臣嘉賓，得盡其心矣。」❼取其得食而相呼　《詩・鹿鳴》「呦呦鹿鳴，食野之苹」注云：「鹿得苹，呦呦然鳴而相呼，懇誠發乎中，以興嘉樂賓客，當有懇誠相招呼以成禮也。」

【語譯】孔子說：「無關大體的辯論可以妨害大義，有關小事的言論可以破壞大道。〈關雎〉拿鳥來起興，而君子贊美牠，因為這種鳥雄雌有別是可取的。〈鹿鳴〉拿獸來作比興，而君子以為偉大，因為牠得到了食物，就互相招呼著共同享受，這一點也是可取的。如果嫌牠是鳥類或獸類，那一定是行不通的。」

孔子謂子路曰：「君子而強氣❶，而不得其死❷；小人而強氣，則刑戮荐蓁❸。〈豳〉❹詩曰：『殆❺天之未陰雨，徹彼桑土❻，綢繆❼牖戶。今汝下民❽，或敢侮余。』」孔子曰：「能治國家之如此，雖欲侮之，豈可得乎？周自后稷❾，積行累功❿，以有爵土⓫。公劉⓬重之以仁，及至大王亶甫⓭，敦⓮以德讓⓯，其樹根置本⓰，備豫⓱遠矣。初大王⓲都豳，翟人⓳侵⓴之，事之以皮幣㉑，不得免焉；事之以珠玉，不得免焉。於是屬㉒耆老㉓而告㉔之：『所欲吾土地。吾聞之：「君子不以所養㉕而害人。」二三子何患乎無君？』遂獨與大姜㉖去㉗之，踰㉘梁山㉙，邑于岐山㉚之下。豳人曰：『仁人之君，不可失也。』從之如歸市㉛焉。天之與周㉜，民之去殷㉝，久矣，若此而不能，天下未之有也。武庚㉞惡能侮？〈鄁〉㉟詩曰：『執轡㊱如組㊲，兩驂㊳如儛㊴。』孔子曰：「為此詩者，其知政㊵乎！夫為組者，總紕㊶於此，成文㊷於彼，言其動於近行於遠也。執此法以御民㊸，豈不化乎？〈竿旄〉㊹之忠告，至矣哉！」

【章　旨】言孔子對於西周的政治和禮教，給予極高的評價，認為只要能實行仁政，便可以得到民心；得到民心，便可以得到天下。此章略見於《孟子．梁惠王下》。

【注　釋】❶強氣　氣質凶暴，剛強使氣。❷不得其死　謂死於非命。❸荐蓁　紛至沓來；頻頻發生。荐，頻繁。蓁，通「臻」。

到；至。❹豳　同「邠」。古國名，在今陝西省郇邑縣、彬縣一帶。周的祖先公劉始遷於此。《詩・大雅・公劉》：「篤公劉，於豳斯館。」可證。《詩經》中有〈豳風〉七篇，所引的詩，即〈鴟鴞〉中的話。此詩〈序〉云：「〈鴟鴞〉，周公救亂也。成王未知周公之志，公乃為詩以遺王，名之曰〈鴟鴞〉焉。」❺殆　通「迨」。及；趁。《詩・大雅・鴟鴞》「殆」正作「迨」。❻徹彼桑土　言鴟鴞在未雨之前，就剝掉桑根，把窗牖補綴起來。徹，剝掉。桑土，桑根。❼綢繆　緊纏密繞。❽下民　平民。此指武庚之流。武庚，為殷之遺民，故下民有下等民眾的意思。❾后稷　周的先祖。善於種植各種糧食作物，在虞舜時做過農官，教民耕種，是第一個種稷和麥的人，所以叫后稷。相傳有邰氏之女姜嫄因踏巨人腳跡而懷孕，故棄而不養，所以他又叫做棄。見《詩・大雅・生民》。❿積行累功　積累了功德。⓫爵土　爵位和封地。⓬公劉　周的祖先。后稷的曾孫，在夏桀的亂世，率周族遷居於豳，在那裡開墾荒地，興修水利定居於豳。見《詩・大雅・公劉》。⓭大王亶甫　即周太王。文王的祖父，后稷的第十二代孫，因受到狄人的威逼，由豳遷到岐山（今屬陝西），在那裡建築城堡，設置官吏，開墾荒地，發展農業生產，使周民族逐漸強盛起來。⓮敦　注重。⓯德讓　恩德和謙讓。⓰樹根置本　樹立根基，培植根本。⓱備豫　預備；準備。⓲大王　即古公亶父。武王滅商後，封之為太王，亦作大王。⓳翟人　即狄人。指北方的少數民族。翟，通「狄」。⓴侵　侵犯；侵略。㉑皮幣　毛皮和繒帛。《孟子・梁惠王下》：「昔者大王居邠，狄人侵之；事之以皮幣，不得免焉。」注云：「皮，狐貉之裘；幣，繒帛之貨也。」㉒屬　召集；聚會。㉓耆老　有威望的老人。六十曰耆，七十曰老。㉔告　告訴；宣告。㉕所養　所以養活人的。指土地。㉖大姜　古公亶父之妻。文王之祖母。㉗去　離開。㉘踰　越過。㉙梁山　在今陝西省乾縣西北。㉚岐山　又名天柱山。在今陝西省岐山縣東北。㉛歸市　湧向市場。形容十分踴躍。㉜與周　助周；扶助周代。周，周文王、武王所建立的王朝，建都鎬京（今陝西西安），建立奴隸社會的宗法制度。㉝殷　商湯王建立的奴隸制王朝。始都於亳（今河南商丘），故稱為商。後經多次遷移，至盤庚始都於殷（今河南安陽），故又稱為殷。㉞武庚　名祿父。殷紂王之子。武王滅商以後，封之以續殷後。武王一死，他便與管叔、蔡叔稱兵作亂，被周公所殺。㉟鄁　「邶」的本字。古國名。武王滅商，分殷都朝歌以北為邶，南為鄘，東為衛，以封紂子武庚。《詩經》中有〈邶風〉十九篇。下面的引詩見〈鄭風・大叔於田〉。按此處引詩當為〈北邶〉，而〈邶風・簡兮〉只有「簡兮簡兮，方將萬舞」和「有力如虎、執轡如組」等語句，疑記憶有誤。㊱轡　馬韁。㊲組　絲帶。形容馬韁之華美。㊳驂　駕車時位於兩旁的馬。㊴儛　同「舞」。㊵知政　懂得政治。㊶穗紕　車馬的裝飾品。穗，「總」的異體字。用緹繒來裝鑣轄。紕，在衣冠旗幟上鑲飾緣邊。㊷成文　形成文彩；建立文德。㊸御民　駕御百姓；管理人民。㊹竿旄　即〈干旄〉。《詩・鄘風》中的篇名，其〈序〉云：「〈干旄〉，美好善也。衛文公臣子多好善賢者，樂告以善道也。」言其告人取喻於素絲良馬，如組如紕。

【語　譯】孔子對子路說：「君子如果好勇負氣，那就要死於非命；一般老百姓如果好勇負氣，那就要不斷的遭到刑罰和戮辱。《詩經》上說：『趁著天氣還沒有陰雨的時候，鴟鴞就剝取桑根把窗戶緊纏密繞起來，才有了自己的安身立命之處。如今你們這些殷國的遺民，竟然敢來侮慢我堂堂的大周。』」孔子說：「治理國家能夠像這樣的未雨綢繆，即使有人想侮慢它，難道辦得到麼？周民族從后稷開始，積累了多少功績，才享有自己的爵位和封土。公劉又繼續施行仁政，到了太王亶父更加注重道德和謙讓，他們打下的堅實而又深厚的基礎，算是準備得非常充分了。開始太王建都在豳邑，狄人侵略他，他用皮毛貨幣去侍奉它，還是免不了被侵略；他用珍珠寶玉去事奉它，也免不了要遭受侵略。於是他便召集了有威望的老人並告訴他們說：『狄人所希望得到的是我們的土地，我聽說過：「有道德修養的人，不會拿養人的土地去損害自己的人民。」你們幾位有威望的長者，何愁沒有一個領導呢？』於是只帶了他的妻子大姜離開了那裡，越過了梁山，在岐山之下定居下來。豳邑的人說：『仁德愛民的君主，不可以拋棄啊。』歸附他的像擁向市集一樣的踴躍。上天那麼扶助周朝，百姓那麼拋棄殷代，已經很久了。如果像這麼樣而不能強盛起來，世界上是沒有的，武庚之流怎麼能侮慢他呢？〈邶風〉有句詩說：『手裡攜著的馬韁像絲帶一樣，兩旁駕的馬像在跳舞似的。』」孔子說：「作這首詩的，大概是懂得政治吧！因為做絲帶的，把各種車馬的裝飾品裝飾在這裡，卻在那裡形成了五彩繽紛的文彩，就是說行動發生於近處，而成效表現在更為深遠的地方。拿駕御車馬的辦法去駕御百姓，難道百姓還不受教化嗎？〈鄘風．竿旄〉那首詩忠告人們要樂於為善，真是說到點子上了，再好也沒有了。」

卷三

觀周第十一

【題解】此言孔子問禮於老聃，並參觀了周的明堂與宗廟，考察其興亡之跡，禮樂之盛，從而更加堅定了他的仁政思想，完善了他的儒家學說。《莊子》中的〈天地〉、〈天運〉、〈田子方〉、〈知北遊〉等均有孔子向老聃求教的故事，《史記．老子韓非列傳》亦載有孔子適周，問禮於老聃。均言孔子以老子為龍。〈天運〉之言曰：「孔子見老聃歸，三日不談。弟子問曰：『夫子見老聃，亦將何規哉？』孔子曰：『吾乃今于是乎見龍。龍，合而成體，散而成章，乘乎雲氣而養乎陰陽。予口張而不能嗋，予又何規老聃哉？』」《史記．老子韓非列傳》亦曰：「孔子去，謂弟子曰：『鳥，吾知其能飛；魚，吾知其能游；獸，吾知其能走。走者可以為罔，游者可以為綸，飛者可以為矰。至於龍吾不能知，其乘風雲而上天。吾今日見老子，其猶龍耶！』」說明孔子虛心好學的精神，是值得後人作為楷模的。

孔子謂南宮敬叔❶曰：「吾聞老聃❷博古知今，通禮樂之原❸，明道德之歸❹，則吾師也，今將往矣。」對曰：「謹受命❺。」遂言於魯君❻曰：「臣受先臣❼之命，云孔子聖人之後❽也，滅於宋❾，其祖弗父何❿始有國而授厲公，及正考父⓫佐戴、武、宣⓬，三命⓭茲益恭，故其鼎銘⓮曰：『一命⓯而僂⓰，再命⓱而傴⓲，三命⓳而俯⓴。循牆而走，亦莫余敢侮㉑。饘於是，粥於是㉒，以餬其口。』其恭儉也若此。臧孫紇㉓有言：『聖人之後，若不當世㉔，則必有明君而達者焉。』孔子少而好禮，其將在矣。屬臣曰：『汝必師之。』今孔子將適周㉕，觀先王㉖之遺制㉗，考禮樂之所極，斯大業也，君盍㉘以乘㉙資㉚之，臣請與往。」公曰：「諾。」與孔子車一乘馬二疋，豎子侍御，敬叔與俱至周，問禮於老聃，訪樂於萇弘㉛，歷郊社㉜之所㉝，考明堂㉞之則㉟，察廟朝之度，於是喟然曰：「吾乃今知周公之聖與周之所以王也。」及去周，老子送之曰：「吾聞富貴者送人以財，仁者送人以言。言雖不能富貴，而竊㊱仁者之號，請送子以言乎！凡當今之士，聰明深察而近於死者，好譏議㊲人者也；博辯㊳閎達㊴而危其身，好發㊵人之惡者也。無以有己㊶，為人子者；無以惡己㊷，為人臣者。」孔子曰：「敬奉教。」自周反魯，道彌尊㊸矣，遠方弟子之進，蓋三千焉。

【章　旨】此章見於《左傳・昭公七年》、《史記・孔子世家》。言孔子適周，問禮於老聃，訪樂於萇弘，考察先王的遺制，禮樂的起源，進一步完善了他的道德修養，提高了他的學說地位，從而歌頌了孔子好學不倦、深入考察的精神風貌。

【注　釋】❶南宮敬叔　魯大夫孟僖子之子。參見本書〈致思第八〉。❷老聃　姓李，名耳，字聃。一說字伯陽，諡聃，楚苦縣（在今河南鹿邑東）人。道家的創始人，著有《道德經》五千餘言。詳見《史記·老子韓非列傳》。❸原　原本；根本。❹歸　旨趣。❺受命　受教；接受指教。❻魯君　指魯昭公。名裯，因季氏之亂，出奔於齊，後又之晉，死於晉之乾侯。見《史記·魯周公世家》。❼先臣　指孟僖子。魯大夫，南宮敬叔之父。❽聖人之後　殷湯之後。聖人，指商的開國君主湯王。❾滅於宋　孔子的六代祖孔父嘉，為宋督所殺，其子奔魯，故云。❿弗父何　宋閔公之子。厲公之兄。何為嫡長子，當繼其父為君，而讓其弟。⓫正考父　弗父何的曾孫。⓬戴武宣　皆宋的君主。⓭三命　士一命，大夫再命，卿三命。卿的爵位最高。⓮鼎銘　刻在考父鼎上的銘辭。言正考父有功德，宋君使其將銘文刻在其宗廟的鼎上。⓯一命　任命為士。⓰僂　曲背。表示恭敬。⓱再命　任命為大夫。⓲傴　彎腰。比僂的敬意更進一步。⓳三命　任命為卿。⓴俯　屈身。比傴更加恭敬。㉑循牆而走二句　言考父雖然十分恭敬，人亦不敢慢侮。循牆，沿著牆壁；靠著牆壁。表示十分敬慎，不敢安行，余，指正考父。侮，侮慢。㉒饘於是二句　形容正考父極其節儉。饘，濃的粥。於是，在這個鼎內。下「於是」同。粥，稀飯。濃的叫饘，稀的叫粥。㉓臧孫紇　即臧武仲。注見本書〈好生第十〉。㉔當世　用世；出仕。㉕適周　往周國去。適，往。㉖先王　古代的帝王。㉗遺制　前人遺留下來的法則。㉘盍　何不。㉙乘　車馬。㉚資　助。㉛萇弘　春秋時周敬王大夫。晉公族中發生內鬨，弘偏袒晉大夫范吉射、中行寅，晉卿趙鞅以此責周，周懼而殺弘。相傳他流的血，化成了碧（玉）。㉜郊社　祭天地。周代冬至祭天曰郊，夏至祭地曰社。㉝所　處所；地方。㉞明堂　古代帝王宣布政教的地方。凡是朝會、祭祀、慶賞、選士、養老、教學等大典，皆在這裡舉行。㉟則　法則。㊱竊　不應當據有它而據有它。㊲譏議　諷刺評論。㊳博辯　知識多，口才好。㊴閎達　淵博通達。閎，高大。㊵發　揭發；檢舉。㊶無以有己　言身為父母所有。所謂「身體髮膚，受之父母」。㊷無以惡己　言聽則出仕，不聽則退隱。所謂「用之則行，舍之則藏」。以此保全臣節，不要使人憎惡自己。㊸彌尊　更加受到尊重。

【語　譯】孔子對南宮敬叔說：「我聽說老聃博通古今，通曉禮樂的起源，了解道德的旨趣，那就是我的老師嘛，如今我準備到那裡去請教啊。」南宮敬叔回答說：「謹遵吩咐。」於是對魯昭公說：「先父臨終時曾經對我說：孔子，是商湯的後裔啊，原來他的祖先在宋國做官，後來才逃奔到了魯國。他的先祖弗父何是閔公的長子，應該繼承君位，他卻把君位讓給他的弟弟厲公。傳到他的曾孫正考父，輔佐了戴公、武公、宣公三代，由士而大夫而卿，地位越高表現越謙虛，所以刻在他的鼎上的銘文說：『任命為士時，低著頭；任命為大夫時，躬著背；任命為卿時，俯著身軀，十分敬慎謙讓。靠著牆壁快步走，沒有人敢侮慢我。這個鼎用來煮濃粥、煮稀粥，以餬我的嘴巴。』他是這麼樣的謙恭和儉樸。臧武仲曾經說過：『道德修養很高的人的後代，如果他自己沒有出來做官，那麼他的後代一定會有一個顯達的人出來。』孔子從小就喜歡禮樂，可能就應在這個人身上。因而叮囑我說：『你一定要向他學習。』如今孔子準備到東周去，視察周的先王遺留下來的制度，考究禮樂產生的原因及其發展的極致，這是一種偉大的事業啊。您何不資助他的車馬，讓我陪他一起去。」昭公說：「好。」便給了孔子一輛車兩匹馬，以及隨從和車夫。南宮敬叔跟孔子一起到了東周，向老聃請教了禮，向萇弘求教了樂，經過了周王祭祀天地的地方，考察了周王朝宣講政教的明堂，以及宗廟朝廷的各種法度。於是孔子歎息著說：「如今我才知道周公是多麼的聖明，周王朝又是怎麼樣興盛起來的啊。」等到孔子離開東周時，老聃來向孔子送行說：「我聽說發財做官的，送給別人的禮物是財物，而仁愛的人送給別人的禮物是語言。我雖然沒有錢也沒有官，但我卻竊取了仁者的稱號，那就讓我送你幾句話吧：大概如今這些知識分子，腦子靈活，看問題又敏銳又深刻，而往往陷於死亡的危險，其原因就是喜歡諷刺和評論別人啊；懂得多，口才好，加之宏通明達，而往往陷入危險的境地，其原因就是喜歡揭發別人的醜事啊。做人家的兒子的，要曉得自己的身體是屬於父母的；做人家的臣下的，要用之則行、捨之則藏，不要使人憎恨自己，才能保全自己、保全臣節啊。」孔子說：「我恭謹地接受你的教誨。」孔子從東周回到魯國以後，他的學說更加受到尊重，遠方來求教的弟子，大約達到三千人之多。

孔子觀乎明堂，睹四門❶墉❷，有堯舜之容，桀❸紂❹之象，而各有善惡之狀❺，興廢❻之誡❼焉。又有周公❽相成王❾，抱之負斧扆❿，南面⓫以朝諸侯之圖焉。孔子徘徊而望之，謂從者⑫曰：「此周之所以盛也。夫明鏡所以察形，往古者所以知今，人主不務⑬襲跡⑭於其所以安存，而忽怠⑮所以危亡，是猶未有以異於卻走而欲求及前人也，豈不惑⑯哉？」

【章旨】此章言孔子看到明堂四壁的圖像，有鮮明的善惡對比、興廢對照，對從者們所發的感慨。

【注釋】❶四門　東西南北四方之門。❷墉　牆壁。❸桀　名履癸。夏代最後一個君主，殘酷剝削，暴虐荒淫，是古代暴君的典型，與商紂並稱。後被商湯所敗，逃奔南方而死。見《史記・夏本紀》。❹紂　商代最後一個君主。被周武王所滅，詳見本書〈五儀解第七〉。❺狀　情況；敘述。❻興廢　興盛與消亡。❼誡　警告；規誡。❽周公　姓姬名旦。周文王之子，輔助武王滅紂，建立周王朝。武王死，成王年幼，周公攝政。管叔、蔡叔煽動武庚起來作亂，周公東征，平定武庚的叛亂，營建雒邑。相傳周代的禮樂制度，都是他制定的。見《史記・魯周公世家》。❾成王　武王之子。名誦。武王死，成王幼，天下初定，周公恐諸侯叛己，乃攝行政事七年，成王長，周公始歸還政權，北面就群臣位。成王在位，復營雒邑，居九鼎於雒，興禮樂，正制度，頌聲大作。見《史記・周本紀》。❿抱之負斧扆　周公負斧扆、抱成王的故事，見於《荀子・儒效》及《淮南子・齊俗》。斧扆，戶牖間畫有斧形的屏風。天子朝諸侯，背扆南面而立，故稱「負扆」。⑪南面　古代以坐北朝南為尊位。故天子朝諸侯，諸侯見群臣，卿大夫見僚屬，皆南面而坐。⑫從者　隨從的人。⑬不務　不力求。⑭襲跡　沿襲他人的行徑。⑮忽怠　忽略；不經心；不注意。⑯惑　迷惑；不可解。

【語譯】孔子到明堂去參觀，看到四門的牆壁，畫有堯王與舜王的像，也繪有夏桀和商紂的像。在他們的像下面，都敘述了他們的善行和惡跡的情況，以及興盛和衰亡的規勸。還有周公輔佐成王，抱著他背靠畫有斧形的屏風，南面朝見諸侯的圖像。孔子反覆回旋地看了又看，然後對隨從他的人說：「這就是周代興旺起來的道理啊。明亮的鏡子，是用來詳細觀察自己的形象的；過去的歷史，是用來對照現在的。作為一個君主，不力求沿襲前人的行徑，學習其所以長治久安之道，而不注意其為什麼會陷入危險的境地，以致走上滅亡的道路，這就好像向後面倒退，卻想要趕上走在前面的人，難道不是大惑不解嗎？」

孔子觀周，遂入太祖后稷❶之廟，廟堂右階之前，有金人❷焉，三緘❸其口，而銘其背曰：「古之慎言❹人也，戒之哉！無多言，多言多敗；無多事，多事多患。安樂必戒，無所行悔。勿謂何傷，其禍將長；勿謂何害，其禍將大；勿謂不聞，神將伺人。焰焰❺不滅，炎炎❻若何？涓涓❼不壅❽，終為江河；綿綿❾不絕，或成網羅❿；毫末⓫不札⓬，將尋⓭斧柯⓮。誠能慎之，福之根也；口是何傷，禍之門也。強梁⓯者不得其死，好勝者必遇其敵。盜憎主人，民怨其上。君子知天下之不可上也，故下之；知眾人之不可先也，故後之。溫恭慎德，使人慕之；執雌⓰持下⓱，人莫踰⓲之。人皆趨彼⓳，我獨守此；人皆或之⓴，我獨不徙㉑。內藏我智，不示㉒人技㉓；我雖尊高，人弗我害，誰能於此？江海雖左㉔，長於百川，以其卑也。天道㉕無親㉖，而能下人，戒之哉！」孔子既讀斯文㉗也，顧謂弟子曰：「小子識之，此言實而中，情而信。《詩》㉘曰：『戰戰㉙兢兢㉚，如臨深淵，如履薄冰。』行身如此，豈以口過患哉？」

【章旨】此章見於《說苑·敬慎》。言孔子告戒他的弟子要慎於言，謹於行，志於道。

【注釋】❶后稷　周的先祖。注見本書〈好生第十〉。❷金人　銅鑄的人像。❸三緘　封口三重。形容言語謹慎。緘，封。❹慎言　說話謹慎。❺焰焰　同「燄燄」。火苗。火剛燃燒。❻炎炎　強烈的火光。❼涓涓　細流。❽壅　堵塞。❾綿綿　細微不絕的樣子。❿網羅　捕魚鼈鳥獸的器具。⓫毫末　至小至微的東西。⓬紮　拔除。⓭尋　用。⓮斧柯　斧頭柄。⓯強梁　強悍；強橫。⓰執雌　堅持柔道，不與人爭。雌，雌伏。比喻退藏。⓱持下　保持卑下的態勢。⓲踰　超越。⓳趨彼　依附他。⓴或之　也許走了。㉑徙　遷移。㉒示　露；表現。㉓人技　向別人表現某種技能。㉔左　水之陽（北）。㉕天道　上天的意志。古人認為天道是支配人類命運的天神的意志。㉖無親　沒有偏袒；不論親疏。㉗斯文　這篇文章。㉘詩　指《詩・小雅・小旻》。以下引詩，即此詩之卒章。㉙戰戰　恐懼的樣子。㉚兢兢　戒慎的樣子。

【語譯】孔子到東周觀光，於是瞻仰了周的太祖后稷的祠宇。祠宇的右邊階級之前，有一座銅鑄的人像，口上被封了三重，在他的背上刻了銘文說：「這是古代說話非常謹慎的人。大家要警戒啊！不要多說，多說的往往多敗；不要多事，多事的每每多患。即使生活在安樂的環境中，也一定要戒慎恐懼。只有這樣，才不至於後悔自己的多言多事。不要說沒有什麼損傷，那引起的禍患將要影響深長；不要說沒有什麼損害，那引起的禍患將要繼續擴大；不要說上天聽不到，天神正在觀察著你呢。火剛冒煙的時候，你不去撲滅它，到了火勢很大了，又怎麼辦呢？水還是細流的時候，你不去堵塞它，那麼最後就要擴大成為長江大河的；細微的線縷，如果不去攔斷它，有的就可能被織成大的網羅；最小的幼苗，如果不去拔除它，將來就非用斧頭不可啊。假如真能慎之又慎，那就是致福的根基；而多嘴多舌不是沒有損害，它正是致禍的門徑。橫暴的人往往得不到善終，好勝的人一定遇到強敵。盜賊憎恨主人，百姓埋怨上級，君子深知不可高高在上，所以要謙下一些；深知不可老是跑在前頭，所以退居後面。溫厚恭謹，戒慎仁德，會使人仰慕；堅持柔道，謙虛下人，人們永遠超越不了。大家都擁向那裡，只有我堅守此道；大家都到別的地方去，只有我不遷徙。把我的知識藏在內心深處，在別人面前不顯露自己的技能，即使處於尊貴的地位，別人也不會傷害我的。江海雖然是低姿態，但卻能為百川之長，正是因為它處在卑下的地位啊！上天不論親疏，卻只扶助那些能居人下的人，要警戒呀！」

孔子讀完了這篇銘文，回頭對弟子們說：「你們年輕人要記住啊！這些說得很具體而又很中肯，說得合乎情理而又很有說服力。《詩經》中說：『恐懼戒慎，好像下臨無底深淵，生怕跌了下去一樣；好像踩在薄薄的冰塊上，生怕陷了進去一樣。』這樣去要求自己，難道還怕嘴巴會招來禍害嗎？」

孔子見老聃而問焉曰：「甚矣，道之於今難行也。吾比執道❶，而今委質❷以求當世之君，而弗受也，道於今難行也。」老子曰：「夫說者流於辯，聽者亂於辭，如此二者，則道不可以忘也。」

【章　旨】此章見於《說苑・反質》。言孔子感嘆「道於今難行」，老子告以難行之故。

【注　釋】❶執道　堅持道德或道義。執，堅持。❷委質　亦作「委贄」、「委摯」。古人初次相見，執贄以為禮，叫做委質。贄、質、摯互通。《左傳・莊公二十四年》：「男贄，大者玉帛，小者禽鳥，以彰物也；女贄，不過榛、栗、棗、脩，以告虔也。」

【語　譯】孔子會見了老聃便問他說：「要在當今之世推行我們的學說真是太難了！我過去堅持自己的學說，可如今拿著見面的禮品去遊說當代的君主，沒有一個肯接受的。自己那一套學說真是難以推廣啊！」老子說：「那遊說之士過於辯析，聽話的人又為這些五花八門的言辭所惑亂，像這兩個方面，你們在宣傳自己學說的時候，是不可忘記的啊。」

弟子行第十二

【題解】此篇見於《大戴禮・衛將軍文子》。通過子貢對孔子弟子言行的評介，如顏回的不貳過；冉雍的不遷怒、不深怨、不錄舊罪；子路的不畏強禦，不侮矜寡；冉求的好學博藝；公西赤的齊莊好禮；曾參的滿而不盈，實而如虛；顓孫師的美功不伐，貴位不善；卜商的送迎必敬，上交下接；澹臺滅明的貴之不喜，賤之不怒；言偃的先成其慮，動則不妄；宮縚的獨居思仁，公言仁義；高柴的啟蟄不殺，方長不折等，都是他們突出的德行，而他們又是孔子的高足，所以題之曰「弟子行」。

衛將軍文子❶問於子貢❷曰：「吾聞孔子之施教❸也，先之以《詩》、《書》❹，而道❺之以孝悌，說❻之以仁義，觀❼之以禮樂❽，然後成之以文德❾，蓋入室升堂❿者七十有餘人，其孰為賢？」子貢對以「不知」。文子曰：「以吾子⓫常與學⓬，賢者也，不知何謂？」子貢對曰：「賢人無妄⓭，知賢即難，故君子之言曰：『智莫難於知人。』是以難對也。」文子曰：「若夫知賢莫不難，今吾子親遊⓮焉，是以敢問。」子貢曰：「夫子之門人，蓋有三千就焉⓯，賜有逮及⓰焉，未逮及焉，故不得遍知以告也。」文子曰：「吾子所及者，請問其行。」

【章旨】此章敘述子貢在衛將軍文子的一再要求下，始肯對其師兄弟的德行，略加評介。

【注 釋】❶衛將軍文子 即公孫彌牟。春秋時衛國的卿。❷子貢 姓端木，名賜。也作子贛，春秋時衛人，能言善辯，又善經商，是孔門四科中言語科的代表人物。參見《史記·仲尼弟子列傳》。❸施教 施行教育，推廣教化。❹詩書 指儒家的經典《詩經》和《尚書》。❺道 通「導」。引導；誘導。❻說 通「悅」。喜愛；高興。❼觀 細看；欣賞。❽禮樂 禮儀和音樂。❾文德 指以禮樂教化進行統治，與「武功」相對而言。❿入室升堂 比喻學問造詣很深。《論語·先進》：「由也升堂矣，未入於室也。」⓫吾子 對人當面親熱的稱呼。⓬與學 同學。⓭無妄 不妄言不妄動；不亂說亂動。⓮親遊 親身遊從。言其本人遊學於夫子之門。⓯蓋有三千就焉 《大戴禮·衛將軍文子》作「蓋三就焉」。前者是說孔子之門，前後有三千人在那裡就學；後者是說孔子之門，曾經有過「三盈三虛」的變化。蓋，大約；大概。⓰逮及 及。言趕上與之同學。

【語 譯】衛國的將軍公孫彌牟問子貢說：「我聽說孔子是那麼推行教育的：首先用《詩》、《書》去教育他們，接著用孝悌之道去引導他們，然後讓他們喜歡仁義的學說，欣賞禮樂的威儀，最後才形成一整套禮樂教化的品德。大概學問造詣很高的有七十多人，那麼這些人中以哪些人為最好呢？」子貢回答說：「不知道。」文子說：「因為你常常與他們在一起同學，又是一位很有學問很有才能的人，說不知道是什麼意思呢？」子貢回答說：「一個德才並美的人是不會瞎說的。了解一位德才兼備的人談何容易，所以那些有道德修養的人是這麼說的：『聰明才智，沒有比了解一個人更難的。』因此很難回答你的問題啊。」文子說：「誠如所言了解一位才德兼美的人很不容易，可如今你親自在孔子門下就學，所以我才敢問你。」子貢說：「夫子的門下大約有三千人跟他學習過，我有的同到了學，有的沒有同到學，所以不能完全了解並告訴你呀！」文子說：「請你把同過學的那些人的品德告訴我吧。」

子貢對曰：「夫能夙興夜寐❶，諷誦❷崇禮❸，行不貳過❹，稱言❺不苟❻，是顏回❼之行也。孔子說之以《詩》曰：『媚茲一人❽，應侯慎德❾。』『永言孝思，孝思惟則❿。』若逢有德之君，世受顯命⓫，不失厥名⓬，以御⓭于天子，則王者⓮

之相[15]也。在貧如客[16]，使其臣如借[17]。不遷怒[18]，不深怨，不錄[19]舊罪[20]，是冉雍[21]之行也。孔子論其材曰：『有土之君子[22]也，有眾使也，有刑用也，然後稱怒[23]焉。』孔子告之以《詩》曰：『靡不有初，鮮克有終[24]。』足夫[25]不怒，唯以亡其身。不畏強禦，不侮矜寡[26]，其言循性[27]，其都[28]以富，材任治戎[29]，是仲由[30]之行也。孔子和之以文，說之以《詩》曰：『受小拱大拱，而為下國駿龐，荷天子之龍，不戁不悚，敷奏其勇，強乎武哉，文不勝其質[31]。』恭老[32]卹幼[33]，不忘賓旅[34]，好學博藝，省物[35]而勤也，是冉求[36]之行也。孔子因而語之曰：『好學則智，卹孤則惠，恭則近禮，勤則有繼，堯舜篤恭以王天下，其稱之[37]也，曰宜為國老[38]。』齊莊[39]而能肅[40]，志通而好禮，擯相[41]兩君之事，篤雅有節，是公西赤[42]之行也。子曰：『禮經三百[43]，可勉能也；威儀[44]三千[45]，則難也。』公西赤問曰：『何謂也？』子曰：『貌以儐禮[46]，禮以儐辭[47]，是謂難焉。』眾人聞之，以為成也。孔子語人曰：『當賓客之事則達矣。』謂門人曰：『二三子之欲學賓客之禮者，其於赤也。』滿而不盈，實而如虛，過之如不及，先王難之。博無不學，其貌恭，其德敦[48]，其言於人也無所不信，其驕[49]於人也常以浩浩[50]，是以眉壽[51]，是曾參之行也。孔子曰：『孝，德之始也；悌，德之序也；信，德之厚也；忠，德之正也。參！中夫四德(52)者也，以此稱之。』美功(53)不伐(54)，貴位不善，不侮不佚(55)，不傲無告(56)，是顓孫師(57)之行也。孔子言之曰：『其不伐，則猶可能也，其不弊(58)百姓，則仁也。《詩》云：「愷悌君子，民之父母(59)。」』夫子以其仁為大學(60)之深(61)。送迎必敬，上交下接，若截(62)焉，是卜商(63)之行也。孔子說之以《詩》曰：『式夷式已，無小人殆(64)！』若商也，其可謂不險矣。貴之不喜，賤之不怒，苟利於民矣，廉於行己，其事上也，以佑(65)其下，是澹臺滅明(66)之行也。孔子曰：『獨貴獨富，君子助之，夫也(67)中(68)之矣。』先成其慮(69)，及事而用之，故動則不妄，是言偃(70)之行也。孔子曰：『欲能則學，欲知則問，欲善則詳(71)，欲給(72)則豫(73)。當是而行，偃也得之矣。』獨居思仁，公言(74)仁義，其於《詩》(75)也，則一日三覆(76)白圭之玷，是宮縚(77)之行也。孔子信其能仁，以為異士(78)。自見孔子，出入於戶，未嘗越禮(79)，往來過之，足不履影(80)，啟蟄(81)不殺，方長(82)不折，執親之喪(83)，未嘗見齒(84)，是高柴(85)之行也。孔子曰：『柴於親喪，則難能也；啟蟄不殺，則順人道；方長不折，則恕仁也。成湯(86)恭而以恕，是以日隮(87)。』凡此諸子，賜之所親覩者也。吾子有命而訊(88)賜，賜也固不足以知賢。」文子曰：「吾聞之也，國有道則賢人興焉，中人(89)用焉，乃百姓歸之(90)。若吾子之論，既富茂(91)矣，壹(92)

諸侯之相㊈也，抑㊉世未有明君，所以不遇也。」

【章　旨】此章記子貢具體評介顏回等十一人的德行。每評一人，必引孔子贊許的話以為佐證，說明子貢既善於言，又慎於言。

【注　釋】❶夙興夜寐　起早睡晚。形容勤奮不懈。夙，早。興，起來。寐，睡。❷諷誦　背誦。背文曰諷，以聲節之曰誦。❸崇禮　尊崇禮教。❹不貳過　過不再犯。貳，再。❺稱言　舉言。言列舉經典上的話。❻不苟　不苟且；不馬虎。❼顏回　即顏淵。見〈致思第八〉。❽媚茲一人　語見《詩・大雅・下武》。媚，愛。一人，指天子。❾應侯慎德　謂武王能當此順德，以完成其祖考的功業。應侯，當此。應，當。侯，維。慎德，原詩作「順德」。《大戴禮・衛將軍文子》引此詩亦作「順德」。❿永言孝思二句　永遠的講求孝道，足以為大家的法則。永言，久遠；久長。言，助詞。無義。孝思，孝道。思，助詞。無義。惟則，足為法則。⓫顯命　大命。指帝王受命的美譽。⓬厥名　其名。厥，其。⓭御　奉獻；進用。⓮王者　以仁義治天下的君主。⓯相　君主的主要助手。後來專指宰相。⓰如客　像作客一樣的矜莊。言不以貧困累志。⓱如借　《大戴禮・衛將軍文子》作「如藉」。言本非其臣，像借用一樣。⓲遷怒　轉移個人的憤怒。即怒於此而移於彼。⓳不錄　不記載；不記。⓴舊罪　過去的過失。㉑冉雍　字仲弓。春秋時魯人。孔子弟子。孔子認為他很有德行，曾經誇贊他說：「雍也可使南面。」即可以輔助諸侯治理國家。見《史記・仲尼弟子列傳》。㉒有土之君子　擁有土地的貴族階級。有土，《大戴禮・衛將軍文子》作「有士」。君子，指貴族統治者。㉓稱怒　加怒。言冉雍非有土之君，故使其臣如借，而不宜加怒。㉔靡不有初二句　見《詩・大雅・蕩》。靡，無；沒有。鮮，少。克，能。㉕疋夫　匹夫。《大戴禮・衛將軍文子》正作「匹夫」。㉖不畏強禦二句　見《詩・大雅・烝民》。強禦，橫暴而有勢力的人。矜寡，鰥寡。矜，通「鰥」。指老而無妻的人。㉗循性　順著本性。㉘都　優美的樣子。㉙治戎　管理軍事。㉚仲由　即子路。見〈致思第八〉。㉛受小拱大拱七句　見《詩・大雅・長發》。小拱大拱，亦作「小共大共」。即小法大法。拱，法。下國，小國。亦指諸侯國。駿龐，《詩》作「駿厖」。強大厚實的意思。駿，大。龐，厚。荷，承受。龍，「寵」之借。榮寵。不戁，不懼。戁，恐懼的樣子。不悚，不驚。悚，驚惶的樣子。敷奏，陳獻。敷，陳。奏，薦。文，文彩。此指形式。質，本質；本體。㉜恭老　尊敬老的。㉝卹幼　憐憫小的。卹，憐憫；撫愛。㉞賓旅　外賓和寄居的客人。㉟省物　省錄各種事務。㊱冉求　字子有。春秋時魯人，曾經任過季氏宰。孔子認為他可以管理「千室之邑，百乘之家」的賦稅。見《史記・仲尼弟子列傳》。(37)稱之　選舉他；任用他。(38)國老　古代告老退職的卿大夫的尊稱。(39)齊莊　恭敬。齊，通「齋」。(40)肅　嚴肅；敏捷。(41)櫝相　《大戴禮・衛將軍文子》作「擯相」。亦作「儐相」。迎賓曰儐，贊禮曰相。(42)公西赤　字子華。春秋時魯人。曾經「乘肥馬，衣輕裘」，出使於齊。見《史記・仲尼弟子列傳》。(43)禮經三百　按《禮・中庸》及《大戴禮・衛將軍文子》均作「禮儀三百」，是。言各種行禮的儀式甚多。(44)威儀　禮儀的細節。(45)三千　極言其繁複。(46)儐禮　贊禮；贊引賓客。(47)儐辭　贊辭。(48)敦　厚；篤厚。(49)驕　大。(50)浩浩　廣大的樣子。此指浩然志氣。(51)眉壽　長壽。舊以眉長者壽高，故云。(52)四德　指上述的孝、悌、信、忠。(53)美功　很好的功績。(54)不伐　不誇耀。伐，誇耀自己的功勞。(55)不侮不佚　不貪功慕勢。侮佚，貪功慕勢的樣子。(56)無告　指鰥、寡、孤、獨四種窮而無告的人。老而無妻曰鰥，老而無夫曰寡，幼而無父曰孤，老而無子曰獨。(57)顓孫師　即子張。春秋時陳人，孔子弟子。見〈好生第十〉。(58)不弊　不愚；不傲。(59)愷悌君子二句　見《詩・大雅・泂酌》。愷悌，又作「豈弟」、「愷弟」。樂易；和樂簡易。(60)大學　博學；廣泛學習。(61)深　深入義理。(62)若截　割斷；整齊。此言界限分明。(63)卜商　即子夏。孔子弟子，衛人。詳見〈致思第八〉。(64)式夷式已二句　見《詩・小雅・節南山》。式夷式已，言用平則已。式，用。夷，平。殆，接近。(65)佑　助；扶植。(66)澹臺滅明　字子羽。魯武城人。狀貌甚醜，而名聞諸侯。孔子曾說：「吾以言取人，失之宰予；以貌取人，失之子羽。」事見《史記・仲尼弟子列傳》。(67)夫也　此人。指澹臺滅明。(68)中　當；合。(69)先成其慮　事先考慮成熟。(70)言偃　字子游。春秋時吳人。曾任武城宰，在那裡推廣禮樂教化，孔子曾經認為他是大材小用說：「割雞焉用牛刀。」見《史記・仲尼弟子列傳》。(71)詳審慎；詳察。(72)給　豐足。(73)豫　準備。(74)公言　在眾人面前公開發言。(75)詩　指《詩・大雅・抑》。詩中有「白圭之玷，尚可磨也；斯言之玷，不可為也」等語句。(76)一日三覆　一天三次反思。《大戴禮・衛將軍文子》作「一日三復」。覆，同「復」。(77)宮縚　即南宮括。魯人，字子容。係孟僖子之子仲孫閱，因其居於南宮，故以為姓。孔子看到他三復「白圭之玷」，曾經贊美他說：「君子哉若人！上德哉若人！」並以其兄之女嫁給他。見《史記・仲尼弟子列傳》。本書〈七十二弟子解第三十八〉作「南宮韜」。(78)異士　特異之士；傑出的人。《大戴禮・衛將軍文子》作「異姓」。指婚姻。言以其兄之女妻之的事。(79)越禮　超越禮教所規定的。(80)足不履影　言其往來，常常踩著自己過去的足跡。(81)啟蟄　即驚蟄。節氣的名稱。蟲類冬日蟄伏，至春復出，叫做「啟蟄」。(82)方長　正在生長。(83)執親之喪　主持父母的喪事。(84)見齒　露出笑容。(85)高柴　即子羔，孔子弟子。參見〈致思第八〉。(86)成湯　即商代的開國君主湯王。姓子，名履，又稱天乙。夏桀無道，湯出兵討伐，遂有天下，建都於亳（今河南商丘）。《史記・殷本紀》：「湯出，見野張網四面，祝曰：『自天下四方，皆入吾網。』湯曰：『嘻！盡之矣！』

乃去其三面，祝曰：『欲左，左；欲右，右。不用命，乃入吾網。』諸侯聞之曰：『湯德至矣，及禽獸。』」故下云「恭而以恕」。87日躋　日升；逐漸上升。躋，同「躋」。升；登。88訊　問；詢問。89中人　不偏不倚的人；堅守中庸之道的人。90歸之　歸附於他。91富茂　美好豐富。92壹　皆；都。93相　輔佐。94抑　表選擇的連詞。或者的意思。

【語　譯】子貢回答說：「能夠起早睡晚，背誦詩書，崇尚禮教，從來沒有犯過同樣的錯誤，說話從不馬虎苟且，這是顏淵的德行呀！孔子曾經用幾句詩表揚他說：『愛護這天子，當有敬慎的德行。』『永遠的講求孝道，足以為大家的法則。』如果遇上有德的君主，世世代代承受上天的意志，不喪失這個有德之君的名稱，用這來進獻給天子，那就是王者的好助手啊。生活在貧困之中，仍然端莊嚴肅得像在作客一樣，對待他的下屬，彬彬有禮，像從別處借來用的一樣。不把憤怒轉移到別人，不加深對別人的怨恨，不記別人的舊賬，這是冉雍的德行呀。孔子曾經評論他的才能說：『擁有土地的統治階級，有民眾可供驅使，有刑罰可資獎懲，這才可以加怒於人。』孔子又用幾句詩來規戒他說：『沒有開頭不好的，可很少能夠堅持到底的。』一個普通的老百姓是不發怒的，發怒就可能招致殺身之禍啊。不害怕強暴，不怠慢鰥寡，他的話是順著自己的性情的，他的才足以擔當起軍事的重任，他的形象很優美，他的財產很富裕，這是仲由的德行呀。孔子曾經用文字和詩歌來褒揚他說：『接受小法和大法，作為諸侯國的堅實基礎。荷蒙天子的寵命，不恐懼，不驚惶，貢獻自己的勇氣，可謂強而有力的軍事人材呀，可惜他的文彩趕不上他的本質啊。』恭敬老的，憐恤小的，從來沒有忘記寄居在這裡的客人，喜歡學習，博通六藝，詳細記錄各種事務，勤勤懇懇辦事，這是冉求的德行呀。孔子因此而告訴他說：『喜歡學習那就會獲得知識，憐恤孤獨那就是廣施恩惠，恭敬就接近了禮，勤奮就不會困窮。堯王、舜王就是因為具有篤厚敬慎的德行，所以能夠成就自己的王業。如果你遇到了那樣的君主，那將會被選舉出來的，應當成為一國的老成人啊。』恭敬而又嚴肅，通達而又好禮，當兩國的君主舉行會盟的時候，擔任迎賓贊禮的工作，很文雅，又很有禮節，這是公西赤的德行呀。孔子說：『三百種大的禮節，公西赤可以盡力去學到；三千種禮儀的細節，那就有困難啊。』公西赤問道：『這是什麼意思呀？』孔子說：『要根據禮的要求，來決定自己的容貌；又要依據禮的等級，來選擇迎賓贊禮的語言，所以很難啊。』大家聽說了，以為公西赤的禮學到家了。孔子告訴人們說：『對待迎賓贊禮的具體工作，公西赤是明白了。』於是對他的弟子們說：『你們幾個人，想學習接待賓客的禮儀，那就向公西赤求教吧。』雖則很富裕，但卻不過滿；雖則很充實，但看起來好像很空虛；雖則超過了別人，但卻總以為不如人家。這是先哲明君也感到困難的，可曾參卻身體力行了。他的知識很淵博，卻又什麼都虛心學習。他的樣子很恭謹，他的德行很篤厚，他講的話沒有兌不了現的，他比別人高大，在於他常常有一種浩然正氣。正因為他不慕富貴，不趨名利，能夠隨遇而安，所以能夠長壽。這就是曾參的品行呀。孔子說：『孝，是道德的基礎；悌，是道德的次序；信，是道德的厚度；忠，是道德的目標。曾參符合這四種道德，因此值得稱贊。』有很大的功勞自己卻不吹噓，有很高的地位自己卻不驕矜，沒有一點貪功慕勢的樣子，也不怠慢鰥、寡、孤、獨等窮而無告的，這就是顓孫師的德行呀。孔子評論他說：『他不吹噓自己的功勞，那還可以做到喲；他不愚弄和剝削百姓，那就是一種仁德。《詩經》中說得好：「和樂簡易的貴族階級，那就是百姓的父母啊。」』先生正因為他有了仁的德行，才說他博學而深入啊。送迎賓客，一定很敬慎，對待上級和下屬，有著明顯的界限，這就是卜商的德行呀。孔子拿《詩》來贊揚他說：『用平等的原則來對待人，什麼都好辦；可不要接近小人啊，那是很危險的。』像卜商那樣，可以說沒有危險了。讓他顯貴起來，他並不因此而高興；讓他變得貧賤，他也不怨天尤人。只要有利於百姓的事，他就幹。用清廉來要求自己，他事奉君主就是為了扶助百姓，這就是澹臺滅明的德行呀！孔子說：『特貴特富，貴族階級是會支持他的。澹臺滅明足以當之了。』事先把問題考慮成熟，到了事情發生了就有辦法對付，所以他的舉動無不有條有理，絲毫也不亂來，這就是言偃的德行呀！孔子說：『要想有能力就要認真學習，要想有知識就要不恥下問，要想辦得好就要詳細考察，要想應付裕如就要做好準備。按照這個去辦事，言偃是深得其中三昧的喲。』一個人生活在家裡，也常常想到仁德，公開在眾人面前表示要推行仁義，他對於《詩經》的教育，常常一天三次復習『白圭之玷』的話，那就是南宮括的德行呀！孔子相信他能夠勵行仁德，認為他是一個傑出的人。自從拜見了孔子，在門口出出進進，從來沒有超越禮制的規定。他的一來一往，都是踩著自己過去的腳印，步子的大小和快慢都是一致的。驚蟄到了，他就不殺生；正在成長的植物，他就不攀折。主持父母的喪事，從來沒有發現他歡笑過。這就是高柴的德行呀！孔子說：『高柴在守喪期間的表現，是不容易做到的。驚蟄一到就不殺生，這是順乎人道的；正在成長的植物就不攀折，這是寬厚的仁德。過去成湯能夠網開三面，恩及禽獸，正因為他恭謹而又寬厚，所以他的仁德的聲名，能夠一天一天的大起來。』所有這些人，都是我親眼看到的。您有意來問我，我本來談不上了解那些才德俱美的人啊。」文子說：「我聽說過！國家的政治清明，那麼才德俱美的人就會出來，不偏不倚的人就會得到重用，於是百姓就歸服他。像你今天所論述的，是多麼的優美又是多麼的豐富喲，他們都是諸侯的輔佐啊，或者當今沒有英明的君主，所以沒有遇到知己啊。」

子貢既與衛將軍文子言，適魯見孔子曰：「衛將軍文子問二三子之於賜，不壹而三❶焉，賜也辭不獲命❷，以所見者對矣，未知中否❸？請以告。」孔子曰：「言之乎！」子貢以其辭狀❹告孔子，子聞而笑曰：「賜！汝次焉人矣❺。」子貢對曰：「賜也何敢知人，此以賜之所睹也。」孔子曰：「然❻，吾亦語汝耳之所未聞、目之所未見者，豈思之所不至，智之所未及哉？」子貢曰：「賜願得聞之。」孔子曰：「不克❼不忌，不念❽舊怨❾，蓋伯夷叔齊❿之行也。思天而敬人⓫，服義⓬而行信⓭，孝於父母，恭於兄弟，從善而不教，蓋趙文子⓮之行也。其事君也不敢愛其死，然亦不敢忘其身；謀其身不遺⓯其友；君陳⓰則進而用之，不陳則行而退，蓋隨武子⓱之行也。其為人之淵源⓲也，多聞⓳而難誕⓴，內植㉑足以沒其世[22]。國家有道，其言足以治；無道，其默[23]足以生[24]，蓋銅鞮伯華[25]之行也。外寬而內正，自極[26]於隱括[27]之中。直己[28]而不直人[29]，汲汲[30]於仁，以善自終，蓋蘧伯玉[31]之行也。孝恭慈仁，允德[32]圖義[33]，約貨[34]去怨[35]，輕財不匱[36]，蓋柳下惠[37]之行也。其言曰：君雖不量[38]於其身，臣不可以不忠於其君。是故君擇臣而任之，臣亦擇君而事之。有道[39]順命[40]；無道[41]衡命[42]，蓋晏平仲[43]之行也。蹈忠[44]而行信，終日言，不在尤[45]之內。國無道處賤不悶，貧而能樂，蓋老子[46]之行也。易行[47]以俟天命[48]，居下[49]不援[50]其上，其親觀於四方也，不忘其親，不盡其樂，以不能則學，不為己終身之憂，蓋介子山[51]之行也。」子貢曰：「敢問夫子之所知者，蓋盡於此而已乎？」孔子曰：「何謂其然[52]，亦略舉耳目之所及而矣。昔晉平公[53]問祁奚[54]曰：『羊舌大夫[55]，晉之良大夫也，其行如何？』祁奚辭以不知，公曰：『吾聞子少長乎其所，今子掩之[56]，何也？』祁奚對曰：『其少也恭而順，心有恥，而不使其過宿[57]。其為大夫，悉善[58]而謙其端[59]；其為輿尉[60]也，信而好直[61]其功，言其功直。至於其為容也，溫良而好禮，博聞[62]而時出其志[63]。』公曰：『曩者[64]問子，子奚[65]曰不知也？』祁奚曰：『每位改變[66]，未知所止，是以不敢得知也。』此又羊舌大夫之行也。」子貢跪曰：「請退而記之。」

【章　旨】此章言孔子論述伯夷叔齊等十一位歷史人物，以告訴子貢耳之所未聞、目之所未見者。蓋在肯定子貢知人的基礎上，擴大其眼界，提高其認識，亦夫子循循善誘的一個側面。

【注　釋】❶不壹而三　不止一次，而是三次。壹，即「一」。《大戴禮・衛將軍文子》作「不一而三」。❷不獲命　沒有得到同意。獲，得到。❸中否　是否中肯；是否準確。❹辭狀　評說的情況。❺次焉人矣　排列人物的先後次序。次，排列；安置。❻然　如此。表示肯定的話。❼不克　不能。❽不念　不記。❾舊怨　過去的仇怨。❿伯夷叔齊　商代孤竹君的兩個兒子。相傳其父遺命要立叔齊為繼承人。孤竹君死後，叔齊讓位給伯夷，伯夷不受，叔齊也不願繼承其父的基業，先後逃至周國。及武王伐紂，兩人曾經叩馬而諫曰：「父死不葬，爰及干戈，可謂孝乎？以臣弒君，可謂仁乎？」武王已平殷亂，天下宗周，伯夷、叔齊恥食周粟，隱居於首陽山，採薇而食，終於餓死在山裡。見《史記・伯夷列傳》。⓫思天而敬人　與《荀子・天論》的「大天而思之，孰與物畜而制之」的思想近似。思天，想到天道的可畏。敬人，對待人事十分敬慎。⓬服義　奉行仁義。⓭行信　守信；堅守信用。⓮趙文子　即趙武。晉卿，繼范匄之後主政。《禮・檀弓下》云：「文子其中退然如不勝衣，其言吶吶然如不出諸其口。……生不交利，死不屬其子焉。」⓯遺　忘記。⓰陳　陳力。即施展才力。⓱隨武子　即士會。晉大夫，字季。因其食采於隨及范，故又稱隨會、隨季或范季。歷佐晉文、襄、成、景四公。景公七年，率師滅赤狄的甲氏、留吁、鐸辰，升任為中軍元帥，執掌國政，修訂法制。死後稱范武子或隨武子。⓲淵源　指事物的本原。或比喻人的思慮深遠。⓳多聞　見聞很廣。一般指博學。⓴誕　欺騙；虛幻。㉑內植　內心所樹立的；自我修養。㉒沒其世　終身；永久。㉓默　靜默；不吭聲。㉔生　保全；保命。㉕銅鞮伯華　即羊舌赤。字伯華，羊舌職之子。因其食采於銅鞮（鞮），故稱銅鞮伯華。因祁奚的推薦，佐祁午為晉中軍尉。㉖極　套住；約束在。㉗隱括　本為矯正竹木彎曲的工具。比喻規範人的道德準則。㉘直己　端正自己。㉙直人　使人端正。㉚汲汲　急切的樣子。極力追求。㉛蘧伯玉　名瑗。衛大夫。《論語・憲問》、《禮記・檀弓上》，有論其德行、記其言行的載錄。㉜允德　的確有德。允，信。㉝圖義　圖謀仁義。圖，謀。㉞約貨　減損財物。約，節省；減少。㉟去怨　遠怨。因為利乃怨之所聚，散其財貨，即所以遠怨。㊱不匱　不缺乏；不窮盡。㊲柳下惠　即展禽。見〈好生第十〉。㊳不量　不量才度德。㊴有道　國家清平。㊵順命　順從其命。㊶無道　不施行仁政。㊷衡命　不受命。言隱居以遂其志。㊸晏平仲　即晏嬰。春秋時齊人，相齊景公，以節儉力行，名顯諸侯。《史記》有傳。著有《晏子春秋》，當為後人摭集而成。㊹蹈忠　實行忠貞之節。蹈，實踐。㊺尤　過失。㊻老子　即老聃。見〈觀周第十一〉。

㊼易行　改變行為。㊽天命　上天的意志。㊾居下　處於卑下的地位。㊿不援　不攀援；不依附。51介子山　《大戴禮・衛將軍文子》作「介山子推」。《史記・仲尼弟子列傳》作「介山子然」。其言曰：「數稱臧文仲、柳下惠、銅鞮伯華、介山子然。孔子皆後之，不並世。」說明介子山早於孔子，其事跡已不可考。52其然　怎麼是那樣呢。其，副詞。表反詰。然，如此；那樣的。53晉平公　名彪。晉悼公之子，昭公之父。曾經率兵伐齊，圍臨淄，又因崔杼之亂，敗齊於高唐。見《史記・晉世家》。54祁奚　亦作「祁傒」。春秋時晉人。晉悼公時為中軍尉，以年老告退，公問誰可代者？即推舉其仇解狐，未及任命而解狐死；又問誰可以代，即推薦其子祁午任中軍尉，因有「外舉不避仇，內舉不避親」的稱譽。事見《左傳・襄公三年》、《國語・晉語七》。55羊舌大夫　羊舌職之父。叔向之祖。曾經擔任過晉國的軍尉。羊舌，複姓。大夫，爵位。是晉國的公族。叔向兄弟四人，銅鞮伯華、叔魚、叔虎、叔向，所謂「羊舌四族，皆強家也」(見《左傳・昭公五年》)。說明羊舌氏在晉國的勢力是很大的。56掩之　掩蓋他。57過宿　經過一晚。58悉善　盡善。59端　端正。60輿尉　軍尉。61直　伸張。62博聞　知識淵博。63時出其志　時而表現出他的獨立見解。64曩者　從前。65奚　何。66每位改變　往往在不同的崗位上有不同的表現。

【語　譯】子貢已經和衛將軍文子說了，到魯國拜見孔子說：「衛將軍文子向我問他們幾個人的德行，不只一次，而是三次，我婉言謝絕了，可是沒有得到他的同意，只好就我所親眼目睹的告訴了他，不曉得是否說對了？請您告訴我。」孔子說：「你說說吧！」子貢便把他對衛將軍文子所說的情況，告訴了孔子。孔子聽了笑著說：「子貢，你在排列人物的先後次序啊。」子貢回答說：「我怎麼談得上知人哪！這是我所親眼看到的呀！」孔子說：「的確如此，我也告訴你耳所未聞、目所未見的一些歷史人物，或者是你思考不到，還來不及知道的。」子貢說：「我希望能夠聽到您的教導。」孔子說：「己所不能的，不忌妒別人；不把別人的舊賬掛在心上，這是伯夷、叔齊的德行啊。考慮天命也敬慎人事，堅持仁義而實行忠信，對父母盡孝，對兄弟盡恭，從善如流，而不好為人師，大概是趙文子的德行啊。事奉君主的時候，不敢愛惜自己的生命，但也沒有忘記自己寶貴的身體；給自己想辦法、打主意，但也沒有忘記為朋友作些考慮；能夠施展自己的才力，就出來做官；不能施展自己的才力，就隱居不仕，大概就是隨武子的德行啊。堅守做人的根本準則，知識淵博而難於蒙蔽，內部的修養，足以堅持到死那一天。國家清平，採用他的話，足以建設太平盛世；國家不清平，他就保持沉默，也可以保全自己，大概就是銅鞮伯華的德行啊。外面很寬厚，而內心很正直，自己把自己約束在為人的道德規範中。要求自己端正，卻不苛求別人也一樣的正直。急切地追求仁的最高境界，做好事做一輩子，大概是蘧伯玉的德行啊。孝順、恭謹、慈愛、仁厚，的確有道德，無時不在考慮仁義，減少自己的財貨，不引起別人的怨恨，把錢財看得很輕，卻也不感到缺乏什麼，大概是柳下惠的德行啊。他有一句名言：君主即使沒有正確地估量他的德和才，但做臣下的卻不能不對他的君主盡忠。所以君主要選擇他的臣子加以任用，臣子也要選擇君主加以事奉。君主推行仁政，我就順從他的命令；君主施行暴政，我就不接受他的任命而隱居起來，大概是晏平仲的德行啊。實踐忠貞的美德，推行信義的準則，整天說的話，沒有一句是錯誤的。國家不清平，生活在貧賤之中，他也不覺得苦悶，能夠在貧苦中自得其樂，大概就是老子的德行啊。整飭自己的行為，以等待時機的到來；處於卑下的地位，也不攀附上級；即使遊歷四方，卻從來沒有忘記自己的父母，也沒有盡情地享樂。以自己不能的就學、學了也不是為了自己，當成終身的憂愁，大概是介子山的德行啊。」子貢說：「請問先生所知道的歷史人物，大概就是這些嗎？」孔子說：「怎麼是那樣呢，也不過約略地列舉幾位親耳所聞、親眼所見的罷了。從前晉平公問祁奚道：『羊舌大夫，是晉國的好大夫啊，他的德行怎麼樣？』祁奚以不了解來推辭平公說：『我聽說你從小就在那裡成長，如今你卻掩蓋他，是什麼原因啊？』祁奚回答說：『他年輕的時候，就恭謹而和順，內心感到羞恥的事，不讓它過夜就改正了。當他做大夫的時候，幹得盡善盡美，卻表現得很謙虛，這是他的端正。當他做軍尉的時候，他充滿了信心，而又喜歡擴大其功績，一談到他的功績，他就要加以張揚。至於他的外表啊，溫厚善良而又彬彬有禮，學識淵博而又時時表現出自己的見解。』平公說：『過去問你，你怎麼說不了解呢？』祁奚說：『他常常在不同的崗位上，有不同的表現，不曉得他究竟怎麼樣，因此我不敢認為是了解他的呀！』這又是羊舌大夫的德行啊。」

子貢十分謙恭地兩膝著地坐直身子說：「請讓我下去把它記了下來。」

賢君第十三

【題解】此篇第一章為「哀公問於孔子曰：『當今之君，孰為最賢？』」故以「賢君」名篇。其實篇中有論人臣的，有論修身的，有論為政的。為政之好壞，雖與君之賢否有關，然究各有所側重，非甲即乙、乙即丙也。蓋此篇多綴自《說苑》的〈尊賢〉、〈敬慎〉、〈政理〉與〈臣術〉，原非一以貫之者。但每一則故事，均有深刻的見解，光輝的思想，可以作為後世君主的借鑑。

哀公問於孔子曰：「當今之君，孰為最賢？」孔子對曰：「丘未之見也，抑❶有衛靈公❷乎？」公曰：「吾聞其閨門之內無別❸，而子次之賢❹，何也？」孔子曰：「臣語其朝廷行事，不論❺其私家❻之際❼也。」公曰：「其事何如？」孔子對曰：「靈公之弟曰公子渠牟，其智足以治千乘，其信足以守之，靈公愛而任之。又有士林國❽者，見賢必進❾之，而退❿與分其祿。是以靈公無游放之士⓫，靈公賢而尊之。又有士曰慶足⓬者，衛國有大事，則必起而治之；國無事則退而容賢⓭，靈公悅而敬之。又有大夫史鰌⓮以道去衛⓯，而靈公郊舍⓰三日，琴瑟不御⓱，必待史鰌之入而後敢入。臣以此取之，雖次之賢，不亦可乎？」

【章旨】此章見於《說苑・尊賢》。言孔子不計較衛靈公的生活細節，歷舉其任公子渠牟，尊林國，敬慶足，賢史鰌，而將其放在賢君之列。這與孔子一貫認為「大節是也，小節是也，上君也；大節是也，小節一出焉，一入焉，中君也；大節非也，小節雖是也，吾無觀其餘矣。」（《荀子・王制》）完全是一致的。

【注釋】❶抑　或者。❷衛靈公　名元。衛襄公之子。❸閨門之內無別　此指衛靈公夫人南子與宋國的公子朝私通的事。閨門，內室之門。古時女子居於內室。無別，沒有區別。❹次之賢　置於賢君之列。❺不論　不管。❻私家　個人的家事。❼際　關係。❽林國　《說苑・尊賢》作「王林國」。事跡無考。❾進　推舉出來。❿退　隱退。⓫游放之士　流浪的人；閒散的人。⓬慶足　人名。無考。⓭容賢　納賢。⓮史鰌　又名史魚。衛國的大夫，以直言敢諫著稱。相傳延陵季子過衛，見到了蘧伯玉和他，便說：「衛多君子，其國無故。」他在臨死前曾經遺命規勸靈公退彌子瑕，用蘧伯玉。事見《論語・衛靈公》、《韓詩外傳・七》、《左傳・襄公二十九年》、《左傳・宣公十五年》。⓯去衛　離開衛國。⓰郊舍　住在郊外。⓱不御　不肯進用。

【語譯】哀公問孔子說：「現在世界上的君主，哪一個最好？」孔子回答說：「我沒有看到喲，或者要算衛靈公吧？」哀公說：「我聽說他的宮內，男女關係搞得一塌糊塗，而你把他放在賢君之列，是什麼緣故呢？」孔子說：「我說的是他在政府內所做的事，不管他個人的家庭關係呀！」哀公說：「他做的事怎麼樣？」孔子回答說：「靈公的弟弟叫公子渠牟，他的才智，足以管理一個諸侯小國，他的忠信，又足以守成，衛靈公很親信他而加以重用。又有一位賢士叫做林國的，他一發現了才德兼美的人，一定要推薦他出來；如果那個人沒有出來做官，他就把自己的薪資分給他，是以靈公統治的衛國，沒有閒散流浪的人。衛靈公認為林國十分賢能而且尊重他。又有一個人叫慶足，衛國一旦發生大的事情，他就挺身而出把事情辦好；國家沒有什麼麻煩了，他就隱退下來，讓更多的德才兼美的人在朝廷上做官。衛靈公也感到高興而且敬愛他。還有一位衛國的大夫叫做史鰌，因為主張不同而離開了衛國，衛靈公在郊外住了三個晚上，連音樂也不聽，一定要等到史鰌回國了，他才回到朝廷。我因為這些才認為他是可取的。那麼即使把他放在賢者之列，不是很恰當嗎？」

子貢問於孔子曰：「今之人臣孰為賢？」子曰：「吾未識也。往者齊❶有鮑叔❷，鄭❸有子皮❹，則賢者矣。」子貢曰：「齊無管仲❺？鄭無子產❻？」子曰：「賜！汝徒知其一，未知其二也。汝聞用力❼為賢乎？進賢❽為賢乎？」子貢曰：「進賢賢哉！」子曰：「然！吾聞鮑叔達管仲❾，子皮達子產❿，未聞二子之達賢己之才者也。」

【章　旨】此章並見於《韓詩外傳・七》、《說苑・臣術》。言孔子認為能為國家推薦才德兼美的人出來治理國家，比個人盡力竭智為國家辦事還要好。

【注　釋】❶齊　古國名。姜姓，開國君主是呂尚，建都營丘（今山東淄博），春秋初期，齊桓公進用管仲，進行改革，國力富強，成為「五霸」之首，後來君權被田氏所奪，卒為秦所滅。詳見《史記・齊世家》。❷鮑叔　即鮑叔牙。春秋時齊國大夫。少時與管仲相友善，共做生意，因為管仲貧困，分財利，每多與。後以齊亂，隨公子小白逃到莒國，後來小白在爭奪君位中取得勝利，繼承了君位，即齊桓公，因而受到桓公的信任。事見《史記・管晏列傳》。❸鄭　古國名。姬姓，開國君主是周宣王的弟弟鄭桓公，封於鄭（今陝西華縣）。及鄭武公即位，先後攻滅了鄶和東虢，建都新鄭（今屬河南），擔任周平王的卿士，成為當時的強國，後被韓所滅。❹子皮　鄭國的大夫。名虎，子展之子。子展卒，繼父為鄭的上卿。鄭饑，以其父之遺命，「餼國人粟，戶一鍾，是以得鄭國之民」。事見《左傳・襄公二十九年》。❺管仲　即管夷吾。齊桓公的相。見〈致思第八〉。❻子產　名僑。穆公之孫，子國之子。公子之子曰公孫，故稱公孫僑。因為居於東里，故又稱東里子產。從鄭簡公時始執國政，歷定、獻、聲三朝。時晉楚爭霸，鄭國弱小，處於兩強之間，子產不卑不亢，保持中立，使鄭國得以無事。詳見《史記・鄭世家》。❼用力　盡自己的才力。❽進賢　推薦才德兼美的人出來做官。❾鮑叔達管仲　事見《史記・齊世家》。鮑叔牙對齊桓公說：「君將治齊，即高傒與叔牙足也。君且欲霸王，非管夷吾不可。」於是桓公授管仲以政。❿子皮達子產　事見《左傳・襄公三十年》：「鄭子皮授子產政，辭曰：『國小而偪，族大寵多，不可為也。』子皮曰：『虎帥以聽，誰敢犯子？子善相之。國無小，小能事大，國乃寬。』子產為政。」

【語　譯】子貢問孔子說：「如今世界上這些做臣子的，哪一個最好？」孔子說：「我不曉得啊！過去，齊國有個鮑叔，鄭國有個子皮，可說是最好的了。」子貢說：「齊國難道沒有管仲？鄭國難道沒有子產嗎？」孔子說：「賜你只知其一，不知其二啊！你覺得把個人的才力貢獻給國家好呢？還是推薦才德兼美的人給國家好呢？」子貢說：「推薦才德兼美的人出來做官，自然要好啊。」孔子說：「是的。我聽說鮑叔推薦了管仲，子皮推薦了子產，沒有聽說過管仲和子產推薦過比他更有才德的人呀！」

哀公問於孔子曰：「寡人聞忘之甚者❶，徙❷而忘其妻，有諸❸？」孔子對曰：「此猶未甚者也，甚者乃忘其身❹。」公曰：「可得而聞乎？」孔子曰：「昔者，夏桀❺貴為天子，富有四海，忘其聖祖❻之道，壞其典法❼，廢其世祀❽，荒❾於淫樂❿，耽湎⓫於酒，佞臣⓬諂諛，窺導⓭其心；忠士折口⓮，逃罪不言，天下誅桀而有其國，此謂忘其身之甚矣。」

【章　旨】此章見於《說苑・敬慎》。言孔子因哀公之問，戒以勿近佞臣，勿耽酒色，否則就有亡國喪身的危險。

【注　釋】❶忘之甚者　最健忘的人。❷徙　遷徙；搬家。❸有諸　有這個事嗎。諸，「之乎」兩字的合音。❹忘其身　忘掉了他本人。身，本身。❺夏桀　夏代的末代君主。儒家傳統的暴君典型。名履癸，殘酷剝削，暴虐荒淫，諸侯多叛，百姓弗堪，湯率兵伐之，桀走鳴條，遂放而死。見《史記・夏本紀》。❻聖祖　指夏朝的開國君主夏禹。他曾經疏導江河，大修水利，居外十三年，三過其門而不入。薄衣食，卑宮室，拜善言，重用皐陶和益。於是眾民乃定，萬國乃治。見《史記・夏本紀》。❼典法　制度法令。❽世祀　世代享有的祭祀。❾荒　迷亂。❿淫樂　享樂過度。⓫耽湎　沉溺。耽，非禮之樂叫耽。湎，沉迷。⓬佞臣　阿諛奉承的奸臣。⓭窺導　伺隙誘導；暗中乘機加以引導。⓮折口　杜口；把嘴巴封起來。

【語　譯】哀公問孔子說：「我聽說最健忘的人，在搬遷的時候，連老婆也忘了，有這回事嗎？」孔子回答說：「這還不算最健忘的啊，最厲害的連他本人也忘了呢。」哀公說：「能夠說給我聽聽嗎？」孔子說：「從前，夏代的桀王，享有天子的尊貴，擁有四海的財富，丟掉他的聖祖夏禹的治國準則，破壞了禹的典章制度，廢棄禹世代享受的祭祀，過度的荒淫享樂，整天沉迷於酒色之中，那些阿諛逢迎的奸臣，便暗中窺察他心中的淫欲，而加以引導，使得忠臣把口封起來，以逃避刑戮。於是天下的人起來殺了桀王，占有他的國家，這才是最健忘的人連他本身也忘了。」

顏淵❶將西遊於宋❷，問於孔子曰：「何以為身❸？」子曰：「恭敬忠信而已矣。恭則遠❹於患，敬則人愛之，忠則和❺於眾，信則人任之，勤斯四者，可以政國❻，豈特❼一身者哉？故夫不比於數❽，而比於疏❾，不亦遠乎？不修其中❿，而修外者，不亦反乎？慮⓫不先定，臨事而謀，不亦晚乎？」

【章　旨】此章見於《說苑・敬慎》。言孔子主張先從自己做起，完善自己的內心修養，才能全身遠患。

【注　釋】❶顏淵　即顏回。孔子弟子，見〈致思第八〉。❷宋　古國名。子姓，開國君主是微子啟，建都商丘（今屬河南），宋襄公時，曾一度強盛，企圖稱霸，沒有成功，後被齊所滅。❸為身　為自己；尊重自己。❹遠　離開。❺和　和洽。❻政國　正國；正一國的風氣。政，通「正」。❼特　獨。❽數　親近。❾疏　疏遠。❿中　內心。⓫慮　謀慮；謀畫。

【語　譯】顏淵準備到西邊的宋國去遊宦，向孔子請教說：「怎樣才能保全自己，使自己受到尊重？」孔子說：

「不過恭謹、敬慎、忠貞、誠信罷了。恭敬，就可以遠離禍患，敬慎，人們就會親近你，忠貞，就能與群眾關係和洽，誠信，人們就會信任你。勉力做到以上四個方面，可以正一國的風俗，豈止為了本身麼？所以不不和親的接近，而和疏的接近，不是相距越遠嗎？不去修養自己的內心，而去做表面功夫，不是適得其反嗎？不先決定謀畫，臨時才去想辦法，不是太晚了嗎？」

孔子讀《詩》于〈正月〉❶六章，惕焉如懼，曰：「彼不達❷之君子，豈不殆哉？從上依世❸則道廢❹，違上離俗❺則身危，時不興善❻，己獨由之❼，則曰非妖即妄❽也。故賢也既不遇天❾，恐不終其命焉。桀殺龍逢❿，紂⓫殺比干⓬，皆類是⓭也。《詩》曰：『謂天蓋高，不敢不局；謂地蓋厚，不敢不蹐⓮。』此言上下畏罪，無所自容也。」

【章旨】此章亦見於《說苑・敬慎》。言孔子認為生活在亂世的人，無論「從上依世」，還是「違上離俗」，都是很危險的，因而更加需要戒慎小心。

【注釋】❶正月　《詩・小雅》中的篇名。詩〈序〉云：「〈正月〉，大夫刺幽王也。」❷不達　不通達。即不遇時。❸從上依世　順從上面，依照世俗。❹道廢　放棄自己的學說。❺違上離俗　違背上面，離開世俗。即不同流合汙。❻興善　提倡好的。❼由之　用之；去實踐它。❽非妖即妄　不是妖孽，便是狂妄。❾不遇天　不遇時；不遇明主。❿龍逢　即關龍逢。夏代的賢臣。相傳「桀為酒池，可以運舟；糟丘，足以望十里」。（見《韓詩外傳・四》）關龍逢極諫，桀把他囚禁起來，並殺害了他。⓫紂　商代的暴君。注見〈五儀解第七〉。⓬比干　殷紂王的叔伯父（一說：紂的庶兄）。相傳紂作炮烙之刑，王子比干曰：「主暴不諫，非忠也；畏死不言，非勇也。」於是立朝極諫，被紂剖其心而死。事見偽古文《尚書・泰誓》、〈武成〉

及《韓詩外傳・四》。⓭類是　與此相似。⓮謂天蓋高四句　見《詩・小雅・正月》。局，曲；彎著腰。蹐，小步的走；輕輕的走。

【語　譯】孔子讀到《詩經》的〈正月〉第六章，忽然警惕起來，好像很憂懼的樣子說：「那些不遇時的人，難道不危險嗎？聽從上面的，依照世俗的辦，那麼你就要放棄自己的學說和操守；違背上面的、擺脫世俗的成見去幹，那麼你就要陷入危險的境地。那個時代不提倡好的善的，而你卻去幹好事善事，就會被說成不是妖孽，便是狂妄啊。所以才德兼美的人如果沒有遇到明時明君，恐怕很難得到善終啊。夏桀殺了龍逄，商紂殺了比干，都是這麼樣的。《詩經》的〈正月〉上說：『說天很高嗎，我卻不敢不彎著腰兒；說地很厚嗎，我卻不敢不輕輕地走。』這是說上下左右都張著網羅，隨時都有遭到刑戮的危險，簡直沒有容身之地啊。」

子路問於孔子曰：「賢君治國，所先者何？」孔子曰：「在於尊賢❶而賤不肖❷。」子路曰：「由聞晉中行氏❸尊賢而賤不肖矣，其亡何也？」孔子曰：「中行氏尊賢而不能用，賤不肖而不能去。賢者知其不用而怨之，不肖者知其必己賤而讎之。怨讎並存於國，鄰敵構兵❹於郊，中行氏雖欲無亡，豈可得乎？」

【章　旨】此章見於《說苑・尊賢》。言孔子認為管理國家，首要的事是「尊賢而賤不肖」。但如果「尊賢而不能用，賤不肖而不能去」，那就會使自己更加陷於孤立，從而招致滅亡。

【注　釋】❶尊賢　把賢者放在尊顯的地位。尊，尊顯；重用。賢，才德兼美的人。❷不肖　不才。❸中行氏　春秋時，晉文公建立步軍三行，荀林父將中行，被稱為中行氏。其後荀氏子孫，代掌國政。至中行荀寅叛晉，奔至朝歌，荀氏始衰。《左傳・昭公二十九年》，蔡墨曾經預言：「中行氏其亡乎！中行寅為下卿而干上令，擅作刑器，以為國法，是法姦也。」❹構兵交戰。

【語譯】子路問孔子說：「英明的君主治理國家，應該把什麼放在首要的位置呢？」孔子說：「在於重用才德兼美的人，而把不才的放在卑下的位置。」子路說：「我聽說晉國的中行氏，尊重才德兼美的人，鄙棄不才的人，結果卻要逃亡到外邊去，是什麼原因呢？」孔子說：「中行氏尊重才能兼美的人，卻不能加以重用；鄙棄不才的人，卻又不解除他的職務。才德兼美者知道他不會重用自己，因而埋怨他；不才者知道他一定鄙棄自己，因而讎恨他。埋怨他的和讎恨他的，在國內同時都有；而鄰近的敵國又交戰於外，中行氏雖想不逃亡，難道辦得到嗎？」

孔子閒處❶，喟然而歎曰：「嚮使❷銅鞮伯華❸無死，則天下其有定矣。」子路曰：「由願聞其人也。」子曰：「其幼也敏而好學，其壯也有勇而不屈，其老也有道而能下人❹。有此三者以定天下也，何難乎哉？」子路曰：「幼而好學，壯而有勇，則可也；若夫❺有道下人，又誰下哉？」子曰：「由不知，吾聞以眾攻寡，無不尅也；以貴下賤，無不得也。昔者周公❻居冢宰❼之尊，制天下之政，而猶下白屋之士❽，日見百七十人，斯豈以無道也？欲得士之用也。惡❾有道而無天下君子哉？」

【章旨】此章亦見於《說苑・尊賢》。言孔子主張「以貴下賤」，就能無求而不得。

【注釋】❶閒處　清閒地獨居著。❷嚮使　假使；倘若。❸銅鞮伯華　羊舌赤。字伯華，食采於銅鞮，因名銅鞮伯華。見

〈弟子行第十二〉。❹下人　謙遜地退居人後。即對人謙虛。❺若夫　至於。❻周公　即姬旦。周文王之子，曾輔助武王滅紂。他曾經告誡其子伯禽說：「我文王之子，武王之弟，成王之叔父，我於天下亦不賤矣。然我一沐三捉髮，一飯三吐餔，起以待士，猶恐失天下之賢人。」見《史記・魯周公世家》。❼冢宰　一稱大宰。周代官名，居六卿之首。❽白屋之士　平民。古代平民所住的屋不加彩飾，故稱白屋。❾惡　疑問代詞。怎麼；如何。

【語譯】孔子閒居在家，長長地歎了一口氣說：「假使銅鞮伯華沒有死，那麼天下或者就太平了啊。」子路說：「我希望聽聽他的為人。」孔子說：「當他年輕的時候，聰明而又好學；當他壯年的時候，勇力過人而又從不屈服；到了年老的時候，很有修養而又能謙虛遜讓，甘居人下。有這麼三個方面的德行，拿來管理天下，還有什麼困難呢？」子路說：「年輕的時候喜歡學習，年壯的時候很有勇氣，那當然是好的。至於自己很有修養，而又謙虛地退居人下，到底要甘居哪一個之下啊？」孔子說：「子路，你不懂得啊。我聽說人數多的去攻打人數少的，沒有打不贏的；處於尊貴的地位，能夠謙居人下，沒有達不到的目的。從前周公旦位居六卿之首，制定天下的政令，可他仍然謙虛地對待平民，每天被他接見的人，多達一百七十，這難道沒有原因嗎？他是想得到所有人的才力為其所用啊。哪裡有很有修養、很有辦法的人，卻失去了天下有修養有道德的人呢？」

齊景公❶來適魯，舍于公館❷，使晏嬰❸迎孔子，孔子至，景公問政焉。孔子答曰：「政在節財❹。」公悅。又問曰：「秦穆公❺國小處僻❻而霸，何也？」孔子曰：「其國雖小，其志大；處雖僻，而政其中❼，其舉也果，其謀也和，法無私❽而令不偷❾，首拔❿五羖⓫，爵之大夫⓬；與語三日，而授之以政⓭，此取之，雖王可，其霸少矣⓮。」景公曰：「善哉！」

【章旨】此章亦見於《說苑・尊賢》。言孔子盛贊秦穆公的執法公平，用人唯賢。

【注釋】❶齊景公　名杵臼。莊公的異母弟。他一被立為君，便以崔杼為右相，慶封為左相，自己則「好治宮室，聚狗馬，奢侈，厚賦重刑」。孔子曾經說過：「齊景公有馬千駟，死之日，民無得而稱焉。」（《論語・季氏》）說明他是一個昏君。❷公館　公家所建的賓館。❸晏嬰　齊卿。即晏平仲。注見〈弟子行第十二〉。❹節財　節省財用。❺秦穆公　名任好。春秋時「五霸」之一。以任用百里奚、蹇叔、由余為謀臣，擊敗晉國，俘獲晉惠公，遂霸西戎。❻處僻　處於僻遠的西方。❼而政其中　《說苑・尊賢》作「而其政中」，是。中，不偏不倚。❽無私　沒有偏私。❾不愉　《說苑・尊賢》作「不偷」，是。不懈怠、不苟且的意思。❿首拔　第一個被選拔的。⓫五羖　即百里奚。相傳百里奚從秦國逃到苑，被楚人拘留，秦穆公知道以後，用五張羊皮把他贖回，並授以國政，稱五羖大夫。見《史記・秦本紀》。⓬爵之大夫　授予他以大夫的官位。爵，爵位。⓭而授之以政　《說苑・尊賢》作「而授之政」。「以」字屬下句，為「以此取之」，應是。此處當有錯簡。⓮少矣　不夠；不足。

【語譯】齊景公來到了魯國，住在公家的館舍裡，打發晏嬰把孔子接了來。孔子到了，齊景公請教他怎樣才能治理國家，孔子回答說：「為政的要務，在於節省財用。」齊景公很高興。又向孔子請教說：「秦穆公的國土很小，又處在邊遠的地方，可是他成了霸主，原因何在呢？」孔子說：「他的國家雖然很小，但他的志向很大；地方雖然偏僻，但他的政令能夠不偏不倚。他的行動很果敢，他的謀畫很協調，他的法制沒有偏私，他的政令毫不苟且。第一個被選拔出來的是百里奚，給他以大夫的爵位，跟他談了三個整天，便把政務交給了他。從這個方面來評價他，即使建成了王業也是可以的，只建立了霸業，還不夠啊。」齊景公說：「說得多好啊。」

哀公問政於孔子，孔子對曰：「政之急者，莫大乎使民富且壽也。」公曰：「為之奈何？」孔子曰：「省力役❶，薄賦斂❷，則民富矣。敦❸禮教❹，遠罪疾，則民壽矣。」公曰：「寡人欲行夫子之言，恐吾國貧矣。」孔子曰：「《詩》云：『愷悌君子，民之父母❺。』未有子富而父母貧者也。」

【章旨】此章見於《說苑・政理》。言孔子主張推行「薄賦斂」，輕刑罰的仁政，就能使人民富而且壽。

【注釋】❶力役　勞役；徵用的民力。❷賦斂　徵稅。斂，徵收。賦，田賦。❸敦　督促；勉勵。❹禮教　禮儀教化。❺愷悌君子二句　見《詩・大雅・洞酌》。愷悌，和樂簡易。

【語譯】哀公向孔子請教如何治理國家，孔子回答說：「施政的急務，沒有比讓民眾富裕起來、長壽起來更重要了。」哀公說：「怎麼個做法呢？」孔子說：「節省勞役，減輕賦稅，那麼老百姓就富裕起來了；勵行禮教，避免刑戮，那麼老百姓就可以長壽了。」哀公說：「我想按照你的話去辦，恐怕我們的國家就要貧困起來了。」孔子說：「《詩經》上說得好：『簡易和樂的貴族階級，是老百姓的父母啊。』從來沒有子女富裕了，而父母卻陷於貧困的呀！」

衛靈公問於孔子曰：「有語寡人❶，有國家者計之於廟堂❷之上，則政治矣。何如？」孔子曰：「其可也！愛人者則人愛之，惡人者則人惡之，知得之己❸者，則知得之人，所謂不出環堵之室❹，而知天下者，知反己❺之謂也。」

【章旨】此章並見於《呂氏春秋・季春紀・先己》及《說苑・政理》。言孔子主張一切從自己做起，要勤於內省，善於反思。

【注釋】❶有語寡人　有的人告訴我。語，告訴。寡人，寡德之人。君主的謙稱。❷廟堂　朝廷。❸得之己　得之於己。

即在自己方面獲得的。得，取得；獲得。❹環堵之室　狹隘的住宅中。《呂覽・先己》作「門戶」。❺反己　自己反省。《呂覽・先己》作「反於己身」。《說苑・政理》作「反之己」。意義並同。

【語　譯】衛靈公問孔子說：「有人告訴我，治理一個國家，只須在朝廷中好好籌畫一下，就可以使政治清平了，怎麼樣？」孔子說：「或者可以吧！愛人的，別人也就愛他；憎恨別人的，別人也就憎恨他；曉得如何從自己方面獲得的東西，也就知道如何從別人那裡得到。所謂不要離開你那狹隘的環境，而能夠了解天下的大事，就是勤於反省、善於反思的結果啊。」

孔子見宋君，君問孔子曰：「吾欲使長有國❶，而列都❷得之；吾欲使民無惑❸；吾欲使士竭力；吾欲使日月當時❹；吾欲使聖人❺自來；吾欲使官府治理，為之奈何？」孔子對曰：「千乘之君❻，問丘者多矣，而未有若主君之問，問之悉❼也。然主君所欲者，盡可得也。丘聞之：鄰國相親，則長有國；君惠臣忠，則列都得之；不殺無辜❽，無釋罪人，則民不惑；士益之祿❾，則皆竭力；尊天敬鬼❿，則日月當時；崇道⓫貴德⓬，則聖人自來；任能⓭黜否⓮，則官府治理。」宋君曰：「善哉！豈不然乎？寡人不佞⓯，不足以致之也。」孔子曰：「此事非難，惟欲行之云耳⓰。」

【章　旨】此章見於《說苑・政理》。言孔子善於就宋君提出的六個「吾欲」，誘導其實行自己的仁政思想。

【注　釋】❶長有國　永遠擁有國家。❷列都　眾多的都邑。列，眾多。❸無惑　不惑亂；不迷惑。❹日月當時　寒熱適當，晴雨適時。即沒有自然災害。❺聖人　道德修養到了最高境界的人。❻千乘之君　諸侯國的君主。千乘，代指諸侯。❼悉　詳盡。❽無辜　無罪。❾益之祿　增加薪資。益，增加。祿，薪金。❿尊天敬鬼　尊敬上天，敬重祖宗。⓫崇道　提倡仁政。崇，推重；提倡。⓬貴德　貴顯品德高尚的人。⓭任能　任用有才能的人。⓮黜否　罷免沒有才能的人。⓯不佞　不才。謙稱。⓰云耳　語末助詞。相當於「如此而已」。

【語　譯】孔子拜見了宋國的君主，君主問孔子說：「我想要永遠擁有國家，得到眾多的都邑；我想要讓百姓不受別人的煽動而迷惑起來；我想要知識階層，為國家竭盡自己的才力；我想要日月的運行正常，風調雨順；我想要學問道德達到最高境界的人，不請自來；我想要各級政府衙門廉潔奉公，提高效率，到底要怎樣才能辦到啊？」孔子回答說：「諸侯國的君主問過我的很多啊，但沒有一個問得像你這麼詳盡的。不過你所想要的，都是可以得到的。我聽說過：增進睦鄰的關係，就可以永久擁有自己的國家；君主仁慈，臣下忠貞，就可以得到眾多的城鎮；不殺無罪的，不放過有罪的，那百姓就不會惑亂；提高知識分子的待遇，知識分子就會把自己的全部才力奉獻給國家；尊崇上天，敬重祖宗，日月就會運行正常，不會發生自然的災害；提倡仁政，使品德高尚的人顯貴起來，學問道德達到最高境界的人，就會不請自來；重用有才能的人，罷免沒有才能的，各級政府就能提高工作的效率，發揮治理民眾的功能。」宋國的君主說：「說得好啊，難道不是這樣嗎？可惜我這不才，不能夠辦到啊。」孔子說：「這樣做並不很難，只是你想不想做罷了。」

辯政第十四

【題解】此篇仍以首章的齊君問政、魯君問政、葉公問政，所問者同，而所答者異，因名之曰「辯政」。其實篇中各章，並非完全與政治相關，如論中行文子、論子產與晏子、以及齊有一足之鳥等，或論人，或論交，或辨物，與題旨的關係不是很密切的。因為它基本上從《韓詩外傳》及《說苑》的不同篇目中輯錄而來，所以很難有一個一以貫之的中心思想。

子貢問於孔子曰：「昔者齊君❶問政於夫子，夫子曰：『政在節財。』魯君❷問政於夫子，夫子曰：『政在諭臣❸。』葉公❹問政於夫子，夫子曰：『政在悅近❺而來遠❻。』三者之問一也，而夫子應之不同然❼，政在異端❽乎？」孔子曰：「各因其事也。齊君為國，奢❾乎臺榭❿，淫⓫于苑囿⓬，五官⓭伎樂⓮，不解⓯於時。一旦而賜人以千乘之家⓰者三，故曰政在節財。魯君有臣三人⓱，內比周⓲以愚其君，外距⓳諸侯之賓以蔽⓴其明，故曰政在諭臣。夫荊㉑之地廣而都狹，民有離心，莫安其居，故曰政在悅近而來遠。此三者，所以為政殊㉒矣。《詩》云：『喪亂蔑資，曾不惠我師㉓。』此傷奢侈不節以為亂者也。又曰：『匪其止共，唯王之邛㉔。』此傷姦臣蔽主以為亂也。又曰：『亂離瘼矣，奚其適歸㉕？』此傷離散以為亂者也。察此三者，政之所欲，豈同乎哉？」

【章　旨】此章見於《韓非子・難三》、《尚書大傳・略說》及《說苑・政理》。言孔子能夠根據不同的對象，進行不同的規諫，因而有著極強的針對性。

【注　釋】❶齊君　指齊景公。注見〈賢君第十三〉。❷魯君　指魯哀公。注見〈大婚解第四〉。❸諭臣　曉諭臣民。❹葉公　名諸梁。楚大夫，食采於葉，僭稱公。《論語・子路》：「葉公問政，子曰：『近者悅，遠者來。』」其事跡見《左傳・定公五年》、《左傳・哀公十六年》。❺悅近　使近者高興。❻來遠　使遠者來歸。來，來歸；歸附。❼不同然　不同如此。然，如此。❽異端　儒家稱不同見解的學說為異端。此指不同的解釋。❾奢　奢侈；浪費。❿臺榭　亭臺。積土高起者為臺，臺上所蓋之屋為榭。⓫淫　過度。⓬苑囿　畜養禽獸的圈地。⓭五官　五種官能。即鼻、目、口、舌、耳。⓮伎樂　雜伎和音樂。⓯解　解除；消散。⓰千乘之家　擁有兵車千輛的大夫采邑。乘，一車四馬。家，卿大夫的采地食邑。⓱魯君有臣三人　指孟孫氏、叔孫氏和季孫氏。他們都是桓公的後代，所以稱為「三桓」，文公死後，三桓勢力日強，分領三軍，實際上掌握了魯國的政權。⓲比周　結夥營私。比，勾結。周，合。《論語・為政》：「君子周而不比，小人比而不周。」⓳距　同「拒」。抵制。⓴蔽　蒙蔽。㉑荊　楚國。㉒殊　異；不同。㉓喪亂蔑資二句　見《詩・大雅・板》。蔑資，沒有財用。蔑，無；沒有。資，財貨。惠，惠施；周贍。師，眾；民眾。㉔匪其止共二句　見《詩・小雅・巧言》。匪其止共，言巧佞的小人不共其職事。匪，非。共，供奉。邛，病；害。㉕亂離瘼矣二句　見《詩・小雅・四月》。離，憂。瘼，病。奚，何。適，之。

【語　譯】子貢問孔子說：「從前齊景公請教您如何才能使政治清明，先生說：『政治清明在於節省財用。』魯哀公請教您如何使政治清明，您說：『使政治清明在於教育臣下。』楚大夫葉公請教您如何使政治清明，先生說：『政治清明在於使近者高興，遠者來歸。』三個人問的是一個問題，而您回答的如此不同，難道政治有各種不同的解釋嗎？」孔子說：「因為各人有不同的情況啊。齊景公治理國家，亭臺樓閣建築得太奢侈了，打獵時所圈的土地太大了，聲色之好，沒有一刻停止過。一個早上就賞賜了三個能夠提供一千輛車子的采邑，所以我說：『處理政務在於節省財用。』魯哀公有孟孫、叔孫、季孫三個權臣，他們在國內結黨營私，以愚弄其君主；在國外則抵制別的諸侯國來的客卿，以蒙蔽君主的眼睛，所以我說：『處理政務在於教育群臣。』至於楚國的地方大而都邑小，民眾懷有離散之心，沒有願意在那裡安居樂業的。所以我說：『處理政務要使近處的人高興，遠方的人歸附。』這就是針對三人的不同情況，答以處理政務的不同方法啊。《詩經》上說：『經過長期的喪亂，已經民窮財盡了，可是上面從來沒有給民眾一點救濟呀！』這是感歎奢侈浪費因而造成的禍亂啊。又說：『那些阿諛逢迎的小人，既不供奉職守，只是給君主造成禍害。』這是諷刺姦臣蒙蔽君主所招致的禍亂啊。還說：『在喪亂中有離散之憂，有死亡之痛，到底要逃到哪裡去呢？』這是嗟歎離散所造成的禍害啊。仔細考察這三個方面的問題，難道政務上所要解決的困難，可以用同一個方法嗎？」

孔子曰：「忠臣之諫君有五義❶焉：一曰譎諫❷，二曰戇諫❸，三曰降諫❹，四曰直諫❺，五曰風諫❻。唯度主❼而行之。吾從其風諫乎。」

【章　旨】 此章並見於《說苑・正諫》及《白虎通・諫諍》，而簡繁略有出入。但皆言孔子主張諷諫，因為它上可以諫君，下不致危身。

【注　釋】 ❶五義　五種意義。義，意義；道理。❷譎諫　委婉地規諫。❸戇諫　剛直而又愚蠢地進行諫諍，不加文飾地進行諫阻。❹降諫　卑躬屈己、苦苦哀求的規勸。❺直諫　正面提出規勸的意見。❻風諫　即「諷諫」。《說苑・正諫》即作「諷諫」。用婉言隱語相規勸。❼度主　揣度君主的意向。度，揣測；猜度。

【語　譯】 孔子說：「忠臣向君主進諫，有五種方法：第一叫做委婉地進行規勸；第二是剛直而愚蠢地進行強諫；第三是卑躬屈己地苦苦哀勸；四是正面地直爽地加以規戒；五是用婉言隱語進行諫諍。只有揣測君主的個性，來採用各種不同的諫諍方式，才能取得相應的效果。我咧，還是主張用婉言隱語進行規勸啊。」

子曰：「夫道不可不貴也。中行文子❶倍道❷失義，以亡其國，而能禮賢❸以活其身，聖人轉禍為福，此謂是與❹！」

【章旨】此章見《說苑・權謀》。它在前面有一段敘述說：「中行文子出亡至邊，從者曰：『為此嗇夫者，君人也，胡不休焉？且待後車者。』文子曰：『異日，吾好音，此子遺吾琴；余好佩，又遺吾玉，是不非吾過者也，自容於我者也，吾悲其以我求容也。』遂不入。後車入門，文子問嗇夫之所在，執而殺之。」然後有「仲尼聞之曰」云云。又《左傳・昭公二十七年》：「文子曰：吾乃今知所以亡。君子之謀也，始（思其始）、衷（思其中）、終（思其終）皆舉之，而後入焉，今我三不知而入之，不亦難乎？」這時他已出奔在齊。書此始知孔子之言，在於貴道而禮賢。

【注釋】❶中行文子　晉大夫荀寅。他因得罪晉國，出奔於齊。❷倍道　背道。倍為「背」之借。❸禮賢　尊重才德兼美的人。按中行文子荀寅，無禮賢的記載。❹與　同「歟」。

【語譯】孔子說：「不可不重視道德啊，中行文子荀寅違背了道德義理的規範，所以逃離了自己的國家，可是他能夠尊敬才德兼美的人，因而能夠保全自己的性命。明智的人能夠把禍轉變為福，大概就是說的這個罷！」

楚王❶將遊荊臺❷，司馬❸子祺❹諫，王怒之。令尹❺子西❻賀於殿下，諫曰：「今荊臺之觀，不可失也。」王喜，拊❼子西之背曰：「與子共樂之矣。」子西步馬❽十里，引轡而止曰：「臣願言❾有道❿，王肯聽之乎？」王曰：「子其言之。」子西曰：「臣聞為人臣而忠其君者，爵祿不足以賞也；諛其君者，刑罰不足以誅也。夫子祺者，忠臣也；而臣者，諛臣也。願王賞忠而誅諛焉。」王曰：「我今⑪聽司馬之諫，是獨⑫能禁我耳⑬。若後世遊之，何也？」子西曰：「禁後世易耳，大王萬歲之後，起山陵⑭於荊臺之上，則子孫必不忍遊於父祖之墓以為歡樂也。」王曰：「善！」乃還。孔子聞之曰：「至哉⑮！子西之諫也，入之於千里⑯之上，抑⑰之於百世之後者也。」

【章　旨】此章見於《說苑・正諫》。言孔子不主張戇諫、直諫，而主張譎諫、諷諫。因為它能夠收到較好的效果。

【注　釋】❶楚王　據《說苑・正諫》係指楚昭王。名珍，平王之子。吳師入郢，曾使其大夫申包胥求救於秦，卒敗吳師。❷荊臺　即章華臺。楚靈王所建，在今湖北省監利縣西北。❸司馬　官名。春秋時，一些諸侯國設置三軍，每軍另設司馬。❹子祺　一作「子綦」、「子期」。曾與子西帥師伐吳，又與子西共立惠王，後被白公勝所襲殺。❺令尹　春秋時楚國最高的官職。❻子西　平王的庶弟。品德很好，曾經拒絕繼承平王的君位說：「國有常法，更立則亂，言之致誅。」又與子閭、子綦共立惠王。後與子綦同時被白公勝所襲殺。❼拊　撫。❽步馬　駕著馬車慢走。❾願言　希望談談。❿有道　有道義；有節操。⓫今　如果；假設。⓬獨　只。⓭耳　罷了；而已。⓮山陵　帝王的墳墓。秦稱帝王冢曰山，漢稱帝王冢為陵。合稱為山陵。⓯至哉　好極了。⓰千里　當為「十里」之誤。指上文「子西步馬十里」。《說苑・正諫》正作「十里」。⓱抑　制止；杜絕。

【語　譯】楚王打算到荊臺去遊覽，司馬子祺出來勸阻，楚王很惱怒他。令尹子西在殿下贊美說：「荊臺的景觀實在太好了，不可以輕易丟掉這個遊覽的機會呢？」楚王很高興，撫著他的背說：「跟你一起去玩罷。」子西駕著馬車慢慢走了十里，握著韁繩停了下來說：「我希望講幾句合乎道義的話，您願意聽麼？」楚王說：

「你說說看。」子西說：「我聽說做人臣的能夠對他的君主忠心耿耿，用爵祿來獎賞他，還來不及啊；對他的君主阿諛逢迎的，用刑罰來處分他，還嫌不夠啊。司馬子祺這個人，是個忠臣呀，可是我咧，是一個阿諛的人啊。希望您能夠獎勵忠臣而處分阿諛的人。」楚王曰：「我如果聽司馬的規勸，這只能禁止我去遊覽而已，後世的君主去遊，怎麼辦呢？」子西說：「禁止後代子孫去遊，太容易了。大王萬歲之後，把您的墳墓修建在荊臺的上面，那麼子孫們一定不忍到先人的墳墓上去尋歡作樂啊。」楚王說：「好！」於是就打轉回去了。孔子聽了以後說：「子西的規勸真好極了。讓楚王在十里之外聽了進去，又能制止子孫遊覽於百世之後喲。」

子貢問於孔子曰：「夫子之於子產❶、晏子❷，可為至矣。敢問二大夫之所為，目❸夫子之所以與❹之者。」孔子曰：「夫子產於民為惠主❺，於學為博物❻。晏子於君為忠臣，而行為恭敏，故吾皆以兄事之，而加❼愛敬。」

【章　旨】此章言孔子稱贊鄭子產和齊晏嬰的原因。

【注　釋】❶子產　鄭國的賢大夫。注見〈賢君第十三〉。❷晏子　齊國的賢大夫。注見〈弟子行第十二〉。❸目　觀；看。❹與　贊美；稱道。❺惠主　恩惠的主宰；主要的施恩者。❻博物　博識多知。《左傳・昭公元年》：「晉侯聞子產之言，曰：博物君子也。」❼加　加倍。

【語　譯】子貢向孔子請教說：「先生對於鄭子產和齊晏嬰，可謂贊美備至了。請問這兩位大夫做了些什麼，看看先生為什麼這樣稱贊他們。」孔子說：「那個子產，對於百姓來說，他是主要推行惠政的人；對於學問來說，他是博聞多識的人。晏嬰呢，對於君主來說，他是忠臣，而一舉一動，又很恭謹，很敏捷，所以我常常把他們當作兄長來對待，加倍的敬愛他們。」

齊有一足之鳥，飛集❶於宮朝❷，下止于殿前，舒翅❸而跳，齊侯❹大怪之，使使❺聘魯❻，問孔子。孔子曰：「此鳥名曰商羊❼，水祥❽也。昔童兒有屈其一腳，振訊❾兩眉，而跳且謠曰：『天將大雨，商羊鼓舞。』今齊有之，其應至矣。急告民趨❿治溝渠⓫，修隄防，將有大水為災。」頃之⓬，大霖雨⓭，水溢泛諸國，傷害民人，唯齊有備，不敗⓮。景公曰：「聖人之言，信而徵⓯矣。」

【章　旨】此章見於《說苑．辨物》。言孔子博聞多識，善於向民間汲取知識的營養。

【注　釋】❶飛集　飛落在。集，鳥止於木上。❷宮朝　政府的宮殿。❸舒翅　張開翅膀。❹齊侯　指齊景公。注見〈賢君第十三〉。❺使使　派遣使者。❻聘魯　訪問魯國。❼商羊　傳說中的鳥名。據說，大雨前，此鳥常屈一足起舞。❽水祥　水災的徵兆。祥，徵兆。❾振訊　揚起；抖動。❿趨　趕快；急忙。⓫溝渠　田間水道。⓬頃之　不久。⓭霖雨　連綿大雨。霖，連續下了三天以上的大雨叫「霖」。⓮不敗　沒有損失。⓯徵　證明；驗證。

【語　譯】齊國有一隻獨腳的鳥，飛到政府的宮殿上，站在宮殿的前面，張開翅膀跳了起來，齊景公覺得很奇怪，打發使者到魯國去訪問，向孔子請教。孔子說：「這個鳥名叫商羊，是有大水的徵兆啊。過去一些小孩子，彎著一隻腳，抖動著兩條眉毛，一邊跳一邊唱道：『天快大雨，商羊跳舞。』如今齊國有了這種鳥，正好應了這個童謠。趕快告訴民眾，急忙興修田間的水道，築好江河的堤防，將有大水為災。」不久，果然降了連綿大雨，許多國家都大水泛濫，給人民造成很大的損失，只有齊國做了準備，沒有造成損失。齊景公說：「聖人的話，的確得到了驗證啊。」

孔子謂宓子賤❶曰：「子治單父❷，眾悅子，何施而得之也？子語丘所以為之者。」對曰：「不齊之治也，父恤❸其子，其子恤諸孤而哀喪紀❹。」孔子曰：「善！小節❺也，小民附矣，猶未足也。」曰：「不齊所父事者三人，所兄事者五人，所友事者十一人。」孔子曰：「父事三人，可以教孝矣；兄事五人，可以教悌矣；友事十一人，可以舉善❻矣。中節也，中人附矣，猶未足也。」曰：「此地民有賢於不齊者五人，不齊事之而稟度❼焉，皆教不齊之道。」孔子歎曰：「其大者乃於此乎有矣。昔堯、舜聽天下，務求賢以自輔。夫賢者，百福之宗❽也，神明❾之主也，惜乎！不齊之以所治者小也。」

【章　旨】此章見於《韓詩外傳・八》及《說苑・政理》。言孔子認為尊賢是為政的大節，是百福的根本。

【注　釋】❶宓子賤　號不齊。春秋末魯人，孔子學生，曾為單父宰，身不下堂，鳴琴而治。被孔子贊美為「君子哉」。❷單父　一作「亶父」。古邑名，相傳高士單卷曾經隱居在這裡，因以為名。治所在今山東單縣。❸恤　救濟。❹喪紀　喪事。紀，事。❺小節　無關大體的行為。❻舉善　推薦善良。舉，稱引。❼稟度　聽從調度；請其規畫。❽宗　本源；根本。❾神明　神祇；神靈。

【語　譯】孔子對宓子賤說：「你治理單父，百姓都喜歡你，你推行了什麼政策才得到這樣的效果呢？你告訴我是怎麼做的。」宓子賤回答說：「我治理單父嘛，使做父母的撫養他的兒子，兒子又撫養眾多的孤兒，不論誰家有喪事，我都要表示哀悼。」孔子說：「好！但這是無關大體的行為，平民親附了，還很不夠呢！」宓子賤又說：「我待之如父的有三個人，待之如兄的有五個人，待之如朋友的有十一個人。」孔子說：「待之如父的三人，可以教人行孝；待之如兄的五人，可以教人敬愛兄長，待之如友的十一人，可以使之推舉善良出來。這是中等的行為啊，平常的人信服了，還是不夠啊。」宓子賤又說：「這裡有五個人的才能超過了我，我事奉他們，並且聽從他們的調度，他們都告訴我怎麼治理單父的方法。」孔子贊歎說：「你那大的操守是在這裡啊。先前堯王和舜王治理天下，總是力求才德兼美的人出來輔助自己。才德兼美的人，是百福的根源，是神靈的主宰呀。可惜啊，宓子賤管理的地方太小了啊。」

子貢❶為信陽❷宰，將行，辭於孔子，孔子曰：「勤之慎之，奉天子之時❸。無奪無伐，無暴無盜。」子貢曰：「賜也少而事君子，豈以盜為累❹哉！」孔子曰：「汝未之詳❺也，夫以賢代❻賢，是謂之奪；以不肖代賢，是謂之伐；緩令❼急誅❽，是謂之暴；取善自與❾，謂之盜。盜，非竊財之謂也。吾聞之，知為吏者，奉法❿以利民；不知為吏者，枉法⓫以侵民⓬，此怨之所由⓭也。治官⓮莫若平，臨財莫如廉。廉平之守⓯，不可改也。匿⓰人之善，斯謂蔽賢⓱；揚人之惡，斯為小人。內不相訓⓲而外相謗，非親睦也；言人之善，若己有之；言人之惡，若己受之。故君子無所不慎焉。」

【章旨】此章見於《說苑・政理》。言孔子告誡子貢以為吏之道，在於奉法利民。

【注釋】❶子貢　孔子弟子。詳〈致思第八〉。❷信陽　地名。❸奉天子之時　《說苑・政理》作「因子之時」。疑「子」

字衍，當為「奉天之時」。遵循自然的規律。奉，遵循。❹累　過失。❺詳　審察；完全了解。❻代　取代。下「代」字同。❼緩令　寬鬆的政令。❽急誅　嚴峻的處分。誅，處分；處罰。❾自與　讚美自己；稱許自己。❿奉法　遵循法制；依法。⓫枉法　歪曲法令。⓬侵民　迫害百姓。⓭由　生；自。⓮治官　整頓吏治。⓯守　操守；品德。⓰匿　藏匿；掩蓋。⓱蔽賢　埋沒賢才。⓲相訓　互相告誡；互相勉勵。

【語譯】子貢去做信陽的長官，準備上任了，向孔子告辭，孔子說：「要勤懇，要謹慎，要依照自然的季節，指導農業生產。不要奪取，不要破壞，不要殘暴，不要盜竊。」子貢說：「我從年輕的時候起，就在先生這裡學習，難道犯過偷盜的過失嗎？」孔子說：「你沒有進一步了解啊。用才德兼美的人去取代才德兼美的，這就叫做『奪』；用不才的人去取代有才的，這就叫做『伐』；政令很寬鬆而處罰很暴躁，這就叫做『暴』；把一切美好的東西，都歸於自己，這就叫做『盜』。盜，不是一般的所謂盜竊財物啊。我聽說：善於做官的，遵循法令辦事，使百姓得到好處；不善做官的，歪曲法令辦事，使百姓受到損害，這是怨恨產生的根源啊。整頓官風，沒有比公平更好；面對財貨，沒有比廉潔更好。清廉和公平的操守，怎麼也不能變易啊。隱藏別人的好處，這就是埋沒人才；揭發別人的醜行，這就是不正派的人。不是在內部互相規勸，而是在外面互相誹謗，便不可能親暱而和睦地相處。說人家的好處，就像我自己的好處一樣；說人家的壞處，好像自己受到別人的攻擊一樣。所以有道德修養的人，沒有一個地方不戒慎恐懼啊。」

子路治蒲❶三年，孔子過之，入其境，曰：「善哉由也，恭敬以信矣。」入其邑❷，曰：「善哉由也，忠信而寬矣。」至廷❸曰：「善哉由也，明察以斷矣。」子貢執轡❹而問曰：「夫子未見由之政，而三稱其善，其善可得聞乎？」孔子曰：「吾見其政矣。入其境，田疇❺盡易❻，草萊❼甚辟❽，溝洫❾深治，此其恭敬以信，故其民盡力也。入其邑，牆屋完固❿，樹木甚茂，此其忠信以寬，故其民不偷⓫也。至其庭，庭甚清閒，諸下⓬用命⓭，此其言明察以斷，故其政不擾⓮也。以此觀之，雖⓯三稱其善，庸⓰盡其美乎？」

【章　旨】此章見於《韓詩外傳・六》。言孔子善於調查研究，善於發現問題。其所贊美子路治蒲的政績，仍是著眼於一個「仁」字。

【注　釋】❶蒲　古邑名。春秋時屬衛國，在今河南長垣。參見〈致思第八〉。❷邑　城市。大的叫都，小的叫邑。❸廷　中央及地方官吏辦公的地方。❹執轡　握著轠繩。❺田疇　熟地；耕熟的田地。❻易　修整；修治。❼草萊　雜草。❽辟　除去。❾溝洫　田間水道。❿完固　完好而牢固。⓫不偷　不苟且；不馬虎。⓬諸下　各個下屬。⓭用命　服從命令；效命。⓮擾　騷擾；擾亂。⓯雖　即使；縱使。⓰庸　副詞。豈；難道。

【語　譯】子路治理了蒲邑三年，孔子經過了那裡，走到它的邊境說：「子路幹得好啊，做到了恭謹敬慎而又有信用了。」走到它的城市裡說：「子路幹得好啊，做到了忠貞誠實而又寬厚了。」到了他的政府辦公地方說：「子路幹得好啊，做到了明察而又有決斷了。」子貢握著轠繩問道：「先生沒有看到子路的政治措施，可是接連三次稱贊他幹得好，能不能把道理講給我聽呢？」孔子說：「我看到了他的政治措施了。走到他的境內，耕地都整理好了，雜草都剷除了，田間的水道也加深了。這是因為他恭謹敬慎而又有信用，所以老百姓才肯賣力啊。走到他的城市裡，垣牆和屋宇，都很完好牢固，樹木長得很茂盛，這是因為他的政令，忠信而又寬厚，所以他的百姓才不苟且馬虎啊。走進他的衙門，那裡非常清靜閒暇，下面那些辦事的都很效力，這是因為他明察一切，而又非常果斷，所以他的政令才不擾亂百姓啊。從這些方面看來，即使連續三次稱贊他幹得好，難道就能把他的好事說完嗎？」

卷四

六本第十五

【題解】此篇以首章首句為「孔子曰：行己有六本焉」，因以「六本」為題。所謂「六本」，即孝為義之本，哀為禮之本，勇為戰之本，農為政之本，嗣為國之本，力為財之本。其他各章，雖與題意有遠有近，然皆與此「六本」有或隱或顯之關係。此篇各章，主要見於《韓詩外傳》及《說苑》，旁及《列子》、《淮南子》、《呂氏春秋》之屬。

孔子曰：「行己❶有六本焉，然後為君子也。立身❷有義矣，而孝為本；喪紀❸有禮矣，而哀為本；戰陣❹有列❺矣，而勇為本；治政有理矣，而農為本；居國❻有道矣，而嗣❼為本；生財有時矣，而力為本。置本❽不固，無務❾農桑；親戚不悅，無務外交❿；事不終始，無務多業⓫；記聞⓬而言，無務多說；比近⓭不安，無務求遠。是故反本⓮修邇⓯，君子之道也。」

【章旨】此篇見於《說苑・建本》。言孔子把「六本」，作為君子行己立身的根本準則。如果這個根本不牢固，那就什麼也談不上了。

【注釋】❶行己　自己的行為；個人的實踐。❷立身　樹立本身；樹立自己。❸喪紀　喪事。❹戰陣　作戰的陣法；兩軍的陣地。❺列　行列。直排叫行，橫排叫列。❻居國　治國；安國。❼嗣　繼嗣。國不及時立嗣，就會成為亂的根源。❽置本　建立根本。❾無務　無法從事；不要致力。務，致力；從事。下文的「無務」同。❿外交　與外人交際。⓫多業　多種行業。⓬記聞　記憶的和聽說的。指淺薄的知識。⓭比近　親近。比，接近；緊靠。⓮反本　復歸本性；返回本源。⓯修邇　整頓近處；與鄰近修好。

【語譯】孔子說：「一個人的行為，要遵循六個根本原則，而後稱得上有道德修養的人啊。樹立自身是合乎道義的，而孝是立身的根本；辦理喪事是有禮儀的，而哀是喪事的根本；陣式的排法是有一定的行列的，而以勇是軍事的根本；處理政務是有法則的，而農是政治的根本；安定國家是有辦法的，而及時立嗣是安國的根本；發財是有機會的，而付出勞力是擴大財源的根本。根本樹得不牢固，就無法從事於農桑；親密的人都不高興你，就無從與外人打交道；做事不能有始有終，就無法從事於多種行業；根據道聽塗說去談，就不要勉強多說；連近邊的人都安定不下，就不要考慮遠方的人來依附你。所以回到本源、整頓近處，是有學問有修養的人行己立身的方法啊。」

孔子曰：「良藥苦於口❶而利於病，忠言逆於耳而利於行。湯武❷以諤諤❸而昌，桀紂❹以唯唯❺而亡。君無爭臣❻，父無爭子，兄無爭弟，士無爭友，無其過者，未之有也。故曰：君失❼之，臣得❽之；父失之，子得之；兄失之，弟得之；己失之，友得之。是以國無危亡之兆❾，家無悖亂❿之惡，父子兄弟無失，而交友無絕⓫也。」

【章　旨】此章見於《說苑・正諫》。指出誠懇的規勸，尖銳的批評，聽起來可能暫時不舒服，但卻很有益處。

【注　釋】❶良藥苦於口　喻善意的批評，對於改正錯誤有利。《韓非子・外儲說左上》：「夫良藥苦於口，而智者勸而飲之，知其入（喝了進去）而已（治癒）己疾也。」❷湯武　商湯王和周武王。注見前。❸諤諤　直言的樣子。❹桀紂　即夏桀王與商紂王。古代暴君的典型。注見前。❺唯唯　恭敬順從、不置可否的應答詞。❻爭臣　敢於直言規諫君主的臣子。爭，同「諍」。直言敢諫的意思。下文的「爭」字同。❼失　錯誤；過失。❽得　取得；獲得。❾兆　跡象；表現。❿悖亂　惑亂；背逆。⓫絕　斷絕。此指斷絕友誼。

【語　譯】孔子說：「好的藥品，吃起來是苦的，可是它對治病有利；誠懇的批評，聽起來是不悅耳的，可是它對於改正錯誤的行為是有利的。商湯、周武因為有直言敢諫的臣子而昌盛，夏桀、商紂因為有恭敬順從的臣子而滅亡。君主沒有敢於規勸的臣子，父親沒有敢於規勸的兒子，哥哥沒有敢於規勸的弟弟，個人沒有敢於規勸的朋友，而不犯錯誤，是從來沒有的。所以說：君主有了失誤，臣下能夠補救；父親有了失誤，兒子能夠挽救；哥哥有了失誤，弟弟能夠補救；自己有了錯誤，朋友能夠糾正。因此，國家沒有危亡的跡象，家庭沒有悖逆的醜聞，父子兄弟不會失去禮節，而友誼得以保持永恆。」

孔子見齊景公❶，公悅焉，請置廩丘❷之邑以為養❸，孔子辭而不受。入謂弟子曰：「吾聞君子賞功受賞❹，今吾言於齊君，君未之有行，而賜吾邑，其不知丘亦甚矣。」於是遂行。

【章旨】此章見於《呂覽・高義》及《說苑・立節》。極言孔子不肯無功受賞的高尚節操。

【注釋】❶齊景公　春秋時齊國的君王。注見〈賢君第十三〉。❷廩丘　古邑名。春秋時齊地。在今山東鄆城西。❸養　供養；事奉。此指供養之地。❹賞功受賞　《呂覽・高義》、《說苑・立節》均作「當功以受祿」。「賞功」應為「當功」之誤，涉下而訛。當，對等；相當。

【語譯】孔子謁見了齊景公，齊景公很高興，想把廩丘作為供養孔子的采邑，孔子婉言辭謝，不肯接受。回來對弟子們說：「我聽說：有道德修養的人，只接受與他的功勞相當的賞賜。如今我向齊君所提的建議，齊君還沒有實行，卻要把一個邑賞給我，對我也太不了解了。」於是便起程走了。

孔子在齊，舍於外館❶，景公造❷焉，賓主之辭既接❸，而左右白❹曰：「周使適至❺，言先王❻廟災❼。」景公覆問❽：「災何王之廟也？」孔子曰：「此必釐王❾之廟。」公曰：「何以知之？」孔子曰：「《詩》❿云：『皇皇⓫上天，其命不忒⓬。』天之以善，必報其德，禍亦如之⓭。夫釐王變文武⓮之制，而作玄黃⓯華麗之飾，宮室崇峻，輿馬奢侈，而弗⓰可振⓱也，故天殃⓲所宜加⓳其廟焉，以是占之⓴為然㉑。」公曰：「天何不殃其身，而加罰其廟也？」孔子曰：「蓋以文武故也，若殃其身，則文武之嗣㉒無乃殄㉓乎？故當殃其廟以彰其過。」俄頃㉔，左右報曰：「所災者釐王廟也。」景公驚起，再拜㉕曰：「善哉！聖人之智，過人遠矣。」

【章 旨】此章見於《說苑・權謀》。極力歌頌孔子博學多識，很有預見。

【注 釋】❶外館 客舍；賓館。❷造 來訪；到。❸既接 已經交談。接，交接；接觸。❹白 告訴。❺適至 剛剛到達。適，恰好；剛才。❻先王 前代的君王。❼災 火災；燃燒。人為的叫火，天降的叫災。❽覆問 復問。覆，同「復」。❾釐王 名胡齊。莊王之子，惠王之父。他即位三年，齊桓公始稱霸。見《史記・周本紀》。❿詩 此為逸詩。⓫皇皇 與「煌煌」同。光明的樣子。⓬不忒 不差。忒，差錯。⓭如之 與它相同。⓮文武 周文王、周武王。⓯玄黃 黑色與黃色。代指各種顏色的采飾。⓰弗 不。⓱振 救。⓲天殃 上天降的災禍。⓳加 施於。⓴占之 視之；觀測它。㉑為然 是這樣的。㉒嗣 後代。㉓殄 滅絕。㉔俄頃 一會兒；不久。㉕再拜 一拜而又拜。表示恭敬的禮節。

【語 譯】孔子在齊國，住在客舍裡，齊景公前來拜訪他，賓主剛好在交談，在旁侍候的人告訴他們說：「周朝的使者剛剛來了，說前代帝王的廟宇遭了火災。」齊景公再問道：「燒了哪個帝王的廟呀？」孔子說：「這一定是釐王的廟。」景公說：「怎麼知道呢？」孔子說：「《詩經》上說：『光明的上天，它的意志是不會差錯的。』做了好事，上天一定有好報；做了壞事，上天也同樣的要降禍於他。釐王改變了周文王、周武王的法制，作了各種顏色非常華麗的裝飾，宮殿修得很高大，車馬用得很奢侈，沒有人能夠制止他，所以天災應該施在他的廟宇，從這一點來觀測，是這樣的。」景公說：「上天怎麼不降禍於他的本身，而要把處分施在他的廟宇上呢？」孔子說：「這大概是要照顧周文王和武王吧，如果把災難降到他身上，那麼文王、武王的後代，不是被滅絕了嗎？所以燒了他的廟，用來張揚他的過錯。」不久，在旁邊侍候的人向他們稟報說：「燒了的是周釐王的廟啊。」景公驚異地站起來，向孔子拜了又拜地說：「多妙啊，聖人的知識，大大地超過了別人啊。」

子夏❶三年之喪❷畢，見於孔子，子曰：「與之琴。」使之弦❸，侃侃❹而樂，作❺而曰：「先王制禮，不敢不及。」子曰：「君子也。」閔子❻三年之喪畢，見於孔子，子曰：「與之琴。」使之弦，切切❼而悲，作而曰：「先王制禮，弗敢過也。」子曰：「君子也。」子貢曰：「閔子哀未盡，夫子曰：『君子也。』子夏哀已盡，又曰：『君子也。』二者殊情❽，而俱曰君子，賜也惑，敢問之。」孔子曰：「閔子哀未忘，能斷❾之以禮；子夏哀已盡，能引❿之及禮。雖均⓫之君子，不亦可乎？」

【章　旨】此章見於《毛詩・素冠・序》、《淮南子・謬稱》及《說苑・修文》。言孔子雖然把孝看作「六本」的首要原則，但他並不拘泥於禮的各種規範行為。

【注　釋】❶子夏　即卜商。衛人，曾為衛文侯師。在孔門四科中以文學著稱。❷三年之喪　古代服喪中最重的一種。臣為君，子為父，妻為夫，都要服喪三年。這裡是指父母之喪。因為子生三年，才能免於父母之懷，故制喪三年，所以報父母的養育之恩。❸弦　弦歌；邊拉邊唱。❹侃侃　和樂的樣子。❺作　起來。❻閔子　閔子騫。號閔損，魯人，在孔門四科中以德行著稱。孔子曾經贊美他說：「孝哉閔子騫，人不間於其父母昆弟之言。」❼切切　悲傷的樣子。❽殊情　不同的感情。❾斷　按照禮制來割斷哀思。❿引　延伸；加長。⓫均　都；俱。

【語　譯】子夏守完了三年的喪期，來拜見孔子，孔子說：「給他一把琴。」叫他邊拉邊唱，和樂得很，站起來說：「先代的帝王制作的禮樂，我不敢超越它啊。」孔子說：「是一個有道德修養的人啊。」閔子騫守完了三年的喪期，來拜見孔子，孔子說：「給他一把琴。」叫他邊拉邊唱，悲傷得很，站起來說：「先代的帝王制作的禮樂，我不敢超越它啊。」孔子說：「是一個有道德修養的人啊。」子貢說：「閔子騫的哀思還沒有完，先生說他是有道德修養的，子夏的哀思已經完了，您又說他是有道德修養的，兩人的感情不同，而您都稱贊他是有道德修養的，我很疑惑，請問何故？」孔子說：「閔子騫沒有忘記悲哀，可他能按照禮制來截斷哀思；子夏的哀思已盡，但他能按照禮制的規定來延長孝思，即使都稱之為有道德修養的人，不也可以嗎？」

孔子曰：「無體❶之禮，敬也；無服❷之喪，哀也；無聲之樂，歡也；不言而信，不動而威，不施而仁，志。夫鐘之音，怒而擊之則武❸，憂而擊之則悲。其志變者，聲亦隨之。故志誠❹感之，通於金石❺，而況人乎？」

【章旨】此章見於《說苑．修文》。言一個人的志誠，可以通乎金石，其能感人，更不待言了。

【注釋】❶無體　沒有形式。體，形體；形式。❷無服　沒有規定的喪服或喪期。服，規定穿的喪服或居喪的期限。❸武　剛強；猛烈。❹志誠　心地誠懇。❺金石　鐘磬之類的樂器。

【語譯】孔子說：「沒有一定形式的禮節，在於敬啊；沒有規定的喪服或喪期，在於哀啊；沒有聲音的音樂，在於歡啊；不需要多說，而能昭大信於天下；不要動用武力，而能威振四海；不用普施恩惠，而有仁愛的美名，在於志向和操守啊。鐘鼓的聲音，當你盛怒的時候去敲打，發出的聲音就剛強猛烈；當你極悲的時候去打擊，發出的聲音就悲哀悽愴。人的感情有了變化，聲音也隨之而改變。所以誠懇的感情，能夠和鐘磬之類的樂器相通，何況人與人之間的感情溝通呢？」

孔子見羅雀者❶，所得皆黃口❷小雀。夫子問之曰：「大雀獨不得何也？」羅者曰：「大雀善驚❸而難得，黃口貪食而易得。黃口從大雀則不得，大雀從黃口亦不得。」孔子顧謂弟子曰：「善驚以遠害❹，利食而忘患，自其心矣，而獨以所從為禍福，故君子慎其所從。以長者之慮，則有全身❺之階❻，隨小者之戇❼，而有危亡之敗❽也。」

【章　旨】此章見於《說苑・敬慎》。言孔子教育弟子要時刻戒慎恐懼，貪利圖食，往往會招致極大的禍患。

【注　釋】❶羅雀者　用網捕鳥的人。羅，羅網；捕鳥的工具。❷黃口　雛鳥。❸善驚　善於驚覺；容易受驚。❹遠害　離開禍患。遠，離開。❺全身　保全生命。❻階　階梯；途徑。❼戇　愚昧。❽敗　失利；敗壞。

【語　譯】孔子看見用網捕鳥的人，捕得的都是雛鳥，便問他道：「大的雀兒為什麼一隻也沒有捕到呢？」捕鳥的說：「大的雀兒善於驚覺，因而難得捕到。雛鳥貪求食物，因而容易捕獲。雛鳥跟在大雀的後面，那麼就捕不到；大雀跟在雛鳥的後面，也不容易捕獲。」孔子回頭對弟子們說：「善於驚覺，就可以離開禍害；貪求食物，因而忘記了禍患，這是牠的內心的想法決定的，但要看牠跟誰在一起，而得到福或者禍。所以有修養的人總要謹慎地選擇跟著誰跑。因為有年長者的深謀遠慮，那就有保全生命的途徑；跟著年輕的那麼愚昧無知，那就有危險死亡的失利啊。」

孔子讀《易》❶，至於〈損〉〈益〉❷，喟然而歎，子夏避席❸問曰：「夫子何歎焉？」孔子曰：「夫自損❹者，必有益之；自益者，必有決❺之，吾是以歎也。」子夏曰：「然則學者不可以益乎？」子曰：「非道益❻之謂也，道彌❼益而身彌損。夫學者損其自多❽，以虛受人，故能成其滿博哉！天道❾成而必變，凡持滿而能久者，未嘗有也。故曰：自賢⑩者，天下之善言不得聞於耳矣。昔堯⑪治天下之位，猶允恭⑫以持之，克讓⑬以接下，是以千歲而益盛，迄今而逾彰⑭。夏桀⑮昆吾⑯，自滿而極，亢意⑰而不節，斬刈⑱黎民⑲，如草芥⑳焉。天下討之，如誅匹夫㉑，是以千載而惡著，迄今而不滅㉒。觀此，如行則讓長，不疾先；如在輿㉓，遇三人則下之，遇二人則軾㉔之，調其盈虛㉕，不令自滿，所以能久也。」

子夏曰：「商㉖請志㉗之，而終身奉行焉。」

【章　旨】此章見於《淮南子・人間》及《說苑・敬慎》。詳盡地闡明了「謙受益，滿招損」的道理，並告訴人們「持盈保泰」的方法。

【注　釋】①易　《周易》。古代的卜筮之書，後被儒家尊為經典，稱為《易經》。②損益　《周易》中兩卦名。〈損卦〉之後，接著是〈益卦〉；〈益卦〉之後，接著是〈夬卦〉。夬，決的意思。言損而不已，必益（增加），故受之以益；增加（益）而不已，必崩潰（決），故受之以夬。③避席　離開座位。④自損　自己貶抑自己；自謙。⑤決　決裂；堤防崩潰。⑥道益　道德觀念提高了；學問修養進步了。⑦彌　更加；越。⑧自多　自滿；自以為了不起。⑨天道　自然的規律。⑩自賢　自認為好；自誇其才。⑪堯　陶唐氏。名放勳，傳說中的部落聯盟領袖，儒家的聖君典型。注見前。⑫允恭　誠信恭謹。允，誠信。⑬克讓　能夠謙讓。克，能夠。⑭逾彰　更加顯著。逾，同「愈」。更加。⑮夏桀　夏代最末一個皇帝。儒家的暴君典型。注見前。⑯昆吾　夏商之間的部落。己姓，初封地在今河南濮陽，夏衰，昆吾為夏伯，遷於許（今河南許昌），後被湯所滅。⑰亢意　意氣高傲。亢，高。⑱斬刈　斬割；殺。⑲黎民　百姓。⑳草芥　喻輕賤。言像草與芥一樣不足珍惜。㉑匹夫　平民；獨夫。含有蔑視的意思。㉒不滅　沒有消失。㉓輿　車子。㉔軾　用手扶著車箱前的橫木。表示敬意。㉕盈虛　滿與空。㉖商　子夏。即卜商。㉗志　記住。

【語譯】孔子讀誦《周易》，讀到〈損卦〉和〈益卦〉的時候，長長歎了一口氣。子夏離開座位問道：「先生為何長歎呢？」孔子說：「那些自己謙抑的，一定要受益；自己滿足的，一定要潰決，我因此而發出感歎啊。」子夏說：「那麼求學的人，不可以增加知識麼？」孔子說：「不是說不可以增加知識、提高學業啊。學識越豐富，自己越謙抑。那些求學的人，要不斷減少他的自滿情緒，才能虛心接受人家的教導，因而能獲得他那豐富而淵博的知識啊。自然的規律也有四季的變化，要想長期保持滿盈的狀態，是從來沒有過的。所以說自以為了不起的，他的耳朵就聽不到天下的好話了。從前，堯皇帝做天子，還是保持誠信恭謹的態度，能夠謙讓地接待他的下民，因此經歷了很久的時間而他的功業越大，直到如今而他的聲名越顯。夏桀和昆吾，自滿到了極點，意氣很高傲，而沒有節制，殺害老百姓像斬草拔芥一樣的無所謂。天下的人都起來討伐他，像殺了一個獨夫似的，因此經歷了千來年而他的惡跡更加顯著，到如今他的惡名也沒有消失。看到這些歷史，我們就更要謙讓啊。如果在路上走，就要讓年老的人，不要搶先走在前面。如果坐在車上，碰到了三個人就要下車，遇到兩個人，就要把手扶在車箱的橫木上，向他們表示敬意，用此來調劑盈虛，不要自滿，才能保持長久啊。」子夏說：「讓我記住它吧，並且終身要去實踐它啊。」

子路問於孔子曰：「請釋❶古之道，而行由之意，可乎？」子曰：「不可。昔東夷❷之子❸，慕諸夏❹之禮，有女而寡❺，為內❻私婿❼，終身不嫁。嫁則不嫁矣，亦有❽貞節之義也？蒼梧❾嬈❿娶妻而美，讓與其兄，讓則讓矣，然非禮之讓矣。不慎其初，而悔其後，何嗟及矣！今汝欲舍古之道，行子之意，庸知⓫子意不以是為非，以非為是乎？後雖欲悔，難哉！」

【章旨】此章見於《說苑・建本》。言孔子主張遵循古道，才不至於混亂是非。

【注釋】❶釋　拋棄；丟掉。❷東夷　古代華夏族對東方諸少數民族的稱呼。❸子　人。❹諸夏　周代分封的許多諸侯國。一般代指中國。❺寡　死了丈夫。❻內　同「納」。引進；接納。❼私婿　非正式婚配的女婿。❽亦有　《說苑・建本》作「然非」，是。❾蒼梧　地名。古代屬南蠻之地，在今廣西東南。❿嬈　《說苑・建本》作「之弟」。以與「東夷之子」相對稱，應是。⓫庸知　詎知；怎麼知道。

【語譯】子路問孔子說：「讓我們把古代的禮制拋棄掉，而按我的意思辦，可以麼？」孔子說：「不可。從前東夷的人，羨慕中國的倫理制度，有一個女人死了丈夫，便給她引進一個非正式婚配的女婿，終身沒有再嫁。嫁是沒有再嫁了，難道是貞節的行為嗎？蒼梧有一個人，娶了一個老婆，非常美麗，便讓給他的哥哥。讓是讓了，但是不合禮的讓啊。辦什麼事，在開初的時候不謹慎，到了後來又反悔，怎麼也來不及了。如今你想拋棄古代的禮制，照你的想法去幹，怎麼知道你不是拿正確的當作錯誤的，拿錯誤的作為正確的呢？到了後來即使反悔，也很困難啊。」

曾子❶耘❷瓜，誤斬其根，曾晳❸怒，建❹大杖❺以擊其背，曾子仆地❻而不知人❼久之。有頃❽乃蘇❾，欣然❿而起，進⓫於曾晳曰：「嚮也⓬參得罪⓭於大人⓮，大人用力教參，得無⓯疾⓰乎？」退而就房⓱，援琴⓲而歌，欲令曾晳而聞之，知其體康也。孔子聞之而怒，告門弟子曰：「參來勿內⓳。」曾參自以為無罪，使人請⓴於孔子。子曰：「汝不聞乎？昔瞽瞍㉑有子曰舜，舜之事瞽瞍，欲使之未嘗不在於側；索㉒而殺之，未嘗可得。小棰㉓則待過㉔，大杖則逃走，故瞽瞍不犯不父㉕之罪，而舜不失烝烝㉖之孝。今參事父，委身㉗以待暴怒㉘，殪㉙而不避，既㉚身死而陷父於不義㉛，其不孝孰大焉？汝非天子㉜之民也，殺天子之民，其罪奚若㉝？」曾參聞之曰：「參罪大矣！」遂造㉞孔子而謝過㉟。

【章　旨】此章見於《韓詩外傳・八》及《說苑・建本》。言孔子雖提倡孝為「六本」之首，但卻反對愚孝。

【注　釋】❶曾子　即曾參。注見〈致思第八〉。❷耘　除草。❸曾晢　即曾蒧。亦作「曾點」。孔子弟子，曾參的父親。❹建　提著；拿起。❺大杖　粗棍。❻仆地　跌倒地上。❼不知人　不省人事。❽有頃　過了一會。❾蘇　醒過來；復活。❿欣然　高高興興地。⓫進　走向。⓬嚮也　剛才；前嚮。⓭得罪　獲罪。⓮大人　指父親。⓯得無　莫非；該不會。⓰疾　病痛。⓱就房　回到房裡。⓲援琴　拿起琴來。援，執著；拿著。⓳內　同「納」。⓴請　詢問。㉑瞽瞍　舜的父親。《尚書・大禹謨》：「祇載見瞽瞍。」漢孔安國《傳》：「舜父有目不能分別好惡，故時人謂之瞽，配字曰瞍。」㉒索　搜索；尋找。㉓小棰　小的棍棒。棰，棍棒。㉔待過　等待處分。㉕不父　不慈愛。㉖烝烝　孝順。㉗委身　放棄生命。委，放棄。㉘暴怒　狂怒；大怒。㉙殪　死。㉚既　已經。㉛不義　不應該做的事。㉜天子　帝王。古人以君權為神授，謂君主秉承天意來治理人民，故稱天子。㉝奚若　何如。㉞造　往。㉟謝過　認罪。

【語　譯】曾子在瓜地裡鋤草，誤斷了瓜藤的根，他父親曾晢大發脾氣，拿著一根大棒猛打曾參的背部。曾子仆倒在地，不省人事很久。過了一會才甦醒過來，高高興興地爬了起來，走到曾晢面前說：「剛才我在父親面前犯了大錯，父親費了很大的力氣來教育我，該不會引起病痛麼？」告退以後回到房裡，一邊彈著琴一面唱著，想讓曾晢聽到，知道他的身體還很健壯。孔子聽說了發了脾氣，對他的弟子們說：「曾參來了，不要讓他進來。」曾參自己覺得沒有什麼錯誤，請人去詢問孔子。孔子說：「你沒有聽說過嗎？從前瞽瞍有個兒子叫做舜，舜事奉瞽瞍的時候，瞽瞍想使喚他，他沒有一次不在旁邊的；要找他來殺，卻沒有一次能找到。

拿起小的棍棒，就等待著處罰；拿起大的棍棒，就逃之夭夭。所以瞽瞍沒有犯過不慈的錯誤，而舜也沒有不孝的惡名。如今曾參事奉他的父親，輕棄自己的生命，以對待父親的狂怒，死都不避，本人已經死了，而陷父親於不義，哪有比這還不孝呢？你不是天子的百姓啊，殺了天子的百姓，那他的罪該怎麼樣？」曾參聽了說：「我的錯誤太大了。」於是走到孔子那裡去認罪。

荊公子❶行年❷十五而攝❸荊相事，孔子聞之，使人往觀其為政❹焉。使者反❺曰：「視其朝清淨而少事，其堂上有五老❻焉，其廊下❼有二十壯士❽焉。」孔子曰：「合二十五人之智以治天下，其固❾免❿矣，況荊乎？」

【章旨】此章見於《說苑．尊賢》。尊賢舉能為治國之本，是孔子的一貫思想。

【注釋】❶荊公子　楚國的一位公子。荊，楚。公子，諸侯的兒子。《說苑．尊賢》作「介子推」。❷行年　經歷過的年數。❸攝　代理。❹為政　處理政務。❺反　同「返」。回來。❻五老　五位德望很高的老人。❼廊下　廊廡之下。廊廡，堂前的廊屋。❽壯士　《說苑．尊賢》作「俊士」。才智出眾的人。❾固　本來；原來。❿免　免於禍難。

【語譯】楚國有位公子，年方十五歲，便代理楚國的宰相職務。孔子聽說了，打發人去觀察他是怎麼處理政務的。使者回來說：「我看他的政府所在的地方，非常清淨，很少有什麼事情。他的堂上有五位德望很高的老人，堂下有二十位才智出眾的人。」孔子說：「把二十五個人的才智合起來，用以管理天下，本來也可以免於禍患，何況楚國乎？」

子夏問於孔子曰：「顏回之為人奚若❶？」子曰：「回之信❷賢於丘❸。」曰：

「子貢之為人奚若？」子曰：「賜之敏賢於丘。」曰：「子路之為人奚若？」子曰：「由之勇賢於丘。」曰：「子張之為人奚若？」子曰：「師之莊賢於丘。」子夏避席而問曰：「然則❹四子何為❺事先生？」子曰：「居❻！吾語❼汝：夫回能信而不能反❽，賜能敏❾而不能詘❿，由能勇而不能怯，師能莊⓫而不能同⓬，兼四子者之有以易⓭吾，弗與⓮也，此其所以事吾而弗貳⓯也。」

【章　旨】此章並見於《列子・仲尼》、《淮南子・人間》、《說苑・雜言》以及《論衡・定賢》。言孔子善於知人，善於了解教育的對象，實事求是地肯定其長處，指出其短處。

【注　釋】❶奚若　何如；怎麼樣。❷信　誠實；忠誠。❸賢於丘　比我好。下同。❹然則　如此那麼。❺何為　為何；為什麼。❻居　坐下。❼語　告訴。❽反　翻轉過來。蓋君子言不必信，唯義所在。❾敏　明辯。❿詘　言語鈍拙；折服。⓫莊　嚴肅。⓬同　和同；調協。⓭易　換。⓮與　同意。⓯弗貳　專一；沒有貳心。

【語　譯】子夏問孔子說：「顏回的為人怎麼樣？」孔子說：「顏回的誠實比我好。」問：「子貢的為人怎麼樣？」孔子說：「子貢的口才比我好。」問：「子路的為人怎麼樣？」孔子說：「子路的勇氣比我好。」問：「子張的為人怎麼樣？」孔子說：「子張的莊嚴比我好。」子貢離開座位問道：「既然如此，那麼這四個人為什麼要向先生學習呢？」孔子說：「坐下，我告訴你：顏回雖能以誠待人，但卻不能看看它是否合義；子貢雖然能言善辯，但卻不能在真理面前屈服；子路雖然很有勇氣，但卻不曉得退縮；子張雖然很嚴肅，但卻不曉得和稀泥。把四個人所有的長處加起來換我，我還不同意呀，這就是他們要一心一意地拜我為師的緣故罷。」

孔子遊於泰山❶，見榮聲期❷行乎郕❸之野，鹿裘❹帶索❺，瑟瑟❻而歌。孔子問曰：「先生所以為樂者何也？」期對曰：「吾樂甚多，而至者❼三：天生萬物，唯人為貴。吾既得為人，是一樂也；男女之別，男尊女卑，故人以男為貴。吾既得為男，是二樂也；人生有不見日月❽，不免襁褓❾者，吾既以行年九十五矣，是三樂也。貧者士之常，死者人之終，處常❿得終⓫，當何憂哉！」孔子曰：「善哉！能自寬⓬者也。」

【章旨】此章見於《列子．天瑞》及《說苑．雜言》。言孔子贊賞榮啟期的安貧知足，故能長樂長壽。

【注釋】❶泰山　五嶽之首。古代帝王多在此封禪，位於今山東省泰安縣境。亦稱東嶽或岱宗。❷榮聲期　春秋時隱士。聲，應為「啟」。《列子．天瑞》、《說苑．雜言》均作「榮啟期」。❸郕　古諸侯國名。周武王封其弟叔武於此，故城在今山東省范縣。❹鹿裘　粗陋的皮衣。❺帶索　用繩索做腰帶。❻瑟瑟　《說苑．雜言》作「鼓瑟」。彈著琴瑟。❼至者　最大的。❽不見日月　沒有看到日出月落。即沒有活到一整天。❾襁褓　背負小孩的背帶和布兜。❿處常　生活在正常的情況中。指貧苦的生活。⓫得終　得到善終。⓬自寬　自我寬解。

【語譯】孔子遊覽了泰山，看到榮啟期在郕國的野外漫步，穿著粗陋的皮衣，繫著繩索的腰帶，一邊彈著瑟一邊在唱。孔子問道：「先生為什麼這樣的歡樂啊？」榮啟期回答說：「我的歡樂很多，最大的有三個。上天降生了萬事萬物，只有人是最寶貴的，我已做了人，是第一大快樂啊。男女是有分別的，男尊而女卑，所以在人的中間男的為貴，我已得以為男，是第二大快樂啊。人生下來，有活不到一天的，有活不到幾歲的，我已經歷了九十五個春秋，是第三大快樂啊。貧困是知識分子的正常現象，死亡是人的最終結果。生活在正常的環境中，能夠善終正寢，我還有什麼值得憂慮的呢！」孔子說：「真妙呀，能夠自我寬解喲。」

孔子曰：「回有君子之道❶四焉：強於行義，弱於受諫❷，怵❸於待祿，慎於治身。史鰌❹有男子之道三焉：不仕而敬上，不祀而敬鬼，直己❺而曲人❻。」曾子侍曰：「參昔常聞夫子三言，而未之能行也。夫子見人之一善，而忘其百非❼，是夫子之易事也；見人之有善，若己有之，是夫子之不爭❽也；聞善必躬行❾之，然後導❿之，是夫子之能勞也。學夫子之三言而未能行，以自知終不及二子⓫者也。」

【章　旨】此章見於《說苑・雜言》。言孔子善於發現別人的優點，並把別人的優點看作自己的優點。

【注　釋】❶君子之道　君子的品德。君子，有道德修養的人。❷弱於受諫　在年少的時候就能接受批評。弱，年少。❸怵　怵惕；戒懼。❹史鰌　即史魚。注見〈賢君第十三〉。❺直己　要求自己正直。❻曲人　婉轉地待人。曲，婉轉。❼百非　許多的錯誤。❽不爭　不競奪。❾躬行　親自去實踐。❿導　教導；誘導。⓫二子　指顏回與史鰌。

【語　譯】孔子說：「顏回有四種君子的品德：即勉力去做應當做的事，年輕的時候就能接受批評的意見，對待國家的俸祿常常是戒慎恐懼的，對於自身的修養常常是恭謹敬慎的。史鰌有三種大丈夫的氣概：即不出來做官而能以恭敬的態度對待上級，不去祭祀天地神祇而能敬奉祖宗父母，自己很正直而待人很委婉。」曾子陪從在旁邊說：「我過去常常聽到先生說到這三句話，可我卻沒有去實踐啊。先生看到別人做了一件好事，便忘記了他犯過的百種錯誤，這是先生容易事奉的表現啊。看到別人的優點，就像自己的優點一樣，這是先生不與別人競爭的表現啊。聽到別人的善言善行，一定要親自去實踐，然後教導別人去做，這是先生不辭勞苦的表現啊。學了先生所說那三句話，而沒有能夠去實踐它，由此知道自己永遠也趕不上顏回和史鰌兩個人啊。」

孔子曰：「吾死之後，則商❶也日益❷，賜❸也日損❹。」曾子曰：「何謂也？」子曰：「商也好與賢己者❺處，賜也好說❻不若❼己者。不知❽其子，視其父；不知其人，視其友；不知其君，視其所使；不知其地，視其草木。故曰：與善人居，如入芝蘭之室❾，久而不聞其香，即與之化矣。與不善人居，如入鮑魚之肆❿，久而不聞其臭，亦與之化矣。丹⓫之所藏者赤，漆之所藏者黑，是以君子必慎其所與處者焉。」

【章旨】此章見於《說苑・雜言》。言孔子認為交必擇友，朋友的好壞，對於自己有著深厚的影響。

【注釋】❶商　卜商。即子夏。孔子弟子。注見〈弟子行第十二〉。❷日益　一天天進步。❸賜　端木賜。即子貢。孔子弟子。注見〈致思第八〉。❹日損　一天天退步。損，減少；降低。❺賢己者　比自己好的。賢，好。❻說　同「悅」。喜歡。❼不若　不如。❽不知　不了解。下「不知」同。❾芝蘭之室　喻賢士所居之處。芝蘭，香草。❿鮑魚之肆　出售鮑魚的商店。鮑魚，鹽漬的魚。肆，商店。⓫丹　硃砂。

【語譯】孔子說：「我死了以後，子夏的學問將一天天提高，聲望將一天天增大；而子貢的學問將一天天退步，聲望將一天天降低。」曾參說：「為什麼呢？」孔子說：「子夏喜歡和比他強的人在一起，子貢喜歡和比他差的人在一起。不了解他的兒子，看看他父親就行了；不了解那個人，看看他的朋友就行了；不了解他的君主，看看他左右的人就行了；不了解那個地方的土質，看看它生長的草木就行了。所以說：跟好人在一起，就好像走進了長滿香草的房子，時間久了，也不覺得香了，因為已經和它同化了。跟不好的人在一起，好像走進出售鮑魚的商店，時間久了，也不覺得它臭了，因為也被它同化了。貯藏硃砂的地方，往往變成紅的；貯藏漆的地方，往往變成黑的。因此有道德修養的人，一定要慎重地選擇和他生活在一起的人啊。」

曾子從孔子之齊，齊景公❶以下卿❷之禮聘❸曾子，曾子固辭❹。將行，晏子❺送之曰：「吾聞之，君子遺❻人以財，不若善言❼。今夫蘭本❽三年，湛❾之以鹿醢❿，既成，噉⓫之，則易⓬之匹馬，非蘭之本性也，所以湛者美矣，願子詳⓭其所湛者。夫君子居必擇處⓮，遊必擇方⓯，仕必擇君。擇君所以求仕，擇方所以修道；遷風移俗者，嗜欲⓰移性⓱，可不慎乎？」孔子聞之曰：「晏子之言，君子哉！依賢⓲者固不困⓳，依富者固不窮。馬蚿⓴斬足而復行，何也？以其輔之者眾。」

【章旨】此章見於《說苑・雜言》。通過晏嬰對曾子的贈言，孔子對晏嬰的評價，進一步闡明擇友的必要性。

【注釋】❶齊景公　齊國的君主。注見〈賢君第十三〉。❷下卿　官名。周朝及各諸侯國均設有卿，分上、中、下三級。❸聘　徵聘；延聘。❹固辭　堅決辭謝。❺晏子　即晏嬰。注見〈弟子行第十二〉。❻遺　贈送。❼善言　美妙的言論。❽蘭

本　蘭草的根。❾湛　浸；漬。❿鹿酳　《說苑・雜言》作「鹿醢」。鹿茸浸的酒。⓫噉　同「啖」。吃。⓬易　換。⓭詳詳察；仔細考察。⓮擇處　選擇環境。⓯擇方　選擇同類。方，類。⓰嗜欲　嗜好與慾望。⓱移性　改變本性。⓲依賢　依靠賢人；憑藉好人。依，憑藉；依賴。⓳不困　不窘迫；不困惑。⓴馬蚿　蟲名。又叫馬蚰、馬陸、百足、刀環蟲等。形如蚯蚓，體如圓筒，紫黑色，多環節，觸之即蜷曲如環。

【語　譯】曾參陪從孔子到齊國去，齊景公用下卿的禮遇徵聘曾參，曾參堅決辭謝了。準備離開齊國的時候，晏嬰前去歡送他說：「我聽說，君子送人家的財物，不如送人家幾句高妙的話。如今生長三年的蘭草根，用鹿茸浸的酒把它浸起來，浸好了之後，拿它來吃，就要用一匹馬的價錢來換，並不是蘭根的本質好，而是因為浸它的東西好啊。希望你仔細考察將要浸在哪裡啊。所以有道德修養的人，居住一定要選擇環境，交遊一定要選擇同類，出來做官一定要選擇君主。選擇君主是為了求得一個好的出路，選擇同類，是為了完善自己的道德修養。遷就習氣，可以改變風俗；嗜好和欲望，可以改變一個人的本性，難道不應該慎重嗎？」孔子聽了說：「晏嬰的話，是有道德修養的呀！依靠好人，一定不會困惑；依靠富人，一定不會貧窮。斫掉千足蟲的一些腳，牠仍然可以再走，原因何在呢？就是因為支撐牠的多啊。」

孔子曰：「與❶富貴而下人❷，何人不尊？以富貴而愛人，何人不親？發言不逆❸，可謂知言❹矣；言而眾嚮之❺，可謂知時矣。是故以富而能富人❻者，欲貧不可得也；以貴而能貴人者，欲賤不可得也；以達而能達人❼者，欲窮❽不可得也。」

【章　旨】此章見於《說苑・雜言》。言孔子提倡「下人」、「愛人」，反對「驕人」、「憎人」，仍是「己欲達而達人」的一貫主張。

【注釋】❶與 如；假若。❷下人 居人之後。言其謙讓。❸不逆 不悖逆；不反常。❹知言 有遠見卓識的言論。❺嚮之 贊同他；附和他。❻富人 使人富起來。富，動詞。使……富。❼達人 使人顯貴。達，顯達。❽窮 困厄。

【語譯】孔子說：「如果既富且貴的人，能夠謙居人後，哪一個不尊重他呢？因為既富且貴，而能對別人仁愛，哪一個不親近他呢？發言很合乎情理，可以稱得上有遠見的言論了；一說大家便贊同他、附和他，可以說是懂得時務了。因此自己富了，而能讓別人也富起來，即使你想貧窮也辦不到啊；因為自己貴了，而能使人也貴起來，即使你想卑賤也不可得啊；因為自己顯達了，而能使別人也顯達起來，即使想困厄也不可能啊。」

孔子曰：「中人❶之情❷也，有餘則侈，不足則儉❸；無禁❹則淫❺，無度❻則逸❼，縱欲❽則敗。是故鞭朴之子❾，不從父之教；刑戮之民❿，不從君之令。此言疾⓫之難忍，急之難行也。故君子不急斷⓬，不急制⓭，使飲食有量，衣服有節⓮，宮室有度，畜積有數⓯，車器有限，所以防亂之原也。夫度量不可明⓰，是中人所由之令⓱。」

【章旨】此章見於《說苑・雜言》。言孔子主張一切都要按制度辦，才能防止中人以下的人違反教令。

【注釋】❶中人 中等的人；普通的人。❷情 情性；本性。❸儉 吝嗇。❹無禁 沒有禁令。❺淫 過度。❻無度 沒有法制。❼逸 放縱。❽縱欲 盡其所欲，不加克制。❾鞭朴之子 受過體罰的孩子。鞭朴，刑具。引申為體罰。❿刑戮之民 受過刑罰的百姓。刑戮，刑罰與戮辱。⓫疾 暴躁；急遽。⓬急斷 匆忙下結論。⓭急制 馬上加以制裁。⓮有節 有節制。⓯有數 有限度；有差別。⓰不可明 《說苑・雜言》作「不可不明」，是。⓱令 教令。

【語　譯】孔子說：「平常人的本性，富裕了便奢侈，不夠了便吝嗇。沒有禁令就過度，沒有法制就放縱，盡其所欲不加限制便要腐敗。因此受過體罰的小孩，往往不接受父親的教訓；受過刑罰的百姓，往往不聽從君主的命令。這是說暴躁是難以容忍的，急遽是不容易行得通的啊。所以有道德修養的人，不急於作結論，不急於加控制，使他們的飲食有一定的限量，衣服有一定的節制，宮室有一定的制度，積蓄有一定的數量，車馬器皿有一定的限制，用來防止禍亂的起源啊。那些法度標準不可不規定得具體明白，這是平常人所必要的教令啊。」

孔子曰：「巧而好度❶必攻❷，勇而好問必勝，智而好謀必成，以愚者反之❸。是以非其人❹告之弗聽，非其地樹❺之弗生，得其人如聚砂而雨之❻，非其人如會聾而鼓之❼。夫處重❽、擅寵❾、專事❿、妒賢⓫，愚者之情⓬也。位高則危，任重則崩⓭，可立而待⓮。」

【章　旨】此章見於《說苑・雜言》。言孔子諄諄告人以修身處世之道，仍是圍繞「六本」來立言的。

【注　釋】❶好度　喜歡思考。❷攻　同「工」。巧妙。❸反之　與此相反。❹非其人　不是那種人。❺樹　栽培；培育。❻聚砂而雨之　形容立即滲透進去。聚砂，把砂石堆積起來。雨之，灌之以水。❼會聾而鼓之　把聾子集合來，便鼓譟呼叫。形容聽不進去。鼓，鼓譟；呼叫。❽處重　居於重要位置。❾擅寵　特受寵信。❿專事　獨攬政事。⓫妒賢　嫉妒才德兼美的人。⓬情　本性；本質。⓭崩　倒塌；敗壞。⓮立而待　在極短的時間內出現。

【語　譯】孔子說：「聰明而又喜歡思考，一定能夠做得巧妙；勇敢而又喜歡調查，一定能夠取得勝利；有著豐富的知識而又喜歡謀畫，一定能夠獲致成功。愚蠢的人跟這相反。因此不是那種人而去勸告他，一定聽不進去；不是那種土質而去耕耘墾植它，一定不能生長。遇到那種能夠聽取意見的人，好像把砂石堆積起來，拿雨水去灌立即滲透進去了；遇到那種聽不得意見的人，好像把聾子集合起來，鼓譟呼叫，也是聽不進去的。那些居於要津，獨占寵幸，獨攬大權而嫉妒才德兼美的人，是愚蠢的人的本性啊。地位高了就很危險，責任重了就要塌臺，這是可以在極短的時間內等得到的。」

孔子曰：「舟非水不行，水入舟則沒❶；君非民不治，民犯上則傾❷。是故君子❸不可不嚴❹也，小人不可不整一❺也。」

【章旨】此章見於《說苑・雜言》。言孔子警戒貴族統治階級要看到民眾的力量。

【注釋】❶沒　沉沒。❷傾　傾覆；覆滅。❸君子　指貴族統治階級。❹嚴　整肅；嚴厲。❺整一　整齊劃一；經過整治，使之歸於劃一。

【語譯】孔子說：「船沒有水就不能航行，但水進入艙內船就要沉；君主沒有百姓，就談不上治理，但百姓冒犯君主，國家就要覆滅。所以貴族統治階級不能不對百姓加以整頓，平民百姓不能不在法令約束內，有著整齊的步伐、統一的意志啊。」

齊高庭❶問於孔子曰：「庭不曠❷山，不直❸地，衣穰❹而提贄❺，精氣❻以問事君子之道❼，願夫子告之。」孔子曰：「貞以幹之❽，敬以輔之，施仁❾無倦❿，見君子則舉之，見小人則退之，去汝惡心⓫，而忠與⓬之，效⓭其行，修⓮其禮，千里之外，親如兄弟。行不效，禮不修，則對門不汝通矣。夫終日言不遺⑮己之憂，終日行不遺己之患，唯智者能之。故自修⑯者，必恐懼以除患，恭儉以避難者也。終身為善，一言則敗之，可不慎乎？」

【章旨】此章見於《說苑．雜言》。通過孔子答高庭的問，以正身修禮、舉賢退不肖，作為個人的根本情操，仍是圍繞「六本」立論。

【注釋】❶高庭　人名。《說苑．雜言》作「高廷」。❷曠　荒廢。❸直　借作「植」。耕耘。❹衣穰　穿著蒿草編織的衣。穰，蒿草。❺提贄　拿著贄敬。贄，第一次見到尊長時所送之禮品。❻精氣　精誠之氣。❼事君子之道　《說苑．雜言》作「事君之道」。「君」下無「子」字，「子」疑衍，據文義為是。❽貞以幹之　語本《易．乾．文言》：「貞者，事之幹也。」貞，正直。幹，主幹。❾施仁　施行仁恩。❿無倦　不厭；不止。⓫惡心　壞的念頭。⓬與　代替。⓭效　效驗；徵驗。⓮修　學習；遵循。⓯遺　忘記。⓰自修　自我修養。

【語譯】齊國有個名叫高庭的人問孔子道：「我不開伐山，也不耕種地，穿著蒿草編製的衣服，拿著第一次拜見長者的禮品，懷著一片精誠向您請教事奉君主的方法，希望先生能告訴我。」孔子說：「以正直的操行為主幹，以恭謹的態度去輔助，不知疲倦地施行仁愛，看到才德兼美的人就舉薦他，看到不正派的人就罷免他，去掉你的壞念頭，而代之以忠心，考驗自己的行動，學習先王的禮教，即使遠隔千里之外，也和你親如兄弟了。如果行為經不起考驗，禮教不加以學習，那麼就是對門對戶，也不會和你通往來了。說了一整天的話，從來沒有忘記憂國憂民之心；做了一整天的事，從來沒有忘記殺身喪家的災禍，只有知識豐富的人才能辦得到啊。所以講究自我修養的人，一定戰戰兢兢以排除禍患，恭恭敬敬以逃避災難。做了一輩子好事，往往一句話就破壞了，難道不應該戒慎恐懼嗎？」

辨物第十六

【題解】此篇部分見於《說苑・辨物》，部分見於《左傳》、《國語》。通過十個小故事，極力歌頌孔子博見多聞，多識於鳥獸文物之名，而又虛懷若谷，願意向不如己者學習，故能就其高，成其深，若泰山之巍巍，河海之浩浩然。

季桓子❶穿井❷，獲如土缶❸，其中有羊焉，使使問孔子曰：「吾穿井於費❹，而於井中得一狗，何也？」孔子曰：「丘之所聞者羊也。丘聞之：木石❺之怪夔❻蝄蜽❼，水之怪龍罔象❽，土之怪羵羊❾也。」

【章旨】此章見於《國語・魯語下》及《說苑・辨物》。極力歌頌孔子的博古通今，格物致知。

【注釋】❶季桓子　魯國的上卿。與叔孫氏、孟孫氏號稱「三桓」。實專魯國之政，曾經被陽虎囚禁，「三桓」聯合攻敗陽虎後，又嗾使定公受齊女樂，君臣相觀，廢朝三日。孔子看到魯國沒有希望了，便離開了魯國。事見《史記・魯周公世家》。❷穿井　鑿井。❸土缶　土製的陶罐。❹費　亦作「鄪」。季氏的采邑。在今山東。❺木石　指山林。❻夔　山林中的精怪。❼蝄蜽　亦作「魍魎」。傳說山川中的精怪。❽罔象　傳說中的水怪。《淮南子・氾論》：「山出梟陽，水生罔象，木生畢方，井生羵羊，人怪之，聞見鮮而識物淺也。」❾羵羊　土中怪羊。雌雄不分。

【語譯】季桓子鑿井，得到了一只土製的罐子，裡面有一隻羊。打發人去問孔子說：「我在費邑鑿了一口井，在井裡面得到一隻狗，是怎麼一回事呢？」孔子說：「據我的見聞是羊啊。我聽說：山林中的精怪叫夔、蝄蝸，水裡的精怪叫龍、罔象，土裡的精怪叫羵羊啊。」

吳伐越❶，隳❷會稽❸，獲巨骨，一節，專車❹焉，吳子❺使來聘❻於魯，且問之孔子。命❼使者曰：「無以吾命也。」賓既將事❽，乃發幣❾於大夫及孔子，孔子爵之❿，既⓫徹俎⓬而燕⓭，客執骨而問曰：「敢問骨何如為大？」孔子曰：「丘聞之，昔禹⓮致⓯群臣於會稽之山，防風⓰後至，禹殺而戮之⓱，其骨專車焉，此為大矣。」客曰：「敢問誰守為神？」孔子曰：「山川之靈，足以紀綱⓲天下者，其守為神。諸侯社稷⓳之守為公侯⓴，山川之祀者為諸侯，皆屬於王㉑。」客曰：「防風何守㉒？」孔子曰：「汪芒氏㉓之君，守封嵎㉔山者，為漆姓；在虞、夏、商㉕為汪芒氏，於周為長瞿㉖氏，今曰大人㉗。」有客曰：「人長之極幾何？」孔子曰：「焦僥㉘氏長三尺，短之至也；長者不過十，數之極㉙也。」

【章旨】此章見於《國語．魯語下》及《說苑．辨物》。言孔子具有淵博的歷史知識和豐富的文化修養。

【注釋】❶吳伐越　事在西元前四九四年。吳王夫差悉發精兵伐越，敗之夫椒，越王句踐以甲兵五千人棲於會稽。吳，古國名。也叫句吳，姬姓，始祖是周太王之子太伯、仲雍。擁有今江蘇大部及安徽、浙江的一部，建都於吳（今江蘇蘇州）。春秋後期，國力始強。曾經破楚勝越，企圖與晉爭霸中原。後為越所滅。越，古國名。亦稱於越，姒姓。相傳始祖是夏代少康的庶子無餘，建都會稽（今浙江紹興）。❷隳　毀壞。❸會稽　山名。在今浙江省中部，主峰在嵊縣西北。相傳夏禹在此大會諸侯。❹專車　滿載一車。❺吳子　指吳王夫差。闔閭之子。❻聘　聘問；訪問。❼命　教；令。❽將事　行事；奉命辦事。❾發幣　致送禮品。❿爵之　敬了他的酒。⓫既　已經。⓬徹俎　撤掉了菜餚。徹，同「撤」。除去。⓭燕　同「讌」。閒談。⓮禹　夏代的開國帝王。以治水著稱。⓯致　招致；召集。⓰防風　古部落酋長名。⓱戮之　將他陳屍示眾。⓲紀綱　治理。⓳社稷　國家政權的標誌。⓴公侯　爵位的名稱。五等爵的第一、二位。㉑屬於王　歸屬於王。指守社稷之祀的公侯和守山川之祀的諸侯。㉒防風何守　防風氏掌管什麼山川的祭祀。㉓汪芒氏　古國名。防風氏的都城，在今浙江武康。汪芒，《史記・孔子世家》作「汪罔」。㉔封嵎　山名。封，封山。嵎，嵎山。在今浙江德清。㉕虞夏商　舜、禹、湯所建的三個朝代。㉖長翟　古部落名。《國語・魯語下》作「長翟」。亦作「長狄」。㉗大人　《國語・魯語下》作「犬人」。言它在各個不同的時代，有不同的名稱。㉘焦僥　古代傳說中的矮人。亦作「僬僥」。《淮南子・墬形》：「西南方曰僬僥。」注：「僬僥，短人之國也，長不滿三尺。」㉙數之極　數目字中最大的一個。

【語譯】吳國征伐越國，毀壞了越都會稽，得到了巨大的骨骼，一節就裝滿了一車。吳王夫差使人到魯國訪問，順便請教孔子，告訴使者說：「不要說是我叫你問的。」賓主之禮已畢，便向魯國的大夫及孔子贈送禮物，孔子也敬了酒，已經撤掉了酒菜，大家都在閒談，客人拿了那節骨骼問道：「請問什麼人的骨骼最大，大得怎樣？」孔子說：「我聽說：過去大禹在會稽山大會群臣，部落防風氏遲到了，大禹將他殺了並且陳屍示眾，他的骨頭載滿了一車，這是最大的了。」客人說：「請問掌管什麼山川的祭祀，才能成為那裡的神？」孔子說：「山川的神靈能夠治理天下的，主管其祭祀者便是神，掌管社稷的祭祀，而沒有掌管山川祭祀的諸侯國，只是公侯而已，掌管山川的祭祀者為諸侯，這些都是歸屬於王的。」客人曰：「防風氏掌管什麼山川的祭祀呢？」孔子說：「汪芒國的君主，掌管封山和嵎山的祭祀，他是漆姓，在虞、夏、商三代，叫做汪芒氏，在周代叫做長翟氏、到今天叫做大人。」有一位客人說：「人最高能高到幾尺？」孔子說：「據說焦僥國的人只有三尺高，是最矮的了；最高的不過十尺，這是數目字中的極限啊。」

孔子在陳❶，陳惠公❷賓之於上館❸。時有隼❹集陳侯之庭而死，楛矢❺貫之，石砮❻其長尺有咫❼。惠公使人如孔子館而問焉。孔子曰：「隼之來遠矣，此肅慎氏❽之矢，昔武王克商，通道於九夷❾百蠻❿，使各以其方賄⓫來貢⓬，而無忘職業，於是肅慎氏貢楛矢石砮，其長尺有咫，先王欲昭⓭其令德⓮之致遠物⓯也，以示後人，使永鑑焉，故銘⓰其栝⓱曰：『肅慎氏貢楛矢』，以分大姬⓲配胡公⓳而封諸陳。古者分同姓⓴以珍玉，所以展親親㉑也，分異姓㉒以遠方之職貢㉓，所以無忘服㉔也。故分陳以肅慎氏貢焉。君若使有司㉕求諸故府㉖，其㉗可得也。」公使人求，得之金牘㉘，如之㉙。

【章　旨】此章見於《國語・魯語下》及《說苑・辨物》。通過這個故事，說明孔子有著極其淵博的歷史知識，為考古研究作出典範。

【注　釋】❶陳　古國名。媯姓，開國君主是舜的後代胡公滿。周武王克商，封胡公於陳，建都宛丘（今河南淮陽），以奉帝舜的祭祀，後為楚所滅。❷陳惠公　名吳。陳悼太子師之子，陳懷公之父。❸上館　上等的客舍；貴賓所住的地方。❹隼　即鶚。鷂屬，凶猛善飛。❺楛矢　用楛木做桿的箭。楛，木名。荊屬，似荊而赤，可製箭桿。❻石砮　石製的箭頭。砮，石製箭鏃。❼咫　八寸。❽肅慎氏　古民族名。女真的祖先。周初曾以楛矢石砮入貢。❾九夷　東方九種民族。❿百蠻　與華夏對稱的諸少數民族。⓫方賄　地方所貢的土產財物。⓬貢　進獻方物。⓭昭　顯示；彰明。⓮令德　美德。⓯遠物　遠方的品物。⓰銘　為文刻於器物之上，以述功德，以資警惕。⓱栝　箭末扣弦處。⓲大姬　周武王之女。⓳胡公　名滿。虞舜之後。⓴同姓　宗法社會中稱同出於一祖先的為同姓。㉑展親親　盡親親之道，使親者益見其親。㉒異姓　不同宗族的。㉓職貢　四方的貢物。㉔服　順從。㉕有司　官吏。古代設官分職，各有專司，故稱有司。㉖故府　過去國家儲藏財物或文書的地方。㉗其　將；或者。㉘金牘　金屬製成的盒子。牘，與「櫝」通。㉙如之　與所說的一樣。

【語譯】孔子在陳國，陳惠公招待他住在上等的客舍裡。那時有一隻鶚飛到陳侯的宮廷前便死了。一根楛木做桿的箭洞穿了牠的胸部，那石頭做的箭鏃有一尺八寸長。惠公使人拿了那隻鶚到孔子下榻的地方去請教。孔子說：「這隻鶚來得很遠啊，這是肅慎氏所製的箭。從前，周武王打敗了商紂，政澤普施到東方和南北的各少數民族，讓他們各以其地方的特產和財物到西周來朝貢，要他們不可忘記應盡的職守和從事的產業，於是肅慎氏進獻了楛木製成的箭、石頭製成的鏃，它的長度是一尺八寸。先代的帝王要顯示他的美德能夠得到遠方的貢物，以告諭後人，使之永為寶鑑，所以在箭末扣弦處刻了一行字說：『肅慎氏所獻的楛矢。』分給了武王的女兒大姬，她許配給胡公而封之於陳。古代分給同宗的諸侯以珍珠寶玉，目的在盡親親之道，使親者益親啊。分給非同宗的諸侯以遠方的貢品，目的在使他不要忘記順從中央啊。因此分給陳國的是肅慎氏所獻的楛矢，您如果派官吏到過去貯藏財物及文書的地方去找，或者還可以找到啊。」陳惠公派人去找，果然在一個金屬做的匣子裡找到了，完全像孔子所說的。

郯子❶朝❷魯，魯人問曰：「少昊氏❸以鳥名官❹，何也？」對曰：「吾祖也，我知之。昔黃帝❺以雲紀官❻，故為雲師❼而雲名，炎帝❽以火，共工❾以水，大昊❿以龍，其義⓫一也。我高祖少昊摯之立也，鳳鳥適至⓬，是以紀之於鳥，故為鳥師⓭而鳥名。自顓頊氏⓮以來，不能紀遠⓯，乃紀於近，為民師⓰而命以民事，則不能故⓱也。」孔子聞之，遂見郯子而學焉，既而⓲告人曰：「吾聞之：天子失官⓳，學在四夷⓴。猶信㉑。」

【章　旨】此章見於《左傳・昭公十七年》。言孔子不恥下問，能夠向不如己者學習。正如韓愈在〈師說〉中說的：「聖人無常師，孔子師郯子、萇弘、師襄、老聃。郯子之徒，其賢不及孔子。」這是值得我們學習的。

【注　釋】❶郯子　春秋時郯國的國君。郯，古國名。少昊氏之後，己姓，故城在今山東郯城北。❷朝　訪問。❸少昊氏　傳說中的古部落首領名。也作「少皞氏」。名摯，字青陽，黃帝之子，己姓，以金德王，故亦稱金天氏。邑窮桑，都曲阜，所以又號窮桑帝。❹以鳥名官　用鳥的名字來作官名。如鳳鳥氏、玄鳥（燕）氏、伯趙（伯勞）氏、祝鳩氏、雎鳩氏、鳲鳩氏、爽鳩氏之類，分別主管曆正、司分、司至、司徒、司馬、司空、司寇的職務。❺黃帝　中國人的始祖。因其曾居於軒轅之丘，故號軒轅氏。又居於姬水，故改姓姬。國於有熊，故又稱為有熊氏。曾經敗炎帝於阪泉，殺蚩尤於涿鹿，被諸侯尊為天子。因有土德之瑞，故號黃帝。❻以雲紀官　因黃帝受命時，有景雲之瑞，所以用雲來名官，如縉雲氏之類。❼雲師　以雲作為各個部門的長官。師，官長。❽炎帝　即神農氏。姜姓，因其以火德王，故稱炎帝，並以火名官。曾經做耒耜，教人耕種，所以叫做神農氏。❾共工　傳說中的人物。是以諸侯而稱霸九州的，約在神農氏之前，大皞氏之後。❿大昊　即伏羲氏。風姓。受命時有龍瑞，因以龍名官，如春官為青龍氏，夏官為赤龍氏，秋官為白龍氏，冬官為黑龍氏，中官為黃龍氏。⓫義　道理。⓬鳳鳥適至　《白虎通》云：「黃帝時，鳳鳥蔽日而至，止於東園，終身不去。」傳說君有聖德，鳳凰乃來。適，恰巧。⓭鳥師　以鳥作為各個部門的長官。⓮顓頊氏　古帝名。相傳為黃帝之孫，昌意之子。生十年而佐少昊，二十年而登帝位，號高陽氏。⓯紀遠　用遠方的祥瑞作為歲月、星辰、曆數的標誌。⓰民師　用民事作為長官的名稱。⓱故　舊事；成例。⓲既而　不久；過了一會兒。⓳失官　失去了法則。官，法。⓴四夷　泛指華夏族以外的各民族。如東夷、西戎、南蠻、北狄之類。㉑猶信　仍然是可信的。猶，仍然。

【語　譯】郯國的君主來訪問魯國，魯國有人問道：「少昊氏用鳥來作官的名稱，是什麼緣故啊？」郯子回答說：「那是我的祖先啊，我知道它。過去黃帝拿雲作為官的標誌，所以拿雲作為各個部門的長官，並且作為官名，炎帝以火名官，共工以水名官，大昊以龍名官，道理是一樣的啊。我的高祖少昊摯立為天子的時候，鳳凰恰好來了，因此拿鳥作為官的標誌，以鳥作為各個部門的長官，並作為各個部門的官名。自從顓頊以來，不能用遠方的瑞物作為官的標誌，於是用近處的民事來名官，即用各種政事作為各個部門的長官之名，是因為不能用過去的成例來作為官名啊。」孔子聽說了，於是去拜見郯子而向他學習古代的官制。過了一會兒告訴別人說：「我聽說：天子喪失了法制，學習的對象便是四方的各個少數民族，仍然是可信的。」

邾隱公❶朝於魯，子貢觀❷焉。邾子❸執玉❹高，其容仰；定公❺受玉卑，其容俯。子貢曰：「以禮觀之，二君者將有死亡焉。夫禮，生死存亡之體，將左右周旋❻，進退俯仰，於是乎取之；朝祀喪戎❼，於是乎觀之。今正月相朝❽，而皆不度❾，心已亡矣。嘉事❿不體⓫，何以能久？高仰，驕；卑俯，替⓬。驕近亂，替近疾，君為主，其先亡乎！」夏五月，公薨⓭，又邾子出奔⓮。孔子曰：「賜不幸而言中，是賜多言。」

【章旨】此章見於《左傳・定公十五年》。言孔子贊美子貢在觀禮中，能夠預見魯、邾兩君的死亡是「不幸而言中」。

【注釋】❶邾隱公　名益。邾國的君主。邾，春秋時的諸侯國。曹姓，後為楚所滅，故城在今山東省鄒縣境內。❷觀　觀禮。❸邾子　邾國的君主。即邾隱公。❹執玉　拿著玉圭。《周禮・典瑞》云：諸侯相見，「公執桓圭，侯執信圭，伯執躬圭，子執穀圭，男執蒲圭」。邾為子爵，執的當是穀圭。❺定公　名宋。昭公之弟，哀公之父，曾與齊景公會於夾谷，孔子攝行相事。見《史記・魯周公世家》。❻周旋　應酬；打交道。❼朝祀喪戎　朝會、祭祀、喪事、軍事，古人認為是四大隆重的禮儀。❽正月相朝　古代諸侯於正月朝見天子，叫朝正。後來諸侯於正月也互相朝見。❾不度　不合法度。❿嘉事　美事。特指朝見之禮。⓫不體　不得體。⓬替　衰敗。⓭薨　諸侯死叫做「薨」。⓮邾子出奔　事在《左傳・哀公十年》。因為邾子施行暴政，吳使太宰子餘討之，囚諸樓臺，薦之以棘，他從吳逃到了魯，又因為他是齊國的外甥，所以又逃到了齊國。

【語　譯】邾隱公到魯國來朝聘，子貢前去觀禮。邾國的君主高高地拿著作為見面禮的穀玉，那頭抬得很高。定公接受禮品時，腰躬得很低，那樣子是朝前低著頭的。子貢說：「從朝會禮節的角度來看，魯、邾兩國的君主，將有死亡的危險。禮這個東西，可以體現一個人的生死存亡。左右應酬，進退俯仰，從這裡可以看出，朝會、祭祀、喪事、軍事，在這裡可以察覺。如今在隆重的正月朝會中，兩個人都不合乎法度，他們的靈魂已經出竅了。朝會的禮節都不得體，怎麼能夠持久呢？高高地仰起頭來是驕傲的表現，低低地彎著腰是衰敗的象徵。驕傲與禍亂相連，衰敗與病痛相關。魯君作為主人，恐怕會先死吧！」果然，那年夏天的五月，魯定公死了，不久，邾隱公也逃到國外去了。孔子說：「子貢不幸而說對了，也是他多嘴啊。」

孔子在陳❶，陳侯❷就之❸燕遊❹焉。行路之人❺云：「魯司鐸❻災及宗廟❼。」以告孔子，子曰：「所及者其桓、僖❽之廟？」陳侯曰：「何以知之？」子曰：「禮：祖❾有功而宗❿有德，故不毀其廟焉。今桓、僖之親盡矣，又功德不足以存其廟，而魯不毀，是以天災加之。」三日，魯使至，問焉，則桓、僖也。陳侯謂子貢曰：「吾乃今知聖人之可貴。」對曰：「君之知之，可矣；未若專其道⓫而行其化⓬之善也。」

【章　旨】此章略見於《左傳・哀公三年》。極言孔子善於推理，很有先見之明。

【注　釋】❶陳　古國名。注見前。❷陳侯　指陳惠公。❸就之　跟著他。❹燕遊　飲宴遊樂。❺行路之人　道路上的行人。

❻司鐸　主持教育文化的機關。❼宗廟　指魯國祖宗的廟宇。❽桓僖　魯桓公和魯僖公。桓公名子允，僖公名子申。皆無道之君。❾祖　對開國君主的尊稱。❿宗　一宗之主。指嫡長子。《禮・祭法》：「殷人祖契而宗湯，周人祖文王而宗武王。」⓫專其道　一心推行他的學說。⓬行其化　推行他的教化。

【語　譯】孔子在陳國，陳侯陪著他飲宴遊覽，道路上的行人傳說：「魯國管理教育文化的機關失了火，延燒到了魯國祖先的廟宇。」陳侯把這個消息告訴了孔子，孔子說：「延燒到的可能是桓公和僖公的廟？」陳侯說：「怎麼知道呢？」孔子說：「據禮的規定：開國的君主有功，繼承君位的嫡長子有德，所以永遠不隳毀他們的廟宇。如今桓公至哀公已經八世了，僖公已經六世了，親親之道已經完了，而他們的功德，又不值得保存其廟宇，可是魯國沒有把它隳毀，因此上天降了這次火災。」過了三天，魯國的使者來了，問了他們，果然桓公和僖公的廟被燒了。陳侯對子貢說：「我今天才知道聖人真了不得啊。」子貢回答說：「您知道了，當然好啊。但不如一心施行他的學說、推廣他的教化更好啊。」

陽虎❶既奔齊，自齊奔晉適趙氏❷，孔子聞之，謂子路曰：「趙氏其世有亂乎？」子路曰：「權不在焉，豈能為亂？」孔子曰：「非汝所知，夫陽虎親富而不親仁，有寵於季孫❸，又將殺之，不剋❹而奔，求容❺於齊，齊人囚之，乃亡歸❻晉，是齊、魯二國，已去其疾❼。趙簡子好利而多信，必溺❽其說，而從其謀，禍敗所終非一世，可知也。」

【章　旨】此章見於《左傳・定公九年》。言孔子從趙簡子的好利而多信的性格弱點，預知其必為陽虎所惑，釀成大禍。

【注釋】❶陽虎　又名陽貨。春秋時魯人，季孫氏的家臣，事季平子，平子卒而專魯國之政，是一個政治野心家。他想篡奪政權，恐人不從，乃囚季桓子，劫定公與武叔，以伐孟孫氏，不克，乃奪取公宮的寶玉大弓，出奔至齊，齊人囚之，又逃奔晉。❷趙氏　指趙鞅。即趙簡子，亦稱趙孟，春秋末年晉國的卿，不斷與范氏、中行氏作鬥爭，因為衛國支持范氏，齊國收容荀寅，而帥師伐衛、伐齊。定公十三年，范氏、中行氏聯合起來，討伐趙氏，趙鞅逃奔到晉陽。❸季孫　魯國掌握政權的貴族。魯桓公少子季友的後裔。從季文子到季康子，五世掌握魯國的大權。陽虎曾經得寵於季平子，又囚禁其子季桓子而欲殺之，以圖奪取魯國的政權。❹不剋　不能；不勝。❺求容　要求容納。容，收容。❻亡歸　逃亡；投奔。此指定公九年，陽虎奔齊，請師以伐魯，齊侯準備答應他，鮑文子勸阻了齊侯，齊侯便把陽虎囚禁起來，陽虎乘了名叫蔥靈的輜車，逃到了晉國。❼疾　禍害。❽溺　惑；沉迷；愛好。

【語譯】陽虎已經逃到了齊國，又從齊國逃到了晉國，走到趙簡子那裡，孔子聽說了，對子路說：「趙簡子這一家族，恐怕要好幾代出亂子吧！」子路說：「權不在陽虎手裡，他怎麼能為亂呢？」孔子說：「不是你那樣的理解。陽虎這個人，只愛富而不愛仁，曾經有寵於季平子，又把他的兒子季桓子拘禁起來，想加以殺害。沒有取得勝利，就逃到國外，要求齊國收容他，齊國把他囚禁起來，才投奔到晉國。可見齊、魯兩國，已經去掉了這個禍害。趙簡子這個人，喜歡利益，又容易輕信，一定被陽虎的巧言所迷惑，而依照他的主意去幹，引起來的禍亂，不是一代可以了結的，這是可以預料得到的啊。」

季康子❶問於孔子曰：「今周十二月❷，夏之十月❸，而猶有螽❹，何也？」

孔子對曰：「丘聞之，火伏❺而後蟄者畢❻，今火猶西流❼，司歷❽過也。」季康子曰：「所失者幾月也？」孔子曰：「於夏十月，火既沒❾矣，今火見，再失閏❿也。」

【章　旨】此章見於《左傳・哀公十二年》。言孔子學識淵博，既通天文，又精律曆。

【注　釋】❶季康子　春秋末魯國的執政。季桓子的庶子，曾經多次向孔子問政。見《論語・顏淵》。❷周十二月　周正建子，以夏曆十一月為正月，十二月為建亥之月。❸夏之十月　夏正建寅，以正月為歲首，建亥之月為夏之十月。❹螽　蟲名。蝗類的總稱。❺火伏　火星尚未盡沒。火，心星。二十八宿之一。夏曆十月，是火伏的時候。❻蟄者畢　昆蟲全部伏藏起來。❼西流　向西邊逐漸下降。此指心宿的位置由中天逐漸西降。❽司歷　主管曆法的官員。❾沒　無；盡。❿失閏　丟掉了一個閏月。閏，一歲餘十二日，不到三年，就多了一月，叫做閏月。

【語　譯】季康子問孔子說：「如今是周正的十二月，夏正的十月，還有蝗蟲，是什麼緣故呢？」孔子回答說：「我聽說：心宿尚未盡沒，昆蟲就都伏藏起來了。如今心宿正在向西方逐漸下降，這是主持律曆的官員的錯誤啊。」季康子說：「他錯了幾個月呢？」孔子說：「在夏曆十月的時候，心宿已經沒有了，如今還看得見心宿，是丟了兩個月啊。」

吳王夫差❶將與哀公❷見晉侯❸，子服景伯❹對使者曰：「王合❺諸侯❻，則伯❼率侯牧❽以見於王；伯合諸侯，則侯❾率子男❿以見於伯。今諸侯會，而君與寡君⓫見晉君，則晉成為伯也。且執事⓬以伯召諸侯，而以侯終⓭之，何利之有焉？」吳人乃止。既而⓮悔之，遂囚景伯。伯謂太宰嚭⓯曰：「魯將以十月上辛⓰，有事⓱于上帝先王，季辛⓲而畢，何也⓳世有職⓴焉，自襄已來㉑之改之㉒，若其不會，則祝宗㉓將曰：『吳實然。』」嚭言於夫差，歸之㉔。子貢聞之，見於孔子曰：「子服氏㉕之子㉖，拙於說矣。以實獲囚，以詐得免。」孔子曰：「吳子為夷德，可欺而不可以實，是聽者之蔽㉗，非說者之拙也。」

【章　旨】此章見於《左傳・哀公十三年》。言孔子能根據具體情況作具體分析，不拘泥於抽象的道德規範。

【注　釋】❶吳王夫差　春秋末年吳國的君主。吳王闔閭的兒子，曾在夫椒（今江蘇吳縣西南）大敗越兵，乘勝攻破越都，迫使越王句踐棲於會稽，屈服稱臣。接著又向北擴展，敗齊師於艾陵（今山東泰安），會諸侯於黃池（今河南封丘西南），以與晉國爭霸，越王句踐乘虛攻入吳都，夫差自殺。❷哀公　春秋末年魯國的君主。名將，定公之子，悼公之父。❸晉侯　指晉定公。這次盟會中，吳、晉爭長。吳王曰：「於周室我為長（吳為太伯後，故為長）。」晉侯曰：「於姬姓我為伯。」時夫差已知越兵入吳，乃長晉定公。見《史記・吳太伯世家》。❹子服景伯　魯大夫。名何忌，與孔子、子貢往來頗密。見《論語・憲問》和〈子張〉。❺合　聚會；會合。❻諸侯　古代中央政權對所分封的各國國君的統稱。周代分為公、侯、伯、子、男五等，要求向王朝納貢、述職、出兵、服役等。❼伯　古代管領一方的長官。《禮・王制》：「千里以外設方伯，……二百一十國為州，州有伯。」❽侯牧　方伯。牧，殷之州長為伯，周之州長叫牧。❾侯　古代五等爵的第二等。❿子男　古代五等爵的最後兩等。⓫寡君　人臣對別國君主稱自己國君的謙稱。猶言寡德之君。⓬執事　供役使的人。這是表示不敢直指吳君，用作對方的敬稱。⓭以侯終　最後居於「侯」的地位。侯，二等諸侯國。⓮既而　不久。⓯太宰嚭　吳國大臣。因善逢迎，深得吳王夫差的寵信。吳破越，他受了越國的賄賂，允許越國媾和，並屢進讒言，殺害伍子胥。吳亡後，被越王句踐所殺。⓰上辛　農曆每月上旬的辛日。⓱有事　有隆重的祭祀。按周之十月，非祭上帝先公之時，吳人信鬼，因以欺之。⓲季辛　每月最末一個辛日。⓳何也　子服景伯名何忌，故自稱其名為「何也」。⓴世有職　世代都在祭典中擔任職務。㉑自襄已來　言從襄公經昭公、定公至哀公各代。襄，魯襄公。名午，成公之子。㉒之改之　《左傳・哀公十三年》作「未之改也」。疑上「之」字為「未」之誤。㉓祝宗　宗廟中主持祭禮的主要負責人。㉔歸之　將其釋放回去。㉕子服氏　指子服景伯。㉖之子　那個人。㉗蔽　蒙蔽；蔽塞。

【語　譯】吳王夫差準備與魯哀公一道去拜見晉定公，子服景伯對吳國的使者說：「帝王會合各諸侯國，那麼諸侯之長就率領方伯去拜見帝王；諸侯之長會合各諸侯國，那麼二等爵的侯國就率領四、五等爵的子男去朝見諸侯之長。如今會合各國的諸侯，而您與我國的君主去拜謁晉君，那晉君不是成了諸侯之長了嗎？而且吳王夫差是用諸侯之長的身分來會合諸侯的，最後卻自居於二等侯國的地位，有什麼好處呢？」吳人於是取消了這次拜會，不久又後悔起來，於是囚禁了景伯。景伯對吳國的大臣太宰嚭說：「魯國準備在十月上旬的第一個逢辛的日子，祭祀上帝和先祖，到這個月最末一個逢辛的日子便完畢了。我歷代都是主持這次祭典的，從魯襄公以來，都沒有什麼改變。如果我沒有參與，主持宗廟祭祀的巫祝將要告訴上帝與先祖說：『這是吳國幹的。』」太宰嚭把這些話告訴了吳王夫差，才把景伯放了回來。子貢聽說了，拜見孔子說：「子服景伯那個人，太不會說話了。因為說老實話而被囚，因為說了欺騙的話而被釋。」孔子說：「吳王奉行的是東夷的道德規範，只能說謊話而不能說實話，這是聽的人有所蒙蔽，不是說的人太笨拙了。」

叔孫氏❶之車士❷曰子鉏商❸，採薪於大野❹，獲麟❺焉，折其前左足載以歸。叔孫以為不祥，棄之於郭外❻，使人告孔子曰：「有麏❼而角者何也？」孔子往觀之，曰：「麟也，胡為❽來哉？胡為來哉？」反袂❾拭面，涕泣沾衿❿。叔孫聞之，然後取之。子貢問曰：「夫子何泣爾？」孔子曰：「麟之至為明王也，出非其時而見害，吾是以傷焉。」

【章旨】此章見於《左傳・哀公十四年》。仍是言孔子博見多聞，能夠辨識稀有的禽獸。相傳孔子作《春秋》，「絕筆於獲麟」。

【注釋】❶叔孫氏　魯桓公的兒子叔牙之後。世專魯政，「三桓」之一。❷車士　拉車的人。❸子鉏商　子姓，鉏商名。❹大野　古澤名。又名鉅野、巨野，在今山東巨野縣境。❺麟　大的牝鹿。儒家以為仁獸，一角而戴肉，象徵其設武備而不用，從而作為聖王的嘉瑞。❻郭外　城外；郊外。❼麏　獸名。即獐。❽胡為　為什麼。❾反袂　以袖掩面。形容哭泣。袂，衣袖。❿沾衿　溼透衣襟。衿，同「襟」。

【語譯】叔孫氏的車夫叫做子鉏商，在鉅野砍柴，捉到一隻麟，斷了牠的左前腳，放在車上運了回來，叔孫以為不是一個吉祥之物，把牠拋棄在郊外，打發人告訴孔子說：「有一隻獐，可牠頭上長了角，是什麼東西呢？」孔子前往去看，說：「這是一隻瑞獸麟啊。怎麼會在這個時候出現呢？怎麼會在這個時候出現呢？」把袖子反轉過來揩拭著面孔，涕淚沾溼了衣襟。叔孫聽說了，然後把麟拿了回去。子貢問道：「先生為什麼哭呢？」孔子說：「麟的出現，是因為出了聖明的君主啊。現在出現不是時候而被害，因此我傷感起來了。」

哀公問政第十七

【題解】此篇以首章首句為題。孔子因哀公之問，而揭示其全部的政治綱領。親親、尊賢和修身，是他的政治思想的出發點；而五達道、三達德以及治天下國家的九經，是他的政治綱領的具體實施辦法。末章的宰我問鬼神之事，似乎與政治隔得遠一些，但仍然是圍繞親親之義來立言的。此篇具見於《禮記》的〈中庸〉和〈祭義〉。

哀公問政於孔子，孔子對曰：「文武❶之政，布在方策❷。其人存，則其政舉❸；其人亡，則其政息❹。天道敏生❺，人道敏政❻，地道敏樹❼。夫政者，猶蒲盧也❽，待化以成。故為政在於得人，取人以身，修道以仁。仁者人也，親親❾為大；義者宜也，尊賢為大。親親之殺❿，尊賢之等⓫，禮所以生也。禮者，政之本也。是以君子不可以不修身，思修身，不可以不事親，思事親，不可以不知人，思知人，不可以不知天。天下之達道⓬有五，其所以行之者三，曰：君臣也，父子也，夫婦也，昆弟也，朋友也。五者，天下之達道，智、仁、勇三者，天下之達德⓭也，所以行之者一也，或生而知之，或學而知之，或困而知之，及其知之一也。或安而行之⓮，或利而行之⓯，或勉強而行之，及其成功一也。」公曰：

「子之言美矣至矣，寡人實固⑯，不足以成之也。」

【章　旨】此言為政之要，在於任用賢人，在於完善自身的修養，並提出達道有五、達德有三的政治措施，以啟發哀公。

【注　釋】❶文武　指周文王和周武王。❷方策　版牘簡冊。方，版。策，簡。❸政舉　政治興隆。❹政息　政治停滯。息，止；滅。❺敏生　勉力生長萬物。敏，勉；謀。❻敏政　勉力從事政治。❼敏樹　勉力繁植樹木。❽夫政者二句　政治對於百姓來說，猶蒲盧之於桑蟲，同樣要加以教化。蒲盧，土蜂。即細腰蜂。《詩》云：「螟蛉有子，蜾蠃負之。」螟蛉，桑蟲。蜾蠃，即蒲盧。言蒲盧取桑蟲之子去而變化之，成為己子。❾親親　親其所當親。儒家言仁，由親及疏，故以親親為仁之本。❿殺　等差。⓫尊賢之等　言公卿大夫，其爵各異，是尊賢之等。尊賢，尊崇才德兼美的人。等，等級。⓬達道　常道；人所共行之道。⓭達德　通行不變的美德。⓮安而行之　無所求而去實行它。⓯利而行之　貪圖某種利益才去幹。⓰實固　確實很淺薄、很鄙陋。

【語　譯】魯哀公向孔子請教為政的道理，孔子回答說：「文王和武王的政教，皆一條一條列布在書籍上。只要有才德兼美的人來推行他的政策，那麼他的政治就會興盛；沒有才德兼美的人來推行他的政治，那麼他的政治就會停滯不前。天的規律在於勉力生長萬物，人的規範在於勉力從事政治，地的法則在於勉力繁植樹木。政治，好像土蜂一樣，要拿桑蟲之子加以變化而成為己子。所以從事政治，在於得到才德兼美的人。要爭取才德兼美的人，首先就要完善自我修養；而修養身心的方法，就要以仁愛為懷。所謂仁，就是要搞好人與人的關係，而人際關係中最重要的就是親其所當親。所謂義，就是要做應該做的事，而應該做的事中，尊重才德兼美的人是最重要的。親疏的等差，尊賢的等級，是禮教產生的根本原因。禮，是政治的根本。因此，貴族階級不可以不修養身心；想要加強身心的修養，就不可以不事奉父母；想要事奉父母，就不可以不了解人類社會的道德規範；想要了解人類社會的道德規範，就不可以不了解自然的規律。天下有人所共同遵循的道德規範五種，而推行這五種道德規範的德行有三個。那就是君臣的關係，父子的關係，夫婦的關係，兄弟的關係，朋友的關係。這五種關係，是人類共同遵行的常道。而智謀、仁愛、勇敢三種品性，是天下永久不變的美德啊。歷代帝王推行這五道三德，都是一個道理。有的人是天生自知的，有的人是後天學來的，有的人是經過艱難困苦的磨練才知道的，等到他掌握了它，最後的結果是一樣的啊。有的人沒有別的要求而心安理得地去幹，有的人為了貪圖某種利益才去幹，有的人因為某種壓力而不得不勉強去幹，幹的原因雖然不同，但他們所獲得的成功是一樣的啊。」哀公說：「你的話說得太好了，好到極點了，但我的確太淺薄了，不能夠取得成功啊。」

孔子曰：「好學近乎智，力行近乎仁，知恥近乎勇。知斯三者，則知所以修身；知所以修身，則知所以治人；知所以治人，則能成天下國家者矣❶。」公曰：「政其盡此❷而已乎？」孔子曰：「凡❸為天下國家有九經❹，曰修身也，尊賢也，親親也，敬❺大臣也，體群臣❻也，子❼庶民❽也，來❾百工❿也，柔⓫遠人⓬也，懷⓭諸侯也。夫修身則道立⓮，尊賢則不惑⓯，親親則諸父⓰兄弟不怨，敬大臣則不眩⓱，體群臣則士之報禮重，子庶民則百姓勸⓲，來百工則財用足，柔遠人則四方歸之，懷諸侯則天下畏之。」

【章　旨】此章進一步闡明修身治國之道，有九種經常行之有效的辦法。

【注　釋】❶則能成天下國家者矣　《禮記・中庸》作「則知所以治天下國家矣」。言修身當以智、仁、勇為基礎。成，完成。❷盡此　完全在這裡。❸凡　大概。❹九經　九種經常的辦法。❺敬　尊重。❻體群臣　指接納群臣的善言。體，接納。

❼子　慈愛。❽庶民　百姓。❾來　招致。❿百工　各種工匠。⓫柔　安撫。⓬遠人　遠方之人。此指蕃國的諸侯。⓭懷　招來安撫；歸附。⓮道立　樹立品德。⓯不惑　不被蠱惑；不致惑亂。⓰諸父　對同宗族的伯叔輩的通稱。⓱不眩　不迷惑；不迷亂。⓲勸　鼓勵；勉勵。

【語　譯】孔子說：「喜歡學習就接近了智者，努力實踐就靠近了仁者，知道廉恥就接近了勇者。了解智、仁、勇三種品德，就知道怎麼樣修養身心；知道怎麼樣修養身心，就知道怎麼樣去管理人民；知道怎麼樣去管理人民，就能辦好天下國家的事了。」哀公說：「所謂政治，難道完全在這裡嗎？」孔子說：「大概治理天下國家有九種常行不變的辦法，那就是要加強自身的修養啦，要尊重才德兼美的人啦，要親其所當親啦，要重視大臣啦，要接納百官的意見啦，要慈愛老百姓啦，要招致各種工匠啦，要安撫遠方的人民啦，要使各國的諸侯歸附啦。修養身心就可以樹立自己的品德，尊重才德兼美的人就不會迷失方向，親其所當親，叔伯們兄弟們就不會有什麼怨言，尊重大臣就不會被別人蠱惑，接納百官的意見就會使士階層產生報德感恩的思想，慈愛百姓就會使人民受到鼓舞，招致各種工匠就會產生充足的財富，安撫遠方的民眾就會使四方的人都來歸附，安輯各個諸侯國就會使天下的人懾服。」

公曰：「為之奈何？」孔子曰：「齊潔❶盛服❷，非禮不動，所以修身也；去讒❸遠色❹，賤財而貴德，所以尊賢也；爵其能❺，重其祿，同其好惡，所以篤親親也；官盛❻任使❼，所以敬大臣也；忠信❽重祿❾，所以勸士也；時使❿薄斂⓫，所以子百姓也；日省月考⓬，既廩⓭稱事⓮，所以來百工也；送往迎來，嘉善⓯而矜⓰不能，所以綏⓱遠人也；繼絕世⓲，舉⓳廢邦⓴，治亂㉑持危㉒，朝聘㉓以時，厚往㉔而薄來㉕，所以懷諸侯也。治天下國家有九經，其所以行之者一也。凡事豫㉖則立，不豫則廢㉗，言前定，則不跲㉘；事前定，則不困；行前定，則不疚㉙；道前定，則不窮。在下位，不獲于上㉚，民弗可得而治矣；獲于上有道㉛，不信于友，不獲于上矣；信于友有道，不順于親，不信于友矣；順于親有道，反諸身㉜不誠，不順于親矣；誠身有道，不明于善㉝，不誠于身矣。誠者，天之至道㉞也；誠之者，人之道也。夫誠，弗勉而中㉟，不思而得，從容㊱中道㊲，聖人㊳之所以體定㊴也；誠之者，擇善㊵而固執㊶之者也。」公曰：「子之教寡人，備㊷矣，敢問行之所始？」孔子曰：「立愛㊸自親始，教民睦也；立敬自長始，教民順也；教之慈睦，而民貴有親；教以敬，而民貴㊹用命㊺。民既孝於親，又順以聽命，措㊻諸天下，無所不可。」公曰：「寡人既得聞此言也，懼不能果行，而獲罪咎。」

【章　旨】此章申言欲修其身，必先誠其意。沒有誠意，是什麼也辦不好的。以上三章，均見於《禮記·中庸》。

【注　釋】❶齊潔　齋戒整潔。齊，通「齋」。❷盛服　衣冠整齊。❸去讒　斥退讒言。❹遠色　離開女色。❺爵其能　謂以爵位賞賜有能力的人。《禮·中庸》作「尊其位」。❻官盛　官位很大；大官。❼任使　差遣；任用。❽忠信　忠誠老實。

❾重祿　優厚的待遇。此言與忠信的人以優厚的俸祿。❿時使　使之以時。⓫薄斂　減輕賦稅。⓬日省月考　經常進行考核。⓭既廩　糧食之類的生活物資。既，通「餼」。生食。廩，米粟之屬。⓮稱事　與其事功相稱。功多則廩厚，功小則餼薄。⓯嘉善　褒獎好的。⓰矜　憐憫。⓱綏　撫輯；安撫。⓲繼絕世　恢復已經滅絕的世祀。絕世，斷絕祿位的世家。⓳舉　振興。⓴廢邦　被滅亡的國家。邦，國。㉑治亂　懲治亂臣。㉒持危　扶植危邦。㉓朝聘　古代諸侯定期朝見天子。《禮・王制》：「諸侯之於天子，比年一小聘，三年一大聘，五年一朝。」㉔厚往　以厚禮往。㉕薄來　以薄禮來。㉖豫　先事為備。《荀子・大略》：「先患慮患謂之豫。」即患還沒有發生就考慮到禍患叫做「豫」。㉗廢　敗。㉘跲　絆倒；跌倒。㉙疚　病。久病曰疚。㉚不獲于上　言臣得不到君主的信任。獲，得到。㉛有道　有方法。㉜反諸身　反過來求之於己；反省自己。諸，「之於」的合音。㉝不明于善　不了解什麼是善。㉞至道　最高尚的道德。㉟弗勉而中　不要勉力去學，而能符合誠的要求。勉，勉力。中，符合。㊱從容　安逸閒暇、不慌不忙。㊲中道　符合道德規範。㊳聖人　品德最高尚的人。㊴體定　親身考定的。㊵擇善　選擇完美的。㊶固執　堅持不懈。㊷備　完備；完善。㊸立愛　樹立仁愛的品德。㊹貴　重視。㊺用命　效命；服從命令。㊻措　施於；推廣。

【語　譯】魯哀公說：「怎樣去做呢？」孔子說：「齋戒整潔，正其衣冠，不符合禮的不去幹，這就是怎麼樣去修養身心的啊。斥退讒佞，離開女色，輕視財物而重視德行，這就是怎麼樣去尊重才德兼美的人啊。以高爵賞賜有能力的，提高他們的待遇，與他們同好惡，這就是怎麼樣加深親其所當親的辦法啊。對待高官重臣要委以重任，不使他們去幹小事，這就是怎麼樣去尊重大臣的啊。對待忠誠老實的人，要給以優厚的待遇，這就是怎麼樣去激勵知識階層的啊。使民以時，減輕賦稅，這就是怎麼樣慈愛老百姓的啊。經常加以考察，使他得到的生活物資與他所付出的勞力相稱，這就是怎麼樣去招致各種工匠的啊。送往迎來，褒獎好的，而憐憫那些弱小的，這就是怎麼樣去安撫遠方的民眾啊。恢復已經斷絕祭祀的世家，振興已經滅亡的侯國，懲治亂臣，扶植弱小，及時去朝聘中央並訪問友邦，去的時候帶著優厚的禮品，來的時候只需一些淡薄的禮物，這就是怎麼樣才能使諸侯歸附的啊。治理天下國家有九種常行不變的辦法，但怎麼樣去施行卻只有一個道理啊。大概無論什麼樣的事，事先做好了準備，就能辦得好；事先沒有做好準備，就要失敗。要發言了，事先就考慮定妥，就一定不會跌跤；要辦事了，事先就考慮定妥，就一定不會困乏；要有所行動了，事先就考慮定妥，就一定不會出毛病；要推行某種政治了，事先就考慮定妥，就一定不會感到窘迫。處於卑下的地位，如果得不到上級的支持，你就不可能去管理老百姓了；取得上級的支持是有辦法的，不能取信於朋友，上級就不會支持你了；取信於朋友是有辦法的，不能孝順自己的父母，朋友就不會信任你了；孝順自己的父母是有辦法的，自己反省一下卻沒有什麼誠意，父母也就不認為你是孝順了；使自己正心誠意是有辦法的，不了解什麼是嘉言善行，本身也就談不上忠誠了。忠誠，是天性中最高尚的道德；經過學習才獲得忠誠的品性，這是後天形成的啊。忠誠，不要勉力去學，就能符合要求；不要經過思考，就能獲得它的精神實質，在安逸閒暇、不急不忙中，就能符合它的道德規範，這是品德最高尚的人親身體驗出來的啊。至於通過學習才獲得這特質的，那就要選擇最完善的堅持不懈地去實踐啊。」哀公說：「您這樣來教導我，已經很完備了，請問從哪裡開始做起呢？」孔子說：「樹立仁愛的思想，要從父母開始，這是教導民眾和睦相處呀；樹立恭敬的品德，要從兄長開始，這是引導民眾順從教化呀！教導他們如何親愛和睦，老百姓就重視親其所當親了；教導他們如何敬慎戒懼，老百姓就重視服從命令了。百姓既對父母孝順，又能服從命令，施之於天下，沒有辦不到的了。」哀公說：「我已經聽到這番話了，只怕不能堅決地去做，從而招致罪過啊。」

宰我❶問於孔子曰：「吾聞鬼神之名，而不知所謂❷，敢問焉。」孔子曰：「人生有氣❸有魂❹。氣者，人之盛❺也。夫生必死，死必歸土，此謂鬼。魂氣歸天，此謂神。合鬼與神而享之❻，教之至也。骨肉斃❼於下，化為野土，其氣發揚❽于上者，此神之著❾也。聖人因物之精，制為之極❿，明命鬼神⓫，以為民之則⑫，而猶以是為未足也，故築為宮室，設為宗祧⑬，春秋⑭祭祀，以別親疏，教民反古⑮復始⑯，不敢忘其所由生也。眾人服自此，聽且速焉。教以二端⑰，二端既立，報以二禮⑱，建設朝事⑲，燔燎⑳羶薌㉑，所以報魄也。此教民修本㉒反始㉓崇愛㉔，上下用情，禮之至也。君子反古復始，不忘其所由生，是以致㉕其敬，發㉖其情，竭力從事，不敢不自盡㉗也，此之謂大教㉘。昔者文王之祭也，事死如事生，思死而不欲生，忌日㉙則必哀，稱諱㉚則如見親，祀之忠也。思之深，如見親之所愛，祭欲見親顏色者，其惟文王與？《詩》㉛云：『明發㉜不寐，有懷二人㉝。』則文王之謂與？祭之明日，明發不寐，有懷二人。敬而致之，又從而思之。祭之日，樂與哀半㉞，饗㉟之必樂，已至必哀㊱，孝子之情也，文王為能得之矣。」

【章　旨】此章繼續深入闡明「親親為大」及「立愛自親始」的觀點，以啟發哀公的仁愛思想。其中談及鬼神之事，是古代封建宗法制度的核心，「神道設教」的基礎，所以孔子言之如此諄諄。全章文字見於《禮記・祭義》。

【注　釋】❶宰我　即宰予。字子我，亦稱宰我，春秋魯人，仕齊為臨菑大夫，因參與田常反齊簡公的鬥爭，事敗被族滅。在孔門四科中，與子貢同以長於辭令見稱，是言語科的佼佼者。❷所謂　所說的是何物。❸氣　氣息。即呼出吸入之氣。古人認為有氣則有識，無氣則無識。❹魂　古人認為能夠離開人的身體而獨立存在的精神。《禮・祭義》作「魄」。也指依附形體而又能獨立存在的精神。❺盛　旺盛。❻合鬼與神而享之　古人認為人一死，則神與形分散各別，而在生時，則形神合而為一。故在祭祀時，仍與生人一樣，合形與神而享之。❼敝　腐敗；壞。❽發揚　煥發；發揮。❾著　顯示；表現。❿極　最高的地位；最大的準則。⓫明命鬼神　尊稱為鬼神。明，尊。命，名。⓬則　法則；準則。⓭宗祧　宗廟。祧，遠祖之廟。⓮春秋　四季。以春秋兩季為言。⓯反古　古謂先祖，追而祭之，故曰反古。⓰復始　始謂始生，言父母生了他，今追而祭之，故曰復始。⓱二端　指氣與魄。⓲二禮　指薦血腥與薦黍稷。⓳朝事　古代旦朝用血腥祭宗廟。⓴燔燎　燒烤肉類。㉑羶薌　祭祀時燒牛羊油脂的氣味。薌，通「香」。㉒修本　追溯根源。㉓反始　回歸原始。㉔崇愛　尊重仁愛。㉕致　表達。㉖發　發揚；激發。㉗自盡　自覺地竭盡氣力。㉘大教　重要的禮教。㉙忌日　父母死亡之日，禁忌飲酒作樂，叫做忌日。㉚諱　名諱。避開君主、尊長的名字，不直接稱呼；或死後書其名，名前稱諱，以示尊敬。㉛詩　指《詩．小雅．小宛》。㉜明發　平明；黎明。㉝二人　指父母。㉞樂與哀半　歡樂與悲哀參半。㉟饗　合祭。㊱已至必哀　謂祭事已畢，不知父母來享否，故哀。

【語　譯】宰我問孔子說：「我聽說過鬼神的名字，但不知鬼神到底是什麼，所以冒昧地向您請教。」孔子說：「人生下來就有呼出吸入的氣，有依附形體而獨立存在的精神。呼出吸入的氣，是人的體質旺盛的表現啊。有生必有死，死了以後一定要埋藏到土中去，這就叫做鬼。離開形體而獨立存在的精神回到天上，這就叫做神。把鬼和神聚合起來一起祭祀，這是禮教中最重要的部分啊。骨肉在地下腐敗了，變成了泥土，而精神在天上煥發起來，這是神的最顯著的表現啊。聖人順著人的精靈，制定一種準則，尊敬它把它叫做鬼神，作為百姓祭祀祖先的法制，又覺得這還不夠，所以建築廟宇，設立祖宗的靈位，四時祭奠，以區別親疏。告訴民眾回憶祖先的恩德，父母的撫育，不敢忘記自己是怎麼來的，大家從此悅服，很快就順從教令了。告訴百姓一個人有精神和形體兩個方面，形神兩個方面在人們的思想上牢固地樹立起來了，就要用血腥和黍稷來祭祀祖先，這兩種祭禮，就是報答祖宗的恩德的。用血腥祭祀的時候，燒烤肉類，以及烤牛羊肉所散發出來的腥膻味，是用來祭鬼的。這是教育民眾整治根本、追念祖先、崇尚仁愛，以及上下尊卑互相親近，是禮教中最重要的啊。有道德修養的人，追憶祖先、報答父母，永遠不忘記自己是從哪裡來的，用它來表達敬意，激發感情，盡力去辦，不敢不竭盡自己的心力啊，這就是偉大的禮教。從前周文王祭祀的時候，敬奉死者像敬奉生者一樣，思念死者，痛不欲生。每逢父母去世的那一天，就一定要哀悼，稱呼父母的名諱，就像見到父母一樣，說明祭祀是無限忠誠的啊。思念到了極點，就像看到父母生前愛護他一樣；祭祀的時候，就像看到父母的聲容笑貌一樣，恐怕只有文王如此吧？正如《詩・小雅・小宛》上所說的：『黎明了還睡不著，是因為懷念父母啊。』那就是說文王吧？祭祀的第二天，便到了黎明還不能入睡，就是因為懷念父母啊。恭敬地招致他的靈魂，又跟著去思念他。到了祭祀的那一天，歡樂與悲哀是參半的。祭祀時就像看到了父母，所以一定要歡樂；祭祀完畢的時候，不知道父母來了麼，所以一定要悲哀。這種孝子的心情，只有文王能夠體會得到啊。」

卷五

顏回第十八

【題解】此篇全部記述顏回的言行，以及孔子對他的評論，說明顏回在孔門四科中居於德行科之首，是當之無愧的。大部分是從《韓詩外傳》、《說苑》及《左傳》諸書中綴輯而來。

魯定公❶問於顏回曰：「子亦聞東野畢❷之善御乎？」對曰：「善則善矣，雖然，其馬將必佚❸。」定公色不悅，謂左右曰：「君子固有誣❹人也。」顏回退，後三日，牧❺來訴❻之曰：「東野畢之馬佚，兩驂❼曳兩服❽入于廄。」公聞之，越席❾而起，促駕❿召顏回，回至，公曰：「前日寡人問吾子以東野畢之御，而子曰：善則善矣，其馬將佚，不識吾子奚以知之？」顏回對曰：「以政知之。昔者帝舜巧於使民，造父⓫巧於使馬。舜不窮其民力，造父不窮其馬力。是以舜無佚民⓬，造父無佚馬。今東野畢之御也，升馬執轡，銜體⓭正矣；步驟馳騁，朝禮⑭畢矣；歷險致遠⑮，馬力盡矣，然而猶乃求⑯馬不已，臣以此知之。」公曰：「善！誠若吾子之言也。吾子之言，其義大矣，願少進⑰乎？」顏回曰：「臣聞之：鳥窮⑱則啄，獸窮則攫，人窮則詐，馬窮則佚，自古及今，未有窮其下而能無危者也。」公悅，遂以告孔子，孔子對曰：「夫其所以為顏回者，此之類也，豈足多⑲哉？」

【章　旨】此章見於《荀子・哀公》及《韓詩外傳・二》。言顏回預知東野畢不愛惜馬力，總有一天要出事的。由愛惜馬力而談到愛惜民力，意義就更加深遠了。

【注　釋】❶魯定公　名宋。昭公之弟，哀公之父，在位十五年。❷東野畢　春秋末年魯國的善御馬者。❸佚　同「逸」。逃亡；奔散。❹詆　誹謗。《韓詩外傳・二》作「譖」。詆陷的意思。❺牧　放養牲畜的人。此當指牧正。即掌管畜牧之官。❻訴　告訴；控告。❼兩驂　駕車時位於兩旁的馬；兩服之外的馬。❽兩服　古代一車駕四馬，居中的兩匹叫服。❾越席　起座；離席。❿促駕　急忙派車。促，速。⓫造父　周代的善御馬者。傳說他曾取駿馬以獻穆王，王賜造父以趙城，後因以趙為氏。見《史記・趙世家》。⓬佚民　即逸民。避世隱居的人。⓭銜體　馬嚼子。銜在馬口中，用以制馭馬的行止。⓮朝禮　調習禮節。朝，通「調」。⓯致遠　達到很遠的地方。⓰求　責求；責令。⓱少進　稍微再說得詳細一些；稍稍進一步加以說明。⓲窮　到了極點、極限。下諸「窮」字並同。⓳多　贊許；稱道。

【語　譯】魯定公問顏回說：「你聽說過東野畢善於駕車麼？」顏回回答說：「算是很會駕車了，但他的馬恐怕一定會走散的。」定公滿臉不高興地對左右的人說：「有道德修養的人原來也說別人的壞話啊。」顏回離開了，過了三天，掌管畜牧的官員來告訴說：「東野畢的馬走失了，在車旁的兩匹馬拖著中間的兩匹馬回到了馬欄裡。」定公聽說了，離開座位站了起來，急忙派車把顏回喚了來。顏回來了，定公說：「前天我問先生關於東野畢駕車的事，你說他算是會駕了，但他的馬恐怕會逃散的，不曉得你是怎麼知道的呢？」顏回回答說：「我是從政治的角度推想出來的，先前舜帝善於使用民力，造父善於使用馬力，舜不把民力用盡，造父不把馬力使盡，因此舜那個時代沒有避世隱居的人，造父手下沒有逃散的馬。如今東野畢駕車的時候，騎上馬，拿著轡繩，馬嚼子也端正了；緩急快慢，進退奔走，也調停合度了；經歷了險阻，達到了遠方，馬的力量已經用盡了，而仍對馬責求不止，我從這裡推想到的。」定公說：「好呀！的確像你所說的啊。先生的話，意義大得很喲，能不能稍微進一步說明呢？」顏回說：「我聽說：鳥被逼到了極點就要啄，獸被逼到了極點就要用爪來奪，人被逼到了極點就要欺詐，馬被逼到了極點就要逃奔。從古到今，沒有能使其手下處於極點，而自己沒有危險的啊。」定公很高興，便告訴了孔子，孔子回答說：「那就是顏回之所以為顏回，都是這個樣子的啊，難道還值得贊許嗎？」

孔子在衛❶，昧旦❷晨興❸，顏回侍側，聞哭者之聲甚哀，子曰：「回！汝知此何所哭乎？」對曰：「回以此哭聲，非但為死者而已，又有生離別者也。」子曰：「何以知之？」對曰：「回聞桓山❹之鳥，生四子焉，羽翼既成，將分于四海，其母悲鳴而送之，哀聲有似於此，謂其往而不返也，回竊❺以音類❻知之。」孔子使人問哭者，果曰：「父死家貧，賣子以葬，與之長訣❼。」子曰：「回也，善於識音❽矣。」

【章旨】此章見於《說苑・辨物》。言顏回善於辨別聲音。

【注釋】❶衛　古國名。武王之弟康叔為它的始封之君，始都朝歌（今河南省淇縣）。西元前六六〇年，被翟擊敗，依靠齊的幫助，遷都楚丘（今河南省滑縣）。此當指遷都楚丘以後的衛。❷昧旦　天未全明的時候。❸晨興　清早起來。❹桓山　《說苑・辨物》作「完山」。傳說中的地名。後用以喻兄弟分散離別之悲。❺竊　私下。謙詞。❻音類　類似的聲音。❼長訣　永別；長期的分別。❽識音　區別各種不同的聲音。

【語譯】孔子在衛國，天還沒有全亮，一大早便起來了，顏回陪從在旁邊，聽到有人哭得很悲哀，孔子說：「顏回！你知道這是為什麼哭嗎？」顏回回答說：「我以為這樣的哭聲，不止是為了死者罷了，還有生離的悲痛啊。」孔子說：「你憑什麼知道呢？」顏回回答道：「我聽說桓山有一隻鳥，生了四隻雛鳥，等到羽毛豐滿了，將要分散到四方去，那母鳥悲哀地叫著和雛鳥分別時的聲音，與這種聲音很相像，是因為牠們一去而不復返啊。我私下從這類似的聲音中推想出來的。」孔子打發人去問那悲泣的人，果然說：「父親死了，家裡很窮，賣了兒子去安葬父親，現在與他作長期的訣別。」孔子說：「顏回！可謂善於識別聲音的了。」

顏回問於孔子曰：「成人❶之行若何？」子曰：「達于情性之理，通於物類之變，知幽明❷之故，睹游氣❸之原，若此可謂成人矣。既能成人，而又加之以仁義禮樂，成人之行也，若乃窮神❹知禮❺，德之盛也。」

【章旨】此章見於《說苑・辨物》。說明孔子對於「成人」的要求是非常嚴格的。可參《論語・憲問》：「子路問成人。子曰：『若臧武仲之知，公綽之不欲，卞莊之勇，冉求之藝，文之以禮樂，亦可以為成人矣。』」

【注釋】❶成人　猶言「完人」。即才德兼備的人。❷幽明　這裡泛指一切有形和無形的物象。語出《易・繫辭上》：「仰以觀於天文，俯以察於地理，是故知幽明之故。」❸游氣　浮游於空中的雲氣。❹窮神　深究事物的精微道理。語出《易・繫辭下》：「窮神知化，德之盛也。」疏云：「窮極微妙之神，曉知變化之道。」❺知禮　應為「知化」。《說苑・辨物》正作「知化」。意為通曉事物的變化。

【語　譯】顏回問孔子說：「完人的德行是怎麼樣的？」孔子說：「明確人情物性的道理，通曉萬事萬物的變化，知道一切有形的和無形的物象，清楚浮游於空中的雲氣的來源。像這樣可以稱得上完人了。已經成了完人，又加上行仁義、知禮樂的品德，就是完人的德行了。如果又能深究事物的精微道理，通曉事物的變化情況，那就是完人最好的德行啊。」

顏回問於孔子曰：「臧文仲❶、武仲❷孰賢？」孔子曰：「武仲賢哉！」顏回曰：「武仲世稱聖人❸，而身不免於罪❹，是智不足稱也；好言兵討，而挫銳於邾❺，是智不足名❻也。夫文仲其身雖歿，而言不朽❼，惡❽有未賢？」孔子曰：「身歿言立，所以為文仲也。然猶有不仁者三，不智者三，是則不及武仲也。」回曰：「可得聞乎？」孔子曰：「下展禽❾，置六關❿，妾織蒲⓫，三不仁；設虛器⓬，縱逆祀⓭，祠海鳥⓮，三不智。武仲在齊，齊將有禍，不受其田⓯，以避其難，是智之難也。夫臧文仲⓰之智，而不容於魯，抑⓱有由⓲焉，作而不順⓳，施而不恕也夫。〈夏書〉⓴曰：『念茲在茲㉑。』順事㉒恕施㉓。」

【章　旨】此章見於《左傳・文公二年》及《左傳・文公二十三年》。言孔子極其深刻而全面地評價了臧文仲和臧武仲兩個歷史人物。

【注　釋】❶臧文仲　名辰。春秋時魯國的執政，歷仕莊、閔、僖、文四君，其言論見於《左傳》的甚多。❷武仲　名紇。春秋時魯大夫，官司寇。以幫助季武子而得罪於孟孫氏，出奔於齊。❸聖人　品德最高尚的人。❹身不免於罪　指武仲為季氏廢嫡立庶，為孟氏所譖，出奔於齊。❺挫銳於邾　《左傳・襄公四年》：「臧紇救鄫侵邾，敗於狐駘。……國人誦之曰：『臧之狐裘，敗我於狐駘；我君小子，朱儒是使，朱儒朱儒，使我敗於邾。』」襄公幼弱，故曰小子；臧紇短小，故曰朱儒。」❻名稱說；稱道。❼言不朽　言論永遠不會磨滅。《左傳・襄公二十四年》：穆叔曰：「魯有先大夫曰臧文仲，既沒，其言立。」❽惡　疑問代詞。怎；何；如何。❾下展禽　使展禽居於下位。展禽，即柳下惠。臧文仲知其賢而不加薦舉。注見〈弟子行第十二〉。❿置六關　設置塞關、陽關等六個關卡，以稅行者。⓫妾織蒲　命其妾編織蒲席，以與民爭利。⓬設虛器　此指臧文仲據有國君之守龜名叫蔡的，又在自己的楹上梁上畫有天子的文飾。《論語・公冶長》載孔子批評說：「臧文仲居蔡，山節藻梲，何如其知也。」⓭縱逆祀　此指臧文仲聽任夏父弗忌躋僖公於閔公之上，不加以制止。⓮祠海鳥　《國語・魯語》載：「海鳥曰爰居，止於魯東門之外三日，臧文仲命國人祭之。」祠，祭祀。⓯不受其田　武仲奔齊，齊莊公將賜之田，武仲知齊將有難，乃故意譏笑「似鼠」，晝伏夜動，聞晉有亂，而後伐晉，非鼠而何？齊侯怒，乃不與田。事見《左傳・文公二十三年》。⓰臧文仲　此處當為「臧武仲」之誤。⓱抑　或者。⓲由　原因。⓳不順　不合情理。此指臧武仲阿附季氏廢長立庶的事。⓴夏書　此先秦佚書。見偽古文《尚書・大禹謨》。㉑念茲在茲　此係〈大禹謨〉中語。言行事當念念不忘自己是否做到了，是否可施之於此。㉒順事　順其事。㉓恕施　恕其施。

【語　譯】顏回問孔子說：「臧文仲與臧武仲哪一個好？」孔子說：「武仲好呀！」顏回說：「武仲在當時被稱為品德最高尚的人，可他本身沒有免於罪責，是他的智謀不值得稱道啊。喜歡談論軍事討伐，但他的精銳部隊，卻被小小的邾國挫敗了，是他的智謀不值得贊譽啊。而那個臧文仲，本人雖然死了，可他的言論永遠不會磨滅，怎麼說他不好呢？」孔子說：「人雖死而言不朽，這正是臧文仲之所以為臧文仲啊。但他還有三件事是不仁的，三件事是不智的，這就是他趕不上武仲的道理啊。」顏回說：「可以讓我聽聽嗎？」孔子說：「明知柳下惠是個才德兼美的人，而長期使他居於下位；魯國本來不向行旅徵稅，而他設置六個關卡；使其婢妾編織蒲席，以與民爭利。這是三件不仁的事。宗廟裡藏著天子的龜策，樞梁上畫著天子的文飾；聽任夏父弗忌把僖公的靈位，升於閔公之上，而不加以勸阻；海鳥落在魯國的東門之上，而他要國人去祭祀牠。這是三件不智的事。武仲出奔在齊，齊莊公打算送給他田地，武仲知道齊國要出亂子，便故意激怒齊侯，辭而不受，從而避免了那次禍難，這是很難得的智謀啊。至於臧武仲的智謀，不能在魯國站住腳跟，或者是有原因的。他所做的事有不合情理的，所施的政有未被寬容的。《尚書．大禹謨》說得好：『無論做什麼事情，要念念不忘自己能否做得到，這裡是否行得通。』這才能合乎情理，得到人們的寬容啊。」

顏回問於君子❶，孔子曰：「愛❷近仁❸，度❹近智❺，為己❻不重，為人不輕，君子也夫！」回曰：「敢❼問其次。」子曰：「弗學而行，弗思而得，小子勉❽之。」

【章　旨】此言孔子認為「君子」應該有仁有智，多替別人著想。而且這種品德最好是天賦的。

【注　釋】❶君子　此指有才德的人。比上文所說的「成人」，低了一個等級。❷愛　泛愛眾。❸近仁　接近仁者。❹度　忖度；思考。❺近智　接近智者。❻為己　替自己打算。為，替。下「為」字同。❼敢　自謙的話。猶言冒昧。❽勉　盡力；努力。

【語　譯】顏回詢問關於君子的概念，孔子說：「泛愛便與仁者接近，思考便與智者接近，替自己打算不要太重，替別人打算不要太輕，大概算得上君子了吧！」顏回說：「讓我冒昧地再問一問關於君子的次要方面吧。」孔子說：「沒有通過學習，就能行君子之行；沒有通過思考，就能得到君子的品性，年輕人，努力吧！」

仲孫何忌❶問於顏回曰：「仁者一言❷，而必有益於仁智，可得聞乎？」回曰：「一言而有益於智，莫如預❸；一言而有益於仁，莫如恕❹。夫知其所不可由❺，斯知所由矣。」

【章旨】此章就仁、智兩個方面，簡要加以說明，仍是「君子」的兩個主要品性。

【注釋】❶仲孫何忌　春秋末魯大夫。活躍於定公、哀公時代，曾多次帥師伐邾。❷一言　一字。《論語・衛靈公》：「子貢問曰：『有一言可以終身行之者乎？』子曰：『其恕乎！』」與此正相合。❸預　事先準備。❹恕　寬容。❺由　自；從；經歷。

【語譯】仲孫何忌問顏回說：「仁愛的人用一個字，就一定對仁、對智都有益，可以讓我知道麼？」顏回說：「一個字對智有益，沒有比『預』更好的了；一個字對仁有益，沒有比『恕』更好的了。知道哪些不可做，就知道哪些可做了。」

顏回問小人❶，孔子曰：「毀❷人之善以為辯，狡訐❸懷詐❹以為智，幸❺人之有過，恥學❻而羞❼不能，小人也。」

【章旨】此章繼顏淵問「成人」、問「君子」之後，從另一個角度問「小人」的本質特徵。

【注釋】❶小人　不正派的人；思想學識淺薄的人。❷毀　誹謗。❸狡訐　詭詐地揭發別人的陰私。❹懷詐　心懷欺詐。❺幸　慶幸；希望。❻恥學　以學習為恥。❼羞　恥辱。

【語譯】顏回問什麼叫做「小人」，孔子說：「誹謗別人的長處，以表示自己的能言善辯；心懷鬼胎把別人的陰私揭發出來，以顯示自己的多見多聞，慶幸別人犯了錯誤，恥於向別人學習，而又羞辱那些沒有才幹的人，這就是不正派的人啊。」

顏回問子路曰：「力猛於❶德，而得其死❷者鮮矣，盍❸慎諸焉？」孔子謂顏回曰：「人莫不知此道之美，而莫之御❹也，莫之為也。何居❺？為聞❻者，盍日思也夫？」

【章旨】此章言顏回向子路提出勸戒，而孔子認為顏回言之過激，希望他多考慮一下。

【注釋】❶猛於　大於；過於。❷得其死　得到善終。❸盍　何不。❹御　用。❺何居　為什麼。居，助詞。古代齊、魯之間的方言。❻為聞　使有所聞。為，使；令。

【語譯】顏淵對子路說：「一個人的勇力超過了他的德行，很少能得到善終的，何不謹慎一些呢？」孔子對顏淵說：「人們沒有不知道這種思想是好的，但卻沒有人去用它，沒有人去實踐它，為什麼呢？想要別人知道，何不自己每天多思考思考呢？」

顏回問於孔子曰：「小人之言有同❶乎？君子者，不可不察也。」孔子曰：「君子以行言❷，小人以舌言，故君子為義之上，相疾❸也，退而相愛；小人於為亂之上，相愛也，退而相惡❹。」

【章　旨】此章申言「君子」、「小人」之別，是以上數章的進一步說明。

【注　釋】❶同　共同點。❷以行言　用行動來說話。❸相疾　互相憎恨。疾，憎恨。言恨其不行仁義。❹相惡　互相懷恨。

【語　譯】顏回問孔子說：「小人說的話有什麼共同點嗎？作為一個有道德修養的人來說，不能不加以分辨啊。」孔子說：「有道德修養的人用自己的行動來說話，而那些不正派的人則靠自己的舌頭來說話。所以有道德修養的人站在道義的上面，當面互相勸戒，過後還是非常親近的。那些不正派的人站在共同搗亂的基礎上，看起來互相親暱，轉過背來就互相攻擊。」

顏回問朋友之際❶如何？孔子曰：「君子之於朋友也，心必有非❷焉而弗能❸，謂吾不知其仁人也，不忘久德❹，不思久怨❺，仁矣夫！」

叔孫武叔❻見未仕於顏回，回曰：「賓之。」武叔多稱❼人之過，而己評論之，顏回曰：「固❽子之來辱❾也，宜有得於回焉。吾聞知❿諸孔子曰：『言人之惡，非所以美己⓫；言人之枉⓬，非所以正己。』故君子攻其惡⓭，無攻人惡。」

顏回謂子貢曰：「吾聞諸夫子：『身⓮不用禮⓯，而望禮於人；身不用德，而望德於人，亂⓰也。』夫子之言，不可不思也。」

【章　旨】此三節，均言君子對於朋友的關係，應該是「不忘久德，不思久怨」。首節是總的原則，二節是具體事例，三節是從自身做起。

【注　釋】❶朋友之際　朋友之間的關係。際，關係。❷有非　有所責難或譏刺。❸弗能　不和睦；不親善。❹久德　舊德；過去的恩德。❺久怨　舊怨；過去的仇怨。❻叔孫武叔　叔孫氏之後。僖叔牙的第六代孫，名州仇，魯國的大臣，曾經毀謗過孔子（《論語・子張》），卻被子游譽為「知禮」。見《禮記・檀弓上》。❼稱　舉；說。❽固　副詞。本來；原來。❾辱　謙詞。承蒙的意思。❿聞知　聽說。⓫美己　贊揚自己。⓬枉　不正直；錯誤。⓭攻其惡　指責自己的錯誤。攻，指責。⓮身　本人。⓯用禮　由禮。⓰亂　混亂；沒有道理。

【語　譯】顏回問朋友之間的關係應該怎麼樣？孔子說：「有道德修養的人對於朋友呀，即使心裡有所非難，因而不和睦，也只能說我不了解他是一位仁愛的人啊。不忘過去的恩德，不記過去的仇怨，這就是仁德之人啊。」

叔孫武叔謁見未曾做過官的顏回，顏回說：「待之以客禮。」武叔在交談中，過多地稱說別人的錯誤，而自己加以評說。顏回說：「本來承蒙你到這裡，應該從我這裡得到點什麼。我從先生那裡聽說過：『說別人的壞處，並不是贊美自己的辦法，講別人的邪惡，並不能端正自己的行為。』因此有道德修養的人，只指責自己的錯誤，而不指責別人的錯誤。」

顏回對子貢說：「我從先生那裡聽說：『本人不講禮儀，而希望別人對自己有禮；本人不講道德，而希望別人對自己講道德，這是沒有道理啊。』先生這句話，不能不常常想想啊。」

子路初見第十九

【題　解】篇名〈子路初見〉，而有關子路的只有前兩章，仍是以篇首的首句為題。篇中涉及的孔子弟子，除子路外，尚有宰予、孔蔑、宓子賤、澹臺子羽等，其他則有魯哀公、陳靈公、季康子（應為季桓子）、泄冶等；涉及的內容有修身、為政、知人等各個方面。其故事來源，多見於《說苑》及《韓非子》。

子路見孔子，子曰：「汝何好樂❶？」對曰：「好長劍。」孔子曰：「吾非此之問也，徒謂以子之所能，而加之以學問，豈可及乎？」子路曰：「學豈益❷哉也？」孔子曰：「夫人君而無諫臣則失正，士而無教友❸則失聽❹，御狂馬不釋策❺，操弓不反檠❻，木受繩❼則直，人受諫❽則聖❾，受學❿重問⓫，孰不順⓬哉？毀仁⓭惡仕⓮，必近於刑，君子不可不學。」子路曰：「南山有竹，不柔⓯自直，斬⓰而用之，達⓱于犀革⓲，以此言之，何學之有？」孔子曰：「括⓳而羽之⓴，鏃㉑而礪㉒之，其入之㉓不亦深乎？」子路再拜曰：「敬而受教。」

【章　旨】此章見於《說苑‧建本》。孔子極言學習的重要性，以引導子路由好劍轉而好學，終於成為孔門的高足。

【注　釋】❶好樂　喜愛。❷益　增益；好處。❸教友　善於開導的朋友。❹失聽　失去聽信忠告的機會；喪失聽忠言的機會。❺釋策　丟掉鞭箠。策，馬鞭。❻反檠　反覆在正弓之器上加以調整。檠，正弓的器具。《淮南子．修務》：「故弓待檠而後能調，劍待砥而後能利。」❼受繩　接受繩墨的校正。《荀子．勸學》：「故木受繩則直，金就礪則利。」❽受諫　接受批評。❾聖　聰明。❿受學　接受教育。⓫重問　注意詢問。⓬順　順乎道理。⓭毀仁　毀謗仁者。⓮惡仕　憎惡官長。⓯柔　通「揉」。使彎曲。《荀子．勸學》：「木直中繩，輮以為輪。」輮，亦通「揉」。義同。⓰斬　砍；砍伐。⓱達　貫通。⓲犀革　犀牛的皮。⓳栝　箭末扣弦處。⓴羽之　裝上箭翎。㉑鏃　箭頭。㉒礪　磨治。㉓入之　進去其中。

【語　譯】子路拜見孔子，孔子說：「你喜愛什麼？」子路回答說：「我喜愛的是長劍。」孔子說：「我問的不是這個啊。僅僅是說以你之所長，加之以學問，難道還達不到目的嗎？」子路說：「學習難道有什麼好處嗎？」孔子說：「做人君的如果沒有直言敢諫的臣子就會失去公正的品德，知識階層如果沒有善於開導的朋友就會喪失聽到忠告的機會，駕馭一匹狂奔的劣馬是決不能丟掉鞭子的，把良弓拿在手裡，也要反覆在正弓的器具上加以調試，木料接受了繩墨的校正就變直了，人們接受批評的意見就變得聰明了。接受教育，注意詢問，有什麼不合呢？毀謗仁者，憎惡官長，就離刑罰不遠了，所以君子不能不學習啊。」子路說：「南山有的是竹子，不必經過矯正就是直的，把它砍了來用，可以貫穿犀牛的皮革，從這個角度來看，有什麼可以學習的？」孔子說：「在箭末發弦的地方裝上箭翎，把箭頭磨得很鋒利，不是射得更深麼？」子路拜了又拜說：「我恭敬地接受您的教誨。」

子路將行，辭於孔子，孔子曰：「贈汝以車乎？贈汝以言乎？」子路曰：「請以言。」孔子曰：「不強❶不達❷，不勞無功，不忠無親，不信無復❸，不恭失禮，慎此五者❹，而已。」子路曰：「由請❺終身奉之，敢問親交❻取親若何，言寡可行❼若何，長為善士❽而無犯❾若何？」孔子曰：「汝所問苞❿在五者中矣，親交取親，其忠也⓫；言寡可行，其信乎；長為善士而無犯，於禮也。」

【章　旨】此章見於《說苑・雜言》。孔子在子路將行時，從五個方面告誡子路，即要強、勞、忠、信、恭。

【注　釋】❶不強　不勉力；不勉強。❷不達　不通達；不顯達。❸不信無復　《論語・學而》：「信近於義，言可復也。」不信，則無可印證。無復，無可覆證。復，覆。❹五者　指不強、不勞、不忠、不信、不恭。❺請　讓。❻親交　當作「新交」。《說苑・雜言》正作「新交」。❼言寡可行　語言很少，可以付諸實踐。❽善士　品行高尚的人。❾無犯　沒有過失。犯，冒犯尊長或觸犯刑律。❿苞　通「包」。包含；包括。⓫其忠也　大概是因為忠誠吧。《說苑・雜言》作「其忠乎？」下兩句的句式同，作「其信乎」、「其禮乎」。

【語　譯】子路準備走了，向孔子辭行，孔子說：「送給你一輛車好，還是送給你幾句話好呢？」子路說：「請您送給我幾句話吧。」孔子說：「不努力就不能通達事理，不勤勞就不能建立功業，不忠誠就沒有親信，不講信用就不能反過來加以驗證，不恭謹就會喪失禮節，鄭重地對待以上五個方面就是了。」子路說：「讓我終身去實踐它吧，我還要冒昧地問一句：結交新朋友為什麼要取其親近，為什麼說話要少卻要句句可以實行，怎麼樣才可以永遠做一個品德高尚的人，而不犯過失呢？」孔子說：「你所問的已經包括在上述五個方面中了。新朋友取其相親，大概是因為忠誠吧，說的要少但須付諸實踐，大概是要求誠實吧；永遠做一個品德高尚的人而不犯錯誤，大概要注意禮節吧！」

孔子為魯司寇❶，見季康子❷，康子不悅，孔子又見之，宰予進曰：「昔予也常聞諸夫子曰：『王公❸不我聘❹則弗動❺。』今夫子之於司寇也日少❻，而屈節❼數矣，不可以已乎！」孔子曰：「然！魯國以眾相淩❽，以兵相暴❾之日久矣，而有司❿不治，則將亂也，其聘我者孰大於是哉？」魯人聞之曰：「聖人將治，何不先自遠刑罰。」自此之後，國無爭者。孔子謂宰予曰：「違山⓫十里，蟪蛄⓬之聲，猶在於耳。故政事⓭莫如應之⓮。」

【章　旨】此章見於《說苑・政理》。極贊孔子有遠大的眼光，寬闊的胸襟，能夠屈節為國，謹小謀大。

【注　釋】❶司寇　官名。六卿之一，主管刑獄。按孔子為魯司寇，在定公十年。❷季康子　魯國的執政。名肥，季桓子的庶子。按季康子執政在魯哀公三年。《史記・孔子世家》：「季桓子病，輦而見魯城，喟然歎曰：『昔此國幾興矣，以吾獲罪於孔子，故不興也。』顧謂其嗣康子曰：『我即死，若必相魯。相魯，必召仲尼。』後數日，桓子卒，康子代立。」以時考之，季康子當為季桓子之誤。❸王公　本指天子、諸侯，後來泛指王侯公卿。❹不我聘　不向我通問致意。❺動　行動。❻日少　時間不長。❼屈節　降身相從，謙恭的樣子。❽相淩　相欺壓；相侵犯。❾相暴　相糟蹋；相殘殺。❿有司　官吏。主管某一部門的官員。⓫違山　離開山林。違，離開。⓬蟪蛄　蟬的一種。雄蟲腹部有發音器，夏末自朝至暮，鳴聲不息。⓭政事　施政辦事。⓮應之　與之相應和、相適合。

【語　譯】孔子擔任魯國主管刑獄的長官，去拜見季康子，康子不高興，孔子又要去拜見他，宰予前來勸阻說：「過去我常常聽見先生說：『王公大人不來向我致意，我就巋然不動。』如今先生擔任主管刑獄的長官時間很短，卻多次降身屈志去拜見別人，難道不可以就此罷休嗎？」孔子說：「是這樣說過的，不過魯國好久以來，就是靠大眾去欺淩、靠武力去侵犯別人的，那些主管的官員不去加以整頓，就會要發生亂子啊，他們向我來致意哪還有比要我出任刑獄長官更重要的呢？」魯國人聽了都道：「道德學問最高尚的人將要對魯國進行整頓了，何不事先避開刑罰呢！」從此以後，國內就沒有爭鬥的現象了。孔子對宰予說：「離開山林十里路，蟬蟲的叫聲還在耳朵裡響。所以施政辦事，沒有比順應民情更重要的了。」

孔子兄子有孔蔑❶者，與宓子賤❷偕仕❸，孔子往過❹孔蔑而問之曰：「自汝之仕，何得何亡❺？」對曰：「未有所得，而所亡者三：王事❻若龍❼，學焉得習，是學不得明也；俸祿少，饘粥❽不及親戚，是以骨肉❾益疏❿也；公事多急，不得弔死問疾，是朋友之道闕⓫也。其所亡者三，即謂此也。」孔子不悅。往過子賤，問如孔蔑，對曰：「自來仕者，無所亡，其有所得者三：始誦之，今得而行之，是學益明也；俸祿所供，被及⓬親戚，是骨肉益親也；雖有公事⓭，而兼以弔死問疾，是朋友篤⓮也。」孔子喟然謂子賤曰：「君子哉若人⓯，魯無君子者，則子賤焉取此⓰？」

【章旨】此章見於《說苑・政理》。從孔子對孔蔑和宓子賤的不同態度中，盛贊孔子關心學生的成長，注意學習和實踐的統一。

【注釋】❶孔蔑　即孔弗。字子蔑，孔子之侄。見本書〈七十二弟子解第三十八〉。❷宓子賤　即宓不齊。孔子弟子。詳見〈辯政第十四〉。❸偕仕　一同去做官。❹往過　前去探訪。過，探訪。❺何亡　失去了什麼。❻王事　公事；為國家服務的事。❼若龍　《說苑・政理》作「若襲」。謂其前後相因，一套又一套。❽饘粥　粥；稀飯。稠的叫饘，稀的叫粥。❾骨肉　喻至親。《呂氏春秋・精通》：「父母之於子也，子之於父母也……此之謂骨肉之親。」❿益疏　更加疏遠。益，更加。⓫闕　通「缺」。⓬被及　覆蓋到。⓭公事　公家的事務。⓮篤　深厚。⓯若人　此人；這個人。⓰焉取此　怎麼能學到這個呢。焉，何；怎麼。

【語　譯】孔子哥哥的兒子有一個名叫孔蔑的，與宓子賤同時在做官，孔子前往探望孔蔑，並且問道：「自從你做官以來，有什麼收穫，有什麼損失呢？」孔蔑回答說：「沒有什麼收穫，但卻有三個損失：公家的事紛至沓來，沒有時間學習，因而學問更加荒蕪啊；待遇微薄，親戚們得不到一碗稀飯，因而親戚更加疏遠了啊；公家的事往往很急迫，連弔唁死者、慰問病者的時間都沒有，因而朋友之間的友誼也淡漠了啊。我所說的三個損失，就是這些啊。」孔子聽了很不高興，又前往探問宓子賤，像問孔蔑那樣的問他，宓子賤回答說：「自從來這裡做官以後，沒有什麼損失，卻有三大收穫：過去從書本上讀到的，如今能夠在施政中得到了實踐，因而學的東西更加明確了；公家提供的待遇，能夠讓親戚分享，因而親戚的關係更加親密了；雖然有公家的事務，但可以兼顧到對死者的弔唁、生者的慰問，因而朋友之間的友誼更加深厚了。」孔子深有感慨地對宓子賤說：「你這個人可以說是有道德修養的人了，如果說魯國沒有有道德修養的人，那麼宓子賤怎麼學到的呢？」

孔子侍坐於哀公，賜之桃與黍焉。哀公曰：「請食。」孔子先食黍而後食桃，左右皆掩口而笑。公曰：「黍者所以雪桃❶，非為食之也。」孔子對曰：「丘知之矣，然❷。夫黍者五穀之長❸，郊禮❹宗廟❺以為上盛❻。果屬有六，而桃為下，祭祀不用，不登❼郊廟。丘聞之，君子以賤雪貴，不聞以貴雪賤。今以五穀之長，雪果之下者，是從上雪下，臣以為妨於教、害於義，故不敢。」公曰：「善哉！」

【章　旨】此章見於《韓非子・外儲說左下》。贊美孔子任何時候不忘禮義，注意尊卑。

【注釋】❶雪桃　擦拭桃子。雪，拭的意思。❷然　如此。指以黍拭桃的事。❸黍者五穀之長　《荀子・禮論》：「饗尚玄尊而用酒醴，先黍稷而飯稻粱。」說明黍為五穀之長。五穀，五種穀物。說法不一，《周禮・夏官・職方氏》：「其穀宜五種。」注云：「指黍、稷、菽、麥、稻。」❹郊禮　祭祀天地之禮。❺宗廟　祭祀祖先之禮。❻上盛　祭祀時放在容器中的最佳祭品。❼不登　不進；不獻。

【語譯】孔子陪從著魯哀公，哀公給他一些桃子與黍子，並且說：「請吃吧！」孔子首先拿著黍子來吃，而後再吃桃子，左右的人都捂著嘴巴笑了起來，哀公說：「黍子是用來揩拭桃子的，並不是拿來吃的啊。」孔子回答說：「我知道是這麼的。不過黍乃五穀之長，是祭天地祭祖先的上等祭品，果品最常見的有六種，桃是最下等的，祭天地的時候不用它，祭祖先的時候也不拿來進獻。我聽說，有道德修養的人總是用微賤的東西去擦拭貴重的東西，沒有聽說用貴重的東西去擦拭微賤的東西。如今拿著五穀之長去擦拭下等的水果，是用上等的來擦拭下等的啊，我以為這樣會對教化有妨礙，對道義有損害，所以我不敢這麼做。」哀公說：「講得多麼好啊！」

子貢曰：「陳靈公❶宣淫❷於朝，泄冶❸正諫❹而殺之，是與比干❺諫而死同，可謂仁乎？」子曰：「比干於紂，親則諸父❻，官則少師❼，忠報之心，在於宗廟❽而已，固❾必以死爭之，冀❿身死之後，紂將悔寤⓫，其本志情在於仁者也。泄冶之於靈公，位在大夫⓬，無骨肉之親，懷寵⓭不去，仕於亂朝⓮，以區區⓯之一身，欲正一國之淫昏，死而無益，可謂狷⓰矣。《詩》⓱云：『民之多辟⓲，無自立辟⓳。』其泄冶之謂乎！」

【章　旨】此章見於《左傳》及《穀梁傳・宣公九年》，唐趙蕤《長短經・臣術》加以引用修改。盛贊孔子不提倡愚忠戇諫，而主張因人度勢，是所謂「聖之時者也」。

【注　釋】❶陳靈公　名平國。春秋時陳國的君主。❷宣淫　公然作出淫猥的行為。《左傳・宣公九年》：「陳靈公與孔寧、儀行父通於夏姬，皆衷其衵服，以戲於朝。」《穀梁傳》亦云：「陳靈公通於夏徵舒之家，公孫寧、儀行父亦通其家，或衣其衣，或衷其襦，以相戲於朝。」❸泄冶　《左傳》作「洩冶」。《穀梁傳》及《史記・陳杞世家》皆作「泄冶」。「冶」當為「治」之誤。泄冶，陳國的大夫。❹正諫　正言勸諫。《左傳・宣公九年》：「洩冶諫曰：『公卿宣淫，民無效焉。且聞不令，君其納之（把衵服藏了起來）。』公曰：『吾知改矣。』公告二子（指孔寧、儀行父），二子請殺之，遂殺洩冶。」《穀梁傳》所載略異，云：「泄冶聞之，入諫曰：『使國人聞之，則猶可；使仁人聞之，則不可。』君愧於泄冶，不能用其言而殺之。」❺比干　殷紂王的伯父。傳說紂王淫亂，比干犯顏強諫，紂怒，剖其心而死。見《史記・宋世家》。❻諸父　同宗的伯、叔父。❼少師　官名。天子的大臣，與少傅、少保稱為「三孤」。以輔佐天子。❽在於宗廟　言欲延續祖先的祭祀，不使中斷。宗廟，宗祀祖先的地方。❾固　通「故」。❿冀　希望。⓫悔寤　醒悟。⓬大夫　官名。位次於卿。⓭懷寵　貪戀恩寵。⓮亂朝　政治混亂的朝廷。⓯區區　渺小的；微賤的。⓰捐　捨棄。⓱詩　此指《詩・大雅・板》。⓲多辟　邪辟之事很多。⓳立辟　立法。辟，法。

【語　譯】子貢說：「陳靈公在朝廷中公然做出淫猥的行為，泄治正言勸諫而被殺，與比干犯顏強諫而死相同，可以說是仁者了嗎？」孔子說：「比干對於紂王來說，論親戚則是伯父，論官位則是少師，他那盡忠報國的心，在於延續祖先的祭祀罷了，所以必須以死來爭，希望在他死了以後，紂王將會醒悟過來，他的本志就在於推行仁政啊。而泄治對於陳靈公來說，地位不過是一個大夫，沒有什麼至親的關係，留戀恩寵，不肯離開，在政治混亂的朝廷做官，想用自己渺小的一身，去扶正一國的淫亂風氣，死了也於國無益，可以說太不愛惜自己的生命了。《詩・大雅・板》說：『社會上有很多邪辟的事，不要自作聰明去立法啊。』大概就是說的泄治這一類的人吧！」

孔子相魯❶，齊人❷患其將霸❸，欲敗❹其政，乃選好女子❺八十人❻，衣以文飾❼，而舞容璣❽。及文馬❾四十駟❿，以遺⓫魯君，陳⓬女樂⓭，列文馬于魯城南高門外，季桓子⓮微服⓯往觀之再三，將受焉，告魯君為周道⓰遊觀⓱，觀之終日，怠⓲於政事⓳，子路言於孔子曰：「夫子可以行矣。」孔子曰：「魯今且郊⓴，若致膰㉑於大夫，是則未廢其常㉒，吾猶可以止㉓也。」桓子既受女樂，君臣荒淫三日，不聽㉔國政，郊又不致膰俎，孔子遂行，宿於郭屯，師㉕以送曰：「夫子非罪也。」孔子曰：「吾歌可乎？」歌曰：「彼婦人之口，可以出走；彼婦人之請，可以死敗。優哉游哉㉖，聊以卒歲㉗。」

【章　旨】此章見於《韓非子・內儲說下》及《史記・孔子世家》。盛贊孔子相魯的業績，去魯的依戀，這就是孟子所說的：「孔子之去齊，接淅而行，去魯，曰：遲遲吾行也，去父母國之道也。」見《孟子・萬章下》。

【注　釋】❶孔子相魯　《史記・孔子世家》：「定公十四年（西元前五〇六年），孔子年五十六，由大司寇行攝相事，有喜色。」❷齊人　此指齊景公。❸將霸　將要建立霸業。❹敗　毀壞。❺好女子　美女。❻八十人　疑是「二八」之誤。女樂二八，乃先秦之制。❼文飾　文采；錯雜豔麗的彩色。❽容璣　春秋時著名的舞曲。❾文馬　毛色有文采的馬。❿駟　四匹馬。⓫遺　贈給；送與。⓬陳　陳列。⓭女樂　歌舞伎。⓮季桓子　名斯。魯國的執政，季康子的父親。⓯微服　為隱蔽身分而換的平民服裝。⓰周道　大道；官路。⓱遊觀　遊覽觀賞。⓲怠　荒怠；懈怠。⓳政事　行政辦事。⓴且郊　將要舉行郊祭。即祭祀天地。㉑致膰　致送祭肉。膰，祭祀用的肉。生的叫脤，熟的叫膰。㉒常　法典；倫常。㉓止　留下來。㉔聽治理；決斷。㉕師　眾人。㉖優哉游哉　形容從容不迫、悠閒自得的樣子。語出《詩・小雅・采薇》：「優哉游哉，亦是戾（到頭了）矣。」㉗聊以卒歲　勉強地度過一年。聊，勉強地；暫時地。卒，終；過完。

【語　譯】孔子代理魯國的卿相，齊國的人害怕他將要建立霸主的大業，想要破壞他的政治設施，於是選了美女十六人，穿上錯雜采麗的衣服，舞著當時流行的舞曲，以及毛色有斑采的馬一百六十匹，拿來送給魯國的君主，把能歌善舞的女藝人和毛色鮮豔的馬匹，陳列在魯國南門外的高地。魯國的執政季桓子換上平民的服裝，再三到那裡去觀賞，並打算接受這份大禮，告訴魯君築一條官道去遊覽觀賞。魯君到了那裡觀賞了一整天，連行政事務都懶得管了。子路對孔子說：「先生可以離開這裡了。」孔子說：「魯國如今就要舉行郊祭了，如果仍然向大夫致送祭肉，那麼還沒有廢除它的法典，我還可以留下來啊。」季桓子已經接受了那批能歌善舞的女藝人，魯君滿朝文武，荒淫了三天，不去治理國政，郊祭以後，又沒有致送祭肉，孔子於是離開了魯國，投宿在郊外的村子裡，大家來送他說：「這不是先生的過失啊。」孔子說：「讓我唱個歌行嗎？」那支歌是說：「那美女的嘴巴，能夠把人趕走；那美女的請求，可以使人敗休！悠閒自得啊，勉強地度過了這一秋！」

澹臺子羽❶有君子之容，而行不勝❷其貌；宰我❸有文雅之辭❹，而智不克❺其辯。孔子曰：「里語❻云：『相馬❼以輿❽，相士以居。』弗可廢矣。以容取人，則失之❾子羽；以辭取人，則失之宰予。」孔子曰：「君子以其所不能畏人❿，小人以其所不能不信人⓫，故君子長人之才，小人抑人⓬而取勝⓭焉。」

【章　旨】此章見於《韓非子・顯學》及薛據《集語》引《說苑》。孔子認為不能以貌取人，以言取人，而應看一個人的行為來決定取捨。

【注釋】❶澹臺子羽　名滅明。武城人，孔子弟子。《史記．仲尼弟子列傳》說其「狀貌甚惡，欲事孔子，孔子以為材薄。既已受業，退而修行，行不由徑，非公事不見卿大夫。南遊至江，從弟子三百人，設取予去就，名施乎諸侯。孔子聞之，曰：『吾以言取人，失之宰予；以貌取人，失之子羽。』」與此章正相反。❷不勝　不稱；不及。《韓非子．顯學》作「不稱」。❸宰我　即宰予。孔子弟子。❹文雅之辭　有文采又典雅的語言。❺不克　不如。❻里語　俗話。❼相馬　觀察馬的優劣。❽輿　指駕車的能力。❾失之　錯誤評斷。❿畏人　害怕別人；心服別人。⓫不信人　不信任人；不讓人施展才能。⓬抑人　壓抑人才。⓭取勝　獲得勝利。

【語　譯】澹臺子羽有著很有道德修養的容貌，可是他的品性比不上他的外表；宰我有著既富文采又很典雅的語言，可是他的智謀趕不上他的口才。孔子說：「俗話說：『觀察馬的優劣，要看牠駕車的技能；考察人的賢愚，要看他平時的言行。』這句話是不能拋棄的呀！用容貌去選拔人，就會錯誤評斷子羽那樣的人；用言語去選拔人，就會錯誤評斷宰我那樣的人。」孔子說：「有道德修養的人，因為自己不具備某種能力，而心服具有某種能力的人；而那些不正派的人，因為自己不具備某種能力，也不讓別人施展其才華。所以有道德修養的人，能夠讓別人增長才能；而那些不正派的人，則靠壓抑別人，而讓自己取得勝利的。」

孔蔑問行己❶之道，子曰：「知而弗為，莫如勿知；親而弗信，莫如勿親。樂之方至，樂而勿驕；患之將至，思而勿憂。」孔蔑曰：「行己乎？」子曰：「攻其所不能，補其所不備❷，毋以其所不能疑人，毋以其所能驕人，終日言，無遺❸己之憂；終日行，不遺己患，唯智者有之。」

【章　旨】此章言孔子教其兄子孔蔑以修身養性之道，前一段講的是修身，後一段主要講的是對人。

【注　釋】❶行己　修身；內省；本身的實踐。❷不備　不具有的；欠缺的。❸遺　留給。

【語　譯】孔蔑問自我修養的方法，孔子說：「曉得了而不去做，不如不曉得；親近他而不信任他，不如不親近。歡樂的事發生了，不要歡樂得過分；憂患的事將要發生了，要考慮而不要憂傷。」孔蔑說：「修身的方法就是這麼嗎？」孔子說：「要學習自己所不能的，要補充自己所不足的，不要拿自己所不能的，懷疑別人也不能；不要拿自己所能的，在別人面前現出了不得的樣子。說了一整天，不要給自己留下憂患；做了一整天，不要給自己留下禍難。只有富於智謀的人，才能具有的品性。」

在厄第二十

【題解】此篇首章言孔子厄於陳蔡之間，絕糧七日，而孔子「弦歌不衰」，故以「在厄」名篇。第二章言孔子「無一日之憂」，仍是繼續深化前章的內蘊，闡明孔子在憂樂觀上，不但有行動，而且有理論。第三章言「曾子敝衣而耕於魯」，仍然不改其樂，說明孔子的憂樂觀，對弟子有著深刻的影響。第四章仍然繼續敘述孔子厄於陳蔡間事。這些故事，是從《荀子》、《呂覽》、《韓詩外傳》和《說苑》中輯錄出來的。

楚昭王❶聘❷孔子，孔子往，拜禮❸焉，路出于陳、蔡❹，陳、蔡大夫相與謀曰：「孔子聖賢，其所刺譏❺，皆中❻諸侯之病❼，若用於楚，則陳、蔡危矣。」遂使徒兵❽距❾孔子，孔子不得行，絕糧七日，外無所通❿，藜羹⓫不充⓬，從者⓭皆病⓮，孔子愈慷慨⓯講誦⓰，弦歌⓱不衰，乃召子路而問焉曰：「《詩》⓲云：『匪⓳兕⓴匪虎，率㉑彼曠野㉒。』吾道非乎？奚為㉓至於此？」子路慍㉔，作色而對曰：「君子無所困，意者㉕，夫子未仁與㉖？人之弗吾信也；意者，夫子未智與？人之弗吾行也。且由也昔者聞諸夫子：『為善者天報之以福，為不善者天報之以禍。』今夫子積德懷義㉗，行之久矣，奚居㉘之窮㉙也？」子曰：「由！未之識也。吾語汝：汝以仁者為必信也，則伯夷、叔齊㉚不餓死首陽㉛；汝以智者為必用也，則王子比干㉜不見㉝剖心；汝以忠者為必報也，則關龍逢㉞不見刑；汝以諫者為必聽也，則伍子胥㉟不見殺。夫遇㊱不遇者，時也；賢不肖㊲者，才也。君子博學深謀，而不遇時者眾矣，何獨㊳丘哉？且芝蘭生於深林，不以無人而不芳；君子修道立德，不謂窮困而改節。為之者人也，生死者命也，是以晉重耳㊴之有霸心㊵，生於曹、衛㊶；越王句踐㊷之有霸心，生於會稽㊸。故居下㊹而無憂㊺者，則思不遠；處身㊻而常逸㊼者，則志不廣，庸知㊽其終始㊾乎？」子路出，召子貢，告如子路，子貢曰：「夫子之道至大，故天下莫能容夫子，夫子盍㊿少貶(51)焉？」子曰：「賜！良農能稼，不必能穡(52)；良工能巧，不能為順(53)；君子能修其道，綱而紀之(54)，不必其能容。今不修其道而求其容，賜！爾志不廣矣，思不遠矣。」子貢出，顏回入，問亦如之，顏回曰：「夫子之道至大，天下莫能容；雖然夫子推而行之，世不我用(55)，有國者(56)之醜(57)也，夫子何病(58)焉？不容然後見(59)君子。」孔子欣然歎曰：「有是哉！顏氏之子(60)。吾亦使爾多財，吾為爾宰(61)。」

【章旨】此章並見於《荀子．宥坐》、《韓詩外傳．七》及《說苑．雜言》。盛贊孔子窮而益堅，困而不惑，有著「修道立德」的頑強意志和「安貧樂道」的樂觀精神。

【注釋】❶楚昭王　名珍。平王之子。注見〈致思第八〉。❷聘　通問致意。❸拜禮　回拜；答謝。❹陳蔡　兩古國名。

陳，嬀姓。相傳為舜的後代，建都宛丘（今河南淮陽），後為楚所滅。蔡，姬姓。開國君主為周武王之弟叔度，建都上蔡，又遷新蔡（皆屬河南），為楚所滅。❺刺譏　揭露和嘲諷的。❻中　符合；正著；擊中要害。❼病　缺點；毛病。❽徒兵　步兵。❾距　通「拒」。阻止。❿通　往來。⓫藜羹　嫩草煮成的羹。泛指粗劣的食品。藜，一種名叫萊的草。⓬不充　不足；不夠。⓭從者　隨從的人。⓮病　憂慮；作難。⓯慷慨　意氣風發，情緒高昂。⓰講誦　談論；講習。⓱弦歌　泛指學習、授業。因為古詩皆可配樂誦讀，故稱。⓲詩　此指《詩・小雅・何草不黃》。⓳匪　非；不是。⓴兕　野牛。㉑率　沿著；循行。㉒曠野　空闊的原野。㉓奚為　何為；為什麼。㉔慍　惱怒；怨怒。㉕意者　或者；料想。㉖與　通「歟」。疑問語氣詞。㉗積德懷義　積累恩德，懷抱仁義。㉘居　平時；平生。㉙窮　困厄。㉚伯夷叔齊　殷末的高士。注見〈弟子行十二〉。㉛首陽　山名。在今山西省永濟縣南，傳為伯夷、叔齊餓死處。㉜比干　紂王的伯父。因犯顏強諫，被剖心而死。注見〈賢君十三〉。㉝不見　不被。見，被。下「見」字同。㉞關龍逢　夏末的忠臣。注見〈賢君十三〉。㉟伍子胥　名員。春秋時楚人，其父奢、其兄尚，皆以無辜被楚平王所殺，子胥奔吳，輔佐吳王闔閭伐楚，五戰入郢（楚都），掘平王墓，鞭屍三百，以報父兄之仇。後來吳王夫差大敗越兵，迫使越王句踐棲於會稽，越國請和，子胥諫，夫差聽信伯嚭的讒言，迫使子胥自殺。㊱遇　遇合；得到君主的賞識。㊲不肖　不才；不正派的人。㊳何獨　何止。獨，只。㊴晉重耳　即晉文公。春秋時五霸之一。㊵霸心　建立霸業的思想。㊶生於曹衛　《左傳・僖公二十三年》載：公子重耳出奔在外，「過衛，衛文公不禮焉」、「及曹，曹共公聞其駢脅，欲觀其裸，浴，薄而觀之。僖負羈之妻曰：『吾觀晉公子之從者，皆足以相國。若以相，夫子必反其國；反其國，必得志於諸侯；得志於諸侯，而誅無禮，曹其首也。』」曹衛，皆古國名。㊷越王句踐　春秋末越國的君主。曾被吳王夫差打得大敗，屈服求和。他臥薪嘗膽，刻苦圖強，任用范蠡、文種等整頓國政，十年生聚，十年教訓，終於轉弱為強，將吳國滅亡。㊸生於會稽　越王句踐大敗之後，率其殘餘部隊五千人，棲於會稽，「喟然歎曰：『吾終於此乎？』文種說：『湯繫夏臺，文王囚羑里，晉重耳奔狄，齊小白奔莒，其卒王霸。由是觀之，何遽不為福乎？』」於是越王句踐苦身焦思，置膽於坐，坐臥即仰膽，飲食亦嘗膽也，曰：『汝忘會稽之恥耶？』」終於轉弱為強，滅了吳國。事見《史記・越王句踐世家》。會稽，山名。在今浙江省境，主峰在嵊縣西北。㊹居下　處於卑下的地位。㊺無憂　沒有憂患。㊻處身　對待自己；安排個人。㊼常逸　常常在安逸之中。㊽庸知　豈知；詎知；難道知道。㊾終始　偏義詞。偏在終。言事物的結局。㊿盍　何不。(51)少貶　稍加抑制；稍微壓低一點。(52)穡　收穫。種曰稼，收曰穡。(53)順　順著別人的意思。(54)綱而紀之　治理。這是以綱罟喻處理政務，張之為綱，理之為紀。(55)不我用　不用我。(56)有國者　擁有國家政權的人。(57)醜　羞恥；慚愧。(58)病　恥辱。

59見　表現；顯示出來。60之子　這個人。61宰　主管財務。言志同道合。

【語　譯】楚昭王向孔子通問致意，孔子禮節性地前往答拜，路經陳、蔡之間，陳、蔡兩國的大夫共同謀畫說：「孔子是一位品德學問都很高尚的人，他所揭露和嘲諷的，都切中各諸侯國的毛病，如果被楚國加以重用，那麼陳國和蔡國就危險了。」於是派遣步兵去阻攔孔子，孔子走不了，七天斷了糧，與外間也斷絕了往來，連最粗劣的飲食也不夠吃，隨從的人都很憂慮，而孔子更加意氣風發地在講授、學習，弦歌之聲仍然很昂揚。便把子路喚了來問道：「《詩經》上說：『不是兕也不是虎，老是沿著空闊的原野在走。』難道我們的學說不對嗎？為什麼到了這個田地呢？」子路很不高興，變了臉色回答說：「有道德修養的人是不會困乏的。或者先生還不夠仁愛嗎？人們才不相信我們啊；或者先生還不夠足智多謀嗎？人們才能夠阻撓我們啊。而且我過去聽先生說過：『做了好事，上天就要降福於你；做了壞事，上天就要降禍於你。』如今先生積累仁德，懷抱道義，身體力行已經很久了，為什麼一生這麼窮困呢？」孔子說：「子路，你還不懂得啊，我告訴你：你以為仁愛的人一定會受到信任麼，那麼伯夷、叔齊就不會餓死在首陽山了；你以為智者一定會受到重用麼，那麼王子比干就不會被剖心而死了；你以為忠貞的人一定會得到好報麼，那麼關龍逢就不會遭到刑戮了；你以為直言敢諫的人一定會被採納麼，那麼伍子胥就不會被殺了。一個人能不能得到君主的賞識，這是時機的問題啊；一個人是才德兼美還是相反，這是才能的問題啊。有道德修養的人，有著淵博的學問，深遠的謀略，而沒有碰上時機的多得很啊，何止我呢？何況芝蘭生長在茂密的林子裡，不因為沒有人賞識它就不香；君子完善他的學說，樹立他的品德，不因為窮困而改變自己的節操。努力去做是盡人事，是生還是死，這是命運啊。因此，晉重耳之所以萌發建立霸業的思想，是因為遭到曹、衛兩國君主的侮辱；越王句踐之所以萌發建立霸業的思想，是因為他被圍困在會稽山上。所以處在卑下的地位，而沒有憂患的生活，那麼他的思慮就不會深遠；對待自己常常想到安逸，那麼他的志向就不會遠大。怎麼能夠曉得他的結局如何呢？」子路走了以後，又把子貢喚了來，像告誡子路一樣的告誡他，子貢說：「先生的學說太偉大了，所以世界上沒有一個能夠容納先生的，先生何不稍微壓抑一下自己呢？」孔子說：「賜啊！一個好的農夫能夠種植莊稼，不一定能夠收穫；一個好的工匠能夠做出精巧的東西，但不能盡如人意；君子能夠完善他的學說，用來治理天下，但不一定能被別人接受。如今你不去進修自己的學說，而不惜壓低自己以求別人接受。子貢，你的志向不大啊，你的謀慮不遠啊。」子貢出去了，顏回走了進來，孔子還是像問子路、子貢一樣的問他，顏回說：「先生的學說偉大極了，天下沒有人能夠接受，但先生推廣它、實行它。世界上沒有人用我們，是擁有國家政權者的恥辱啊，先生有什麼缺點呢？沒有人容納和接受，然後能顯示出先生的道德修養啊。」孔子高興地感歎地說：「是這麼的啊，姓顏的這個人啊！要是你有很多的財物，我願意做你的主管，多麼志同道合啊。」

子路問於孔子曰：「君子亦有憂乎？」子曰：「無也。君子之修行❶也，其未得之，則樂其意❷；既得之，又樂其治❸。是以有終身之樂，無一日之憂。小人則不然❹，其未得也，患❺弗得之；既得之，又恐失之，是以有終身之憂，無一日之樂也。」

【章　旨】此章並見於《荀子・子道》及《說苑・雜言》。將君子和小人的憂樂觀，作了鮮明的對比，以顯示孔子的崇高特質。

【注　釋】❶修行　修養品性。❷樂其意　從精神上得到樂趣。❸樂其治　在政治清平方面得到樂趣；在工作成績上得到樂趣。❹不然　不是如此；不是這樣。❺患　害怕。

【語　譯】子路問孔子說：「道德修養很好的人也有憂慮麼？」孔子說：「沒有啊。君子是那樣修養身性的：當他還沒有得到某種地位的時候，他從精神上得到樂趣；已經得到某種地位的時候，又從政治清平上得到樂趣。所以他有的是終身的快樂，而沒有一天的憂慮。缺乏道德修養的人就不是這麼樣：當他沒有得到某種地位的時候，生怕自己得不到；已經得到了，又生怕丟掉它。因此，他只有終身的憂慮，而沒有一天的快樂啊。」

曾子❶敝衣❷而耕於魯，魯君聞之而致邑❸焉，曾子固辭❹不受。或曰：「非子之求，君自致❺之，奚固辭也？」曾子曰：「吾聞受人施者常畏人，與人者常驕人❻。縱君有賜，不我驕也；吾豈能無畏乎？」孔子聞之曰：「參之言，足以全其節❼也。」

【章旨】此章見於《說苑・立節》。盛贊曾子能夠正確對待物質利益，故能保全其節操。

【注釋】❶曾子　名參。孔子弟子。注見〈致思第八〉。❷敝衣　破舊的衣服。❸致邑　送給一個城邑，以資供養。❹固辭　堅決辭謝。❺自致　自動的送了來。❻驕人　傲慢別人。❼全其節　保全他的節操。

【語譯】曾子穿著破爛的衣服，在魯國耕田，魯君聽說了，送給他一個城邑，曾子堅決辭謝不肯接受。有人說：「不是你去要的，君主自動送來的，何必那麼堅決辭掉呢？」曾子說：「我聽說接受別人的恩施，常常害怕別人；給與別人的財物的，常常要傲慢別人。即使君主賞賜了我，而並不對我傲慢，我難道能夠不害怕他麼？」孔子聽了後說：「曾參這番話，能夠讓他保全節操啊。」

孔子厄於陳、蔡❶，從者七日不食，子貢以所齎貨❷，竊❸犯圍❹而出，告糴於野人❺，得米一石焉。顏回、仲由❻炊之於壞屋❼之下，有埃墨❽墮飯中，顏回取而食之，子貢自井❾望見之，不悅，以為竊食❿也，入問孔子曰：「仁人⓫廉士⓬，窮改節⓭乎？」孔子曰：「改節，即何稱於仁廉哉？」子貢曰：「若回也，其不改節乎？」子曰：「然。」子貢以所飯告孔子，子曰：「吾信回之為仁久矣，雖汝有云，弗以疑也，其或者必有故乎？汝止，吾將問之。」召顏回曰：「疇昔⓮，予夢見先人⓯，豈或啟祐⓰我哉？子炊而進飯，吾將進⓱焉。」對曰：「向⓲有埃墨墮飯中，欲置之⓳則不潔；欲棄之，則可惜，回即食之，不可祭也。」孔子曰：「然乎？吾亦食之。」顏回出，孔子顧謂二三子⓴曰：「吾之信回也，非待今日也。」二三子由此乃服之。

【章　旨】此章見於《呂氏春秋・任數》。盛贊孔子善於知人，尤可貴者，在於知而不疑，信而不惑。

【注　釋】❶厄於陳蔡　在陳、蔡之間遭到危難。厄，危難；困苦。❷齎貨　攜帶的財物。❸竊　暗暗地；偷偷地。❹犯圍　冒險突出包圍圈。❺野人　鄉野之人。即農夫。❻仲由　即子路。❼壞屋　土屋。❽埃墨　煙熏的黑色塵土。❾井　屋外水井處。❿竊食　偷吃。⓫仁人　正派的人。⓬廉士　清廉的人。⓭改節　喪失節操。⓮疇昔　往日；過去。疇，往昔。⓯先人　祖先。⓰啟祐　開導和福祐。⓱進　進獻；奉獻。⓲向　剛才。⓳置之　放在那裡。⓴二三子　諸位；幾個人。

【語　譯】孔子在陳、蔡之間遇到危難，隨從的人七天沒有吃飯，子貢拿了他所攜帶的財物，偷偷地冒險突出包圍，向農夫買米，換了一石米回來，顏回和子路在一間土屋燒飯，有一粒煙熏的黑色塵土掉在飯裡面，顏回拾起來吃了，子貢從井邊遠遠地看見了，很不高興，以為他是在偷著吃啊，走進來問孔子說：「一個正派的人、廉節的人，在窮困的時候會喪失節操嗎？」孔子說：「喪失節操，還稱得上什麼正派、廉潔嗎？」子貢說：「像顏回這樣的人，該不至於喪失節操麼？」孔子說：「是的。」子貢便將剛才顏回偷飯吃的事告訴孔子，孔子說：「我相信顏回是一個正派人，已經很久了，雖然你說了這些，我還是不懷疑他，或者一定有什麼別的原因吧？你不要說出去了，我打算問問他。」於是把顏回叫了來說：「前幾天，我夢見了我的祖先，莫非要開導我福祐我麼？你把飯煮好了拿來，我準備要奉祀祖先。」顏回答道：「剛才有一粒煙熏的黑色塵土掉進飯裡，我想放在飯中，就不乾淨；想拋棄它，又可惜了。我便拿來吃了，吃過的東西是不可以做祭祀用的呀。」孔子說：「是這樣的嗎？要是我，我也要拿來吃的。」顏回出去以後，孔子回頭對其他學生說：「我對顏回的信任，不用等到今天啊。」其他學生從這以後，終於信服了。

入官第二十一

【題解】本篇見於《大戴禮記·子張問入官》。「入官」，即當官為政之道，孔子告之以當官為政，應該勿專、勿怠、勿發、勿犄、勿遂、勿留，然後能得到身安、譽至、政從的效果。接著又詳細論述了「善政行易而民不怨」的道理，論述了「取親於百姓」、「取信於庶民」的辦法，是孔子「為政以德」的思想體現。

子張❶問入官❷於孔子，孔子曰：「安身❸取譽❹為難。」子張曰：「為之如何？」孔子曰：「己有善勿專❺，教不能勿怠❻，已過勿發❼，失言勿犄❽，不善勿遂❾，行事勿留❿。君子入官，有此六者，則身安、譽至而政從⓫矣。且夫忿數⓬者，官獄⓭所由生也；距諫⓮者，慮之所以塞也；慢易⓯者，禮之所以失也；怠惰者，時之所以後也；奢侈者，財之所以不足也；專獨者，事之所以不成也。君子入官，除此六者，則身安、譽至而政從矣。故君子南面⓰臨官⓱，大域⓲之中而公治之⓳，精智⓴而略行之㉑。合是㉒忠信，考是大倫㉓，存是美惡，進是利而除是害，無求其報焉，而民之情可得也。夫臨之無抗民㉔之惡，勝之無犯民㉕之言，量之無佼民㉖之辭，養之無擾於其時，愛之無寬於刑法，若此，則身安、譽至而民得也。君子以臨官，所見則邇[27]，故明[28]不可蔽[29]也。所求於邇，故不勞而得也。所以治者約[30]，故不用眾而譽立。凡法象[31]在內，故法不遠而源泉不竭。是以天下積[32]而本不寡[33]，短長[34]得其量[35]，人志治[36]而不亂政[37]。德貫乎心[38]，藏乎志[39]，形乎色[40]，發乎聲[41]，若此而身安、譽至，民咸[42]自治[43]矣。是故臨官不治則亂，亂生則爭之者至，爭之至又於亂。明君必寬裕以容其民，慈愛優柔[44]之，而民自得[45]矣。行者，政之始也[46]；說者，情之導[47]也；善政[48]行易[49]而民不怨，言調[50]說和[51]則民不變[52]，法在身則民象[53]，明在己則民顯之[54]，若乃供己[55]而不節[56]，則財利之生者微[57]矣；貪以不得[58]，則善政必簡矣；苟[59]以亂之，則善言[60]必不聽也；詳[61]以納[62]之，則規諫日至。言之善者，在所日聞；行之善者，在所能為。故君上[63]者，民之儀[64]也；有司[65]執政[66]者，民之表[67]也；邇臣[68]便僻[69]者，群僕[70]之倫[71]也。故儀不正則民失[72]；表不端則百姓亂；邇臣便僻則群臣[73]汙[74]矣。是以人主不可不敬乎三倫[75]。君子修身[76]反道[77]，察里言[78]而服[79]之，則身安、譽至，終始在焉。

【章旨】本章論述身安、譽至的五個層次，首先從正面提出六「勿」，其次指出忿數、距諫、慢易、怠惰、奢侈、專獨的危害，第三進一步闡明無抗民、無犯民、無佼民、無擾民、無因愛民而枉法的道理，第四強調要以「德」為政，要使之「貫乎心，藏乎志，形乎色，發乎聲」。最後強調君上、有司、邇臣的表率作用。體現了孔子對行政官員的嚴格要求和「為政以德」的一貫主張。

【注　釋】❶子張　即顓孫師。孔子弟子。注見〈好生第十〉。❷入官　入朝做官。❸安身　容身；存身。❹取譽　獲得聲望。❺有善勿專　言即使有善言善行，當與眾人共有，不要據為己有。專，獨占。❻勿怠　不要鬆懈。❼勿發　不要張揚。❽勿犄　不要抓住不放。❾勿遂　不要馬上去幹。❿勿留　不要拖延留滯。⓫政從　服從政令。⓬忿數　多次怨恨；積久的憤怒。⓭官獄　官員所犯的過失。⓮距諫　拒絕批評；不接受規勸。距，通「拒」。⓯慢易　怠忽；輕侮。⓰南面　古代以坐北朝南為尊位，故君主接見群臣，官員接見民眾，皆南面而坐。故以南面代指官長。⓱臨官　居官；當官。⓲大域　大略；約略；梗概。⓳公治之　正直無私地去管理它。⓴精智　精細地謀畫。㉑略行之　簡要地去施行它；擇要而行。㉒是　此；這個。下四「是」字同。㉓大倫　大原則；大倫理。㉔抗民　對抗民眾；凌壓老百姓。㉕犯民　觸犯百姓；侵犯民眾。㉖佼民　輕侮百姓；誇耀人民。佼，輕侮；矜誇。㉗邇　近；深微。㉘明　眼睛。㉙蔽　蒙蔽；遮蓋。㉚約　簡要；精簡。㉛象　形象；表現在外面的形狀。㉜積　積聚。此言天下之事皆積聚而成。㉝不寡　不少；不止一個。㉞短長　是非；生殺。㉟量　衡量；測定。㊱志治　一心嚮往治平。㊲亂政　破壞政教。㊳貫乎心　通達於心；熟悉於心。㊴藏乎志　懷藏在意志中。藏，隱藏；懷藏。㊵形乎色　表現在顏色上。㊶發乎聲　顯現在聲音裡。發，顯現。㊷咸　皆。㊸自治　自我管理；自己約束自己。㊹優柔　寬容；寬緩。「優」與「柔」，都有「安」的意思。引申為寬舒。㊺自得　自然滿足。㊻行者二句　言民眾只重實際的行為，不信空洞的語言。行，行為。政之始，處理政務的第一步。㊼導　引導；疏通。㊽善政　美政；良好的政治。㊾行易　做起來很簡易。㊿言調　說的適合於情況。調，適。(51)說和　講的和洽於民心。(52)不變　不會作亂。(53)民象　百姓仿效。(54)民顯之　百姓就發揚它。(55)供己　供養自己。(56)不節　不儉省；不節約。(57)微　少。(58)不得　得不到的；不應得的。(59)苟　苟且；隨便。(60)善言　忠言；高妙的言論。(61)詳　審慎地；周詳地。(62)納　採納；接受。(63)君上　君主。(64)儀　法度；標準。(65)有司　主管官員。(66)執政　主持政務的人；主管某一事務的官員。(67)表　表率。(68)邇臣　近臣；在君主左右的親近之臣。(69)便僻　指在君主左右辦事的人。僻，當作「辟」。(70)群僕　大批供役使的人。(71)倫　倫紀；準則。(72)民失　喪失民心。(73)群臣　百官；所有的官員。(74)汙　惡濁；不乾淨。(75)三倫　三種倫類的人。此指有司、執政和邇臣。(76)修身　修養身心。(77)反道　復歸正道。(78)里言　俗話；街談巷議。(79)服　行。

【語　譯】子張問入朝做官的方法於孔子，孔子說：「要在朝廷上容得身並得到好的聲譽是困難的。」子張說：「怎麼做才好呢？」孔子說：「個人即使有善，不要據為己有；施展教化即使沒有取得成效，也不要鬆懈；別人已經有了失誤，只要影響不大，不要張揚出去；有人說錯了話，不要抓住不放；不是考慮得很完善，不要馬上去幹；應該做的事，不要拖拖拉拉。一個有道德修養的人當了官，而又注意做到以上六個方面，那麼他就可以站穩腳跟、得到美名，民眾也就會服從政令了。而且怨恨太多，是官吏犯錯誤的根源；拒絕批評，是思慮閉塞的原因；傲慢輕易，是容易喪失禮儀的；懈怠鬆弛，是最易喪失時機的；生活奢侈，是會導致財力不足的；獨斷專行，是會使事情辦不成功的。有道德修養的人當了官，能夠排除這六種毛病，那麼他就可以站穩腳跟、得到聲譽，而民眾也就服從政令了。所以有道德修養的人，處在尊貴的地位，當了大官，只要抓住主要的大綱，公正地去處理政務，謀畫要精審，施行要簡易，要符合這個忠信之道，研究這個大的原則，保存這個歌頌與揭露的傳統，擴大有利的一面，而排除有害的部分，並且不希望老百姓來感恩圖報，那麼民間的真實情況就可以掌握了。面對廣大的民眾，沒有凌壓百姓的惡跡；贏得民眾的擁護，卻沒有觸犯百姓的言論；要求民眾量力交稅，卻沒有誇耀自己的話；教養民眾，卻不去違反農時，騷擾百姓；愛護民眾，卻不放棄刑法，縱容壞人。能夠像這麼樣，那麼他就可以站穩腳跟、得到聲譽，從而得到民心了。有道德修養的人因為做了官，看問題就要深一些，所以眼睛不能受到蒙蔽啊；又因為他可以就近得到一切情況，所以他不要付出太多的勞力啊；而且他的政令很簡要，所以用不著興師動眾，便可以樹立自己的聲望。一切法令的表象都是內部的因素決定的，所以法令的制定不必取法於遠古，它在現實生活中有著無窮無盡的源泉。天下的事都是積聚而成的，而且它的根源不止一個。只要是非得其當，民心就會思治，而不會去破壞安定的政治。對於行使德政，一定要通達於內心，懷藏於意志，表現於顏色，發揚於聲音。能夠像這樣，那麼就能站住腳跟、取得聲望，而百姓也就能自然安定了。因此當官的不去整頓官風，不去治理百姓，就會鬧出亂子來；亂子發生了，爭奪權力的就來了；爭奪到了極點，便激發了更大的亂子。英明的君主一定要用寬緩優裕的政策來安定他的百姓，只有對他們慈愛和寬容，老百姓就得其所哉了。實際的行動，是處理政務的開始；言語是疏導感情的工具。好的政治，實行起來一定很簡易，老百姓因而不會埋怨；說的適合國情，講的和洽民意，那麼百姓就不會發生變亂。法令首先從本身做起，那麼百姓就要向你學習；清廉首先在自己身上體現出來，那麼百姓就把它發揚光大。如果只求供奉自己，而不加以節制，那麼財經的收入就少了；只想貪圖不應該得到的，那麼好的政治也一定變得簡陋了；隨便變革法制，那麼高妙的言論一定聽不進去了；審慎地加以採納，那麼批評的話每天都可以聽到了。好的言論，貴在每天都能聽到；好的政令，貴在能夠切實執行。所以君主，是百姓的典範；主管各部門政務的官員，是百姓的表率；左右親近的臣僚，是所有工作人員學習的榜樣。所以立的標如果不正，就要喪失民心；立的表如果不正，百姓就要騷亂；左右的近臣如果阿諛逢迎，那麼百官就會一塌糊塗。因此作為一國的君主，不能不敬慎地考察有司、執政和近臣三種人；有道德修養的人要自我修養，要復歸本性，就要吸收流行在里巷之間的諺語，去真心實地的做，那麼就可以自始至終地站穩腳跟、獲得美譽了。

故夫女子必自擇絲麻，良工必自擇完材❶，賢君必自擇左右❷，勞於取人，佚於治事，君子欲譽，則必謹其左右。為上者譬如緣木❸焉，務高❹而畏下❺滋甚❻。六馬❼之乖離❽，必於四達❾之交衢❿；萬民之判道⓫，必於君上之失政⓬。上者尊嚴而危，民者卑賤而神⓭。愛之則存，惡之則亡，長民者⓮必明此之要。故南面臨官，貴而不驕，富而能供⓯，有本⓰而能圖末⓱，修事⓲而能建業⓳，久居⓴而不滯，情近而暢乎遠，察㉑一物而貫㉒乎多，治一物而萬物不能亂者，以身本㉓者也。君子蒞民㉔，不可以不知民之性，而達諸㉕民之情。既知其性，又習其情，然後民乃從命矣。故世舉(26)則民親之，政均(27)則民無怨。故君子蒞民，不臨以高(28)，不導以遠(29)，不責(30)民之所不為，不強(31)民之所不能，以明王之功。不因(32)其情，則民嚴(33)而不迎(34)，篤(35)之以累年(36)之業，不因其力，則民引(37)而不從。若責民所不為，強民所不能，則民疾(38)，疾則僻(39)矣。古者聖主，冕(40)而前旒(41)，所以蔽明(42)也；紘統(43)充耳(44)，所以掩聰(45)也。水至清則無魚，人至察(46)則無徒(47)。枉(48)而直之，使自得之；優(49)而柔(50)之，使自求之；揆而度之(51)，使自索(52)之。民有小罪，必求其善，以赦其過；民有大罪，必原(53)其故，以仁輔化；如有死罪，其使之生，則善也。是以上下親而不離，道化流而不蘊(54)。故德者，政之始也。政不和則民不從其教矣；不從教則民不習(55)，不習則不可得而使也。君子欲言之見信也，莫善乎先虛其內(56)；欲政之速行也，莫善乎以身先之；欲民之速服也，莫善乎以道御(57)之。故雖服必強(58)，自非忠信，則無可以取親於百姓者矣；內外(59)不相應(60)，則無已(61)取信於庶民(62)者矣。此治民之至道(63)矣，入官之大統(64)矣。」子張既聞孔子斯言，遂退而記之。

【章旨】此章進一步闡述「入官」之道。抓住一個「德」字，從不同的角度，說明「德」者，是「政之始」的道理。

【注　釋】❶完材　完整的材料；完美的材料。❷左右　助手；輔助的人。❸緣木　爬樹。緣，攀援。木，樹。❹務高　力求爬得高。❺畏下　害怕跌下來。❻滋甚　更加厲害。❼六馬　古代帝王的車駕用六馬。❽乖離　背離；分散逃跑。❾四達　通向四方的道路。❿交衢　四通八達的道路；交叉的道路。衢，寬廣的道路。⓫叛道　背叛政教；違反法令。⓬失政　政治混亂，政令失誤。⓭卑賤而神　言民猶水，可以載舟，又可以覆舟，故曰「神」。⓮長民者　民眾的官長；撫育老百姓的。⓯供　當為「共」字。恭敬的意思。⓰本　事物的根本。古代常以指農業。⓱末　非本質的東西。此指工商。⓲修事　完善事業。⓳建業　建立事業。⓴久居　長期停留。㉑察　明察；考察。㉒貫　通達；通曉。㉓身本　本人就是法令的體現者。《商君書．定分》：「法令者，民之命也，為治之本也。」㉔蒞民　管理百姓。㉕達諸　通之於。達，通曉；了解。㉖世舉　興旺的時代；振興的時期。㉗政均　政治公允。㉘不臨以高　不在民眾面前擺出高姿態；不以居高臨下的姿態對待百姓。㉙不導以遠　不引導人民追求難以達到的遠大目標。㉚責　要求。㉛強　勉強；勉力。《管子．牧民》：「不求不可得者，不強民以其所惡也。」㉜因　依靠；依據；順著。㉝嚴　拘謹；整肅。㉞迎　遵奉；迎合。㉟篤　專一引導；勤勉。㊱累年　歷年；多年。㊲引　引退；退出。㊳疾　憎恨。㊴僻　邪僻之心；壞念頭。㊵冕　王冠。古代天子、諸侯所戴的禮帽。㊶旒　王冠前後所垂的玉串。㊷蔽明　遮蔽視線。㊸紘紞　王冠上著於頷下的帶子。㊹充耳　又叫做「瑱」。古代統治階級懸掛在禮帽兩旁的玉，下垂至耳，用以塞耳避聽。㊺掩聰　遮掩聽覺。㊻察　明察。㊼無徒　沒有群眾。徒，徒眾；同黨。㊽枉　邪惡的；不正直的。㊾優　寬容。㊿柔　安撫。(51)揆而度之　揣度；估量。揆，籌度；管理。度，揣測；考慮。(52)索　選擇。(53)原　推其根源。(54)蘊　積聚；積滯。(55)不習　不通曉；不熟悉。(56)先虛其內　先使自己的內心不存得失之想。虛，空虛。內，內心。(57)御　治理；統治。(58)雖服必強　即使順從，也一定是威力迫使的，不是衷心悅而誠服的。強，威強；威力。(59)內外　內心與外表。(60)不相應　不相適應；不一致。(61)已　通「以」。(62)庶民　百姓。(63)至道　最好的方法。(64)大統　重要的綱領。

【語　譯】因此女子一定要選擇絲麻，好的工匠一定要選擇完美的材料，好的君主一定要選擇助手。在選擇人的時候要多費心力，在處理具體政務的時候不宜事必躬親。有道德修養的人希望有個好的聲譽，就必須小心謹慎地選擇自己得力的助手。處於尊貴的地位，就好像爬樹一樣，力求爬得高一些，但爬得越高越害怕跌了下來。六馬的分散奔跑，一定在四通八達的岔路上；萬民的背叛教化，一定是君上的政治混亂。在上位的雖然很尊貴嚴肅，但卻很危險；民眾的地位雖然很卑賤，但卻很有力量。人民親近他，他就可以存在；人民憎恨他，他就會走向滅亡。管理民眾的一定要了解這方面的重要性。因此居於尊貴地位的官長，要能貴而不驕，富而能恭，既有穩固的農業，又要籌畫發展工商；既能完善原來的基業，又能建立新的功業。經過長期的積累而不停滯在舊有的水平上，恩情及於親近的人而能通於疏遠的人。具體分析一件事物而能推知多種事物，治好一件事而萬物因而得以有條不紊。這是什麼原因呢？因為他本身就是執行政令的啊。官長來治理百姓，不可不知道老百姓的本質特點，從而洞悉各階層人民的真情實感。既了解他的特點，又熟悉他的真情，這樣老百姓就會順從你的政令了。所以在興旺的時代老百姓就親近你，在政治公允的時候老百姓就沒有怨言。所以有道德修養的人在管理百姓的時候，不以居高臨下的姿態去對待老百姓；不拿不切實際的遠大目標去引導老百姓；不要求老百姓做不願做的事；不勉強老百姓做不能做的事，以此來宣揚君主的功德。不根據老百姓的真實情況去制定政令，那麼老百姓就會很拘謹很整肅，但卻不遵奉你所推行的那一套；專心致志地經營多年的功業，如果不依靠老百姓的力量，那麼老百姓就不會與你合作而不順從你的政教。如果要求老百姓做不願做的事，強迫老百姓做他所做不到的事，那麼老百姓就會憎恨你；老百姓一憎恨你，就會萌生各種各樣的壞念頭。古代帝王所戴的禮帽，前面所垂的玉串，是用來遮蔽視覺的啊；王冠的兩旁，下垂至耳的玉，是用來遮蔽聽覺的啊。水太清澈了就沒有魚，人太精明了就沒有群眾。本來是彎曲的讓他直起來，使之自得其所；寬容他安撫他，使之自求其宜；管理他考慮他，使之自加選擇。老百姓有一點小過失，一定要找出他的好的方面，從而赦免他的過失；老百姓犯了大的罪過，一定要推求他犯過的原因，用仁愛的心來輔助教化的推行。如果犯有死罪，能夠給他一條活路，那就是好的啊。因此上下親近而不乖離，政教普施而不滯礙。所以說德這個東西是處理政治的第一步。政令不和洽，老百姓就不服從你的教化了；不服從你的教化，老百姓就不熟悉你那一套；不熟悉你那一套，那就無法去使喚他們啊。有道德修養的人希望自己的話能夠被信任，沒有比首先要求自己的內心正直更好的了；希望自己的政令能夠迅速地推行，沒有比自己首先身體力行更好的了；希望老百姓能夠很快的順從他，沒有比用道德去駕御他更好的了。所以不如此，即使百姓順從了，也一定是用威力迫使的，不是衷心悅而誠服的。從來不是忠誠老實的，就無法獲得老百姓的親近喲；內外不一致，就無法取得老百姓的信任喲。這是治理民眾最好的方法啊，也是做官的重要綱領啊。」子張聽完了孔子這一番話，於是退下來記錄了它。

困誓第二十二

【題解】困誓，是處於困厄時相與告戒勸勉的話。此篇大都是寫孔丘厄於陳、蔡，厄於鄭，厄於匡，厄於蒲的患難經歷，以及在患難中告戒和勸勉弟子們的話，還有寫子貢困於道，子路困於名，竇犨鳴犢困於晉，史魚困於諫的故事，故以「困誓」名篇。這些小故事，見於《列子》、《荀子》、《韓詩外傳》、《說苑》、《論衡》等書。

子貢問於孔子曰：「賜倦於學、困於道矣，願息❶於事君可乎？」孔子曰：「《詩》❷云：『溫恭❸朝夕❹，執事❺有恪❻。』事君之難也，焉❼可息哉？」曰：「然則賜願息而事親。」孔子曰：「《詩》❽云：『孝子不匱❾，永錫❿爾類⓫。』事親之難也，焉可以息哉？」曰：「然，賜請願息於妻子。」孔子曰：「《詩》⓬云：『刑⓭于寡妻⓮，至于兄弟，以御⓯于家邦。』妻子之難也，焉可以息哉？」曰：「然！賜願息於朋友。」孔子曰：「《詩》⓰云：『朋友⓱攸攝⓲，攝以威儀⓳。』朋友之難也，焉可以息哉？」曰：「然則賜願息於耕矣。」孔子曰：「《詩》⓴云：『晝㉑爾于茅㉒，宵㉓爾索綯㉔，亟㉕其乘屋㉖，其始㉗播百穀㉘。』耕之難也，焉可以息哉？」曰：「然則賜將無所息者也。」孔子曰：「有焉，自望其廣㉙，則睪如㉚也；視其高，則填如㉛也；察其從，則隔如㉜也，此其所以息也矣。」子貢曰：「大哉乎死也，君子息焉，小人休焉，大哉乎死也！」

【章　旨】此章見於《荀子・大略》、《列子・天瑞》及《韓詩外傳・八》。言孔子認為只要一息尚存，就應進德修業，盡其在己，決不能停滯不前，故步自封的。

【注　釋】❶息　停止。❷詩　此指《詩・商頌・那》。這是祭祀成湯的詩歌。❸溫恭　溫順恭謹。❹朝夕　早晚；天天。❺執事　擔任工作的人。❻恪　敬慎。❼焉　何；怎麼。下「焉」字同。❽詩　此指《詩・大雅・既醉》。這是歌頌太平的詩。❾不匱　不竭；不盡。❿錫　賜與。⓫類　善。⓬詩　此指《詩・大雅・思齊》。這是歌頌文王之所以聖的詩。⓭刑　通「型」。典型；法式。⓮寡妻　適妻；正妻。⓯御　治理。⓰詩　此指《詩・大雅・既醉》。⓱朋友　原指志趣相同的群臣，此泛指志同道合之友。⓲攸攝　輔佐；幫助。⓳威儀　莊嚴的容貌舉止。⓴詩　此指《詩・豳風・七月》。這是陳述王業艱難的詩歌。㉑晝　白天。㉒于茅　去割茅草。于，往。㉓宵　夜裡。㉔索綯　打草繩。綯，絞。㉕亟　急；趕快。㉖乘屋　修整屋宇。乘，修整。㉗其始　將要開始。㉘百穀　穀類的總稱。㉙廣　「壙」的借字。墓穴。㉚睪如　高聳的樣子。《荀子・大略》作「皋如」。睪，通「皋」。㉛填如　充塞的樣子。㉜隔如　鼎鬲似的。《荀子・大略》作「鬲如」。隔，與「鬲」古通。鬲，炊具。與鼎相似。

【語　譯】子貢問孔子說：「我對學習厭倦了，對道德的修養也很困頓了，希望不再侍奉君主可以嗎？」孔子說：「《詩經》上說：『天天溫順恭謹，擔任工作的人都很敬慎。』說明侍奉君主不容易啊，怎麼可以停止呢？」子貢說：「既然如此，那麼我希望能夠停止侍奉父母吧。」孔子說：「《詩經》上說：『孝子之道是不會匱竭的，永遠賜給你以吉祥。』說明侍奉父母不容易啊，怎麼可以停止呢？」子貢說：「是的，那麼我就希望停止對妻子兒女的義務。」孔子說：「《詩經》上說：『要作妻子的典範，推而至於同姓的兄弟，這樣來治理天下國家。』說明對妻子盡義務是應該的，怎麼可以停止呢？」子貢說：「這樣，我希望能夠斷絕朋友的往來。」

孔子說：「《詩經》上說：『朋友是互相幫助的，要以莊嚴的容貌和舉止來進行幫助。』說明朋友的往來也不容易啊，怎麼可以斷絕呢？」子貢說：「既是如此，那麼我就只好停止耕種了。」孔子說：「《詩經》上說：『白天去割茅草，夜裡去打草繩，趕快修好屋宇，又要開始播種了啊。』說明耕種也是不容易的，怎麼可以停止呢？」子貢說：「如此說來，那麼我就沒有可以休息的了。」孔子說：「有的。你從遠處看到那些墓穴，高高地排列在那裡；看到那高原上，充塞這樣的墳墓，仔細看看傍著這些高墳而築的墓穴，則像鼎鬲似的。這就是你休息的時候啊。」子貢說：「死，真是一件大事啊。有道德修養的人在那裡安息，不正派的傢伙，也在那裡安息。真是一件大事呀，關於死的問題。」

孔子自衛將入晉❶，至河❷，聞趙簡子❸殺竇犨鳴犢❹及舜華❺，乃臨河而歎曰：「美哉水，洋洋❻乎！丘之不濟❼此，命也夫！」子貢趨❽而進曰：「敢聞何謂也？」孔子曰：「竇犨鳴犢、舜華，晉之賢大夫也。趙簡子未得志❾之時，須此二人而後從政；及其已得志也而殺之。丘聞之：刳胎殺夭❿，則麒麟不至其郊；竭澤而漁⓫，則蛟龍不處其淵；覆巢破卵⓬，則鳳凰不翔⓭其邑⓮。何則⓯？君子違⓰傷其類⓱者也。鳥獸之於不義⓲，尚知避之，況於人乎？」遂還，息於鄒⓳，作〈槃琴〉⓴以哀之。

【章　旨】此章見於《說苑・權謀》及《琴操》。言孔子不至無義之邦。

【注　釋】❶晉　古代侯國名。周成王封弟叔虞於唐，叔虞子燮父改國號晉，春秋時據有山西大部及河北西南地區，地跨黃河兩岸。後被其大夫韓趙魏三家所分而亡。❷河　指黃河。❸趙簡子　即趙鞅。亦稱趙孟，春秋末年晉國的卿，曾不斷與范氏、中行氏作鬥爭，最後取得勝利，為建立趙國奠定基礎。❹竇犨鳴犢　春秋時晉國的賢大夫。❺舜華　春秋時晉國的賢大夫。❻洋洋　盛大貌；無邊無際的樣子。❼不濟　沒有渡過。濟，渡。❽趨　奔向。❾得志　得其所欲，如願以償。❿刳胎殺夭　剖出胎兒，殺死幼畜。刳，剖開；挖出。夭，幼小之物。⓫竭澤而漁　放乾了池水去捉魚。比喻做事不留餘地，只顧眼前利益。⓬覆巢破卵　搗毀鳥窩去取蛋。比喻貪圖眼前微小的利益而損害長遠的利益。⓭翔　飛翔。⓮邑　城市；鄉村。⓯何則　為什麼呢。⓰違　離開。⓱類　同類。⓲不義　不宜；不應該做的事。⓳鄒　古國名。曹姓，擁有今山東鄒、費、滕、濟寧、金鄉等地域，國都在鄒（今山東省鄒縣東南），戰國時為楚所滅。⓴槃琴　琴曲名。

【語譯】孔子從衛國啟程，準備到晉國去，走到黃河邊，聽說趙簡子殺了竇犨鳴犢和舜華，於是面對著黃河歎息說：「多麼的壯觀呀，這水簡直是無邊無際啊。我之所以不能渡過這條河水，恐怕是命運注定的啊。」子貢快步走到前面問道：「我冒昧地問一聲，為什麼不能渡河呢？」孔子說：「竇犨鳴犢和舜華，都是晉國的好大夫，趙簡子在沒有得志的時候，依靠這兩個人而後執政，等到已經得志了，便殺了他們。我聽說：剖出胎息，殺掉幼畜，那麼麒麟就不到他的郊外來；放乾了池水去捉魚，那麼蛟龍就不會生活在他所管轄的深淵中；搗毀鳥巢，打破鳥蛋，那麼鳳凰就不會在他的城鄉上空飛翔。為什麼呢？有道德修養的人所以要離開那裡，是因為有人傷害他的同類啊。鳥獸對於那些不應該做的事和不符合道德規範的人，尚且曉得避開他們，何況人呢？」於是轉身回去，到鄒國才休息，並寫了一首〈槃曲〉的歌來哀悼竇犨鳴犢和舜華。

子路問於孔子曰：「有人於此，夙興夜寐❶，耕芸❷樹藝❸，手足胼胝❹，以養其親，而名不稱孝，何也？」孔子曰：「意者❺，身不敬與❻？辭不順與？色不悅與？古之人有言曰：『人與己與不汝欺❼。』今盡力養親，而無三者❽之闕❾，何謂無孝之名乎？」孔子曰：「由！汝志之，吾語汝。雖有國士⑩之力，而不能自舉其身，非力之少，勢不可矣。夫內行⑪不修，身之罪也；行修而名不彰，友之罪也。行修而名自立，故君子入則篤行⑫，出則交賢，何謂無孝名乎？」

【章旨】此章見於《荀子・子道》及《韓詩外傳・九》。言孔子認為「行修而名自立」。名不立，應該反求諸己。

【注釋】❶夙興夜寐　起早睡晚。形容勤奮不懈。夙，早。興，起來。寐，睡。❷耕芸　即耕耘。翻土除草。芸，通「耘」。除草的意思。《論語・微子》：「植其杖而芸。」❸樹藝　種植。樹，種。藝，植。《孟子・滕文公上》：「后稷教民稼穡，樹藝五穀。」❹手足胼胝　手腳都長了老繭。胼胝，手掌腳板上的老繭。❺意者　或者；料想。❻與　通「歟」。表示疑問。下「與」字同。❼人與己與不汝欺　言無論是別人或自己，彼此的思想都是相通的，不會相欺啊。《荀子・子道》作「衣與繆與不汝聊」。《韓詩外傳・九》作「衣歟食歟，曾不爾即」。❽三者　指「身不敬」、「辭不順」、「色不悅」。❾闕　即「缺」字。❿國士　勇力冠於全國的人。⓫內行　平日家居的操行。⓬篤行　專心實行，勉力去做。

【語譯】子路問孔子說：「這裡有一個人，起早睡晚，翻土除草，種植五穀，手掌和腳板都結了老繭，以供養他的父母，可是並沒有孝順的名稱，為什麼呢？」孔子說：「或者本人還不夠恭敬麼？說話還不夠和順麼？顏色還不夠高興麼？古人有一句話說：『無論別人還是自己，內心是相通的，欺騙不了人的。』如果盡力供養父母，而沒有上面所說的三種缺點，怎麼沒有孝順的稱譽呢？」孔子說：「子路，你記著，我告訴你：即使你的勇力冠於全國，也不能把自己舉起來，不是力氣小了，態勢辦不到啊。不完善平日的操行，是本人的錯誤啊；平日的操行完善了，而聲名沒有張揚出去，這是朋友的錯誤啊。平日的操行完善了，名譽自然會樹立起來的。所以有道德修養的人，在家裡就勉力去做，到外面就交結好人，怎麼會得不到孝順的聲名呢？」

孔子遭厄❶於陳、蔡❷之間，絕糧七日，弟子餒病❸，孔子絃歌❹，子路入見曰：「夫子之歌禮乎？」孔子弗應，曲終❺而曰：「由，來！吾語汝：君子好樂❻，為無驕❼也；小人好樂，為無懾❽也。其誰之子❾，不我知而從我❿者乎？」子路悅，援戚⓫而舞，三終⓬而出。明日免於厄，子貢執轡⓭曰：「二三子從夫子而遭此難也，其弗忘矣。」孔子曰：「善！惡何⓮也？夫陳、蔡之間，丘之幸⓯也，二三子從丘者皆幸也。吾聞之：君不困，不成王⓰；烈士⓱不困，行不彰⓲。庸知⓳其非激憤勵志⓴之始，於是乎在。」

【章　旨】此章見於《說苑・雜言》。言孔子厄於陳、蔡，仍然絃歌不輟，並把它看作「激憤勵志」的好機會，是有最高修養的人。

【注　釋】❶遭厄　遇難。❷陳蔡　兩古國名。見〈在厄第二十〉。❸餒病　又飢餓又疲倦。❹絃歌　學習、授業。❺曲終　歌罷。❻好樂　喜歡音樂。❼無驕　不傲慢；不高傲。❽無懾　沒有畏懼。❾其誰之子　什麼人。子，人。此指子路。❿從我　跟著我學習。⓫戚　斧。兵器，也用於樂舞。⓬三終　古樂章以奏詩一篇為一終，每次奏樂共三終。⓭執轡　拉著轡繩。⓮惡何　是為什麼。惡，疑問代詞。怎；如何。⓯幸　幸運。⓰王　王霸的大業。⓱烈士　指有志建立功業的人。⓲彰　顯揚。⓳庸知　豈知。⓴勵志　勉勵心志。

【語　譯】孔子在陳、蔡之間遇了難，有七天絕了糧，弟子們又飢餓又困頓，而孔子仍然又學習又歌唱，子路走進來拜見孔子說：「先生的歌唱符合禮嗎？」孔子沒有理會，等到那一曲歌唱完了才說：「子路，來吧，我告訴你：有道德修養的人喜歡音樂，是為了培養性情，不會高傲啊；一般平民喜歡音樂，是為了熟悉禮教，不至於恐懼啊。什麼人不了解我卻要跟著我學習呢？」子路聽了很高興，拿著斧頭便舞起來，一直舞到歌誦了三篇樂章才走了出去。第二天，孔子脫險了，子貢拿著轠繩說：「我們幾個人跟著先生遇到這次災難，永遠不要忘記啊。」孔子說：「說得好，是什麼道理呢？這次在陳、蔡之間遇了難，是我的幸運啊，也是跟著我的幾個人的幸運啊。我聽說：做君主的沒有經過困難，就建立不了王霸的大業；有志於建功立業的人不經過困難，他的品德就提不高。豈知這次的遇難，不是激勵我們奮發向上，磨礪我們的意志的開始，都在這一次考驗中啊。」

孔子之宋❶，匡❷人簡子❸以甲士❹圍之，子路怒，奮戟❺將與戰，孔子止之曰：「惡❻有修仁義而不免世俗之惡❼者乎？夫詩書之不講，禮樂之不習，是丘之過也。若以述先王、好❽古法❾而為咎❿者，則非丘之罪也，命之夫！歌，予和汝。」子路彈琴而歌，孔子和之，曲三終⓫，匡人解甲⓬而罷。

【章旨】此章見於《韓詩外傳・六》及《說苑・雜言》。言孔子修行仁義，不與世俗同好惡，並以所受的困厄，作為增長知識、加強鍛鍊的好機會。

【注釋】❶之宋　往宋國去。之，往。宋，古國名。春秋時為十二諸侯之一，至戰國時為齊所滅。轄地在今河南省東部及山東、江蘇、安徽三省之間。參閱《史記・宋微子世家》。❷匡　地名。在今河南省長垣縣。《論語・子罕》：「子畏於匡。」因孔子與陽虎形狀相似，陽虎曾施暴力於匡，加以孔子弟子顏刻（一作「尅」）為孔子御，至匡，以馬鞭指之曰：「往與陽虎，正從此入。」匡人聞其言，告其君曰：「往者陽虎今復來。」乃率眾圍孔子。❸簡子　匡的主宰。❹甲士　泛指帶甲的兵士。❺奮戟　揮動兵器。戟，兵器名。合戈矛於一體，可以直刺或橫擊。❻惡　何；哪。疑問詞。❼惡　凶暴。❽好　喜歡。❾古

法　古代的典章制度。❿咎　罪過。⓫三終　演奏了三篇詩章。⓬解甲　脫下軍裝。

【語　譯】孔子到宋國去，匡地的主宰簡子指揮兵士包圍了他，子路很生氣，揮動著兵器準備和他們戰鬥，孔子制止子路說：「哪有修行仁義的人，改變不了世俗的凶暴呢？不講授詩書，不學習禮樂，那是我的過錯啊。如果是闡述先王之道，喜歡古代的典章制度作為過失，那就不是我的錯誤，而是命運的捉弄啊。你唱吧，我來和。」子路彈著琴唱起來，孔子也唱著和著。唱完了三篇詩章，匡人才脫下軍裝解了圍。

孔子曰：「不觀高崖，何以知顛墜❶之患；不臨深泉，何以知沒溺❷之患；不觀巨海，何以知風波之患。失之者其在此乎？士慎此三者，則無累❸於身矣。」

【章　旨】此章言孔子認為只有經過目睹親歷，只有備嘗險阻艱難，才能真正了解事物，解決問題。

【注　釋】❶顛墜　跌倒；傾落。❷沒溺　淹沒；淹死。❸累　憂患；過失。

【語　譯】孔子說：「沒有看到高高的懸崖，怎麼知道跌落下來的憂患；沒有靠近深深的潭水，怎麼知道淹溺的憂患；沒有看到寬闊的海洋，怎麼知道風波的憂患。人之所以會犯錯誤，大概是沒有經歷過這些憂患吧！一個人能夠審慎地對待這些憂患，那麼憂患就不會成為他的憂患了。」

子貢問於孔子曰：「賜既為人下❶矣，而未知為人下之道，敢問之。」子曰：「為人下者，其猶土乎？汨❷之深，則出泉；樹❸其壤❹，則百穀❺滋❻焉，草木植❼焉，禽獸育❽焉，生則出焉，死則入❾焉，多其功而不意❿，弘⓫其志而無不容⓬，為人下者，以此也。」

【章　旨】此章見於《荀子・堯問》、《韓詩外傳・七》及《說苑・臣術》。言孔子認為謙虛下人，往往會收到很好的效果。

【注　釋】❶人下　居於人之後。言能謙虛下人。❷汩　疏通。《荀子・堯問》作「扣」。《韓詩外傳・七》及《說苑・臣術》皆作「掘」。❸樹　種植。❹壤　土地；泥土。❺百穀　穀類的總稱。❻滋　滋生；滋長。❼植　栽種。❽育　養育；生長。❾入　埋藏。❿不意　《荀子・堯問》作「不悳」。言不自以為有德於人。悳，古「德」字。意，與「悳」形近，當為「悳」（德）之誤。《韓詩外傳・七》及《說苑・臣術》皆作「不言」。也是不自吹噓的意思。⓫𢎗　古「弘」字。《字類補・弓部》：「𢎗，人名。柳子厚《趙矜墓志》：『矜曾祖曰𢎗安。』」今《柳河東集・故襄陽丞趙君墓誌》作「弘安」，可證。⓬無不容　無所不包。

【語　譯】子貢問孔子說：「我已經謙居於別人之後了，但我並不知道為什麼要謙下的道理，冒昧地想請教一下。」孔子說：「謙居別人之下，大概像泥土一樣吧！挖掘得深，就出現了泉水；在泥土上耕種，穀類就生長得很茂盛，草木也在那裡生長了，禽獸也在那裡繁殖了。有生命的東西從那裡出來，死了的東西在那裡埋藏。它的功勞很大，而不自以為有德；它的心胸宏偉而無所不包。為什麼要謙居人下，是因為這個緣故吧。」

孔子適鄭❶，與弟子相失❷，獨立東郭門❸外，或人❹謂子貢曰：「東門外有一人焉，其長九尺有六寸，河目❺隆顙❻，其頭似堯❼，其頸似皋繇❽，其肩似子產❾，然自腰以下，不及禹❿者三寸，纍然⓫如喪家之狗⓬。」子貢以告，孔子欣然⓭而歎曰：「形狀末也⓮，如喪家之狗，然乎哉⓯！然乎哉！」

【章　旨】此章見於《白虎通・壽命》及《論衡・骨相》。言孔子認為形象是末，精神是本。

【注　釋】❶適鄭　往鄭國去。適，往。鄭，古國名。姬姓，始封的君主是周宣王的弟弟鄭桓公，及鄭武公即位，始建都於新鄭（今屬河南），春秋初為強國，後漸衰弱，為韓所滅。❷相失　相互走失。❸東郭門　城外的東門。❹或人　某人。❺河目　眼眶平正而長。❻隆顙　高高的額頭。❼頭似堯　當是頭頂很高。《史記・五帝本紀》載：堯「其仁如天，其知如神，就之如日，望之如雲」。《論衡・骨相》：「堯眉八彩。」堯，高的樣子。❽其頸似皋繇　《論衡・骨相》：「皋陶馬口。」未聞其頸如何。皋陶，也作「皋繇」。虞舜時掌管刑獄的長官。❾子產　鄭國的賢相。歷事定、獻、聲三朝，甚有政聲，被孔子稱為「古之遺愛」。❿禹　夏代的開國君主。《史記・夏本紀》載：禹「聲為律，身為度」。《論衡・骨相》：「禹耳三漏。」未聞有關其腰的描寫。⓫纍然　憂慮的樣子；頹喪的樣子。⓬喪家之狗　形容無所適從，不知所為。⓭欣然　高興地。⓮末也　微小的；非根本性的。⓯然乎哉　的確是喲。

【語　譯】孔子到鄭國去，與弟子們走失了，獨自站在城外的東門邊，有人對子貢說：「東門外有一個人在那裡，他的身高有九尺六寸，眼眶平正而狹長，額頭很高，他的頭像堯，頸像皋陶，肩像子產，但從腰以下，比大禹短了三寸，頹喪得像沒有家的狗一樣。」子貢把這些話告訴了孔子，孔子高興地歎息著說：「形象，不是本質的東西啊，像喪家之狗，的確是啊，的確是啊。」

孔子適衛，路出于蒲，會❶公叔氏❷以蒲叛衛而止之❸，孔子弟子有公良儒❹者，為人賢長有勇力，以私車五乘從夫子行，喟然曰：「昔吾從夫子遇難于匡❺，又伐樹於宋❻，今遇困於此，命也夫！與其見夫子仍遇於難，寧我鬥死！」挺劍❼而合眾❽，將與之戰，蒲人懼曰：「苟❾無適衛，吾則出子。」以盟❿孔子而出之東門。孔子遂適衛，子貢曰：「盟可負⓫乎？」孔子曰：「要⓬我以盟，非義也。」

衛侯聞孔子之來，喜而於郊迎之，問伐蒲，對曰：「可哉！」公曰：「吾大夫⓭以為蒲者，衛之所以恃晉、楚也，伐之無乃不可乎？」孔子曰：「其男子有死之志，吾之所伐者，不過四五人矣。」公曰：「善！」卒不果⓮伐。他日，靈公又與夫子語，見飛雁過而仰視之，色不悅，孔子乃逝⓯。

【章　旨】此章見於《史記．孔子世家》。極力贊揚孔子在學生中享有崇高的威信，能夠通權達變，不為非義的盟約所束縛，不愧為「聖之時者」。

【注　釋】❶會　適逢；恰好遇到。❷公叔氏　衛國的大夫。參閱《史記．孔子世家》。❸止之　阻止他。❹公良儒　陳人。字子正，孔子弟子。參見本書〈七十二弟子解第三十八〉。❺遇難于匡　孔子到宋國去，匡人誤以孔子為陽虎，率甲士圍之。事見本篇前兩章。❻伐樹於宋　《史記．孔子世家》：「孔子去曹適宋，與弟子習禮大樹下。宋司馬桓魋欲殺孔子，拔其樹。」《論語．述而》亦有「天生德於予，桓魋其如予何」的記載。❼挺劍　揮舞著劍。❽合眾　集中力量，會合群眾。❾苟　假設；如果。❿盟　盟約；結盟。《禮記．曲禮下》：「約信曰誓，蒞牲曰盟。」疏云：「盟者，殺牲歃血，誓於神也。」⓫負　違背。⓬要　強迫；要挾。⓭吾大夫　我的大臣們。⓮不果　沒有成為事實。事與預期相一致的叫果，不一致的叫不果。⓯逝　行；走。

【語　譯】孔子到衛國去，路經蒲邑，碰上公叔氏以蒲邑為根據地背叛了衛國，便阻止了他們前往。孔子的弟子有一個名叫公良儒的，為人很好，又有勇力，拿了私人的五輛車子陪從孔子出遊各個諸侯國，長歎了一聲說：「過去我跟著先生被匡人圍困過，又被桓魋威脅過，如今又在這裡遇到了危難，真是命運不好啊。與其眼睜睜地看到先生頻繁地遇到災難，不如在戰鬥中死亡。」於是揮舞著手中的劍，聚集著隨從的人，準備與蒲人決一死戰，蒲人害怕了說：「如果你們不到衛國去，我就讓你們出去。」於是和孔子訂了盟約，讓孔子一行從東門出去。孔子便徑直向衛國出發，子貢說：「盟約可以違背麼？」孔子說：「強迫我們訂的盟約，是不合理的啊。」衛靈公聽說孔子來了，高興地到郊外來迎接，並且詢問關於討伐蒲邑的事，孔子回答說：「可以討伐啊。」衛靈公說：「我的大臣們認為蒲這個地方，是衛國依靠它來對付晉國和楚國的，討伐它恐怕不合適吧？」孔子說：「那裡的男子有保衛國家、寧死不屈的決心，我們所討伐的不過四五個叛軍的頭目而已。」衛靈公說：「好啊。」但終究並沒有去討伐。過了幾天，衛靈公又和孔子在閒談，抬頭看到一群飛雁經過上空，露出了不高興的顏色，孔子於是便離開了衛國。

衛蘧伯玉❶賢而靈公不用，彌子瑕❷不肖反任之，史魚❸驟諫❹而不從，史魚病將卒，命其子曰：「吾在衛朝，不能進蘧伯玉退彌子瑕，是吾為臣不能正君❺也。生而不能正君，則死無以成禮❻。我死，汝置屍牖下❼，於我畢矣。」其子從之，靈公弔焉，怪而問焉，其子以其父言告公，公愕然❽失容❾曰：「是寡人之過也。」於是命之殯❿於客位⓫，進蘧伯玉而用之，退彌子瑕而遠之。孔子聞之曰：「古之列諫⓬之者，死則已矣，未有若史魚死而屍諫⓭，忠感其君者也，不可謂直乎？」

【章　旨】此章見於《韓詩外傳‧七》及《新序‧雜事》。言孔子極贊史魚以屍諫衛靈公，終於實現了進賢而退不肖的目的。

【注　釋】❶蘧伯玉　即蘧瑗。衛國的賢者。參見〈弟子行第十二〉。❷彌子瑕　春秋時衛靈公的幸臣。曾經冒充君命，駕駛靈公的車子，並把吃剩的桃子給衛靈公吃，當時都獲得靈公的表揚，後亦以此獲罪。事見《韓非子・說難》。❸史魚　即史鰌。春秋時衛國的大夫，以直言敢諫著稱。❹驟諫　屢次進諫。驟，多次；屢次。❺正君　糾正君主。❻成禮　使禮儀完備。❼置屍牖下　《禮記・檀弓上》：「飯於牖下，小斂於戶內，大斂於阼，殯於客位，祖於庭，葬於墓，所以即遠也。」今置屍牖下，是不合禮的。牖下，窗戶下面。❽愕然　驚訝的樣子。❾失容　驚慌失色，改變了顏色。❿殯　停柩。⓫客位　西方。⓬列諫　眾多的直言敢諫者。⓭屍諫　以死諫君。

【語　譯】衛國的蘧伯玉才德兼美而衛靈公不能重用，彌子瑕很不正派，反而得到了信任，史魚屢次進諫，而靈公不聽。到了史魚病得快死的時候，吩咐他的兒子說：「我在衛國的朝廷上，不能引進蘧伯玉，斥退彌子瑕，是我這個做臣下的不能糾正君主的過失啊。活著的時候不能糾正君主的過失，那麼死了就無從使得禮儀完備了。我死了以後，你把我的屍體放在窗戶下面，就算完成我的喪禮了。」他的兒子照著他的吩咐做了，衛靈公前來弔唁，覺得有些奇怪，便問史魚的兒子為什麼要把屍體放在窗戶下面，史魚的兒子把父親的遺囑告訴了衛靈公，靈公驚愕地改變了顏色說：「這是我的過失啊。」於是叫他把靈柩停放在西方，進用了蘧伯玉，斥退了彌子瑕，並且疏遠了他。孔子聽了後說：「古代眾多的直言敢諫的人，死了也就罷了，沒有像史魚那樣，死了以後，還要用屍體來勸戒君主，終於以其一片忠心感動了自己的君上，難道不是正直的人嗎？」

五帝德第二十三

【題　解】此篇見於《大戴禮記・五帝德》。孔子歷述了黃帝、顓頊、帝嚳、唐堯、虞舜的功德，以答宰我之問，說明孔子對遠古歷史的博聞多識，歷歷如數家珍。

宰我問於孔子曰：「昔者吾聞諸榮伊❶曰：『黃帝❷三百年。』請問：黃帝者人也？抑❸非人也？何以能至三百年乎？」孔子曰：「禹、湯、文、武、周公，不可勝以觀❹也，而上世黃帝之問，將謂先生難言之故乎？」宰我曰：「上世之傳，隱微❺之說，卒采❻之辯，闇忽❼之意，非君子之道者，則予❽之問也固❾矣。」孔子曰：「可也。吾略聞其說：黃帝者，少典❿之子，曰軒轅。生而神靈，弱⓫而能言，幼齊叡莊，敦敏誠信，長聰明⓬，治五氣⓭，設五量⓮，撫萬民，度⓯四方，服牛⓰乘馬，擾馴猛獸，以與炎帝⓱戰于阪泉⓲之野，三戰而後剋之⓳，始垂衣裳，作為黼黻⓴，治民以順天地之紀㉑，知幽明㉒之故，達生死存亡之說，播時㉓百穀，嘗味草木，仁厚及於鳥獸昆蟲，考日月星辰，勞耳目，勤心力，用水火財物以生民，民賴其利，百年而死；民畏其神，百年而亡；民用其教，百年而移，故曰『黃帝三百年』。」

【章　旨】此章言孔子盛贊黃帝生有異稟，長有創造，戰勝炎帝後，勞耳目，勤心力，為百姓謀福利，因而得到百姓的愛戴。

【注　釋】❶榮伊　春秋時的賢人。生平不詳。❷黃帝　姓公孫，號軒轅。敗炎帝於阪泉，殺蚩尤於涿鹿，被諸侯尊為天子，華夏人民尊為始祖。參閱《史記・五帝本紀》。❸抑　或者。表選擇的連詞。❹不可勝以觀　看不完的。勝，盡。❺隱微　隱約而不分明。❻卒采　匆促採輯起來的。❼闇忽　匆遽。❽予　宰予。即宰我。❾固　固陋。❿少典　傳說中的古代帝王。娶有蟜氏，生黃帝。《史記・五帝本紀》：「黃帝者，少典之子。」可證。⓫弱　幼小。⓬幼齊叡莊三句　《史記・五帝本紀》此數句作「生而神靈，弱而能言，幼而徇齊，長而敦敏，成而聰明」。幼齊，從小反應很快。齊，速的意思。叡莊，聰明而又端肅。敦敏，敦厚而又敏銳。誠信，老實可靠。⓭五氣　五行之氣；五方之氣。如春為甲乙木氣，夏為丙丁火氣，秋為庚申金氣，冬為壬癸水氣，中為戊己土氣。⓮五量　度量衡的名稱。即權衡、斗斛、尺丈、里步、十百。⓯度　商度；考慮。⓰服牛　乘牛。服，駕馭。⓱炎帝　傳說中的古代帝王。姜姓，以火德王，故名炎帝。相傳他曾作耒耜，教民耕種，故又稱神農氏。⓲阪泉　地名。在今河北省涿鹿縣東南。⓳剋之　戰勝他。⓴黼黻　古代禮服上繡的花紋。白與黑謂之黼，若斧文；黑與青謂之黻，若兩己相背之形。㉑紀　規律；準則。㉒幽明　指陰陽。《史記・五帝本紀》：「幽明之占，死生之說。」《正義》釋云：「幽，陰。明，陽也。」㉓時　是；此；這個。

【語　譯】宰我問孔子說：「過去，我聽到榮伊說：『黃帝三百年。』冒昧地問一聲：黃帝這個人，是人呢？或不是人呢？何以能活到三百年呢？」孔子說：「夏禹、商湯、周文、周武以及周公的歷史，都看不完啊，卻要問遠古時代的黃帝，莫不是你認為先生難得講明白麼？」宰我說：「遠古時代的那些傳聞，說得隱晦不明，事跡很難辨別，意思很難捉摸，如果這些歷史不是有道德學問的人所應該談的，那麼我的問法就太固陋了。」孔子說：「可以問啊，我曾經約略地聽說過他的歷史：黃帝這個人，是少典的兒子，名叫軒轅，一生下來就不同尋常，很小就會說話，在少年的時候就反應很快，思慮很深，端莊而又敦厚，敏捷而又老實，長大以後，非常聰明，他能考察五方的氣候，創設五種計量單位，撫育萬民，商略四方，駕牛乘馬，馴服猛獸，跟炎帝在阪泉展開了一場大戰，經過三次戰役才取得了最後的勝利，開始無為而治，在禮服上繡上不同的花紋，依照天地運行的規律來管理民事，了解陰陽變化的原因，通曉死生存亡的學說，播種這些穀類，嘗試各種草木，他那深厚的仁愛之心，普施到了鳥獸昆蟲，不斷考察日月的運行，星辰的出沒，勞累自己的耳目，用盡自己的心力，讓水火為百姓所用，財物為百姓所享，以達到繁殖和養育百姓的目的。百姓依賴他的功勞，生活了一百年他才死去；百姓敬畏他的神異，生活了一百年他才消失；百姓運用他的教化，又生活了一百年而後改變。所以說『黃帝活了三百年』。」

宰我曰：「請問帝顓頊❶。」孔子曰：「五帝❷用說❸，三王❹有度❺，汝欲一日遍聞遠古之說，躁哉❻予也❼！」宰我曰：「昔予也聞諸夫子曰：『小子❽毋或宿❾。』故敢問。」孔子曰：「顓頊，黃帝之孫，昌意❿之子，曰高陽。淵而有謀⓫，疏通⓬以知遠⓭，養財⓮以任地⓯，履時⓰以象天⓱，依鬼神而制義⓲，治氣性⓳以教眾⓴，潔誠以祭祀，巡四海以寧民，北至幽陵㉑，南暨㉒交趾㉓，西抵流沙㉔，東極蟠木㉕，動靜㉖之神，小大㉗之物，日月所照，莫不底屬㉘。」

【章　旨】此言孔子對顓頊的才德和功績，作出了充分的肯定和評價。

【注　釋】❶顓頊　五帝之一。傳說他生十年而佐少皞，十二年而冠，二十年而登帝位，在位七十八年。參閱《史記・五帝本紀》。❷五帝　指黃帝、顓頊、帝嚳、堯、舜。❸用說　言五帝久遠，所以依賴講說流傳。❹三王　指夏禹、商湯、周文王、武王。❺有度　有法度。❻躁哉　太急躁了啊。❼予也　宰予呀。予，宰予。孔子直呼其名，下文的「昔予也」之「予」，則是宰予在孔子面前自稱其名。❽小子　年輕人。❾宿　停留；隔夜。❿昌意　黃帝之子。嫘祖所生，曾娶蜀山氏之女，生顓頊。參閱《史記·五帝本紀》。⓫淵而有謀　深沉而又有謀略。淵，深沉。⓬疏通　通達。⓭知遠　了解遠古或遠方的事。⓮養財　培育財源。《史記·五帝本紀》作「養材」。⓯任地　利用土地；盡地利。⓰履時　《史記·五帝本紀》作「載時」。依據時令行事。履、載，都是「行」的意思。⓱象天　法天；以自然為法度。⓲依鬼神而制義　此指山川之神能興雲降雨，潤養萬物，故依之以制義。⓳氣性　氣質與習性。⓴教眾　教育群眾。㉑幽陵　北方極遠之處。一說：即幽州。古代十二州之一，在今河北北部。㉒暨　及；達到。㉓交趾　古地區名。泛指五嶺以南。《韓非子》、《尚書大傳》都說帝堯之地，南至交趾。㉔流沙　沙漠。《書·禹貢》：「導弱水至於合黎，餘波入於流沙。」古代亦稱今新疆境內白龍堆沙漠一帶為流沙。《高僧傳·卷三》載晉代僧人法顯等赴天竺，「發自長安，至於流沙」。流沙，即指白龍堆沙漠一帶。㉕蟠木　傳說中的山名。又名度索。在東海中，相傳為神荼、鬱壘所居。見《山海經·海外經》。㉖動靜　動謂鳥獸之類，靜指草木之屬。㉗小大　小謂丘陵墳衍，大謂五嶽四瀆。㉘底屬　四遠皆平而歸屬於他。底，平。屬，服屬。

【語譯】宰我說：「再冒昧地請問五帝之一的顓頊。」孔子說：「五帝久遠，必須講說；三王時代較近，法度尚存。你想在一天之內，遍聞遠古的傳說，太急躁了，宰我呀！」宰我說：「過去我聽到先生說：『你們這些小伙子，有問題就問，不要停留一晚啊。』因此我才敢問。」孔子說：「顓頊麼，他是黃帝的孫兒，昌意的兒子，名叫高陽。深沉而有謀略，通達以知遠情，利用土地以培育財源，取法自然以按時行事，依據山川的情況來制定其土宜，改變百姓的氣質與習性以教育群眾，齋戒誠懇以祭祀祖先，巡察四海以安撫百姓，北邊到了幽陵，南到五嶺以南，西到沙漠地帶，東到東海的蟠木，鳥獸之類，草木之屬，丘陵墳衍，五嶽四瀆，凡是日月照臨的地方，沒有不平定、不歸屬於他的。」

宰我曰：「請問帝嚳。」孔子曰：「玄枵❶之孫，喬極❷之子，曰高辛。生而神異，自言其名。博施❸厚利❹，不於其身。聰以知遠，明以察微，仁以威，惠而信，以順天地之義，知民所急，修身而天下服，取地之財而節用焉，撫教萬民而誨利之，歷日月之生朔❺而迎送之，明鬼神❻而敬事之。其色也和，其德也重；其動也時，其服也哀❼。春夏秋冬，育護❽天下，日月所照，風雨所至，莫不從化❾。」

【章　旨】此言孔子盛贊帝嚳的秉性品德，威德所及，四方從化。

【注　釋】❶玄枵　一作「玄囂」。黃帝之子，嫘祖所生。❷喬極　一作「蟜極」。玄枵之子，黃帝之孫。❸博施　普遍施與。❹厚利　充足的利益。❺生朔　日月的出沒。言帝嚳定弦、望、晦、朔，日月未至而迎之，已過而送之。❻鬼神　據《史記正義》云：「天神曰神，人神曰鬼。」又云：「聖人之精氣謂之神，賢人之精氣謂之鬼。」❼其服也哀　他的衣服很粗陋。哀，居哀的喪服。〈五帝本紀〉作「其服也士」。指穿士階層的衣服。也是言其儉樸廉潔。❽育護　養育愛護。❾從化　順從歸化。

【語　譯】宰我說：「請問帝嚳。」孔子說：「他是玄枵的孫兒，喬極的兒子，名叫高辛，生下來便很靈異，自己說出了他的名字，後來他普遍的施與，給百姓以極大的好處，就是沒有照顧自己，他的耳朵可以聽到遠方的情況，眼睛足以觀察細微的事物，仁愛中有威嚴，慈惠而講信用，順乎自然的道理，深知民間的急需，完善自己的修養，而天下的百姓歸服，獲得土地所生的財物，而自己卻節約地去使用它，撫育教化萬民，而不斷地使他們得到教導和利益。日月沒有出來就迎拜它，日月落了就拜送它，對於天神和地祇，都很恭敬地侍奉。他的態度很溫和，他的品德很莊重，他的舉動合乎天時，他的服裝非常粗陋，一年四季，都在撫育和愛護天下的百姓，凡是日月照臨的地方，風雨所到的地方，沒有不順從歸服的。」

宰我曰：「請問帝堯。」孔子曰：「高辛氏❶之子曰陶唐❷。其仁如天❸，其智如神❹，就之❺如日❻，望之如雲❼，富而不驕，貴而能降❽。伯夷❾典禮，夔龍❿典樂，舜⓫時而仕，趨視四時，務元民始之⓬，流四凶⓭而天下服。其言不忒⓮，其德不回⓯，四海之內，舟輿⓰所及，莫不夷說⓱。」

【章　旨】此章言孔子盛贊堯的品德，及其任賢使能，使天下大治。

【注　釋】❶高辛氏　即帝嚳。黃帝的曾孫，堯的父親。❷陶唐　即堯。名放勳，姓伊祁氏。因為堯初居於陶，後封於唐，故號陶唐。❸如天　像天覆蓋萬物、涵養萬物一樣。❹如神　像神的微妙。❺就之　接近他。❻如日　像太陽普照萬物，給萬物以溫暖。❼如雲　言其德化廣大，無所不覆，沛然下雨，潤澤萬物。❽降　謙下；抑損。❾伯夷　舜的臣子。《書・堯典》：「有能典朕三禮，僉曰伯夷。」是伯夷乃舜的典禮者，但《史記・五帝本紀》又云：「而禹、皋陶、契、后稷、伯夷、夔、龍、倕、益、彭祖，自堯時而皆舉用，未有分職。」可見伯夷在堯時已經被舉用了。❿夔龍　相傳為虞舜的樂官和諫官。《史記・五帝本紀》：「舜曰：然。以夔為典樂，教穉子，直而溫，寬而栗，剛而勿虐，簡而毋傲。」「舜曰：龍！朕畏忌讒說殄偽，振驚朕眾，命汝為納言，夙夜出入朕命，惟信。」說明夔、龍在堯時已經舉用，舜時始能分職。⓫舜　五帝之一。詳後。⓬務元民始之　務先以民事為首。元，開始。⓭四凶　指共工、驩兜、三苗、鯀。《史記・五帝本紀》：「於是舜歸而言於帝（堯），請流共工於幽陵，以變北狄；放驩兜於崇山，以變南蠻；遷三苗於三危，以變西戎；殛鯀於羽山，以變東夷。四辠而天下咸服。」⓮不忒　沒有差錯。⓯不回　不邪僻；不奸邪。⓰舟輿　船和車。⓱夷說　怡悅；高興。夷，怡。說，通「悅」。

【語　譯】宰我說：「請問帝堯。」孔子說：「他是高辛氏的兒子，名叫陶唐。他的仁德像天覆蓋萬物一樣，他的智謀像神一樣的微妙，接近他像太陽一樣的溫暖，遠遠的仰望他又像雲一樣的滋潤涵養。他雖然富有四海，卻一點也不高傲；貴為天子，卻能屈己下人。他用伯夷來掌管禮教，用夔、龍來主管音樂，讓舜及時出來做官。他按時巡視四方，總是把民事放在首位。他流放了共工、驩兜、三苗、鯀四大凶人，而天下莫不歸服。他的話沒有差錯，他的德沒有邪僻，所以四海之內，凡是能夠通舟車的地方，人們沒有不高興他的。」

宰我曰：「請問帝舜。」孔子曰：「喬牛❶之孫，瞽瞍❷之子也，曰有虞❸。舜孝友聞於四方，陶漁事親❹，寬裕而溫良，敦敏而知時，畏天而愛民，恤遠❺而親近❻，承受大命❼，依于二女❽，叡明智通，為天下帝，命二十二臣❾，率❿堯舊職⓫，躬己⓬而已，天平地成⓭，巡狩⓮四海，五載一始⓯，三十年在位嗣帝⓰，五十載陟方岳⓱，死于蒼梧⓲之野而葬焉。」

【章　旨】此章言孔子盛贊虞舜的德行，他父頑、母嚚、弟傲，而孝友聞於天下；他耕於歷山，漁於雷澤，陶於河濱，以奉養其親；他繼承堯位，重用人才，勤於政事，而天平地成。

【注　釋】❶喬牛　〈五帝本紀〉作「橋牛」。舜的祖父，顓頊的曾孫，已衰落為庶人。❷瞽瞍　舜的父親。因其有目不能分別好惡，故時人謂之瞽，配字曰瞍。〈五帝本紀〉作「瞽叟」。《書・堯典》作「瞽子」。❸有虞　即舜。名重華。❹陶漁事親　〈五帝本紀〉云：「舜耕歷山，歷山之人皆讓畔；漁雷澤，雷澤上人皆讓居；陶河濱，河濱器皆不窳。一年而所居成聚，二年成邑，三年成都。」按歷山、雷澤，皆在今河南省范縣東南。❺恤遠　安撫遠者。❻親近　愛護近者。❼大命　天命。即上天賦予的權力和使命。指繼堯而為天子。❽二女　指堯的兩個女兒娥皇、女英。〈五帝本紀〉：「於是堯乃以二女妻舜，以觀其內；使九男與處，以觀其外。舜居嬀汭，內行彌謹。堯二女不敢以貴驕事舜親戚，甚有婦道。」❾二十二臣　指禹、皋陶、契、后稷、伯夷、夔、龍、倕、益、彭祖等。〈五帝本紀〉載舜分別任命上述諸人後說：「嗟！汝二十有二人，敬哉！」❿率　遵循。⓫舊職　原來的職守。⓬躬己　當作「恭己」。言任官得人，無為而治，只要以端正嚴肅的態度約束自己便行了。語出《論語・衛靈公》：「無為而治者，其舜也與？夫何為哉，恭己正南面而已矣。」⓭天平地成　形容風雨調和，五穀豐登。⓮巡狩　也作「巡守」。帝王到首都以外的地方進行視察。《孟子・梁惠王下》：「天子適諸侯曰巡守。巡守者，巡所守也。」⓯一始　一個來復。⓰三十年在位嗣帝　《五帝本紀》：「舜年二十以孝聞，年三十堯舉之，年五十攝行天子事。」⓱五十載陟方岳　《書・堯典》：「五十載，陟方乃死。」陟方，謂帝王巡守。⓲蒼梧　山名。在今湖南省寧遠縣境，名九疑山。《五帝本紀》：舜「南巡狩，崩於蒼梧之野，葬於江南九疑，是為零陵」。

【語　譯】宰我說：「請問帝舜。」孔子說：「他是喬牛的孫子，瞽瞍的兒子，叫做虞舜。他的孝友之名，傳播到了四方，做過泥瓦匠，捕過魚，來奉養他的父母。他很寬容而又溫良，很聰敏而又識時務，敬畏上天而又撫育民眾，憐恤遠者而又親愛近者。他繼承堯的帝位，一舉一動都和堯的二女娥皇、女英商量。他的見解深邃，知識通達，做了天下的帝王。他要二十二位賢臣，遵守堯的職責，本人端正嚴肅地約束自己而已，使天下太平，五穀豐收。他每隔五年，便到各地去視察一次。三十歲便被堯舉了出來繼承他的帝位，過了五十年才在南方視察時，死在湖南省的寧遠縣境，就葬在那裡的九疑山。」

宰我曰：「請問禹。」孔子曰：「高陽❶之孫，鯀❷之子也，曰夏后。敏給❸克齊❹，其德不爽❺，其仁可親，其言可信，聲為律❻，身為度❼，亹亹❽穆穆❾，為紀❿為綱。其功為百神之主⓫，其惠為民父母。左準繩⓬，右規矩⓭，履四時⓮，據四海⓯，任皋陶⓰、伯益⓱以贊⓲其治，興六師⓳以征不序⓴，四極㉑之民，莫敢不服。」孔子曰：「予！大者如天，小者如言，民悅至矣，予也非其人也。」宰我曰：「予也不足以戒敬承矣。」他日，宰我以語子貢，子貢以復㉒孔子，子曰：

「吾欲以顏狀取人也，則於滅明㉓改矣；吾欲以言辭取人也，則於宰我改之矣；吾欲以容貌取人也，則於子張改之矣。」宰我聞之懼，弗敢見焉。

【章　旨】此章言孔子盛贊夏禹的品德功績，並對宰我提出了批評。

【注　釋】❶高陽　即顓頊。按舜為顓頊的六代孫，而鯀與舜同仕於堯，則鯀不應為顓頊之子。《漢書・律曆志》：「顓頊五代而生鯀。」似較為合理。❷鯀　禹的父親。〈五帝本紀〉：「四嶽舉鯀治洪水，堯以為不可，嶽強請試之，試之而無功，故百姓不便。」後被殺於羽山。❸敏給　敏捷。❹克齊　能夠恭敬嚴肅。《史記・夏本紀》作「克勤」。❺不爽　沒有過失。爽，失。❻聲為律　聲應鍾律。❼身為度　以身為法度。❽亹亹　勤勉不倦的樣子。❾穆穆　端莊恭謹的樣子。❿紀　法度。⓫百神之主　山川神祇的主宰。言禹治平洪水，然後百神各得其所。⓬準繩　比喻法度。⓭規矩　本為校正圓形和方形的工具。引申為準則、禮教。⓮履四時　所行不違四時之宜。履，踐；行。⓯據四海　擁有四海。據，占有；擁有。⓰皋陶　一作「咎繇」。偃姓。相傳被舜任為掌刑獄之官，後又被禹所重用，且授政焉，只因皋陶早世，才沒有成為事實。參閱《史記・夏本紀》。⓱伯益　一作「伯翳」。亦稱大費。舜時被任為掌管山澤之官。後來為禹所重用，並被選為繼承人，禹崩，益讓帝禹之子啟，避居箕山之陽。參閱《史記・夏本紀》。⓲贊　輔助。⓳六師　即六軍。周制：天子有六軍，諸侯大國三軍，小國一軍，每軍一萬二千五百人。⓴不序　不守秩序；不安本分；越出常軌。㉑四極　四方極遠之地。《爾雅・釋地》：「東至於泰遠，西至於邠國，南至於濮鈆（鉛），北至於祝栗，謂之四極。」㉒復　告訴；回報。㉓滅明　即澹臺滅明。孔子弟子，狀貌甚惡。見〈弟子行第十二〉注。

【語　譯】宰我說：「請問大禹。」孔子說：「他是高陽的孫子，鯀的兒子，叫做夏后氏。敏捷端肅，他的德行沒有什麼毛病。他的仁厚是可以親近的，他的言語是值得信任的。他的聲音與鍾律相應，他的本身可以作為法度，勤勤懇懇，端端正正，可以作為準則。他平定洪水，使山川之神各得其所，對老百姓的恩惠，就像父母對於子女一樣。以左輔為準則，以右弼為法度，一舉一動都不違背四時之宜。他擁有四海的土地和人民，任用皋陶和伯益作為自己的助手，建立六軍以征伐那些越出常軌的。四方極遠地方的民眾，不敢不服從他。」

孔子說：「宰我呀，五帝之德，大者像天之覆蓋萬物一樣，小者像我上面所說的，老百姓高興極了。宰我呀，你不是能夠了解五帝的德行的啊。」宰我說：「我是不值得告戒和承教的喲。」過了一些日子，宰我把這些話告訴了子貢，子貢又回稟了孔子。孔子說：「我想憑藉一個人的形體來選擇人，然而從澹臺滅明看來，我便改變了看法；我想憑藉言辭來選擇人，然而從宰我看來，我又改變了看法；我想憑藉容貌來選擇人，然而從子張看來，我又不得不改變看法喲。」宰我聽說了，害怕起來，不敢去拜見先生了。

卷六

五帝第二十四

【題解】此篇以季康子提出「舊聞五帝之名而不知其實」的疑問，因以「五帝」名篇。孔子在這裡詳細闡述了五帝配五行及三代所尚的顏色各異的道理，帶有濃厚的神道色彩，與〈五帝德〉論述五帝的品德功績大異其趣。

季康子❶問於孔子曰：「舊聞五帝❷之名而不知其實，請問何謂五帝？」孔子曰：「昔丘也聞諸老聃❸曰：天有五行❹：水火金木土，分時化育❺，以成萬物，其神謂之五帝。古之王者，易代❻而改號❼，取法五行，五行更王❽，終始相生，亦象其義。故其為明王者而死配五行，是以太皞❾配木，炎帝❿配火，黃帝配土，少皞⓫配金，顓頊⓬配水。」康子曰：「太皞氏其始之木何如？」孔子曰：「五行用事，先起於木，木，東方，萬物之初皆出焉，是故王者則之，而首以木德王天下，其次則以所生之行轉相承⑬也。」康子曰：「吾聞勾芒⑭為木正⑮，祝融⑯為火正，蓐收⑰為金正，玄冥⑱為水正，后土⑲為土正，此五行之主而不亂，稱曰帝者，何也？」孔子曰：「凡五正⑳者，五行之官名，五行佐成上帝而稱五帝，太皞之屬配焉，亦云帝，從其號。昔少皞氏之子有四：叔曰重、曰該、曰脩、曰熙，實能金木及水，使重為勾芒，該為蓐收，脩及熙為玄冥。顓頊氏之子曰黎，為祝融，共工氏之子曰勾龍，為后土。此五者，各以其所能，業為官職，生為上公，死為貴神，別稱五祀，不得同帝。」

【章　旨】此章具言五帝配五行之道、五正與五帝的關係，以見孔氏之博聞多識。

【注　釋】❶季康子　魯國的執政大夫。❷五帝　此指太皞、炎帝、黃帝、少皞、顓頊。《周禮・春官・小宗伯》：「兆五帝於四郊。」注云：「蒼曰靈威仰，太昊食焉。赤曰赤熛怒，炎帝食焉。黃曰含樞紐，黃帝食焉。白曰白招拒，少昊食焉。黑曰汁光紀，顓頊食焉。」後來的緯書，如明孫瑴《古微書・春秋文耀鉤》亦宗此說。❸老聃　即老子。姓李名耳，著有《道德經》五千言。❹五行　古代稱構成各種物質的五種元素。《書・洪範・五行》：「一曰水，二曰火，三曰木，四曰金，五曰土。」❺化育　自然生成和長育萬物。化，生。育，長。❻易代　改朝換代。❼改號　改換年號。❽更王　交替振興；輪番為王。❾太皞　也作「太皓」、「太昊」。傳說中的古帝名。即伏羲氏，一作宓戲氏，風姓，繼燧人氏為帝。❿炎帝　傳說中的古帝名。他曾作耒耜，教人耕種，故又號神農氏。⓫少皞　也作「少昊」。傳說中的古帝名。名摯，字青陽，黃帝子，己姓。⓬顓頊　即高陽氏。黃帝之孫。注見〈五帝德第二十三〉。⓭轉相承　展轉繼承。⓮勾芒　少皞氏之子。名重，死為木官之神。《呂氏春秋・仲春紀》：「其日甲乙，其帝太皞，其神勾芒。」高誘注曰：「甲乙，木日也；太皞伏羲氏以木德王天下之號，死祀於東方，為木德之帝。勾芒，少皞氏之裔子，名重，佐木德之帝，死為木官之神。」⑮木正　五行之官。木正為春官。⑯祝融　火官之神。《呂氏春秋．孟夏紀》：「其日丙丁，其帝炎帝，其神祝融。」注云：「丙丁，火日也。炎帝，少典之子，姓姜氏，以火德王天下，是為炎帝，號曰神農，死託祀於南方，為火德之帝。」又云：「祝融，顓頊氏後，老童之子吳回也，為高辛氏火正，死為火官之神。」但本篇說「祝融，顓頊氏之子曰黎」。⑰蓐收　金官之神。《呂氏春秋．孟秋紀》：「其日庚辛，其帝少皞，其神蓐收。」注云：「少皞氏裔子曰該，有金德，死託祀為金神。」⑱玄冥　水神。《呂氏春秋．孟冬紀》：「其日壬癸，其帝顓頊，其神玄冥。」注云：「玄冥，官也。少皞氏之子曰循（按本篇作「脩」），為玄冥師，死祀為水神。」⑲后土　土官之神。《禮．月令》：「其日戊己，其帝黃帝，其神后土。」疏云：「共工氏有子曰勾龍為后土，后土為土官。」⑳五正　五行之官。即上文所說的木正、火正、金正、水正、土正。

【語　譯】季康子問孔子說：「過去聽說過五帝的名字，而不了解實際情況，請問什麼叫做五帝呢？」孔子說：「過去我聽到老聃說過：自然界有五種元素，即水、火、金、木、土，分別按照自己的時令來生長萬物。這五種元素的神，就叫做五帝。古代的帝王，在變換朝代、更改帝號時，取法於構成萬物的五種元素。按照這五種元素的順序，交替著為王，終而復始地轉相繼承，也是取法這五種元素生生不已的道理。所以那些英明的帝王，死了以後，就按照木、火、土、金、水來配享。因此太皞以木德王，祀為木德之帝；炎帝以火德王，祀為火德之帝；黃帝以土德王，祀為土德之帝；少皞以金德王，祀為金德之帝；顓頊以水德王，祀為水德之帝。」季康子說：「太皞氏為什麼開始要以木德王呢？」孔子說：「這五種元素，最先是木當令的。木，象徵著東方，萬物都是從東方開始化育出來的，因此帝王取法於它，首先以木德王天下，其次按照它所生的第二種元素來展轉相承，如木生火，火生土，土生金，金生水之類。」康子說：「我聽說勾芒是木官之神，祝融是火官之神，蓐收是金官之神，玄冥是水官之神，后土是土官之神，這是五種元素的主宰，先後順序井然不亂，為何稱之為帝呢？」孔子說：「所有以五種元素命官的，都是五行之官，它們是輔佐上帝化成萬物的，於是叫做蒼帝、赤帝、黃帝、白帝、黑帝，這就是所謂天上五方之帝，太皞氏他們這班人與之相匹配，亦稱為木德之帝、火德之帝、土德之帝等，不過從上天五帝之號而已。過去少皞氏有四個兒子，名叫重、該、脩、熙，曾分別任過金官、木官及水官，重死了便為木官之神，該死了為金官之神，脩及熙死了為水神。顓頊氏的兒子叫做黎的，死了成為火神，共工氏的兒子名叫勾龍的，死了成為土神。這五個人，各以他們的所長，擔任五行之一的官職，活著的時候，是高級的官員，死了以後，又成了尊貴的神祇，別稱五種祭禮，即王者在宮中祭祀五色之帝或五行之神。但不得比同於五帝。」

康子曰：「如此之言，帝王改號，於五行之德，各有所統，則其所以相變者，皆主何事？」孔子曰：「所尚則各從其所王之德次焉❶。夏后氏❷以金德王，色尚黑，大事❸斂用昏❹，戎事❺乘驪❻，牲❼用玄❽。殷人❾用水德王，色尚白，大事斂用日中❿，戎事乘翰⓫，牲用白。周人⓬以木德王，色尚赤，大事斂用日出⓭，戎事乘騵⓮，牲用騂⓯，此三代⓰之所以不同。」康子曰：「唐虞二帝⓱，其所尚者何色？」孔子曰：「堯以火德王，色尚黃；舜以土德王，色尚青。」康子曰：「陶唐、有虞、夏后、殷、周，獨不配五帝，意者，德不及上古耶？將有限乎？」孔子曰：「古之平治水土及播植百穀者眾矣，惟勾龍氏兼食於社⓲，而棄⓳為稷神⓴，易代奉之無敢益㉑者，明不可與等。故自太皞以降，逮于顓頊，其應五行而王，數非徒五而配五帝，是其德不可以多㉒也。」

【章旨】此章言各代各從其所王之德，分別崇尚不同的顏色，並以夏、商、周三代為例加以說明。

【注　釋】❶所王之德次焉　言以木德王者，木之次為火，故其色尚赤。這是「修其母、兼其子」的意思。❷夏后氏　古史稱禹受舜禪，建立了夏王朝，被稱為夏后氏，或夏氏、夏后。❸大事　重大的事情。指喪禮。❹斂用昏　殯斂時選黃昏。黃昏，亦有黑的意思。❺戎事　軍事。❻驪　黑色的馬。❼牲　祭祀用的家畜。❽玄　黑色。❾殷人　即商代的人。商，成湯滅了夏之後所建立的朝代，開始建都於亳，至盤庚遷殷（即今河南安陽小屯），故又稱為殷。❿日中　中午。⓫翰　白色的馬。⓬周人　即周代的人。周，武王滅紂而建立的朝代。⓭日出　取其為紅色。⓮騵　赤毛白腹的馬。⓯騂　赤色的馬。⓰三代　即夏、商、周。⓱唐虞二帝　指堯和舜。堯為陶唐氏，舜為有虞氏。⓲兼食於社　配享於社。兼，配的意思。⓳棄　即周代的后稷。相傳其母姜嫄，履巨人跡而孕，至期生子，以為不祥，棄之隘巷，馬牛見而避之；棄之冰上，飛鳥以其翼覆薦之。姜嫄以為祥，才收養了他，初欲棄之，因名曰棄。參閱《史記．周本紀》。⑳稷神　五穀之神。因棄在堯時為農師，在舜時，播植百穀。㉑益　增加。㉒多　超出；勝過。

【語　譯】季康子說：「像這麼樣說，帝王改朝換號，在五行方面都有一個世代相承的系統，那麼他們改變原來的制度，主要有什麼東西？」孔子說：「他們所崇尚的就要依據各自所王之德，而取其下一個元素的顏色，如以木德王者，木生火，下一個元素是火，火色赤，故尚赤。大禹建立的夏代，是以金德王，便崇尚黑的顏色，重要的事情如喪禮之類都在黃昏時舉行，有了軍事活動，便乘著黑馬，祭祀用的家畜也是黑色的。成湯建立的商代是以水德王，便崇尚白的顏色，一切重要事情都在中午舉行，有了軍事活動，便乘著白色的馬，祭祀用的家畜也要白色的。武王建立的周朝，是以木德王，便崇尚紅的顏色，一切重要的事情都在日出時舉行，參加軍事活動，要騎紅毛白腹的馬，祭祀用的家畜也要用紅色的馬。這是夏、商、周三代所崇尚的顏色各不相同的表現。」季康子說：「唐堯和虞舜兩代，又崇尚什麼顏色呢？」孔子說：「唐堯是以火德稱王於天下的，崇尚的是黃色；虞舜是以土德稱王於天下的，崇尚的是青色。」季康子說：「惟獨陶唐、有虞、夏后、殷、周，沒有與上天的五帝相配，猜想是他們的道德趕不上遠古的帝王呢？還是有別的限制呢？」孔子曰：「古來平治洪水、開闢土地以及播種百穀的很多啊，只有勾龍氏配享於社，而周朝的始祖后稷是五穀之神，改朝換代之後，沒有不祭祀他的，也不敢增加別的人來配享，說明別的人是不能和他等同的。所以從伏羲氏以下，一直到顓頊氏，那些與木、火、土、金、水相應而稱王的，不止是因為只有五個數目，便與上天的五帝相配；而是因為他們的道德不可以超過啊。」

執轡第二十五

【題解】此篇見於《大戴記·盛德》。孔子認為德和法，是治理民眾的工具，就像銜勒是御馬的工具一樣。官吏好比轡頭，刑法好比馬策，御馬者只要執轡得法，鞭策適度，就可以致千里；御民者只要施以德政，約以刑法，就能使天下大治。因為這一篇文章的主要觀點是「夫人君之政，執其轡策而已」，故以「執轡」名篇。

閔子騫❶為費❷宰，問政於孔子，子曰：「以德以法。夫德、法者，御民❸之具，猶御馬❹之有銜勒❺也。君者，人也；吏者，轡❻也；刑者，策❼也。夫人君之政，執其轡策而已。」子騫曰：「敢問古之為政。」孔子曰：「古者，天子以內史❽為左右手，以德法為銜勒，以百官為轡，以刑罰為策，以萬民為馬，故御天下數百年而不失。善御馬者，正銜勒，齊轡策，均馬力❾，和馬心❿，故口無聲而馬應轡，策不舉而極千里。善御民，壹⓫其德法，正⓬其百官⓭，以均齊民力，和安民心，故令不再⓮而民順從，刑不用而天下治，是以天地德之⓯，而兆民⓰懷之⓱。夫天地之所德，兆民之所懷，其政美，其民而眾稱之⓲。今人言五帝⓳、三王⓴者，其盛無偶㉑，威察㉒若存㉓，其故何也？其法盛，其德厚，故思其德，必稱其人，朝夕祝之㉔，升聞㉕於天，上帝俱歆㉖，用永厥世㉗，而豐其年。不能御民者，棄其德法，專用刑辟㉘，譬猶御馬棄其銜勒，而專用箠策㉙，其不制㉚也可必矣㉛。夫無銜勒而用箠策，馬必傷，車必敗；無德法而用刑，民必流，國必亡，治國而無德法，則民無脩㉜；民無脩則迷惑失道，如此上帝必以其為亂天道也。苟亂天道，則刑罰暴，上下相諛㉝，莫知念忠㉞，俱無道故也。今人言惡者，必比之於桀紂，其故何也？其法不聽㉟，其德不厚，故民惡其殘虐，莫不吁嗟㊱，朝夕祝之，升聞于天，上帝不蠲㊲，降之以禍罰，災害並生，用殄㊳厥世。故曰：德法者，御民之本。

【章　旨】孔子詳細論述了德和法是御民的工具，五帝三王之所以能夠長治久安，就是因為「其法盛，其德厚」；桀紂之所以失天下，則是因為「其法不聽，其德不厚」。無德法而用刑，就像無銜勒而用箠策一樣，必然會失敗的。

【注　釋】❶閔子騫　春秋時魯人。孔子弟子，名損，是孔門德行科中的代表人物，以孝聞名於天下。參閱《史記・仲尼弟子列傳》。❷費　春秋時魯季孫氏之邑。今屬山東。❸御民　治理民眾。御，統治；治理。❹御馬　駕馭馬。❺銜勒　馬勒和轡頭。銜，馬嚼子。橫銜在馬口中，用以制馭馬的行止。勒，馬絡頭。有嚼口的叫勒，沒有嚼口的叫羈。❻轡　馬韁。❼策　馬鞭。❽內史　官名。協助天子管理爵、祿、廢、置等重大政務。參閱《周禮・春官》。❾均馬力　均衡地使用馬力。❿和馬心　調和馬的情緒。⓫壹　統一；劃一；均一。《商君書・刑賞》：「聖人之為國也，壹賞，壹刑，壹教。」⓬正　整飭；糾正。⓭百官　眾官；一切官員。⓮不再　不用第二次。⓯天地德之　天地以為他是有德的。⓰兆民　萬民。極言其數之多。

⑰懷之　歸服他。⑱眾稱之　民眾稱舉他。⑲五帝　黃帝、顓頊、帝嚳、唐堯、虞舜。⑳三王　夏禹、商湯、周文武。㉑無偶　無與倫比。㉒威察　威嚴和明察；權勢和洞察力。㉓若存　好像還在。㉔祝之　頌禱他。下文的「祝之」，是「告愬他」的意思。祝，以言告神。㉕升聞　上聞。㉖歆　享用。祭祀時神鬼享用祭品的氣味。㉗厥世　他的年代。厥，其。㉘刑辟　刑法。辟，法。㉙箠策　馬鞭。㉚不制　不受約束。㉛必矣　一定的了。㉜無脩　無從學習；無所遵循。㉝相誑　彼此都說假話，用不實的語言去奉承人。㉞念忠　想到忠誠。㉟不聽　不能聽取陳述，作出決定。㊱吁嗟　憂慮不滿。㊲蠲　減免。㊳殄　滅絕；消滅。

【語　譯】閔子騫做了費邑的長官，向孔子請教如何才能使政治清明。孔子說：「運用德教和刑法。德教和刑法是治理民眾的工具，就好像駕馭馬要有馬勒和轡頭一樣啊。君主，是駕馬的人啊；官吏，是馬轡啊；刑法，是馬鞭啊。君主處理政務，只要掌握馬轡和馬鞭便夠了。」閔子騫說：「讓我冒昧地問一聲古代是怎麼樣處理政務的呢？」孔子說：「古代嘛，天子以內史作為自己的左右手，以德教和刑法作為馬勒和轡頭，以百官為馬轡，以刑罰為馬鞭，以萬民為馬，所以能治理天下數百年而不會喪失他的權力。善於駕馭馬的，端正馬勒和轡頭，齊備馬轡和馬鞭，均衡地使用馬力，協和馬的感情，所以沒有叱責之聲，而馬能按照馬轡的鬆緊調整自己的速度，不須揚起馬鞭而能一日千里。善於治理百姓的，統一自己的德教和刑法，整飭自己的百官，公平地使用民力，以和洽與安撫百姓的內心，因此不用發布第二次命令，而百姓無不順從；不要使用刑罰，而天下能夠太平。是以天地認為他有道德，億萬百姓也就歸服他了。既然是天地所福佑的，百姓所歸服的，他的政治一定很好，而為眾多的民眾所稱道了。如今人們一談到五帝三王，就覺得那個太平盛世是無法比擬的，他的威嚴和明察好像活著的一樣，原因何在呢？就是因為他的刑法很周詳，他的德澤很深厚。所以人們一想到他的德澤，一定要稱揚他本人，人們早晚都在歌頌他、祈禱他，那些頌辭和禱辭，上聞於天，上帝都已經聞到了，所以延長他的世代，增益他的年齡。那些不能治理民眾的，拋棄他的德教和刑法，專門使用刑罰，好像馭馬的拋棄馬勒和轡頭，而專門使用馬鞭，馬不受他的約束就成為必然的了。沒有馬勒和轡頭，而使用馬鞭，馬一定會受到傷害，車一定要遭到破壞。沒有德教和法制，而使用刑罰，那麼百姓一定要逃散，國家一定要滅亡。治理國家而沒有德教和法制，那麼百姓就無從學習，無所遵循；百姓無從學習和遵循，就會迷惑不解，無所措手足。這樣一來，上帝一定認為你在擾亂自然的規律，干擾上天的意志啊。假使破壞了自然的規律，干擾了上天的意志，那麼用的刑罰必然很殘暴，上上下下就會只講那些好聽的話來互相吹捧，就沒有人會想到忠誠老實了。這是因為上下都不講道德啊。如今人們一談到惡，就一定拿夏桀、商紂來作比，是什麼原因呢？就是因為他的法制不信，德澤不深，所以人們憎恨他的殘暴，沒有一個不憂慮埋怨的，早晚都在詛咒他，那些詛咒的話，上聞於天了，上帝不肯減免他的罪過，於是降禍於他，讓天災人禍同時在那裡發生，因而斷絕了他的世系。所以說德教和刑法是治理百姓的根本措施。

古之御天下者，以六官❶總治焉。冢宰❷之官以成道❸，司徒❹之官以成德❺，宗伯❻之官以成仁❼，司馬❽之官以成聖❾，司寇❿之官以成義⓫，司空⓬之官以成禮⓭。六官在手以為轡，均仁以為納⓮，故曰御四馬者執六轡⓯，御天下者正六官。是故善御馬者，正身⓰以總轡⓱，均馬力，齊馬心，回旋曲折，唯其所之。故可以取長道，可赴急疾，此聖人所以御天地與人事之法則也。天子以內史為左手，以六官為轡，已而與三公⓲為執⓳六官，均五教⓴，齊五法㉑，故亦惟其所引，無不如志。以之道則國治，以之德㉒則國安，以之仁則國和㉓，以之聖㉔則國平㉕，以之禮㉖則國安㉗，以之義則國義㉘，此御政之術。過失，人之情莫不有焉。過而改之，是為不過。故官屬不理，分職不明，法政不一，百事失紀㉙曰亂，亂則飭冢宰。地而不殖㉚，財物不蓄㉛，萬民飢寒，教訓不行，風俗淫僻㉜，人民流散曰危，危則飭司徒。父子不親，長幼失序㉝，君臣上下，乖離異志曰不和，不和則飭宗伯。賢能而失官爵，功勞而失賞祿，士卒疾怨，兵弱不用曰不平，不平則飭司馬。刑罰暴亂，姦邪不勝㉞曰不義㉟，不義則飭司寇。度量不審㊱，舉事失理㊲，都鄙㊳不修，財物失所曰貧，貧則飭司空。故御者同是車馬，或以取㊴千里，或不及數百里，其所謂進退緩急異也。夫治者同是官法，或以致㊵平，或以致亂者，亦其所以為進退緩急異也。古者，天子常以季冬考德正法，以觀治亂。德盛者，治也；德薄者，亂也。故天子考德，則天下之治亂，可坐廟堂之上而知之。夫德盛則法修，德不盛則飭法與政，咸德㊶而不衰㊷。故曰：王者又以孟春㊸論吏之德及功能㊹。能德法者為有德，能行德法者為有行，能成德法者為有功，能治德法者為有智。故天子論吏㊺而德法行，事治而功成。夫季冬㊻正法㊼，孟春論吏，治國之要。」

【章旨】此歷述天子對於六官的職守和要求，及其季冬考德，孟春論吏的成效。

【注釋】❶六官　六卿之官。指天官冢宰、地官司徒、春官宗伯、夏官司馬、秋官司寇、冬官司空。❷冢宰　官名。亦稱大宰，為六卿之首。協助天子「掌邦治，統百官，均四海」。參閱《尚書・周官》。❸成道　成就大道。❹司徒　六卿之一。

主管教化的官。❺成德　完成德教。❻宗伯　六卿之一。其職務是「掌邦禮，治神人，和上下」。❼成仁　成就仁德。❽司馬　六卿之一。掌管軍事。❾成聖　成就至高無上的功業。❿司寇　六卿之一。主管刑獄。⓫成義　完成公平適當的決斷。⓬司空　六卿之一。主管建築、製造和監督的工作。⓭成禮　完善禮儀。⓮納　通「軜」。驂車兩旁兩匹馬的內側轡繩。《荀子．正論》：「三公奉軶持納。」⓯六轡　古代一車四馬，馬各二轡，共八轡，其中兩驂馬的內兩轡繫在軾前，故御者只執其他六轡。《詩．秦風．小戎》：「四牡孔阜，六轡在手。」⓰正身　端正軀體。⓱總轡　握緊馬轡。⓲三公　指太師、太傅、太保。他們是輔助國君掌握軍政大權的最高官員。⓳執　控制；掌握。⓴五教　五種倫理道德。指父義、母慈、兄友、弟恭、子孝。㉑五法　五種輕重不同的刑法。一般指墨、劓、剕、宮、大辟。㉒之德　那樣的德教。之，那樣。下四「之」字義同。㉓國和　國家和平、和洽、和樂。㉔之聖　那樣至高無上的武功。㉕國平　國家太平。㉖之禮　那樣的禮教。㉗國安　國家安寧。㉘以之義則國義　言刑罰適當，則國家平穩。國義，國家穩定。義，公允適當。㉙失紀　敗壞綱紀。㉚不殖　不種植。㉛不蓄　不多；不茂盛。㉜淫僻　淫亂。㉝失序　喪失次序；錯亂次序。㉞不勝　不能制服。㉟不義　不適當；不合理。㊱不審　不察；沒有察覺。㊲失理　沒有條理。㊳都鄙　京都和邊鎮。㊴取　取得；達到。㊵致　獲致；得到。㊶咸德　皆合於德。㊷不衰　不殺。㊸孟春　春季第一個月。即農曆正月。㊹功能　功績和能力。㊺論吏　評議官吏的好壞。㊻季冬　冬季的最後一個月。即農曆十二月。㊼正法　整正法制。

【語　譯】古代那些統治天下的，任用六卿之官加以總管。冢宰那樣的官是用來實現政治理想的，司徒那樣的官是用來完成德教的，宗伯那樣的官是用來完善仁德的，司馬那樣的官是用來完成至高無上的征伐事業的，司寇那樣的官是用來完成公平適當的法制的，司空那樣的官是用來完成禮教的。這六卿之官在君主手裡就是馬的轡繩，轡繩要握得均勻，兩驂內側的轡繩，要繫在車前的橫木上，所以說駕馭四匹馬拉的車子要握緊六根轡繩，統治天下的要整飭六位高級官員。因此善於駕馭馬的要端正軀體，握緊轡繩，均衡地使用馬力，跟馬的內心一致起來，如此回轉車輛行經彎路，一切才能按照自己的意志去辦。所以能夠完成遙遠的路程，可以趕赴緊急的任務，這是君主統治天下與處理人事的準則啊。天子依靠內史作為自己的左右手，以六卿之官作為轡繩，自己與三公控制六官，協調五教，劃一五法，所以也能按照他所引導的去做，而沒有不如意的。

有這麼樣的政治思想，那麼國家就會太平，有這麼樣的德教，那麼國家就會安泰，有這麼樣的仁德，那麼國家就會和睦，有這麼樣的征伐，那麼國家就會清平，有這麼樣的禮教，那麼國家就會安寧，有這麼樣的法制，那麼國家就會穩定，這就是處理政務的方法。過錯，按照人的情理來說，沒有不犯錯誤的。有了錯誤就改正它，這就不算錯誤了。所以官屬不辦事，分管的職責不明確，法制和行政不一致，一切事情都亂了套，這就叫做亂，亂就要整飭冢宰。土地沒有種植，財物沒有增多，老百姓還掙扎在飢寒線上，教化沒有推廣，風俗又很淫亂，民眾逃亡在外，這就叫做危，危就要整飭司徒。父子不相愛，長幼沒有次序，君臣上下，互相摩擦，人各一心，這就叫做不和，不和就要整飭宗伯。德才兼美的丟了官爵，功勞卓著的沒有受到賞賜，士卒憎恨埋怨，戰鬥力極弱而不能用，這就叫做不清平，不清平就要整飭司馬。刑罰很殘暴，而姦邪又控制不了，這就叫做不義，不義就要整飭司寇。度量的器具不精密，辦理事情沒有條理，都城和邊邑的城郭沒有整修，浪費了國家的財物，這就叫做貧，貧就要整飭司空。所以駕馭車馬的，雖然駕的都是車和馬，但有的可以日行千里，有的還走不到幾百里，就是因為在進退緩急的控制中有所不同啊。那些治理國家的，同樣是依靠官吏和法制，有的獲致太平，有的導致禍亂，也是因為在掌握進退緩急中各自有不同的辦法啊。古代的帝王常常在冬季的最後一個月考察德教，整頓刑法，來看國家的治亂。德教發揚光大的，就是治世；德教沒有深入下去的，就是亂世。因此，天子考察了德教，就可以坐在廟堂之上完全掌握治亂的情況。德教一發揚，法制就會完善；德教不發揚，那就要加以整飭，使之刑法與政治都合於德，而不致衰弱下去。所以說，君主又在春季的第一個月，考評臣下的德教及其功績和能力，能夠發揚德教、完善刑法的算是有德的，能夠推行德教和刑法的算是有操行的，能夠完成德教和刑法的算是有功的，能夠整頓德教及刑法的算是有智的。因此天子考察官吏，而德教、刑法就可以推行，事情就可以辦好而功業就可以成就。冬末整頓刑法，初春考察官吏，是治理國家的重要措施。」

子夏問於孔子曰：「商聞易❶之生人及萬物鳥獸昆蟲，各有奇耦❷，氣分❸不同，而凡人莫知其情，唯達德❹者能原其本❺焉。天一、地二、人三，三如九，九九八十一，一主日❻，日數十❼，故人十月而生。八九七十二，偶以從奇，奇主辰，辰❽為月，月主馬❾，故馬十二月而生。七九六十三，三主斗❿，斗主狗，故狗三月而生。六九五十四，四主時⓫，時主豕，故豕四月而生。五九四十五，五主音，音主猨，故猨五月而生⓬。四九三十六，六主律⓭，律主鹿⓮，故鹿六月而生。三九二十七，七主星⓯，星主虎⓰，故虎七月而生。二九一十八，八主風⓱，風為蟲⓲，故蟲八月而生。其餘各從其類矣。魚鳥生陰而屬於陽⓳，故皆卵生。魚遊於水，鳥遊於雲，故立冬則燕雀入海化為蛤⓴。蠶食而不飲，蟬飲而不食，蜉蝣㉑不飲不食，萬物之所以不同。介鱗㉒夏食而冬蟄㉓，齕吞㉔者八竅㉕而卵生，齟齧㉖者九竅㉗而胎生，四足者無羽翼，戴角者無上齒，無角無前齒者膏㉘，無角無後齒者脂㉙，晝生者類父，夜生者似母，是以至陰主牝，至陽主牡，敢問其然乎？」孔子曰：「然！昔吾聞老聃亦如汝之言。」

【章旨】此章見於《大戴記・易本命》及《淮南子・墬形》。孔子同意子夏關於萬物生化的論述，其實並非科學的解釋，只能說是歷史的局限。

【注　釋】❶易　指太極。它是二象之所資，萬品之所主的，分而為天地，轉而為陰陽，變而為四時，是混沌之始的自然狀態。❷奇耦　單數和雙數；陽和陰。《易・繫辭下》：「陽卦奇，陰卦耦。」耦，與「偶」通。❸氣分　氣質；素質。❹達德　通達事理的。❺原其本　追溯和推究事物的由來。❻一主日　一為天，天之神，日為尊，故云。❼日數十　天干數十。即甲、乙、丙、丁、戊、己、庚、辛、壬、癸。❽辰　北極星。月出始見。❾月主馬　月契天駟於上，馬統乾於下。天駟，星名。《國語・周語下》：「昔武王伐紂，歲在鶉火，月在天駟。」又以喻神馬，故云。❿三主斗　《大戴記・易本命》作「三主升」。⓫四主時　時有四季。⓬五九四十五四句　據《大戴記・易本命》補。五主音，音有宮、商、角、徵、羽。⓭六主律　古代有十二樂律，陽六為律，陰六為呂。六律即黃鍾、大蔟、姑洗、蕤賓、夷則、無射。⓮律主鹿　鹿角的長短大小似定音器律。⓯七主星　古代天文學家把黃道上的恆星分為二十八個星座，叫做二十八宿，四方各有七星。東方是角、亢、氐、房、心、尾、箕，北方是斗、牛、女、虛、危、室、壁，西方是奎、婁、胃、昴、畢、觜、參，南方是井、鬼、柳、星、張、翼、軫，故云。⓰星主虎　因為虎的花紋似星。⓱八主風　風之數，盡於八，曰炎風、條風、景風、巨風、涼風、飂風、麗風、寒風。見《淮南子・墬形》。⓲風為蟲　凡虫為風。即風為「凡」、「虫」之合字，故云。⓳魚鳥生陰而屬於陽　魚鳥皆卵生，故曰生陰；魚鳥皆飛游於雲水之中，故曰屬於陽。⓴燕雀入海化為蛤　《國語・晉語九》亦云：「雀入海為蛤。」蓋古人認為燕雀與蛤蚧皆卵生，都是同生於陰而屬於陽，故可以化。《大戴記・易本命》「蛤」作「蚧」。蛤、蚧皆蚌類。㉑蜉蝣　蟲名。體極小，壽命短者數小時，長者六、七日。㉒介鱗　甲蟲與鱗蟲。《大戴記・曾子天圓》：「介蟲，介而後生；鱗蟲，鱗而後生。介鱗之蟲，陰氣之所生也。」㉓冬蟄　冬眠。蟄，昆蟲伏藏。㉔齕吞　不嚼而吞食的動物。《淮南子・墬形》亦云：「齕吞者八竅而卵生，嚼咽者九竅而胎生。」㉕八竅　八孔。指眼、耳、鼻、口及排泄處。㉖齟齬　齕食食物。㉗九竅　九個孔。即前文八竅加上排泄處的大小便分開。㉘膏　液狀的油膏。㉙脂　凝結的脂肪。

【語　譯】子夏問孔子說：「我聽說太極化育人類以及萬物鳥獸昆蟲，都有陰陽，氣質各有不同，但一般的人不了解情況，只有通達事理的人才能推原其最根本的道理。天為一，地為二，人為三。三三如九，九九八十一，一主日，日從甲至癸為十，所以人孕十月而生，八九七十二，偶以承奇，陰以承陽，奇主辰，辰主月，月主馬，辰數十二，從子至亥，所以馬孕十二月而生。七九六十三，三主斗，斗主狗，所以狗孕三月而生。六九五十四，四主時，時主豕，故豕孕四月而生。五九四十五，五主音，音主猨，故猨孕五月而生。四九三十六，六主律，律主鹿，故鹿孕六月而生。三九二十七，七主星，星主虎，所以虎孕七月而生。二九一十八，八主風，風為蟲，所以蟲八月而化。其餘各自按照自己的類別而有不同的孕期喲。鳥類和魚類都是卵生的，但都飛游於雲水之間，是陰生而陽屬。因此立了冬，燕雀到了海裡便化成了蚌類，蠶只吃而不喝，蟬只喝而不吃，蜉蝣既不喝又不吃，萬事萬物在稟性方面是這麼的不同啊。介蟲和鱗蟲夏天覓食而冬天蟄伏，不嚼而吞食的動物，只有八個孔，而且是卵生的；嚼碎而後食的有九個孔，而且是胎生的；有四隻腳的，就不長翅膀；長了角的，就沒有上齒；沒有角沒有前齒的，有液狀的油膏；沒有角沒有後齒的，有凝結的脂肪；白天生的像父親；晚上生的像母親。因此陰性到了極點就要生雌性的，陽性到了極大的程度就要產雄性的。冒昧地請問一聲，是不是這麼樣呢？」孔子說：「是的。我過去聽到老聃也像你那麼說的。」

子夏曰：「商聞山書❶曰：『地東西為緯❷，南北為經❸，山為積德❹，川為積刑❺，高者為生❻，下者為死❼，丘陵為牡❽，谿谷為牝❾，蚌蛤龜珠，與❿日月而盈虛⓫。』是故堅土⓬之人剛，弱土⓭之人柔，墟土⓮之人大，沙土⓯之人細，息土⓰之人美，秏土⓱之人醜。食水者⓲善游而耐寒，食土者⓳無心而不息⓴，食木者㉑多力而不治㉒，食草者㉓善走而愚，食桑者㉔有緒㉕而蛾，食肉者㉖勇毅而捍㉗，食氣者㉘神明而壽，食穀者㉙智惠而巧，不食者㉚不死而神。故曰羽蟲㉛三百有六十，而鳳為之長；毛蟲㉜三百有六十，而麟為之長；甲蟲㉝三百有六十，而龜為之長；鱗蟲㉞三百有六十，而龍為之長；倮蟲㉟三百有六十，而人為之長，此乾坤之美也，殊形㊱異類㊲之數，王者動必以道動，靜必以道靜，必順理以奉天地之性，而不害其所主，謂之仁聖焉。」子夏言終而出，子貢進曰：「商之論也何如？」孔子曰：「汝謂何也？」對曰：「微㊳則微矣，然則非治世㊴之待㊵也。」孔子曰：「然！各其所能。」

【章旨】子夏進一步論述萬物的品性與其生活的環境、攫取的食物，有著密切的關係，以及羽蟲、毛蟲、甲蟲、鱗蟲、倮蟲的代表，孔子許其「各其所能」。此章亦見於《大戴記・易本命》及《淮南子・墬形》。

【注釋】❶山書　即《山海經》之〈山經〉。❷緯　橫貫東西的道路或土地。❸經　南北向的道路或土地。❹山為積德　山為仁者所樂，萬物生長於此，故為積德。一說：山積陽，陽為德，故云。❺川為積刑　水為智者所樂，智主制斷，故為積刑。一說：川積陰，陰為刑，故云。❻高者為生　高者為陽，陽主生。❼下者為死　下者為陰，陰主死。❽丘陵為牡　丘陵高敞，為陽，所以為牡。❾谿谷為牝　谿谷汙下，為陰，所以是牝。❿與　共；隨著。⓫盈虛　滿和虧；消和長。古人認為月乃太陰之精，故龜蛤之屬，每到月望（十五）則實，月晦（三十）則虛。⓬堅土　堅硬的土地。⓭弱土　柔軟的土地。⓮壚土　《大戴記・易本命》作「虛土」。猶言鬆散的土壤。《淮南子・墬形》作「壚土」。猶言熟土。⓯沙土　沙礫和黏土混合的土壤。⓰息土　肥沃的土地。⓱秏土　瘠薄的土地。秏，同「耗」。⓲食水者　魚鼈之屬。⓳食土者　蚯蚓之屬。⓴不息　不呼吸。㉑食木者　熊羆之屬。㉒不治　不易馴服。㉓食草者　麋鹿之屬。㉔食桑者　蠶。㉕有緒　有絲。㉖食肉者　虎豹之屬。㉗捍　通「悍」。強悍。㉘食氣者　仙人王喬、赤松之類。㉙食穀者　人類。㉚不食者　得道的人。㉛羽蟲　鳥類。㉜毛蟲　獸類。㉝甲蟲　有硬質外殼的動物。如龜、鼈。㉞鱗蟲　有鱗動物的總名。魚類和爬行動物的外表都有透明的角質鱗片。如魚、蛇之類。㉟倮蟲　沒有羽毛、鱗甲的動物。如人類。㊱殊形　不同的形體。㊲異類　不同的族類。㊳微　精妙；幽深。㊴治世　治國。《商君書・更法》：「治世不一道。」治世，即作治國解。㊵待　期待。

【語　譯】子夏說：「我聽到《山海經》的〈山經〉上說：『東西向的道路或土地叫做緯，南北向的叫做經。山為積德之象，川乃積刑之徵；高巍的象徵著生，低下的意味著死；丘陵高敞，是雄性的表象；谿谷汙下，是雌性的象徵。蚌蛤龜珠，隨著日月的盈虛而消長。』因此生活在堅實土壤的人往往性格剛強，生活在柔軟土地上的人往往性格懦弱，長在鬆散土地上的人，個子比較高大；生在沙礫和黏土混合的土壤上的人，個子比較矮小；在肥沃的土地上生活著的人，往往長得漂亮；在瘠薄的土地上成長的人，往往長得醜陋。吃水的會游泳而且耐寒；吃土的沒有心臟，也不用呼吸；吃樹木的力氣很大，而不容易馴服；吃草的會奔跑而比較愚蠢；吃桑葉的能夠抽絲，卻要化作飛蛾；吃肉的勇猛而強悍；學習吐納之法的無所不知，而又能長生不老；吃穀類的非常聰明，而又靈巧；什麼也不吃的，能夠永生，而又很神聖。所以說：鳥類有三百六十種，而鳳凰是它的領袖；獸類有三百六十種，而麒麟是它的領袖；體外有甲殼的動物三百六十種，而龜是它的領袖；體外有透明的角質鱗片的動物三百六十種，而龍是它的領袖；不長羽毛和鱗甲的動物有三百六十種，而人是它的領袖，這是天地的美德啊，生長了這麼多形態不同、族類各異的生物。英明的君主，行動起來一定要按照自然的規律去行動，靜止下來也要按照自然的規律去靜止，一定要順著天理，秉承天地化育萬物的本性去辦，而不要傷害上天所化育的萬物，這就叫做神聖的君主。」子夏說完了就出去了，子貢走上前說：「子夏這些議論怎麼樣？」孔子說：「你說的是什麼意思呀？」子貢回答說：「子夏所說的，微妙的確是微妙了，但那不是治理國家所期待的啊。」孔子說：「是的，這是各人盡其所能、盡其所知罷了。」

本命解第二十六

【題解】這是孔子論述生命的起源與終結，故以「本命」名篇。前半幅談生命的起源，並及男女的婚嫁，其中男尊女卑、三從七出的說教，顯然是維護封建宗法制度的。後半幅談生命的終結，並及父母的喪禮，所謂「尊尊貴貴」之義，「有節有權」之訓，都有著濃厚的封建色彩。此篇見於《大戴記・本命》。

魯哀公問於孔子曰：「人之命與性❶，何謂也？」孔子對曰：「分於道❷謂之命，形於一❸謂之性❹，化於陰陽❺、象形而發❻謂之生，化窮數盡❼謂之死。故命者，性之始也；死者，生之終也。有始則必有終矣。人始生而有不具者五焉：目無見，不能食，不能行，不能言，不能化。及生三月而微煦❽，然後有見；八月生齒，然後能食；期而生臏，然後能行❾；三年顋合❿，然後能言；十有六而精通，然後能化⓫。陰窮反陽，故陰以陽變；陽窮反陰，故陽以陰化。是以男子八月生齒，八歲而齔⓬；女子七月生齒，七歲而齔，十有四而化。一陽一陰，奇偶⓭相配，然後道合化成⓮，性命之端，形於此也。」公曰：「男子十六精通，女子十四而化，是則可以生民⓯矣。而《禮》男子三十而有室，女子二十而有夫也，豈不晚哉？」孔子曰：「夫《禮》，言其極⑯不是過⑰也。男子二十而冠⑱，有為人父之端；女子十五許嫁，有適人⑲之道。於此而往，則自婚⑳矣。群生㉑閉藏㉒乎陰㉓，而為化育㉔之始。故聖人因時㉕以合偶㉖。男子，窮天數㉗也極，霜降㉘而婦功㉙成，嫁娶者行焉。冰泮㉚而農桑起，婚禮而殺㉛於此。男子者，任天道㉜而長萬物㉝者也，知可為，知不可為；知可言，知不可言；知可行，知不可行者。是故審其倫㉞而明其別㉟謂之知，所以效㊱匹夫之聽㊲也。女子者，順男子之教而長其理者也，是故無專制㊳之義㊴，而有三從㊵之道，幼從父兄，既嫁從夫，夫死從子，言無再醮㊶之端。教令㊷不出於閨門，事在供酒食而已，無閫外㊸之非儀㊹也。不越境㊺而奔喪，事無擅為，行無獨成，參知而後動，可驗而後言。晝不遊庭，夜行以火，所以效匹婦之德也。」孔子遂言㊻曰：「女有五不取㊼：逆家子者㊽，亂家子者㊾，世有刑人子者㊿，有惡疾子者(51)，喪父長子者(52)。婦有七出三不去：七出者，不順父母出者，無子者，淫僻(53)者，嫉妒者，惡疾者(54)，多口舌者，竊盜者。三不去者：謂有所取無所歸(55)；與共更(56)三年之喪；先貧賤後富貴。凡此聖人順男女之際，重婚姻之始也。」

【章　旨】此章言生命之源，婚姻之始，夫婦之別，集中地反映了封建宗法制度的倫理觀。

【注　釋】❶命與性　生命與氣質。❷分於道　言從自然界分化出來，始得為人，而人之生命又有修短壽夭，所謂「死生有命」。道，自然的規律。❸形於一　人各受陰陽以剛柔的氣性。如稟於木則仁，受於金則義，所謂「天命之謂性」也。❹性　氣質。古人認為性資於未生之前，發於既生之後。❺化於陰陽　從陰陽二氣化生出來。❻象形而發　稟受不同的氣性而顯現出來。發，顯現。❼化窮數盡　功能沒有了，壽數已完了。化，功能。數，壽數。❽微煦　稍微有一點光。煦，光芒。《大戴記・本命》作「昫」。昫，精也。眼睛轉動貌。❾期而生臏二句　據《大戴記・本命》補。臏，脛骨；膝蓋骨。❿顋合　言兩邊的腮巴骨長攏來了。顋，同「腮」。兩頰的下半部。⓫化　生育。⓬齓　「齔」的俗字。毀齒。即兒童換牙。⓭奇偶　陰陽。奇數為陽，偶數為陰。⓮道合化成　合乎自然變成新的生命。⓯生民　生出人來。民，人。⓰極　最大限度。⓱不是過　即「不過是」。言不會超過這個限度。⓲冠　戴帽。古代男子二十歲要舉行成人禮，結髮戴冠，以示成人。⓳適人　出嫁。適，女子出嫁。⓴自婚　開始婚嫁。㉑群生　一切生物。㉒閉藏　收藏。㉓陰　冬季。《管子・四時》：「春嬴育，夏養長，秋聚收，冬閉藏。」㉔化育　自然生成和長育萬物。㉕因時　順時。㉖合偶　合成配偶，結為婚姻。㉗天數　《易・繫辭上》：「天數二十有五，地數三十，凡天地之數，五十有五。」今言男子三十而有室，故曰是天數的極限。㉘霜降　二十四節氣之一。《禮・月令》：「是月也（九月），霜始降。」㉙婦功　即女功、女紅。指紡織、刺繡、縫紉等事。㉚冰泮　冰凍溶化。泮，溶解；分離。㉛殺　減少。㉜任天道　擔負著支配人類命運的責任。㉝長萬物　萬物之長。㉞審其倫　熟悉倫常。審，研究；熟悉。㉟明其別　了解夫婦之別、男女之別。別，區別。㊱效　呈現；表現。㊲聽　應為「德」之訛。與下文「所以效匹婦之德也」相應。㊳專制　獨斷專行。㊴義　理。㊵三從　即下文的「幼從父兄，既嫁從夫，夫死從子」。㊶再醮　改嫁。舊謂女子改嫁曰醮。㊷教令　命令。㊸閫外　門限之外。㊹非儀　威儀。《詩・小雅・斯干》：「無非無儀，唯酒食是議。」箋云：「婦人無所專於家事，有非，非婦人也；有善，亦非婦人也。」可見「無非」，即不承擔錯誤的責任。㊺越境　超越國境。越，踰越；超出。㊻遂言　一直說下去；徑情直遂地說。㊼五不取　即五不娶。取，娶的意思。㊽逆家子者　叛逆人家的女子。㊾亂家子者　淫亂人家的女子。亂，亂倫。㊿世有刑人子者　當代有受過刑戮者的女子。謂其為人所棄。(51)有惡疾子者　患有痛苦難治的疾病的女子。惡疾，指瘖、聾、盲、癘、禿、跛、傴。見《公羊傳・昭公二十年》「何疾爾？惡疾也」注。(52)喪父長子者　死掉了父親及其長子者。謂其無所受命。(53)淫僻　淫邪。(54)惡疾者　謂其不能備粢盛以供祭祀。(55)歸歸宿。㊻共更　共同經歷過。

【語　譯】魯哀公問孔子說：「人的生命與氣質，是怎麼解釋的？」孔子回答說：「稟受自然之氣而始得為人，這就叫做生命；人各受陰陽之氣，形成剛柔不同的氣質，這就叫做性。從陰陽二氣化生出來，而顯現出不同的氣質，這就叫做生。身體的功能喪失了，壽數也終止了，這就叫做死。所以說生命是氣質的最初表象，死亡是生命的最後結束。有開頭就一定有終結。一個人剛剛生下來，就有五種功能不具備：即不能看，不能吃，不能說，不能走，不能生育。等到生下來三個月之後，眼睛才稍微有點光，然後能夠看見東西；八個月才長牙齒，然後能夠吃東西；週年之後才長了膝蓋骨，然後能夠開始行走；三年之後腮巴骨長起來了，然後能夠說話；男子十六歲便通精了，然後能夠生育。陰到了極點就要反陽，所以陰要憑藉陽而變化；陽到了極點就要反陰，所以陽要依仗陰而生育。因此男子八月生齒，八歲而換牙；女子七月生齒，七歲而換牙，十四歲就可以生育。一陽一陰，男女相配，然後合乎自然規律，生育成長，一個新的生命，便在這裡形成了。」哀公說：「男子十六歲便通了精，女子十四歲就可以生育，如此就可以生育小孩了。而《禮記》上卻規定男子三十歲才有家室，女子二十歲才有丈夫，難道不太晚了嗎？」孔子說：「《禮》所講的是一個極限，怎麼也不能超過這個限度。男子二十歲就要舉行冠禮，說明他開始具備了做父親的資格；女子十五歲就可以許配，說明她有出嫁的道理。男二十、女十五以後，就可以開始婚配了。一切生物都在冬天收藏起來，就是它生育成長的開始，所以聖人便趁冬天這個季節提倡婚嫁。男子二十五是一個極大的限度，到了霜降的時候，紡織、刺繡、縫紉之類的女功也完成了，於是嫁女的娶妻的便在這個時候辦起喜事來。到了冰解凍了，又要播種了採桑了，農事活動又忙起來了，舉行婚禮的便逐漸少了。男子承擔著按照自然規律來長育萬物，知道什麼事可以做，什麼事不可以做；知道什麼話可以說，什麼話不可以說；知道什麼東西可以辨，什麼東西不可以辨。因此熟悉人倫之常，了解男女之別，這就叫做知識，所以表現一個普通男人的品德啊。女子呢，依著男子的教導而幫助他去養育成長後一代的，因此她沒有獨斷專行的道理，而有三從的義務，即小時候順從父親和哥哥，出嫁以後順從丈夫，丈夫死了以後順從兒子。就是說她沒有再嫁的理由，她的命令，只能在閨門之內行使，她的責任在於供應酒食而已，閨門以外她不承擔什麼錯誤的責任，也談不上什麼威儀。她不能踰越邊境趕回去服喪，不能擅自去決定一件事，不能單獨去完成一個任務，參照已知的事而後去做，經得起反覆驗證的話而後去說，白天不到庭院裡去遊玩，夜晚走動的時候一定要有火光，這是表現一個普通婦女的德行啊。」

孔子徑情直遂地說：「女子有五種人是不能娶的：叛逆人家的女子，因為她家有逆德；淫亂人家的女子，因為她家亂了人倫；當代遭到刑戮的人家，因為她家為人們所唾棄；有不治之疾的人家，因為她家已為上天所厭棄；死了父親及長兄的，因為她無從受到教育。婦女還有七種情況要被遺棄，有三種情況不能離異：不孝順父母的，沒有生育的，淫邪的，嫉妒的，有不治之疾的，多嘴多舌的，有偷盜行為的，都在七出之列。哪三種情況不能離異呢？只有夫家，而離異之後沒有家可供歸宿的，這是一；和丈夫一同經歷了公婆的三年之喪的，這是二；開始很貧賤，後來富貴了的，這是三。所有這些，都是聖人為了理順男女的關係，尊重第一次婚姻啊。」

孔子曰：「禮之所以象五行❶也，其義四時也。故喪禮有舉❷焉，有恩有義，有節❸有權❹，其恩厚者其服重，故為父母斬衰❺三年，以恩制❻者也。門內❼之治恩掩義❽，門外❾之治義掩恩❿，資⓫於事父以事君而敬同，尊尊貴貴⓬，義之大也，故為君亦服衰⓭三年，以義制⓮者也。三日而食，三月而沐⓯，期⓰而練⓱，毀⓲不滅性⓳，不以死傷生⓴，喪不過三年，齊衰㉑不補，墳墓不修㉒，除服㉓之日，鼓素琴㉔，示民有終也。凡此以節制㉕者也。資於事父㉖以事母而愛同，天無二日，國無二君，家無二尊，以治之故，父在為母齊衰期者㉗，見無二尊也。百官備，百物具，不言而事行者，扶而起㉘；言而後事行者，杖而起㉙；身自執事行者，面垢而已㉚。此以權制㉛者也。親始死，三日不怠㉜，三月不解㉝，期悲號，三年憂，哀之殺也㉞。聖人因殺以制節也。」

【章旨】孔子在這裡論述喪禮的依據，五服以象五行，四舉以象四時，或以恩制，或以義制，或以節制，無不體現「尊尊貴貴」之義。

【注釋】❶象五行　封建時代的喪服制度，依據親疏的不同而分為五等。即斬衰、齊衰、大功、小功、緦麻，統稱為五服。孔子認為五服是象徵五行的。❷喪禮有舉　《大戴記·本命》作「故以四舉」。即下文的「有恩有義，有節有權」。恩指父母之喪；義指君臣；節指「毀不滅性」；權指變通行事。即以此來配四時。❸節　克制。❹權　變通。❺斬衰　舊時五種喪服中最重的一種。用粗麻布製成，左右和下邊不縫。子、女（未嫁者）對父母，兒媳對公婆，妻對夫，長孫（父親已死）對祖父母，皆服這種喪服。❻恩制　依據恩情而制定的喪禮。❼門內　家內。❽恩掩義　恩情掩蓋了義理。❾門外　家族之外。❿義掩恩　義理超過了恩情。⓫資　依據。⓬尊尊貴貴　尊重尊者，重視貴者。下「尊」字指年長者。下「貴」字指位高者。⓭服衰　守喪。⓮義制　根據義理制定的。⓯沐　洗髮。⓰期　週年。⓱練　父母死後一週年所舉行的祭禮，叫做練。古喪服，小祥主人練冠，故稱小祥之祭為練。小祥，父母死後一週年的祭禮。⓲毀　哀毀。指居喪期間過於哀傷。⓳滅性　舊謂因喪親過悲而危及生命，叫做滅性。《孝經·喪親》：「毀不滅性。」《禮·檀弓下》：「毀不危身。」⓴傷生　損害身體。㉑齊衰　喪服名。五服之一，次於斬衰。以粗麻布做成，因其下襬縫齊，故稱齊衰。為繼母、慈母服期衰三年，為祖父母、妻、庶母服齊衰一年。《大戴記·本命》作「苴衰」。粗劣的喪服。㉒不修　不治理；不修整。《大戴記·本命》作「不坯」。㉓除服　除去喪禮之服。《禮·喪服小記》：「故期（週年）而祭，禮也；期而除喪，道也。」㉔素琴　不加裝飾的琴。《禮·喪服四制》：「祥之日，鼓素琴。」祥，小祥。週年祭。㉕節制　用禮來控制。㉖資於事父　依據事奉父親的道理。㉗父在

為母齊衰期者　這是因為「家無二尊」，父親在，故母死不服斬衰，而服齊衰；不服三年之喪，而服期年之喪。㉘百官備四句　指天子諸侯的喪禮。㉙言而後事行者二句　指卿大夫和士的喪禮。㉚身自執事行者二句　指普通百姓的喪禮。執事，擔任工作、從事勞役的人。面垢，不去洗滌面上的汙垢。㉛權制　依據權勢的大小來制定的。㉜不怠　指哭不絕聲。㉝不懈　不脫絰帶。即在居喪期間結在頭上或繫在腰間的麻帶。㉞哀之殺也　悲哀逐漸減弱。殺，減少；削弱。

【語　譯】孔子說：「制定五服的喪禮，是取法於五行的，提出四種制禮的原則，是配合四時的。所以喪禮有以下四種提法：有從恩情出發的，有從道義出發的，有從節制出發的，有從權變出發的。恩情深厚的，喪服就要重，所以要為父母穿三年兩邊和下襬不縫的粗麻布製成的喪服，這是因為恩情的關係制定出來的。在家族以內來辦喪事，恩情就掩蓋了義理；在家族以外來辦喪事，義理就超過了恩情。要依據事父的道理來事君，因為對他們的尊敬是相同的，而且尊敬年齡大的與重視地位高的，是我們制禮的最大原則，所以要為君主服三年之喪，這是依據義理制定出來的啊。三日之後才吃粥，三月之後才洗髮，週年才戴上白色的帽子，舉行小祥的祭禮，哀毀而不要危及自己的生命，不要因為死者而損害活著的人，守喪不能超過三年，喪服破了不要補綴，墳墓不要在這個期間去修整，除去喪服的那天，要彈一彈不加裝飾的琴，表示民眾的悲哀有一個終止的時候。所有這些都是從控制悲哀出發而制定出來的啊。依據事父的道理來事母，因為對他們的恩情是相同的。可是天上沒有兩個太陽，國家沒有兩個君主，家庭沒有兩個家長，來治理一國或一家。所以父親還健在，就只能給母親穿一年的下襬縫齊的粗麻布喪服，以體現家裡同時沒有『二尊』啊。百官齊備，百物皆具，不要吩咐而所有的事都照常在辦，居喪者經過別人的攙扶就站起來，這是天子諸侯的喪禮；吩咐以後才能辦事的，拄著喪杖而後站起來，這是卿大夫和士的喪禮；本人要親自從事勞役才能辦好事的，不去洗滌面上的汙垢就行了，這是普通老百姓的喪禮。這些都是按照權勢地位制定出來的啊。父母親剛剛去世，三日之內哭不絕聲，三月之內，不把結在頭上或繫在腰間的麻帶解下來，週年之內不停止哀啼，三年之內表現出憂傷的樣子，說明哀傷在逐漸的減弱啊。這是依據悲哀逐漸減弱而制定的控制的禮節啊。」

論禮第二十七

【題解】此篇上幅見於《禮・仲尼燕居》，下幅見於《禮・孔子閒居》。因為子張、子貢、子游、子夏都是向孔子詢問有關禮的問題，孔子論述了禮的功用以及禮樂之源，因以「論禮」名篇。

孔子閒居，子張、子貢、言游❶侍，論及於禮，孔子曰：「居，汝三人者，吾語汝以禮，周流❷無不遍也。」子貢越席而對曰：「敢問如何？」子曰：「敬而不中禮❸謂之野❹，恭而不中禮謂之給❺，勇而不中禮謂之逆❻。」子曰：「給奪慈仁❼。」子貢曰：「敢問將何以為此中禮者？」子曰：「禮乎！夫禮，所以制中❽也。」子貢退，言游進曰：「敢問禮也，領惡❾而全好❿者與？」子曰：「然！」子貢問：「何也？」子曰：「郊社之禮⓫，所以仁⓬鬼神也；禘嘗之禮⓭，所以仁昭穆⓮也；饋奠之禮⓯，所以仁死喪也；射饗之禮⓰，所以仁鄉黨⓱也；食饗之禮⓲，所以仁賓客也。明乎郊社之義，禘嘗之禮，治國其如指諸掌⓳而已。是故居家有禮，故長幼辨，以之閨門有禮，故三族⓴和；以之朝廷有禮，故官爵序㉑；以之田獵有禮，故戎事閑㉒；以之軍旅有禮，故武功成。是以宮室得其度，鼎俎㉓得其象，物得其時，樂得其節，車得其軾，鬼神得其享，喪紀㉔得其哀，辯說得其黨㉕，百官得其禮，政事得其施㉖，加㉗於身而措㉘於前，凡眾之動得其宜也。」

【章旨】此就子貢之問，孔子縱論郊社、禘嘗、饋奠、射饗、食饗等五禮的功用。全文見於《禮・仲尼燕居》。

【注釋】❶言游　即言偃。字子游，曾經任武城宰，在那裡大興禮樂，孔子認為他是大材小用，說是「割雞焉用牛刀」。❷周流　周旋流轉。❸中禮　合禮。❹野　鄙野。❺給　捷給。言應對敏捷，辯才無礙。❻逆　逆亂。❼給奪慈仁　言巧言足恭的人，貌似慈仁，實則不仁。奪，亂的意思。❽制中　適中。沒有過與不及之弊。❾領惡　治理不善的。領，治理。❿全好　保全善的。好，善。⓫郊社之禮　祭天地的禮。周代冬至祭天叫做郊，夏至祭地叫做社。⓬仁　存；存問。⓭禘嘗之禮　祭宗廟的禮。《禮・王制》：「天子、諸侯宗廟之祭，春曰礿，夏曰禘，秋曰嘗，冬曰烝。」⓮昭穆　古代宗法制度，宗廟或墓地的輩次排列，以始祖居中，二世、四世、六世位於始祖的左方，稱為昭；三世、五世、七世位於始祖的右方，稱為穆。用來分別宗族內部的長幼、親疏和遠近。⓯饋奠之禮　在靈柩前舉行祭奠之禮。⓰射饗之禮　《禮・仲尼燕居》作「射鄉」。射禮的一種。古代貴族男子重武習射，常常舉行射禮，鄉射在州序舉行。⓱鄉黨　鄉里。《周禮》：「二十五家為閭，四閭為族，五族為黨，五黨為州，五州為鄉。」⓲食饗之禮　宴請賓客的禮。⓳如指諸掌　像指著掌上一樣。比喻事理淺近而易明。⓴三族　指父族、母族、妻族。㉑序　次序。此指按官爵的高低排列。㉒閑　熟練。㉓鼎俎　烹調用的鍋及割肉用的砧板。㉔喪紀　喪事。紀，事的意思。㉕黨　類。㉖得其施　言各得其所宜施行之事。施，行。㉗加　施於。㉘措　安放。

【語譯】孔子避客獨居，子張、子貢、子游陪侍在旁，談到了關於禮的問題，孔子說：「坐下，你們三個人，我告訴你們關於禮的功能和起源的大要，你們將可以周旋環行於天下而不至於失禮啊。」子貢離開座席就回答說：「讓我冒昧地問一聲那是怎麼回事？」孔子說：「即使很敬慎端肅，但如果不合乎禮，這就叫做鄙野；

即使很謙恭，但如果不合乎禮，這就叫做捷給；即使很勇壯，但如果不合乎禮，這就叫做叛逆。」孔子說：「巧言敏捷的人能夠混亂真正的仁慈。」子貢說：「敢問怎麼樣才能合乎禮呢？」孔子說：「那還是禮呀，禮就是引導人們的言行要適中啊。」子貢退了下去，子游走上前說：「請問禮這個東西，是治理壞的保全善的麼？」孔子說：「是這麼樣。」子貢問：「為什麼呢？」孔子說：「祭天地的禮，是用來存問鬼神的；祭宗廟的禮，是用來存問祖宗的；在靈柩前舉行祭奠的禮，是用來存問死亡的人的；在鄉校舉行的射禮，是用來存問鄉親們的；舉行宴會的禮，是用來存問賓客的。了解祭天地的意義，祭祖宗的禮儀，如果去治理國家，就如指示在掌上一樣的明白啊。因此在家裡有禮，長幼就有分別了；把它運用到閨門中去，父族、母族、妻族就和睦了；把它運用到朝廷中去，按官論爵就有次序了；把它運用到田獵中去，軍事方面的禮節就熟練了；把它運用到軍隊中去，武功方面就會取得成就了。因此宮室的大小就會適度，祭牲的多少就會符合制度，萬物得以適時，音樂得以協節，所乘的車子得以合式，天地祖宗各得其所應享的祭禮，喪事得以盡其哀情，辯說得以符合義理，設官分職各得其體，一切政務各得其施行之宜，無論其施之本身，還是放在人前，所有的舉動都會得其宜的。」

言游退，子張進曰：「敢問禮何謂也？」子曰：「禮者，即事❶之治❷也。君子有其事必有其治。治國而無禮，譬猶瞽之無相❸，倀倀❹乎何所之？譬猶終夜❺有求於幽室❻之中，非燭何以見？故無禮則手足無所措❼，耳目無所加❽，進退揖讓無所制❾，是故以其居處，長幼失其別，閨門三族失其和，朝廷官爵失其序，田獵戎事失其策❿，軍旅武功失其勢，宮室失其度，鼎俎失其象，物失其時，樂失其節，車失其軾，鬼神失其享，喪紀失其哀，辯說失其黨，百官失其體，政事失其施，加於身而措於前，凡動之眾失其宜，如此則無以祖[11]洽[12]四海。」子曰：「慎聽之，汝三人者，吾語汝：禮猶有九焉，大饗有四焉，苟知此矣，雖在畎畝[13]之中，事之聖人[14]矣。兩君相見，揖讓而入門，入門而懸興[15]。揖讓而升堂[16]，升堂而樂闋[17]。下管[18]象舞[19]，夏籥[20]序興[21]。陳[22]其薦俎[23]，序其禮樂，備其百官，如此而後君子知仁焉。行中規[24]，旋[25]中矩[26]，鑾和[27]中〈采薺〉[28]，客出以〈雍〉[29]，徹以〈振羽〉[30]。是故君子無物而不在於禮焉。入門而金作[31]，示情也；升歌〈清廟〉[32]，示德也；下管象舞，示事也。是故古之君子，不必親相與言也，以禮樂相示而已。夫禮者，理也；樂者，節也。無禮[33]不動[34]，無節不作，不能詩，於禮繆[35]；不能樂，於禮素[36]；於德薄，於禮虛[37]。」子貢作[38]而問曰：「然則夔其窮與[39]？」子曰：「古之人與？上古之人也，達於禮[40]而不達於樂，謂之素；達於樂而不達於禮，謂之偏[41]。夫夔達於樂而不達於禮，是以傳於此名[42]也，古之人也。凡制度在禮，文為在禮，行之其在人乎！」三子者，既得聞此論於夫子也，煥[43]若發矇[44]焉。

【章　旨】孔子因子張之問，進一步從反面論述禮的功用，並告以天子朝會諸侯及諸侯相會之禮。此章見於《禮・仲尼燕居》。

【注　釋】❶即事　做事。❷治　條理。❸無相　沒有引導的人；沒有扶持的人。❹倀倀　無所見的樣子；無所適從的樣子。❺終夜　整晚。❻幽室　暗室。❼措　安放。❽加　施。❾制　準則。❿策　謀畫。⓫祖　始；開初。⓬洽　和洽。⓭畎畝　田間；鄉下。《孟子・告子下》：「舜發於畎畝之中，而樂堯之道焉。」⓮聖人　封建時代對君主的尊稱。⓯懸興　金作。懸，懸掛鐘磬等樂器的架子。金，指鉦鐃之類。⓰升堂　登堂。升，登。⓱樂闋　樂終；停止作樂。闋，停止。⓲下管　在堂下吹奏管樂。⓳象舞　武舞。相傳周文王時有擊刺之法，武王作樂，象而舞之，叫做象舞。⓴夏籥　文舞；執籥而舞。籥，象笛。六孔而長，可以執作舞具。㉑序興　更作；樂聲再起。序，更；再。㉒陳　陳列。㉓薦俎　進獻肴饌。薦，進獻。㉔中規　合乎法度。㉕旋　回旋；周旋。㉖中矩　合乎規矩。㉗鑾和　車鈴。鑾，裝在軛首或車衡上的鈴子，搖動則響。和，車鈴。㉘采薺　樂曲名。㉙雍　樂曲名。古代撤膳時所奏的樂。《論語・八佾》：「三家者以〈雍〉徹。」㉚振羽　樂曲名。即〈振鷺〉。《詩・周頌》有〈振鷺〉，以喻客之容貌修整。㉛金作　打擊鉦鐃一類的樂器。㉜清廟　《詩・周頌》中的篇名。所以歌頌文王的。㉝無禮　《禮・仲尼燕居》作「無理」。㉞不動　不敢有所興作。㉟繆　通「謬」。錯誤。㊱不能樂二句　言樂所以成文。素，質樸。㊲虛　空虛。言內心淺薄，則外表空虛。㊳作　站起來。㊴夔其窮與　言夔不懂得禮。夔，堯舜時的樂官。窮，缺乏。㊵達於禮　對於禮很通曉。㊶偏　偏頗；不全面。㊷傳於此名　流傳著樂官的名稱。㊸煥　明亮。㊹發矇　啟發蒙昧。

【語　譯】子游退了下去，子張走向前說：「敢問什麼叫做禮呢？」孔子說：「禮嘛，做事的準則啊。有道德修養的人有一件事情一定有一套與之相適應的禮儀。管理一個國家如果沒有禮，譬如一個瞎子沒有引導他的人一樣，什麼也看不見，要到哪裡去呢？譬如整晚在一間黑暗的房子裡去找東西，要是沒有燭光怎麼看得見呢？所以沒有禮，那麼手足就沒有地方放，耳目就不知道去看什麼，進退揖讓就不會合乎法度。因此如果平居沒有禮，長幼就沒有區別，閨門之中、三族之內就會失去和睦，政府的官員和爵位就會失去秩序，田獵軍事就會失去謀略，軍隊、武功就會失去銳勢，宮室的大小就會不合規定，餚饌的多少就會不合法度，萬物就會錯過時機，音樂就會不合節拍，乘的車就會不合規格，天地祖宗就不會得到應有的祭祀，喪事就會失去應有的悲哀情緒，辯說就會乖謬失義，設官分職就會失去體統，處理政務就會措施不當，無論是施於自身還是擺在人前，一切舉動都不會得宜的。像這麼樣，就不可能開始讓四方的民眾凝聚起來。」孔子說：「仔細聽著，你們三個人！我告訴你們，朝會之禮有九，其中接待賓客之禮有四，假如能夠熟悉這一些，即使生活在田間鄉下，人們也會把你看作品德最高的人。兩國的君主相見，盡了賓主之儀然後進門，進門就奏起鉦鐃一類的樂器，這是一；賓主行禮如儀後，而後登堂，登堂就停止奏樂，這是二；堂下奏著管絃樂器，舞著武舞，然後執著六個孔的籥作為舞具，舞起文舞來，這是三；陳列著進獻的餚饌，安排著禮樂，整肅著百官，這是四，也是所謂大饗有四；如此而後知道怎樣去存念別人喲。動作合乎規定，這是五；周旋符合法式，這是六；車鈴適應〈采薺〉的樂曲，這是七；客人退席以後，奏著名叫〈雍〉的樂曲，這是八；撤了酒席以後，奏著名叫〈振羽〉的樂曲，這是九。因此，有道德修養的人沒有一件事離開得禮的。入門就鳴起金來，所以表現出一種真情啊；登堂就歌誦〈清廟〉之詩，所以表現出文王的德行啊；堂下奏著管絃，舞著武舞，所以表現武王的事功啊。因此古代那些有道德修養的人，不一定親自與別人去交談，用禮樂來表示就行了。禮，意思就是『理』嘛；樂，就是要符合節奏嘛。沒有理就不採取行動；沒有節就不演奏音樂；不能誦詩，在禮方面就會發生謬誤；不能奏樂，在禮方面就沒有文飾；沒有品德，在禮方面就成了虛文。」子貢站起來問道：「那麼夔只懂得樂而不懂得禮，不是很不夠嗎？」孔子說：「他是古代的人吧？是上古時代的人啊。精通禮而不精通樂，就叫做樸素；精通樂而不精通禮，就叫做偏頗。夔是精通音樂的，但不精通禮儀，所以流傳了樂官的聲譽，他畢竟是古代的人啊。一切制度寫在禮上，作為文飾的禮儀也寫在禮上，但實踐起來還是人呀！」三個人聽完了先生這番議論，明白得像啟發了蒙昧似的。

子夏侍坐於孔子曰：「敢問《詩》云：『愷悌君子，民之父母❶』，何如斯可謂民之父母？」孔子曰：「夫民之父母，必達於禮樂之源，以致五至❷而行三無❸，以橫❹於天下，四方有敗必先知之❺，此之謂民之父母。」子夏曰：「敢問何謂五至？」孔子曰：「志之所至，詩亦至焉❻；詩之所至，禮亦至焉❼；禮之所至，樂亦至焉❽；樂之所至，哀亦至焉❾。詩禮相成❿，哀樂相生⓫，是以正明目而視之，不可得而見；傾耳而聽之，不可得而聞⓬，志氣塞于天地⓭，行之充于四海，此之謂五至矣。」子夏曰：「敢問何謂三無？」孔子曰：「無聲之樂，無體之禮⓮，無服之喪⓯，此之謂三無。」子夏曰：「敢問三無何詩近之⓰？」孔子曰：「『夙夜基命宥密⓱』，無聲之樂也；『威儀逮逮，不可選也⓲』，無體之禮也；『凡民有喪，扶伏救之⓳』，無服之喪也。」

【章　旨】此因子夏之問，孔子告以「五至」、「三無」的內容，及與「三無」相近之詩，以啟發子夏。全文見於《禮・孔子閒居》。

【注　釋】❶愷悌君子二句　語出《詩・大雅・洞酌》。它是贊美成王的德行的。愷悌，樂易。贊美成王和樂平易。❷五至　即下文所說的志至、詩至、禮至、樂至、哀至。至，極點。一說至，達到。❸三無　指無聲之樂、無體之禮、無服之喪。❹橫　充溢；充塞。❺四方有敗必先知之　此言聖人實行五至三無，故能見微知著。四方有敗，四方有了災禍。敗，災禍。❻志之所至二句　言君主的恩意及於百姓，則百姓歌頌之詩也就產生了。志，恩意。❼詩之所至二句　言百姓既然歌頌君主，就必然會執行君主的禮教。❽禮之所至二句　言百姓既優遊於禮教之中，自然會感到歡樂。❾樂之所至二句　言君主與民眾既然同其歡樂，若民有禍害，君主亦必悲哀憂恤。⑩詩禮相成　詩以抒好惡之情，禮以昭善惡之節。己有好惡，民亦有好惡；己欲禮教，民亦欲禮教，故能相互促成。⑪哀樂相生　言君民既能同歡樂，亦必能同悲哀。⑫正明目而視之四句　言君民既有同感，銘諸胸中，外無形聲，故目不得見，耳不得聞。⑬志氣塞于天地　言君民上下，俱有同感，故君主的心志能夠充滿天下。塞，充滿。⑭無體之禮　言行之在心，外無形狀，故曰無體。⑮無服之喪　只有心喪，而無喪服。⑯近之　類似於它；接近於它。⑰夙夜基命宥密　語出《詩・周頌・昊天有成命》。言文王、武王開始承受大命，早晚謀畫，不敢寧處。夙夜，早晚。基命，始命。宥密，很少安寧。⑱威儀逮逮二句　語出《詩・邶風・柏舟》。言君主有威可畏，有儀可象，則民效之，非有升降揖讓之禮，可以數說。逮逮，安和的樣子。選，數；算。⑲凡民有喪二句　語出《詩・邶風・谷風》。凡民，一切民眾。有喪，發生死喪不幸之事。扶伏，匍匐。救之，賙恤他；幫助他。

【語譯】子夏陪侍在孔子旁邊，請教於孔子說：「《詩經》中道：『和樂可親的君主，就像百姓的父母啊。』到底怎麼樣才可以成為百姓的父母呢？」孔子說：「要成為百姓的父母，必須通曉禮樂的本原，以達到五至，實行三無，使教化充塞於天下，四方有了災禍，一定最先知道，這才叫做百姓的父母。」子夏說：「敢問什麼叫做五至？」孔子說：「恩意所至的地方，謳歌的詩也就隨之而至了；謳歌的詩所至的地方，禮教也就隨之而至了；禮教所至的地方，歡樂也就隨之而至了；歡樂所至的地方，那裡如果有災難，君主也一定與之同其悲哀了。詩和禮互相促成，哀和樂互相感應，好惡之情在心底交流，外表沒有形狀和聲音，所以睜著眼睛也看不見，豎著耳朵也聽不到。但他的恩意卻充滿天下，措施卻普及到四海，這就叫做五至啊。」子夏說：「敢問什麼叫做三無呢？」孔子說：「沒有聲音的音樂，沒有形式的禮節，沒有服制的心喪，這就叫做三無喲。」子夏說：「敢問三無，哪一首詩和它接近呢？」孔子說：「《詩・周頌・昊天有成命》的『早夜為國謀畫，不敢安寧』，這就是沒有聲音的音樂啊；《詩・邶風・柏舟》的『安和的儀態，不可以言說』，這就是沒有形式的禮節啊；《詩・邶風・谷風》的『凡是人家有死喪之憂，我都盡力去賙恤他、支援他』，這就是沒有服制的喪禮啊。」

子夏曰：「言則美矣、大矣，言盡於此❶而已？」孔子曰：「何謂其然❷？吾語汝，其義猶有五起❸焉。」子夏曰：「何如？」孔子曰：「無聲之樂，氣志不違❹；無體之禮，威儀遲遲❺；無服之喪，內恕❻孔悲❼。無聲之樂，所願必從；無體之禮，上下和同❽；無服之喪，施及萬邦❾。既然而又奉之以三無私❿而勞⓫天下，此之謂五起。」子夏曰：「何謂三無私？」孔子曰：「天無私覆⓬，地無私載⓭，日月無私照⓮。其在《詩》⓯曰：『帝命⓰不違，至于湯齊⓱。湯降⓲不遲⓳，聖敬⓴日躋㉑。昭假遲遲㉒，上帝是祗㉓。帝命式于九圍㉔。』是湯之德也。」子夏蹶然㉕而起，負牆㉖而立曰：「弟子敢不志之。」

【章　旨】孔子繼續用「五起」、「三無私」來啟發子夏，使之深入了解。此章見於《禮・孔子閒居》。

【注　釋】❶言盡於此　話就到此打止。意思是言猶未盡。❷其然　那樣的。❸五起　即下文所講的五種起發。《禮・孔子閒居》「內恕孔悲」下有「無聲之樂，氣志既得；無體之禮，威儀翼翼；無服之喪，施及四國。無聲之樂，氣志既從；無體之禮，上下和同；無服之喪，以畜萬邦。無聲之樂，日聞四方；無體之禮，日就月將；無服之喪，純德孔明。無聲之樂，氣志既起；無體之禮，施及四海；無服之喪，施於孫子」。必如是，始有五種反覆起發之義，由輕及重，由微及著。首云「不違」，但言不違君之志氣；次言「既得」，言君之志氣得於天下；三言「既從」，言民已從君之志氣；四言「日聞四方」，言志氣及於遠也；五言「既起」，言已經發起也。此就「無聲之樂」而言，「無體之禮」、「無服之喪」亦復如是。故此處脫漏了三節。❹不違　不違背。❺遲遲　從容不迫的樣子。❻內恕　存心寬厚。❼孔悲　甚為悲哀。孔，甚。❽上下和同　上上下下，和睦同心。❾萬邦　萬國。此指全國各地。❿三無私　指天無私覆、地無私載、日月無私照。⓫勞　勤勉。⓬私覆　偏愛的覆蓋。

私，偏愛。⑬私載　偏私的負載。⑭私照　偏愛的照耀。⑮詩　此指《詩・商頌・長發》。⑯帝命　天命；上帝的意志。⑰湯齊　湯升為君。齊，通「躋」。升的意思。⑱湯降　言湯王禮賢下士。降，下。⑲不遲　很快。⑳聖敬　言湯王敬慎的品德。㉑日躋　日益端莊。躋，莊嚴；端肅。㉒昭假遲遲　此言湯以寬和平易的態度待人。昭假，昭明寬容。遲遲，安和的樣子。㉓祗　敬。㉔帝命式于九圍　言上帝命湯用事於九州，以為天子。式，用。九圍，九州的周界。即九州。㉕蹶然　急忙起來。㉖負牆　背牆而立。

【語譯】子夏說：「話講得好極了，道理也太博大了，是不是都講完了呢？」孔子說：「怎麼說是講完了呢？我告訴你，那道還有五種起發的事哩。」子夏說：「怎麼回事呢？」孔子說：「沒有聲音的音樂，不違背君主的志氣；沒有形式的禮節，有著舒緩的威嚴和儀態；沒有服制的喪禮，心懷寬厚而非常悲哀。沒有聲音的音樂，君主所希望的，百姓一定會服從；沒有形式的禮節，上上下下都要和睦同心；沒有服制的喪禮，可以普施到全國各地。已經做到了這一些了，又奉行三個無私的準則，為天下百姓勤勤懇懇的辦事，這就叫做五種起發。」子夏說：「什麼叫做三個無私呢？」孔子說：「上天不會因為私愛而覆蓋，大地不會因為私愛而負載，日月不會因為私愛而偏照。這個道理體現在《詩經》的〈商頌・長發〉中說：『上帝命商不要違背天意，到了成湯手裡才升為天子。成湯禮賢下士，毫不遲延，他那敬慎戒懼的品德，日日升聞於天。他的盛德昭明，寬容仁厚，所以上帝敬佩其德，命他用事於九州而為天子。』這是成湯的德行啊。」子夏慌忙站了起來，背著牆站在那裡說：「弟子怎敢不謹記在心呢！」

卷七

觀鄉射第二十八

【題解】此以篇之首句「孔子觀於鄉射」名篇。全篇的內容涉及到鄉射之禮、鄉飲酒之禮以及蜡祭之盛。依次見於《禮》之〈射義〉、〈鄉飲酒〉及〈雜記下〉。

孔子觀於鄉射❶，喟然歎曰：「射之以禮樂也，何以射，何以聽，修身而發，而不失正鵠者，其唯賢者乎？若夫不肖之人，則將安能以求飲？《詩》❷云：『發彼有的，以祈爾爵❸。』祈，求也，求所中以辭爵❹。酒者，所以養老、所以養病也。求中以辭爵，辭其養也。是故士使之射而弗能，則辭以病，懸弧❺之義。」於是退而與門人習射於矍相之圃❻，蓋觀者如堵牆❼焉。射至於司馬❽，使子路執弓矢出列延❾謂射之者曰：「奔軍之將❿，亡國之大夫⓫，與為人後者⓬不得入，其餘皆入。」蓋⓭去⓮者半。又使公罔之裘⓯序點⓰，揚觶⓱而語曰：「幼壯⓲孝悌，耆老⑲好禮，不從流俗⑳，修身以俟死者在此位。」蓋去者半。序點揚觶而語曰：「好學不倦，好禮不變㉑，耄期㉒稱道㉓而不亂者在此位。」蓋僅有㉔存焉。射既闋㉕，子路進曰：「由與二三子者之為司馬，何如？」孔子曰：「能用命㉖矣。」

【章旨】此章見於《禮·射義》，極贊孔子與其門人習射於矍相之圃的盛舉。

【注釋】❶鄉射　古代以射選士，其制有二：一為州長於春秋兩季以禮會民，射於州之學校；二為鄉大夫三年大比，獻賢能之書於王，行鄉射之禮。此為孔子所觀者。❷詩　此指《詩·小雅·賓之初筵》。❸發彼有的二句　言希望一發而中，乃能辭卻所罰之酒。發，射。的，所射的標誌。祈，求。爾爵，你所罰的酒。❹求所中以辭爵　言酒可以養老，可以養病，今非病非老，如因射不中而受爵，便是無功受祿，所以辭讓是合禮的。所中，所命中的目標。辭爵，辭讓所罰之酒。❺懸弧　古代風俗，家裡生了一個男孩，便在門左掛弓一張。❻矍相之圃　矍相的菜園。矍相，地名。圃，菜園。❼觀者如堵牆　喻人多密集。堵牆，牆壁。❽司馬　此指掌管鄉射賞罰的官員。鄉射之前，要先行鄉飲酒禮，主持酒令的叫司正，將射，乃以司正為司馬，以主管射事。❾出列延　站在隊伍外面來管理出進的觀者。延，進的意思。❿奔軍之將　敗軍之將。《禮·射義》作「賁軍」。賁，覆敗的意思。⓫亡國之大夫　亡了國的高級官員。⓬與為人後者　言有人無後，既已立後，復往奇之，是貪財的表現。與，奇；多餘的。⓭蓋　大約。⓮去　離開。⓯公罔之裘　人名。一作「罔之裘」。⓰序點　人名。⓱揚觶　舉起酒杯。觶，盛酒的器皿。圓腹侈口，可容三升。⓲幼壯　青壯年。壯，三十歲。⓳耆老　老人。六十曰耆。⓴不從流俗　不隨著流行的習俗而改變自己的操守。流俗，流行的習俗。㉑不變　不改變操守。㉒耄期　八十、九十曰耄，百歲曰期頤。㉓稱道　行道。㉔僅有　很少的。㉕闋　完畢。㉖用命　效命；服從命令。

【語譯】孔子去參觀鄉射，長歎了一聲說：「射是要合乎禮樂的啊，如何使射中與樂的節拍相應，如何聽到樂的節拍而一發中的。修養身心而後發射，一發便能射中靶子的，恐怕只有才德兼美的人吧！至於那些居心不正的小人，那怎麼能夠射中以求罰別人來飲酒呢？《詩·小雅·賓之初筵》說：『一發中的，以求你喝了那杯罰酒。』祈，就是請求的意思，希望能夠射中，才能讓別人來領罰。酒這個東西，是用來養老的，用來養病的，要求射中來讓別人喝酒，是不敢承當受養的禮啊。因此自己如果不善於射，而人家請你去射時，就要託病辭謝，這就是家裡生了一個男孩要在門的左邊掛上一張弓的道理啊。」於是回來便與門人在矍相的菜園裡學射，那些看熱鬧的人多得像一堵牆壁，將要進行射擊的時候，便設了一個主管射事的官，派了子路拿著弓矢站在隊伍外邊，請那些準備參加射擊的人進來，並且對他們說：「敗軍之將，亡了國的高級官員，以及人已有後，又要強為人後的不要進來，其餘的都請進。」大約有一半人離開了那裡。又派了公罔之裘與序點兩個人，舉著能容三升的酒器說：「能夠孝順父母、尊敬兄長的青壯年，喜歡禮教的老人，不隨著流行的習俗改變原有的禮儀，修養身心等待死亡而後止的，請到這裡來。」大約又走了一半，接著序點舉起酒杯說：「喜歡學習不知疲倦，喜歡禮儀毫不動搖，到了八九十歲甚至一百歲，還在稱道不惑的，請到來賓席來。」大約只有少數幾個人了。射禮完畢以後，子路走上前說：「我和這幾個人主持射禮的工作怎麼樣？」孔子說：「能夠盡忠職守了。」

孔子曰：「吾觀於鄉而知王道之易易❶也。主人親速賓❷及介❸，而眾賓從之。至於正門之外，主人拜賓及介，而眾自入，貴賤之義別❹矣。三揖至於階，三讓以賓升，拜至獻酬❺，辭讓之節繁❻，及介升❼則省❽矣；至于眾賓升而受爵❾，坐祭立飲，不酢而降❿，隆殺之義⓫辨矣。工⓬入，升歌三終⓭，主人獻賓。笙入三終⓮，主人又獻之。間歌三終⓯，合樂三闋⓰，工告樂備⓱而遂出⓲。一人揚觶，乃立司正⓳焉，知其能和樂⓴而不流㉑。賓酬主人，主人酬介，介酬眾賓，賓少長以齒，終於沃洗者㉒焉，知其能弟長而無遺㉓矣。降脫屨升坐㉔，修爵無算㉕，飲酒之節，旰不廢朝㉖，暮不廢夕㉗。賓出，主人迎送，節文終遂㉘焉，知其能安燕㉙而不亂㉚也。貴賤既明，降殺既辨，和樂而不流，弟長而無遺，安燕而不亂，此五者足以正身安國矣，彼國安而天下安矣，故曰吾觀於鄉而知王道之易易也。」

【章旨】此章見於《禮・鄉飲酒》及《荀子・樂論》。言孔子從參觀鄉飲酒禮中，得知實行王道並不困難。

【注釋】❶易易　極言容易。❷速賓　召請賓客。速，召請。❸介　傳達賓主之言的人。古時主有儐相迎賓，賓有隨從通傳叫介。《禮・聘義》：「聘禮，上公七介，侯伯五介，子男三介。」❹別　明的意思。❺獻酬　飲酒時互相酬勸。敬酒於客叫獻，勸客飲酒叫酬。❻辭讓之節繁　辭讓的禮節很多。此指主人於賓三揖三讓，拜其來至，又酌酒獻賓，賓酢主人，主人又酌而自飲以酬賓，故曰。❼介升　賓的隨從登上西階。❽省　禮數少減。❾受爵　接受敬酒。❿不酢而降　客人不回敬便下去。酢，客酌主人。此言鄉飲酒禮，主人獻眾賓於西階上，受爵、坐祭、立飲，不酢主人，而降於西階的東面。⓫隆殺之義　言對於賓禮則隆，對於眾賓禮則殺。殺，減省。⓬工　指樂正。⓭升歌三終　指升堂便歌〈鹿鳴〉、〈四牡〉及〈皇皇者華〉三詩，一篇一終。古樂章以奏詩一篇為一終，每次奏樂共三終。⓮笙入三終　謂吹笙之人入於堂下，則奏〈南陔〉、〈白華〉、〈華黍〉三篇（按此三詩已缺）。⓯間歌三終　此指堂上與堂下輪番而歌。如堂上先歌〈魚麗〉，則堂下笙吹〈由庚〉（此詩已缺），此為一終；堂上歌〈南有嘉魚〉，則堂下笙吹〈崇丘〉（此詩已缺），這是二終；又堂上歌〈南山有臺〉，則堂下笙吹〈由儀〉（此詩已缺），這是三終。⓰合樂三闋　謂堂上堂下歌、瑟、笙並作。若工歌〈關雎〉，則笙吹〈鵲巢〉合之；若工歌〈葛覃〉，則笙吹〈采蘩〉合之；若工歌〈卷耳〉，則笙吹〈采蘋〉合之。⓱工告樂備　樂正告訴眾賓，諸樂已經完備。⓲遂出　便下了堂。⓳司正　主持酒令，執行賞罰的人。⓴和樂　和協音樂。㉑不流　不致失禮。流，失禮。㉒沃洗者　沃盥洗爵的人。㉓弟長而無遺　言賓主少長，按照年齡的次序，皆得勸酒，不致遺忘。㉔脫屨升坐　脫掉鞋子，上堂就坐。在未撤俎之前，皆立而行禮；撤俎之後，才脫屨升堂。㉕修爵無算　謂勸酬了無數的酒。㉖旰不廢朝　早上不停止朝拜。旰，遲；晚。㉗暮不廢夕　晚上也不停止朝見。古代旦見曰朝，暮見曰夕。言及朝乃飲，先夕則罷，才合乎禮。㉘節文終遂　言雖至飲畢，始終沒有失禮。節文，禮節和文飾。終遂，始終完備。㉙安燕　安於燕樂。㉚不亂　不致失禮。

【語譯】孔子說：「我參觀了鄉飲酒禮，才知道推行王道是一件多麼容易的事啊。主人親自延請貴賓及其隨員，而所有的其他賓客都跟著來，到了正門的外邊，主人禮拜貴賓及其隨員，其他的人便自己進去了，這樣對待貴賓和眾賓之禮就分明了。三揖到了西階，三讓才教貴賓升堂，然後拜謝他的到來，向貴賓敬酒和勸酒，謙讓的禮節很多，等到貴賓的隨員上了堂，禮節才稍微減省一點；到了一般客人都上了堂，然後受爵、坐祭、立飲，主人不答謝貴賓的隨員，就降至西階的東邊，尊者禮隆，卑者禮減，尊卑之禮也就清楚了。樂正進來，登堂歌詩三篇，主人向貴賓敬酒。吹笙的人進來，在堂下用笙吹詩三章，主人又向貴賓獻酒。堂上歌詩與堂下用笙吹奏詩篇，輪番歌奏三遍，然後堂上堂下歌瑟及笙等音樂並奏三章。這時樂正告訴賓客音樂演奏完畢，便走下堂去。於是有一個人舉起酒器，並設置主持酒令的人，知道他們能夠高高興興地痛飲，而不至於失禮的。貴賓答謝主人，主人勸了隨員的酒，隨員又向眾賓勸酒，來賓無論少長，都按照年齡的大小依次酬勸，一直到洗杯盞、送洗臉水的人，這才知道他們能夠友愛弟幼尊敬兄長，而沒有一個被遺忘的。這才在撤俎之後，脫了鞋子，坐到堂上，行酒乾杯，不可勝數。但飲酒的禮節，是要求早上不停止早朝，晚間不廢止夕見，決不能因酒而影響政務。貴賓出去了，主人恭敬地往送，節制文章，自始至終，沒有失禮之處，這才說明他們能夠安於燕樂而不至於失禮啊。貴賤有別，降殺各異，和樂而不失禮，無論少長都沒有一個被遺忘，安於燕樂而有條有理，這五個方面，足以修身安國了，國家安天下也就安了，所以說我看了鄉飲酒禮，從而知道推行王道也是極其容易的啊。」

子貢觀於蜡❶，孔子曰：「賜也，樂乎？」對曰：「一國之人皆若狂，賜未知其為樂也。」孔子曰：「百日之勞❷，一日之樂，一日之澤❸，非爾所知也。張而不弛❹，文武弗能❺；弛而不張，文武弗為。一張一弛❻，文武之道❼也。」

【章　旨】此章見於《禮・雜記下》。孔子告訴子貢，為政之道，應該有張有弛，既不能把弦拉得太緊，又不能放任自流。

【注　釋】❶蜡　年終的祭祀，用以合祭百神。《禮・郊特牲》：「蜡也者，索也，歲十二月，合聚萬物而索饗之也。」❷百日之勞　長期的勞苦。古代的民眾，生產力低下，終年勤苦稼穡。❸一日之澤　只有這一天讓民眾飲酒燕樂，載號載呶，這是君主的恩澤。❹張而不弛　只拉緊弓弦而不放鬆弓弦。張，拉緊弓弦。弛，放鬆弓弦。❺文武弗能　周文王和武王也辦不到。❻一張一弛　一緊一鬆。以喻百姓一時勤勞，一時逸樂。❼道　方法。

【語　譯】子貢參觀了十二月合祭百神的祭禮，孔子說：「子貢呀，你覺得快樂嗎？」子貢回答說：「一國的人都高興得像發了狂一樣，可我並不覺得它有什麼快樂啊。」孔子說：「百日的勞苦，一天的歡樂，這是君主的恩澤，不是你所能了解的啊。只緊張而不鬆弛，周文王、武王也辦不到；只鬆弛而不緊張，周文王與武王也不幹。一勞一逸，一個時候緊張一些，一個時候鬆弛一點，這是文王和武王治理國家的方法啊。」

郊問第二十九

【題解】篇首有魯定公問「古之帝王必郊祀其祖以配天，何也」的話，因以「郊問」名篇。通篇論述郊祭之義，以及周之郊祀與魯之郊祀的區別。乃雜綴《禮》的〈郊特牲〉與〈禮器〉之文而成者。

定公❶問於孔子曰：「古之帝王必郊祀其祖以配天，何也？」孔子對曰：「萬物本於天，人本乎祖。郊之祭也，大報本❷反始❸也。故以配上帝，天垂象❹，聖人則之❺，郊所以明天道❻也。」公曰：「寡人聞郊而莫同，何也？」孔子曰：「郊之祭也，迎長日之至❼也。大報天而主日❽，配以月，故周之始郊，其月以日至❾，其日用上辛❿，至於啟蟄之月⓫，則又祈穀⓬于上帝。此二者天子之禮也。魯無冬至大郊之事⓭，降殺⓮於天子，是以不同也。」

【章旨】孔子因魯定公之問，告之以祖配天的道理，以及魯郊與周郊的不同。

【注釋】❶定公　名宋。昭公之弟，哀公之父，在位十五年。注見〈顏回第十八〉。❷大報本　普遍報謝其祖宗。大，猶「遍」。本，根本。物以天為本，人以祖為本。❸反始　反初；反其本原。❹天垂象　天空出現的景象。如日月星辰的運行。❺聖人則之　君王取法於它。言王著繡有日月星辰圖像的袞冕以象天。聖人，封建時代對於君王的尊稱。則，取法。❻天道　上天之道；自然的規律。❼迎長日之至　迎接長日的到來。因為夏正建寅，二月建卯而春分，春分後，日漸長，故云長日。

一說：冬至以後，日長一日，故曰長日。❽大報天而主日　普遍報謝上天一切神祇。天之諸神，以日為尊，故曰主日。❾其月以日至　言日以郊天之月而至，陽氣新用事。❿其日用上辛　那一天要選用農曆二月的第一個逢辛的日子。上辛，農曆每月上旬的辛日。⓫啟蟄之月　正月。蟲類冬日蟄伏，至春復出，叫做啟蟄。〈夏小正〉：「正月啟蟄。」及漢武太初以後，始以雨水為正月節，驚蟄為二月節。⓬祈穀　祈禱豐年。《禮．月令》：「孟春之月，乃以元日祈穀於上帝。」⓭魯無冬至大郊之事　此言三王之郊，都是用的夏正，魯無冬日祭天於圓丘之事，是以建子之月郊天，表示先行有事於上帝。蓋魯唯一郊，不與天子郊天同月。《穀梁傳》：「魯以十二月下辛卜正月上辛，若不從，則以正月下辛卜二月上辛；若不從，則以二月下辛卜三月上辛；若不從，則止。」《公羊傳．僖公三十一年》亦云：「魯郊何以非禮？天子祭天，諸侯祭土；天子有方望之事，無所不通，諸侯山川有不在其封內者，則不祭也。」⓮降殺　降低。

【語　譯】魯定公向孔子請教說：「古代的帝王，一定要在郊外祭祀自己的祖先，以與祭天相配，為什麼呢？」孔子回答說：「萬物以天為本，人以祖為本，在郊外祭祀祖宗，是普遍報謝祖先的，是反歸到自己的本原的，因此拿它來與祭祀上帝相配。天空顯示出來的景象，如日月星辰的運行，君主著的袞冕也繡有日月星辰的圖像，就是取法於它的，也就是要光大上天的意志的啊。」定公說：「我聽說郊祭上帝和先祖，有許多的不同，為什麼呢？」孔子說：「在郊外祭天，是為了迎接長日的到來啊。普遍報謝天神，而以日神為主，再配之以月。所以周代開始在郊外祭天的時候，選擇的那個月，是日體南至，陽氣新生；選擇的那一天，是農曆正月的第一個逢辛的日子。到了昆蟲復出的那個月，就又要向上帝祈禱豐年。這兩件事，都是天子要履行的大禮啊。魯國沒有在冬至的時候，在圓丘祭祀上帝的事，比天子要低一等，因此不同啊。」

公曰：「其言郊何也？」孔子曰：「兆丘❶於南，所以就陽位❷也，於郊，故謂之郊焉。」曰：「其牲器何如？」孔子曰：「上帝之牛❸角繭栗❹，必在滌❺三月，后稷之牛唯具❻，所以別事天神與人鬼也。牲用騂❼，尚赤也；用犢❽，貴誠也；掃地❾而祭，於其質❿也；器用陶匏⓫，以象天地之性也。萬物無可稱之者，故因其自然之體也。」

【章旨】孔子告訴定公關於郊祭的意義及其所用的牲畜和器皿。

【注釋】❶兆丘　圓丘的周界。兆，周界。丘，圓丘。郊祭天地的地方。❷陽位　南方。溫暖的位置。❸上帝之牛　祭祀上帝所用之牛。❹角蠒栗　牛犢的角初生時的形狀像繭像栗。蠒，「繭」的別體字。❺在滌　生活在豢養祭牲的屋子。滌，掃除乾淨，專門豢養祭牲的地方。❻后稷之牛唯具　謂臨時發生問題，可以選用別的。此言天神既尊，必須在滌；人鬼稍卑，故曰唯具。后稷之牛，祭祀后稷的牛。后稷，周代的始祖。注見〈五帝第二十四〉。唯具，只要具備。❼騂　赤色的牛。❽犢　小牛；牛子。❾地　指圓丘。❿質　質樸；自然。⓫陶匏　瓦器曰陶，葫蘆做的酒樽曰匏。

【語譯】定公說：「那為什麼都叫做郊祭呢？」孔子說：「在南方劃定圓丘的界限，這是要靠近溫暖的方位，因為在郊外舉行祭祀，所以叫做郊祭。」定公說：「那它所用的祭牲和祭又是怎樣的呢？」孔子說：「祭祀上帝用的牛，長出的角要小得像蠶繭和栗子一樣，還要在專門豢養祭牲的屋子裡養三個月。祭祀后稷的牛，只要具備了就行，用以分別祭祀天神和人鬼是不同的。祭天用的牲要紅色的，是為了尚赤啊；用的是小牛犢，是取其真誠啊；打掃一下圓丘就舉行祭祀，是貴在質樸自然啊；用的器皿是瓦做食器和葫蘆做的酒樽，以象徵天地的自然之性啊。世界上的萬事萬物沒有可以與之相稱的，所以憑藉其自然的本質來選擇祭祀用的牲畜和器皿啊。」

公曰：「天子之郊，其禮儀可得聞乎？」孔子對曰：「臣聞天子卜郊，則受命于祖廟❶，而作龜❷于禰宮❸，尊祖❹親考❺之義也；卜之日，王親立于澤宮❻，以聽誓命❼，受教諫之義也；既卜，獻命庫門❽之內，所以誡百官也；將郊，則天子皮弁❾以聽報❿，示民⓫嚴上⓬也；郊之日，喪者不敢哭，凶服⓭者不敢入國門⓮，氾掃⓯清路⓰，行者必止，弗命而民聽，敬之至也。天子大裘⓱以黼之⓲，被袞⓳象天⓴，乘素車㉑，貴其質也；旂㉒十有二旒㉓，龍章㉔而設以日月，所以法天也；既至泰壇㉕，王脫裘矣。服袞以臨燔柴㉖，戴冕㉗，璪㉘十有二旒，則天數㉙也。臣聞之，誦《詩》三百，不足以一獻㉚；一獻之禮，不足以大饗㉛；大饗之禮，不足以大旅㉜；大旅具矣，不足以饗帝㉝，是以君子無敢輕議於禮者也。」

【章旨】孔子具言天子郊天之禮，以答定公之問。「臣聞之」以前，見於《禮．郊特牲》，以後見於《禮．禮器》。

【注釋】❶受命于祖廟　此言帝王託神權以鞏固其統治，自稱受命於天。受命，接受任務和命令。祖廟，祖先的廟宇。❷作龜　灼龜。古代占卜時，灼龜甲所見的裂紋，以占吉凶。❸禰宮　父廟。生稱父，死稱考，入廟稱禰。❹尊祖　尊敬祖先。❺親考　親愛父親。❻澤宮　宮名。古代習射取士之所。❼誓命　告戒之辭。❽庫門　帝王宮室的五門之一。在雉門之外，進了庫門，便到了廟門外了。五門是路門、應門、皋門、雉門、庫門。❾皮弁　古代的冠名。用白鹿皮製作，為視朝時的常服。❿聽報　聽取小宗伯告以祭天的時日早晚及祭牲祭器的準備情況。⓫示民　向民眾表示。⓬嚴上　尊嚴自己的君上。⓭凶服　喪服。⓮國門　都城之門。⓯氾掃　普遍掃除。⓰清路　使道路清淨，或實行警戒，禁止行人；或剷除故土，覆蓋新土。⓱大裘　天子祭祀時的禮服。黑色的羔裘，服以祀天，以示質樸。⓲黼之　用黑白相間的像斧形的花紋鑲著邊。⓳被袞　穿著袞服。被，穿著。袞，古代帝王祭祀時所穿的禮服。日、月、星辰、山、龍、華蟲繡於衣；宗彝、藻、火、粉米、黼、黻繡於裳。共十二種文采。⓴象天　取法乎天。象，法。㉑素車　沒有文飾的車。㉒旂　竿頭繫有小鈴、畫有龍形的旗。㉓旒古代旗幟下邊懸垂的飾物。㉔龍章　龍形的圖紋。㉕泰壇　古代祭天之處。在南郊。㉖燔柴　祭天之禮。即積薪於壇上，置牲及玉於其上而燔之，使氣上達於天。㉗冕　皇冠。帝王、諸侯所戴的禮帽。㉘璪　用綵絲貫玉在冕前下垂的裝飾。㉙則天數　取法於天的大數。天之大數十二，帝王之旒亦十二。則，法。㉚一獻　古代郊祭時的儀式。陳列祭品後要向上帝獻酒，一獻叫初獻爵，二獻叫亞獻爵，三獻叫三獻爵。獻，獻祭。㉛大饗　古代的一種祭祀。即合祭毀廟和未毀廟的先祖。凡親過高祖的神主則毀廟，將其神主一併存於太祖廟中。所以大饗又叫大祫。祫，合祭。㉜大旅　大祭名。是祭祀五帝的。㉝饗帝　祭祀上帝。

【語　譯】定公說：「天子郊祭的禮儀，能夠告訴我嗎？」孔子回答說：「我聽說天子在郊祭之前要先行占卜，就是在先祖的廟堂裡接受祭天之命，在父親的廟堂裡灼龜以占吉凶，這是尊敬先祖親愛父親的道理啊；占卜的那一天，天子親自站在習射取士的澤宮裡，以聽取告戒的話，這是接受教育和勸戒的道理啊；已經占卜完畢之後，在庫門之內重申告戒，這是用來儆戒百官的啊；將要郊祭的時候，天子穿著朝拜的禮服，聽取主管官員關於祭天的日月早晚以及祭牲祭器的準備情況，這是表示民眾是尊嚴自己的君上的啊；郊祭的那一天，有喪的不敢哭，穿著喪服的不敢進入都邑的大門，要普遍的進行掃除，使道路清淨，鋪上新土，禁止行人，不要下令而民眾無不聽從，恭敬到了極點啊。天子穿著祭祀時的大禮服，繡有黑白相間像斧形的花紋，披上祭祀時的袞服，上面繡有日、月、星辰之屬，以取法於天。乘的是沒有文飾的車子，所貴者是它的質樸啊；旗竿上繫著小鈴，下面垂著十二個飾物，上面畫著龍形的圖紋，設置了太陽和月亮，也是取法於天啊；已經到了祭天的地方，天子便脫下祭祀時的禮服，換上袞服，走近把祭牲和祭玉放在堆滿柴草的壇邊，戴上禮帽，帽前垂著用綵絲穿著的玉飾共十二串，這也是取法於天的大數十二啊。我聽說讀了三百篇詩，還不足以完成一獻之禮；熟悉了一獻之禮，也不足以完成合祭祖先之禮；掌握了合祭祖先之禮，也不足以擔當祭祀五帝之禮；祭祀五帝之禮具備了，也承擔不了祭祀上帝的禮儀啊。因此有道德修養的人，沒有敢於隨便評論禮儀的啊。」

五刑解第三十

【題　解】因篇首有「三皇五帝不用五刑」的話，因以「五刑解」名篇。解者，所以解釋聖人制作五刑的本意，及干犯五刑的原因，如何才能防止其不犯，並對「刑不上大夫」的用意，是為了「以禮御其心」，以廉恥勵其節，作了有說服力的解釋。前半幅見於《大戴記・盛德》，而略有出入。

冉有問於孔子曰：「古者三皇❶五帝❷不用五刑❸，信乎？」孔子曰：「聖人之設防❹，貴其不犯也，制五刑而不用，所以為至治❺也。凡夫之為姦邪竊盜、靡法❻妄行❼者，生於不足；不足生於無度❽；無度則小者偷盜，大者侈靡❾，各不知節❿。是以上有制度，則民知所止⓫；民知所止則不犯。故雖有姦邪賊盜、靡法妄行之獄，而無陷刑⓬之民。不孝者生於不仁，不仁者生於喪祭之禮不明。喪祭之禮，所以教仁愛也。能教仁愛，則喪思慕祭祀，不解⓭人子饋養之道⓮。喪祭之禮明，則民孝矣。故雖有不孝之獄，而無陷刑之民。殺上者生於不義，義所以別貴賤、明尊卑也。貴賤有別，尊卑有序，則民莫不尊上而敬長。朝聘⓯之禮者，所以明義也。義必明，則民不犯，故雖有殺上之獄，而無陷刑之民。鬥變⓰

者生於相陵⑰，相陵者生於長幼無序而遺⑱敬讓，鄉飲酒之禮者，所以明長幼之序而崇敬讓也。長幼必序，民懷敬讓，故雖有鬥變之獄，而無陷刑之民。淫亂者生於男女無別，男女無別則夫婦失義。昏⑲禮聘享者，所以別男女、明夫婦之義也。男女既別，夫婦既明，故雖有淫亂之獄，而無陷刑之民。此五者，刑罰之所以生，各有源焉。不豫塞其源，而輒繩之以刑⑳，是謂為民設阱而陷之。刑罰之源，生於嗜慾㉑不節㉒。夫禮度者所以禦民之嗜慾而明好惡，順天之道。禮度既陳，五教㉓畢修，而民猶或未化㉔，尚必明其法典㉕以申固之，其犯姦邪靡法妄行之獄者，則飭㉖制量之度㉗；有犯不孝之獄者，則飭喪祭之禮；有犯殺上之獄者，則飭朝覲之禮；有犯鬥變之獄者，則飭鄉飲酒之禮；有犯淫亂之獄者，則飭婚聘之禮。三皇五帝之所化民者如此，雖有五刑之用，不亦可乎？」孔子曰：「大罪有五，而殺人為下，逆天地者罪及五世，誣文武者罪及四世，逆人倫者罪及三世，謀鬼神者罪及二世，手殺人者罪及其身。故曰大罪有五，而殺人為下矣。」

【章　旨】孔子具言姦盜者、不孝者、殺上者、鬥變者、淫亂者的犯罪之故，以及三皇五帝設防、制刑的本意。

【注　釋】❶三皇　有指伏羲、神農、黃帝，有指伏羲、神農、燧人，其說不一。❷五帝　有指黃帝、顓頊、帝嚳、堯、舜，有指少昊、顓頊、高辛、堯、舜，其說不一。❸五刑　五種輕重不同的刑法。古代以墨、劓、剕、宮、大辟為五刑。❹設防　安排預防的辦法。❺至治　最完美的政治。❻靡法　無法。❼妄行　越軌的行動；不法的行為。❽無度　沒有限度。❾侈靡　奢侈靡爛。❿節　節制；控制。⓫所止　所當禁止的。止，禁止。⓬陷刑　陷於刑戮。陷，落入。⓭不解　不懈；不敢倦怠。⓮饋養之道　進獻奉養的道理。饋，獻物於尊者。⓯朝聘　古代諸侯定期朝見天子之禮。即一年一小聘，三年一大聘，五年一朝。⓰鬥變　鬥毆作亂的。⓱相陵　互相侵侮；互相淩辱。陵，通「淩」。⓲遺　忘記。⓳昏　原缺，據《大戴記・盛德》補。⓴繩之以刑　用刑法來約束他。繩，衡量；約束。㉑嗜慾　嗜好與慾望。㉒不節　不加節制。㉓五教　五種封建倫理道德。即父義、母慈、兄友、弟恭、子孝。㉔未化　未被感化；沒有接受教化。㉕法典　法律典章；法令制度。㉖飭　整頓；整治。㉗制量之度　制定限量的法度；量刑的辦法。

【語　譯】冉有向孔子請教說：「古代的三皇五帝沒有用過五刑，是真的嗎？」孔子說：「帝王安排預防犯罪的措施，貴在讓民眾不去犯罪啊。制定了五種輕重不同的刑法卻沒有用過，正是最完美的政治啊。一般人之所以作姦行竊、違法亂紀等越軌的行為，其產生的根源在於生活資料不夠，不夠的原因又在於花費沒有節制，花費沒有節制那麼小一點的就進行偷盜，大一點的就生活奢侈靡爛，大家都不曉得勵行節約。因此上級有了一個明確的規定，那麼民眾就知道什麼是不能踰越的界限。民眾知道禁止的界限，就不會去犯法了。所以雖然制定了處分作姦行竊、犯法越軌的刑法，卻沒有陷入刑網的民眾。不孝順父母的人，是由於沒有仁愛之心，沒有仁愛之心，是由於不了解喪祭的禮制。喪祭的禮制，是教育民眾培養仁愛之心的。能有仁愛之心，那麼父母死了，就會思念和仰慕父母，從而要祭祀他們，不敢有絲毫懈怠，像父母在生的時候一樣的饋贈和奉養。喪祭之禮發揚了，民眾也就會孝順了。所以雖然制有處分不孝之罪的法令，卻沒有陷入法網的民眾。謀殺上級的，是由於他不知道那些事是不應該做的，也就是不懂得什麼叫做『義』。『義』這個東西，是拿來分別貴賤、明辨尊卑的啊。貴賤有區別了，尊卑有次序了，那麼民眾就沒有不尊重上級、敬愛君長的了。朝聘的禮義，是用來發揚『義』的道德規範啊。這個道理一講明，那麼民眾也就不會犯了。所以雖然制定了處分謀殺長上的刑律，卻沒有陷入法網的民眾。爭鬥作亂的人，由於彼此互相侵侮和淩辱。互相侵侮和淩辱，是由於長幼無序，忘記了恭敬謙讓的美德。鄉飲酒的禮儀，就是用來發揚長幼之序和崇尚恭敬謙讓的美德的。長幼有序了，民眾都想著恭敬謙讓的美德，所以雖然制有處分爭鬥作亂的律令，也沒有陷入刑網的民眾。淫亂的人，是因為男女無別。男女無別，那麼夫婦之間就會喪失恩義。聘享的禮節，就是用來區別男女之分、講明夫婦之道的啊。男女之別已經清楚了，夫婦之道已經明白了，所以雖然制有處分淫亂的條文，卻沒有陷入法網的民眾。這五個方面，是刑罰產生的原因，它們各自都有自己的根源，不去堵塞它的源頭，而動輒用法律來約束他們，這就叫做給民眾安排一個陷阱，而讓他們跌到陷阱中去。刑罰產生的根源，是由於人的嗜好和慾望沒有得到控制。那些禮所規定的限度，就是為了控制人的嗜好和慾望，告訴人們應該喜愛什麼、憎恨什麼的，這是順乎自然的道理呀。禮的法度已經擺在那裡，五種倫理道德也全部學習了，如果民眾還有的不接受教化，那就一定要用法律來糾正它，三令五申的來鞏固它。如果有作奸犯科、無法越軌的案件，就要整頓量刑的法度；有犯了不孝的罪行的，就要整頓喪祭的禮節；有犯了殺上的罪行的，就要整頓朝覲的禮節；有犯了爭鬥作亂的過失的，就要整頓鄉飲酒的禮儀；有犯了淫亂的罪行的，就要整頓婚聘的禮儀。三皇五帝是這麼樣來教育和感化民眾，即使有了五種輕重不同的刑法卻從來沒有用過，不是很自然嗎？」孔子說：「有五大罪行，而殺了人的是最低的一等。違反天地的，懲罰可以延至五代；誣蔑文王、武王的，懲罰可以延至四代；違反倫常的，懲罰可以延至三代；褻瀆鬼神的，懲罰可以延至兩代；親手殺了人的，懲罰只到他本人。所以說：『大罪有五種，而殺人是最低的一等。』」

冉有問於孔子曰：「先王制法，使刑不上於大夫，禮不下於庶人❶。然則大夫犯罪，不可以加刑；庶人之行事，不可以治❷於禮乎？」孔子曰：「不然。凡治，君子以禮御❸其心，所以屬❹之以廉恥之節❺也。故古之大夫，其有坐❻不廉汙穢❼而退放❽之者，不謂之不廉汙穢而退放，則曰簠簋不飭❾；有坐淫亂男女無別者，不謂之淫亂男女無別，則曰帷幕不修❿也；有坐罔上⓫不忠者，不謂之罔上不忠，則曰臣節未著⓬；有坐罷軟⓭不勝任者，不謂之罷軟不勝任，則曰下官不職⓮；有坐干國之紀⓯者，不謂之干國之紀，則曰行事不請⓰。此五者，大夫既自定有罪名矣，而猶不忍斥⓱然正以呼⓲之也，既⓳而為之諱⓴，所以愧恥之。是故大夫之罪，其在五刑之域㉑者，聞而譴發㉒，則白冠氂纓㉓、盤水加劍㉔，造㉕乎闕㉖而自請罪，君不使有司㉗執縛㉘牽掣㉙而加之也；其有大罪者，聞命㉚則北面再拜㉛，跪而自裁㉜，君不使人捽引㉝而刑殺㉞，曰：子㉟大夫自取㊱之耳，吾遇子㊲有禮矣。以刑不上大夫，而大夫亦不失其罪者，教使然㊳也。所謂禮不下庶人者，以庶人遽㊴其事而不能充禮㊵，故不責之以備禮也。」冉有跪然免席㊶曰：「言則美矣，求未之聞。」退而記之。

【章旨】孔子告訴冉有所謂「刑不上大夫，禮不下庶人」的本來用意是什麼。這兩句見於《禮記·曲禮》上的話，得到了合禮的明確的解釋。

【注釋】❶庶人　眾人；平民。❷治　修治；講究。❸御　駕御；約束。❹屬　注意。❺節　操守；品德。❻坐　犯了。❼汙穢　此指貪贓枉法的事。❽退放　斥退流放。❾簠簋不飭　比喻為官不廉正。簠簋，都是祭器。不飭，不整齊。❿帷幕

不修　亦作「帷薄不修」。比喻家庭生活淫亂不堪。帷和幕都是障隔內外的帘幕。⑪罔上　欺騙長上。⑫臣節未著　人臣的節操沒有彰著。⑬罷軟　軟弱。罷，通「疲」。⑭下官不職　下官不稱職。下官，卑下的官吏。謙詞。⑮干國之紀　犯了國家的法紀。干，犯。紀，法紀。⑯行事不請　言其不請示報告，而擅權專行。⑰斥　訶斥；斥退。⑱呼　呼叱；訶責。⑲既　已經。⑳諱　隱諱；隱瞞。㉑域　界限之內。㉒譴發　譴責、譴讓與發露、揭發。㉓釐纓　草編的帽帶。㉔盤水加劍　古代大臣自請處死的一種表示。㉕造　往。㉖闕　宮闕。代指朝廷。㉗有司　主管其事的官員。㉘執縛　捉了綑起來。㉙牽掣　用繩子拉著。㉚聞命　聽到詔令。㉛北面再拜　向著北面拜兩拜。古代君主接見臣下，南面而坐，臣子則北向而立。㉜自裁　自殺。㉝捽引　揪著向前。㉞刑殺　犯罪處死；殺戮。㉟子　你。㊱自取　自己討到的。㊲遇子　對待你。㊳使然　使得如此的。㊴遽　倉猝；匆忙。㊵充禮　完備禮儀。㊶免席　離席而起。免，避開。

【語譯】冉有向孔子請教說：「前代的帝王制定法令，讓刑罰不加之於大夫，禮儀不降之於平民。像這樣，那麼大夫犯了罪，就不能處以刑罰；平民辦事，就可以不講究禮儀了嗎？」孔子說：「不是這麼樣的。大概管理國家，對於有道德修養的人要用禮節來約束他的內心，所以要注意培養其廉恥的品德啊。所以古代的大夫，如果犯了貪汙受賄的罪而被罷免流放的，不說他是貪汙受賄而被免職放逐，只說他祭祀的禮品不整齊；有犯了淫亂的錯誤，亂搞男女關係的，不說他荒淫墮落，混亂了男女關係，只說他障隔內外的帷幕沒有修整；有犯了欺騙君上，不忠誠老實的過失的，不說他欺騙君上，不忠誠老實，只說他做臣下的品德不好；有犯了軟弱無能，不能勝任本職工作的，不說他軟弱無能，不能勝任本職工作，只說是下官不稱職；有犯了國家的法紀的，不說他犯了國家的法紀，只說辦事不向上級請示，而擅自作主。這五個方面，大夫已經自己定了罪名，君主卻不忍當面斥責他的不對，而大聲去訶責他啊。已經替他隱諱了，正是要使他內心感到羞愧。因此大夫犯的罪，如果在『五刑』的範圍以內，被君主發覺之後，對他進行譴責和揭露，那麼大夫就要戴著白色的帽子，繫著草編的冠帶，捧著一盆水，上面放著一柄劍，走到朝廷來自己向君主請罪。君主不派遣主管官員把他綑綁起來，拉著他關到牢獄裡去啊。如果犯了大罪的，聽到君主的詔令，就要向北拜兩拜，然後跪下來自殺，君主也不會打發人揪著他往刑場去殺的，只說你這個大夫是自己討到的，我對待你是很尊重的呀。

所以刑罰雖不加之於大夫，可是大夫也沒有處罰不當的，這是教育讓他這麼做的啊。至於說到禮不降於平民，那是因為平民往往倉猝之間去辦理婚喪大事，無法充分地去準備那些禮品，所以不要求他要有完備的禮儀啊。」冉有兩膝著地伸著腰肢在聽，忽然離開座位說：「說得太好了，我從來沒有聽到過。」告退以後便記了下來。

刑政第三十一

【題　解】篇首有「至刑無所用政，至政無所用刑」的話，因擷取「刑政」二字名篇。通篇都是論述刑法與政治的相互關係，即要「以政導民，以刑禁之」，才能取得良好的政治效果。斷刑必須十分慎重，要經過「三訊」、「三宥」的程序，才能量刑。此篇見於《禮・王制》。

仲弓❶問於孔子曰：「雍聞至刑❷無所用政，至政❸無所用刑。至刑無所用政，桀紂❹之世是也；至政無所用刑，成康❺之世是也。信乎？」孔子曰：「聖人❻之治化❼也，必刑政相參焉。太上❽以德教民，而以禮齊❾之；其次以政焉導民，以刑禁之。刑，不刑也。化之弗變，導之弗從，傷義❿以敗俗⓫，於是乎用刑矣。顓⓬五刑必即⓭天倫⓮，行刑罰則輕無赦⓯。刑，侀⓰也；侀，成也，壹成⓱而不可更⓲，故君子盡心焉。」

【章　旨】此總論刑法與政治的相互關係，只有導之以政，禁之以刑，然後能夠使國家安定太平。

【注　釋】❶仲弓　冉雍的字。孔子弟子，春秋時魯人。孔子曾經贊美他的德行很好，說「雍也可使南面」。即承擔諸侯的行政工作。❷至刑　最嚴酷的刑罰。❸至政　最美好的政治。❹桀紂　夏商兩代的亡國之君。儒家認定的暴君典型。❺成康　周代的兩個明君。成王，名誦，武王之子。康王，名釗，成王之子。《史記・周本紀》：「故成康之際，天下安寧，刑錯（措）

四十餘年不用。」此用其事。❻聖人　古代對帝王的尊稱。❼治化　治理國家，教化人民。❽太上　最好的。❾齊　整治。❿傷義　損害了道義。⓫敗俗　敗壞了風俗。⓬顓　通「專」。單獨；專一。⓭即　就；合。⓮天倫　《禮・王制》作「天論」。言必須合乎天意。⓯則輕無赦　雖然很輕，也不得寬赦。則，雖。⓰侀　通「形」。成形的東西。⓱壹成　一經完成。壹，通「一」。⓲更　改變。

【語　譯】仲弓請教於孔子說：「我聽說最殘酷的刑罰就無法推行政教，最完美的政治也就不要運用刑法。最殘酷的刑法不要運用政教，像夏桀商紂那樣的時代就是這麼的啊；最完美的政治不要使用刑罰，像成康那樣的時代就是這麼的啊。可靠嗎？」孔子說：「帝王的治理國家、教育人民啊，一定要把刑法和政治互相滲透。最好的是以德政教育民眾，而用禮制去整齊劃一他們的言行；其次是用政治去引導民眾，而用刑法去禁止他們的越軌行為。刑法的目的，是要達到不用刑罰啊。教化他們也不改變，引導他們也不聽從，損害仁義，敗壞風俗，於是才用刑罰喲。單獨用五刑，一定要符合天意；執行刑罰，即使犯的輕罪，也不要輕易赦免。刑法，是一個成了形的東西；成形的東西，往往是成熟的啊。一經成熟便不可隨便更改，所以君子在這方面要竭盡心力喲。」

仲弓曰：「古之聽訟❶，尤罰麗於事❷，不以其心，可得聞乎？」孔子曰：「凡聽五刑之訟，必原父子之情，立君臣之義以權之❸；意論輕重❹之序，慎測❺淺深❻之量以別之；悉❼其聰明，正其忠愛❽以盡之。大司寇❾正刑❿明辟⓫以察獄⓬，獄必三訊⓭焉。有指無簡⓮，則不聽也。附從輕⓯，赦從重⓰。疑獄⓱則泛與眾⓲共之，疑則赦之，皆以小大⓳之比⓴成也。是故爵人㉑必於朝㉒，與眾共之也；

刑人必於市，與眾棄之也。古者公家不畜刑人㉓，大夫弗養也，士遇之塗，以弗與之言，屏㉔諸㉕四方，惟其所之，不及與政㉖，弗欲生之也。」仲弓曰：「聽獄㉗，獄之成成何官？」孔子曰：「成獄㉘成於吏，吏以獄成告於正㉙；正既聽之，乃告大司寇；聽之，乃奉於王；王命三公㉚卿士㉛參聽棘木㉜之下，然後乃以獄之成疑于王㉝，王三宥㉞之以聽命㉟，而制刑㊱焉，所以重之也。」

【章旨】此言聽訟、察獄、成獄、制刑的過程及其審慎從事的鄭重態度。

【注釋】❶聽訟　聽理訴訟。❷尤罰麗於事　言罰過要根據事實，不可憑藉愛憎。尤罰，處罰別人的過失。尤，過失。麗於事，附麗於事實。麗，附的意思。❸權之　權衡它。❹意論輕重　依據其意念而斷定其犯罪之輕重。言都犯了罪，但有故意與非故意之別。意，意念。論，評定。❺慎測　審慎地揣測。❻淺深　言俱有罪而處心有善惡。❼悉　竭盡。❽正其忠愛　純粹出於真誠愛護之心。正，純一。❾大司寇　主管刑獄的長官。為古代六卿之一。❿正刑　治罪。⓫明辟　將罪狀弄明白。辟，罪。⓬察獄　考核調查案件。⓭三訊　訊問三次。即一訊群臣，二訊群吏，三訊萬民。⓮有指無簡　有指控而沒有情實。簡，情實。一說：指，通「旨」。意念的意思。⓯附從輕　附人之罪，從輕發落。⓰赦從重　赦人之罪，以重為比。一說雖是罪，可重，猶赦之。⓱疑獄　可疑的案件。⓲泛與眾　廣泛地與群眾商討。⓳小大　猶言輕重。⓴比　過去的成例；已行的故事。㉑爵人　以爵位授人。㉒朝　朝廷。㉓刑人　受過刑罰的人。㉔屏　斥退；放逐。㉕諸　「之於」的合音。㉖與政　參預政事。㉗聽獄　聽理訴訟案件。㉘成獄　辦好的獄訟案卷。㉙正　管理獄訟的長官。㉚三公　輔助國君掌握軍政大權的長官。周以太師、太傅、太保為三公；漢以大司馬、大司徒、大司空為三公。㉛卿士　泛指卿、大夫、士。㉜棘木　有刺的樹木。一般指酸棗樹。古代大司寇在棘樹下聽訟，後因以大理寺卿為棘卿，大理寺為棘寺，法庭為棘林。㉝疑于王　獻疑於君主，或見疑於王。㉞三宥　一作「三又」。即對犯罪者從寬處理的三種情況。據《周禮・秋官・司刺》：「壹宥曰不識，再宥曰過失，三宥曰遺忘。」又據《禮・文王世子》：王公的家族有人犯法時，經王公三次說了「宥之」以後，始對犯人施刑。

㉟聽命　聽受命令。㊱制刑　斷刑；定刑。

【語譯】仲弓說：「古代那些聽理獄訟案件的，對於處罰犯了過失的人，一定要有事實根據，不憑感情，能夠告訴我嗎？」孔子說：「凡是辦理在『五刑』之列的重大案件，一定要像父子的感情、君臣的恩義一樣來進行推究和衡量；一定要根據意念的善惡，慎重地加以揣測和審議，以分別其處分的輕重；竭盡自己的聰明和忠誠仁愛之心以全部掌握它的情況；主管獄訟的最高長官要公正地斷定刑罰、查明罪過、考察案件。所有案件都要訊問三次，只有指控而沒有情實，那就不予聽理啊。從犯要從輕發落，即使有罪，應該從重處理，也可以斟酌減免。凡是可疑的案件，那就要廣泛地徵求群眾的意見，可疑的就要赦免，其定刑的輕重都要依據過去的先例來決定啊。因此，授予人家的爵位，一定要在朝廷上宣布，這是和大家共享光榮啊；處分犯人，一定要在市場上施行，這是和大家一同來唾棄他啊。古代的政府不收留曾經受過刑的人，大夫一樣不收留他，士在路上碰到了他，也不跟他講話，放逐到外地去，不管他到那裡，也不讓他參與政治活動，就是不想讓他活下去啊。」仲弓說：「聽理獄訟，那麼辦理這個案卷的，是什麼官呢？」孔子說：「形成案卷確立罪名的是管理刑獄的官員，案件成立以後，就向主管刑獄的長官彙報情況；主管刑獄的長官受理了，便上報大司寇；大司寇受理了，便把案卷奉送給君主；君主便叫大臣、卿士參加聽理這個案件，在有刺的棗樹下進行；然後將案情及處分的擬議獻疑於君主，君主根據三種從輕處理的情況加以審核，然後決定處以何種刑罰，這是為了鄭重其事啊。」

仲弓曰：「其禁何禁❶？」孔子曰：「巧言破律❷，遁名改作❸，執左道❹與亂政❺者殺；作淫聲❻，造異服❼，設伎奇器❽以蕩❾上心者殺；行偽而堅❿，言詐而辯⓫，學非而博⓬，順非而澤⓭，以惑眾者殺；假於鬼神時日、卜筮⓮以疑眾者殺。此四誅者，不以聽⑮。」仲弓曰：「其禁盡於此而已？」孔子曰：「此其急者⑯，其餘禁者十有四焉。命服⑰命車⑱，不粥⑲於市；珪璋⑳璧琮㉑，不粥於市；宗廟之器㉒，不粥於市；兵車㉓旍旗㉔，不粥於市；犧牲㉕秬鬯㉖，不粥於市；戎器㉗兵甲㉘，不粥於市；用器不中度㉙，不粥於市；布帛精粗㉚不中數㉛，廣狹㉜不中量，不粥於市；姦色亂正色㉝，不粥於市；文錦㉞珠玉之器，雕飾靡麗，不粥於市；衣服飲食，不粥於市；菓實不時㉟，不粥於市；五木㊱不中伐㊲，不粥於市；鳥獸魚鼈不中殺㊳，不粥於市。凡執㊴此禁以齊眾㊵者，不赦過㊶也。」

【章旨】此言當時的禁令，急禁者四，一般禁令十有四，都是維護階級的利益和社會的安定的。

【注釋】❶禁　禁令。❷巧言破律　用花言巧語來破壞律令。巧言，動聽的言語。❸遁名改作　就其名而改其實。遁名，表面上按照名號。改作，實際上改變法度。❹左道　邪門旁道。一般指巫蠱及俗禁。❺亂政　淆亂政令。❻淫聲　荒淫腐朽的音樂。如儒家所批判的「鄭衛之聲」、「桑間濮上之音」等「亡國之音」。❼異服　不合禮制的服飾；不常見的裝束。如聚鷸冠、瓊弁之類。❽奇器　新奇的器皿。❾蕩　動搖。❿行偽而堅　行為詐偽，堅持不改。⓫言詐而辯　語言虛偽，辭理明辯。⓬學非而博　學習違道之書，知識非常廣博。⓭順非而澤　沿著錯誤的路走，而又文飾得很漂亮。⓮假於鬼神時日卜筮　假託吉凶，以攫取錢財。即假託鬼神、假託時日、假託卜筮，進行恐嚇和詐騙。⓯不以聽　不用聽理，就可以懲處。⓰急者　緊要的事。⓱命服　古代按照官爵高低所規定的顏色和形式而做的服裝。⓲命車　古代按照等級規定所乘坐的車子。⓳粥　同「鬻」。⓴珪璋　兩者皆朝會時所執的玉器。為尊者所有，非一般民眾所應有的。㉑璧琮　皆寶玉。㉒宗廟之器　指祭器。如樽、彝、簠、簋、豆、籩之類。㉓兵車　戰車。設甲士三人，駕車的居中，在左方的主射，在右方的主擊刺。㉔旍旗　即旌旗。㉕犧牲　祭祀用的家牲。㉖秬鬯　祭祀時拿來灌地用的酒。以鬱金草和黍釀製而成，色黃味香。㉗戎器　兵器。㉘兵

甲　武器軍備。㉙不中度　不符合規定。中，符合。㉚精粗　指絲縷的粗細。如朝服十五升，斬衰三升，齊衰四升。見《禮・雜記》。升，布八十縷為一升。㉛不中數　與下「不中量」皆指不符合規定的數量。㉜廣狹　指幅度。如規定布廣二尺二寸。㉝姦色亂正色　間色混亂了正色的製品。姦色，間色。即兩種顏色相混雜。正色，純色。古代以青、赤、黃、白、黑為正色，綠、紅、碧、紫、流黃為間色。㉞文錦　華美的絲織品。㉟菓實不時　果品沒有成熟。㊱五木　五種取火的木材。㊲不中伐　不符合砍伐的規定。㊳不中殺　不符合捕殺的條件。㊴執　堅持。㊵齊眾　整治民眾。㊶不赦過　不赦免過失。

【語譯】仲弓說：「他們所禁止的是哪些禁令呢？」孔子說：「用好聽的語言來破壞法律，表面上按照它的名號，實際上篡改它的本質，堅持旁門左道來淆亂政令的要殺；制作荒淫腐朽的亡國之音，穿著不合禮制的服飾，安排一些新奇的玩藝和器皿，以動搖君主的心志的要殺；行為詐偽而堅持不改，語言欺罔而善於辯說，所學非正而博聞廣見，順從錯誤的東西而文飾得很有光澤，以此來迷惑民眾的要殺；假託鬼神、假託時日、假託卜筮，用吉凶禍福來恫嚇和惑亂民眾的要殺。殺戮這四種人，就用不著在棘木之下聽取廣泛的意見了。」仲弓說：「他們的禁令完全在這裡嗎？」孔子說：「這是最緊要的，其他還有十四條禁令：按規定制作的各級官吏的服裝和車子，不在市場上出售；朝會時所執的玉器及貴重的寶玉，不在市場上出售；宗廟的祭器如樽、彝、簠、簋、籩、豆之類，不在市場上出售；戰車旌旗，不在市場上出售；祭祀用的家牲和用鬱金香及黍釀成的灌地用的酒，不在市場上出售；兵器盔甲等軍備，不在市場上出售；民用的器皿不符合制度的，不在市場上出售；布帛的絲縷粗細和幅度不合標準的，不在市場上出售；間色混亂了正色的製品，不在市場上出售；華麗的絲織品、雕飾漂亮的珠玉製品，不在市場上出售；成衣熟食，不在市場上出售；果實沒有成熟的，不在市場上出售；五種取火的木材不符合砍伐的規定，不在市場上出售；鳥獸魚鱉不符合捕殺規定的，不在市場上出售。所有堅持這些政令用來治理民眾的，都不會赦免犯有上述過失的人啊。」

禮運第三十二

【題解】孔子認為運用禮制，便可以致天下於大同小康之治，因而強調禮在治國、平天下中的積極作用。歷史上一切「破國、喪家、亡人，必先去其禮」。並把「禮之於人」，比之「酒之有櫱」。人的情慾，比作聖王的田地，只有「修禮以耕之，陳義以種之，講學以耨之」，才能得到豐收。這是孔子禮治思想的綱領，是研究孔子思想體系的重要文獻。它全部見於《禮・禮運》，篇名亦仍其舊。

孔子為魯司寇，與❶於蜡❷，既賓❸，事畢，乃出遊於觀之上，喟然而歎。言偃侍曰：「夫子何歎也？」孔子曰：「昔大道之行❹，與三代之英❺，吾未之逮❻也，而有記❼焉。大道之行，天下❽為公❾，選賢與能，講信修睦❿，故人不獨親其親⓫，不獨子其子⓬，老有所終，壯有所用，矜寡孤疾⓭皆有所養。貨⓮惡⓯其棄於地⓰，不必藏於己；力惡其不出於身，不必為人⓱。是以姦謀閉⓲而不興⓳，盜竊亂賊不作，故外戶而不閉，謂之大同⓴。今大道既隱，天下為家㉑，各親其親，各子其子，貨則為己，力則為人，大人世及以為常㉒，城郭溝池以為固㉓，禹、湯、文、武、成王、周公，由此而選㉔，未有不謹於禮。禮之所興，與天地並。如有不由禮而在位者，則以為殃㉕。」言偃復問曰：「如此乎？禮之急也！」

孔子曰：「夫禮，先王所以承天㉖之道，以治人之情，列其鬼神㉗，達㉘於喪祭、鄉射、冠婚、朝聘，故聖人以禮示之，則天下國家可得以禮正㉙矣。」

【章　旨】此章孔子描繪了大同之世和小康之世的盛況，並指出那個時代的帝王「未有不謹於禮」者。實際上是儒家的理想王國。

【注　釋】❶與　參預。❷蜡　年終合聚萬物神靈而舉行的祭祀名稱。周代叫做蜡，秦代叫做臘。❸既賓　已經舉行了賓射之禮。既，已經。賓，賓射之禮。天子以諸侯為賓而行射禮於朝。❹大道之行　此指五帝時代。大道，最偉大的政治。行，推廣；施行。❺三代之英　此指禹、湯、文、武、成王、周公。三代，指夏、商、周三代。英，英俊。❻逮　及；趕得上。❼記　《禮・禮運》作「志」。即記載在歷史書上。❽天下　指帝位。❾為公　指禪讓。如堯傳給舜，舜傳給禹。❿講信修睦　所學的是誠信，所行的是親睦。講，習。修，行。⓫不獨親其親　不止是愛自己的父母。不獨，不止；不僅。親，上「親」字為動詞，愛的意思；下「親」字為名詞，指父母。⓬子其子　撫育自己的子女。子，上「子」字為動詞，撫育的意思；下「子」字為名詞，指兒女。⓭矜寡孤疾　《禮・禮運》作「矜寡孤獨廢疾者」。矜，同「鰥」。沒有老婆叫鰥，沒有丈夫叫寡，幼而無父叫孤，老而無子叫獨，患了不治的惡疾叫疾。⓮貨　財貨。指生活資料和生產資料。⓯惡　憎恨。⓰棄於地　拋棄在地上。⓱為人　為了施德惠於別人。《禮・禮運》作「為己」。為了滿足自己的生活慾望。⓲謀閉　邪惡的念頭或非分的謀畫便停止了。⓳不興　不作；不起。興，起的意思。⓴大同　各盡其力、各得其所的太平盛世。這是儒家根據原始社會的傳說虛構出來的。㉑天下為家　以帝位為一家的私產。從禹以後，便是父子相傳。㉒大人世及以為常　言父傳於子，無子則傳於弟，是合禮合法的。大人，大官貴族。世及，世代相傳。常，法典。《禮・禮運》作「禮」。㉓城郭溝池以為固　言私位獨傳，必然要更相爭奪，所以要建築城郭溝池。城郭，內城與外城。溝池，指護城河之類。以為固，以保衛和鞏固自己的地位。㉔選　突出的；特出的。㉕殃　禍。《禮・禮運》此下有「是謂小康」一句。小康，儒家認為禹、湯、文、武、成王、周公的時代，雖然政教修明，生活安定，但仍然趕不上五帝的「大同」時代，而稱之為「小康」之世。㉖承天　承奉天道。㉗列其鬼神　分頒於鬼神。列，分頒。㉘達　下達；及於。㉙正　糾正；整飭。

【語譯】孔子當上了魯國主管刑獄的長官，參與了年終的蜡祭，已經完成了賓射之禮，便走到宮門的外闕上去遊覽，不勝感慨地歎息著。言偃陪伴在旁說：「先生，您為什麼歎息啊？」孔子說：「過去推行最偉大的政治的時候，以及夏、商、周三代英明君主的年代，我沒有能趕得上啊，可還有歷史記載喲。實行偉大的政治的時候，帝王的位置是公有的，選舉才德兼美和很有能力的人，學習誠信，實行親睦，所以人們不止是愛自己的父母，不止是撫育自己的兒女，老的有個歸宿，壯的有個用場，鰥寡孤獨和患有殘疾的人，都有贍養他們的地方。生活資料只怕拋棄在地上，不一定要收藏在自己家裡；勞力唯恐自己出得不夠，不一定為了要向別人表現自己的功勞和恩德，是以那些邪惡的主意被杜絕了，偷雞摸狗、犯上作亂的人也沒有了，因此大門都用不著關，這叫做『大同』的太平盛世。如今那偉大的政治已經沒有了，帝位成了一家的私物，各人熱愛自己的父母，各人撫育自己的兒女，創造財物是為了自己的享受，出賣力氣是為了向別人表功，那些諸侯、貴族把父子相傳、兄弟相繼，看作是天經地義的東西；為了保衛和鞏固自己既得的權力，就修築內城外郭、挖掘護城河之類，作為堅固的防禦堡壘，禹、湯、文、武、成王、周公，便是實行禮治的傑出人物，他們沒有一個不是兢兢業業來推行禮制的。禮的興起，是與天地同時的。如果不推行禮治而擁有王位的，那就是災難，這叫做『小康』的時代。」言偃又問道：「是這麼樣嗎？禮是這樣的重要呀！」孔子說：「禮這個東西，是用來上承天道，下理人情，分頒於鬼神，以及於喪祭、鄉射、冠婚、朝聘等各種禮儀的。所以君主把禮制昭告給民眾，那麼就可以用禮來糾正天下國家的民眾了。」

言偃曰：「今之在位❶，莫知由禮❷，何也？」孔子曰：「嗚呼哀哉！我觀周道❸，幽厲❹傷也，吾捨魯何適❺？夫魯之郊及禘，皆非禮❻，周公其已衰矣❼。杞❽之郊也，禹；宋❾之郊也，契，是天子之事守❿也，天子以杞、宋二王⓫之後，周公攝政[12]致[13]太平，而與天子同是禮[14]也。諸侯祭社稷宗廟[15]，上下皆奉其典[16]，而祝嘏[17]莫敢易[18]其常法[19]，是謂大嘉[20]。今使祝嘏辭說[21]，徒藏於宗祝[22]巫史[23]，非禮也，是謂幽國[24]；醆斝[25]及尸君[26]，非禮也，是謂僭君[27]；冕弁[28]兵車[29]，藏於私家，非禮也，是謂脅君[30]；大夫具官[31]，祭器不假，聲樂皆具，非禮也，是為亂國。故仕於公曰臣，仕於家曰僕，三年之喪，與新有婚者，期不使[32]也以衰裳[33]入朝，與家僕雜居[34]齊齒[35]，非禮也。是謂臣與君共國；天子有田以處其子孫[36]，諸侯有國以處其子孫[37]，大夫有采以處其子孫[38]，是謂制度；天子適諸侯，必舍其宗廟[39]，而不以禮籍[40]入，是謂天子壞法亂紀；諸侯非問疾弔喪而入諸臣之家，是謂君臣為謔[41]。夫禮者，君之柄[42]，所以別嫌明微[43]，儐鬼神[44]，考制度，列[45]仁義，立政教，安君臣上下也。故政不正，則君位危；君位危，則大臣倍[46]，小臣[47]竊[48]；刑肅[49]而俗敝[50]，則法無常[51]；法無常，則禮無別；禮無別，則士不仕，民不歸，是謂疵國[52]。是故夫政者，君之所以藏身也。必本之天，效以降命[53]。命降於社[54]之謂教地[55]，降於祖廟[56]之謂仁義[57]，降於山川[58]之謂興作[59]，降于五祀[60]之謂制度[61]，此聖人所以藏身[62]之固[63]也。聖人參於天地，並於鬼神，以治政也。處其所存[64]，禮之序也；翫其所樂[65]，民之治也。天生時，地生財，人其父生而師教之，四者君以政用之，所以立於無過之地。君者，人所明(66)，非明人者也；人所養，非養人者也；人所事，非事人者也。夫君者，明人則有過，故養人則不足，事人則失位。故百姓明君以自治，養君以自安，事君以自顯，是以禮達而分定，人皆愛其死而患其生。是故用人之智去其詐(67)，用人之勇去其怒(68)，用人之仁去其貪(69)。國有患，君死社稷，謂之義；大夫死宗廟，謂之變(70)。凡聖人能以天下為一家，以中國為一人(71)，非意之(72)，必知其情，從於其義，明於其利，達於其患，然後為之。

【章　旨】此通過非禮之害與守禮之益，極言禮在治國平天下的巨大作用。

【注　釋】❶在位　掌管政權的人。❷由禮　推行禮治；運用禮法。由，用。❸周道　周代的禮教。❹幽厲　西周厲王和幽王的合稱。厲王暴虐，被人放逐於彘。幽王為犬戎所敗，死於驪山之下。是暴君的典型。❺捨魯何適　除了魯國，還到哪裡去。此言政亂禮失，魯國在當時還是比較好的。適，往。❻夫魯之郊及禘二句　周公攝政而致太平，故魯之郊禘，是合禮的。但魯在郊祭中，有四卜不從的事；在禘祭中，有躋僖公的錯誤，兩者都是失禮的。郊，為天子祭天之禮。禘，天子祭宗廟的禮。❼周公其已衰矣　周公曾輔成王攝政，其子孫不能奉行周公之道，而有失禮之行，故云。周公，名旦。其，將。❽杞　春秋時國名。夏禹之後。《史記・陳杞世家》：「周武王克殷紂，求禹之後，得東樓公，封之於杞，以奉夏后氏祀。」❾宋　春秋時國名。殷商之後。《史記・宋微子世家》：「周公既承成王命誅武庚，殺管叔，放蔡叔，乃命微子開代殷後，奉其先祀，作〈微子之命〉以申之，國於宋。」❿事守　所行之事；所守之業。⓫二王　指夏禹與商湯。⓬攝政　代君主處理政治。⓭致　獲得；達到。⓮是禮　這個禮。指郊祀上帝，配享祖宗。⓯社稷宗廟　封建時代把社稷作為政權的標誌，把宗廟作為王室、國家的代稱。社稷，土穀之神。宗廟，天子諸侯祭祀祖先的地方。⓰奉其典　奉行它的法則。典，法度。⓱祝嘏　告神祈福的祝辭。⑱易　變更。⑲常法　成法；永恆的法規。⑳大嘉　最好的。《禮．禮運》作「大假」。言不改變舊法，是大大的好。假，亦「大」的意思。㉑辭說　告神祈福的語言。㉒宗祝　宗廟中司祭禮的人。㉓巫史　古代從事與鬼神打交道的迷信職業者。㉔幽國　昏暗的國家。言其上下皆昏，君臣俱暗。㉕醆斝　皆酒器。醆，酒杯。夏代叫「醆」，殷代叫「斝」，周代叫「爵」。㉖尸君　象徵已故君主神靈的人。㉗僭君　僭越禮制的君主；超越其身分的君主。㉘冕弁　朝覲及祭祀時的禮帽。㉙兵車　戰車。㉚脅君　以武力相脅迫的君主。㉛具官　配備的官員；設置的官員。㉜期不使　週年之內不派差使。㉝衰嘗　《禮．禮運》作「衰裳」。喪服。㉞雜居　地位不同或民族不同的人住在一起。㉟齊齒　等輩。㊱天子有田句　《禮．王制》：「天子之田方千里，諸侯方百里，伯七十里，子男五十里。」他們的子弟若有功，則加以封賞，無功則直食於其田。㊲諸侯有國句　言諸侯的子孫封為卿大夫，其中有功德的亦有自己的采邑。㊳大夫有采句　卿大夫的子孫，亦可以用采地之祿，來養活其子孫。㊴舍其宗廟　住在他的宗廟裡。舍，住宿。㊵禮籍　太史記載天子生活起居及其善惡的書簡。㊶謔　開玩笑。㊷君之柄　君主的權力。柄，比喻權力。㊸別嫌明微　辨別嫌疑，明察細微。㊹儐鬼神　以賓禮恭奉鬼神。儐，通「賓」。如郊天祀地及一切神明。㊺列　《禮．禮運》作「別」。言各使中禮，而又有區別。㊻倍　背離；背叛；背君行私。㊼小臣　指士以下的。㊽竊　偷盜府庫的財物。㊾刑肅　刑罰峻急。㊿俗敝　風俗敗壞。(51)無常　不固定；無定規。(52)疵國　貧弱之國。(53)效以降命　法天之節候以下教令。降，下。(54)命降於社　教令由社而下。(55)教地　效法於地。言地有五土，生物不同，人君效法於地，亦養物各異。教，效。(56)降於祖廟　調教令自祖廟而下的。(57)之謂仁義　父最親，是仁；祖最尊，是義。言效法祖宗，普施仁義於民。(58)降於山川　調教令自山川而下的。(59)興作　言山川有草木鳥獸，可作器物，人君效法山川，亦將有所興作。(60)降于五祀　調教令從五祀而來。(61)制度　言人君效法五帝而制定法令。(62)藏身　蔭蔽自己；庇護自己。(63)固　牢固。(64)處其所存　用觀察得來的東西，處理政治。如天有運移寒暑，地有五土生殖，廟有祖禰仁義，人君皆觀察之、效法之。所存，所觀察的。(65)翫其所樂　言製作器物，興造宮室，皆人之所樂，聖人能夠因民眾的喜好而制定法令。翫，通「玩」。喜好。(66)人所明　人所尊的。明，尊敬。(67)去其詐　排除他的欺詐部分。因為它損害信譽。(68)去其怒　排除他的猛烈部分。因為它容易傷害人的生命。(69)去其貪　排除他的貪婪部分。因為它損害了民眾的財產。(70)變　當為「辯」之誤。辯，正。一說：大夫有去就之義，死宗廟，是一種權變。(71)凡聖人二句　能夠把中國凝聚若一家，中國團結若一人。(72)非意之　不是測度。意，意測。

【語譯】言偃說：「如今那些當權的，沒有一個知道用禮來治國的，為什麼呢？」孔子說：「唉！我看周代的禮制，被周幽王和厲王完全破壞了，只有魯國還保留一點，除了魯國我還到哪裡去呢？魯國的郊天祭祖，都有失禮的地方，周公的子孫恐怕也要衰落了。杞國在祭天的時候，以禹來配享，宋國在祭天的時候，以契來配享，這是天子的職守啊。天子因為杞、宋兩國是夏禹和殷契二王之後，周公代理成王處理政務，導致了太平盛世，便使之和天子一樣享有祭祀天地的大禮。諸侯只祭社稷，祭宗廟，上下都遵守這個制度，告神祈福也沒有敢於改變這個長期施行的法制的，這就是最佳的。如今讓告神祈福的言辭，只藏在宗廟裡主管祭祀的人以及從事與鬼神打交道的迷信職業者手裡，便是失禮的啊，這樣的國家叫做昏暗的國家。非君王不能用天子的酒器，不能用代替君王神靈享受祭祀的『尸』，如果用了，便是失禮的。這樣的君主叫做僭禮的君主。禮服和戰車，藏於卿大夫的采邑，是失禮的。這樣的卿大夫叫做脅迫君主。一旦做了大夫，祭器便不要假借，聲樂全都具備，是失禮的。這樣的國家叫做亂國。所以在諸侯那裡做官叫做『臣』，在大夫那裡做官叫做『僕』，有父母的喪服在身，以及才結婚的，一年之內不派他的差使。穿著喪服上朝，與在大夫家做官的錯雜地住在一起，跟他們稱兄道弟，是失禮的啊。如果這樣做，便是臣與君共同擁有這個國家。天子有千里之田，給他的子孫做生活的資料，諸侯有分封的國，給他的子孫做生活的資料，大夫有自己的采地，給他的子孫做生活的資料，這就是封建社會的制度。天子到諸侯那裡去視察，一定要住到他的宗廟裡去，先向其祖先禱告，如果不帶上記載其起居生活的起居注來，這就是天子敗壞法紀。諸侯如果不是因為問疾弔喪，而走到卿大夫的采邑去，這就是君臣互相開玩笑。禮這個東西，是君主的權力的象徵。用來區分疑惑難明的事理，明察極精極微的事物，接待鬼神，考察制度，陳列仁義，確立政教，安定君臣上下的關係啊。所以政治不公平，那麼君位就會危險；君位發生危險，那麼大臣就會背離政治，小臣就會盜竊國庫，刑罰就會嚴峻而風俗就會敗壞，那麼法度就沒有一定之規；法無定規，那麼禮就沒有尊卑的區別；禮無尊卑之別，那麼士就不願意在這裡做官，百姓就不願歸服，這就叫做貧弱的國家。因此政治這個東西，是用來庇護和保衛自己的啊。一定要根據天的運行規律，模仿它來頒發教令。教令是關於社稷的，那就要模仿地因五土不同而種植各異；教令是從祖廟頒發的，那就要模仿祖禰的親疏遠近而推行仁義；教令是從山川頒發的，那就要模仿山川之有草木魚鳥而有所興作；教令是從祭祀五帝而頒發的，那就要模仿五帝而制定各種制度；這是天子為什麼能夠那樣鞏固地保衛自己啊。天子與天地合而為三，與鬼神並而同列，所以治理國家的大政的啊，妥善地處理他所觀察到的，這就是禮的序列啊；熟悉民眾所喜歡的，如建築宮室、製作器皿，這就是管理百姓啊。天有四時的運行，地宜萬物的生長，人是父親生育而老師教養出來的。天、地、父親、老師這四個方面，君王能夠用禮來對待，就可以立於無過的地位。君主是人們所尊崇的，而不是尊崇人們的；是人們所供養的，而不是供養人們的；是人們所事奉的，而不是事奉人們的啊。如果君主去尊崇人們，那就是謬誤；去供養人們，那就會財力不夠；去事奉人們，那就會喪失地位。所以百姓尊崇君主是為了使自己受到制約，供養君主是為了讓自己得到安寧，事奉君主是為了使自己得到顯揚。因此禮教可以通行，而名分可以確定。人們都會愛惜自己的生命，而害怕其生活在無禮的環境之中。所以要發揮人的智謀，要排除他的欺詐部分，因為欺騙容易失信；要利用人的勇敢，要排除他的激憤感情，因為激憤容易傷人；要運用人的仁慈，要排除他的貪婪因素，因為貪婪容易傷風敗俗。國家有了外患，君主為社稷而殉難，這是合乎義的；大夫為國家而殉職，這是權變，因為他有去就之義。凡是天子能夠把天下凝聚得像一個家庭，把全國團結得像一個人，不是憑著揣測就可以辦得到的，一定要熟悉它的情況，順從他的義理，了解他的利益，通曉他的苦難，然後才去做啊。

「何謂人情？喜、怒、哀、懼、愛、惡、欲，七者弗學而能。何謂人義？父慈、子孝、兄良、弟悌、夫義、婦聽、長惠、幼順、君仁、臣忠，十者謂之人義。講信修睦，謂之人利；爭奪相殺，謂之人患。聖人之所以治人七情，修十義，講信修睦，尚辭讓，去爭奪，舍禮何以治之！飲食男女，人之大欲[1]存焉；死亡貧苦，人之大惡❷存焉。欲惡者人之大端，人藏其心，不可測度。美惡皆在其心，不見其色，欲一以窮之，舍禮何以哉？故人者，天地之德，陰陽之交，鬼神之會，五行之秀。天秉陽❸，垂日星；地秉陰，載於山川，播❹五行❺於四時，和四氣❻而後月生❼。是以三五❽而盈❾，三五而缺❿。五行之動，共相竭也。五行四氣，十二月還相為本；五聲⓫五律⓬，十二管⓭還相為宮；五味⓮六和⓯，十二食⓰還相為質⓱；五色⓲六章⓳，十二衣⓴還相為主。故人者天地之心㉑，而五行之端㉒，食味、別聲、被色㉓，而生者。聖人作則，必以天地為本，以陰陽為端，以四時為柄，以日星為紀，月以為量㉔，鬼神以為徒㉕，五行以為質㉖，禮義以為器㉗，人情以為田㉘，四靈以為畜㉙。以天地為本，故物可舉㉚；以陰陽為端，故情可睹；以四時為柄，故事可勸㉛；以日星為紀，故業可別㉜；月以為量，故功有藝㉝；鬼神以為徒，故事有守㉞；五行以為質，故事可復也㉟；禮義以為器，故事行有考㊱；人情以為田，故人以為奧㊲；四靈以為畜，故飲食有由㊳。何謂四靈？麟鳳龜龍謂之四靈。故龍以為畜㊴，而魚鮪㊵不諗㊶；鳳以為畜，而鳥不獝㊷；麟以為畜，而獸不狘㊸；龜以為畜，而人情不失㊹。先王秉著龜㊺，列㊻祭祀，瘞繒㊼，宣㊽祝嘏辭說㊾，設制度，故國有禮，官有御，事有職，禮有序。

【章旨】此章言人有七情，乃天然的稟賦，只有用禮來加以規範，而不能用刑來加以禁止，仍是申述禮的作用。

【注釋】❶大欲　最基本的慾望。指飲食男女。❷大惡　最厭惡最憎恨的。指死亡貧苦。❸秉陽　操持陽氣。秉，操持；把握。❹播　宣揚；傳布。❺五行　水、火、木、金、土。❻四氣　四時的陰陽變化、溫熱冷寒之氣。漢董仲舒《春秋繁露．陽尊陰卑》：「喜氣為暖而當春，怒氣為清而當秋，樂氣為太陽而當夏，哀氣為太陰而當冬。四氣者，天與人所同有也。」❼月生　言如果四時不和，日月乖度，寒暖失所，則月不得依時而生；只有五行四時調和適度，而後月乃依時而生。❽三五　指月之十五。❾盈　滿。❿三五而缺　言過了月之十五便缺。⓫五聲　也叫五音。古樂五聲音階的五個階名：宮、商、角、徵、羽。⓬五律　《禮．禮運》作「六律」。即黃鐘、太蔟、姑洗、蕤賓、夷則、無射。五，當為「六」，涉上而誤。律，為定音器。相傳黃帝時伶倫截竹為管，以管的長短，分別聲音的高低清濁。樂器的音調，都以它為準則。⓭十二管　樂律十二，陽律六，陰呂六，《呂氏春秋》始以律與曆附會，以十二律應十二月，一月一管。⓮五味　酸、苦、甘、辛、鹹。《周禮．天官．疾醫》：「以五味、五藥、五穀養其病。」注云：「五味：醯、酒、飴蜜、薑、鹽之屬。」疏云：「醯則酸也，酒則苦也，飴蜜則甘也，薑即辛也，鹽即鹹也。」⓯六和　六種調味品。言春多酸，夏多苦，秋多辛，冬多鹹，皆有滑、甘，是謂六和。⓰十二食　每月之首，各以某種食物為主，叫做十二食。⓱質　本。⓲五色　指青、黃、赤、白、黑。舊時把這五種顏色作為主要的顏色。⓳六章　五色加玄色為六章。⓴十二衣　十二月之衣。各以色為質。㉑人者天地之心　人在天地間，如五臟之有心。人為萬物之靈，心為五臟之聖，故云。㉒五行之端　言能夠運用五行，以供養萬物。端，始的意思。㉓食味別聲被色　言五行各有味、聲、色，而人能並御之。㉔月以為量　言天之運行，每三十日為一月，聖人制定教令，亦依據人的才分，這是法月為教的分限。量，分限。㉕鬼神以為徒　言山川鬼神助地以通氣，是地的徒屬，聖君取法於它，樹立群臣以為自己的助手，故云。㉖五行以為質　言五行循環不已，周而復始，聖君為教，亦循環復始，是取法五行的表現。質，體的意思。㉗禮義以為器　言聖君則天法地，制定禮義，於是執禮義以為器皿，作為治國之用，猶農夫執耒耜，作為耕田之器一樣。㉘人情以為田　喻人情得禮義以耕，猶田地得耒耜以耕。㉙四靈以為畜　言聖君法天象地制定禮義，並以禮義耕人情，故四靈並至，聖君畜之如牛馬一樣。㉚舉　養育；撫養。㉛勸　鼓勵；獎勸。㉜別　《禮．禮運》作「列」。猶言次第。㉝月以為量二句　言聖君能因才而教之，故人願竭其才之所長，而從事於其功業。藝，才能。㉞事有守　言各種事業都有分職。

㉟五行以為質二句　言五行的運行，周而復始，往復無窮，聖君的教令，取法於此，亦必永恆不絕。㊱禮義以為器二句　言治國以禮義為器，是最鋒利的器物，故事必有成。考，成的意思。㊲人情以為田二句　言以民眾的七情為田，以聖君為田地的主人，則田地不至於荒廢。奧，主的意思。㊳四靈以為畜二句　言四靈為眾物之長，長既來了，而且為聖君所畜養，則其徒屬亦必隨之而來，因得以充庖廚。由，用的意思。㊴畜　畜養。㊵魚鮪　魚類。鮪，鱘魚。㊶諗　《禮．禮運》作「淰」，是。魚被驚的樣子。㊷不狘　不飛。狘，《禮．禮運》作「獝」。亦鳥驚飛的樣子。㊸獝　《禮．禮運》作「狘」。獸驚走的樣子。㊹龜以為畜二句　言龜知人情的善惡吉凶，龜既為聖君所畜，故能知人情之真偽，而不致喪其所守。㊺蓍龜　蓍草和龜甲。二者皆古時占卜的工具，故以代指卜筮。㊻列　陳列。㊼瘞繒　埋藏幣帛之屬。瘞，埋。㊽宣　宣揚。㊾祝嘏辭說　告神祈福的祝辭。

【語　譯】「什麼叫做人的感情呢？喜、怒、哀、懼、愛、惡、欲，這七種感情，不要經過學習就能表現出來。什麼叫做人的道義呢？父慈、子孝、兄良、弟恭、夫義、婦聽、長惠、幼順、君仁、臣忠，這十種倫理，叫做人的道義。講究誠實，實行和睦，叫做人的共利。互相爭奪，互相殺害，叫做人為的災難。聖明的君主之所以是那樣的規範人的七情，實行十種倫理道德，講誠實，修和睦，崇尚謙讓，排除爭奪，如果拋棄了禮教用什麼來管理民眾呢！飲食和男女，是人們最大的慾望之所在；死亡和貧苦，是人們最大的憎惡之所在。慾望和憎惡，是人們的大事，每個人都隱藏在自己的內心深處，不能夠猜測得到的；美的惡的，也都隱藏在他的內心深處，並不在顏色上表現出來。如果想要全部尋根究源，除了禮教，又從哪裡著手呢？所以人是感天地覆載之德而生的，是陰陽二氣相交而生的，是體魄與精靈相合而生的，是有感於五行的秀氣而生的。天秉持陽氣，懸掛著太陽和星辰；地秉持陰氣，載負著名山大川。播散金、木、水、火、土五行之氣於四時，四時調和，寒燠適度，而後月乃依時而生。所以每到月十五而滿，每過月十五而缺，五行運轉，迭相負竭，如春天木王，則水負竭；夏天火王，則木負竭，五行四時，運轉不已，如孟春的建寅之月為諸月之本，仲春以建卯之月為諸月之本，十二月迭相用事。五聲六律，以十二管應十二月，如十一月黃鐘為宮，十二月大呂為宮，十二管迭相為宮。五味六和，每月之首，各以其物為質，十二月的食品，迭相為本。五色六章，十二月所著的衣服各異其色，它的顏色還迭相為主。所以人在天地之間，猶心處五臟之內，他是能夠開始運用水、木、火、金、土五行的，他是服食著五味，區別著五聲，披戴著五色而生的。聖明君主所制定的禮教，一定要以天地為根本，以陰陽二氣為端緒，以春生夏長、秋斂冬藏為把柄，以日月的運行為法紀，月以三十日為分限，聖君制定教令，亦以人才的分限為準；地以山川通其氣，聖君亦以群臣助其治；五行循迴不已，周而復始，聖君設置禮教，亦以五行為體；農夫以耒耜為耕作的利器，聖君亦以禮義為治國的利器；農夫以土地為耕耘的對象，聖君則以人情為耕耘的對象；民眾以牛馬為飼養的對象，聖君則以麟、鳳、龜、龍四靈為飼養的對象。以天地為效法的根本，所以萬物可以養育；以陰陽為效法的首要，所以民眾的情偽可以看得清楚；以四時的變化作為推行禮教的把柄，所以一切事物可以勉力而成；以日星的運行作為制定教令的法紀，所以功業的大小可以區別；由月有限分得到啟發，使事各有分職，所以事功獲得成就；山川的鬼神各有所守，聖君設職亦各有所守；五行終而復始，永不停息，聖君取法於它，所有因革，亦永不停止；聖君以禮義為治國的利器，所以他的事業可以成功；以人的七情作為耕耘的對象，所以政治不會荒廢；以四靈作為飼養的家畜，所以食用有了保障。什麼叫做四靈呢？麒麟、鳳凰、靈龜、神龍，叫做四靈。所以龍被畜養了，魚類就不會受驚而藏；鳳凰被畜養了，鳥類就不會受驚而飛；麒麟被畜養了，獸類就不會受驚而逃；龜被畜養了，而通過卜筮，就可以了解人們的感情。古代的聖君拿著蓍草和龜甲，分別郊天祀地，禘祭祖先，埋藏著幣帛，宣揚著祈神祝福的頌辭，制定著有關的制度，所以國家有禮教，官吏有分職，職務有次序啊。

「先王患禮之不達於下，故饗帝❶于郊，所以定天位❷也；祀社於國，所以列地利也；禘祖廟，所以本仁❸也；旅❹山川，所以儐鬼神也；祭五祀❺，所以本事也。故宗祝在廟，三公在朝，三老在學❻，王前巫而後史，卜筮瞽侑❼，皆在左右，王中心無為也，以守至正[8]。是以禮行於郊，而百神[9]受職[10]；禮行於社，而百貨可極；禮行於祖廟，而孝慈服焉；禮行於五祀，而正法則焉。故郊社、宗廟、山川、五祀，義之修[11]而禮之藏[12]。夫禮必本於太一[13]，分而為天地，轉而為陰陽，變而為四時，列而為鬼神，其降曰命，其官於天也，協[14]於分藝[15]；其居於人也曰養，所以講信修睦，而固人之肌膚之會[16]，筋骸之束[17]者，所以養生送死、事鬼神之大端[18]，所以達天道、順人情之大竇[19]。惟聖人為知禮之不可以已也，故破國、喪家[20]、亡人[21]，必先去其禮。禮之於人，猶酒之有糵[22]也，君子以厚，小人以薄，聖人修義之柄，禮之序，以治人情。人情者，聖王之田也，修禮以耕之，陳義以種之，講學以耨[23]之，本仁以聚之，播樂以安之。故禮者，義之實也，協[24]諸義而協。則禮雖先王未之有，可以義起[25]焉。義者，藝[26]之分[27]，仁之節。協於藝，講於仁，得之者強，失之者喪；仁者，義之本，順之體，得之者尊。故治國不以禮，猶無耜而耕；為禮而不本於義，猶耕之而弗種；為義而不講於學，猶種而弗耨；講之以學而不合之以仁，猶耨而不穫；合之以仁而不安之以樂，猶穫而弗食；安之以樂而不達於順，猶食而不肥。四體[28]既正，膚革[29]充盈[30]，人之肥也。父子篤，兄弟睦，夫婦和，家之肥也。大臣法，小臣廉，官職相序，君臣相正，國之肥也。天子以德為車，以樂為御，諸侯以禮相與，大夫以法相序，士以信相考，百姓以睦相守，天下之肥也。是謂大順㉛。順者，所以養生送死、事鬼神之常也。故事大積㉜焉而不苑㉝，並行而不謬，細行而不失，深而通㉞，茂㉟而有間㊱，連而不相及㊲，動㊳而不相害㊴，此順之至也。明於順，然後乃能守危㊵。夫禮之不同，不豐殺㊶，所以持情㊷而合危㊸也。山者不使居川，渚者不使居原㊹，用水、火、金、木，飲食必時。冬合男女，春頒爵位，必當年德㊺，皆所順也。用民必順，故無水旱昆蟲之災，民無凶饑㊻妖孽㊼之疾，天不愛其道㊽，地不愛其寶㊾，人不愛其情，是以天降甘露，地出醴泉，山出器車㊿，河出馬圖(51)，鳳凰麒麟，皆在郊棷(52)，龜龍在宮沼，其餘鳥獸及卵胎，皆可俯而窺也。則是無故(53)，先王能循禮以達義，體信以達順，此順之實也。」

【章　旨】此章進一步申述禮在齊家、治國、平天下中的巨大作用。「治國不以禮，猶無耜而耕」，是它的中心論點。

【注　釋】❶饗帝　祭祀上帝。饗，合祭。❷天位　王位；帝位。❸本仁　仁的根本；仁愛之本。❹旅　祭祀山川的祭名。《論語・八佾》：「季氏旅於泰山。」❺五祀　五種祭祀的名稱。大的如禘、郊、宗、祖、報；小的如門、戶、井、竈、中霤。❻三老在學　相傳古代的天子養老於學宮，示天下以孝悌。《禮・文王世子》：「遂設三老五更，群老之席位焉。」《漢書・禮樂志》：「養三老五更於辟雍。」可證。❼瞽侑　樂人和四輔。四輔是天子身邊的四個輔佐。❽至正　最好的公正。

❾百神　指上天的群神。❿受職　接受職事。此言天子郊天備禮，則星辰不忒。⓫義之修　義的修飾。⓬禮之藏　禮的寶藏。⓭太一　亦作「太乙」。指形成天地萬物的元氣。⓮協　合。⓯分藝　分限和才能。分，分限。藝，才能。⓰會　會合處。⓱束　聚集處。⓲大端　大的方面。⓳大竇　大的孔道。竇，孔穴。⓴喪家　大夫喪失了采邑。家，指大夫的采地。㉑亡人　逃亡的人。㉒蘖　釀酒的麴蘖。即引起發酵作用的酒藥。㉓耨　除草。㉔協　合。㉕起　起作；興起。㉖藝　才能。㉗分　分限；分量。㉘四體　四肢。㉙膚革　表皮與內皮。㉚充盈　豐滿。㉛大順　根據禮教的準則，達到最安定的境界。㉜大積　指萬機輻湊，積案如山。㉝不苑　不停滯。苑，停滯；荒廢。㉞深而通　雖在九州之外，而貢獻不絕。深，指九州之外。通，暢通無阻。㉟茂　指貢賦很多。㊱有間　指內外不雜，小大有序。㊲不相及　不相踰越。言萬乘龍趨，千乘雷動，不相妨害。㊳動　行動。㊴害　妨害。㊵守危　居安思危，則高而不危，故能長守其危。㊶不豐殺　言天子與士名位不同，禮數亦異。禮應須少，不可求多，是謂不豐。禮應須多，不可減省，是謂不殺。豐，加厚。殺，減省。㊷持情　節制其情感。㊸合危　緩解其危險。㊹山者不使居川二句　因為洲渚利於魚鹽，平原利於五穀，各有所長。渚者，居於水邊的。原，平原。㊺冬合男女三句　言合男女必當其年，頒爵位必當其德。爵位，官爵名位。古代分公、侯、伯、子、男五等爵。年德，年齡與品德。㊻凶饑　荒歉。㊼妖孽　怪異反常的事物。草木之怪稱妖，蟲豸之怪稱孽。㊽天不愛其道　言陰陽調和，祥瑞並至，如天降甘露之類。㊾地不愛其寶　指五穀豐，醴泉出之屬。㊿山出器車　古時迷信，以為天下太平，則山車出現。《禮．禮運》疏云：「按《禮緯．斗威儀》云：『其政大平，山車垂鉤。』注云：『山車：自然之車；垂鉤：不揉治而自圓曲。』」這也是一種瑞應。(51)河出馬圖　《易．繫辭上》有「河出圖，洛出書，聖人則之」的話，是關於《周易》來源的傳說。〈中候握河紀〉有「伏羲氏有天下，龍馬負圖出於河，遂法之，畫八卦」。(52)鳳凰麒麟二句　極言鳳凰麒麟之眾。郊棷，郊外與大澤。棷，通「藪」。草木叢生的大澤。(53)則是無故　那是沒有其他的原因的。言上述種種祥瑞的出現，是禮教招致太平的結果。

【語　譯】「古先帝王恐怕禮教不能深入到下面去，所以在郊外祭祀上帝，是用來穩定帝王的地位的啊；在國內祭祀社稷之神，是用來區別地利的啊；在宗廟內祭祀祖先，是以仁愛為本啊；祭祀山川之神，是用來接待鬼神的啊；舉行五種祭典，是為了使有關的禮教深入到下面去啊。所以主管祭祀的奉養在祖廟，協助君王主管軍政大權的三公奉養在朝廷，被諮詢的三老奉養在學宮。天子前面是巫祝，後面跟著的是史官，占卜、樂人及四輔都在他的左右。因為他委任得人，所以心中不必有所作為，只要堅守至正之道就行了。因此舉行郊天之禮，而群神各受職守；舉行祭社之禮，則各種財貨都可以極其豐盛；舉行祭祀先祖之禮，則孝慈之道必為遠近所心服；舉行五種不同的祭祀，則天下的法則必能各得其正。所以郊天、祭社、饗宗廟、祀山川、舉行五種祭祀，就是義理的儀節、禮教的寶藏啊。禮這個東西，一定要根源於天地未分混沌之元氣，元氣又分輕清為天，重濁為地；天地既形，則天之氣運轉為陽，地之氣運轉為陰；陰陽既分，陽氣則變而為春夏，陰氣則變而為秋冬；四時各異，化生萬物，都不是人力所能達到的。君主制定的禮教，都是取法於天地、陰陽之類，才頒布下來的。它取法於天啊，合於日月運行的規律；它處於人類社會，就是為了使人生活得更好。所以它講求誠實，提倡和睦，就像牢固地保護人的肌膚的會合處和人的筋骸的關鍵處一樣，是養生、送死、事鬼神的大的方面，是達於天道、順乎人情的大的孔穴啊。只有聖明的君主懂得禮教是萬萬廢止不得的，所以對於那些破亡的國家、喪失采地的大夫、逃亡在外的人，一定要首先廢除其所享受的一切禮遇。禮對於人類社會來說，就像釀酒必須用酒藥一樣啊。有道德修養的人所得於禮的往往深厚，而那沒有修養的小人所得於禮的往往淺薄。所以聖明的君王要掌握理義的要柄，禮教的次序，來揚棄人的感情中的糟粕，發揚人的感情中的精華。人的七情，就是聖明君王的耕地，推行禮教去耕種，陳述義理去培植，提倡學習去除草，根據仁愛之心去團結它，播送音樂去感動它，去安撫它。所以禮是義理的實體，只有與義相合才是合乎禮的。那麼禮這個東西，即使古先帝王沒有禮制，也可以根據義理制作出來。義嘛，是才能適得其分，仁愛適得其中啊。合於才能，明於仁愛，把握了它就會強大，喪失了它就會滅亡。仁愛是義理的根本，是順從的本質，把握了它就會得到尊敬。所以治理國家如果不用禮制，就像農夫沒有耒耜而去耕種；制定禮制而不依據義理，就像耕了地而不去下種；推行義而不明於學，就像下了種而不去除草；講明了學問而不合於仁愛，就像除草了而不去收穫；合乎仁愛了而不用音樂去安撫它，就像收穫了而不去食用；用音樂去安撫了而沒有達到無條件順從的境界，就像食用了而未能吸收其營養，使自己肥壯起來。四肢已經正常了，皮膚也豐潤了，這是個人肥壯起來啊；父子的關係篤厚了，兄弟和睦了，夫妻和樂了，這是家庭肥壯起來啊；大臣守法，小吏廉潔，分官設職，各有次序，君臣上下，互相勸勉，這是國家肥壯起來啊；天子以道德為車，以禮樂為馭手；諸侯之間，以禮相交；大夫之間，用法來維繫其次序；士用誠信來考驗，百姓以睦鄰來相守望，這就是天下肥壯起來啊。這就是最大的安定。安定是養生、送死、事鬼神的正常環境啊。所以日理萬機而不滯留，數事並行而不悖謬，細小的行徑也不失禮，深入九州之外而仍然暢通無阻，貢賦繁茂而內外不雜，朝貢者接踵而不相踰越，行動起來也互不影響，這是最大的安定啊。透徹地理解安定的重要，然後才能守危如安。禮對於不同層次的人，有不同的禮遇，該豐盛的不宜減省，該減省的不應豐厚，這是用來制約感情、促進安定的啊。生活在山嶽地區的，不要讓他住到江河地帶；生活在洲渚之間的，不要讓他遷移到平原上來，因為他們運用水、火、金、木不同呀。飲食一定要適時，那就要求網罟以時入川澤，斧斤以時入山林啊。冬天來了，便提倡男婚女嫁，春季到了，就實行頒爵授官，結婚一定要符合結婚的年齡，授官的一定要符合本人的品德，這都是理順關係啊。使用民力一定要順乎人情，所以沒有水旱昆蟲的災難，沒有荒歉怪異的現象，上天不會吝惜其祥瑞，厚地不會珍惜其寶藏，百姓不會違背其孝悌的感情，因此天降甘露，地湧甘泉，山出自然之車，河出龍馬圖書，鳳凰麒麟，都來到郊外澤中，龜和龍都生活在宮廷的池沼裡，其餘那些卵生或胎生的鳥獸，低著腦袋便可以看得到啊。那沒有別的緣故，而是古代的聖明君王能夠循禮達義，體信達順，這是實現最大安定的實效啊。」

卷八

冠頌第三十三

【題解】這是孔子答孟懿子有關冠禮的問題，因以「冠頌」名篇。它綜合了《儀禮·士冠禮》、《禮記》的〈冠義〉及〈郊特牲〉有關冠禮的部分而成。

邾隱公❶既即位❷，將冠❸，使大夫因孟懿子❹問禮於孔子，子曰：「其禮如世子❺之冠，冠於阼❻者，以著代❼也。醮❽於客位❾，加❿其有成⓫，三加⓬彌尊，導喻⓭其志⓮。冠而字⓯之，敬其名也。雖天子之元子⓰，猶士也，其禮無變，天下無生而貴者故也。行冠事必於祖廟，以祼⓱享之，禮以將⓲之，以金石之樂節之，所以自卑而尊先祖，示不敢擅。」懿子曰：「天子未冠即位，長亦冠也？」孔子曰：「古者王世子雖幼，其即位則尊為人君。人君治成人之事者，何冠之有？」懿子曰：「然則諸侯之冠，異天子與？」孔子曰：「君薨⓳而世子主喪⓴，是亦冠也已，人君無所殊㉑也。」懿子曰：「今邾君之冠，非禮也？」孔子曰：「諸侯之有冠禮也，夏之末造㉒也，有自來矣，今無譏㉓焉。天子冠者，武王崩，成王年十有三而嗣立㉔，周公居冢宰㉕，攝政㉖以治天下，明年夏六月，既葬，冠成王而朝于祖，以見諸侯，亦有君也。周公命祝雍㉗作頌曰：『祝王達而未幼。』祝雍辭曰：『使王近於民㉘，遠於年㉙，嗇於時㉚，惠於財㉛，親賢而任能。』其頌曰：『今月㉜吉日，王始加元服㉝；去王幼志，服衮職㉞，欽㉟若昊命㊱，六合㊲是式㊳，率㊴爾祖考，永永無極㊵。』此周公之制也。」

【章　旨】此言諸侯、天子的冠禮，沒有什麼不同，並申述其儀式和意義，以及夏代末年，諸侯才開始舉行冠禮的史實。

【注　釋】❶邾隱公　邾的國君。注見〈辨物第十六〉。邾，春秋時國名。故地在今山東省鄒縣境，後為楚宣王所滅。❷即位　君主登位。❸將冠　將要舉行冠禮。古代男子成年時舉行加冠的禮儀，有說男子二十而冠的，見《禮・曲禮上》；有說十九而冠的，見《荀子・大略》、《儀禮・士冠禮》及《說苑・建本》。❹孟懿子　即魯大夫仲孫何忌。懿，是他的諡號。其事跡見《左傳》昭、定、哀三公執政時代。❺世子　即太子。帝王及諸侯的正妻所生的長子。❻阼　東階。主位。天子、諸侯、大夫、士皆以阼為主位。❼著代　表明他是代替父親的。著，表明。❽醮　古人舉行冠禮時的一種禮節。即酌而沒有酬酢，叫做「醮」。❾客位　戶西。❿加　加冕。⓫成　成年。⓬三加　初加緇布，次加皮弁，三加爵弁。⓭導喻　開導。⓮志　志趣。⓯字　表字。古代男子在舉行成年的冠禮之後，依據本名的涵義，另立別名，叫做「字」。《禮・曲禮上》：「男子二十冠而字。」《禮・檀弓上》：「幼名，冠字。」⓰元子　天子和諸侯的嫡長子。⓱祼　將鬱金香和黍釀成的香酒澆在地上，叫做「祼」。也就是「灌鬯」。鬯，即鬱金香和黍釀成的香酒，專門供祭祀用的。⓲將　扶持。⓳薨　周制：天子死曰崩，諸侯死曰薨。⑳主喪　主持喪事。㉑殊　不同。㉒末造　末世。㉓譏　評論；非議。㉔嗣立　繼續立為天子。㉕冢宰　亦稱「太宰」。六卿之首。㉖攝政　代理君主處理政務。㉗祝雍　名叫雍的司祝之官。㉘近於民　對民眾很親近。即能得民心。㉙遠於年　年齡久長。即長壽。㉚嗇於時　珍惜農時。即不奪民時。嗇，愛惜；珍惜。㉛惠於財　惠賜財貨。㉜令月　吉月。令，美好；吉祥。㉝元服　帽子。元，首。冠乃首之所著，故曰元服。㉞袞職　帝王的職責。㉟欽　敬。㊱昊命　天命；上帝的命令。㊲六合　上下四方。㊳式　效法。㊴率　遵循。㊵無極　沒有止境；沒有盡期。

【語譯】邾隱公已經即了位，準備舉行冠禮，打發他的大夫通過孟懿子的關係，向孔子請教有關冠禮的儀式，孔子說：「那些禮儀，像諸侯的長子舉行冠禮一樣。在主位的東階上舉行冠禮，是為了表明他將代替其父了，在客位的門戶西邊酌酒而不酬酢，給他加冠，是因為他已成年了。第一次加的是緇布，第二次加的是皮弁，第三次加的是爵弁，加了三次冕，便越顯得尊貴，這是為了要開導他的志趣。成年以後就給他另外取個表字，是尊重他的名啊。即使是天子的嫡長子，也要像士一樣舉行冠禮，它的儀式沒有什麼變化，這是因為天下的人沒有生下來就是尊貴的啊。舉行冠禮，一定要在祖廟中進行，用鬱金香和黍釀成的香酒去享神，而用禮去維繫它、贊助它，用鐘磬之屬的音樂去節制它，這是用來表示自己的謙下和對祖先的尊敬，以表明自己不敢專行獨斷。」孟懿子說：「天子還沒有成年就即了帝位，到了成年的時候，還要舉行冠禮嗎？」孔子說：「古代帝王的嫡長子雖然年幼，但他一即位，就被尊為萬民的君主，君主是管理成年人的大事的，還要舉行什麼冠禮呢？」孟懿子說：「如此說來，那麼諸侯的冠禮，與天子的冠禮有所不同麼？」孔子說：「諸侯死了，他的嫡長子主持喪事，也就是辦理成年人的事啊，作為君主來說，他們是沒有什麼不同的啊。」孟懿子說：「如今邾國的君主舉行冠禮，是失禮麼？」孔子說：「諸侯要舉行冠禮，是夏朝末年興起的啊。來源已經很久了，今天也用不著去非議它了。天子舉行冠禮，周武王去世的時候，成王只有十三歲便繼立為王了，周公處於首相的地位，代理成王處理政務以管理天下，到了第二年的夏六月，已經安葬了武王，於是給成王加了冠，朝拜了祖先，接見了諸侯，也是表明周代是有了繼嗣的君主的啊。周公使名叫雍的司祝作頌辭說：『祝贊成王通達事理，並不幼稚。』名叫雍的司祝便作了頌辭說：『願成王親近百姓，大得民心；享年久遠，健康長壽；愛惜民力，不奪民時；惠施財貨，使民寬裕；親賢任能，相助為理。』那個頌辭還說：『吉月吉日，成王開始加了冠，從此消除王的幼稚言行，履行天子的職守，敬遵上帝的命令，成為上下四方的楷模；遵循祖宗的制度，無盡期的享有天下。』這是周公制定的制度啊。」

懿子曰：「諸侯之冠，其所以為賓主何也？」孔子曰：「公冠❶，則以卿為賓，無介❷，公自為主，迎賓揖升，自阼立于席北，其醴❸也則如士饗之以三獻❹之禮。既醴，降自阼階。諸侯非公❺而自為主者，其所以異，皆降自西階，玄端❻與皮弁❼，異朝服素畢❽，公冠四❾，加玄冕❿祭⓫，其酬幣于賓，則束帛⓬乘馬⓭，王太子庶子⓮之冠擬⓯焉，皆天子自為主。其禮與士無變，饗⓰，食賓⓱也，皆同。」懿子曰：「始冠，必加緇布之冠，何也？」孔子曰：「示不忘古，太古冠布，齋則緇之⓲。其緌⓳也，吾未之聞，今則冠而幣⓴之可也。」懿子曰：「三王之冠，其異何也？」孔子曰：「周弁㉑、殷哻、夏收，一也。三王共皮弁，素緌㉒。委貌㉓，周道㉔也；章甫㉕，殷道也；毋追㉖，夏后氏之道也。」

【章旨】此言諸侯之為公者與諸侯之非公者，冠禮的異同，以及夏、商、周三代的冠制。

【注釋】❶公冠　爵位為公的冠禮。公，五等爵的第一等。諸侯國的爵位各異，如魯公、晉侯、鄭伯、杞子、許男。❷介　傳遞賓主之言的人。古時主有儐相迎賓，賓有隨從通傳叫介。❸醴　祭祀用的甜酒。❹三獻　古代的一種禮儀形式。即獻酒三次。所謂初獻爵、亞獻爵和終獻爵。❺諸侯非公　是諸侯而不是公爵的。即侯、伯、子、男之屬。❻玄端　緇布衣。古代諸侯、大夫、士的祭服，或冠禮、婚禮時的禮服。❼皮弁　古代的冠名。用白鹿皮製作，是朝會時的常服。❽服素韠　穿著白色的蔽膝。韠，通「韍」。平時稱韠，祭時稱韍。❾冠四　四次加冠。即緇布、皮弁、爵弁和玄冕。❿玄冕　衣無文、裳刺黻的禮服。天子祭群廟、群祠及大夫助祭時所穿。⓫祭　著祭服。⓬束帛　古代聘問或婚喪時的禮品。帛五匹為束。⓭乘馬　駟馬。即四匹馬。⓮庶子　妾所生之子或嫡長子以外的兒子。⓯擬　比照。⓰饗　大宴賓客。⓱食賓　宴客。⓲齋則緇之　《儀禮・士冠禮》、《禮・郊特牲》均作「齊則緇之」。齊，讀作「齋」。言在齋戒祭祀時，就把它染黑，因為鬼神是喜歡幽暗的。⓳綏　帽帶的末梢部分，結在頷下的下垂部分。⓴幣　《儀禮・士冠禮》、《禮・郊特牲》皆作「敝」。言不復再著也。㉑弁　與下文「啍」、「收」，分別為周、殷、夏的冠名。《儀禮・士冠禮》注云：「弁名出於槃。槃，大也，言所以自光大也；冔名出於幠。幠，覆也，言所以自覆飾也。收，言所以收斂髮也。」啍，《儀禮・士冠禮》作「冔」。《釋名・釋首飾》：「冔，殷冠名也。」㉒素綏　白色的帽纓。㉓委貌　周代禮帽名。㉔周道　周代的制度。㉕章甫　殷代禮帽名。㉖毋追　夏代禮帽名。

【語　譯】孟懿子說：「諸侯舉行冠禮，他們的賓主是怎麼定的，為什麼會那樣呢？」孔子說：「公爵舉行冠禮，那就用卿作賓，但沒有隨從通傳的人，公爵自己作為主人，迎接賓客揖讓升降，從東階上站在主位的北面，在酌酒酬神的時候，那就要像士一樣，享受三獻的禮。酌酒酬神以後，便從東階下來。雖為諸侯但不是公爵，而又自己為主的，所不同的，賓主都要從賓位西階下來，穿上緇布的衣，戴上鹿皮製的帽子，第二天還要著上白色的蔽膝，公要四次加冠，加上玄冕，穿上祭服。向賓餽送禮品，那就要送上五匹帛、四匹馬。帝王的太子及太子以外的兒子都可以比照這個來辦，都是天子自己為主，他的禮儀跟士沒有什麼不同，也要大宴賓客啊。」孟懿子說：「開始加冠的時候，一定要戴上緇布之冠，是什麼原因呢？」孔子說：「表示沒有忘記遠古的歷史啊。遠古時代，戴的是粗布做的頭巾，遇上齋戒祭祀，便把它染黑。至於下面垂下的帽纓，我沒有聽說過，如今舉行冠禮之後，緇布的頭巾可以不再戴了。」孟懿子說：「夏、商、周三王的帽子有什麼不同啊？」孔子說：「周代叫做弁，殷代叫做啍，夏代叫做收，其實是一回事啊。三王共同使用皮弁、素綏。委貌，是周代的制度啊；章甫，是殷代的制度啊；毋追，是夏代的制度啊。」

廟制第三十四

【題解】此言自天子至於士的立廟制度和毀廟規定，因以「廟制」名篇。係據《禮》的〈王制〉及〈祭法〉之文，錯雜掇拾而成。

衛將軍文子❶將立三軍❷之廟於其家❸，使子羔❹訪於孔子，子曰：「公廟❺設於私家❻，非古禮之所及，吾弗知。」子羔曰：「敢問尊卑上下，立廟之制，可得而聞乎？」孔子曰：「天下有王，分地❼建國❽，設祖宗❾，乃為親疏、貴賤、多少之數，是故天子立七廟❿，三昭三穆與太祖之廟七。太祖⓫近廟⓬，皆月祭之。遠廟⓭為祧⓮，有二祧⓯焉，享嘗⓰乃止。諸侯立五廟⓱，二昭二穆與太祖之廟而五，曰祖考廟⓲，享嘗乃止。大夫立三廟⓳，一昭一穆，與太廟而三，曰皇考廟⓴，享嘗乃止。士立一廟，曰考廟㉑，王考㉒無廟，合而享嘗㉓乃止。庶人無廟，四時祭於寢㉔，此自有虞以至于周之所不變也。凡四代帝王之所謂郊者，皆以配天，其所謂禘㉕者，皆五年大祭之所及也。應為太祖㉖者，則其廟不毀。不及太祖，雖在禘郊，其廟則毀矣。古者祖有功而宗有德，謂之祖宗㉗者，其廟皆不毀。」

【章　旨】具言立廟與毀廟的制度，與親疏、遠近的關係。

【注　釋】❶衛將軍文子　名彌牟。衛國的卿，注見〈弟子行第十二〉。❷三軍　周代諸侯大國設三軍，叫做上、中、下或中、左、右三軍。❸家　大夫的采邑。❹子羔　即高柴。孔子弟子，衛人，曾做過費、郈宰。子羔長不盈五尺，狀貌甚惡，孔子以為愚。見《史記・仲尼弟子列傳》。❺公廟　諸侯所立的廟。❻私家　古稱大夫以下的家。❼分地　劃分土地。❽建國　封建諸侯。❾設祖宗　設立祖宗的廟宇。祖宗，對始祖及先世中有功者的尊稱。祖，始。宗，尊。❿天子立七廟　天子設立七廟，以供奉其七代祖先。即近親四廟（考廟、王考廟、皇考廟、顯考廟）及祖考廟（始祖廟），加上文王、武王兩廟。⓫太祖　本作「大祖」。指周文王。⓬近廟　謂高祖以下的近親宗廟。⓭遠廟　謂高祖以上的遠祖宗廟。⓮祧　古代帝王立七廟，對其世次疏遠之祖，則依制遷去神主而藏於始祖之廟，叫做祧。⓯二祧　指文、武二廟。以其功德輝煌，永不遷移，故云。⓰享嘗　指四時祭祀。⓱諸侯立五廟　指考廟、王考廟、皇考廟，皆按月祭祀；顯考廟、祖考廟，只須四時祭祀。⓲祖考廟　始祖廟。祖，始的意思。⓳大夫立三廟　即考廟、王考廟、皇考廟。⓴皇考廟　曾祖廟。皇，大的意思。㉑考廟　父廟。考，成的意思。言其父有成德之美。㉒王考　祖父。㉓合而享嘗　言祖父無廟，合於父廟之中，而四時祭祀。㉔祭於寢　在寢宮中舉行祭祀。寢宮的大小廣狹，因貴賤等級差別而不同。天子叫燕寢，諸侯叫路寢，士庶人叫正寢。㉕禘　祭祀名。禘祭有三類，即郊祭之禘、殷祭之禘和時祭之禘。此指殷祭之禘，即天子、諸侯宗廟的大祭，所謂五年一禘者。㉖太祖　指開國的君主。㉗祖宗　有功者謂之祖，如周文王；有德者謂之宗，如周武王。所以祖宗，即不毀之名。

【語　譯】衛國的將軍文子打算在他的采邑建立三軍之廟，打發孔子的弟子高柴請教於孔子。孔子說：「諸侯應該建立的廟，建立在大夫的采邑裡，古禮上沒有談到過，我不曉得。」高柴說：「我冒昧地請問，從天子到平民的立廟制度，能告訴我嗎？」孔子說：「自從世界上有了帝王，便劃分土地，封建諸侯，設立始祖的廟宇，根據親疏、貴賤的不同，而建立多少不等的廟宇。因此天子建立七廟，二、四、六三代位於始祖的左方叫做三昭，三、五、七三代居於始祖的右方叫做三穆，加上開國君主的廟，一共是七個。開國君主的廟以及高祖以下的近親的廟，都要每月舉行祭祀。遠親的廟就要依次把神主藏到始祖的廟裡，周代有兩個不遷的祖廟，就是文王和武王的廟，這些廟只要每一季舉行一次祭祀便行了。諸侯設立五個廟宇，比天子少了兩個，即二、四兩代叫二昭，三、五兩代叫二穆，加上始祖的廟，一共是五個。被稱為始祖廟的，一季舉行一次祭祀就行了。大夫建立三所廟宇，比諸侯又少兩個，即世次最近的第二代叫昭，第三代叫穆，加上始祖的廟，一共是三個。被稱為曾祖廟的，一季舉行一次祭祀就夠了。士只設一個廟，叫做考廟，即父親的廟，祖父沒有廟，神主合藏在父親的廟裡，一季舉行一次祭祀就夠了。平民不設廟，每季都要在寢宮裡祭祀祖先。這是自從虞舜以至於周代都沒有什麼變革的啊。所有虞、夏、商、周四代帝王郊祀上帝的時候，都是以始祖來配享的。他們在宗廟裡禘祭祖先的時候，也是在五年一大祭時應該祭祀的。凡是開國的君主，不管他的世次多麼疏遠，他的廟就不在被毀之列；不是開國的君主，即使在郊天祭祖的時候要祭祀他，他的廟也要按照制度被毀掉的。古代的開國君主，如周文王之功、周武王之德，昭昭在人耳目，叫做祖宗，所以他們的廟都不會被毀的。」

子羔問曰：「《祭典》云：『昔有虞氏❶祖顓頊❷而宗堯❸，夏后氏亦祖顓頊而宗禹，殷人祖契而宗湯，周人祖文王而宗武王。』此四祖四宗，或乃異代，或其考祖之有功德，其廟可也；若有虞宗堯，夏祖顓頊，皆異代之有功德者也；亦可以存其廟乎？」孔子曰：「善！如汝所聞也。如殷、周之祖宗，其廟可以不毀；其他祖宗者，功德不殊，雖在殊代❹，亦可以無疑矣。《詩》❺云：『蔽芾❻甘棠，勿翦勿伐，邵伯❼所憩。』周人之於邵公也，愛其人猶敬其所舍❽之樹，況祖宗其功德，而可以不尊奉其廟焉？」

【章　旨】此言虞、夏、商、周四代，對於有功德的祖宗，即使是不同的朝代，他們的廟都在不毀之列。

【注　釋】❶有虞氏　舜受堯禪，稱有虞氏。❷祖顓頊　以顓頊為祖。顓頊，五帝之一。注見〈五帝第二十四〉。❸宗堯　以堯為宗。堯，五帝之一。傳說中的部落聯盟領袖。❹殊代　異代；不同的時代。❺詩　指《詩・召南・甘棠》。❻蔽芾　小的樣子。❼邵伯　姓姬，名奭。食采於召，作上公，為二伯，或云係文王的庶子。❽舍　休息；止息。

【語　譯】高柴問道：「《祭典》上說：『古代的虞舜以顓頊為祖而以堯為宗，夏后氏亦以顓頊為祖而以禹為宗，殷人以契為祖而以湯為宗，周人以文王為祖而以武王為宗。』這裡所說的四祖四宗，有的是不同的朝代，如顓頊與堯之於虞舜，顓頊之於夏后氏，有的則是自己的父親和始祖，如禹之於夏，湯之於殷，文王、武王之於周，他們對於本朝是有功德的，保存他們的廟宇是可以的，像有虞氏以堯為宗，夏后氏以顓頊為祖，都是別的朝代的有功德的，也可以保存他們的廟麼？」孔子說：「很好呀，像你所聽說的啊，若殷、周的祖廟和宗廟，他們的廟可以不毀；其他的為祖為宗的，他們的功德沒有什麼不同，雖然在別的朝代，無疑也可以不毀他們的廟了。《詩》云：『那小小的甘棠喲，不要剪除它的枝葉呀，因為邵伯曾經在那裡止息過啊。』周人對於邵伯啊，因為愛慕他的為人，從而珍重他曾經在那裡休息過的樹，何況為祖為宗的豐功大德，而可以不敬重他們的廟宇嗎？」

辨樂解第三十五

【題解】此篇全部論述音樂的問題，而且在聽了音樂之後，能夠辨別其內容和性質，因以「辨樂解」名篇。全篇由三個故事組成，分別見之於《韓詩外傳·五》、《說苑·修文》和《禮·樂記》。

孔子學琴於師襄子❶，襄子曰：「吾雖以擊磬為官❷，然能❸於琴，今子於琴已習，可以益矣。」孔子曰：「丘未得其數❹也。」有間❺，曰：「已習其數，可以益矣。」孔子曰：「丘未得其志❻也。」有間，曰：「已習其志，可以益矣。」孔子曰：「丘未得其為人也。」有間，孔子有所謬然思焉❼，有所睪然❽高望而遠眺❾。曰：「丘迨得其為人矣。近黮❿而黑，頎然⓫長，曠如⓬望羊⓭，奄⓮有四方，非文王其孰能為此？」師襄子避席⓯葉拱⓰而對曰：「君子，聖人⓱也，其傳曰〈文王操〉。」

【章旨】此章盛贊孔子善於辨樂，聞其聲而知其為〈文王操〉。見於《韓詩外傳·五》，而略有出入。又見於《史記·孔子世家》。

【注釋】❶師襄子　魯樂官。一說為衛的樂官，相傳孔子曾向他學琴。事見《史記·孔子世家》及《淮南子·主術》。❷以擊磬為官　以善於擊磬而做了樂官。《論語·微子》言魯哀公時樂壞禮崩，樂師皆散而之四方，其中有「擊磬襄，入於海」的話，即師襄子。❸能　擅長。❹數　技能；技術。❺有間　過了一會兒。❻志　志趣；情趣；意志。❼謬然思焉　深思的樣子。《史記・孔子世家》作「穆然深思焉」。《韓詩外傳・五》作「默然思」。謬然、穆然、默然，皆深思貌。❽睪然　高的樣子。《史記・孔子世家》作「怡然」。和樂的樣子。《韓詩外傳・五》作「邈然」。久遠的樣子；渺茫的樣子。❾遠眺　《韓詩外傳・五》作「遠望」。眺，遠望。❿黮　黑色。⓫頎然　修長的樣子。⓬曠如　遼闊的樣子。⓭望羊　仰視或遠視的樣子。也作「望洋」、「望陽」。⓮奄　包括；覆蓋。⓯避席　離開坐位。⓰葉拱　用兩隻手撫在胸前。表示敬意。⓱聖人　無事不通的聰明人。

【語　譯】孔子向師襄子學琴，師襄子說：「我雖然是靠擊磬做了樂官，但我擅長於彈琴，如今你已學會了彈琴，可以進一步學點別的了。」孔子說：「我還沒有學到它的技巧啊。」過了一會兒師襄又說：「已經學到了技巧，可以進一步再學點別的了。」孔子說：「我還沒有了解它的意趣啊。」過了一會兒師襄又說：「已經了解它的意趣了，可以進一步學點別的了。」孔子說：「我還不曉得它是歌唱哪一個啊。」過了一會兒，孔子有所深思，又高高地站在高處向遠方觀察著說：「我已經知道它是歌頌誰的了，他有點近乎黑，他個子有點兒長，他有廣闊的胸襟，經常把目光投向遠方，而且囊括了四方，不是周文王誰能這麼樣呢？」師襄子離開坐位，兩隻手交叉在胸前表示敬意回答說：「您這個很有道德文化修養的，真是個無所不通的聰明人啊。那樂聲所表現出來的叫做〈文王操〉啊。」

子路鼓琴，孔子聞之，謂冉有❶曰：「甚矣，由之不才也！夫先王之制音也，奏中聲❷以為節❸，流入於南，不歸於北。夫南者生育❹之鄉，北者殺伐之域❺，故君子之音溫柔居中，以養生育之氣，憂愁之感，不加于心也；暴厲之動，不在于體也。夫然者❻，乃所謂治安之風也。小人之音則不然，亢麗❼微末❽，以象殺伐之氣，中和之感，不載於心；溫和之動，不存于體。夫然者，乃所以為亂之風。昔者，舜彈五弦之琴❾，造〈南風〉❿之詩，其詩曰：『南風之薰⓫兮，可以解吾民之慍⓬兮；南風之時兮，可以阜⓭吾民之財兮。』唯修此化，故其興也勃焉⓮。德如泉，流至于今，王公大人，述而弗忘。殷紂好為北鄙之聲，其廢⓯也忽焉⓰，至于今，王公大人舉以為戒。夫舜起布衣，積德⓱含和⓲，而終以帝；紂為天子，荒淫暴亂，而終以亡，非各所修⓳之致⓴乎？由今也匹夫之徒，曾㉑無意㉒于先王之制，而習亡國之聲，豈能保其六七尺之體哉？」冉有以告子路，子路懼而自悔，靜思不食，以至骨立㉓。夫子曰：「過而能改，其進矣乎！」

【章旨】此贊孔子聽樂而識聲，子路聞過而知改。見於《說苑・修文》。

【注釋】❶冉有　即冉求。字子有，魯人，孔子弟子，注見〈弟子行第十二〉。❷中聲　和諧的音樂。❸節　法度。❹生育　生長；養育。❺殺伐之域　征戰的地方。❻夫然者　其所以是那樣的。❼亢麗　即「亢厲」。嚴厲、殘酷的意思。❽微末　尖銳。❾五弦之琴　五弦琴。古樂器名，只有宮、商、角、徵、羽五聲，而沒有文武二弦。❿南風　古詩名。相傳虞舜曾作〈南風之歌〉。⓫薰　和煦。指初夏的和風。⓬慍　鬱結怨憤之氣。⓭阜　富足。⓮勃焉　突然。⓯廢　衰落；敗亡。⓰忽焉　忽然。⓱積德　積累功德。⓲含和　蘊藏著祥和之氣。⓳所修　所行。⓴致　獲致；達到。㉑曾　怎麼。㉒無意　沒有留意。㉓骨立　形容人的極端消瘦。

【語譯】子路彈著琴，孔子聽到了，對冉求說：「子路這麼沒有才能啊，古代帝王創作音樂，彈奏的是和諧之聲，作為法度，流傳到了南方，不屬於北方的音樂了。南方，是生長養育萬物的地方；北方，是征戰殺伐的區域。所以有修養的人彈奏的音樂，溫柔適度，以涵養其生長養育的和氣，憂愁的感情，不施於內心；暴厲的舉動，不現於形體啊。這麼樣的音樂，就是所謂太平安定的音樂啊。小人所彈的音樂就不是如此的，它殘酷尖銳，象徵著征戰之氣，那種中正和諧的感情，不存於內心；溫和的舉動，不見於形體，這樣的音樂，就是所謂亂世之樂啊。古代的虞舜，彈著五弦之琴，創作〈南風之歌〉，那首詩說：『和煦的南風啊，可以解除我百姓的鬱結啊；及時的南風啊，可以豐富我百姓的財貨啊。』正因為他推行的是這種教化，所以他突然興旺起來，他的德澤像泉水一樣，一直流傳到了今天，王公大人陳述他，沒有忘記他。商紂喜歡北部邊陲的征戰之音，他便很快的衰亡了，直到今天，王公大人還以他為鑑誡。虞舜從一個普通百姓興旺發達起來，積累了功德，包含著和愛，最後成為天子；商紂是一個天子，荒淫暴亂，最後亡了國，難道不是他們各自施行的樂教不同所招致的後果麼？子路如今是一個普通老百姓，怎麼不留意先王的制度，而學習那些亡國的音樂，難道能夠保住他那七尺之軀嗎？」冉有把這些話告訴了子路，子路害怕起來，自己感到後悔不已，默默地反省著，飯也吃不下，以致消瘦到了極點。孔子說：「有了過錯就能悔改，將是一個大的進步啊。」

周賓牟賈❶侍坐於孔子，孔子與之言及樂，曰：「夫武❷之備誡❸之以久何也？」對曰：「病疾不得其眾❹。」「詠歎之❺、淫液❻之，何也？」對曰：「恐不逮事❼。」「發揚蹈厲❽之已蚤，何也？」對曰：「及時事❾。」「武坐致右而軒左❿，何也？」對曰：「非武坐。」「聲淫及商⓫，何也？」對曰：「非武音也。」孔子曰：「若非武音，則何音也？」對曰：「有司⓬失其傳⓭也。」孔子曰：「唯⓮！丘聞諸萇弘⓯，亦若吾子之言是也，若非有司失其傳，則武王之志荒⓰矣。」賓牟賈起，免席[17]而請曰：「夫武之備誡之以久，則既聞命[18]矣。敢問遲[19]矣，而又久立於綴[20]，何也？」子曰：「居！吾語爾。夫樂者，象成[21]者也。總干[22]而山立[23]，武王之事也；發揚蹈厲，太公之志也[24]；武亂[25]皆坐[26]，周邵[27]之治也。且夫武始[28]成而北出[29]，再成[30]而滅商，三成而南反，四成[31]而南國[32]是疆[33]，五成[34]而分陝[35]，周公左，邵公右，六成而復綴以崇其天子焉[36]，眾夾振[37]焉而四伐[38]，所以盛威於中國；分陝[39]而進，所以事蚤濟[40]；久立於綴，所以待諸侯之至也。今汝獨未聞牧野[41]之語乎？武王克殷[42]而反商[43]之政，未及下車，則封黃帝[44]之後於薊[45]，封帝堯之後於祝[46]，封帝舜之後於陳[47]，下車又封夏后氏[48]之後於杞[49]，封殷之後於宋[50]，封王子比干[51]之墓，釋箕子[52]之囚，使人行商容[53]之舊以復其位，庶民[54]弛政[55]，庶士[56]倍祿[57]，既濟河西，馬散之華山之陽[58]，而弗復乘；牛散之桃林[59]之野，而弗復服[60]，車甲[61]則釁[62]之而藏之諸府庫，以示弗復用。倒載干戈[63]，而包之以虎皮，將率[64]之士，使為諸侯，命之曰鞬櫜[65]，然後天下知武王之不復用兵也。散軍[66]而修[67]郊射[68]，左射以〈貍首〉[69]，右射以〈騶虞〉[70]，而貫革[71]之射息也；裨冕[72]搢笏[73]，而虎賁[74]之士脫劍[75]；郊祀后稷，而民知尊父焉，配明堂[76]而民知孝焉，朝覲[77]然後諸侯知所以臣；耕籍[78]然後民知所以敬親，六者，天下之大教(79)也。食三老五更(80)於太學(81)，天子袒而割牲(82)，執醬而饋(83)，執爵(84)而酳(85)，冕而總干(86)，所以教諸侯之弟也。如此，則周道四達(87)，禮樂交通(88)，夫武之遲久，不亦宜乎？」

【章旨】此章具言周舞的演奏形式及其象徵意義，以及武王克殷後的政治措施，所以安定民心。全文見於《禮・樂記》。

【注釋】❶周賓牟賈　人名。《禮・樂記》作「賓牟賈」。姓賓牟，名賈。❷武　周舞。❸備誡　擊鼓警眾。❹病疾不得其眾　言武王伐紂之時，憂慮不能得士眾之心。病疾，憂愁。❺詠歎之　長聲歌歎它。❻淫液　形容聽音樂時聚精會神、流液不止的樣子。❼恐不逮事　言其汲汲欲達到此次用兵的目的。逮，及。事，戎事。❽發揚蹈厲　指舞蹈時動作的威武雄壯。揚，舉袂。蹈，頓足踏地。厲，顏色嚴厲。❾及時事　欲令事及時。即時機已經成熟，可以採取軍事行動了。❿武坐致右而軒左　舞者時而右膝至地，有時左足仰起。坐，跪。致，以膝著地。軒，揚起。⓫聲淫及商　言奏樂之聲，含有貪商的意思。⓬有司　主管音樂的官吏。⓭失其傳　沒有把真相流傳下來。⓮唯　是的。⓯萇弘　春秋時周敬王的大夫。孔子曾經向他問過樂。⓰荒　荒亂；荒耄。⓱免席　即離席而起。⓲聞命　領教。⓳遲　久的意思。指備誡已久。⓴綴　指樂隊行列的位置。㉑象成　象徵其已成之事。即克殷的過程。㉒總干　持著盾。㉓山立　屹立如山，毫不動搖。㉔發揚蹈厲二句　言武樂之舞，發揚蹈厲，象太公威武鷹揚之志。太公，即太公望。又名呂尚，或名姜子牙。相傳他曾釣於渭濱，遇周文王，與語大悅，同載而歸，因立為師。武王即位，拜為師尚父，輔佐武王滅殷。㉕亂　喪失行列的次序。㉖坐　象徵周公和邵公以文德治天下。㉗周邵　周公旦和邵公奭。皆周初的大政治家。㉘武始　武舞開始演奏。㉙北出　象觀兵孟津，準備伐殷。㉚再成　再次演奏。象徵已經克商。成，武曲一奏為一成。㉛四成　四奏。㉜南國　南方荊蠻之國。㉝疆　疆理；歸服。㉞五成　五奏。㉟分陝　相傳周初周公、邵公分陝而治，周公治陝以東，邵公治陝以西。陝即今陝西陝縣。㊱六成而復綴句　言武王功成太平，周德充滿於四海。六成，六奏。復綴，復歸行列。崇，充備。㊲夾振　夾雜而舞，振鐸為節。言天子與大將夾舞。㊳四伐　四度擊刺。一擊一刺叫做一伐。言武樂一奏之中，而四度擊刺。《尚書・牧誓》：「今日之事，不過四伐五伐。」㊴分陝　當作「分夾」。分列部曲，振鐸夾之而進。《禮・樂記》「陝」作「夾」，是。㊵事蚤濟　象武王伐紂的行為，能夠及早得到成功。事，為。濟，成。㊶牧野　孟津之野。武王伐紂，與八百諸侯會盟於此，故又稱為盟津，在今河南孟縣南。㊷克殷　克服了商紂，戰勝了殷紂的軍隊。㊸反商　言到達了商都。反，當為「及」之誤。㊹黃帝　五帝之一。㊺薊　地名。在今北京市西南。㊻祝　地名。即祝其，亦即春秋時的夾谷，在今山東萊蕪縣。《史記・周本紀》作「乃褒封神農之後於焦，黃帝之後於祝，帝堯之後於薊」。與《禮・樂記》所記者異。㊼陳　武王封虞舜之後嬀滿於此。故地在今河南淮陽及安徽亳縣一帶。㊽夏后氏　古史稱禹受舜禪，建立夏王朝為夏后氏。《史記・夏本紀》：「禹於是遂即天子位，南面朝天下，國號曰夏后。」㊾杞　地名。相傳周武王封夏禹之後東樓公於此，地在今河南杞縣。㊿宋　古國名。周武王克殷，封紂子武庚於舊都（今河南商丘縣）。成王時，武庚叛亂被殺，又以其地封與紂之庶兄微子，號宋公，為宋國。故地包今河南東部及山東、江蘇、安徽之間。(51)比干　紂王的叔伯父（一說紂的庶兄）。以紂淫亂，比干犯顏強諫，紂怒，剖其心而死，與箕子、微子共稱為殷之三仁。(52)箕子　商紂的諸父。封於箕，故稱箕子。商紂暴虐，箕子屢諫不聽，乃披髮佯狂為奴，被紂所囚禁。(53)商容　殷紂時大臣。被紂所貶。《書・武成》有「釋箕子囚，封比干墓，式商容閭」。《史記・周本紀》有「命畢公釋百姓之囚，表商容之閭」。說明商容是一個值得尊敬的政治家。(54)庶民　平民。(55)弛政　實行寬鬆的政治。(56)庶士　多士。(57)倍祿　成倍的增加俸祿。(58)華山之陽　華山的南面。在今陝西華陰縣南。(59)桃林　地名。在華山之東。《書・武成》：「乃偃武修文，歸馬於華山之陽，放牛於桃林之野。」(60)服　用；乘。(61)車甲　戰車和軍備。(62)釁　以牲血塗在兵器上面。(63)干戈　兵器。(64)將率　將帥。(65)鞬櫜　收藏弓箭的器具。鞬，盛弓之器。櫜，盛箭之器。(66)散軍　解散軍隊。(67)修　學習；施行。(68)郊射　禮教；禮儀。周制：天子出郊祭天，於射宮習射，所以擇士簡德。(69)貍首　古逸詩名。行射禮時，諸侯歌〈貍首〉為發矢的節度。(70)騶虞　《詩・召南》中的篇名。《禮・射義》：「天子以〈騶虞〉為節，諸侯以〈貍首〉為節。」騶虞，本獸名，白虎黑文，不食生物，被稱為義獸。(71)貫革　貫穿甲革。(72)裨冕　入廟所著之禮服。裨，裨衣。袞衣之屬。冕，禮帽。(73)搢笏　插上朝笏。搢，插的意思。(74)虎賁　勇士的通稱。言如猛虎之奔走，喻其勇猛。(75)脫劍　解劍。(76)明堂　古代帝王宣明政教的地方。凡朝會、祭祀、慶賞、選士、養老、教學等大典，都在這裡舉行。(77)朝覲　臣子朝見君主。春見曰朝，秋見曰覲。(78)耕籍　親耕籍田。籍田，也作「藉田」。名義上是天子親自耕種，以奉宗廟的粢盛，以鼓勵民眾從事耕作，實際上是借用民力來耕作的。籍，借的意思。(79)大教　重要的禮教。(80)三老五更　指年老更事並已經致仕的老人。《禮・文王世子》：「遂設三老五更、群老之席位焉。」說明它是古代一種尊賢養老的制度。(81)太學　古學校名。即國學。殷曰序，周曰庠。《孟子・梁惠王上》「謹庠序之教」注云：

「庠序者，教化之宮也。殷曰序，周曰庠。」即古之太學。(82)天子袒而割牲　天子袒衣，親自切割牲口。為古代敬老養老的禮儀。袒，解上衣露左臂。割牲，宰割牲口。(83)執醬而饋　天子親自拿著醬進獻給三老五更。饋，進物於尊者長者。(84)爵　酒器。(85)酳　食畢用酒漱口。(86)冕而總干　言天子親自戴著禮帽，拿著干盾，舞蹈起來。(87)四達　喻通行無阻。(88)交通　互相融合。

【語譯】周國的賓牟賈陪從著孔子，孔子和他談到了有關音樂的問題，便問賓牟賈說：「演奏武樂之前，為什麼要長時間的擊鼓警眾呢？」賓牟賈回答說：「惟恐得不到戰士的竭誠擁護啊。」「演奏之前，為什麼要拖長聲音來贊歎，聚精會神、流出口液來表示欽羨呢？」賓牟賈回答說：「惟恐諸侯趕不上這次伐紂的盛事啊。」「初舞之時，為什麼要過早地表現那種勇猛嚴厲的精神呢？」賓牟賈回答說：「象徵武王伐紂時的勝利進軍啊。」「舞者們為什麼跪著將右膝著地、左腳翹起呢？」賓牟賈回答說：「不是武舞表現的跪啊。」「奏樂的聲音，為什麼流露出貪圖占有商朝的感情呢？」賓牟賈回答說：「這不是武樂所表現的感情啊。」孔子說：「如果不是武樂所表現的感情，那是什麼音樂啊？」賓牟賈回答說：「主管的樂官沒有把它的說法傳播下來啊。」孔子說：「是的，我從萇弘那裡所聽到的，也像你所說的一樣啊。如果不是主管的樂官喪失了它的有關說法，那麼武王的志趣便荒耄了。」賓牟賈站起來離開席位便請教說：「武舞演出前，長時間的鳴鼓警眾，已經領教過了。備誡已久，已經遲了；又久久地站立於樂隊的行列之中，又是什麼意思呢？」孔子說：「請坐下，我告訴你。音樂這個東西，是象徵已成的事實的啊。持著盾牌，屹立如山，象徵武王正立以待諸侯共同伐紂啊；表現出勇猛嚴厲的精神，是象徵太公望威武鷹揚的志趣啊；武舞的移轉動亂、失去行列，都跪著以右膝著地者，是象徵周公和邵公以文德致太平啊。而且武舞開始演奏時象徵北向出師、觀兵孟津的情況；再奏便是象徵滅了商紂；三奏便是象徵武王克商而南返；四奏便是象徵荊蠻來服，以南國為疆界啊；五奏便是象徵周公和邵公分陝而治，周公在左，邵公在右啊；六奏而回到原有樂隊的行列，以充實武樂，以尊崇天子啊。群眾夾衛著武王，振動著鐸鈴，進行連續四次擊刺，是為了象徵武王的威德在全國得到極大的發揚；部曲就列，夾振前進，務期伐紂之事，及早成功啊；長時間站在樂隊的行列之中，是為了等待諸侯前來會盟伐紂啊。難道你沒有聽說過牧野誓師時的話嗎？武王一經打敗了殷紂，到了商都處理第一件政務，便是沒有等到下車，就褒封了黃帝的後裔於薊，褒封了帝堯的後裔於祝，褒封了帝舜的後裔於陳。下了車，又封了夏禹的後裔於杞，商湯的後裔於宋，封植王子比干的墳墓，解除箕子的囚禁，使人搜集商容的遺行舊政，恢復他的故居，對平民採取寬鬆的政治措施；對多士成倍地增加他們的俸祿，已經渡過黃河向西行進的時候，便把軍馬放之於華山的南面，表示不再乘牠們作戰了；把運輸用的牛放之於桃林的野外，表示不再用牠們了，戰車和甲冑就塗上牲口的血，放在那些府庫裡收藏起來，以表示不要再用了，把那些兵器顛倒地綑起來，用虎皮包裹著。讓那些將軍們去自己的封地做諸侯，好像弓藏於韔、箭藏於櫜一樣。這麼一來，天下的人都曉得武王不會再用兵了啊，於是解散了軍隊，學習著文教，諸侯在東學習射，奏〈貍首〉之詩以為節；天子在西學習射，奏〈騶虞〉之詩以為節，哪一射便能貫穿甲革的便可得到慰勞啊。天子戴著禮帽，穿上袞服，插了朝笏，那勇猛的將士便會脫下劍來；天子在祭天的時候，以后稷配享，那老百姓便知道尊重父親了；建設處理重大政治問題的明堂，那老百姓就知道要孝順了；春秋二季要接見諸侯，那諸侯們就知道怎樣克盡臣職了；親自耕種籍田，以供奉宗廟的粢盛，那老百姓就知道敬重自己的祖先了。這六個方面，是國家的重要禮教啊，在國學裡敬養三老五更，天子親自袒衣割牲，拿著醬向他們進獻，拿著酒器給他們漱口，戴著禮帽，拿著盾牌，給他們舞蹈，是為了教育諸侯，使之知道如何克盡弟道啊。這麼一來，周代的政教就可以暢行無阻，周代的禮樂，就可以互相融合，那武舞的演奏時間很長，不也是應該的嗎？」

問玉第三十六

【題　解】此篇由四則故事組成，分別見於《荀子・法行》、《禮・聘義》及《禮》的〈經解〉、〈仲尼閒居〉和〈仲尼燕居〉。因為首則故事是子貢「問君子貴玉而賤珉，何也？」因以「問玉」名篇。其實其他三則，是關於其他的禮教的。

子貢問於孔子曰：「敢問君子貴玉而賤珉❶，何也？為玉之寡而珉之多歟？」

孔子曰：「非為玉之寡，故貴之；珉之多，故賤之。夫昔者君子比德於玉❷，溫潤而澤，仁也；縝密❸以栗❹，智也；廉而不劌❺，義也；垂❻之如墜❼，禮也❽；叩之其聲清越❾而長，其終則詘然❿樂矣，瑕⓫不掩瑜⓬，瑜不掩瑕，忠也；孚尹⓭旁達⓮，信也；氣如白虹⓯，天也；精神見于山川⓰，地也；珪璋特達，德也；天下莫不貴者，道也。《詩》⓱云：『言⓲念君子，溫其如玉。』故君子貴之也。」

【章　旨】孔子把玉的屬性，比之於人的仁、智、義、禮、忠、信等品德，來說明「君子貴玉賤珉」的道理。見於《荀子・法行》及《禮・聘義》。

【注　釋】❶珉　似玉的美石。也寫作「玟」、「瑉」。❷比德於玉　以人的品德比喻玉的屬性。❸縝密　紋理細密。❹栗　堅硬。❺廉而不劌　語出《老子・第五十八章》：「是以聖人方而不割，廉而不劌。」言其稜角雖然很尖銳，但不至於傷害別人。廉，稜角。劌，刺傷。❻垂　佩玉下垂。❼墜　跌落下來。❽禮也　禮尚謙下，故云。❾清越　形容樂聲的清澈激揚。❿詘然　戛然而止的樣子。《禮・聘義》：「叩之其聲清越以長，其終詘然，樂也。」注云：「詘，絕止貌也。」⓫瑕　玉的斑點。泛指毛病。⓬瑜　美玉。泛指美好的東西。⓭孚尹　形容玉色的晶瑩透亮。⓮旁達　從各個側面表露出來，毫不隱翳。⓯氣如白虹　言玉的白氣與天的白氣一樣。白虹，白色的雲氣。⓰精神見于山川　如玉在淵而川媚，玉在山而草澤之類。⓱詩　此指《詩・秦風・小戎》。⓲言　我。

【語　譯】 子貢向孔子請教說：「讓我冒昧地問一聲，君子以美玉為貴而以美石為賤，是什麼原因呢？是因為美玉太少而美石太多麼？」孔子說：「不是因為美玉太少便珍貴它，美石太多便賤視它。過去那些有道德修養的人把自己的品德來和美玉的屬性相比配，認為溫潤而又光澤，這就近乎仁的品德啊；細緻而又堅實，這就近乎智的品德啊；有稜角而不傷人，這就與義相似了啊；垂掛著好像要跌落下來一樣，這就與禮的崇尚謙下相似了啊；敲擊著它，便發出清澈激揚而綿長的聲音，最後則戛然而止，這就具有音樂的德性啊；它的斑點掩蓋不了它的美好，美好也掩蓋不了它的毛病，這就與忠的品德相似啊；玉內蘊的各種色彩從各個側面表露出來，毫不隱翳，這就與信的品德相似啊；天上的白色雲氣，與玉的白色晶瑩相似，這與天相配啊；玉的精神在山川中表現出來，所謂『玉在淵而川媚，玉在山而草潤』，這與地相配啊；聘問的時候，手執圭璋，不須假借別的東西以成禮，這是德的表現啊；天下沒有不珍貴它的，這是道的表現啊。《詩・秦風・小戎》說：『我思念著他啊，因為他溫潤得像美玉一樣。』所以有道德修養的人把它看得很珍貴啊。」

孔子曰：「入其國，其教可知也；其為人也，溫柔敦厚❶，《詩》教也；疏通❷知遠❸，《書》教也；廣博❹易良❺，《樂》教也；潔靜❻精微❼，《易》教也；恭儉莊敬，《禮》教也；屬辭比事❽，《春秋》教也。故《詩》之失愚❾，《書》之失誣⑩，《樂》之失奢⑪，《易》之失賊⑫，《禮》之失煩⑬，《春秋》之失亂⑭。其為人也，溫柔敦厚而不愚，則深於《詩》者矣；疏通知遠而不誣，則深於《書》者矣；廣博易良而不奢，則深於《樂》者矣；潔靜精微而不賊，則深於《易》者矣；恭儉莊敬而不煩，則深於《禮》者矣；屬辭比事而不亂，則深於《春秋》者矣。」

【章旨】此言《詩》、《書》、《樂》、《易》、《禮》、《春秋》等六經體教的不同。《樂經》已佚，故今只有五經。見於《禮・經解》。

【注釋】❶溫柔敦厚　溫和寬厚。溫，謂容顏溫潤。柔，謂性情柔和。敦厚，謂心地篤厚。因為《詩》依違諷諫，不直言抗爭，故云。❷疏通　通達。因為《書》錄帝王言誥，舉其大綱，事非繁密。❸知遠　熟悉遠古的史事。❹廣博　寬廣博大。因為《樂》以和通為體，無所不用，故曰廣博。❺易良　簡易善良。因為《樂》簡易良善，使人從化，故曰易良。❻潔靜　整潔安靜。因為《易》對於人來說，正則獲吉，邪則獲凶，不為淫濫，是為潔靜。❼精微　精深微妙。因為《易》能窮理盡性，辨析秋毫，故曰精微。❽屬辭比事　連綴文辭，排列史事。因為《春秋》以月繫年，以日繫月，以事繫日，連續其辭，比次列國之事而書之，故云。❾詩之失愚　因為《詩》主敦厚，敦厚近乎愚。❿書之失誣　因為《書》廣知久遠，久遠事杳，故失在於誣。⓫樂之失奢　因為《樂》主廣博，若不加節制，便流於奢。⓬易之失賊　因為《易》主精微，愛惡相攻，遠近相取，若不加節制，則不能容人，近於傷害，故失在於賊。⓭禮之失煩　因為《禮》主莊敬，所謂「禮儀三百，威儀三千」，若不加節制，便失之於煩苛。⓮春秋之失亂　因為《春秋》習戰爭之事，若不加以節制，則近於亂了。

【語譯】孔子說：「進入那個國家，他所推行的教化如何，便可以了解得到啊。他的為人嘛，如果容顏溫潤，性情柔和，心地寬厚，這就是《詩》的教化啊；如果他通達事理，廣知遠古的史事，這是《書》的教化啊；

如果他寬廣博大，簡易善良，這是《樂》的教化啊；如果他在談論事理的時候，能夠窮理盡性，精深微妙，這是《易》的教化啊；如果他恭謹儉樸，端莊敬慎，這是《禮》的教化啊；如果他能聚合會同之辭，比次褒貶之事，這是《春秋》的教化啊。所以《詩》的失誤在於愚，《書》的失誤在於誣，《樂》的失誤在於奢，《易》的失誤在於賊，《禮》的失誤在於煩，《春秋》的失誤在於亂。如果他的為人，既有溫柔敦厚的德性，而又不愚笨，那就對《詩》有深入的體會了；他既通達事理，廣知遠古的史實，而又沒有不實之辭，那就對《書》有著深刻的研究了；他的心胸寬廣博大，能夠使人從化為良，而又不誇大過分，那就對於《樂》有深入的理解了；他能夠窮理盡性，辨析入微，而又能不傷害別人，那就對《易》有著精到的領悟了；他恭謹儉樸，端莊敬慎，而又能不煩瑣苛細，那就對於《禮》有著深入體驗了；他能夠聚合會同之辭，比次褒貶之事，而又能有條不紊，不失其序，那就對《春秋》有著深入的學習了。」

天有四時，春夏秋冬，風雨霜露，無非教也❶；地載神氣❷，吐納❸雷霆，流形❹庶物❺，無非教也。清明❻在躬，氣志❼如神❽，有物❾將至，其兆❿必先。是故天地之教，與聖人相參。其在《詩》⓫曰：『嵩⓬高惟嶽⓭，峻⓮極⓯于天。惟嶽降神，生甫及申⓰。惟申及甫，惟周之翰⓱。四國于蕃⓲，四方于宣⓳。』此文武之德也。『矢其文德，協此四國⓴。』此太王之德㉑也。凡三代之王，必先其令問㉒，《詩》㉓云：『明明㉔天子，令問不已。』三代㉕之德也。」

【章旨】此言文武法天則地，推行教化，與天地相參，故能成其輝煌的大業。見於《禮・孔子閒居》

及《韓詩外傳・五》。

【注　釋】❶無非教也　沒有不是有關政教的。言天按照春生夏長、秋殺冬藏的自然規律，無私地長育萬物，君主取法於天，以為政教。❷神氣　神妙之氣。亦即自然元氣。❸吐納　呼吸。❹流形　流布成為形體。《易・乾》：「雲行雨施，品物流形。」注：「品類之物，流布成形。」❺庶物　眾物；萬物。❻清明　指神志清爽明朗。清，謂清澈。明，謂爽朗。❼氣志　氣質與志趣。❽如神　像鬼神的變化微妙。❾有物　指王位。❿兆　預兆；吉兆。指賢能的輔佐。⓫詩　指《詩・大雅・嵩高》。乃歌頌宣王的詩歌。⓬嵩　高的樣子。山大而高曰嵩。《詩・大雅・崧高》作「崧」。⓭嶽　指五嶽。即東嶽泰山、南嶽衡山、西嶽華山、北嶽恆山、中嶽嵩山。⓮峻　高。《詩・大雅・崧高》作「駿」。大的意思。⓯極　至；到。⓰生甫及申　降生賢臣申伯和甫侯。申，國名。甫，即仲山甫。周宣王時為卿士。《詩・大雅・烝民》：「保茲天子，生仲山甫。」是頌揚仲山甫的功德的。⓱翰　幹；楨幹。猶言棟梁。⓲蕃　屏藩。⓳宣　宣暢。⓴矢其文德二句　見《詩・大雅・江漢》。矢，施。文德，對「武功」而言。指以禮樂教化進行統治。㉑太王之德　原文作「文王之德」。此據《禮・孔子閒居》與《韓詩外傳》改。㉒令問　好的名聲。㉓詩　指《詩・大雅・江漢》。乃尹吉甫美宣王之詩。㉔明明　盛顯貌。㉕三代　此指湯與文武。因湯與文武，以戰爭取天下，不似夏禹治水，過門不入，其無私也甚明，故不舉夏。

【語　譯】天有春夏秋冬四時，風雨霜露四種自然現象，同樣澤被萬物，沒有偏私，都可以作為君主推行教化所取法啊。地蘊藏著一種神妙之氣，呼吸可以形成雷霆，流布而成為萬物的形體，也是沒有偏私的，因而也可以作為君主推行教化的準則啊。如果自己的神志清爽明朗，那麼個人的氣質和志趣也能如鬼神般變化微妙。如果有大的事件降臨，一定先有一個預兆。因此天地無私的教化與君主推行的教化是互相配合的。那在《詩經》中說：『只有五嶽最高，它已高到雲霄。只有五嶽降靈，誕生了甫侯和申伯。只有申伯和甫侯，是周朝的棟梁。四方不寧，他們便是屏藩；恩澤不至，他們便可以宣暢。』這是文王、武王奉行天地無私的德政啊。『施行他的禮樂政教，使四方協和親睦。』這是太王奉行天地無私的德政啊。所有商湯、周文、周武三代的君主，一定首先要樹立良好的聲望。《詩・大雅・江漢》說：『盛明的天子，好的聲望是不會停止的。』這是三代奉行天地無私的德政啊。」

子張問聖人之所以教，孔子曰：「師❶乎，吾語汝。聖人明於禮樂，舉而措❷之而已。」子張又問，孔子曰：「師！爾以為必布❸几筵，揖讓❹升降❺、酌獻❻、酬酢❼，然後謂之禮乎？爾以為必行綴兆❽，執羽籥❾，作鐘鼓，然後謂之樂乎？言而可履❿，禮也；行而可樂，樂也。聖人力此二者，以躬己⓫南面⓬，是故天下太平，萬民順伏，百官承事⓭，上下有禮也。夫禮之所以興，眾之所以治也；禮之所以廢，眾之所以亂也。目巧之室⓮，則有隩⓯阼⓰，席則有上下，車則有左右，行則並隨⓱，立則有列序⓲，古之義也。室而無隩阼，則亂於堂室矣；席而無上下，則亂於席次矣；車而無左右，則亂於車上矣；行而無並隨，則亂於階塗矣；列而無次序，則亂於著⓳矣。昔者明王聖人辯貴賤長幼，正男女內外，序親疏遠近，而莫敢相踰越⓴者，皆由此塗㉑出也。」

【章　旨】此言禮樂不在於形式，而在於「言而可履」、「行而可樂」的實質。見於《禮・仲尼燕居》。

【注　釋】❶師　即子張。姓顓孫，名師。注見〈好生第十〉。❷措　施行。❸布　陳列。❹揖讓　賓主相見的禮儀。❺升降　上升下降。迎送賓客的禮儀。❻酌獻　酌酒獻客的禮儀。❼酬酢　主客相互敬酒。指朝聘應享的禮儀。❽綴兆　樂隊的行列位置。❾羽籥　古代文舞用的舞具和樂器。羽，雉羽。籥，笛。❿履　施行；實踐。⓫躬己　親自。⓬南面　古代以坐北朝南為尊位，故天子、諸侯見群臣，皆南面而坐。⓭承事　奉行職務。⓮目巧之室　言不以法度，但憑巧目建築的房子。⓯隩　室的西南隅。⓰阼　東階。⓱並隨　同輩並列，少者隨從。⓲列序　行列和次序。⓳著　門屏之間。即所立的位置。

❿踰越　超越範圍。㉑此塗　這條道路。指禮樂教化。

【語　譯】子張請問君主是怎麼樣推行禮樂政教的，孔子說：「子張呀，我告訴你：古代的英明君主是熟悉禮樂的，拿來施行罷了。」子張又問，孔子說：「子張，你以為一定要陳列几筵，行著會見、宴享、朝聘的禮儀，才叫做禮麼？你以為一定要走在樂隊的行列中，手裡拿著舞具和樂器，敲著鐘、打著鼓，才叫做樂麼？說的話可以實踐，就是禮啊；施行起來能夠讓大家歡樂，就是樂啊。君主勉力推行禮樂兩個方面，親自來處理政務，以保持君主的尊嚴。因此天下太平，萬民順服，百官履行自己的職務，上上下下都有禮啊。禮教興盛起來，民眾就會因此而安定啊；禮教敗壞的時候，民眾就會因此而叛亂啊。不依法度但憑巧目去建築房子，那一定也有南隅和東階，賓席和主位。筵席有上下之分，車輛有左右之別，走起路來有並列、有後隨；站在那裡有行列、有次序。這是從古以來的道理啊。宮室沒有賓席與主位，那就亂了堂上的秩序；筵席沒有上座與下座，那就亂了筵席的次序；車輛沒有左右的區別，那就亂了車上的尊卑；走路沒有並列與後隨，途中的次序就要亂了；行列沒有前後的次序，門屏之間的位次就要亂了。過去那些英明的君主，區別貴賤長幼，整飭男女內外，序列親疏遠近，沒有敢於超越禮教的範圍者，都是從禮教和樂教兩個方面引導出來的結果啊。」

屈節解第三十七

【題　解】此篇由子貢亂齊存魯、宓子賤令書掣肘和原壤之母死等三個故事組成，分別見於《史記·仲尼弟子列傳》、《越絕書·七》、《吳越春秋·夫差內傳》、《呂氏春秋·審應覽·具備》、《新序·雜事二》、《淮南子·道應》，以及《禮·檀弓下》。因為三個故事，都分別談到「今吾欲屈節於田常」、「屈節治單父」和「夫子屈節而極於此」，因以「屈節解」名篇。屈節，是降身相從的意思。

子路問於孔子曰：「由聞丈夫居世❶，富貴不能有益於物，處貧賤之地而不能屈節❷以求伸❸，則不足以論乎人之域❹矣。」孔子曰：「君子之行己，期於必達，於己可以屈則屈，可以伸則伸。故屈節者所以有待❺，求伸者所以及時❻，是以雖受屈而不毀❼其節，志達而不犯於義❽。」

【章　旨】此言應該如何對待「屈」與「伸」的問題，反映了孔子的處世哲學。

【注　釋】❶居世　處世；生活在世上。❷屈節　委屈自己，順從別人。❸伸　伸展才能和志願。❹域　範圍。❺有待　等待知遇的機會。❻及時　趕上良時。❼毀　敗壞。❽犯於義　違反道理。

【語　譯】子路問孔子說：「我聽說大丈夫生活在世界上，自己富貴了，而不能對別人有什麼好處，處於貧賤的地位，而不能暫時降身相從，以求得將來的發展，就不值得在人的範圍內加以評價了。」孔子說：「有道德修養的人對於自己的志行，要求一定要通達，可以委屈的時候就要委屈，可以施展的時候就要施展。因此他要降身相從，是為了等待發展的機會；他要求施展才華的時候，是為了抓住發展的良好時機。所以即使他暫時受到委屈，也不會敗壞自己的節操；實現自己的抱負，也不會違背道義。」

孔子在衛，聞齊國田常❶將欲為亂，而憚鮑、晏❷，因欲移其兵以伐魯，孔子會諸弟子而告之曰：「魯父母之國❸，不可不救，不忍視其受敵❹，今吾欲屈節於田常以救魯，二三子誰為使？」於是子路曰：「請往齊。」孔子弗許；子張請往，又弗許；子石❺請往，又弗許。三子退，謂子貢曰：「今夫子欲屈節以救父母之國，吾三人請使而不獲往❻，此則吾子用辯之時也，吾子盍請行焉？」子貢請使，夫子許之，遂如齊說田常曰：「今子欲收功於魯，實難；不若移兵於吳，則易。」田常不悅。子貢曰：「夫憂在內者攻強，憂在外者攻弱。吾聞子三封而三不成，是則大臣不聽令，戰勝以驕主❼，破國以尊臣❽，而子之功不與焉。則交日疏於主，而與大臣爭，如此，則子之位危矣。」田常曰：「善！然兵甲已加❾魯矣，不可更❿，如何？」子貢曰：「緩師⓫，吾請於吳，今救魯而伐齊，子因以兵迎之⓬。」田常許諾，子貢遂南說吳王曰：「王者不滅國，霸者無強敵。千鈞⓭之重，加銖兩⓮而移。今以齊國而私⓯千乘⓰之魯，與吾爭強，甚為王患之。

且夫救魯以顯名，以撫泗上諸侯⑰，誅暴齊以服晉，利莫大焉。名存亡魯，實困強齊，智者不疑。」吳王曰：「善！然吳常困越⑱，越王今苦身養士，有報吳之心，子待我先越，然後乃可。」子貢曰：「越之勁不過魯，吳之強不過齊，而王置齊⑲而伐越，則齊必私魯矣。王方以存亡繼絕之名，棄齊而伐小越，非勇也。勇而不避難，仁者不窮約⑳，智者不失時，義者不絕世。今存越示天下以仁，救魯伐齊，威加晉國，諸侯必相率而朝，霸業盛矣。且王必惡越，臣請見越君，令出兵以從，此則實害越，而名從諸侯以伐齊。」吳王悅，乃遣子貢之越，越王郊迎，而自為子貢御，曰：「此蠻夷之國，大夫何足儼然㉑辱而臨之㉒！」子貢曰：「今者吾說吳王以救魯伐齊，其志欲之而心畏越，曰：『待我伐越而後可。』則破越必矣。且無報人之志，而令人疑之，拙矣！有報人之意，而使人知之，殆乎！事未發而先聞者危矣，三者舉事之患矣。」句踐頓首曰：「孤嘗不料力而興吳難，受困會稽㉓，痛於骨髓，日夜焦唇乾舌，徒欲與吳王接踵而死，孤之願也。今大夫幸告以利害。」子貢曰：「吳王為人猛暴，群臣不堪，國家疲弊，百姓怨上，大臣內變，申胥㉔以諫死，太宰嚭㉕用事，此則報吳之時也，王誠能發卒佐之，以邀射㉖其志，而重寶以悅其心，卑辭以尊其禮，則其伐齊必矣，此聖人所謂屈節求其達者也。彼戰不勝，王之福；若勝，則必以兵臨晉㉗，臣還北，請見晉君，共攻之，其弱吳必矣，銳兵盡於齊，重甲困於晉，而王制㉘其弊焉。」越王頓首許諾，子貢返五日，越使大夫文種㉙頓首言於吳王曰：「越悉境內之士三千人以事吳。」吳王告子貢曰：「越王欲身從寡人，可乎？」子貢曰：「悉人之卒眾㉚，又從其君㉛，非義也。」吳王乃受越王卒，謝留句踐，遂自發國內之兵以伐齊，敗之。子貢遂北見晉君，令承其弊。吳、晉遂遇於黃池㉜，越王襲吳之國，吳王歸，與越戰，滅焉。孔子曰：「夫其亂齊存魯，吾之始願。若能強晉以弊吳，使吳亡而越霸者，賜之說之也。美言傷信，慎言哉！」

【章旨】此章歌頌孔子熱愛父母之邦，及其知人善任的情況；贊美子貢逞其舌辯，終於亂齊存魯、霸越亡吳，然不免於「美言傷信」。故事見於《史記・仲尼弟子列傳》及《越絕書・七》、《吳越春秋・夫差內傳》。

【注釋】❶田常　齊國的權臣。掌握齊國的大政，曾經弒簡公而立平公。見《史記・齊太公世家》。❷鮑晏　鮑氏和晏氏。在齊國享有重權的大夫。❸父母之國　指自己出生在那裡的國家。猶今言祖國。❹受敵　受到敵人的威脅。❺子石　即公孫龍。衛人，或曰趙人，孔子弟子，名家的代表人物，持「堅白之談」。見《史記・仲尼弟子列傳》。本書〈七十二弟子解第三十八〉作「公孫寵」。❻不獲往　沒有被允許派往到齊國去。❼驕主　怠慢君主。❽破國以尊臣　言如果鮑、晏率師破國，就要更加受到尊重。破國，破滅別人的國家。尊臣，臣位更加尊顯。❾加　施於；安放。❿更　改變；更改。⓫緩師　遲一點進軍。⓬迎之　抗擊它；反擊它。⓭千鈞　形容重量極大。三十斤為一鈞，千鈞即三萬斤。⓮銖兩　形容極其輕微的重量。

銖，古代的重量單位。一兩的二十四分之一為銖。即二十四銖為一兩。⓯私　偏愛。⓰千乘　指小的諸侯國。春秋戰國時期的諸侯國，小者千乘，大者萬乘。⓱泗上諸侯　泗水之濱的諸侯國。指魯國，因為泗水流經曲阜，是魯國的重要河流。⓲吳常困越　指夫差即位的第二年，敗越於夫椒，越王句踐率五千人棲於會稽，願委國為臣妾，與吳訂立和約。⓳置齊　放棄齊國，把齊國擱在一邊。⓴窮約　貧困，儉約。㉑儼然　鄭重其事地；嚴肅端莊地。㉒辱而臨之　辱臨。對別人來臨的敬辭。㉓會稽　地名。在今浙江紹興、嵊縣、諸暨、東陽間。越王句踐曾經被困於此。㉔申胥　即伍子胥。名員，楚人，其父伍奢、兄伍尚均被楚平王所殺，子胥奔吳，吳封之於申，故又號申胥。與孫武共佐吳王闔閭伐楚，五戰入郢，掘平王墓，鞭屍三百。見《史記・伍子胥列傳》。㉕太宰嚭　即伯嚭。楚人，伯州犁之孫，伯州犁被殺，伯嚭奔吳，吳以為大夫，後擢為太宰，故又稱太宰嚭。吳王夫差破越後，伯嚭受賄，勸夫差允許越國求和，及越滅吳，以太宰嚭不忠，殺之。見《國語・越語上》及《史記・吳太伯世家》。㉖邀射　激發和逢迎。㉗臨晉　靠近晉國。㉘制　控制；把握。㉙文種　字少禽。春秋時越大夫，與范蠡同事越王句踐，出計滅吳，功成不退，被句踐賜劍自殺。見《吳越春秋・句踐伐吳外傳》。㉚悉人之率眾　率領其全部徒眾。《史記・仲尼弟子列傳》作「悉人之眾」，是。㉛又從其君　又使他的君主作為隨從。㉜黃池　古地名。在今河南封丘西南，當濟水和黃溝交會處。春秋時，吳王夫差與晉定公、魯哀公曾會盟於此，史稱「黃池之會」。

【語　譯】孔子在衛國，聽說齊國的田常準備作亂，而害怕鮑氏和晏氏，便想把他的兵力轉向魯國，向它實行征伐。孔子召集他的那些弟子們來，並告訴他們說：「魯國，是我們的祖國，不可不設法去拯救它，也不忍看到它遭到敵人的蹂躪，如今我想降身去說服田常，以拯救魯國，你們幾個人，哪一個願意出使到齊國去呢？」於是子路說：「讓我到齊國去吧！」孔子沒有答應；子張請求前去，孔子也沒有答應；子石請求前去，孔子又沒有答應。三個人退了下來，對子貢說：「現在先生打算降身相從，以挽救自己的祖國，我們三個人請求出使到齊國去，可是沒有被允許前往，這正是你發揮辯才的時候啊，你何不請求前往呢？」子貢請求出使到齊國去，孔老先生同意了，於是子貢到了齊國向田常說：「如今你想伐魯去建立功勳，實際上是很困難的；不如把兵力轉向吳國，那就容易立功了。」田常很不高興。子貢說：「凡是憂患在內部的，要想建功就應該攻打強國；憂患在外部的，要想建功就應該攻打弱國。我聽說你曾經三次被封，可是三次都沒有封成，這是因為大臣不服從命令。如果鮑氏和晏氏帶領軍隊打了勝仗，他們便可藉此以怠慢君主；如果他們攻破了別的國家，便會更加受到尊重，而你卻沒有這一分功勞，那麼你就與君主的往來一天天的疏遠，而和那些大臣們的矛盾日益加劇，那麼你的地位就危險了。」田常說：「說得好啊，但我的部隊和軍備已經安排去攻打魯國了，不能改變了，怎麼辦呢？」子貢說：「緩一點進軍，我將請求吳國，要它救援魯國、攻打齊國，你便藉此發兵去迎擊吳師。」田常答應了，子貢於是到南方去勸說吳王道：「建立王業的不讓強國滅亡弱國，號稱霸主的眼中沒有強大的敵人，有著巨大重量的物體，只要增減極其輕微的分量，便要改變自己的體重。如今齊國要是占有千乘車輛的魯國，跟我們來爭個強弱，我很為大王憂慮啊。而且救援魯國以揚名於天下，從而安撫泗水之濱的各國諸侯；責罰強暴的齊國，從而懾服雄心勃勃的晉國，獲得的利益沒有比這還大的啊。表面上是保存瀕臨滅亡的魯國，實際上是使強大的齊國處於十分困難的境地，凡是有智謀的是不會對此產生疑慮的。」吳王說：「好！但吳國曾經圍困過越國，越王如今刻苦自己而奉養賢士，懷著報復吳國的決心，你待我先對付越國，然後才可以出兵伐齊。」子貢說：「越國的力量不會超過魯國，吳國的強大也不會超過齊國，如果你放棄齊國而去攻打越國，那麼齊國一定可以擁有魯國了。大王正以保存將亡的國家，恢復已絕的世系為旗號，放棄對強齊的制裁，而去征伐弱小的越國，不算有勇啊。勇敢的人是不會迴避困難的，仁愛的人是不會侵凌貧困的，有智謀的是不會放棄時機的，有道義的是不會滅絕別人的世系的。如果你保存越國，向天下的人顯示自己仁愛的心懷，援救弱魯征伐強齊，讓自己的威力影響到晉國去，其他的諸侯國一定要接踵而來朝拜吳國，那麼你的霸業就會昌盛起來了。而且大王一定要憎恨越國，讓我到越君那邊去，要他隨著你一道出兵，這實際上是損害越國，讓它以諸侯的名義跟著你去討伐齊國。」吳王很高興，便打發子貢到越國去，越王句踐親自到郊外去迎接，並且親自替子貢牽著馬說：「我這是落後的蠻夷小國，不值得你鄭重其事地光臨啊。」子貢說：「如今我勸吳王去救援魯國，討伐齊國，他心裡想這麼樣做，但卻害怕越國，說：『待我先討伐越國，而後可以出兵伐齊。』那麼以他的強大，一定可以破滅越國了。而且本來沒有報復別人的意思，而令人有這個懷疑，那也太笨了；有報復別人的想法，而讓人家知道，那也太危險了；事情還沒有發動，就先讓人家知道，那也太不安全了。這三個方面，是舉辦大事的最可怕的啊。」句踐叩著頭說：「我曾經沒有正確估計自己的力量，而挑起吳國的爭端，在會稽遭到圍困，痛恨自己深入到了骨髓之中，日日夜夜費盡了口舌，只想跟著吳王的腳跟去死，這是我最大的期望啊。如今幸蒙大夫把這個利害關係告訴我。」子貢說：「吳王夫差這個人凶猛殘暴，群臣已經忍受不了了；國家困乏破敗，百姓已經懷恨在心了；大臣們在內部爭權奪利，伍子胥因為直言規勸而賜死，太宰嚭因為逢迎阿諛而掌權，這正是你報復吳國的大好時機啊。你如果能夠調撥軍隊去幫助他，以激勵和迎合他的心意；獻給他珍貴的財寶，以取得他的歡心；用謙遜卑下的辭語，以表示對他的極大尊敬，那麼他一定會去討伐齊國了，這是聰明的人所說的降身從人，以期達到自己的目的啊。他在戰爭中如果失敗了，便是你的福分；如果勝利了，那一定要把自己的兵力壓到晉國的境內。我回北方去的時候，便去拜見晉君，約他一道來攻打吳國，將來一定可以削弱吳國了。吳國的精銳部隊在討伐齊國折損殆盡，重兵器又困守在晉國，你就利用它的這些弊端去控制它、制服它喲。」越王句踐叩頭答應了。子貢打轉的第五天，越王派遣大夫文種向吳王夫差叩頭進言說：「越國將全部調遣國內的三千名士兵，供吳王去調遣，以表示對吳王的忠誠。」吳王告訴子貢說：「越王想要親自隨著我討伐齊國，可以嗎？」子貢說：「全部調走了人家的將士，又讓人家的君主跟著你去，是不合道義的啊。」吳王才接受了越國的士兵，而辭謝並讓句踐留守在國內，於是自己調動了國內的兵力去討伐齊國，並且打敗了齊兵。子貢於是到北方去拜會晉君，要他利用吳國的弱點，吳師和晉師便在黃池相遇了，越王句踐乘虛襲擊了吳國，吳王匆促趕了回來，跟越國打了一仗，被越國滅亡了。孔子說：「搞亂齊國，保存魯國，這是我最初的願望；至若使晉國強大而使吳國破敗，使吳國滅亡而使越國成為霸主，那就是子貢遊說的結果啊。好聽的話往往損害了信用，說話要謹慎呀！」

孔子弟子有宓子賤❶者，仕於魯，為單父❷宰，恐魯君聽讒言，使己不得行其政，於是辭行，故❸請君之近史❹二人與之俱至官❺，宓子戒❻其邑吏❼，令二史❽書❾，方書輒掣其肘，書不善則從而怒之。二史患之，辭請歸魯，宓子曰：「子之書甚不善❿，子勉⓫而歸矣。」二史歸報於君曰：「宓子使臣書而掣肘，書惡而又怒臣，邑吏皆笑之，此臣所以去之⓬而來也。」魯君以問孔子，子曰：「宓不齊，君子也。其才任⓭霸王之佐⓮，屈節治單父，將以自試⓯也。意者，以此為諫乎！」公寤⓰，太息而歎曰：「此寡人之不肖，寡人亂宓子之政，而責其善者非矣。微⓱二史，寡人無以知其過；微夫子，寡人無以自寤。」遽發所愛之使告宓子曰：「自今已往，單父非吾有⓲也，從子之制⓳，有便於民者，子決為之⓴，五年一言其要㉑。」宓子敬奉詔㉒，遂得行其政，於是單父治焉。躬敦厚，明親親，尚篤敬，施至仁，加懇誠，致忠信，百姓化之。齊人攻魯，道由單父，單父之老請曰：「麥已熟矣，今齊寇至，不及人人自收其麥，請放民出，皆穫傳郭㉓之麥，可以益糧，且不資於寇㉔。」三請而宓子不聽，俄而㉕齊寇逮于麥㉖，季孫㉗聞之怒，使人以讓㉘宓子曰：「民寒耕熱耘，曾不得食，豈不哀哉！不知猶可，以告者而子不聽，非所以為民也。」宓子蹙然㉙曰：「今茲無麥，明年可樹㉚；若使不耕者穫，是使民樂有寇；且得單父一歲之麥，於魯不加強；喪之，不加弱，若使民有自取之心，其創㉛必數世不息㉜。」季孫聞之，赧然㉝而愧曰：「地若可入，吾豈忍見宓子哉！」三年，孔子使巫馬期㉞遠觀政焉，巫馬期陰㉟免衣㊱，衣敝裘，入單父界，見夜漁者，得魚輒舍之，巫馬期問焉，曰：「凡漁者為得，何以得魚即舍之？」漁者曰：「魚之大者名為鯈㊲，吾大夫愛之；其小者名為鱦㊳，吾大夫欲長之，是以得二者輒舍之。」巫馬期返，以告孔子曰：「宓子之德，至使民闇行，若有嚴刑於旁，敢問宓子何行而得？」於是孔子曰：「吾嘗與之言曰：『誠於此者刑乎彼，』宓子行此術於單父也。」

【章旨】此章言宓子賤屈節治單父，推行德政，百姓化之，單父大治。見於《呂氏春秋・審應覽・具備》及劉向《新序・雜事二》、《淮南子・道應》。

【注釋】❶宓子賤　即宓不齊。魯人，孔子弟子。注見〈子路初見第十九〉。❷單父　古邑名。《呂覽・具備》作「亶父」。相傳虞舜時的高士單卷所居，因而得名。故地在今山東省單縣。❸故　特意。❹近史　親近的文書。史，主管文書繕寫的小吏。❺至官　到官府中去。❻戒　命令。❼邑吏　縣邑的小吏。❽二史　二個管文書的人。❾書　寫。❿甚不善　很不好。⓫勉　努力。⓬去之　離開它。⓭任　勝任；能夠承擔起。⓮霸王之佐　霸主和帝王的輔佐。⓯自試　自己考驗自己；自己試試自己的才華。⓰寤　醒悟過來。⓱微　沒有。下「微」字同。⓲非吾有　不是我直接掌握的。⓳從子之制　按照你的法制。⓴子決為之　你決定了就辦。㉑要　綱要；要點。㉒敬奉詔　恭敬地接受命令。㉓傅郭　靠近城郊。㉔資於寇　資助敵人。㉕俄而　不久。㉖逮于麥　到了麥地。㉗季孫　魯國的大夫和權臣。㉘讓　責備。㉙蹙然　皺著眉頭的樣子。㉚樹　種植；栽培。㉛創　創傷；傷害。㉜不息　不會停止。㉝赧然　羞愧的樣子。㉞巫馬期　孔子弟子。姓巫馬，名施，字子期，魯人。《呂覽・具備》作「巫馬旗」。㉟陰　暗地裡。㊱免衣　脫掉官服。㊲鯈　《新序・雜事二》作「鰽」。鮑魚的懷妊者。

㊳鱺　小魚。

【語　譯】孔子的弟子中，有一個名叫宓子賤的，在魯國做官，擔任單父的主管官員，惟恐魯國的君主聽信讒言，使自己不能行使他的政令，於是在他向君主告辭的時候，特意邀請魯君最親信的文書二人，跟他一道到官府去。宓子命令縣吏要兩位文書繕寫文件，正在書寫的時候，宓子便扯他們的肘臂，寫得不好，又從而發他們的脾氣，兩位文書很厭恨他，辭掉了職務要求回魯國去，宓子說：「你的字寫得很不好，回去要努力啊。」兩個文書回去後，向魯君報告說：「宓先生要我們抄寫文件，卻常常扯我們的肘臂，寫得不好，又向我們發脾氣，縣裡的官吏都笑他，這便是我們要離開他而要求回來的道理啊。」魯君拿這些話去問孔子，孔子說：「宓不齊是一個有修養的人啊，他的才能足以勝任建立王霸事業的輔佐，降心去管理小小的單父，是打算要試試自己的才能啊，我料想他是用這種辦法來進行規勸！」魯君恍然大悟，長長地歎了一口氣道：「這是我的不好，我干擾了宓先生處理政務，卻要求他做好政治，看來是錯了。沒有這兩位文書，我便無從知道自己的過失；沒有先生的啟發，我也無法醒悟過來。」於是趕快打發他所親信的使者告訴宓子道：「從今以後，單父不是我直接管轄的啊，一切按照你的制度辦，只要有利於百姓，你決定了便去做，每五年向我匯報一下它的主要情況就是了。」宓子恭敬地接受了他的命令，於是能夠推行他的政治主張，因此單父出現了治平的局面：自己以敦厚為心，講明親其所當親的道理，崇尚篤實敬慎的美德，推行最大的仁政，加上懇切真誠的教育，達到忠誠老實的境界，百姓們都受到了他的感化。齊人攻打魯國，路過單父，單父的父老們請求說：「麥子已經熟了，如今齊國的強盜軍來了，大家來不及把自己的麥子全部收穫好，請縱使百姓出去，都去收穫靠近城郊的那些麥子，既可以增加糧食的收入，而且不會讓這些麥子去資助齊國的侵略軍。」接連向宓子請求了三次，宓子都沒有答應。不久，齊國的侵略軍到達了麥地，魯國的大夫季孫氏聽說了，大發雷霆，打發人責備宓子說：「老百姓冒著嚴寒去種植，冒著酷暑去耕耘，卻得不到吃，難道不值得哀憐嗎！要是你不知道也就算了，人家再三向你報告，而你不聽，不是為百姓著想的啊。」宓子緊皺著雙眉說：「如今沒有收到麥子，明年還可以種植；如果讓沒有耕種的人去收穫，就是讓百姓高興有侵略軍來。而且得到單父一年的麥子，對於魯國來說不會因而加強；丟掉了也不會使魯國更加衰弱下去。如果讓百姓存著收取別人勞動果實的心理，所造成的傷害即便幾代人的努力也不見得能夠平息。」季孫氏聽說了，羞愧地紅著臉說：「地面上如果有一條縫可以鑽進去，我怎麼好意思去見宓先生呢！」過了三年，孔子打發巫馬期去了解宓子的政績，巫馬期暗地脫下官服，穿上一件破皮襖，進入單父境內，看到夜間捕魚的人，捕了魚又馬上把牠放了。巫馬期問道：「所有捕魚的人，目的都在於得到魚，為什麼你捕到了魚又把牠放了呢？」捕魚的人說：「魚中間那些大一點的，是懷了孕的魚，我們的大夫珍惜牠；那些小一點的，我們的大夫想讓牠長大了再捕，因此捕到這兩種魚，都把牠放了。」巫馬期回去以後，把自己所看到的告訴孔子，並且說：「宓子的德政，使百姓在暗地裡做事，都好像旁邊有著嚴明的刑法在監督自己，敢問宓子怎麼能達到這個境地呢？」於是孔子說：「我曾經跟他講過：『在這方面表現了極大的真誠，一定要在那方面形成最好的典範。』宓子大概是在單父推行這種辦法啊。」

孔子之舊❶曰原壤❷，其母死，夫子將助之以沐槨❸。子路曰：「由也昔者聞諸夫子曰：『無友不如己者，過則勿憚改。』夫子憚矣，姑已❹若何？」孔子曰：「『凡民有喪，匍匐救之❺。』況故舊乎？非友也，吾其往。」及為槨，原壤登木❻曰：「久矣，予之不託❼於音也。」遂歌曰：「貍首❽之班然❾，執女手❿之卷然⓫。」夫子為之隱⓬，佯⓭不聞以過之。子路曰：「夫子屈節而極於此，失其與⓮矣，豈未可以已乎？」孔子曰：「吾聞之，親者不失其為親也⓯，故者不失其為故也。」

【章旨】此言孔子不忘故舊，雖故舊有小過，亦不肯遺棄。見於《禮・檀弓下》。

【注釋】❶舊　故人；故舊。❷原壤　春秋時魯人。他的母親死了，不哭而歌，違反儒家的禮教，孔子以杖叩其脛，罵他「老而不死是為賊」。見《論語・憲問》。與此所記者異。❸沐槨　整治棺槨。沐，整治。❹姑已　暫且停止。❺凡民有喪二句　見《詩・邶風・谷風》。匍匐，盡力。救，助。❻登木　登上棺木。❼託　寄託；寓意。❽狸首　形容槨木的紋理，色彩鮮明，像狸首一樣。❾班然　色彩鮮明的樣子。❿女手　汝手。⓫卷然　細柔的樣子。⓬隱　隱瞞；隱忍。⓭佯　假裝。⓮與　類。⓯親者不失其為親也　言與我有骨肉之親，雖有非禮，亦不能失其為親之道。

【語譯】孔子有一個老朋友叫做原壤，他的母親死了，孔子打算幫助他整理棺木。子路說：「我過去聽到先生說過：『不要結交那些不如自己的朋友，有了錯誤就不要怕改正。』先生似乎有些怕改正錯誤了，暫且停止對原壤的幫助，怎麼樣？」孔子說：「『凡是別人有了喪事，我們都要盡力去幫助他。』何況是老朋友呢？不是因為朋友的關係，我也將去啊。」等到幫助他整理棺材的時候，原壤爬到棺材上說：「我好久沒有把自己的心情，寄託在音樂上面表達出來了啊。」於是唱道：「棺材像狸首那樣的文彩鮮明啊，你的手是那樣的細柔啊。」孔子替他隱瞞著，假裝沒有聽到就過去了。子路說：「先生降身以從可謂到了極點了，已經丟掉了你的身分，難道還不可以斷絕與他的交往嗎？」孔子說：「我聽說過：本來是骨肉之親的，即使有點小過失，也不要斷絕親戚關係啊；本來是老朋友，即使有點小錯誤，也不應該斷絕朋友的關係啊。」

卷九

七十二弟子解第三十八

【題解】此篇記孔門七十二弟子的德行言論，與《史記．仲尼弟子列傳》同，而間有差異，因名為「七十二弟子解」。解有分析、說明的意思。

顏回，魯人，字子淵，年二十九而髮白，三十一早死。孔子曰：「自吾有回，門人日益親。」回之德行著名，孔子稱其仁焉❶。

閔損，魯人，字子騫，以德行著名，孔子稱其孝焉❷。

冉耕，魯人，字伯牛，以德行著名，有惡疾❸，孔子曰：「命也夫❹！」

冉雍，字仲弓，伯牛之宗族，生於不肖之父❺，以德行著名❻。

宰予，字子我，魯人，有口才❼，著名。

端木賜，字子貢，衛人，有口才❽，著名。

冉求，字子有，仲弓之族，有才藝，以政事著名❾。

仲由，弁人❿，字子路，有勇力才藝⓫，以政事著名⓬。

言偃，魯人⓭，字子游，以文學著名⓮。

卜商⓯，衛人，無以尚之，嘗返衛，見讀史志者云：「晉師伐秦，三豕渡河⓰。」子夏曰：「非也。己亥耳。」讀史志者問諸晉史，果曰：「己亥。」於是衛以子夏為聖。孔子卒後，教於西河⓱之上，魏文侯⓲師事之，而諮國政焉。

顓孫師，陳人，字子張，少孔子四十八歲。為人有容貌資質，寬沖博接⓳，從容自務，居不務立於仁義之行⓴，孔子門人友之而弗敬。

曾參，南武城㉑人，字子輿，少孔子四十六歲。志存孝道，故孔子因之以作《孝經》㉒，齊嘗聘，欲與為卿而不就㉓，曰：「吾父母老，食人之祿㉔，則憂人之事，故吾不忍遠親㉕而為人役㉖。」參後母遇之無恩，而供養不衰，及其妻以藜烝不熟，因出之。人曰：「非七出也。」參曰：「藜烝，小物耳，吾欲使熟而不用吾命，況大事乎？」遂出之，終身不取妻，其子元㉗請焉，告其子曰：「高宗㉘以後妻殺孝己，尹吉甫㉙以後妻放伯奇，吾上不及高宗，中不比吉甫，庸知其得免於非乎？」

澹臺滅明，武城人，字子羽，少孔子四十九歲[30]，有君子之姿[31]，孔子嘗以容貌望其才，其才不充孔子之望。然其為人公正無私，以取與去就，以諾為名，仕魯為大夫也。

高柴，齊人，高氏之別族[32]，字子羔，少孔子四十歲[33]，長不過六尺[34]，狀貌甚惡，為人篤孝而有法正，少居魯，見知名於孔子之門，仕為武城宰[35]。

宓不齊，魯人，字子賤，少孔子四十九歲[36]，仕為單父宰[37]。有才智仁愛，百姓不忍欺，孔子大之[38]。

樊須，魯人，字子遲，少孔子四十六歲[39]，弱[40]仕於季氏[41]。

有若，魯人，字子有，少孔子三十六歲[42]，為人強識，好古道也。

公西赤，魯人，字子華，少孔子四十二歲，束帶立朝，閑賓主之儀[43]。

原憲，宋人，字子思，少孔子三十六歲。清淨守節，貧而樂道，孔子為魯司寇[44]，原憲嘗為孔子宰。孔子卒後，原憲退隱，居于衛[45]。

公冶長，魯人[46]，字子長，為人能忍恥，孔子以女妻之。

南宮韜[47]，魯人，字子容，以智自將[48]，世清不廢[49]，世濁不汙[50]，孔子以兄子妻之[51]。

公析哀[52]，字季沈[53]，鄙天下多仕於大夫家者，是故未嘗屈節人臣，孔子特歎貴之[54]。

曾點[55]，曾參父，字子皙[56]，疾時禮教不行，欲修[57]之，孔子善焉。《論語》所謂「浴乎沂[58]，風乎舞雩[59]」之下。

顏由[60]，顏回父，字季路[61]，孔子始教學於闕里[62]而受學，少孔子六歲。

商瞿，魯人，字子木，少孔子二十九歲，特好《易》，孔子傳之[63]，志焉。

漆雕開，蔡人，字子若[64]，少孔子十一歲。習《尚書》[65]，不樂仕。孔子曰：「子之齒[66]可以仕矣，時將過。」子若報其書[67]曰：「吾斯之未能信[68]。」孔子悅焉。

公良儒，陳人，字子正，賢而有勇，孔子周行[69]，常以家車五乘從。

秦商，魯人，字不慈[70]，少孔子四歲，其父堇父，與孔子父叔梁紇[71]俱力聞。

顏刻[72]，魯人，字子驕，少孔子五十歲。孔子適衛，子驕為僕[73]，衛靈公與夫人南子[74]同車出，而令宦者雍渠參乘[75]，使孔子為次乘[76]，游過市，孔子恥之。顏刻曰：「夫子何恥之？」孔子曰：「《詩》[77]云：『遘[78]爾新婚，以慰我心。』」乃歎曰：「吾未見好德如好色者也。」

司馬黎耕[79]，宋人，字子牛，牛為人性躁好言語，見兄桓魋[80]行惡，牛常憂之。

巫馬期[81]，陳人，字子期[82]，少孔子三十歲。孔子將近行，命從者皆持蓋[83]，已而果雨。巫馬期問曰：「旦無雲，既日出，而夫子命持雨具，敢問何以知之？」孔子曰：「昨暮，月宿畢[84]，《詩》不云乎：『月離於畢，俾滂沱矣[85]。』以此知之。」

梁鱣，齊人，字叔魚，少孔子三十九歲[86]。年三十，未有子，欲出其妻。商瞿謂曰：「子未也，昔吾年三十八無子，吾母為吾更取室[87]，夫子使吾之齊，母欲請留吾，夫子曰：『無憂也，瞿過四十，當有五丈夫[88]。』今果然，吾恐子自晚生耳，未必妻之過。」從之，二年而有子。

琴牢，衛人，字子開，一字張，與宗魯[89]友[90]，聞宗魯死，欲往弔焉，孔子弗許，曰：「非義也。」

冉儒[91]，魯人，字子魚[92]，少孔子五十歲。

顏辛[93]，魯人，字子柳，少孔子四十六歲。

伯虔，字楷[94]，少孔子五十歲。

公孫寵[95]，衛人，字子石，少孔子五十三歲。

曹卹[96]，少孔子五十歲。

陳亢，陳人，字子亢，一字子禽，少孔子四十歲。

叔仲會，魯人，字子期，少孔子五十歲。與孔璇年相比，每[97]孺子之執筆記事於夫子，二人迭侍左右，孟武伯[98]見孔子而問曰：「此二孺子之幼也，於學豈能識於壯哉？」孔子曰：「然！少成則若[99]性也，習慣若自然也。」

秦祖，字子南。

奚蒧[100]，字子偕[101]。

公祖茲[102]，字子之。

廉潔[103]，字子曹[104]。

公西與[105]，字子上。

宰父黑[106]，字子黑[107]。

公西減[108]，字子尚[109]。

穰駟赤[110]，字子從[111]。

冉季，字子產。

薛邦，字子從。

石處，字里之[112]。

懸亶，字子象。

左郢[113]，字子行[114]。

狄黑，字哲之[115]。

商澤，字子秀[116]。

任不齊，字子選[117]。

榮祈[118]，字子祺[119]。

顏噲，字子聲。

原桃，字子籍[120]。

公肩[121]，字子仲[122]。

秦非，字子之。

漆雕從，字子文[123]。

燕級[124]，字子思[125]。

公夏守[126]，字子乘[127]。

勾井疆[128]，字子疆。

步叔乘，字子車。

石子蜀[129]，字子明。

邦選[130]，字子飲[131]。

施之常，字子常[132]。

申績[133]，字子周[134]。

樂欣[135]，字子聲。

顏之僕，字子叔[136]。

孔弗[137]，字子蔑。

漆雕侈[138]，字子斂。

懸成[139]，字子橫[140]。

顏相[141]，字子襄[142]。

右件夫子七十二人弟子，皆升堂入室[143]者。

【注釋】❶孔子稱其仁焉　《論語·雍也》：「子曰：『回也，其心三月不違仁。』」三月為一時，言其雖經一時復一時，其為仁之心不變。❷孔子稱其孝焉　《論語·先進》：「子曰：孝哉閔子騫，人不間於其父母昆弟之言。」❸惡疾　不治之症。❹命也夫　是命運決定的呀。《論語・雍也》：「伯牛有疾，子問之，自牖執其手，曰：『亡之，命矣夫！斯人也，而有斯疾也。』」❺不肖之父　不正派的父親。《史記・仲尼弟子列傳》：「仲弓父，賤人。」《論語・雍也》：「犁牛之子騂且角，雖欲勿用，山川其舍諸。」疏云：「仲弓父，賤人，而行不善。」❻以德行著名　《論語・先進》：「德行：顏淵、閔子騫、冉伯牛、仲弓。」❼有口才　《論語・先進》：「言語：宰我、子貢。」《史記・仲尼弟子列傳》：「宰予，字子我，利口辯辭。」❽有口才　《史記・仲尼弟子列傳》：「子貢利口巧辭，孔子常黜其辯。」❾以政事著名　《論語・先進》：「政事：冉有、季路。」❿弁人　《史記・仲尼弟子列傳》：「仲由，字子路，卞人也。」《尸子・勸學》：「是故子路，卞之野人。」弁，即「卞」。⓫有勇力才藝　《論語・公冶長》：「子曰：由也，好勇過我，無所取材。」又〈陽貨〉：「子曰：『由也……好勇不好學，其蔽也亂。』」《史記・仲尼弟子列傳》：「子路性鄙，好勇力，志伉直，冠雄雞，佩豭豚，陵暴孔子。」⓬以政事著名　《論語・先進》：「政事：冉有、季路。」又說：「千乘之國，可使治其賦。」⓭言偃魯人　《史記・仲尼弟子列傳》作「吳人」。吳郡有言偃冢，作「吳人」為是。⓮以文學著名　《論語・先進》：「文學：子游、子夏。」⓯卜商　《史記・仲尼弟子列傳》下有「字子夏」一語。⓰三家渡河　《呂氏春秋・察傳》：「子夏之晉，過衛，有讀史記者曰：『晉師三家涉河。』子夏曰：『非也，是己亥也。夫己與三相近，豕與亥相似。』至於晉而問之，則曰晉師己亥涉河也。」⓱西河　地名。在今山西汾陽一帶。⓲魏文侯　名斯。戰國初，魏的國君。曾任用李悝為相，吳起為將，西門豹治鄴，獎勵耕戰，興修水利，國勢強盛，北滅中山，西取秦的西河，成為戰國初期的強國。⓳寬沖博接　寬厚平和，淵博敏捷。⓴不務立於仁義之行　不勉強站在仁義的行列中去。《尸子・勸學》：「顓孫師，駔也。孔子教之，皆為顯士。」駔，市場經紀人。㉑南武城　春秋時魯邑。在今山東兗州。㉒孝經　儒家經典之一。宣揚封建的孝道和孝治思想。有今文、古文兩本，今文本鄭玄注，分十八章；古文本為孔安國注，分二十二章，已於梁時亡佚。今所傳者，為唐玄宗注及邢昺疏。㉓欲與為卿而不就　參見〈六本第十五〉：「曾子從孔子之齊，齊景公以下卿之禮聘曾子，曾子固辭。」㉔祿　俸祿。㉕遠親　遠遠地離開父母。㉖為人役　供別人驅使。㉗其子元　即曾元。《禮・檀弓》與《孟子・離婁上》分別載有「曾元侍曾子病」及「曾元養曾子」事。㉘高宗　即帝武丁。以傳說為相，殷國大治，成為殷代中興的君主，見《史記・殷本紀》。㉙尹吉甫　周宣王時重臣。姓兮，名甲，尹為官名。曾率師北伐玁狁，至於太原。曾作《詩・大雅》中的〈崧高〉、〈烝民〉、〈韓奕〉、〈江漢〉等，以贊美宣王。㉚少孔子四十九歲　《史記・仲尼弟子列傳》作「少孔子三十九歲」。㉛有君子之姿　《史記・仲尼弟子列傳》云其「狀貌甚惡」，與此正相反。㉜別族　宗族的另一個支派。㉝少孔子四十歲　《史記・仲尼弟子列傳》作「少孔子三十歲」。㉞長不過六尺

《史記・仲尼弟子列傳》作「長不盈五尺」。(35)仕為武城宰　《史記・仲尼弟子列傳》作「子路使子羔為費、郈宰」。(36)少孔子四十九歲　《史記・仲尼弟子列傳》作「少孔子三十歲」。(37)仕為單父宰　在魯國的單父做主管官員。其事跡參見〈屈節解第三十七〉。(38)孔子大之　孔子誇獎他。《史記・仲尼弟子列傳》一則曰：「子賤君子哉！」再則曰：「惜哉！不齊所治者小，所治者大則庶幾矣。」都是誇獎他的。(39)少孔子四十六歲　《史記・仲尼弟子列傳》作「少孔子三十六歲」。(40)弱　年少。(41)季氏　即季孫氏。魯國的權臣。(42)少孔子三十六歲　《史記・仲尼弟子列傳》作「少孔子四十三歲」。(43)閑賓主之儀　〈弟子行第十二〉：孔子「謂門人曰：『二三子之欲學賓客之禮者，其於赤也。』滿而不盈，實而如虛，過之如不及，先王難之。」閑，熟習。儀，禮節；禮儀。(44)司寇　六卿之一。主管刑獄。(45)居于衛　《史記・仲尼弟子列傳》作「孔子卒，原憲遂亡在草澤中。子貢相衛，而結駟連騎，排藜藿，入窮閻，過謝原憲」。可見原憲所亡之草澤乃衛地。(46)魯人　《史記・仲尼弟子列傳》作「齊人」。(47)南宮韜　《史記・仲尼弟子列傳》作「南宮括」。《論語・憲問》作「南宮适」。(48)自將　維護自己。(49)不廢　不墮落。(50)不洿　不汙染。(51)以兄子妻之　以其兄之女嫁給他。子，女。妻，嫁給。(52)公析哀　《史記・仲尼弟子列傳》作「公皙哀」。(53)字季沈　《史記・仲尼弟子列傳》作「字季次」。(54)孔子特歎貴之　《史記・仲尼弟子列傳》：「孔子曰：天下無行，多為家臣，仕於都，唯季次未嘗仕。」即歎賞之辭。(55)曾點　《史記・仲尼弟子列傳》作「曾蒧」。蒧，即「點」之異體字。(56)字子晳　《史記・仲尼弟子列傳》作「字晳」。(57)修　學習；實行。(58)沂　水名。源出山東曲阜縣東南的尼丘，西流經曲阜、兗州合於泗水。(59)舞雩　祈雨祭祀時所跳的舞。雩，祈雨的祭典名。祭祀時使童男女各八人舞而呼雩，故謂之雩。(60)顏由　《史記・仲尼弟子列傳》作「顏無繇」。(61)字季路　《史記・仲尼弟子列傳》作「字路」。(62)闕里　地名。在洙泗之間，相傳孔子授徒講學於此。(63)孔子傳之　《史記・仲尼弟子列傳》：「孔子傳《易》於瞿，瞿傳楚人馯臂子弘，弘傳江東人矯子庸疵，疵傳燕人周子家豎，豎傳淳于人光子乘羽，羽傳齊人田子莊何，何傳東武人王子中同，同傳菑川人楊何，何元朔中以治《易》為漢中大夫。」(64)字子若　《史記・仲尼弟子列傳》作「字子開」。(65)尚書　五經之一。相傳為孔子所編，有今文、古文之別，保存了商及西周初期的一些史料。(66)齒　年齡。(67)報其書　回他的信。(68)未能信　未能究習。(69)周行　周遊列國。(70)字不慈　《史記・仲尼弟子列傳》作「字子丕」。一作「丕茲」。(71)叔梁紇　春秋時魯人。曾任郰邑大夫，有勇力，娶顏氏女徵在，祝於尼丘而生孔丘，丘三歲而紇死。(72)顏刻　《史記・仲尼弟子列傳》作「顏高」。(73)僕　駕車的人。(74)南子　衛靈公夫人。宋女，與宋公子朝私通，太子蒯聵惡之，欲殺南子，不果，被迫出奔。《論語・雍也》：「子見南子，子路不悅。」(75)參乘　陪乘。古代乘車，尊者在左，御者在中，另一人在右，稱為參乘。(76)次乘　副車。隨從的車輛。(77)詩　此指《詩・小雅・車舝》。(78)遘 遇到；碰上。(79)司馬黎耕 《史記・仲尼弟子列傳》作「司馬耕」。(80)桓魋 宋司馬。孔子適宋，與弟子習禮於大樹下，桓魋欲殺孔子，拔其樹。故孔子說：「天生德於予，桓魋其如予何！」見《論語・述而》。(81)巫馬期 《史記・仲尼弟子列傳》作「巫馬施」。(82)字子期 《史記・仲尼弟子列傳》作「字子旗」。(83)持蓋 拿著傘。蓋，傘。(84)月宿畢 月亮停留在畢宿的位置。畢，二十八宿之一。(85)月離於畢二句 見《詩・小雅・漸漸之石》。離，附麗。滂沱，大雨。(86)少孔子三十九歲 《史記・仲尼弟子列傳》作「少孔子二十九歲」。(87)更取室 再娶一個老婆。(88)五丈夫 五個男孩。(89)宗魯 人名。(90)友 友好。(91)冉儒 《史記・仲尼弟子列傳》作「冉孺」。(92)字子魚 《史記・仲尼弟子列傳》作「字子魯」。(93)顏辛 《史記・仲尼弟子列傳》作「顏幸」。(94)字楷 《史記・仲尼弟子列傳》作「字子析」。(95)公孫寵 《史記・仲尼弟子列傳》作「公孫龍」。(96)曹卹 《史記・仲尼弟子列傳》下有「字子循」。(97)每 疑為「兩」之誤。(98)孟武伯 即仲孫彘。孟懿子之子，魯哀公時大夫。曾向孔子問孝，問子路仁乎，相哀公與齊侯盟於蒙。分別見於《論語》的〈為政〉及〈公冶長〉與《左傳・哀公十七年》。(99)若 他。下「若」作「如」講。(100)奚葴 《史記・仲尼弟子列傳》作「奚容箴」。(101)字子偕 《史記・仲尼弟子列傳》作「字子皙」。(102)公祖茲 《史記・仲尼弟子列傳》作「公祖句茲」。(103)廉潔 《史記・仲尼弟子列傳》作「廉絜」。(104)字子曹 《史記・仲尼弟子列傳》作「字庸」。(105)公西與 《史記・仲尼弟子列傳》作「公西輿如」。(106)宰父黑 《史記・仲尼弟子列傳》作「罕父黑」。(107)字子黑 《史記・仲尼弟子列傳》作「字子索」。(108)公西減 《史記・仲尼弟子列傳》作「公西葴」。(109)字子尚 《史記・仲尼弟子列傳》作「字子上」。(110)穰駟赤 《史記・仲尼弟子列傳》作「壤駟赤」。(111)字子從 《史記・仲尼弟子列傳》作「字子徒」。(112)石處字里之 《史記・仲尼弟子列傳》作「后處，字子里」。(113)左郢 《史記・仲尼弟子列傳》作「左人郢」。(114)字子行 《史記・仲尼弟子列傳》作「字行」。(115)字哲之 《史記・仲尼弟子列傳》作「字皙」。(116)字子秀 《史記・仲尼弟子列傳》缺。(117)字子選 《史記・仲尼弟子列傳》作「字選」。(118)榮祈 《史記・仲尼弟子列傳》作「榮旂」。(119)字子祺 《史記・仲尼弟子列傳》作「字子祈」。(120)字子籍 《史記・仲尼弟子列傳》作「原亢籍」。即名亢字籍。(121)公肩 《史記・仲尼弟子列傳》作「公肩定」。(122)字子仲 《史記・仲尼弟子列傳》作「字子中」。(123)漆雕從字子文 《史記・仲尼弟子列傳》作「漆雕徒父」。(124)燕級 《史記・仲尼弟子列傳》作「燕伋」。(125)字子思 《史記・仲尼弟子列傳》作「字思」。(126)公夏守 《史記・仲尼弟子列傳》作「公夏首」。(127)字子乘 《史記・仲尼弟子列傳》作「字乘」。(128)勾井疆 《史記・仲尼弟子列傳》作「句井疆」。無字號。(129)石子蜀 《史記・仲尼弟子列傳》作「石作蜀」。(130)邦選 《史記・仲尼弟子列傳》作「邦巽」。(131)字子歛 《史記・仲尼弟子列傳》作「字子斂」。(132)字子常 《史記・仲尼弟子列傳》作「字子恆」。133申續　《史記・仲尼弟子列傳》作「申黨」。疑即《論語》中的申棖。棖、黨音近。134字子周　《史記・仲尼弟子列傳》作「字周」。135樂欣　《史記・仲尼弟子列傳》作「樂欬」。136字子叔　《史記・仲尼弟子列傳》作「字叔」。137孔弗　《史記・仲尼弟子列傳》作「孔忠」。索隱云：「忠字子蔑，孔子兄之子也。」〈子路初見第十九〉：「孔子兄子有孔蔑者，與宓子賤偕仕。」138漆雕侈　《史記・仲尼弟子列傳》作「漆雕哆」。139懸成　《史記・仲尼弟子列傳》作「縣成」。140字子橫　《史記・仲尼弟子列傳》作「字子祺」。141顏相　《史記・仲尼弟子列傳》作「顏祖」。142字子襄　《史記・仲尼弟子列傳》作「字襄」。143升堂入室　言人的學問造詣精深。《論語・先進》：「由也升堂矣，未入於室也。」由，仲由。即子路。按以上共七十七人，《史記・仲尼弟子列傳》亦列七十七人。其中公良儒、顏亥、秦商、叔仲會四人，《家語》有事跡，而《史記》闕。《家語》有琴牢、陳亢、懸亶，而《史記》無，《史記》有公伯繚、秦冉、鄡單，而《家語》無。其中姓名表字，兩書所載，亦多異同，蓋聲近形似，轉寫舛錯，又不見於其他書傳，殆不可考。

【語　譯】顏回，春秋時魯國人，字號子淵，年僅二十九歲，頭髮就白了，三十一歲便過早的死了。孔子說：「自從我有顏回，學生們便一天一天親近起來了。」顏回以德行著稱於世，孔子贊美他是一位仁愛的人。

閔損，魯國人，字子騫，以道德品行著稱於世，孔子贊美他是一個孝順的人。

冉耕，魯國人，字伯牛，以德行著稱於時。得了不治之症，孔子說：「這是命運呀！」

冉雍，字仲弓，與冉伯牛是同一個宗族的，生在不正派的父親家裡，自己以德行著稱於世。

宰予，字子我，魯國人，很有口才，著名當世。

端木賜，字子貢，春秋時衛國人，很有口才，以此著名。

冉求，字子有，是仲弓的同族，頗有才能，以擅長政事著稱於世。

仲由，卞邑人，字子路，有勇力和才能，以擅長政事著稱。

言偃，魯國人，字子游，以擅長文學著稱。

卜商，衛國人，沒有人趕得上他，曾經從別的地方回到衛國來，看到一個讀歷史的說：「晉國的軍隊去攻打秦國，三家渡了河。」子夏說：「錯了啊，不是三家，是己亥喲。」那位讀歷史的人去詢問晉國的史官，果然說是己亥那天渡過黃河的，於是衛國人認為子夏是無所不曉的。孔子死了以後，授徒於西河之上，魏文侯以師長之禮相待，並且向他諮詢國家的大政。

顓孫師，春秋時陳國人，字子張，比孔子小四十八歲，他容貌美好，風度翩翩，寬厚平和，淵博敏捷，力求從容不迫，平時也不力求站在仁義的行列中去，孔子的門人都跟他友好，卻不很尊敬他。

曾參，魯國的南武城人，字子輿，比孔子年輕四十六歲。他心裡常常懷著孝道，孔子因此撰寫了一部《孝經》，齊國曾經聘問過他，想給他當個下卿，他堅決不去就職，說：「我的父母都很老了，吃了人家的俸祿，就要為人家的事擔憂，所以我不忍遠離自己的父母，而去替人家當差喲。」曾參的後母待他沒有恩義，可他供養後母的東西從來沒有減少。至於他的妻子因為蒸藜沒有蒸熟，他便要休了她，有人說：「這不符合七出的條例啊。」曾參說：「蒸藜，是一件小事啊，我想要她蒸熟，而她卻不聽我的話，何況大事呢？」於是把她休了，終身再沒有娶過妻子了。他的兒子曾元請求他續絃，他便告誡他兒子說：「殷高宗因為後妻的緣故而殺了兒子孝己，尹吉甫因為後妻的緣故而驅逐了自己的兒子伯奇。我上頭不如殷高宗，中間不如尹吉甫，怎麼能知道不犯錯誤呢？」

澹臺滅明，魯國的武城人，字子羽，比孔子年輕四十九歲，有著一幅很有修養的姿態，孔子曾經因為他的容貌，希望他能有著很好的才幹，可他的才能一直不能滿足孔子的期望。但他為人公正無私，無論是索取還是給與，是走還是留，都是說了算數的，因此以信用著稱於世，在魯國做到了大夫的官啊。

高柴，春秋時的齊國人，與齊國的貴族高氏不是一族的，字子羔，比孔子年輕四十歲，高不過六尺，狀貌也很醜，為人篤孝而有法度，年輕的時候就生活在魯國，被孔氏的門徒所了解所器重，後來當上了魯國武城的邑宰。

宓不齊，魯國人，字子賤，比孔子年輕四十九歲，當過單父的長官，有才能，有智謀，而又能仁厚愛人，所以百姓不忍去欺騙他，孔子曾經贊賞過他。

樊須，魯國人，字子遲，比孔子年輕四十六歲，年輕的時候便在魯國的大夫季孫氏那裡當家臣。

學術、思想啊。

有若，魯國人，字子有，比孔子年輕三十六歲，他為人長於記憶，博聞多識，喜歡古代的禮教、政治、

公西赤，魯國人，字子華，比孔子年輕四十二歲，繫著袍帶，立於朝中，非常熟悉賓主相見時揖讓升降的禮儀。

原憲，春秋時宋國人，字子思，比孔子年輕三十六歲。他心地潔淨，不受外物的干擾，堅守節操，安貧樂道。孔子擔任魯國掌管刑獄的長官時，原憲曾經當過孔子的總管。孔子去世以後，他便隱居在衛國。

公冶長，魯國人，字子長，為人能夠含羞忍辱，孔子把女兒嫁給了他。

南宮韜，魯國人，字子容，憑藉自己的智謀來維護自己的利益，世界清平的時候他積極進取；世界混濁的時候他不同流合汙，孔子把他哥哥的女兒嫁給了他。

公析哀，齊國人，字季沈。他瞧不起世界上的許多人都在大夫的采邑裡當家臣，因此他從不降低自己的身分去做別人的臣僕，孔子對他特別贊賞和器重。

曾點，是曾參的父親，字子皙。他憎恨當時的禮教沒有推行，打算學習、研究和推行它，孔子很贊賞他。他就是《論語》上所說的：「在沂水中游泳之後，乘著涼看看那童男童女在求雨的祭祀中唱著舞著」的那個人。

顏由，顏回的父親，字季路。孔子開始在闕里教學時，他便在那裡接受教育了，比孔子年輕六歲。

商瞿，魯國人，字子木，比孔子年輕二十九歲。他特別喜歡《易》，孔子傳授了他，他也一一記了下來。

漆雕開，春秋時蔡國人，字子若，比孔子年輕十一歲。他研究《尚書》，不喜歡做官。孔子說：「你的年齡可以出去做官了，不做時機就過去了。」子若覆信說：「我對於做官這一道，從來沒有研究啊。」孔子對此感到很高興。

公良儒，春秋時陳國人，字子正，既賢能，又有勇力。孔子周遊列國時，他常常拿著私人的五輛車子，陪從在後面。

秦商，魯國人，字不慈，比孔子年輕四歲。他的父親名叫堇父，跟孔子的父親叔梁紇，都以勇力聞名於世。

顏刻，魯國人，字子驕，比孔子年輕五十歲。孔子到衛國去，子驕充當駕車的人。衛靈公跟他的夫人南子同車出遊，打發名叫雍梁的太監做陪，卻要孔子做隨從的副車，招搖過市，孔子感到很羞辱，顏刻說：「先生有什麼可恥呢？」孔子說：「《詩經》上說：『遇上你的新婚，安慰我的內心。』」於是歎息著說：「我沒有見過喜歡道德像喜歡女色一樣的人啊。」

司馬黎耕，春秋時宋國人，字子牛。子牛的性情很急躁，喜歡多嘴多舌。看到自己的哥哥桓魋的行為很惡劣，子牛常常為他憂慮。

巫馬期，陳國人，字子期，比孔子年輕三十歲。孔子打算作近距離的遊覽，要跟隨的人都拿著雨傘，不久果然下了雨，巫馬期問道：「早上沒有一點雲彩，太陽已經出來了，可先生要大家帶著雨具，敢問您怎麼知道會下雨呢？」孔子說：「昨天黃昏的時候，月亮停留在畢宿的位置上，《詩經》不是說：『月亮附麗在畢宿上，便有滂沱大雨麼！』憑著這些，便知道要下雨的。」

梁鱣，齊國人，字叔魚，比孔子年輕三十九歲。他年已三十，尚沒有兒子，打算休了他的妻子，商瞿對他說：「你不要休了妻子啊，過去我三十八歲了，還沒有兒子，我的母親替我另外娶了一個，先生要我出使到齊國去，母親要求把我留了下來，先生說：『不要擔憂啊，商瞿過了四十歲，應當有五個男孩。』如今果然生了五個。我恐怕你也要晚一點才生兒子的，不一定是妻子的問題。」梁鱣聽了他的話，過了兩年，果然有了兒子。

琴牢，衛國人，字子開，又字張，與宗魯相友好，聽說宗魯死了，想去弔唁他，孔子沒有同意，說：「不宜啊。」

冉儒，魯國人，字子魚，比孔子年輕五十歲。

顏辛，魯國人，字子柳，比孔子年輕四十六歲。

伯虔，表字楷，比孔子年輕五十歲。

公孫寵，衛國人，表字子石，比孔子年輕五十三歲。

曹卹，比孔子年輕五十歲。

陳亢，陳國人，表字子亢，一字子禽，比孔子年輕四十歲。

叔仲會，魯國人，表字子期，比孔子年輕五十歲。與孔琁的年齡差不多，他們兩人常常拿著筆在孔子那裡做記錄，兩個人輪流在孔子面前充當侍從，孟武伯看到孔子就問道：「這兩個孩子這麼年輕，在學問上難道能有與成年人一樣的識見麼？」孔子說：「是的，年輕就有成就，這是他們的天賦啊；習慣了，也就自然了。」

秦祖，表字子南。

奚蒧，表字子偕。

公祖茲，表字子之。

廉潔，表字子曹。

公西與，表字子上。

宰父黑，表字子黑。

公西減，表字子尚。

穰駟赤，表字子從。

冉季，表字子產。

薛邦，表字子從。

石處，表字里之。

懸亶，表字子象。

左郢，表字子行。

狄黑，表字哲之。
商澤，表字子秀。
任不齊，表字子選。
榮祈，表字子祺。
顏噲，表字子聲。
原桃，表字子籍。
公肩，表字子仲。
秦非，表字子之。
漆雕從，表字子文。
燕級，表字子思。
公夏守，表字子乘。
勾井疆，表字子疆。
步叔乘，表字子車。
石子蜀，表字子明。
邦選，表字子飲。
施之常，表字子常。
申績，表字子周。
樂欣，表字子聲。
顏之僕，表字子叔。
孔弗，表字子蔑。
漆雕侈，表字子斂。

懸成，表字子橫。

顏相，表字子襄。

右面所列，是孔子的七十二位弟子，都是在學問上有很高的造詣的。

本姓解第三十九

【題解】此篇敘述孔子的世系及其父母的簡況，並歎孔子生不遇時，德不澤民，只能刪《詩》述《書》，定《禮》理《樂》，制作《春秋》，贊明《易》道，以成素王之業。這是雜綴古籍而成，例如孔子的世系，則見《詩·商頌·序》的《疏》引《世本》、《史記·孔子世家》及王充《潛夫論·志氏姓》，孔子誕生的情況，則見於《禮·檀弓上》的《疏》引《論語撰考讖》，他父母的葬地，則見於《禮·檀弓上》及《史記·孔子世家》，他的撰述情況，亦見於《史記·孔子世家》。

孔子之先，宋之後也。微子啟，帝乙❶之元子❷，紂之庶兄❸，以圻內❹諸侯，入為王卿士❺，微，國名，子爵❻。初，武王克殷，封紂之子武庚於朝歌❼，使奉湯祀。武王崩❽，而與管、蔡、霍三叔❾作難❿，周公相成王東征之二年，罪人⓫斯得，乃命微子於殷後，作〈微子之命〉⓬由之⓭，與國于宋，徙殷之子孫，唯微子先往仕周⓮，故封之。賢其弟曰仲思，名衍，或名泄，嗣微之後，故號微仲⓯。生宋公稽，胄子⓰雖遷爵⓱易位⓲，而班級⓳不及其故者，得以故官為稱。故二微雖為宋公，而猶以微之號自終⓴，至于稽乃稱公焉。宋公生丁公申，申公生緡公共及襄公熙，熙生弗父何及厲公方祀，方祀以下，世為宋卿㉑。弗父何生宋父周，周生世子㉒勝，勝生正考甫，考甫生孔父嘉，五世㉓親盡㉔，別為公族㉕，故後以孔為氏焉。一曰孔父者，生時所賜號也。是以子孫遂以氏族㉖。

【章　旨】此言孔子為微子之後，所謂「世有德讓，天所祚也」。後以五世親盡，始以孔為氏。

【注　釋】❶帝乙　殷的君主。據說他為偶人，叫做天神。仰而射之，叫做射天。後被暴雷所震死。見《史記・殷本紀》。❷元子　天子和諸侯的長子。〈殷本紀〉云：「帝乙長子曰微子啟，啟母賤，不得嗣。」❸庶兄　庶出的兄長。即父親的妾所生的兒子。〈宋微子世家〉云：「微子開（開即啟）者，殷帝乙之首子而帝紂之庶兄也。」❹圻內　畿內。圻，同「畿」。帝都周圍千里之地叫圻。❺卿士　王卿的執政者。❻微國名子爵　〈宋微子世家〉「微子開者」注：「微，畿內國名，子，爵也，為紂卿士。」言微是五等爵的第四等。❼朝歌　殷的都城。武乙所都，紂王因之。❽崩　天子死曰崩。❾三叔　即管叔鮮、蔡叔度、霍叔處。都是周武王的弟弟，史稱「三叔」。武王滅殷，立紂子武庚（祿父）奉殷祀，命三叔監殷遺民，以防止他們反叛。❿作難　造反。⓫罪人　指武庚、管叔。管叔和蔡叔曾要挾武庚作亂，周公東征，誅武庚及管叔，蔡叔被放，霍叔降為庶人。⓬微子之命　《尚書・周書》篇名。序云：「成王既黜殷命，殺武庚，命微子啟代殷後，作〈微子之命〉。」⓭由之　當為「申之」之誤。《史記・宋微子世家》云：「周公既承成王命，誅武庚，殺管叔，放蔡叔，乃命微子開代殷後，奉其先祀，作〈微子之命〉以申之，國於宋。」正作「申之」，可證。申，申述、告誡的意思。⓮先往仕周　〈宋微子世家〉云：「周武王伐紂克殷，微子乃持其祭器造於軍門，肉袒面縛，左牽羊，右把茅，膝行而前以告。於是武王乃釋微子，復其位如故。」⓯微仲　一說：即微子啟與其弟思仲的合稱。微，微子啟。仲，思仲。一說：微，國名。仲，思仲。〈宋微子世家〉：「微子開卒，立其弟衍，是為微仲。」即是持後一說的。⓰冑子　古帝王及貴族的長子，皆入國學，稱為冑子。⓱遷爵　升了官爵。⓲易位　改變地位。⓳班級　官位的品級。⓴自終　至死；到最後。㉑宋卿　宋的卿士。㉒世子　即太子。帝王或諸侯的正妻所生的長子。㉓五世　五代。㉔親盡　親屬的關係終止了。㉕公族　公子。《詩・周南・麟之趾》「振振公族」。清馬瑞辰《毛詩傳箋通釋》：「公姓、公族，皆謂公子。」㉖以氏族　即以孔來表明宗族的稱號。上古時代，氏是姓的分支，所以區別子孫所自出。

【語譯】孔子的先世，是宋的後裔。微子啟，是帝乙的長子，紂王的庶兄，憑著自己是王畿以內的諸侯，做了紂王的執政卿士。微，諸侯國的稱號，官爵的等級是公、侯、伯、子、男的子爵。當初，武王戰勝了殷紂王，把紂王的兒子武庚封於朝歌，讓他奉湯的祭祀。等到武王死了，他卻與管叔鮮、蔡叔度、霍叔處三人聯合發動叛亂，周公輔助成王，舉兵東征的第二年，便俘獲並殺戮了罪人武庚和管叔，於是便要微子繼承殷後，還作了〈微子之命〉來告誡他，使之建國於宋，把殷的遺民都遷徙到那裡去，只有微子最先到並在周朝做了官，所以因其賢而被分封了。他的弟弟叫仲思，名叫衍，有的說名叫泄，繼承了微子的爵位，所以號稱微仲。微仲又生了宋公稽。凡屬嫡長子雖然升了官爵，變了地位，但官位的品級還趕不上原來的，仍然可以用原來的官銜來稱呼，所以微子和微仲雖然做了宋公，仍然到死都以微子自稱。到了宋公稽，才稱為公。宋公稽生了丁公申，丁公申又生了緡公共與襄公熙，襄公熙生了弗父何與厲公方祀。方祀以下，世世代代都擔任宋的卿士，弗父何生了宋父周，宋父周生了太子勝，太子勝生了正考甫，正考甫生了孔父嘉。一般經歷了五代，親屬的關係便終止了，於是另立一個族，所以後來便以孔為他的姓了。一說，孔父這個名字，是他誕生時所賜的號啊，因此他的子孫便把它作為氏族的標誌。

孔父生子木金父，金父生睪夷，睪夷生防叔，避華氏之禍❶而奔魯，防叔生伯夏，伯夏生叔梁紇，雖有九女，是無子，其妾生孟皮。孟皮一字伯尼，有足病。於是乃求婚於顏氏，顏氏有三女，其小曰徵在，顏父問三女曰：「陬大夫❷雖父祖為士，然其先聖王之裔，今其人身長十尺，武力絕倫❸，吾甚貪之❹，雖年長性嚴，不足為疑，三子孰能為之妻？」二女莫對，徵在進曰：「從父所制❺，將何問焉？」父曰：「即爾❻能矣。」遂以妻之。徵在既往，廟見❼，以夫之年大，懼不時有勇❽，而私禱尼丘❾之山以祈焉，生孔子，故名丘，字仲尼。孔子三歲而叔梁紇卒，葬於防❿。至十九，娶于宋之并官氏，一歲而生伯魚，魚之生也，魯昭公以鯉魚賜孔子，榮君之貺⓫，故因以名曰鯉，而字伯魚，魚年五十，先孔子卒。

【章　旨】此述孔子父母結合的情況，以及孔子與其子伯魚命名的由來。

【注　釋】❶避華氏之禍　宋元公十年，詐殺諸公子，大夫華氏、向氏作亂，諸華互相攻殺。見《史記·宋微子世家》。❷陬大夫　即叔梁紇。陬，魯地。亦作「鄹」。《史記·孔子世家》云：「孔子生魯昌平鄉陬邑。」孔安國曰：「陬，孔子父叔梁紇所治邑。」❸絕倫　超越儕輩；無與倫比。❹貪之　愛他；喜歡他。❺所制　所吩咐；所安排。❻即爾　就是你吧。❼廟見　古代婚禮，婦到夫家，次日天明，始見夫之父母；若夫之父母已死，則於三月後到廟中參拜，叫做廟見。❽有勇　疑為「有男」之訛。勇、男形近，轉寫而誤。❾尼丘　山名。在山東曲阜縣東南。❿防　春秋時魯地。在今山東費縣東北。⓫貺　賜。

【語　譯】孔父生了子木金父，金父生了睪夷，睪夷生了防叔，因為逃避華氏互相攻殺的禍害，便逃到了魯國。防叔生了伯夏，伯夏生了叔梁紇，他雖然有九個女孩，卻沒有一個男孩。他的妾生了一個孩子叫孟皮，孟皮表字伯尼，腳有毛病，於是他又向顏氏求婚。顏氏有三個女孩，最小的一個叫徵在。顏氏問三個女兒道：「陬大夫叔梁紇的父親和祖父雖然是『士』，但他的祖先是聖王的後裔，如今他身高十尺，武力無與倫比，我很喜歡他，雖然他的年齡大一些，性格嚴謹一些，不值得猶豫的，你們三個人哪一個願意做他的妻子？」兩個大女兒沒有回答，徵在走上前說：「按照您的吩咐辦，還有什麼可問的呢？」顏氏說：「就是你可以了。」於是便把徵在嫁給了他。徵在已經嫁過去了，在參拜公婆的時候，認為丈夫的年齡太大了，恐怕不能及時生一個男孩，便私下向尼丘之山禱告，祈求降生一個男孩。後來生了孔子，所以名叫丘，表字仲尼。孔子三歲便死了父親，安葬在防那個地方。到了十九歲，便娶了宋的并官氏為妻，過了一年便生了伯魚。當伯魚誕生的時候，魯昭公送了一尾鯉魚給孔子，孔子以君主的恩賜為榮，所以為兒子取名叫鯉，而表字伯魚。魚只活到五十歲，比孔子先死。

齊太史❶子與適魯，見孔子，孔子與之言道❷，子與悅曰：「吾鄙人❸也，聞子之名，不睹子之形久矣，而求知之寶貴也。乃今而後，知泰山之為高，淵海之為大，惜乎夫子之不逢明王，道德不加❹于民，而將垂寶❺以貽❻後世。」遂退而謂南宮敬叔❼曰：「今孔子先聖之嗣，自弗父何以來，世有德讓，天所祚❽也。成湯以武德王天下❾，其配在文，殷宗❿以下，未始有也。孔子生於衰周，先王典籍⓫，錯亂無紀⓬，而乃論百家⓭之遺記⓮，考正其義，祖述堯舜⓯，憲章文武⓰，刪《詩》⓱述《書》⓲，定《禮》理《樂》⓳，制作《春秋》⓴，讚明《易》道㉑，垂訓後嗣，以為法式㉒，其文德著矣。然凡所教誨，束脩㉓以上三千餘人，或者天將欲與素王㉔之乎？夫何其盛也！」敬叔曰：「殆如吾子之言，夫物莫能兩大，吾聞聖人之後，而非繼世之統㉕，其必有興者焉。今夫子之道至矣，乃將施之無窮，雖欲辭天之祚，故未得耳。」子貢聞之，以二子之言告孔子，子曰：「豈若是哉！亂而治之，滯而起之，自吾志，天何與焉㉖？」

【章　旨】此言孔子未逢明君，德澤未加於民，然其文德大著，素王之業，將施之於無窮。這是當時的有識之士對孔子所作的評價。

【注　釋】❶太史　官名。夏、商、周三代為史官或曆官之長。❷言道　談及各種思想和學說。❸鄙人　鄙陋的人。❹加施。❺垂寶　留下寶貴的遺產。❻貽　留給。❼南宮敬叔　孟僖子的兒子。注見〈致思第八〉。❽天所祚　上天所福佑的。❾成湯以武德王天下　湯伐葛伯，伐昆吾，伐桀，敗之於有娀之虛，於是湯曰：「吾甚武。」號曰武王，故曰以武德王。見《史記．殷本紀》。❿殷宗　指殷高宗。因為他以傅說為相，「修政行德，天下咸驩，殷道復興」，故尊之為高宗。⓫典籍　法典與圖籍等重要文獻。⓬無紀　沒有頭緒；沒有規律。⓭百家　指先秦諸子。百，舉其成數而言。⓮遺記　遺留下來的記述。⓯祖述堯舜　始述堯舜之道。祖，始。⓰憲章文武　效法文王和武王。憲章，效法。⓱刪詩　《史記．孔子世家》：「古者《詩》三千餘篇，及至孔子，去其重，取可施於禮義，……三百五篇。」⓲述書　孔穎達〈尚書正義序〉：「宣父（即孔子）生於周末，有至德而無至位，修聖道而顯聖人，芟煩亂而剪浮辭，舉宏綱而撮機要，上斷唐虞，下終秦魯，時經五代，《書》總百篇。」⓳定禮理樂　〈尚書序〉：「孔子生於周末，睹史籍之煩文，懼覽之者不一，遂乃定《禮》、《樂》，明舊章。」⓴制作春秋　相傳《春秋》為孔子據魯史修訂而成，上起魯隱公元年，下迄魯哀公十四年西狩獲麟，凡二百四十二年。《史記．孔子世家》：「至於為《春秋》，筆則筆，削則削，子夏之徒不能讚一辭。」㉑讚明易道　《史記．孔子世家》：「孔子晚而喜《易》，序〈彖〉、〈繫〉、〈象〉、〈說卦〉、〈文言〉。」〈尚書序〉亦云：孔子「約史記而修《春秋》，讚《易》道以黜《八索》」。㉒法式　法度；法則。㉓束脩　十條乾肉。《論語．述而》：「自行束脩以上，吾未嘗無誨焉。」㉔素王　指有其德而無其位的人。後來儒家用以專指孔子。㉕繼世之統　世代相繼的系統。繼世，子承父位。㉖天何與焉　天有什麼關係。與，參預；干預。

【語　譯】齊國的太史名叫子與的到了魯國，會見了孔子，孔子跟他談了各種思想和學說，子與很高興地說：

「我是一個淺薄的人啊，聽說過你的名字，但沒有看到你的形象已經很久了，可是我非常珍惜地能夠認識你啊。到今天才真的知道泰山有多麼的高，深海有多麼的大。可惜呀先生沒有遇到英明的君主，使你的德澤不能施之於老百姓，但可以將你那寶貴的遺產留給後代。」於是下去對南宮敬叔說：「如今孔子是先代聖君的後嗣，從弗父何以來，世世代代都有謙讓的美德，這是上天所福佑的啊。成湯憑藉武力做了天下的君王，就應該有文德與之相配合，但從殷高宗以下，從來沒有推行過文德啊。孔子生長在周代衰弱的末年，先王的典籍文獻，錯亂得沒有頭緒，於是研討先秦諸子的學說，考正它的義理，開始敘述堯舜的政治，效法文武的禮教，刪定和編次了《詩》、《書》，制定和整理了《禮》、《樂》，撰寫了《春秋》，讚明了《易》道，把他的教訓留給後代，作為永久的法度，他的文德已經很顯著了。凡是接受過他的教育的，向他交納過學費的已經達到三千多人，或者上天將要給予他以素王的稱號嗎？那是多麼的偉大啊。」敬叔說：「可能像你所說的那樣，世界上的人物沒有能夠在文德和武德兩個方面都是偉大的。我聽說聖人的後代，如果不是繼承世代的系統，那一定會有興盛起來的。如今先生的道德到了最高的境界了，將要永遠的流傳下去，即使想要辭謝上天的福佑，也是辦不到的。」子貢聽說了，把子與和敬叔兩個人的話告訴了孔子，孔子說：「怎麼會是這樣！我不過是想在混亂中加以整頓，在停滯中讓它興盛起來，這是我的志趣，跟上天有什麼相干呢？」

終記解第四十

【題解】此記孔子臨終的情況，包括哀公的誄辭、弟子的服喪廬墓、燕人的觀瞻等等。所記見於《禮・檀弓上》、《左傳・哀公十六年》及《史記・孔子世家》。

孔子蚤晨作❶，負手❷曳杖，逍遙❸於門而歌曰：「泰山其頹❹乎？梁木❺其壞乎？哲人❻其萎❼乎？」既歌而入，當戶而坐，子貢聞之曰：「泰山其頹，則吾將安仰❽；梁木其壞，吾將安杖；哲人其萎，吾將安放❾？夫子殆將❿病也。」遂趨而入。夫子歎而言曰：「賜！汝來何遲？予疇昔⓫夢坐奠於兩楹之間⓬。夏后氏殯於東階之上，則猶在阼⓭；殷人殯於兩楹之間，則與賓主夾之；周人殯於西階之上，則猶賓之。而丘也即殷人。夫明王不興，則天下其孰能宗余⓮？余逮⓯將死。」遂寢病⓰，七日而終，時年七十二矣。

【章旨】此言孔子自知將死，從容作歌以自傷，並以天下無明主，使其道不得行，而有嗟歎之意。此章見於《禮・檀弓上》。

【注釋】❶蚤晨作　早晨起來。作，起來。❷負手　背負著雙手。❸逍遙　安閒自得的樣子。❹頹　崩塌。❺梁木　棟梁之材。❻哲人　明達而有才智的人。❼萎　委頓；凋謝。❽安仰　何所仰慕；嚮往何人。❾安放　效法何人。❿殆將　怕要。

⑪疇昔　昨晚；近日。⑫兩楹之間　殷人所殯的地方。⑬在阼　在主人的位置。⑭宗余　尊我。⑮逮　通「殆」。⑯寢病　臥病。

【語譯】孔子清早起來，背著手，拖著杖，在門前從容自得，並唱著歌道：「泰山恐怕要崩塌了麼？棟梁可能要朽敗了麼？明達而有才智的人將要凋謝了麼？」唱完了歌便進去了，對著門坐在那裡。子貢聽見了說：「泰山要是崩了，那麼我將仰慕誰呢！梁木要是壞了，我將依靠誰呢！明達而有才智的人凋謝了，我將效法誰呢？先生恐怕要病了啊。」於是快步走了進去，先生歎著氣並且說道：「子貢，你怎麼來得這麼遲？我昨晚夢見坐在兩楹之間接受人家的饋食。夏代把柩停在東階的上面，那麼還是主人的位置；殷代把柩停在兩楹之間，就是賓客和主人夾雜在一起；周代把柩停在西階的上面，那還是待以賓客之禮。而我是殷代的後裔。沒有英明的君主出來，那麼天下誰來尊我呢？我恐怕快死了。」於是臥病在床，七天便死了，這時他已七十二歲了。

哀公誄①曰：「昊天②不弔③，不憖遺④一老⑤，俾⑥屏⑦余一人⑧以在位，煢煢⑨余在疚⑩，於乎⑪哀哉！尼父⑫無自律⑬。」子貢曰：「公其不沒於魯乎⑭？夫子有言曰：『禮失則昏，名失則愆⑮。』失志為昏，失所為愆。生不能用，死而誄之，非禮也；稱一人，非名。君兩失之矣。」

【章旨】此言哀公弔唁孔子的話，是非禮的。見於《左傳・哀公十六年》。

【注釋】①誄　悼詞。歷述死者的功德以示哀悼。②昊天　蒼天。③不弔　不憐；不恤。④不憖遺　不願留下。憖，願。⑤一老　指孔子。⑥俾　使。⑦屏　保護；捍衛。⑧一人　天子自稱。哀公為諸侯，自稱一人，非禮。⑨煢煢　孤零零地。

⑩在疚　在痛苦中。⑪於乎　嗚呼。歎嗟之辭。⑫尼父　對孔子的尊稱。⑬無自律　自己無所取法。言孔子一死，便沒有可以取法的了。⑭公其不沒於魯乎　魯哀公恨三桓專擅，想憑藉別的諸侯的力量，以去掉三桓。哀公二十六年秋八月，公欲以越伐魯而去三桓，不勝，便逃到了邾國，後又轉越國，果應子貢的預言。見《左傳・哀公二十六年》。⑮僁　同「愆」。罪過。

【語譯】魯哀公致悼詞說：「上天不憐恤我，不願留下這麼一位老人，使他來庇護我穩居君位，我孤零零地沉浸在痛苦之中，嗚呼哀哉，孔老先生死了，我將無所取法啊。」子貢說：「哀公恐怕不會死在魯國吧？先生有一句話：『失了禮就要昏瞶，失了名就要犯錯誤。』喪失了心意就是昏瞶，喪失了所處的地位就是過錯。先生在生的時候不能任用他，死了以後，你又來哀悼他，這是不合於禮的；不是天子而稱一人，是不符合名分的。哀公在這兩個方面，都是犯了錯誤的。」

既卒，門人疑所以服❶夫子者，子貢曰：「昔夫子之喪顏回也，若喪其子而無服❷，喪子路亦然❸，今請喪夫子如喪父而無服。」於是弟子皆弔服而加麻❹，出有所之，則由絰❺。子夏曰：「入宜絰，可也，出則不絰。」子游曰：「吾聞諸夫子：喪朋友居則絰，出則否；喪所尊，雖絰而出可也。」孔子之喪，公西赤❻掌❼殯葬❽焉，唅以疏米❾三貝❿，襲衣⓫十有一稱⓬，加朝服⓭一，冠章甫⓮之冠，佩象環⓯，徑五寸而綦組綬⓰，桐棺⓱四寸，柏棺五寸，飭廟⓲置翣⓳設披⓴，周也；設崇㉑，殷也；綢練㉒設旐㉓，夏也。兼用三王禮，所以尊師且備古也。葬於魯城㉔北泗水㉕上，藏入地不及泉，而封為偃斧㉖之形，高四尺，樹松柏為志㉗焉。弟子皆家于墓，行心喪㉘之禮。既葬，有自燕㉙來觀者，舍於子夏氏，子貢謂之曰：「吾亦人之葬聖人，非聖人之葬人，子奚觀焉？昔夫子言曰：『見吾封㉚若夏屋㉛者，見若斧㉜矣，從若斧者也，馬鬣㉝封之謂也。』今徒一日三斬板㉞，而以封，尚㉟行夫子之志而已，何觀乎哉！」二三子三年喪畢，或留或去，惟子貢廬於墓六年，自後群弟子及魯人處於墓如家者百有餘家，因名其居曰孔里焉。

【章旨】此言孔子卒後，埋藏封志的經過，弟子廬墓心喪，所居成里的盛況。見於《禮．檀弓上》。

【注釋】❶服　舊時喪禮規定穿戴的喪服。也指居喪、服喪。❷無服　沒有喪服。❸亦然　也是如此。❹弔服而加麻　喪服上加上絰與帶。❺由絰　用絰。絰，古代喪期結在頭上或腰間的麻帶。《儀禮．喪服》「苴絰杖絞帶」注：「麻在首在腰皆曰絰。」❻公西赤　見〈七十二弟子解第三十八〉。❼掌　主持。❽殯葬　殯斂和埋葬。❾疏米　粳米。稻叫做嘉疏。❿三貝　三個錢幣。⓫襲衣　覆蓋在屍體上的衣服。⓬稱　古代計算衣服的量詞。一稱猶言一套。⓭朝服　朝會時所著的禮服。⓮章甫　殷代的冠名。⓯象環　象牙所做的環。⓰綦組綬　青黑色的絲帶為印綬。《禮．玉藻》：「孔子佩象環五寸而綦組綬。」蓋孔子不任魯司寇以後的佩飾。⓱桐棺　桐木做的棺材。指質地樸素的棺材。⓲飭廟　即把供靈的屋舍裝飾起來。飭，疑為「飾」。⓳置翣　設置棺飾。其形似扇，在路以障車，入槨以障柩。翣，以木為筐，廣三尺，高二尺四寸，方兩角，用白布蒙起來，畫上雲彩，柄長五尺，令人持之以從，既窆，樹於壙中。⓴設披　古代的喪具。用帛做成，用以牽挽靈車，以防傾覆。㉑設崇　旌旗上剪成齒狀的邊飾。㉒綢練　用白色的絲綢裹在旌旗的槓上。㉓設旐　出喪時為棺柩引路的旗幡。㉔魯城　魯國的都城。此指今山東曲阜。㉕泗水　水名。流經山東曲阜。㉖偃斧　仰臥在那裡的斧形。㉗志　標誌。㉘心喪　舊時師死，弟子守喪，不穿喪服，只在心中悼念，叫做心喪。㉙燕　春秋時國名。故地在今河北境內。㉚封　墳堆。㉛夏屋　大屋。今之宮殿。中間高而四方卑。㉜若斧　像斧的形狀。上面狹而難登，又容易建築。㉝馬鬣　墳墓上封土的一種形狀。㉞斬板　古代築墳的方法。把板安於兩側，用繩加以約束，所下之土與板平，則斬所約之繩。板，廣二尺，長六尺。㉟尚庶幾。

【語　譯】孔子去世以後，他的學生們商討怎麼樣來為先生服喪，子貢說：「過去先生死了顏回的時候，就像死了親生的兒子一樣，可是沒有著什麼喪服；子路死了，也是如此的。如今我們死了先生，也讓我們像死了父親一樣，但不著喪服。」於是學生們都穿上深黑色的衣服加上麻做的腰帶。走到別的地方去，就把麻做的帶子結在頭上。子夏說：「在家裡應該著麻做的腰帶，出去了就可以不把麻做的帶子結在頭上了。」子游說：「我從先生那裡聽說過：死了朋友，在家裡就繫麻做的帶子，到外面去就不著了；如今死了長輩，即使繫著麻做的帶子出去，也是可以的啊。」孔子死的時候，公西赤主持殯斂和埋葬的事，讓孔子口裡含了粳米和三枚貨幣，遺體上覆裹著十一套衣服，外加朝會時的禮服一套，戴著殷代的帽子，佩著象牙做的環，直徑有五寸，用雜色的絲做綬帶，用桐木做的外棺，有四寸厚，用柏木做的內槨有五寸厚，裝飾了安靈的屋子，設置了用白布蒙起來的扇形棺飾，還用了帛做的喪具，以牽引靈車和防止傾覆，這是按照周代的喪禮辦的啊；設了剪成齒狀的旗飾，這是按照殷代的喪禮啊；還用白色的絲綢裹在旌旗的槓上，前面還有人舉著為棺柩引路的幡子，這是按照夏代的喪禮啊。兼用夏、商、周三代的喪禮，是為了尊重老師，而且使古禮更加完備啊。葬在魯國都城北面的泗水旁，埋藏的深度沒有出現地下水，墳堆築成仰臥的斧形，高度只有四尺，栽上松樹和柏樹作為標誌，學生們都在墓旁安家，雖不著喪服，卻在內心裡深深地悼念著。已經安葬以後，有從燕國前來觀禮的，住在子夏的家裡，子貢對他說：「我們也是普通人來安葬道德學問達到最高境界的人；不是道德學問達到最高境界的人來安葬別人，你有什麼可以參觀的。過去先生說過：『看到我的墳堆像中間高四周低的大屋的，看到它像仰臥的大斧的，之所以墳堆採用大斧的形狀，正是民間普通的墳堆形式啊。』如今一日而築三板，每板寬二尺長六尺，庶幾實踐先生的想法罷了，有什麼可看的啊！」他們幾個人，守完了三年的心喪，有的繼續留在那裡，有的便離開了，只有子貢在墓旁住了六年，從此以後，那些弟子和魯國的人在墓旁住家的有一百多戶，於是把他們住的地方叫做「孔里」。

正論解第四十一

【題　解】這是記述孔子從正面論述當時政治人物的言行的，因以「正論」名篇。它是由二十七則言論和故事組成的。這些言論和故事大都見於《左傳》和《禮記》，少數見於《國語·魯語》、《韓詩外傳》和《新序》。

孔子在齊，齊侯出田❶，招虞人❷以旌❸，不進，公使執之，對曰：「昔先君之田也，旌以招大夫，弓以招士，皮冠以招虞人。臣不見皮冠，故不敢進。」乃舍之❹。孔子聞之曰：「善哉！守道❺不如守官❻。」君子韙❼之。

【章　旨】此言孔子贊美堅守制度、不畏權勢的人。事見《左傳·昭公二十年》。

【注　釋】❶出田　外出田獵。❷虞人　掌管山澤之官。❸旌　用旄牛尾和彩色鳥羽作竿飾的旗。按照古禮，君有所命，召喚大夫用旌，召喚士用弓，召喚虞人用皮冠。❹舍之　釋放他。❺守道　遵守封建倫理的常道。如君召當往，便是常道。❻守官　堅持國家的制度。如非物不往，便是守法。❼韙　是；善。

【語　譯】孔子在齊國，齊侯外出田獵，用飾有文彩的旗子去召喚掌管山澤的官員，掌管山澤的官員沒有來，齊侯派人把他抓了來，他回答說：「過去那些已故的君主外出田獵的時候，是用彩旗召喚大夫的，用弓來召喚士的，用皮冠來召喚主管山澤的官員的。我沒有看到皮冠，所以不敢來。」這才釋放了他。孔子聽了後說：「好呀！遵守封建倫理的常道，不如堅持國家的法制。」有道德修養的人認為他是正確的。

齊國書❶伐魯，季康子❷使冉求❸率左師❹禦之，樊遲❺為右❻，「非不能也，不信子❼。請❽三刻而踰之❾。」如之❿，眾從之，師入齊軍，齊軍遁⓫。冉有用戈，故能入焉。孔子聞之曰：「義也。」既戰，季孫⓬謂冉有曰：「子之於戰，學之乎？性達之乎？」對曰：「學之。」季孫曰：「從事⓭孔子，惡乎學⓮？」冉有曰：「即學之孔子也。夫孔子者，大聖無不該⓯，文武並用兼通⓰，求也適聞其戰法，猶未之詳也。」季孫悅，樊遲以告孔子，孔子曰：「季孫於是乎可謂悅人之有能矣。」

【章旨】此孔子贊美冉求英勇善戰，終於打敗侵略者；冉求則說他是向孔子學的。見於《左傳・哀公十一年》。

【注釋】❶國書　人名。齊國的卿。❷季康子　魯國的執政大夫。❸冉求　孔子弟子。❹左師　地方的軍隊。分為左、右二師。❺樊遲　孔子弟子。❻為右　作為右翼。❼不信子　不相信你。言季孫氏德不素著，民眾不信。❽請　讓。❾三刻而踰之　與眾三刻約信，越過護城河。❿如之　依照他的話。⓫遁　逃走。⓬季孫　指季康子。⓭從事　跟從和事奉。⓮惡乎學　怎麼學啊。⓯該　通「賅」。包括。⓰兼通　兩者都通曉。

【語譯】齊國的國書率領軍隊來攻打魯國，季康子打發冉求帶領地方部隊去抵抗他，任命樊遲作為右翼，樊遲說：「不是我們沒有能力去抵禦齊國的軍隊，只是大家不信任你啊。讓我與大家約定要在三刻之內越過護城河吧！」季康子依了他的話，兵眾也跟著他往前衝，魯國的地方部隊很快攻破了齊國的軍隊，齊國的軍隊逃走了。冉求揮動兵器奮勇向前，所以能夠攻了進去。孔子聽了說道：「能夠抵禦強敵，這是正義之師啊。」

已經結束了戰事，季康子對冉有說：「你對於戰爭，是學來的，還是天生的呢？」冉求回答說：「是學來的。」季康子說：「你跟著孔子學習，怎麼學來的呢？」冉求說：「就是向孔子學的嘛！孔子是一位偉大的聖人，他的知識是無所不包的，文武兩方面都是很精通的。我剛剛從他那裡學到了戰爭的方法，還來不及詳細研究啊。」季康子很高興，樊遲把這些話告訴了孔子，孔子說：「從這裡可以看出季康子是喜歡別人有能力喲。」

南容說❶、仲孫何忌❷既除喪，而昭公❸在外，未之命也❹。定公即位，乃命之，辭曰：「先臣❺有遺命❻焉：夫禮，人之幹❼也。非禮則無以立，囑家老❽使命二臣❾，必事孔子而學禮，以定其位。」公許之。二子學於孔子，孔子曰：「能補過者君子也。《詩》云：『君子是則是傚❿。』孟僖子可則傚矣。懲己所病⓫，以誨⓬其嗣⓭，〈大雅〉所謂『詒厥孫謀，以燕翼子⓮。』是類也夫！」

【章旨】此孔子贊美孟僖子善於補過，把自己的缺陷，拿來告誡自己的後人。事見《左傳・昭公七年》。

【注釋】❶南容說　即南宮敬叔。孟僖子的兒子。注見〈致思第八〉。❷仲孫何忌　即孟懿子。孟僖子的兒子。❸昭公　魯的國君。時被季孫所逐。❹未之命也　尚未任命二人（南宮敬叔與仲孫何忌）為卿大夫。❺先臣　已故之臣。此指孟僖子。❻遺命　遺囑。❼幹　楨幹；主幹。❽家老　大夫家中的宰臣。❾二臣　指南宮敬叔與仲孫何忌。《左傳・昭公七年》：「孟僖子病不能相禮，乃講學之，若能禮者從之，及其將死也，召其大夫曰：『……必囑說與何忌於夫子，使事之。』」此句當指此事。❿君子是則是傚　語出《詩・小雅・鹿鳴》。言為君子所取法。則，取法。傚，仿效。⓫懲己所病　以自己所缺的為戒。懲，鑑戒。病，缺點。⓬誨　教誨。⓭嗣　後人。⓮詒厥孫謀二句　見《詩・大雅・文王有聲》。詒，通「貽」。留給；傳給。孫謀，順天下的謀略。以燕翼子，安其敬事的子孫。燕，安。翼，敬。

【語　譯】南宮敬叔與仲孫何忌已經去掉了為父親孟僖子守喪的喪服，因為昭公流亡在外，還沒有任命他倆為卿大夫啊。定公繼承了君位，才任命他們。他們辭謝道：「我已故的父親有一道遺囑說：禮，是人的主幹啊，沒有禮便站不住腳，囑咐我的主管大夫一定要打發我們兩人去拜孔子為師，向他去學禮，以安定我們家的地位。」定公答應了他們的要求，他們便向孔子學習。孔子說：「能夠補救自己的過失的，是有道德修養的人啊。《詩》上說：『有道德修養的人，是可以取法和學習的。』孟僖子便是可以效法的喲。鑑於自己的缺點，便拿來教育後人。〈大雅〉所說的『傳給順天下的謀略，以安定其敬事的子孫。』就是像這樣的人啊。」

衛孫文子❶得罪於獻公，居戚❷。公卒，未葬，文子擊鐘焉。延陵季子❸適晉，過戚，聞之，曰：「異哉！夫子之在此，猶燕之巢于幕❹也，懼猶未也，又何樂焉？君又在殯❺，可乎？」文子於是終身不聽琴瑟。孔子聞之曰：「季子能以義正人❻，文子能克己服義❼，可謂善改矣。」

【章　旨】此言孔子盛贊延陵季子「能以義正人」，衛孫文子「能克己服義」。事見《左傳・襄公二十九年》。

【注　釋】❶衛孫文子　衛卿，名林父。衛獻公請他吃飯，日旰不召，而去射雁，文子找到了他，他又穿著戎服跟他說話，於是他便把獻公趕到齊國去了。事見《史記・衛康叔世家》。❷戚　《史記・衛康叔世家》作「宿」。是孫文子的采邑，故址在今河南省濮陽縣北。❸延陵季子　即吳季札。吳王壽夢最小的兒子，封於延陵，故稱延陵季子。他在魯襄公二十九年，歷聘魯、齊、鄭、衛、晉等國，以博聞多識，有聲於時。❹燕之巢于幕　燕子把窩築在帷幕上。比喻處境十分危險。❺在殯　沒有安葬。❻正人　匡正別人的過失。❼服義　奉行仁義。

【語　譯】衛卿孫文子得罪了獻公，住在名叫「戚」的采邑裡，獻公死了，還沒有安葬，文子便敲著鐘作起樂來。吳季札到晉國去，經過文子的采邑戚，聽到了鐘聲說：「奇怪呀，你住在這裡，就像燕子把窩築在帷幕上一樣，處境是很危險的，害怕還來不及呢，又有什麼可以高興的呢？何況君主還沒有安葬，可以這麼作樂麼？」孫文子於是終身再也不聽琴瑟了。孔子聽了說：「吳季札能夠用仁義去匡正別人的過失，孫文子能夠克制自己的言行來奉行仁義，可以稱得上善於改過了。」

孔子覽晉志❶，晉趙穿❷殺靈公❸，趙盾❹亡❺，未及山❻而還，史❼書趙盾弒君，盾曰：「不然。」史曰：「子為正卿❽，亡不出境，返不討賊，非子而誰？」盾曰：「嗚呼！『我之懷矣，自詒伊戚❾。』其我之謂乎！」孔子歎曰：「董狐❿，古之良史也，書法不隱⓫；趙宣子，古之良大夫也，為法⓬受惡⓭。惜也，越境乃免。」

【章　旨】此言孔子盛贊董狐不畏權勢，直書不隱；趙盾能夠堅決維護法制，為法受惡。事見《左傳・宣公二年》。

【注　釋】❶晉志　晉國的歷史。❷趙穿　趙盾的同族兄弟。時為將軍。❸靈公　名夷皋。襄公的太子。他奢侈暴虐，厚斂雕牆，從臺上彈人，而觀其避丸，不聽大臣的諫阻。見《史記・晉世家》。❹趙盾　即趙宣子。趙衰的兒子，晉國的執政，曾任中軍元帥，掌握國政。❺亡　逃亡。❻山　晉國的國境。❼史　太史；史官之長。此指董狐。❽正卿　最大的卿；執政的卿。❾我之懷矣二句　語本《詩・邶風・雄雉》。原詩的「戚」作「阻」。「自詒伊戚」乃《詩・小雅・小明》中之句，當係記憶之誤。懷，貪圖；懷戀。詒，留給。伊，通「繄」。語助詞。戚，憂慮。❿董狐　春秋時晉國的史官。周人辛有的後裔，世襄太史的職務，亦稱史狐，是歷史上有名的史官。⓫不隱　不隱諱；不迴避。⓬為法　為了維護法制。⓭受惡　蒙受惡名。

【語　譯】孔子閱覽晉國的歷史，看到趙穿殺了晉靈公，趙盾逃亡在外，沒有出國境就回來了。太史記載著趙盾弒了國君。趙盾說：「不是如此的。」太史說：「你是晉國的執政大臣，逃亡沒有離開國境，回來又沒有聲討逆賊，不是你又是誰呢？」趙盾說：「唉！『貪戀官位，給自己留下無窮的憂慮。』這就是說我的啊！」孔子歎息道：「董狐，是古代最好的史官啊，秉筆直書，毫不隱諱；趙盾，是古代的好大夫啊，為了維護法制，不惜蒙受惡名。可惜啊，離開了國境，就可以免得背黑鍋了。」

鄭伐陳，入之，使子產❶獻捷于晉，晉人問陳之罪焉。子產對曰：「陳亡周之大德❷，介恃❸楚眾，馮陵❹敝邑，是以有往年之告❺，未獲命❻，則又有東門之役❼，當陳隧者❽井陻❾木刊❿，敝邑大懼，天誘其衷⓫，啟敝邑心，知其罪，授首⓬於我，用敢獻功。」晉人曰：「何故侵小？」對曰：「先王之命，惟罪所在，各致其辟⓭。且昔天子一圻⓮，列國一同⓯，自是以衰⓰，周之制也。今大國多數圻矣，若無侵小，何以至焉？」晉人曰：「其辭順。」孔子聞之，謂子貢曰：「志⓱有之，言以足志⓲，文以足言，不言誰知其志。言之無文，行之不遠，晉為鄭伯入陳⓳，非文辭不為功，小子慎哉！」

【章　旨】此孔子盛贊子產的善於言辭，故能應對得體，不辱使命。事見《左傳・襄公二十五年》。

【注　釋】❶子產　即公孫僑。春秋時著名的政治家。❷陳亡周之大德　陳國忘記了西周對它的大恩大德。此指武王以元女太姬配陳之始祖胡公，而封之於陳的事。❸介恃　大大地依靠著。❹馮陵　欺壓；侵侮。❺往年之告　告訴晉國，鄭被陳侵。❻未獲命　沒有得到晉平陳的成命。❼東門之役　指與楚共伐陳，入其東門。❽當陳隧者　當著陳國的道路的。隧，道路。❾井堙　堵塞了井。❿木刊　斫伐了樹木。⓫天誘其衷　上天褒美我的善良。誘，褒美。衷，善良。⓬授首　投降或被殺。⓭辟　誅戮；處罰。⓮圻　地方千里曰圻。⓯同　地方百里曰同。⓰自是以衰　指伯方七十里，子男五十里。是，這。衰，遞減。⓱志　古書。⓲足志　足成其志。足，成。⓳晉為鄭伯入陳　此當係「晉為伯，鄭入陳」的錯文。《左傳・襄公二十五年》傳正是如此。

【語　譯】鄭國攻打陳國，攻了進去，便派子產到晉國去報捷，晉人提出陳國究竟犯了什麼罪的質問，子產回答說：「陳國忘了西周的大德，依仗楚國的兵眾，欺凌敝國，因此我在過去曾經向你報告過我被陳國所侵略，沒有得到你制裁陳國的成命，於是只好與楚國共同伐陳，發動了攻到陳國東門的戰役。當著陳軍道路的，水井被堵塞了，樹木被砍伐了，引起我們國家極大的震動，幸好上天褒美我們的善良，啟發我國抗陳的決心，陳國已經明白了它的罪行，向我們投了降，因此敢來向晉國獻功。」晉人說：「為什麼要侵略小國呢？」子產回答說：「先王的明令，只要誰犯了罪，就要受到應有的處分。而且過去明文規定天子地方千里，諸侯中的大國地方百里，從大國諸侯依次漸減，這是西周的制度啊。如今大國多數已經地方千里了，如果沒有侵略弱小的，怎麼能夠擁有這麼寬的土地呢？」晉人說：「他的話說得很順乎人情。」孔子聽說了，對子貢說：「古書上說過：言語是用以足成其志的，文采是用以足成言語的，不能用言語表達出來，誰能明瞭你的意圖呢？說了而沒有文采，也不能把影響擴大到遠方去。晉國是霸主，鄭國攻進了陳國，沒有這麼文采斑斕的言辭，是不能收到這樣的效果的，你們年輕人要敬慎從事呀！」

楚靈王❶汰侈，右尹❷子革❸侍坐，左史倚相趨而過，王曰：「是良史也，子善視之，是能讀三墳五典❹、八索❺九丘❻。」對曰：「夫良史者，記君之過，揚君之善，而此子以潤辭❼為官，不可為良史。」曰：「臣又乃嘗聞焉：昔周穆王❽欲肆❾其心，將過行天下，使皆有車轍並馬跡焉。祭公謀父❿作〈祈昭〉⓫，以止王心，王是以獲歿⓬於文宮⓭。臣聞其詩焉而弗知，若問遠焉，其焉⓮能知？」王曰：「子能乎？」對曰：「能。其《詩》曰：『〈祈昭〉之愔愔⓯乎，式昭德音⓰。思我王度⓱，式如玉，式如金⓲。刑民之力，而無有醉飽之心。』」靈王揖而入，饋不食，寢不寐，數日，則固不能勝其情，以及於難。孔子讀其志曰：「古者有志，克己復禮⓳為仁，信善哉！楚靈王若能如是，豈期辱於乾谿⓴？子革之非左史，所以風㉑也，稱《詩》以諫，順哉！」

【章　旨】此言孔子盛贊子革能以《詩》諷諫靈王。事見《左傳・昭公十二年》。

【注　釋】❶楚靈王　即公子圍。弒康王而自立，築章華之臺，伐吳滅陳，醉殺蔡侯，民不堪命。事見《史記・楚世家》。❷右尹　官名。❸子革　即鄭丹。子然的兒子，因內亂而逃奔到楚的。❹三墳五典　皆古書名。三墳，三王之書。五典，五帝之典。❺八索　八卦之說。❻九丘　九州之志。❼潤辭　好聽的話。❽周穆王　名滿，周昭王的兒子。他曾西擊犬戎，東征徐夷，相傳《尚書》中的〈君牙〉、〈冏命〉、〈呂刑〉都是他的誥諭。《穆天子傳》記述了他乘八駿見西王母的故事。❾肆　恣肆；縱恣。❿祭公謀父　周的卿士。⓫祈昭　詩名。昭，當為「招」。猶徵招、角招之類。《左傳・昭公十二年》正作〈祈招〉。⓬獲歿　得到善終。⓭文宮　《左傳・昭公十二年》作「祗宮」。圻內遊觀之宮。⓮焉　何；怎。⓯愔愔　安和的樣子。⓰式昭德音　用來宣揚君主的美好德行。式，用。昭，明。德音，善言。⓱王度　君王的法度。⓲式如玉二句　用之如玉的貴，如金的重。⑲克己復禮　克制自己的私慾，恢復西周的禮教。⑳辱於乾谿　楚靈王在乾谿歡樂無度，國人苦於勞役，吳師伐楚，楚眾皆潰，靈王獨自徬徨山中，無所得食，自縊而死。見《史記・楚世家》。㉑風　通「諷」。諷諫。

【語　譯】楚靈王驕汰奢侈，右尹子革侍從在坐，左史倚相快步從旁邊走了過去，靈王說：「這是一個很好的史官啊，你要好好的看待他，他能夠通讀三王五帝的典籍，八卦九州的方志。」子革回答說：「大凡好的史官，能夠記錄君主的過失，宣揚君主的美德。可是這個人只靠了會說好聽的話來做官，不能叫做好的史官。」接著又說：「我還聽說過：古代的周穆王想要滿足自己的慾望，打算走遍天下，到處都留下他的車痕馬跡。他的卿士祭公謀父，作了一首名為〈祈招〉的詩，以勸止穆王遊樂的心意，穆王因此得以善終於文宮。我聽說這首詩，但左史倚相卻不了解它。如果問他年代隔得更遠一些的，他怎麼還能了解呢？」靈王說：「你能記得它的內容麼？」子革回答說：「能夠。那首詩說：『〈祈招〉的音樂是多麼的安和悠閒，可以用來宣揚君主的美好德行。想到君王的法度，用起來像玉一樣的貴，像金一樣的重。絕不損害民眾的物力，全無饜足之心。』」靈王聽了打了個拱就進去了，從此飯不吃，覺不睡，經過幾天，還是不能抑制自己的驕汰之心，以至於遭了禍難。孔子讀了他的歷史說：「古書上有這麼一句話：克制自己的慾望，恢復西周的禮樂，這就是仁者了。的確說得好呀。楚靈王如果能這樣，何至於在乾谿遭到困辱呢？子革之所以非議左史，是為了諷諫啊。舉出《詩經》來勸阻君王，是順理成章的呀！」

叔孫穆子❶避難奔齊，宿於庚宗❷之邑，庚宗寡婦通❸焉而生牛。穆子返魯，以牛為內豎❹，相家❺。牛讒叔孫二人殺之❻。叔孫有病，牛不通其饋❼，不食而死。牛遂輔叔孫庶子昭❽而立之，昭子既立，朝其家眾曰：「豎牛禍叔孫氏，使亂大從❾，殺適立庶，又被其邑❿，以求舍罪，罪莫大焉，必速殺之。」遂殺豎牛。孔子曰：「叔孫昭子之不勞⓫，不可能也。周任⓬有言曰：『為政者不賞私勞，不罰私怨。』《詩》云：『有覺德行，四國順之⓭。』昭子有焉。」

【章旨】此孔子論贊昭子不賞私勞，而殺大逆。事見《左傳》昭公四年及五年。

【注釋】❶叔孫穆子　即叔孫豹。他的哥哥叔孫僑如淫亂，所以逃到齊國，以避其亂。❷庚宗　魯邑。❸通　私通。❹內豎　宮內小臣。可以傳遞宮內宮外的命令。❺相家　做了大夫的家宰；主持大夫的家政。❻牛讒叔孫二人殺之　指豎牛讒殺穆子的嫡子孟丙與仲壬。皆國姜所生者。❼牛不通其饋　豎牛冒稱穆子有病，不欲見人，令饋者把食物放在東西廂便去。❽庶子昭　即叔孫婼。庶子，妾所生之子。❾大從　大順。❿被其邑　指豎牛取叔孫氏的東鄙三十邑，以賂季氏的家臣南遺。被，《左傳・昭公五年》作「披」。分出來的意思。⓫不勞　不以為功。⓬周任　古之賢人。⓭有覺德行二句　語出《詩・大雅・抑》。覺，直。四國，四方。

【語譯】叔孫穆子為了逃避他哥哥叔孫僑如的禍害，跑到齊國去，在名叫庚宗的魯邑住了下來，與庚宗的一個寡婦私通，生了一個兒子名叫牛。後來穆子回到了魯國，便要名叫牛的兒子做了宮內的小官，逐漸主管了大夫的家政。豎牛讒殺了叔孫氏的兩個兒子，名叫孟丙和仲壬。叔孫穆子病了，牛又不讓飲食送進去，於是便餓死了。豎牛便輔助叔孫穆子的庶子叔孫婼繼承了他的位置。叔孫婼繼位之後，召見他的徒眾說：「豎牛害了我叔孫氏，使之亂了大順，殺害了嫡子，扶立了庶子，又把叔孫氏東鄙的三十個邑分割出去，希望赦免他的罪行。沒有比他的罪更大的了，一定要趕快殺了他。」於是便把豎牛殺了。孔子說：「叔孫昭子不認為豎牛扶立自己有功，實在是不能容忍啊。古代的賢人周任說得好：『處理國家的政務的，應該不獎賞對個人有功的，不處分對個人有怨的。』《詩・大雅・抑》說：『有了正大的德行，四方就會順從他。』叔孫昭子就具備了這種德行喲。」

晉邢侯❶與雍子❷爭田❸，叔魚❹攝理❺，罪在雍子。雍子納其女於叔魚，叔魚弊獄❻邢侯，邢侯怒殺叔魚與雍子於朝，韓宣子❼問罪於叔向❽，叔向曰：「三姦❾同坐❿，施生⓫戮死⓬可也。雍子自知其罪，而賂以置直⓭；鮒⓮也鬻獄⓯，邢侯專殺⓰，其罪一也。己惡而掠美⓱為昏，貪以敗官⓲為默⓳，殺人不忌⓴為賊㉑。〈夏書〉㉒曰：『昏默賊殺㉓，皋陶㉔之刑也。』請從之。」乃施邢侯，而尸㉕雍子、叔魚於市。孔子曰：「叔向，古之遺直也。治國制刑，不隱㉖於親，三數叔魚之罪，不為末㉗，或曰義，可謂直矣！平丘之會㉘，數㉙其賄也。以寬衛國，晉不為暴。歸魯季孫㉚，稱其詐也，以寬魯國，晉不為虐。邢侯之獄，言其貪也，以正刑書㉛，晉不為頗㉜。三言而除三惡㉝，加三利㉞，殺親益榮，由義也夫！」

【章旨】此言孔子盛贊叔向「治國制刑，不隱於親」。事見《左傳・昭公十四年》。

【注釋】❶邢侯　楚申公巫臣之子。《左傳・襄公二十六年》，巫臣奔晉，晉與之邢。故稱之為邢侯。邢，地名。在今山西河津。❷雍子　楚人。奔晉時，晉人與之鄐。鄐，地名。春秋時晉邑。❸爭田　爭鄐田的疆界。❹叔魚　名鮒。晉大夫叔向的弟弟。❺攝理　代理主管刑獄的長官。攝，代理。理，獄官。❻弊獄　斷罪。弊，斷。❼韓宣子　即韓起。時為晉國的正卿。❽叔向　姓羊舌，名肸。晉大夫，食邑於楊，故又名楊肸。晉悼公時，為太子彪傅，晉平公時，被任命為太傅。是春秋時晉國的賢大夫。❾三姦　三個壞傢伙。指叔魚、雍子和邢侯。❿同坐　同時獲罪。坐，獲罪。⓫施生　活的判罪。⓬戮死　死的戮屍。⓭賂以置直　用賄賂把自己放在正確的地位。置，《左傳・昭公十四年》作「買」。⓮鮒　羊舌鮒。即叔魚。⓯鬻獄　因訟得賄，枉法斷獄。⓰專殺　擅行殺戮。⓱掠美　奪取他人之美以為己有。⓲敗官　破壞官法。⓳默　《左傳・昭公十四年》作「墨」。貪汙；不廉潔。⑳不忌　無所忌憚。㉑賊　為害社會的壞人。㉒夏書　《尚書》的〈禹貢〉、〈甘誓〉、〈五子之歌〉和〈胤征〉，被稱為〈夏書〉。㉓昏默賊殺　枉法、貪汙、為害社會的人，都在殺戮之列。㉔皋陶　亦作「咎陶」。相傳曾被舜任為掌管刑法的官。㉕屍　陳屍示眾。㉖不隱　不隱諱；不隱瞞。㉗末　《左傳・昭公十四年》作「末減」。即稍微減輕一些。末，微。減，輕。㉘平丘之會　《左傳・昭公十三年》，諸侯會於平丘，次於衛地，叔鮒求貨於衛，淫芻蕘者，衛人患之，使人饋叔向羹，與一篋錦，叔向受羹返錦，曰：「晉有羊舌鮒者，瀆貨無厭，亦將及矣。」㉙數　責備。㉚歸魯季孫　魯季孫見執，諮於晉，晉人歸之，季孫不肯歸。叔向言：叔魚能歸之。叔魚說季孫，季孫懼，乃歸。㉛刑書　刑法的條文。㉜頗　偏頗。㉝三惡　指上文所說的暴、虐、頗。㉞三利　即上文所說的不為暴、不為虐、不為頗。

【語　譯】晉國的邢侯與雍子因為鄐田的疆界發生爭訟，叔魚代理主管刑法的長官，本來過錯在雍子一方，雍子把自己的女兒送給叔魚，叔魚便判斷罪在邢侯一方。邢侯很氣憤，便把叔魚和雍子殺在市朝上。晉國的正卿韓宣子向叔向徵求判罪的意見，叔向說：「三個壞傢伙同樣都犯了罪，活著的判刑，死了的陳屍示眾，是應該的啊。雍子自己知道他是有罪的，於是用賄賂的手段，把自己擺在正確的位置上；叔魚因訟得賄，邢侯擅自殺戮，他們同樣是犯罪啊。自己本來是醜惡的，而奪取別人之美以為己之美，這就是枉法；貪圖財貨而破壞國家的法令，這就是貪汙；逞凶殺人而毫無忌憚，這就是危害社會。〈夏書〉上說：『枉法、貪汙和危害社會，都是應該殺的，這是皋陶的刑法啊。』讓我們依照這個去辦吧。」於是判了邢侯的罪，而把雍子和叔魚的屍體陳列在市面上。孔子說：「叔向，能夠直道而行，有古代的遺風啊。治理國家，執行刑法，不為自己的親屬隱瞞，三次指控叔魚的罪行，不肯替他稍微減輕一點，做事合乎道義啊，可以說是正直了。平丘之會，指控叔魚是貪得無饜啊，從而寬解了衛國，而晉國的人不以他為暴；讓季孫氏回到魯國那件事，是揭發叔魚的姦詐啊，從而寬解了魯國，而晉國的人不認為他是虐；邢侯這件訟案，是說明叔魚的貪汙啊，從而嚴肅了刑法的條文，而晉國的人不認為他是有偏頗的。三句話就去掉了暴、虐、頗三件壞事，而得到了不暴、不虐和不頗三個有益的聲譽。殺了自己的親兄弟卻顯得更加光榮，都是因為他做事合於道義啊。」

鄭有鄉校❶，鄉校之士，非論❷執政❸，鬷明❹欲毀鄉校，子產曰：「何以毀為也？夫人朝夕退而遊焉，以議執政之善否。其所善者，吾則行之；其所否者，吾則改之，若之何其毀也？我聞忠言以損怨❺，不聞立威❻以防怨❼。防怨，猶防水也。大決❽所犯，傷人必多，吾弗克救也；不如小決使導❾之，不如吾所聞而藥之❿。」孔子聞是言也，曰：「吾以是觀之，人謂子產不仁，吾不信也。」

【章旨】孔子盛贊子產不毀鄉校，認為防民之口，甚於防水，是很有政治眼光的。見於《左傳．襄公三十一年》及《新序．雜事四》。

【注釋】❶鄉校　鄉學。❷非論　詆毀；責難。❸執政　掌握政權的人；主持政務的人。❹鬷明　即鬷蔑。又號然明，鄭人，其貌甚醜，子產曾向他徵詢為政之道，他說：「視民如子，見不仁者，誅之，如鷹鸇之逐鳥雀也。」❺損怨　減少怨怒。❻立威　樹立威望。❼防怨　防止怨怒。❽大決　大的決口。❾導　疏導。❿藥之　醫治它。

【語譯】鄭國有一所鄉學，鄉學裡的人，非難主持政務的人，然明想把鄉學毀掉，子產說：「為什麼要毀掉它呢？人們早晚沒有事的時候在這裡來遊覽一會，因而議論一下主持政務的人的好壞。他們所喜歡的，我們就推行它；他們所不喜歡的，我們就改革它，為什麼要毀掉它呢？我聽說接受忠言可以減少民眾的怨憤；沒有聽說樹立威望可以防止民眾的怨怒。防止民眾的怨怒，好像防止洪水一樣啊，大的決口所造成的沖擊，死傷的人必然很多，我就沒有能力來挽救啊；不如開一個小的口子來疏導它，不如我聽到他們所看到的毛病而去醫治它。」孔子聽到了這些話說：「我從這些話看起來，有人說子產不是一個仁愛的人，我不相信啊。」

晉平公❶會諸侯于平丘，齊侯❷及盟❸，鄭子產爭貢賦❹之所承❺，曰：「昔日天子班貢❻，輕重以列❼，列尊貢重，周之制也。卑而貢重者，甸服❽。鄭伯，男❾，南❿也，而使從公侯之貢，懼弗給⓫也。敢以為請。」自日中爭之，以至于昏，晉人許之。孔子曰：「子產於是行也，是以為國基⓬也。《詩》云：『樂只君子，邦家之基⓭。』子產，君子之於樂者⓮。」且曰：「合諸侯而藝貢事⓯，禮也。」

【章　旨】孔子盛贊子產敢於在強國面前，據理力爭，以減輕國家的負擔。見於《左傳・昭公十三年》。

【注　釋】❶晉平公　名彪。晉悼公之子。❷齊侯　指齊景公。❸及盟　趕上了盟會。❹貢賦　賦稅。下之所供為貢，上之所取為賦。❺所承　所應該承擔的。❻班貢　頒布賦稅的定額。❼以列　依據爵位的大小。列，爵位。❽甸服　王畿外圍方圓五百里之內。❾男　指五等爵的男爵。❿南　言在甸服以外。⓫給　供應。⓬國基　國家的基礎。⓭樂只君子二句　語出《詩・小雅・南山有臺》。詩〈序〉云：「〈南山有臺〉，樂得賢也。得賢則能為邦家立太平之基矣。」只，是；這個。基，根本。⓮君子之於樂者　《左傳・昭公十三年》作「君子之求樂者」。言子產是君子所求樂的人。⓯藝貢事　分別貢賦輕重的法制。藝，法制。

【語　譯】晉平公在平丘會合諸侯，齊景公也趕來參加了盟會。鄭子產在會上爭論貢稅的合理負擔說：「先前天子頒布貢稅，貢稅的輕重是按照爵位的高低來定的。爵位高，賦就重，這是周代的制度啊。爵位低而貢稅重的，只有在王畿周圍五百里之內的諸侯，如今鄭國只是一個伯男的爵位，而且在王畿五百里以外，可是要我們負擔公侯一樣重的賦稅，恐怕供應不了啊。所以冒昧地請求減輕一些。」從正午一直爭到黃昏，晉人才答應他。孔子說：「子產在這一次行動中，是為國家奠定太平的基礎啊。《詩・小雅・南山有臺》說：『為君子所喜愛的這個人，是奠定國家太平的基石。』子產，是君子所求樂的人。」孔子還進一步說：「會合諸侯而來研究賦稅的法制，是合禮的啊。」

鄭子產有疾，謂子太叔❶曰：「我死，子必為政❷。唯有德者能以寬服民，其次莫如猛。夫火烈❸，民望而畏之，故鮮死焉。水濡弱❹，民狎而翫之❺，則多死焉。故寬難。」子產卒，子太叔為政，不忍猛而寬，鄭國多掠盜❻，太叔悔之曰：「吾早從夫子，必不及此。」孔子聞之曰：「善哉！政寬則民慢❼，慢則糺❽於猛，猛則民殘，民殘則施之以寬，寬以濟❾猛，猛以濟寬，寬猛相濟，政是以和。《詩》曰：『民亦勞止，汔可小康。惠此中國，以綏四方❿。』施之以寬。『毋縱詭隨，以謹無良。式遏寇虐，慘不畏明⓫。』糺之以猛也。『柔遠能邇，以定我王⓬。』平之以和也。又曰：『不競不絿，不剛不柔。布政優優，百祿是遒⓭。』和之至也。」子產之卒也，孔子聞之，出涕曰：「古之遺愛⓮。」

【章　旨】孔子盛贊子產為政，能夠寬猛相濟，以達到治國安民的目的。見於《左傳・昭公二十年》。

【注　釋】❶子太叔　名游吉。鄭國的賢大夫。❷為政　主持政務。❸火烈　火性猛烈。❹濡弱　柔弱。《左傳・昭公二十年》作「懦弱」。❺狎而翫之　輕易而玩忽它。翫，通「玩」。❻掠盜　搶劫的強盜。❼慢　怠慢；輕忽。❽糺　同「糾」。糾正；矯正。《左傳・昭公二十年》正作「糾」。❾濟　相輔相成。下兩「濟」字同。❿民亦勞止四句　語出《詩・大雅・民勞》。勞止，勞苦。止，助詞。汔，庶幾；可能。小康，稍微安定一下。康，安定。綏，安撫。⓫毋縱詭隨四句　語出《詩・大雅・民勞》。詭隨，譎詐與放肆。謹，小懲；薄罰。式，用。遏，阻止。寇虐，劫掠與殘暴。憯，曾。畏明，害怕明文規定的禁令。⓬柔遠能邇二句　語本《詩・大雅・民勞》。柔遠，遠者懷服。能邇，使近者柔服。以定我王，以安定王位。⓭不競不絿四句　語出《詩・商頌・長發》。不競，不強。不絿，不急。優優，和適寬緩的樣子。百祿，百福；多種福祿。遒，聚集；聚積。⓮遺愛　言子產見愛，有古人的遺風。

【語譯】鄭國的子產病了，對子太叔說：「我死了以後，你一定會主持政務。只有德行很好的，才能用寬緩的政策使民眾順從，次一等的沒有比嚴厲的政治更好了。火是猛烈的，人們看到了就怕它，所以死於火的很少；水是柔弱的，人們輕慢它玩忽它，所以死於水的就多。因此用寬緩的政策來治國是很困難的。」子產死了以後，子太叔接掌政務，不忍採取嚴厲的政策，而採用寬緩的政策，結果，鄭國搶劫的強盜很多。太叔後悔不及地說：「我早先聽信先生的話，一定不會到這個地步。」孔子聽了後說：「多麼好啊！政策寬緩，百姓就容易怠慢，怠慢了就用嚴厲的政策來矯正；過於嚴厲了，百姓就要受到傷害，受到了傷害，那麼就施行寬緩的政策。用寬緩的政策來調劑嚴厲的政策，用嚴厲的政策來調劑寬緩的政策。寬緩和嚴厲互補互成，政治因此便祥和了。《詩・大雅・民勞》上說：『百姓太苦了，應該稍微安定一下喲。對國內的民眾施行惠政，就可以安定四方喲。』這是施行寬緩的政策啊。『不要放過譎詐驕牆的人，對那些不良的人要薄加懲處喲。用來阻止那些敵對和殘暴的勢力，因為他們從來不害怕明令禁止的法度喲。』這是用嚴厲的政策來糾偏啊。『遠的要安撫，近的要柔服，以安定君王。』這是用溫和的政策來平治天下啊。《詩・商頌・長發》上又說：『不強不急，不剛不柔，平和地推行政治，多種福祿都會聚積攏來的。』這是和祥的最高境界啊。」子產死的時候，孔子聽說了，流著眼淚說：「子產受到人們的愛戴，有著古人的遺風啊。」

孔子適齊，過泰山❶之側，有婦人哭於野者而哀，夫子式而聽之❷，曰：「此哀一似❸重有憂者❹。」使子貢往問之，而曰：「昔舅❺死於虎，吾夫又死焉，今吾子又死焉。」子貢曰：「何不去❻乎？」婦人曰：「無苛政❼。」子貢以告孔子，子曰：「小子❽識之❾，苛政猛於暴虎。」

【章　旨】孔子認為「苛政猛於暴虎」，是他的仁政思想的體現。見於《禮・檀弓下》、《新序・雜事五》及《論衡・遇虎》。

【注　釋】❶泰山　五嶽之首。也叫泰岱、岱宗，在山東省泰安縣。❷式而聽之　手扶著車前橫木，低著頭聽著。式，通「軾」。車前橫木。這裡用為動詞。❸一似　《禮・檀弓下》作「壹似」。好像。❹重有憂者　連續不斷地遇到憂患。❺舅　丈夫的父親。❻去　離開。❼苛政　繁重殘酷的政令。❽小子　年輕人。❾識之　記住它。

【語　譯】孔子到齊國去，從泰山旁邊經過，有一個女人在野外哭泣，哭得很悲哀，孔老先生扶著車上的橫木，低著頭聽了一陣說：「這種悲哀的痛哭，好像接連發生憂患似的。」便打發子貢前去問她，那個女人說：「先前，我的公公死在虎口裡，我的丈夫又死在虎口裡，如今我的兒子又被老虎咬死了。」子貢說：「為什麼不離開這個地方呢？」那女人說：「這裡沒有繁重殘酷的政令。」子貢把這些話告訴了孔子，孔子說：「你們年輕人記著，繁重嚴酷的政令比凶惡的猛虎還可怕啊。」

晉魏獻子❶為政，分祁氏❷及羊舌氏❸之田，以賞諸大夫❹及其子成❺，皆以賢舉也。又謂賈辛❻曰：「今汝有力於王室❼，吾是以舉汝。行乎❽，敬之哉！毋墮乃力❾。」孔子聞之曰：「魏子之舉也，近不失親❿，遠不失舉，可謂美矣。」

又聞其命賈辛，以為忠。「《詩》云：『永言配命，自求多福⑪。』忠也。魏子之舉也義，其命也忠，其長有後於晉國乎！」

【章　旨】孔子盛贊魏獻子在任用人才方面「近不失親，遠不失舉」。見於《左傳・昭公二十八年》。

【注　釋】❶魏獻子　即魏舒。晉的執政大夫。❷祁氏　祁傒之族。《左傳・昭公二十八年》：「分祁氏之田，以為七縣。」即鄔、祁、平陵、梗陽、塗水、馬首、孟七縣。❸羊舌氏　春秋時晉國的公族。《左傳・昭公二十八年》：「分羊舌氏之田，以為三縣。」即銅鞮、平陽、楊氏三縣。❹諸大夫　賈辛為祁大夫、司馬烏為平陵大夫、魏戊為梗陽大夫、知徐吾為塗水大夫、韓固為馬首大夫、孟丙為孟大夫、樂霄為銅鞮大夫、趙朝為平陽大夫、僚安為楊氏大夫。❺其子成　《左傳・昭公二十八年》「成」作「戊」，形近而誤。魏戊，魏舒的庶子。即被舉為梗陽大夫者。❻賈辛　晉將軍。被魏舒舉為祁大夫。❼汝有力於王室　《左傳・昭公二十二年》：王子朝乘景王新卒，利用原來的官員丟了職的以及靈王、景王的子孫作亂，賈辛帥師軍於鞏縣的谿泉以救周。❽行乎　去吧。❾毋墮乃力　不要喪失了你的功勞。墮，同「隳」。乃，你。力，功勞。❿近不失親　指舉其子魏戊為梗陽大夫。魏舒對晉大夫成鱄說：「吾與戊也縣，人其以我為黨乎？」成鱄說：「戊之為人也，遠不忘君，近不偪同，居利思義，在約思純，有守心而無淫行，雖與之縣，不亦可乎？」⑪永言配命二句　語出《詩・大雅・文王》。永，長。言，我。配命，依照天命。言我常常依照天命行事。

【語　譯】晉國的魏舒主持了政務，分了原來的大夫祁氏和羊舌氏的田，把那些田賞給許多大夫以及他的兒子魏戊，都是因為這些人都很賢能才被推舉出來的。又對賈辛說：「你有功於周王朝，我因此才推舉你。去吧，要敬之慎之呀，不要敗壞你的功勞喲。」孔子聽了後說：「魏先生那樣的推舉人才啊，不因為是親屬而避嫌，不因為疏遠而不舉，可以說是很好的了。」又聽說他告誡賈辛的那些話，以為是忠誠的。「《詩・大雅・文王》說：『我常常按照天命行事，百福自然要降臨啊。』就是因為忠誠呀。魏先生推舉的人是得宜的，告誡的話是忠誠的，他的後代要在晉國長期繁榮昌盛吧！」

趙簡子❶賦晉國一鼓鐘❷，以鑄刑鼎❸，著范宣子❹所為刑書❺。孔子曰：「晉其亡乎？失其度矣。夫晉國將守唐叔❻之所受法度，以經緯❼其民者也。卿大夫以序守之，民是以能遵其道而守其業，貴賤不愆❽，所謂度也。文公❾是以作執秩之官❿，為被廬之法⓫，以為盟主。今棄此度也，而為刑鼎，民在鼎矣⓬，何以尊貴？何業之守也？貴賤無序，何以為國？且夫宣子之刑，夷之蒐⓭也。晉國亂制⓮，若之何其為法乎？」

【章　旨】孔子批評趙簡子鑄刑鼎是棄禮失度，是破壞舊制，自然是維護西周禮教的思想表現。見於《左傳・昭公二十九年》。

【注　釋】❶趙簡子　即趙鞅。春秋末年晉國的卿。不斷與范氏、中行氏作權力鬥爭，結果取得勝利，併吞了范氏、中行氏的采邑，為建立趙國打下了基礎。❷一鼓鐘　鼓為古代的重量單位，鐘是古代的容量單位。三十斤叫做鈞，四鈞為石，四石為鼓。鐘受六斛四斗。❸刑鼎　鑄有刑法條文的鼎。❹范宣子　即范匄。范文子之子，春秋時晉國的大臣，晉平公時掌握國政，把文公六年「夷之蒐」宣布的法令，制定為刑書。❺刑書　即法令的條文。❻唐叔　名虞。周武王之子，成王之弟，始封於晉的君主。❼經緯　規畫治理。❽不愆　沒有過失。愆，同「諐」。過失。❾文公　名重耳。晉獻公之子，曾出奔在外十九年，後回國即位，整頓政治，增強軍力，大敗楚軍於城濮，而成為春秋時有名的霸主。❿執秩之官　主管爵祿的官員。《左傳・僖公二十七年》：「作執秩以正其官，民聽不惑而後用之。」⓫被廬之法　《左傳・僖公二十七年》，晉軍「蒐於被廬」。蒐，春天打獵叫做蒐，晉國常在春蒐時改革政令。被廬，晉國的地名。⓬民在鼎矣　民眾只注意刑書，而不注意禮制了。⓭夷之蒐　《左傳・文公六年》春，「晉蒐於夷」。夷，晉地。在這次春蒐中，范宣子「制事典，正法罪，辟刑獄，董逋逃，由質要（券契），治舊洿，本秩禮，續常職，出滯淹（選拔人才）」。並「使行諸晉國，以為常法」。⓮亂制　法制混亂。此言晉在「夷之蒐」中，一蒐而三易帥，賈季、箕鄭之徒，乘機作亂，故曰「亂制」。

【語譯】趙簡子收取晉國很多的賦稅，用來鑄造一個刻上法律條文的鼎，把范宣子所制定的法令條文刻在上面。孔子說：「晉國可能要亡麼？它丟掉了自己的法度了。晉國應該遵守它的始祖唐叔虞所流傳下來的法度，以規畫治理它的百姓啊。卿大夫按照其順序來遵守它，百姓因此能夠遵守它的政治，保持它的世業，無論是貴還是賤，都不犯過失，這就是法度啊。晉文公因此設立了管理爵位的官員，制定了被廬的法令，從而成為當時的盟主。如今丟掉了這些法度，而把刑法的條文鑄在鼎上，民眾注意的是刻在鼎上的法令條文，而忘了先王的禮教，怎麼樣來尊重在上位的人呢？又怎麼樣來堅持世世代代的傳統呢？貴賤都沒有次序了，怎麼樣治理國家呢？何況范宣子制定的刑法條文，是在夷地春蒐時所定的。晉國在那次的春蒐中，一連換了三個元帥，引起了一場叛亂，又怎麼可以作為晉國永遠推行的法令呢？」

楚昭王❶有疾，卜曰：「河神❷為祟❸。」王弗祭，大夫請祭諸郊，王曰：「三代命祀，祭不越望❹，江漢沮漳❺，楚之望也。禍福之至，不是過乎？不穀❻雖不德❼，河非所獲罪也。」遂不祭。孔子曰：「楚昭王知大道❽矣，其不失國也宜哉！〈夏書〉❾曰：『維彼陶唐❿，率⓫彼天常⓬，在此冀方⓭。今失厥道⓮，亂其紀綱⓯，乃滅而亡⓰。』又曰：『允出茲在茲⓱』，由己率常可矣。」

【章旨】孔子認為楚昭王不祭河神，是懂得大道，從而加以贊賞。此文見於《左傳・哀公六年》及《韓詩外傳・三》、《說苑・君道》。

【注　釋】❶楚昭王　名珍。平王之子。❷河神　黃河之神。❸祟　鬼神給人的災難。❹祭不越望　古代祭祀山川，遙望而祭，稱望。並規定天子望祀天地，諸侯只祀境內的山川，所以說「祭不越望」。❺江漢沮漳　楚國境內的四條水名。即長江、漢水、沮水（漢水的別源，繞沔縣入沔）和漳水（源出湖北南漳縣西南之蓬萊洞，流經鍾祥、當陽，合沮水為沮漳河，復東經江陵流入長江）。❻不穀　古代王侯自稱的謙詞。猶言不善。❼不德　沒有德行。❽大道　大的道理。❾夏書　此指〈夏書・五子之歌〉。❿陶唐　指堯皇帝。⓫率　遵循。⓬天常　天的常道。⓭在此冀方　言堯都平陽，舜都蒲版，禹都安邑，都在冀州。冀方，古代九州之一。包括山西全省、河北西北部、河南北部和遼寧西部。⓮厥道　其道。厥，其。⓯紀綱　法度。⓰乃滅而亡　《尚書・夏書・五子之歌》作「乃底滅亡」。底，至於。此指夏桀。⓱允出茲在茲　此逸書之文。言信出於此，福亦在於此。

【語　譯】楚昭王有病，占卜的人說：「這是黃河之神降的禍。」昭王不肯望祭黃河，大夫們請求在郊外祭祀，昭王說：「夏、商、周三代頒布祭祀山川的法令：諸侯祭祀不要超越本國的山川。楚國境內的江、漢、沮、漳四水，便是楚國望祭山川的對象啊。降福與降禍，不會超越這四條水麼？我雖然沒有德行，黃河之神不是我獲罪的神祇啊。」於是沒有去祭。孔子說：「楚昭王懂得大道理喲，他之所以沒有因為吳師入郢而喪失了國家，是應該的呀！〈夏書〉說：『那個古代的陶唐，遵循天的常道，在平陽立都以來，舜和禹也都在這個冀州建立國都。如今丟掉了他們推行的政治，搞亂了他們的法度，到了夏桀便滅亡了。』逸書上還說：『付出了什麼，就會收穫什麼。』由自己來遵循天的常道，就可以了。」

衛孔文子❶使太叔疾❷出❸其妻❹，而以其女妻之。疾誘其初妻❺之娣❻，為之立宮，與文子女如二妻之禮。文子怒，將攻之。孔子舍蘧伯玉❼之家，文子就而訪焉。孔子曰：「簠簋❽之事，則嘗聞學之矣；兵甲之事，未之聞也。」退而命駕❾而行，曰：「鳥則擇木，木豈能擇鳥乎？」文子遽自止之曰：「圉也❿豈敢度⓫其私哉？亦訪衛國之難也。」將止，會季康子問冉求之戰⓬，冉求既對之，又曰：「夫子播⓭之百姓、質⓮諸鬼神而無憾，用之則有名。」康子言於哀公，以幣迎⓯。孔子曰：「人之於冉求，信之矣，將大用之。」

【章旨】孔子疾孔文子無禮，命駕而行，以「鳥則擇木」，喻己必擇主。見於《左傳・哀公十一年》。

【注釋】❶孔文子　即孔圉。衛大夫。孔子曾稱贊其「敏而好學，不恥下問」。見《論語・公冶長》。❷太叔疾　名悼子。太叔懿子之子。❸出　休掉。❹其妻　宋子朝之女。子朝，宋人。仕宋為大夫。❺初妻　原來的妻子。❻娣　女弟。❼璩伯玉　衛的賢大夫。注見〈弟子行第十二〉。❽簠簋　禮器。因以代禮樂。❾命駕　叫御者駕駛車馬。❿圉也　即孔文子。⓫度　謀畫。⓬會季康子問冉求之戰　本篇第二章云：「季孫謂冉有曰：『子之於戰，學之乎？性達之乎？』對曰：『學之。』季孫曰：『從事孔子，惡乎學？』冉有曰：『即學之孔子也。』」⓭播　傳播。⓮質　諮詢；就正於。⓯以幣迎　《史記・孔子世家》：「會季康子逐公華、公賓、公林，以幣迎孔子，孔子歸魯。」

【語譯】衛國的孔文子要太叔疾休掉妻子，而把自己的女兒嫁給他。太叔疾又引誘原來的妻子的女弟，替她建了一座房子，與孔文子的女兒好像兩個老婆一樣。孔文子很生氣，準備去攻打他。恰好孔子在衛，住在璩伯玉的家裡，孔文子親自到那裡去拜訪他，孔子說：「禮樂方面的事，那我曾經聽說過、學習過的；戰爭方面的事，那我從來沒有聽說過啊。」告退以後就要駕車的駕車就走，說：「鳥，是應該選擇樹木而棲的；樹木，難道會選擇鳥嗎？」孔文子趕忙親自勸阻他說：「我孔圉難道敢於圖謀個人的私利嗎？也是向你諮詢如何解決衛國的困難啊。」孔子正準備留了下來，恰好碰上季康子問冉求指揮戰爭的能力，是學來的還是天生的？冉求已經回答是向孔子學的，並且說：「先生的學問，是可以向百姓傳播、向鬼神諮詢，而不會有什麼缺憾的，只要啟用了他，就可以得到很好的聲譽。」季康子把這些話告訴了魯哀公，哀公便用重禮歡迎孔子回國。孔子說：「人們對於冉求已經很信任了，將來還要重用他的。」

齊陳恆❶弒其君簡公❷，孔子聞之，三日沐浴❸而適朝，告於哀公曰：「陳恆弒其君，請伐之。」公弗許，三請，公曰：「魯為❹齊弱久矣，子之伐也，將若之何？」對曰：「陳恆弒其君，民之不與❺者半。以魯之眾，加齊之半，可克也。」公曰：「子告季氏。」孔子辭，退而告人曰：「以吾從大夫❻之後，吾不敢不告也。」

【章旨】孔子憎恨以下犯上，以臣弒君，故多次請求魯哀公，出兵討伐陳恆。見於《左傳・哀公十四年》及《論語・憲問》。

【注釋】❶陳恆　即田常。亦稱田成子或陳成子，春秋末齊國的大臣，他在殺了簡公以後，擁立平公，自為國相，把公族中的強者盡行殺戮，從此齊國的大權便掌握在他手裡。事見《史記・齊世家》。❷簡公　名王。悼公之子，在位四年，被陳恆殺於徐州。❸沐浴　洗髮淨身。《論語・憲問》作「齋戒」。都是表示嚴肅和敬意的。❹為　較。❺不與　不贊成。❻從大夫　言孔子曾經做過大夫，後來去了職，故曰「從大夫」。

【語譯】齊國的大夫陳恆殺了他的君主簡公，孔子聽說了，接連三天洗了髮澡了身到朝廷上去，報請哀公說：「陳恆殺了他的君主，讓我們去討伐他吧！」哀公沒有答應，接連請求了三次，哀公說：「魯國比齊國弱，已經好久了，你去討伐它，將會是一個什麼樣的結果呢？」孔子回答說：「陳恆殺了他的君主，齊國的百姓有一半不贊成他。以我魯國的兵眾，加上齊國民眾的一半，是能夠取得勝利的啊。」哀公說：「你去報告季孫氏吧！」孔子辭謝了，退了下來告訴別人說：「因為我曾經也做過大夫，所以不敢不向哀公提出討伐陳恆的請求啊。」

子張問曰：「《書》❶云：『高宗❷三年不言，言乃雍❸。』有諸？」孔子曰：「胡為其不然也？古者，天子崩❹，則世子❺委政於冢宰❻三年。成湯既沒，太甲❼聽於伊尹❽；武王既喪，成王聽於周公，其義一也。」

【章　旨】此孔子言天子居喪之禮。見於《禮．檀弓下》及《論語．憲問》。

【注　釋】❶書　指《尚書．無逸》。❷高宗　即武丁。《史記．殷本紀》：「帝武丁即位，思復興殷，而未得其佐。三年不言，政事決定於冢宰，以觀國風。」後用傅說為相，殷國大治。高宗是他的廟號。❸雍　歡聲的樣子。《禮．檀弓下》正作「讙」。❹崩　天子死曰崩。❺世子　太子；嫡長子。❻冢宰　官名。六卿之首。❼太甲　商代的國王，湯王的嫡長孫。因為他破壞湯王的法度，被伊尹放之於桐，三年後，他悔過自新，又復了王位。見《尚書．商書．太甲上》。❽伊尹　名摯。商初大臣，曾幫助成湯攻滅夏桀，歷佐卜丙、仲壬、太甲三王。

【語　譯】子張問孔子說：「《尚書．無逸》云：『高宗即位後，三年都沒有說一句話，一說起來就充滿了歡聲笑語。』有這回事麼？」孔子說：「怎麼不是這樣呢？古代，天子死了以後，太子就把政權委託給大臣中的首輔，一直委託三年。成湯死了以後，太甲聽命於伊尹；武王死了以後，成王聽命於周公。它的道理是一樣的啊。」

衛孫桓子❶侵齊，遇敗焉。齊人乘之❷，執新築❸大夫，仲叔于奚❹以其眾救桓子，桓子乃免。衛人以邑賞仲叔于奚，于奚辭，請曲縣之樂❺，繁纓❻以朝，許之，書在三官❼。子路仕衛，見其故❽，以訪孔子，孔子曰：「惜也！不如多與之邑，惟器❾與名❿，不可以假人⓫。君之所司⓬，名以出信⓭，信以守器⓮，器以藏禮⓯，禮以行義⓰，義以生利⓱，利以平民⓲，政之大節⓳也。若以假人，與人政也。政亡，則國家從之，不可止也。」

【章　旨】此言孔子注重名器，不肯假人。見於《左傳・成公二年》。

【注　釋】❶孫桓子　即孫良夫。孫林父之父，衛國的卿。❷乘之　趁勢追趕他。❸新築　衛國的邑名。❹仲叔于奚　新築人。代行新築大夫的職務。❺曲縣之樂　諸侯之樂。按周禮的規定：天子宮懸，即四面皆懸；諸侯軒懸，即缺南面；大夫判懸，即只懸兩面；士特懸，即只懸一面。❻繁纓　馬飾。亦諸侯之服。❼書在三官　司徒書名，司馬書服，司空書勳。三官，指司徒、司馬、司空。❽故　事。❾器　車服。❿名　爵號。⓫假人　給人。⓬司　主管。⓭名以出信　名位不忒，乃為民所信。⓮信以守器　言動不失信，則車服可保。⓯器以藏禮　言車服禮樂所以表尊卑。⓰禮以行義　尊卑有禮，才能各得其宜。⓱義以生利　各得其宜，則百利自生。⓲利以平民　每事有利，就可以平治百姓。⓳大節　大的原則；關係存亡安危的大事。

【語　譯】衛卿孫良夫帶兵去侵略齊國，與齊師遭遇，打了敗仗。齊軍乘勢追趕，俘虜了衛國的新築大夫。代行新築大夫職務的仲叔于奚，率領他的軍隊去救援孫良夫，孫良夫才免於難。衛人拿一個邑來獎賞仲叔于奚，于奚辭謝了，要求賞給他諸侯的禮樂和服飾來參加朝拜，衛侯答應了，並且把他的姓名、服飾和功勳分別記載在司徒、司馬、司空的文書上。子路這時正在衛國做官，看到這些事情，便來訪問孔子，孔子說：「可惜啊，還不如多給他一些地方，只有禮樂與爵位是不可以隨便給人的，這些都是君主自己掌握的。名位不差錯，才能得到民眾的信任；動不失信，車服才能保持；保持了車服，才能表現尊卑之禮；尊卑有禮，然後能各得其宜；各得其宜，然後能取得各種利益；取得了各種利益，然後能平治百姓。這是有關生死存亡的大問題啊。如果拿這些車服和爵位給人，就是給人以政權，政權沒有了，那麼國家也跟著滅亡了，這是誰也無法挽回的啊。」

公父文伯❶之母，紡績不解❷，文伯諫焉，其母曰：「古者，王后親織玄紞❸，公侯之夫人，加之紘綖❹，卿之內子❺，為大帶，命婦❻成祭服，列士❼之妻，加之以朝服❽。自庶士❾已下，各衣其夫，社❿而賦事⓫，烝⓬而獻功⓭，男女紡績，愆則有辟⓮，聖王之制也。今我寡也，爾又在位，朝夕恪勤，猶恐忘先人之業，況有怠墮，其何以避辟？」孔子聞之曰：「弟子志之，季氏之婦，可謂不過矣。」

【章旨】孔子贊美文伯之母敬姜「紡績不解」，以守先人之業。見於《國語‧魯語下》。

【注釋】❶公父文伯　名穀。穆伯之子，孟獻子之父。其母曰敬姜。《禮‧檀弓下》：「穆伯之喪，敬姜晝哭；文伯之喪，晝夜哭，孔子曰：知禮矣。」❷不解　不懈。解，通「懈」。❸玄紞　古代禮冠前後的絲飾物。紞，帽帶。垂於冠之兩旁。❹紘綖　古代冠冕上著於頷下的帶子叫紘，覆在冠冕上的裝飾叫綖。❺內子　卿大夫的嫡妻。❻命婦　受有封號的婦女。❼列士　上士。天子之上士叫元士，諸侯的上士叫列士。❽朝服　君臣朝會時所著的禮服。❾庶士　多士；眾士。❿社　春社。立春後第五個戊日。⓫賦事　致力於農事。⓬烝　冬祭。⓭獻功　奉獻田功和女功。⓮辟　刑罰。

【語譯】公父文伯的母親，從來沒有停止過紡布績麻。文伯去勸阻她，他的母親說：「古代的王后，要親自去織垂在冠冕兩旁的帽帶，公侯的夫人，要織結於頷下的帽帶和覆在帽上的飾物，卿的嫡妻要織祭服用的帶子，受有封號的婦女，要織祭祀的禮服，上士的妻子要完成朝會時的禮服，從眾士以下，都要供應丈夫的衣服。春社到了，就要忙於農事；冬祭到了，就要奉獻自己一年的農功和女功。男女紡布績麻，有了過失便要受到處分，這是聖王的制度啊。如今我是一個寡婦，你又在做官，早晚勤勤懇懇，還是擔心丟了先人創下的基業，何況懈怠墮落，將怎麼樣來避免刑戮呢？」孔子聽了後說：「弟子們記著，季孫氏的妻子，可以說是沒有過失的了。」

樊遲❶問於孔子曰：「鮑牽❷事齊君，執政❸不撓❹，可謂忠矣。而君刖❺之，其為至闇乎？」孔子曰：「古之士者，國有道則盡忠以輔之，無道則退身以避之。今鮑莊子食❻於淫亂之朝，不量主之明暗，以受大刖，是智之不如葵❼，葵猶能衛其足。」

【章旨】孔子批評鮑牽處於淫亂之世，不能危行言遜，以致遭到刖足之禍。見於《左傳・成公十七年》。

【注釋】❶樊遲　孔子弟子。注見〈七十二弟子解第三十八〉。❷鮑牽　鮑莊子。鮑叔牙的曾孫，齊國的大夫。❸執政　主持政務。❹不撓　不彎曲；不屈服。❺刖　砍掉腳的酷刑。據《左傳・成公十七年》記載：齊慶克通於聲孟子，與婦人蒙衣乘輦而入於閎，鮑牽見之，以告國武子。聲孟子怒，乃譖於齊君，遂刖鮑牽。❻食　食祿；做官。❼葵　葵菜。古人摘食葵葉而不傷其根，待其葉長大而復摘之。

【語譯】樊遲問孔子道：「鮑牽事奉齊君，主持政務，能夠不屈不撓，可以說是忠臣了，可是齊君卻砍了他的腳，不是昏暗到了極點了麼？」孔子說：「古代的那些賢士，國家政治清平，那就盡忠竭智去輔佐；國家的政治昏亂，那就隱退下來以避禍。如今鮑莊子在淫亂的朝廷中做官，不估量君主的明暗，以致受到了砍足的酷刑。可見他的智謀連葵菜都不如，因為葵菜還會用葉子來保護它的腳喲。」

季康子欲以一井田出法賦焉，使訪孔子，子曰：「丘弗識也。」冉有三發❶，卒曰：「子為國老❷，待子而行，若之何子之不言？」孔子不對，而私於冉有曰：「求！汝來。汝弗聞乎？先王制土❸，藉田以力❹，而底其遠近❺；賦里❻以入，而量其無有；任力❼以夫❽，而議其老幼。於是鰥寡孤疾老者，軍旅之出則徵之，無則已。其歲收，田一井，出獲禾秉❾、缶❿米、芻藁⓫，不是過。先王以為之足。君子之行，必度於禮，施取其厚，事舉其中，斂從其薄，若是其已，丘⓬亦足矣。不度於禮，而貪冒無厭，則雖賦田，將有不足；且子孫若以行之而取法，則有周公之典在。若欲犯法，則苟行之，又何訪焉！」

【章　旨】孔子不贊成季康子徵收田賦，故三問而不對。見於《左傳・哀公十一年》。

【注　釋】❶三發　三次發問。❷國老　告老退職的卿大夫。❸制土　制定土地的稅收。❹藉田以力　借民力以治公田。儒家所理想的井田制度是八家合耕一井，中央為公田，八家共同耕種。❺底其遠近　此言平分其遠近，皆收什一之稅。❻里　里廛。里廛有稅，按其有無而徵收其多少。❼任力　擔任勞役。❽夫　丁夫。❾秉　禾盈一把叫秉。❿缶　十六斗叫缶。⓫芻藁　飼養牲畜用的草料。⓬丘　十六井為一丘。每歲出戎馬一匹，牛三頭。

【語　譯】季康子想以井田為單位來徵收田賦，使冉有去徵求孔子的意見，孔子說：「我不懂得啊。」冉求一連問了三次，最後說：「您是告老退職的卿大夫，等待您的意見才去施行，為什麼您不說話呢？」孔子沒有回答，卻私下裡對冉求說：「冉求！你來，你沒有聽說過嗎？古代的帝王制定土地的稅收政策，是借民力以耕公田，而平均其距離以收什一之稅；里廛的賦稅收入，則是估量它的有無，來定稅收的多少；在勞役方面主要是由丁壯的成年擔任，而減輕老幼的負擔。因此那些無婦、無夫、無父和殘疾衰老的人，只有發生了戰爭才徵收一點，沒有戰爭那就停止徵收。那每一年的稅收，田一井，要收一把禾、十六斗米和飼養牲畜的草料，不能超過這個數目，先王以為這樣就可以夠用了。有道德修養的人的行動，一定要考慮到是否合於禮制。施之於民的，要取其寬厚；行之於事的，要取其適中；從百姓那裡收取的賦稅，要考慮輕一點，如果是這樣，那麼按丘收稅也就夠了。不考慮是否合乎禮制，而貪得無厭，那麼即使按田來收稅，也將不夠的。而且子孫如果要推行，要取法，那麼有周公制定的法度擺在那裡；如果要違反周公所制的法度，那麼你就胡亂去辦好了，又何必來徵求意見呢！」

子游問於孔子曰：「夫子之極言❶子產之惠也，可得聞乎？」孔子曰：「惠在愛民而已矣。」子游曰：「愛民謂之德教❷，何翅❸施惠哉！」孔子曰：「夫子產者，猶眾人之母也，能食之，弗能教也。」子游曰：「其事可言乎？」孔子曰：「子產以所乘之輿，濟冬涉❹者，是愛無教也。」

【章　旨】孔子贊美子產惠愛百姓，同時又批評子產不能教民。見《禮・仲尼燕居》。

【注　釋】❶極言　盡力褒獎。❷德教　以道德教育百姓。❸何翅　何只。翅，通「啻」。僅；只。❹冬涉　冬天的渡水者。《孟子・離婁下》：「子產聽鄭國之政，以其乘輿，濟人於溱洧。孟子曰：『惠而不知為政。』」也是這個意思。

【語　譯】子游問孔子說：「先生盡力褒揚子產是那麼的慈愛，可不可以告訴我他是如何慈愛的呢？」孔子說：「他的慈愛表現在熱愛他的民眾罷了。」子游說：「熱愛民眾叫做以道德來教化民眾，何只是施一點恩惠而已！」孔子說：「子產這個人，好像大家的母親一樣，能夠給他吃，但不能對他施行嚴厲的教育啊。」子游說：「有哪些事實表現呢？」孔子說：「子產用他所乘的車子，來回渡送冬天渡水的人，就是只有慈愛，沒有教育啊。」

哀公問於孔子曰：「二三大夫皆勸寡人使隆敬於高年❶，何也？」孔子對曰：「君之及此言，將天下實賴之，豈唯魯哉！」公曰：「何也？其義可得聞乎？」孔子曰：「昔者，有虞氏❷貴德❸而尚齒❹，夏后氏❺貴爵❻而尚齒，殷❼人貴富❽而尚齒，周人貴親而尚齒。虞、夏、殷、周，天下之盛王也，未有遺年❾者焉。年者，貴於天下久矣，次于事親，是故朝廷❿同爵⓫而尚齒，七十杖於朝，君問⓬則席⓭，八十則不仕朝，君問則就之⓮，而悌⓯達乎朝廷矣。其行也肩而不並⓰，不錯則隨⓱。斑白者，不以其任⓲於道路，而悌達乎道路矣。居鄉以齒，而老窮⓳不匱⓴，強不犯弱，眾不暴寡，而悌達乎州巷矣。古之道，五十不為甸役，頒禽㉑隆之長者，而悌達乎蒐狩㉒矣。軍旅什伍㉓，同爵則尚齒，而悌達乎軍旅矣。夫聖王之教，孝悌發諸朝廷，行於道路，至於州巷，放㉔於蒐狩，循於軍旅，則眾慼以義死之，而弗敢犯。」公曰：「善哉！寡人雖聞之，弗能成㉕。」

【章旨】孔子歷述虞、夏、商、周敬老尊老的規定，以啟發魯哀公。見於《禮・祭義》。

【注釋】❶隆敬於高年　尊崇老年人。❷有虞氏　指舜。❸貴德　重視道德。❹尚齒　尊崇老年人。❺夏后氏　指禹建立的夏朝。❻貴爵　重視爵位。❼殷　商湯建立的殷朝。❽貴富　重視財富。❾遺年　忘記了年齡。❿朝廷　政府。⓫同爵　爵位相同。⓬君問　君主有所諮詢。⓭席　設置坐位。⓮就之　前往請教。⓯悌　弟道；敬於兄長之道。⓰肩而不並　不敢並肩前進。以示尊崇。⓱不錯則隨　兄黨則雁行，父黨則隨行。錯，雁行。隨，隨行。⓲任　背負。⓳老窮　貧困而無子孫。⓴不匱　不缺乏。《禮・祭義》作「不遺」。不遺忘。㉑頒禽　分發獵得的禽鳥。㉒蒐狩　春獵叫蒐，冬獵叫狩。㉓什伍　軍隊的基層編制。㉔放　倣效。㉕成　成就；成功。

【語譯】哀公問孔子道：「幾位大夫都勸我尊崇年老的人，為什麼呢？」孔子回答說：「君主能談到這個方面，天下的百姓將要依靠您的，豈止是魯國呢！」哀公說：「這是為什麼呢？那道理能不能說給我聽呢？」孔子說：「過去的虞舜時代，是重視道德而尊崇年老的，夏禹時代是重視爵位，但也是尊崇年老的，商湯時代是重視財富，但也尊崇年老，周代是重視宗族，但也是尊崇老年的。虞、夏、殷、周四代，是天下最昌盛的王朝啊，沒有一個忘記年齡的。年齡在天下受到尊重已經很久了，僅僅比孝敬父母低一等。因此在政府部門中，爵位相同，年老的便受到尊崇，七十歲便可以在政府中拄著拐杖走了，君主有什麼諮詢，就要設置坐位，八十歲就可以不在政府中任職了，君主有什麼諮詢，就要親往求教，可見敬奉兄長的道理已經在政府中通行了。他在行走的時候，年輕的不敢與老人並肩前進，是兄輩的就要雁行，是父輩的就要隨行。頭髮花白了的，就不要在路上背東西了，可見敬奉兄長之道，已經通行於道路了。生活在鄉里，是依據年齡的大小而受到不同的待遇的，即使貧而無後，生活的供應也不會缺乏，強的不得侵犯弱的，多的不得凌暴少的，可見奉敬兄長之道，已經通行到地方了。古代的制度，到了五十歲，就不從事地方的勞役了。分發獵取的禽鳥時，年長的要多分一些，可見敬奉兄長之道，已經在春蒐冬狩中暢行無阻了。軍隊和軍隊的基層組織，爵位相同的，那麼年齡大的就更受尊崇，說明敬奉兄長之道已經在軍隊中通行了。聖明君主的教令，是要讓孝悌之道，在政府中開始施行，然後逐漸推廣到道路、到地方，再在田獵中做效，在軍隊中沿用，那麼民眾便會被這種道理所感化，到死也不敢違反。」哀公說：「說得太好了，我即使聽到了，卻不能獲得成功。」

哀公問之於孔子曰：「寡人聞東益❶不祥，信有之乎？」孔子曰：「不祥有五，而東益不與❷焉。夫損人自益，身之不祥；棄老而取幼，家之不祥；擇賢❸而任不肖，國之不祥；老者不教，幼者不學，俗之不祥；聖人伏匿❹，愚者擅權，天下不祥。不祥有五，東益不與焉。」

【章　旨】孔子歷數「不祥有五」，以啟發哀公正身治國的大道。見於《新序·雜事五》。

【注　釋】❶東益　《新序·雜事五》作「東益宅」。即在房子的東面再增加房子。❷不與　不在其內。❸擇賢　《新序·雜事五》作「釋賢」。即捨棄賢人。「擇」、「釋」形似而誤。❹伏匿　躲藏。

【語　譯】哀公問孔子說：「我聽說，在房子的東面再增加房子，是不吉祥的，的確有這件事麼？」孔子說：「世界上有五種不吉祥的事，而在房子的東面再增加房子卻不在其內。損人利己，是本身的不祥；棄老取幼，是家庭的不祥；拋棄賢人而任用不肖之徒，是國家的不祥；老的不肯教，年輕的不肯學，是風俗的不祥；道德學問達到最高境界的人躲藏起來，而讓那些愚昧無知的人去單獨掌握國家的政權，是天下的不祥。不祥的事有這麼五個方面，而在東面增加房子不在其中啊。」

孔子適季孫，季孫之宰謁曰：「君使求假❶於田，將與之乎？」季孫未言，孔子曰：「吾聞之：君取於臣，謂之取；與❷於臣，謂之賜。臣取於君，謂之假；與於君，謂之獻。」季孫色然❸悟曰：「吾誠未達❹此義❺。」遂命其宰曰：「自今已往，君有取之，一切❻不得復言假也。」

【章　旨】孔子詳析君臣取與之間的用詞，是其「正名」思想的體現。見於《韓詩外傳・五》。

【注　釋】❶假　借。❷與　給予。❸色然　變了臉色的樣子。❹未達　不明瞭。❺此義　這個道理。❻一切　一概。

【語　譯】孔子到季孫氏家裡，季孫氏家裡的總管前來請示說：「君主打發人來，要求借田，是借還是不借呢？」季孫還沒有回話，孔子說：「我聽說過：君主向臣下要什麼叫做『取』，給予臣下什麼，叫做『賜』；臣下向君主要什麼叫做『假』，送給君主什麼叫做『獻』。」季孫氏變了臉色醒悟過來說：「我的確不明白這個道理。」於是便命令他的總管說：「從今天以後，君主要什麼，一概不得再說借了啊。」

卷一〇

曲禮子貢問第四十二

【題解】此篇由三十一章組成，多是孔子弟子向孔子請教各種禮儀的。曲禮就是禮儀，又是以「子貢問於孔子」開篇，故以「曲禮子貢問」名篇。其中的言論和故事，大都採自《禮記・檀弓》，少數採自《左傳》。

子貢問於孔子曰：「晉文公實召天子，而使諸侯朝焉❶。夫子作《春秋》❷云：『天王❸狩于河陽❹』，何也？」孔子曰：「以臣召君，不可以訓，亦書其率諸侯事天子而已。」

【章旨】此章見於《左傳・僖公二十八年》，言孔子作《春秋》以曲筆寓褒貶之意。

【注釋】❶晉文公實召天子二句　此言晉文公會諸侯於溫，召周襄王，且使狩於河陽，因使諸侯朝之，以亮出其「尊王」的旗號。晉文公，名重耳。春秋五霸之一。❷春秋　中國第一部編年體的史書。相傳是孔子依據魯史修訂而成。起自魯隱公元年迄於魯哀公十四年西狩獲麟，凡十二公，共二百四十二年的歷史。❸天王　指周天子。因春秋時代，楚、吳等諸侯相繼稱王，故尊稱周王為天王。❹河陽　春秋時晉地。在今河南孟縣西。

【語　譯】子貢問孔子道：「其實是晉文公把天子召喚了去，使諸侯去朝見他，而先生在《春秋》上說：『周天子在河陽視察』，為什麼呢？」孔子說：「以臣的身分去召喚君主，是不可為法的。我那樣寫，不過是要寫成他率領諸侯來朝拜天子而已。」

孔子在宋，見桓魋❶自為石槨❷，三年而不成，工匠皆病，夫子愀然❸曰：「若是❹其靡❺也，死不如朽之速愈。」冉子❻僕❼曰：「禮，凶事不豫❽，此何謂也？」夫子曰：「既死而議謚❾，謚定而卜葬，既葬而立廟，皆臣子之事，非所豫囑也。況自為之哉！」南宮敬叔❿以富得罪於定公⓫，奔衛，衛人請復之，載其寶以朝，夫子聞之曰：「若是其貨也，喪不若速貧之愈。」子游侍曰：「敢問何謂如此？」孔子曰：「富而不好禮，殃也。敬叔以富喪矣，而又弗改，吾懼其將有後患也。」敬叔聞之，驟⓬如孔氏，而後循禮施散焉。

【章　旨】此章見於《禮・檀弓上》。言孔子對桓魋之侈靡，南宮敬叔之好貨，提出了尖銳的批評。

【注　釋】❶桓魋　宋司馬。向戌之孫，孔子弟子司馬黎耕之兄。注見〈七十二弟子解第三十八〉。❷石槨　石頭做的套在棺外的大棺材。❸愀然　憂懼的樣子。❹若是　如此；像這麼樣的。❺靡　侈靡；奢侈。❻冉子　冉求。❼僕　駕車的人。❽不豫　不事先預備。❾謚　帝王、貴族、大臣、士大夫死後，依其生前事跡給予的稱號。❿南宮敬叔　孟僖子之子。魯大夫。注見〈致思第八〉。⓫定公　名宋。昭公之弟，曾經任用孔子攝行相事。⓬驟　多次。

【語　譯】孔子在宋國，看到宋司馬桓魋自己做了一副石頭的大棺，做了三年也沒有完工，工人和技術人員都累病了，孔老先生十分憂懼地說：「像這樣的奢侈啊，死了還不如快一點腐朽的好。」冉求駕著車說：「按照禮的規定，喪事不要事先預備，這是怎麼解釋的呢？」孔子說：「已經死了然後議定一個諡號，諡號定了然後擇吉去安葬，安葬完了然後去建立廟宇。這些都是臣下和子孫們的事，不是他預先囑咐的，何況自己去做棺材呢！」魯大夫南宮敬叔曾經因為占有太多的財富，而得罪了定公，逃亡到了衛國，衛國人要求他能回到魯國去，他便載了自己的寶貨回來朝見定公。孔子聽了說道：「這麼樣的貪財啊，喪失了爵位，還不如迅速的貧窮為好。」子游陪侍在旁說：「冒昧地問一聲，為什麼要這樣說呢？」孔子說：「如果富裕了而不喜歡禮，這就是災難啊。敬叔曾經因為財富太多，而喪失了爵位，又不肯改，我恐怕他將來還要招禍啊。」敬叔聽說了，多次到孔子家裡，然後一步一步地遵循著禮教，施散著財富。

孔子在齊，齊大旱，春饑，景公問於孔子曰：「如之何？」孔子曰：「凶年❶則乘駑馬❷，力役❸不興，馳道❹不修，祈❺以幣玉❻，祭祀不懸❼，祀以下牲❽，此賢君自貶❾以救民之禮也。」

【章旨】此章見於《禮》的〈曲禮下〉和〈雜記下〉。孔子告訴齊景公在歲凶民饑的情況下，何以自處。

【注釋】❶凶年　荒年。❷駑馬　能力低下的馬。❸力役　勞役。❹馳道　君主馳馬所行之道。❺祈　祈禱。❻幣玉　寶玉和束帛。因為君主有所祈請，用幣及玉而不用牲。❼不懸　不懸樂器。即不作樂。❽下牲　次一等的犧牲。如該用大牢的只用少牢。❾自貶　貶抑自己。

【語譯】孔子在齊國，齊國大旱，那年的春季老百姓便沒有飯吃。齊景公問孔子說：「怎麼辦呢？」孔子說：「在饑荒的年月裡，君主騎的是能力低下的馬，勞役也停止了，馳道也不修了，用寶玉和束帛去祈禱上帝，祭祀的時候不作樂，用次一等的犧牲去祭祀祖宗，這就是君主貶抑自己撫恤百姓的禮儀啊。」

孔子適季氏，康子晝居內寢❶，孔子問其所疾，康子出見之，言終，孔子退，子貢問曰：「季孫不疾，而問諸疾，禮與？」孔子曰：「夫禮，君子不有大故❷，則不宿於外，非致齊❸也，非疾也，則不晝處於內。是故夜居外，雖弔之可也；晝居於內，雖問其疾可也。」

【章旨】此章見於《禮・檀弓上》。言孔子批評季康子平時居處不合於禮。

【注釋】❶內寢　內室；睡眠休息的地方。也叫「燕寢」。❷大故　重大事故。一般指喪事、戰事。❸致齊　舉行祭祀或典禮以前，清整身心的儀式。齊，通「齋」。

【語譯】孔子到季康子家裡，康子大白天生活在內室裡，孔子問他得了什麼病，康子出來接見了孔子，話說完了，孔子告辭出來，子貢問道：「季孫氏沒有什麼病，而您問他得了什麼病，合禮嗎？」孔子說：「按照禮的規定，君子沒有什麼大的事故，那麼晚上就不留宿在外；不是在舉行祭祀之前修整身心啊，不是生了病啊，白天就不生活在內室裡。因此夜間在外面留宿，即使慰問他、弔唁他，是可以的啊；大白天生活在內室裡，即使問他得的什麼病，也是可以的啊。」

孔子為大司寇❶，國廄❷焚，子退朝而之火所，鄉人有自為火來者，則拜之。士一，大夫再。子貢曰：「敢問何也？」孔子曰：「其來者亦相弔❸之道也，吾為有司❹，故拜之。」

【章旨】此章言孔子自律很嚴，什麼時候都沒有忘記自己的責任。見於《禮・雜記下》。又《論語・鄉黨》：「廄焚，子曰：『傷人乎？』不及馬。」正是指的這事。

【注釋】❶大司寇　主管刑獄的長官。按孔子為大司寇在魯定公九年至十四年之間。❷國廄　國家的馬棚。❸相弔　互相慰問。❹有司　官吏。

【語譯】孔子擔任魯國的刑獄長官的時候，國家建立的馬棚起了火，孔子退了朝之後，便來到了火災的現場。有的鄉下人自動為救火而來的，孔子都特別拜謝，凡屬士的一拜，大夫則兩拜。子貢說：「請問為什麼要向他們行拜禮呢？」孔子說：「對那些主動來救火的人，這也是慰勞的一種方法啊，我是朝廷的官員，所以要拜謝他們。」

子貢問曰：「管仲❶失於奢❷，晏子❸失於儉❹，與其俱失矣，二者孰賢？」

孔子曰：「管仲鏤簋❺而朱紘❻，旅樹❼而反坫❽，山節❾藻棁❿，賢大夫也，而難為上⓫。晏平仲祀其先祖，而豚肩⓬不掩豆⓭，一狐裘三十年，賢大夫也，而難為下⓮。君子上不僭下⓯，下不偪上⓰。」

【章旨】此章見於《禮・雜記下》。孔子對於管仲、晏子的得失，作了公允的評價。

【注釋】❶管仲　名夷吾。齊國的賢相。❷失於奢　缺點在過於奢侈。失，缺點。❸晏子　即晏平仲。齊國的賢大夫。❹失於儉　缺點在過於節儉。❺鏤簋　在祭器上刻為蟲獸花紋。簋，祭祀宴享時盛黍稷的器皿。❻朱紘　紅色的帽纓。紘，古代冠冕上著於頷下的帶子。帶子兩端上結於笄。❼旅樹　設置屏風。天子外屏，諸侯內屏。旅，施；設。樹，屏。❽反坫　反爵之坫。坫在兩楹之間，人君好會獻酢，禮畢，反坫於此。❾山節　在薄櫨上面刻成山雲之形。節，栭；薄櫨。❿藻梲　在梁上的短柱上面畫上藻文。梲，梁上短柱。⓫難為上　使為上者難堪。鏤簋、朱紘、旅樹、反坫、山節、藻梲，皆天子諸侯之飾，而管仲皆僭而有之，故云。⓬豚肩　豬腿。⓭豆　古代祭祀用的食器。形似高足盤。⓮難為下　使為下的難堪。⓯上不僭下　《禮·雜記下》作「上不僭上」。在上位的不要僭越上級。⓰下不偪上　對在下位的人不要產生壓力。偪，施加壓力，迫使其做不願做的事。

【語　譯】子貢問道：「管仲的失誤在於奢侈，晏嬰的失誤在於儉約。兩人都有失誤，比較起來哪一個好呢？」孔子說：「管仲在祭器上雕刻蟲獸，把帽纓染紅，在門內設屏風，在兩楹之間設反爵的坫，在薄櫨上畫成山和雲的形狀，在梁的短柱上畫上藻文，都是僭越天子和諸侯的，雖然是好大夫，但卻使他的上級感到難堪。晏嬰祭祀他的先祖，一隻豬腿連祭祀用的食器都沒蓋到，一件狐皮襖子穿了三十年，是一位好大夫啊，但卻使他的下級感到尷尬。一個有道德修養的人，應該是服用行事的上限不僭越他的上級，下限也不會使下屬感到有什麼壓力。」

冉求曰：「昔文仲❶知魯國之政，立言❷垂法❸，于今不亡，可謂知禮矣。」

孔子曰：「昔臧文仲安知禮？夏父弗綦❹逆祀❺而不止，燔柴❻於竈以祀焉。夫竈者老婦❼之所祭，盛於甕，尊於瓶，非所柴也。故曰：禮也者，由❽體也。體不備，謂之不成人，設之不當，猶不備也。」

【章　旨】此章見於《禮·禮器》。孔子對臧文仲提出了批評，認為他是不知禮的。

【注釋】❶文仲　即臧孫辰。春秋時魯國的執政，歷仕莊、閔、僖、文四君，被稱為賢大夫。❷立言　創立學說或倡導新的言論。❸垂法　留給後人作典範。❹夏父弗綦　《左傳・文公二年》作「夏父弗忌」。時任魯國的宗伯，即主持宗廟昭穆之禮的官員。❺逆祀　指「躋僖公」的事。僖公為閔公之兄，又嘗為臣下，而令居閔公之上。故《左傳》說：「躋僖公，逆祀也。」❻燔柴　祭天之禮。即積薪於壇上，取玉及牲置柴上燔之，使氣達於天。今不燔之於壇，而燔之於竈，所以是非禮的。❼老婦　是燒火做飯的人。所祭的是竈神，與天神有尊卑之分。❽由　通「猶」。好像。

【語譯】冉求說：「過去臧文仲主持魯國的政治，他的言論留給後人作為法式，至今不衰，可以叫做熟悉禮教的了。」孔子說：「過去臧文仲怎麼算是懂得禮教的呢？他沒有阻止夏父弗綦要把僖公置於閔公之上的逆祀，還積柴於竈以祀上帝。祭竈，是老嫗所辦的事，把食品放在罈子裡，把酒放在酒杯裡，不是用以祭天的啊。所以說禮就好像形式和規律一樣。形體不完備，就叫做不成人；處置不得當，就好比不完備啊。」

子路問於孔子曰：「臧武仲❶率師與邾人戰于狐鮐❷，遇敗焉。師人多喪而無罰，古之道然與？」孔子曰：「凡謀人之軍師，敗則死之；謀人之國邑，危則亡之，古之正也。其君在焉者，有詔❸則無討❹。」

【章旨】此章之論點見於《禮・檀弓上》。此孔子批評臧武仲師敗不死，且不受罰，不是正常的現象。

【注釋】❶臧武仲　即臧紇。臧文仲之子，魯國的大夫，個子很矮小。❷狐鮐　邾國的地名。此指《左傳・襄公四年》：「臧紇救鄫侵邾，敗於狐鮐。……國人誦之曰：『臧之狐裘，敗我於狐鮐。我君小子，侏儒是使。侏儒侏儒，使我敗於邾。』」❸有詔　有君主的詔令。❹無討　沒有處分。

【語譯】子路問孔子說：「臧武仲率領軍隊與邾人在狐鮐打了一仗，被打敗了，軍隊的傷亡很大，可是並沒有受到處分，古代的法制是這樣的嗎？」孔子說：「凡是替國家謀畫戰爭，打敗了就應該以身殉職；替國家開拓土地，遇到了危險就要與土地共存亡。這是古代的正常現象。但如果他的君主參與了謀畫，又有詔令，那麼臣下就不當受到處分。」

晉將伐宋，使人覘❶之，宋陽門❷之介夫❸死，司城❹子罕❺哭之哀。覘之反言於晉侯曰：「陽門之介夫死，而子罕哭之哀，民咸❻悅，宋殆❼未可伐也。」孔子聞之曰：「善哉覘國乎！《詩》❽云：『凡民有喪，匍匐❾救之。』子罕有焉。雖非晉國，其天下孰能當之？是以周任❿有言曰：『民悅其愛者，弗可敵也。』」

【章旨】此章見於《禮‧檀弓下》。孔子盛贊晉之覘者，能夠因小識大。

【注釋】❶覘　窺視；偵察。❷陽門　宋的城門。❸介夫　披甲的衛士。❹司城　宋國官名。主管營建城郭、製造車服器械的長官。即司空。因宋武公名司空，故避諱在宋國改司空為司城。❺子罕　即樂喜。時為宋的司城。❻咸　皆；都。❼殆　恐怕。❽詩　此指《詩‧邶風‧谷風》。❾匍匐　黽勉；盡力。❿周任　古之賢人。

【語譯】晉國準備去征伐宋國，打發人去偵察一下。宋的一座名叫陽門的城門，有一個披甲的衛士死了，擔任城防長官的子罕哭得很傷心。那位到宋國偵察的人回去對晉侯說：「守衛城門的一個披甲的衛士死了，而他的長官子罕哭得很傷心，老百姓都感到很高興，恐怕宋國是不能伐的啊。」孔子聽了後說：「窺視別國國情的人真好啊！《詩‧邶風‧谷風》上道：『百姓有了不幸的事，我們要盡力去援助啊。』子罕確實有這種精神。即使不是晉國，世界上又有誰能抵擋它呢？因此周任曾經說過：『老百姓高興自己所喜愛的那個人，是無敵於天下的啊。』」

楚伐吳，工尹❶商陽❷與陳棄疾❸進吳師，及之❹。棄疾曰：「王事也。子手弓❺而可。」商陽手弓，棄疾曰：「子射諸。」射之，斃一人。韔❻其弓，又及。棄疾謂之，又及，棄疾復謂之，斃二人。每斃一人，輒掩其目，止其御❼曰：「吾朝❽不坐，燕❾不與❿，殺三人，亦足以反命⓫矣。」孔子聞之曰：「殺人之中，又有禮焉。」子路怫然⓬進曰：「人臣之節，當君大事⓭，唯力所及，死而後已。夫子何善此？」子曰：「然！如汝言也。吾取其有不忍殺人之心而已。」

【章　旨】此章見於《禮・檀弓下》。記述孔子與子路對於商陽的不忍殺人，有著不同的評價。

【注　釋】❶工尹　楚官名。主管百工的長官。❷商陽　人名。❸陳棄疾　楚國的公子。因為他在昭公八年率師滅陳，以陳作為楚的一個縣。楚人很高興，因親暱地稱之為「陳棄疾」。❹及之　追到了吳師。❺手弓　動手拉一下弓。❻韔　收藏。❼御　駕車的人。❽朝　朝享。即祭祀宗廟之禮。❾燕　燕享。❿不與　不參加。⓫反命　復命。⓬怫然　憤怒的樣子。⓭大事　重大的事情。一般指祭祀與軍事。

【語　譯】楚國去討伐吳國，做工尹的商陽和楚公子棄疾追擊吳國的軍隊，已經追上了，棄疾對商陽說：「這是國家的事啊，你要拉開弓才好啊。」商陽拉開了弓，棄疾說：「你射嘛。」商陽射了箭，射死一個人。於是把弓藏起來，又追上了，棄疾又對他說；又追上了，棄疾復對他說，又射死兩人。每射死一人，便把自己的眼睛蒙起來，並阻止駕車的人說：「我在朝享的時候，沒有資格坐；在燕享的時候，沒有資格參加，接連射死三人，也可以回去復命了。」孔子聽到了說：「殺人者之中，也有禮喲。」子路憤怒地走向前說：「人臣的節操，在君主的重大事情面前，只要自己的力量能夠達得到，就要奮力向前，直到死了才肯停止，先生為什麼要褒揚商陽這個人呢？」孔子說：「是的，應該像你所說的啊。我不過取他有不忍殺人的心態罷了。」

孔子在衛，司徒敬之❶卒，夫子弔焉，主人不哀，夫子哭不盡聲而退。蘧伯玉請曰：「衛鄙俗不習喪禮，煩吾子❷辱相❸焉。」孔子許之，掘中霤而浴❹，毀竈❺而綴足❻，襲於床❼。及葬，毀宗❽而蹋行❾，出于大門，及墓，男子西面❿，婦人東面，既封而歸，殷道⓫也。孔子行之。子游問曰：「君子行禮，不求變俗，夫子變之矣。」孔子曰：「非此之謂也，喪事則從其質⓬而已矣。」

【章旨】此章略見於《禮．檀弓上》。孔子本殷之後，因以殷道相司徒敬之之喪。

【注釋】❶敬之　《禮．檀弓上》作「敬子」。衛的司徒。❷吾子　敬愛的稱呼。猶言我們的先生。❸辱相　幫助贊禮。❹掘中霤而浴　言掘室中之地作坎，以床架於坎上，令浴汁流入坎中。中霤，室的中央。❺毀竈　言無復飲食，故毀其竈。❻綴足　用毀竈的磚塊連綴死者的足，使之平直而便於著屨。❼襲於床　在床上穿衣。襲，穿衣。❽毀宗　毀廟。殷人殯於廟，出柩則毀掉廟門西邊的牆。❾蹋行　《禮．檀弓上》作「躐行」。蹋，同「躐」。即經過，或超越前進。❿西面　即西向。《禮．檀弓上》作「西鄉」。鄉，同「向」。⓫殷道　殷代的制度。⓬質　樸質。

【語譯】孔子在衛國，衛國的司徒敬之死了，孔子前去弔唁，主人不大悲哀，孔子沒有充分表達自己的哀思便告辭出來。蘧伯玉要求說：「衛國的風俗鄙薄，沒有學習過喪禮，麻煩您屈就一下贊禮的事務吧。」孔子答應了，便在室的中央掘一個坎作為浴屍之用，毀了死者的竈，用毀竈的磚塊把死者的足連綴起來，在床上為死者穿好衣服，然後毀掉廟門的西牆讓靈柩從那裡通過，出了大門，到達墓地，男的西向，女的東向，一直等到封了墳才回來，這是殷代的喪禮啊，孔子就是這麼實踐的。子游問道：「有道德修養的人舉行大禮的時候，不要求去改變當地的習俗，而先生卻改變了它。」孔子說：「不是你說的那樣啊，我不過想在辦理喪事的時候，根據質樸的原則去辦罷了。」

宣公八年六月辛巳，有事❶于太廟❷，而東門襄仲❸卒，壬午猶繹❹。子游見其故❺，以問孔子曰：「禮與？」孔子曰：「非禮也，卿卒不繹。」

【章旨】此章見於《左傳・宣公八年》。孔子批評時君因為嘉寵公子，為之舉辦喪事非禮。

【注釋】❶有事　指有盛大的祭典。❷太廟　宗廟。❸東門襄仲　即公子遂。亦稱仲遂。出使到齊國去，至黃而病，回至垂而死。垂，齊地。❹繹　周稱正祭的第二天再祭叫繹。❺故　事。

【語譯】宣公八年六月辛巳，將要在太廟舉行禘祭之禮，恰好東門襄仲死了，到了第二天，還在為東門襄仲舉行再祭。子游看到了這個情事，便問孔子道：「這是合乎禮制的麼？」孔子說：「不合禮啊，卿大夫死了，是不應該在第二天再祭的。」

季桓子❶喪，康子❷練❸而無衰❹，子游問於孔子曰：「既服❺練服❻，可以除衰乎？」孔子曰：「無衰衣者不見賓，何以除焉！」

【章旨】孔子認為「練而無衰」，是不合於禮制的。因而對季康子的服父喪提出批評。

【注釋】❶季桓子　名斯。魯國的大夫，康子之父。❷康子　名肥。桓子之子，魯國的執政。❸練　古代的喪服。父母死後一週年之祭叫小祥，小祥主人練冠，故稱小祥之祭為練。❹衰　古代的喪服。有「斬衰」、「齊衰」之分。斬衰，是舊時喪服中最重的一種，用粗麻布製成，左右和下襬不縫。為子及未出嫁之女對父母的喪服。齊衰，亦以粗麻布製成，因其緝邊縫齊，故稱齊衰，為繼母、慈母及祖父母服齊衰三年。僅次於斬衰。❺服　穿。❻練服　白色的喪服。

【語　譯】季桓子死了，他的兒子季康子在其父死後一週年，就沒有穿用粗麻布製成、左右和下襬不縫的喪服了。子游問孔子道：「既已滿了一週年，可以穿白色的喪服，是否可以不穿斬衰的喪服呢？」孔子說：「沒有穿上斬衰的喪服，按規定是不能接待賓客的，怎麼可以除去斬衰的喪服呢！」

邾人以同母異父之昆弟❶死，將為之服，因顏克❷而問禮於孔子，子曰：「繼父❸同居者，則異父昆弟從為之服；不同居，繼父且猶不服，況其子乎？」

【章　旨】此章見於《儀禮・喪服》。此孔子解釋同母異父的昆弟，不是共同生活在一起，就沒有服。

【注　釋】❶昆弟　兄弟。❷顏克　孔子弟子。魯人，字子驕，孔子在衛，子驕為御。〈七十二弟子解第三十八〉作「顏刻」。《史記・仲尼弟子列傳》作「顏高」。「克」、「刻」、「高」均音近。❸繼父　父死後，母所改嫁之夫。同居異居，服制不同。同居者服齊衰一年，異居者服齊衰三月。

【語　譯】邾人因為同母異父的兄弟死了，打算給他服喪，藉著顏克的關係，向孔子請教喪服的禮制，孔子說：「與繼父生活在一起的，那麼異父的兄弟死了，便替他服喪；不是生活在一起，繼父死了，尚且不要服喪，何況他的兒子呢？」

齊師侵魯，公叔務人❶遇人入保❷，負杖而息，務人泣曰：「使之雖病❸，任之雖重❹，君子弗能謀，士弗能死，不可也。我則既言之矣，敢不勉乎？」與其鄰嬖童❺汪錡❻乘往奔敵❼，死焉。皆殯，魯人欲勿殤❽童汪錡，問於孔子，曰：「能執干戈以衛社稷，可無殤乎！」

【章　旨】此章見於《禮．檀弓下》及《左傳．哀公十一年》。言孔子主張以成人之禮葬童子汪錡，因為他「能執干戈以衛社稷」。

【注　釋】❶公叔務人　名公為。昭公之子。《禮．檀弓下》作「公叔禺人」。❷保　通「堡」。縣邑小城。❸使之雖病　指當時的徭役很多。病，勞累；疲倦。❹任之雖重　指當時的賦稅很重。任，擔負。❺嬖童　所喜愛的兒童。❻汪錡　人名。魯國的愛國兒童。❼奔敵　奔向敵人。即向敵人衝擊。❽勿殤　不要以未成年人的禮去安葬他。殤，未成年而夭折。

【語　譯】齊師侵略魯國，公叔務人遇到一個人逃避齊寇，走到城堡中去，背著一條手杖在休息，務人流著眼淚說：「徭役雖然使百姓勞累了，賦稅雖然使百姓負擔太重了，但在強敵入侵的時候，卿大夫不能為國家出主意，戰士不能為國家作犧牲，是不行的啊。我嘛，已經把話說在前頭了，敢不盡自己的力麼？」於是和他的鄰居、他所喜愛的名叫汪錡的兒童，乘著車子衝向齊國的侵略軍，都英勇地犧牲了。在殯斂的時候，魯國人想用成人之禮安葬兒童汪錡，去徵求孔子的意見，孔子說：「能夠拿起武器去保衛自己的國家，可以按成人之禮安葬的！」

魯昭公夫人吳孟子❶卒，不赴❷于諸侯，孔子既致仕❸而往弔焉，適❹于季氏❺，季氏不絰❻，孔子投絰而不拜。子游問曰：「禮與？」孔子曰：「主人未成服❼，則弔者不絰焉，禮也。」

【章　旨】此章見於《左傳・哀公十二年》。言孔子對「季氏不絰」，頗示不滿。

【注　釋】❶吳孟子　吳氏的長女。吳，姓。❷赴　同「訃」。訃告。❸致仕　退休。❹適　往。❺季氏　季孫氏。此指季康子。❻不絰　不在頭上或腰間結紮麻帶，以示在喪中。《左傳・哀公十二年》作「不絻」。絻，喪冠。❼成服　舊時喪禮：大斂後，死者的親屬，按照親疏的關係，穿著應穿的喪服，叫做「成服」。

【語　譯】魯昭公的夫人吳孟子死了，沒有到其他的諸侯國去報喪。孔子已經退了休，還是前往弔唁，到了季孫氏那裡，季孫氏沒有在頭上或腰間繫上麻帶，孔子把麻帶丟了，也不拜喪。子游問道：「這合禮嗎？」孔子說：「主人沒有穿應該穿的喪服，那麼來弔唁的就可以不繫麻帶了，這是合乎禮制的啊。」

公父穆伯❶之喪，敬姜❷晝哭❸。文伯❹之喪，晝夜哭。孔子曰：「季氏之婦，可謂知禮矣。愛而無私，上下❺有章❻。」

【章　旨】此章見於《禮・檀弓下》，並參閱《左傳》文公十四年、十五年。言孔子盛贊敬姜知禮。

【注　釋】❶公父穆伯　即公孫敖。一名公甫靖，曾於文公八年如周弔喪，沒有到周，便與莒女己氏私通而逃往莒國，後死於齊。❷敬姜　穆伯之妻，文伯之母。❸晝哭　言喪夫不夜哭，避免情思之嫌。❹文伯　名穀。穆伯之子，孟獻子之父，魯國大夫。❺上下　指丈夫和兒子。上謂其夫，即孟伯；下謂其子，即文伯。❻有章　有區別。

【語　譯】公父穆伯死了，其妻敬姜只在白天裡哭泣；文伯死了，其母敬姜白天黑夜都在哭。孔子說：「季孫氏的夫人，可以說是懂禮的了，愛而無私，對丈夫和兒子是有區別的。」

南宮縚❶之妻，孔子兄之女，喪其姑❷，夫子誨之髽❸曰：「爾❹毋從從❺爾❻，毋扈扈❼爾，蓋榛❽以為笄❾，長尺而總❿八寸。」

【章　旨】此章見於《禮・檀弓上》。言孔子教婦人為舅姑服喪與笄總的尺寸。

【注　釋】❶南宮縚　字子容。孔子弟子，即孟僖子之子仲孫閱。《史記・仲尼弟子列傳》作「南宮括」。《論語・憲問》作「南宮适」。❷姑　婆婆；丈夫之母。❸髽　婦人的喪髻。用麻和髮合起來結紮叫做「髽」。❹爾　汝。❺從從　高的樣子。❻爾　助詞。下句同。❼扈扈　大而寬廣的樣子。❽榛　灌木或小的喬木。❾笄　簪子。用以插定髮髻。❿總　約束髮根，垂於髻後作為裝飾的絲帶。

【語　譯】南宮縚的妻子，是孔子哥哥的女兒，她的婆婆死了，孔子告訴她怎麼去做婦人的喪髻：「你不要梳得太高了，不要梳得太大了，要用灌木做簪子，垂在髻後作為裝飾的絲帶不要超過八寸。」

子張❶有父之喪，公明儀❷相❸焉。問啟顙❹於孔子，孔子曰：「拜而後啟顙❺，頹乎❻其順也；啟顙而後拜❼，頎乎❽其至也。三年之喪❾，吾從其至也。」

【章　旨】此章見於《禮・檀弓上》，孔子比較殷周喪拜之禮，主張三年之喪從周。

【注　釋】❶子張　孔子弟子。姓顓孫，名師。❷公明儀　子張的弟子。也是曾參的弟子。❸相　贊禮。❹啟顙　即「稽顙」。《禮・檀弓上》正作「稽顙」。叩頭；以頭叩地。❺拜而後啟顙　先拜賓，後稽顙。這是殷人的喪拜之禮。拜，拜賓。❻頹乎　恭順的樣子；哀戚的樣子。❼啟顙而後拜　先稽顙，後拜賓。這是周代的喪拜之禮。❽頎乎　惻隱之貌；隱痛的樣子。❾三年之喪　指父母之喪。

【語　譯】子張的父親死了，他的學生公明儀出任贊禮的職務，向孔子請教叩頭的禮節，孔子說：「殷代是先拜賓，後叩頭，這樣顯得很恭順，是順乎人情的。周代是先叩頭，後拜賓，這樣就顯得悲戚到了極點啊。對於父母之喪，我主張按照周代的喪拜之禮，因為它是很悲戚的啊。」

孔子在衛，衛之人有送葬者，而夫子觀之曰：「善哉為喪乎！足以為法也。小子識之。」子貢問曰：「夫子何善爾？」「其往也如慕❶，其返也如疑❷。」子貢曰：「豈若速返而虞❸哉？」子曰：「此情之至者也。小子識之，我未之能也。」

【章旨】此章見於《禮・檀弓上》。孔子盛贊衛人送葬時的真摯感情。

【注釋】❶如慕　像小孩那樣的愛慕父母，追隨啼泣的樣子。❷如疑　疑親之尚在，不欲速返的樣子。❸虞　送葬父母之後，迎親安於殯宮的祭禮。

【語譯】孔子在衛國，碰上衛國有人去送葬，孔子看了以後說：「好呀這些送喪的，值得效法啊。你們年輕人要記著。」子貢問道：「先生為什麼贊美他們呢？」孔子說：「他們去送葬的時候，好像幼兒追隨父母，惟恐趕不上而啼泣呼號，體現了無限愛慕的真摯感情；他們在送葬回來的時候，又懷疑父母的靈魂還沒有隨著他們回來，因而遲遲不願離開。」子貢說：「難道比得上趕快回來，舉行迎親安於殯宮的祭禮嗎？」孔子說：「這是最真摯的感情的體現啊，你們年輕人記著，我還做不到呢！」

卞❶人有母死，而孺子❷之泣者。孔子曰：「哀則哀矣，而難繼❸也。夫禮，為可傳也，為可繼也。故哭踊❹有節，而變除❺有期。」

【章旨】此章見於《禮・檀弓上》。言孔子批評卞人過於悲哀，不中於節，是難傳難繼的。

【注　釋】❶卞　地名。魯孟孫氏的采邑。《禮・檀弓上》作「弁」。❷孺子　兒童；小孩。❸難繼　難以繼續下去。❹哭踊　喪禮的儀節。哭著跳著，悲哀到了極點的表現。踊，跳。❺變除　變革和除去喪服。

【語　譯】卞邑有一個人的母親死了，像兒童一樣的號泣著。孔子說：「悲哀是悲哀了，可是難以繼續下去啊。禮嘛，為的是要流傳啊，為的是要讓別人學習繼承啊，因此哭踊要適度，除服有期限。」

孟獻子❶禫❷，懸❸而不樂❹，可御而不處內❺。子游問於孔子曰：「若是，則過禮❻也。」孔子曰：「獻子可謂加於人一等❼矣。」

【章　旨】此章見於《禮・檀弓上》。言孔子贊美孟獻子除服作樂，得禮之宜。

【注　釋】❶孟獻子　即仲孫蔑。魯國的大夫。❷禫　祭名。喪家除服的祭禮。父母死後，二十五個月為大祥，二十七個月而禫（除服），二十八個月而作樂。❸懸　懸掛樂器。❹不樂　不作音樂。❺可御而不處內　《禮・檀弓上》作「比御而不入」。御，御女。指過夫妻生活。處內，住到內室去。❻過禮　超過了禮的規定。❼加於人一等　超過別人一等。形容表現突出。加，超過。

【語　譯】孟獻子已經除了服，家裡懸掛著樂器，可是沒有作樂；可以過夫妻生活了，可是他並不到內室去。子游問道：「像這麼樣，那就超過禮的規定了。」孔子說：「孟獻子可以說是超過別人一等了。」

魯人有朝祥而暮歌❶者，子路笑之。孔子曰：「由！爾責❷於人，終無已❸夫！三年之喪，亦以久矣。」子路出，孔子曰：「又多乎哉！踰月❹則其善也。」

【章　旨】此章見於《禮・檀弓上》。言孔子抑子路而善魯人，也是為了使人能夠守禮中節，過與不及，都是不合理的。

【注　釋】❶朝祥而暮歌　早上除了喪服，日暮便尋歡作樂。祥，父母死後二十五個月而祭叫大祥。❷責　要求；責備。❸無已　沒有休止的時候。❹踰月　過一個月。

【語　譯】魯國有人早上除了服，晚上便歡歌笑語起來，子路笑他太快了一點。孔子說：「子路！你對別人的要求，究竟還有完沒完呢！三年之久的喪服，也確實太長了。」子路出去以後，孔子說：「魯人合於歌唱的時間，也並不需要很多了喲，過一個月就是好的了。」

子路問於孔子曰：「傷哉貧也！生而無以供養，死則無以為禮也。」孔子曰：「啜菽飲水❶，盡其歡心，斯謂之孝乎！斂手足形❷，旋葬❸而無槨❹，稱其財❺，謂之禮，貧何傷乎？」

【章　旨】此章見於《禮・檀弓下》。言孝子事親，只要稱家之有無，便是合於禮的。

【注　釋】❶啜菽飲水　吃豆類，喝清水。形容生活清苦。啜，嘗；飲。❷斂手足形　收斂其手足的形體。❸旋葬　很快地安葬。《禮・檀弓下》作「還葬」。還，疾的意思。❹無槨　沒有套在棺外的大棺。❺稱其財　與其財產相稱。

【語　譯】子路問孔子道：「可悲的是貧寒啊！父母活著的時候，沒有辦法去供養他們；死了以後，又沒有辦法去盡喪葬之禮啊。」孔子說：「吃豆類，喝清水，竭盡自己的心力去得到父母的歡心，這就叫做孝喲。斂藏手足的形體，很快地把他們安葬，也沒有套在棺外的大棺，只要與自己的財產相稱，就是合禮的，貧寒有什麼損害呢？」

吳延陵季子❶聘于上國❷，適齊，於其返也，其長子死於嬴博❸之間。孔子聞之曰：「延陵季子，吳之習於禮者也。」往而觀其葬焉。其斂以時服❹而已；其壙❺掩坎❻，深不至於泉；其葬無盟器❼之贈；既葬，其封❽廣輪❾揜坎❿，其高可時隱⓫也。既封，則季子乃左袒⓬，右還⓭其封，且號者三，曰：「骨肉⓮歸于土，命也；若魂氣則無所不之，無所不之。」而遂行。孔子曰：「延陵季子之禮其合矣。」

【章旨】此章見於《禮．檀弓下》。言孔子盛贊延陵季子為習禮。

【注釋】❶延陵季子　即季札。春秋時吳王諸樊之弟，多次推讓君位，封於延陵（今江蘇常州），稱為延陵季子。後又封於州來（今安徽鳳臺北），又稱州來季子，是一位博學多識的賢人。❷上國　大國。春秋時稱中原地區的諸侯國為上國，是與吳、楚等國相對而言的。❸嬴博　齊地。今山東泰安縣境。❹時服　合於時令的服裝。即不特別製作壽衣。❺壙　墓穴。❻掩坎　遮蔽在低窪處。❼盟器　當為「明器」。古代用竹、木或陶土專為隨葬而製作的器物，如車、馬之類。❽封　墳堆。❾廣輪　寬長。東西曰廣，南北曰輪。❿揜坎　封閉墓穴。⓫時隱　隨時可以用手憑據。言其封可手據，只有四尺高。隱，據。⓬左袒　脫掉左袖，露出左臂。⓭還　圍繞。⓮骨肉　至親。

【語譯】吳國的延陵季子到中原地區各諸侯國去訪問，到了齊國，在他回去的時候，他的大兒子死在齊國的嬴博之間。孔子聽說了道：「延陵季子，是吳國熟悉和研究禮制的啊。」便去看他是怎麼安葬他兒子的。他的裝斂用的是當季的服裝；他的墓穴掩蔽在低窪處，深度沒有出現地下水；他的安葬沒有用竹、木或陶土製成的隨葬器物；已經安葬了，他的墳堆的寬度和長度只能掩蓋墓穴；墳的高度只有四尺，隨時都可以用手憑據著它啊。已經築好了墳，季子便脫去左袖，露出左臂，從右面圍繞著墳堆，號哭了三聲說：「至親的骨肉埋藏在這塊土地上，這是命啊。至於他的魂氣，那就沒有地方不能去，沒有地方不能去啊。」於是便離開了。孔子說：「延陵季子安葬兒子的喪禮，是符合禮制的了。」

子游問喪之具❶，孔子曰：「稱家之有亡❷焉。」子游曰：「有亡惡於齊❸？」孔子曰：「有也則無過禮❹；苟亡矣，則斂手足形，還葬❺，懸棺❻而封，人豈有非之者哉？故夫喪亡，與其哀不足而禮有餘，不若禮不足而哀有餘也；祭祀與其敬不足而禮有餘，不若禮不足而敬有餘也。」

【章旨】此章見於《禮・檀弓上》的「子游問喪具」和「子路曰吾聞諸夫子」兩則。言孔子分別論述喪具應稱家之有無，以及喪主哀、祭主敬的道理。

【注釋】❶喪之具　送終安葬應辦的東西。❷有亡　即「有無」。亡，無。❸齊　限度。❹過禮　超過禮的規定。❺還葬　旋葬；便葬；迅速地安葬。還，通「旋」。❻懸棺　下棺於穴時，不用碑繂，不備禮，但用手懸棺而下之。

【語譯】子游問送終安葬時應該備辦哪些東西，孔子說：「跟家裡的財產多少相稱便行了。」子游說：「財產的有無怎麼來劃分呢？有什麼限度麼？」孔子說：「家裡富有啊，也不要超過禮所規定的；假設家裡沒有錢，那麼就把死者的手足形體掩蓋起來，很快就把他埋葬好，不用碑繂，不備禮，用手把棺材放下墓穴，然後築好墳墓，人們哪一個會說你的壞話呢？所以對待死者，與其悲哀的感情不夠而禮節有餘，不如禮節不足而哀思有餘啊；對待祭祀，與其恭敬不足而禮節有餘，不如禮節不足而恭敬有餘啊。」

伯高❶死於衛，赴❷於孔子，子曰：「吾惡❸乎哭諸❹？兄弟，吾哭諸廟❺；父之友，吾哭諸廟門之外；師，吾哭之寢❻；朋友，吾哭之寢門之外；所知，吾哭之諸野。今於野則已❼疏，於寢則已重，夫由賜也而見我，吾哭於賜氏。」遂命子貢為之主曰：「為爾哭也，來者汝拜之；知伯高而來者，汝勿拜。」既哭，使子張往弔焉，未至，冉求在衛，攝❽束帛❾乘馬❿而以將之⓫。孔子聞之曰：「異哉！徒使我不成禮⓬於伯高者，是冉求也。」

【章　旨】此章見於《禮・檀弓上》。言孔子論關係的親疏，而分別所哭之處。

【注　釋】❶伯高　人名。❷赴　同「訃」。告喪。❸惡　怎麼。❹哭諸　哭他。諸，「之於」的合音。❺廟　祖宗的廟宇。❻寢　內室。❼已　太；過於。❽攝　貸。❾束帛　婚喪時朋友相饋贈的禮物。帛五疋叫「束帛」。❿乘馬　四匹馬拉的車。⓫將之　送給他。⓬成禮　使禮節很完備。

【語　譯】伯高在衛國死了，向孔子來告喪。孔子說：「我怎麼來哭他呢？兄弟嘛，我在宗廟裡哭他；父親的朋友嘛，我在廟門之外哭他；老師嘛，我在寢室裡哭他；朋友嘛，我在寢室外面哭他；所結識的嘛，我在野外哭他。如今在野外哭他，就顯得太疏遠了；在內室裡哭他，就顯得禮太重了。他是由於子貢的關係而來見我的，那麼我就在子貢的寢門之外去哭他吧。」便叫子貢設立靈主，並說：「如果因為你哭而來安慰你的，你就拜謝他；如果是因為認識伯高而來弔唁的，你就不要拜謝他。」已經哭了之後，又打發子張前往弔唁，還沒有到達衛國，冉求在衛國，貸給孔子五疋帛、四匹馬去送給他，孔子聽說了道：「奇怪呀，使我對伯高的喪禮辦得不完備的，是冉求啊。」

子路有姊之喪，可以除之矣而弗除。孔子曰：「何不除也？」子路曰：「吾寡❶兄弟，而弗忍也。」孔子曰：「行道之人❷皆弗忍。先王制禮，過之者俯而就❸之；不至者企而及❹之。」子路聞之，遂除之。

【章旨】此章見於《禮・檀弓上》。言孔子批評子路任情而不循禮。

【注釋】❶寡　少。❷行道之人　施行仁義的人。❸俯而就　屈從。❹企而及　跟上。企，亦作「跂」。

【語譯】子路的姊姊死了，可以不著喪服了，可是他仍然穿著。孔子說：「為什麼不除去喪服呢？」子路說：「我的兄弟很少，因而不忍心除去喪服啊。」孔子說：「所有施行仁義的人，都是不忍心的。先王制定禮儀，超過的要屈從它，達不到的要跟上它。」子路聽了，便除去了喪服。

伯魚❶之喪母也，期❷而猶哭。夫子聞之曰：「誰也？」門人曰：「鯉也。」孔子曰：「嘻❸！其甚也，非禮也。」伯魚聞之，遂除之。

【章旨】此章見於《禮・檀弓上》。言孔子批評其子伯魚過哀的表現。

【注釋】❶伯魚　名鯉，孔子的兒子。孔子曾教其學詩學禮。❷期　一週年。❸嘻　悲歎的聲音。

【語譯】伯魚母親過世的時候啊，已經一週年了，他還在悲哭。孔子聽到後說：「哪一個啊？」他的學生們說：「是孔鯉啊。」孔子說：「唉！那太過分了，不合於禮制啊。」伯魚聽說了，於是便除了喪服。

衛公使其大夫求婚於季氏❶，桓子問禮於孔子，子曰：「同姓為宗，有合族❷之義，故繫之以姓❸而弗別，綴之以食❹而弗殊，雖百世婚姻不得通，周道❺然也。」桓子曰：「魯衛之先❻，雖寡兄弟❼，今已絕遠❽矣，可乎？」孔子曰：「固非禮也。夫上治祖禰❾，以尊尊❿之；下治子孫，以親親⓫之；旁治昆弟，所以教睦也，此先王不易⓬之教也。」

【章旨】此章論點見於《禮．大傳》。言孔子堅持周禮，主張同姓不婚。

【注釋】❶季氏　指季桓子。名斯，魯國的大夫。❷合族　聚合一族的人。❸繫之以姓　用姓氏聯繫在一起。❹綴之以食　用分食於族人的禮儀連結起來。❺周道　周代的制度。❻魯衛之先　魯為周公之封，衛為康叔之封。周公、康叔，本為兄弟。❼寡兄弟　嫡親兄弟。❽絕遠　非常疏遠。❾祖禰　祖先。禰，父死之後，以神主入廟供奉，叫做禰。❿尊尊　尊重尊長。⓫親親　親愛親戚。⓬不易　不變；不改。

【語譯】衛公打發他的大夫向季氏求婚，季桓子向孔子請教有關的禮儀，孔子說：「同姓就是一個宗族，有聚合同族的人在一起的道理，所以用姓氏聯繫起來而不再加區別，用分食族人的禮儀連結在一起，也不因為有親疏而加以區分。即使經過一百代，也不得互通婚姻，周代的制度是如此的啊。」桓子說：「魯衛兩國的祖先，雖然是嫡親兄弟，如今已經非常疏遠了，可以嗎？」孔子說：「本來是不合禮的啊。宗族制度從上來說，是要考定祖先以尊重尊長；對下來說，是要考定子孫以親愛親戚；從旁來說，是要考察兄弟以教育大家和睦相處啊，這是先王永遠不變的教化啊。」

有若❶問於孔子曰：「國君之於百姓，如之何？」孔子曰：「皆有宗道❷焉，故雖國君之尊，猶百姓不廢其親，所以崇愛❸也；雖以族人之親，而不敢戚君❹，所以謙也。」

【章旨】孔子論述宗法制度，國君與百姓，都要共同遵守。論點亦見於《禮·大傳》。

【注釋】❶有若　孔子弟子。字子有。❷宗道　宗族的制度。❸崇愛　崇尚恩愛。❹戚君　以父兄子弟的關係，自居於君主的親戚之列。

【語譯】有若問孔子說：「國君對於百姓來說，宗族關係怎麼處理呢？」孔子說：「都有宗族的制度嘛，即使國君那麼尊貴，也像百姓一樣不能廢除他的親戚關係，是為了發揚恩情啊。即使有同族的親戚關係，但不能因為有這種關係，便自居於國君的親戚之列，是為了表示謙遜啊。」

曲禮子夏問第四十三

【題解】全篇由二十七則言論或故事組成，都是論述各種禮儀的，大都採自《禮記》與《左傳》。因為前面八章，都是子夏向孔子提出有關曲禮（即禮儀）的疑問，所以用「曲禮子夏問」名篇。

子夏問於孔子曰：「居父母之仇，如之何？」孔子曰：「寢苫❶，枕干❷不仕❸，弗與共天下❹也，遇於朝市❺，不返兵❻而鬥。」曰：「請問居昆弟之仇，如之何？」孔子曰：「仕弗與同國，銜君命❼而使，雖遇之不鬥。」曰：「請問從昆弟❽之仇，如之何？」曰：「不為魁❾，主人能報之，則執兵而陪其後。」

【章旨】此章見於《禮・檀弓上》。言孔子論述各種復仇的態度。

【注釋】❶寢苫　睡在草席上。苫，古人居喪時睡的草墊。❷枕干　頭枕兵器。干，盾。泛指兵器。枕干而寢，謂其報仇心切。❸不仕　不做官。❹共天下　共同生活在一個世界。❺朝市　朝廷和市肆。❻不返兵　不回去拿武器。言隨身帶著武器，準備隨時報仇。❼銜君命　奉君主的命令。銜，奉；受。❽從昆弟　堂兄弟。❾不為魁　不做頭頭。魁，首領。

【語譯】子夏問孔子道：「服喪期間，在為父母報仇的問題上，怎麼辦呢？」孔子說：「睡在草墊子上，頭枕著武器，不出去做官，不和他共同生活在一個世界上啊。在朝廷和市肆上碰上了他，不回去拿起武器，便和他打鬥。」又說：「請問對待兄弟的報仇問題，該怎麼辦？」孔子說：「不和他在一個國家內做官，奉了君主的命令，出使到別的地方，即使碰上了他，也不要和他打鬥。」又說：「對待堂兄弟的報仇問題，又該怎麼辦呢？」孔子說：「不做頭頭，他的兒子能為父母報仇，那就拿起武器跟在他的後面。」

子夏問：「三年之喪，既卒哭❶，金革之事❷無避❸，禮與？初有司為之乎？」孔子曰：「夏后氏之喪，三年既殯而致仕❹，殷人既葬而致事，周人既卒哭而致事。記曰『君子不奪❺人之親』，亦不奪故也。」子夏曰：「金革之事無避，非與？」孔子曰：「吾聞諸老聃❻曰：『魯公伯禽❼，有為❽為之也。』公以三年之喪從利❾者，吾弗知也。」

【章　旨】此章見於《禮・曾子問》。孔子論述君主強使孝子奪情，從事戰爭，是不應該的。

【注　釋】❶卒哭　古代喪禮，百日祭後，止無時之哭為朝夕之哭，叫做「卒哭」。❷金革之事　戰爭的事。❸無避　君令則行，無敢辭避。❹致仕　當為「致事」之誤。言還政於君。即致其所掌之事於君，隱居不仕。與下兩「致事」同。《禮・曾子問》正作「致事」。❺奪　改變。❻老聃　即老子。姓李名耳，孔子曾向他學過禮。❼伯禽　周公的兒子。周公相成王，留在東都洛陽，封伯禽於魯，伯禽有母之喪，方百日而徐戎作難，乃率師在費邑擊退徐戎，作〈費誓〉。❽有為　為了王事、國事。❾從利　謀求利祿。

【語　譯】子夏問道：「父母死了，已經滿了百日，碰上了戰伐的大事，君令則行，沒有辭避，合於禮呢？還是官吏們迫使他這麼做呢？」孔子說：「夏后氏的喪禮，父母裝斂好了，便要把他所掌管的事務交還君主，殷人在把父母安葬好了以後，便要把自己主管的事務交還君主，周人在父母死了百天之後，便要交出自己所主管的政務。舊的記傳上說『君主不改變別人的親愛之情』，也不能改變啊。」子夏說：「那麼在服喪期間，不辭避戰伐的事，是不對嗎？」孔子說：「我聽到老聃說過：『魯公伯禽在母喪期間，徐戎作難，他身為方伯，為了王事，不得不帥師出征啊。』至於想在為父母服喪的期間謀求利祿，而去從事戰爭，我不認為它合禮啊。」

子夏問於孔子曰：「記云：周公相成王，教之以世子❶之禮，有諸？」孔子曰：「昔者成王嗣立，幼，未能蒞阼❷，周公攝政❸而治，抗❹世子之法於伯禽，欲王之知父子君臣之道，所以善❺成王也。夫知為人子者，然後可以為人父；知為人臣者，然後可以為人君；知事人者，然後可以使人。是故抗世子法於伯禽，使成王知父子、君臣、長幼之義焉。凡君之於世子，親則父也，尊則君也。有父之親，有君之尊，然後兼天下而有之，不可不慎也。行一物❻而三善❼皆得，唯世子齒❽於學之謂也。世子齒於學，則國人觀之曰：『此將君我❾，而與我齒讓❿何也？』曰：『有父在則禮然⓫。』然而眾知父子之道矣。其二曰：『此將君我，而與我齒讓何也？』曰：『有臣在則禮然。』而眾知君臣之義矣。其三曰：『此將君我，而與我齒讓何也？』曰：『長長也，〔有長在〕則禮然。』然而眾知長幼之節矣。故父在斯為子，君在斯為臣，居子與臣之位，所以尊君而親親也。在學：學之為父子焉，學之為君臣焉，學之為長幼焉。父子、君臣、長幼之道得而後國治。語曰：『樂正司業，父師司成。一有元良，萬國以貞⓬。』世子之謂。聞之曰：『為人臣者，殺其身而有益於君，則為之。』況于⓭其身以善其君乎？周公優為⓮也。」

【章旨】此章見於《禮・文王世子》。孔子敘述周公教成王的用心良苦，終於使成王受益，國家以治。

【注釋】❶世子　太子。即天子及諸侯的正妻所生的長子。❷蒞阼　臨朝治理政事。蒞，來臨。一作「涖」。❸攝政　代行政務。❹抗　舉。❺善　愛惜。❻一物　一事。❼三善　三件好事。指眾知父子之道、君臣之義、長幼之節。❽齒　次列。❾君我　做我的君主。❿齒讓　以年齡的大小相讓。⓫禮然　禮當如此。⓬樂正司業四句　此《書・太甲下》的話。樂正，官名。主管大學。《禮・王制》：「樂正崇四術，立四教，順先王詩書禮樂以造士。」司業，主管詩書之業。父師，太子的師傅。司成，負責德行的完成。一，一人。此指世子。元良，大善。萬國，萬邦；全國各地。貞，正；端正。⓭于　廣大；尊顯。⓮優為　有充足的精力去幹。

【語譯】子夏問孔子說：「古籍上說，周公輔佐成王，用如何做好太子的禮儀去教育他，有這回事麼？」孔子說：「過去成王繼承王位，立為天子，年紀太小了，不能臨朝聽政，周公代行政務，而天下大治，舉出做太子的法制教育他的兒子伯禽，是想讓成王懂得父子、君臣之間的關係，是為了愛護成王啊。只有懂得怎麼樣做人家的兒子，然後才能做人家的父親；懂得怎樣做人家的臣下，然後才可以做人家的君主；懂得怎樣事奉別人，然後才可使喚別人。因此向伯禽提出做太子的法制，讓成王從而懂得父子、君臣、長幼之間的關係準則。君主對於太子來說，論親戚，是父親啊，論尊長，是君主啊，有父親的恩慈，有君主的尊嚴，然後加以擁有國家的政權，不能不謹慎啊。做了一件事情，而取得三種好的結果，只有把太子放在受教育者的行列，就是說的這個啊。太子在學生的行列中，那麼全國的人看到了就會問：『這個人將要做我們的君主，為什麼要和我論年齡的大小來相讓啊？』答案是：『因為有父親在那裡，禮當如此呀！』於是民眾就懂得父子之間的關係了。那第二個問道：『這個人將要做我們的君主，為什麼還和我們論年齡的大小來相讓啊？』答案是：『有君主在那裡，禮當如此呀！』於是民眾就懂得君臣之間的關係了。第三個問道：『這個人將要做我們的君主，為什麼還要以年齡的大小與我們相謙讓呢？』答案是：『為了尊敬長輩啊，（如困有長輩在則）禮應如此嘛。』於是民眾便懂得長幼的次序了。所以父親在，他便是兒子；君主在，他便是臣子；生活在兒子與臣子的地位上，就是為了讓他尊敬君主和敬愛父親啊。在學校裡，學習怎麼樣處理父子的關係，學習怎麼對待君臣的關係，學習怎麼樣處理長幼的關係。父子、君臣、長幼的關係處理好了，而後國家得以長治久安。古語說：『主管太學的樂正，要負責太子學好詩書禮樂的業務，太子的師傅要負責太子品德的完善。太子有了最大的善行，全國各地的風氣就端正了。』就是說的太子受教育的重要性。聽到說：『做人臣的，犧牲了自己，而對於君主有益，就要毫不猶豫地去做。』何況使自己顯得更偉大，使君主能夠更完美呢？這是周公最善於做的啊。」

子夏問於孔子曰：「居君之母與妻之喪，如之何？」孔子曰：「居處言語飲食衎爾❶，於喪所則稱其服而已。」「敢問伯母之喪，如之何？」孔子曰：「伯母叔母疏衰❷，期而踊❸不絕地❹；姑姊妹之大功❺，踊絕於地，若知此者，由文❻矣哉！」

【章旨】此章由《禮・檀弓上》及《禮・雜記下》連綴而成。孔子論述不同關係，在居喪時所應有的儀容。

【注釋】❶衎爾　自得的樣子。❷疏衰　關係疏遠而逐漸遞減。❸踊　向上跳躍。此指古代喪期中的一種儀容，哀極則踊。

❹絕地　離開地面。❺大功　喪服之一。服期九月，用熟麻布做成。舊時堂兄弟、未婚堂姊妹、已婚的姑姑及姊妹等，都服大功。❻由文　遵循禮節儀式。由，遵循。文，即禮文。指禮儀的表現形式。

【語　譯】子夏問孔子道：「在君主的母親與妻子的喪期中，應該怎麼辦？」孔子說：「住的、說的和吃的，都顯得自得其樂的樣子，在居喪的人那裡，只要和自己應該服的喪服相稱就行了。」「敢問伯母死了，應該表現什麼樣的儀容呢？」孔子說：「伯母叔母，關係比較疏遠，表現出來的儀容也要逐漸減弱，哭著跳躍的時候不要離開地面。但姑姊妹的大功之服，邊哭邊跳的時候，就要離開地面。如果懂得什麼樣的關係跳就不要離開地面，什麼樣的關係跳就要離開地面，那就算遵循喪禮的儀式了。」

子夏問於夫子曰：「凡喪小功❶已上，虞❷祔❸練❹祥❺之祭，皆沐浴；於三年之喪，子則盡其情矣。」孔子曰：「豈徒祭而已哉？三年之喪，身有瘍❻則浴，首有瘡則沐，病則飲酒食肉。毀瘠❼而病，君子不為也；毀則死者，君子為之無子。則祭之沐浴為齊潔❽也，非為飾也。」

【章　旨】此章並見於《禮·雜記下》和《禮·曲禮上》。孔子言小功以上及三年之喪應該注意的常法。

【注　釋】❶小功　五服之一。服期五個月，用較粗的熟布製成。《儀禮·喪服》：「小功者，兄弟之服也。」❷虞　古時葬後拜祭叫虞。❸祔　祭名。止哭之次日，奉死者之神主祭於祖廟，叫做祔祭。❹練　小祥之祭。❺祥　祭名。父母死十三個月而後祭叫小祥，二十五個月而後祭叫大祥。❻瘍　癰瘡。❼毀瘠　哀傷過度而消瘦。❽齊潔　齋戒整潔。齊，通「齋」。

【語　譯】子夏問先生道：「凡是喪服在小功以上的虞、祔、練、祥等祭祀，都要洗髮澡身，而對於父母之喪，做兒子的只要竭盡心意就行了。」孔子說：「難道只有祭祀才洗髮澡身嗎？在父母的喪服期間，身上長了瘡就要洗澡；頭上長了瘡就要洗髮，病了就可以喝酒吃肉。因哀傷過度而消瘦，有道德修養的人是不幹的啊。如果因為哀傷過度而死亡，有道德修養的人便認為是不孝，猶如死者沒有兒子一樣。那麼祭祀時洗髮澡身，是為了齋戒整潔，而不是一種文飾、一種儀式啊。」

子夏問於孔子曰：「客至，無所舍❶，而夫子曰：『生於我乎館❷。』客死無所殯❸，夫子曰：『於我乎殯。』敢問禮與？仁者之心與？」孔子曰：「吾聞諸老聃曰：『館人使若有之。』惡有有之而不得殯乎？夫仁者，制禮者也，故禮者，不可不省❹也。禮不同❺，不異❻，不豐❼，不殺❽，稱其義❾以為之宜。故曰：『我戰則克，祭則受福。』蓋得其道矣。」

【章　旨】此章的論點是聯綴《禮・檀弓上》和《禮・禮器》之文而成。孔子認為禮應稱其義以為宜，不同、不異、不豐、不殺。

【注　釋】❶無所舍　沒有地方住。舍，居住。《禮・檀弓上》作「無所館」。館，亦「舍」的意思。❷生於我乎館　活著的時候，我讓他住在客館裡。❸客死無所殯　客死在外，就沒有地方安葬了。《禮・檀弓上》作「死於我乎殯」。意即死了以後，我給他安葬。❹省　察。❺禮不同　謂禮有高下、大小、文素之分。❻不異　謂禮的本質、目的、情趣是一致的。❼不豐　該少的不宜多。❽不殺　該多的不可少。❾稱其義　與它的意義相稱。

【語　譯】子夏問孔子道：「賓客來了，沒有地方安宿，而先生卻說：『活著的時候，我讓他住在客館裡。』死了以後，沒有地方安葬，先生說：『我給他安葬』，是禮制規定的呢？還是仁慈的人的用心呢？」孔子說：「我聽到老聃說過：『招待客人住在客館裡，要使他像擁有客館一樣覺得親切自然。』既然如此，哪有擁有客館而卻不可以安葬的道理？仁德，就是制定禮儀的根本啊，所以禮儀這個東西，是不可不明察的。禮有高下、大小、文素的區別，禮在本質、目的、情趣方面又是一致的，禮該少的不宜多，該多的不可少，要和它的意義相稱，才是得宜的。所以說：『知禮的人，打仗就一定取得勝利，祭祀就一定獲得福佑』，因為他已得到了方法了。」

孔子食於季氏，食祭❶，主人不辭❷，不食亦不飲而飧❸。子夏問曰：「禮也？」孔子曰：「非禮也，從主人也。吾食於少施氏❹而飽，少施氏食我以禮，吾食祭❺，作而辭❻曰：『疏食❼不足祭也。』吾飧❽，作而辭曰：『疏食不敢以傷吾子之性❾。』主人不以禮，客不敢盡禮；主人盡禮，則客不敢不盡禮也。」

【章旨】此章係聯綴《禮》之〈玉藻〉及〈雜記下〉而成。孔子以季氏與少施氏之非禮與禮相對比，而褒貶之意甚明。

【注釋】❶食祭　在就食時先祭祖。此指孔子。❷不辭　不辭謝。此指季氏。❸飧　熟食。按照禮的規定：先食胾（大塊的肉），次食殽（熟肉之有骨者），乃至肩（豬腿），至肩則飽，乃飧。❹少施氏　魯惠公之子。施父之後。❺吾食祭　指孔子在食前祭祀。❻作而辭　站起來辭謝。此指少施氏，下同。作，起。辭，辭謝。❼疏食　粗陋的食品。❽吾飧　指孔子食後而更飧，而強飯。❾傷吾子之性　傷害你的健康。

【語譯】孔子在季孫氏家裡吃飯，就食前孔子先行祭祀，主人沒有辭謝，孔子也沒有按照禮的規定去吃去喝，便吃起飯來。子夏問道：「這合乎禮的規定麼？」孔子說：「不合禮啊，我是跟著主人才這麼去做的啊。我在少施氏家吃飯是吃得很愜意的，因為少施氏請我吃飯的時候，是以禮相待的。我在食前祭祀的時候，少施氏立即站起來辭謝道：『粗陋的食品，不值得祭啊。』我在用熟食的時候，少施氏立即站起來辭謝道：『粗陋的食品，不敢拿它來損害你的健康。』主人不是用禮來款待客人，客人就不可能做到完全符合禮節；主人完全符合禮節，那麼客人也就不敢不完全符合禮節啊。」

子夏問曰：「官於大夫，既升於公，而反為之服❶，禮與？」孔子曰：「管仲遇盜，取二人焉，上之❷為公臣❸，曰：『所以遊辟❹者，可人❺也。』公許。管仲卒，桓公使為之服。官於大夫❻者為之服，自管仲始也，有君命❼焉。」

【章　旨】此章見於《禮・雜記下》。孔子認為「既升於公，而反為之服」，是失禮的。因述其失禮之所由。

【注　釋】❶反為之服　反過來替他服喪。服，著喪服。❷上之　推薦上來。❸公臣　諸侯的臣子。❹遊辟　所交遊的，都是邪辟之人。遊，結交的人。辟，邪辟的人。❺可人　能幹的人。❻官於大夫　在大夫那裡做官。❼君命　君主的命令。

【語　譯】子夏問道：「原先在大夫家裡做官，已經提升為諸侯的臣子了，卻在大夫死了的時候，又反過來為他服喪，合禮麼？」孔子說：「管仲遇上了一群強盜，從中揀取兩個人，推薦上去給桓公做事，並且說：『與他們交遊的，都是一些邪辟的人，所以才犯了錯誤，其實他們是很能幹的人啊。』桓公答應了。管仲死了，桓公要這兩個人為管仲服喪。原先在大夫家裡做官，後來又為他服喪，是從管仲開始的啊。但那是有桓公的命令的。」

子貢問居父母喪，孔子曰：「敬為上，哀次之，瘠為下❶。顏色稱情❷，戚容❸稱服❹。」曰：「請問居兄弟之喪。」孔子曰：「則存乎書筴❺已。」

【章　旨】此章見於《禮・雜記下》。孔子論述在父母之喪期間所應有的儀容。

【注　釋】❶瘠為下　哀毀過度而消瘦是最不好的。瘠，消瘦。❷稱情　合乎感情的要求。❸戚容　哀戚的儀容。❹稱服　符合喪服的規定。❺書筴　書籍。筴，同「策」。成編的書簡。

【語　譯】子貢問在為父母服喪期間，應該保持什麼樣的儀容？孔子說：「恭敬第一，悲哀次之，因哀毀過度而消瘦是最不好的。臉色要符合感情的要求，表情要和服制的規定相稱。」子貢又說：「請問在為兄弟服喪的期間呢？」孔子說：「那已經記載在書籍中了。」

子貢問於孔子曰：「殷人既定❶而弔於壙❷，周人反哭❸而弔於家，如之何？」孔子曰：「反哭之弔也，喪之至也；反而亡矣，失之矣。於斯為甚，故弔之。死，人卒事也，殷以慤❹，吾從周。殷人既練❺之明日而祔❻于祖，周人既卒哭❼之明日祔于祖。祔，祭神之始事也。周以戚❽，吾從殷。」

【章　旨】此章見於《禮・檀弓下》。孔子比較殷周兩代在父母葬窆以後所舉行的禮儀，並明確地表示自己的傾向性。

【注　釋】❶既定　已經下了棺。❷壙　墓穴。❸反哭　古代的喪禮。葬畢，喪主奉神主歸而哭。❹以慤　太樸質了。以，《禮・檀弓下》作「已」。過於的意思。❺練　父母死後一週年的祭禮。❻祔　奉死者的神主祭於祖廟。❼卒哭　祭名。父母百日祭後，止無時之哭為朝夕之哭，叫做卒哭。❽以戚　太促了。以，太；過於。戚，通「促」。

【語　譯】子貢問孔子道：「殷人在下了棺以後，便在墓穴旁悲傷起來；周人在安葬完畢以後，奉著神主回到家裡才悲傷，哪一種合適呢？」孔子說：「奉著神主回到家裡的悲傷，是悲哀到了極點啊。回來就忘掉其親平日之所作、平日之所養，那就錯了。在這時候感情最激動，因此才悲傷喲。死，是一個人最後的事啊。殷人太樸質了，我依照周人的辦。殷人在滿了週年祭的第二天，才把父母的神主合於祖廟而祭，周人在百日祭的第二天，便把父母的神主合於祖廟而祭。祔祭，是祭神的開始啊。周人太促了，我按照殷人的辦。」

子貢問曰：「聞諸晏子❶，『少連、大連❷善居喪❸。』其有異稱❹乎？」孔子曰：「父母之喪，三日不怠❺，三月不解❻，期悲哀❼，三年憂❽，東夷❾之子，達於禮者也。」

【章　旨】此章見於《禮·雜記下》。孔子贊美少連、大連生於東夷而知禮。

【注　釋】❶晏子　即晏嬰。齊大夫。注見〈弟子解第十二〉。❷少連大連　皆人名。東夷之人。❸居喪　在直系親長的喪期之中。❹異稱　不同的喪制。❺三日不怠　謂父母初喪，水漿不入口之屬。❻三月不解　謂人葬之前，朝奠夕奠，哀至則哭。解，通「懈」。❼期悲哀　謂朝哭夕哭之屬。期，一週年。❽三年憂　謂喪服未除，經常憔悴憂慮。❾東夷　古代華夏族對東方諸民族的稱呼。

【語　譯】子貢問道：「聽到晏嬰先生說過：『少連和大連在父母的喪期內一切言行都很合禮。』他們有不同的禮制麼？」孔子說：「他們的做法是，父母死了，三日之內水漿不入口，三月之內，朝奠夕奠，不敢稍有倦容，週年之內，朝哭夕哭，常懷悲哀的感情，三年之內，常常顯得憔悴憂慮。雖然他們是東方少數民族的人，卻是精通禮制的啊。」

子游問曰：「諸侯之世子，喪慈母❶如母，禮與？」孔子曰：「非禮也。古者男子，外有傅父❷，內有慈母，君命所使教子也，何服之有？昔魯孝公❸少喪其母，其慈母良，及其死也，公弗忍，欲喪之。有司❹曰：『禮，國君慈母無服，今也君為之服，是逆古之禮而亂國法也。若終行之，則有司將書之以示後世，無乃不可乎！』公曰：『古者天子喪慈母，練冠❺以燕居❻。』遂練以喪慈母。喪慈母如母，始則魯孝公之為也。」

【章旨】此章見於《禮・曾子問》。孔子論述慈母無服，自魯孝公始，遂練以喪慈母，是不合於禮的。

【注釋】❶慈母　撫育自己成長的庶母或保母。❷傅父　古代保育、輔導男性少年貴族的老年男子。❸魯孝公　名稱。懿公之弟，惠公之父。《禮・曾子問》作「魯昭公」。昭公名裯。見《史記・魯周公世家》。❹有司　官吏。古代設官分職，各有專司，故稱有司。❺練冠　喪服。小祥，主人練冠，故稱小祥之祭為練。❻燕居　閒居；退朝閒居。

【語譯】子游問道：「諸侯的嫡長子，死了撫育他成長的保母，像服母親的喪一樣，合禮麼？」孔子說：「不合禮啊。古代的男子，外有保育和輔導他的老人，內有撫育他成長的庶母或保母，這都是受君主的命令來教育兒子的啊，有什麼喪服可言？過去魯孝公從小就死了母親，撫育他成長的保母很好，到了保母去世的時候，孝公心裡過意不去，想替她服喪。主管喪禮的官吏說：『按照禮的規定：國君的保母，不要服喪，如今您替她服喪，是違背古代的禮制，而紊亂國家的法度啊。如果您最後要替她服喪，那麼主管喪禮的官吏將要記載下來，給後代做榜樣，恐怕不好吧！』孝公說：『古者天子死了庶母，戴著白色的喪帽，退朝閒居。』於是便著練冠來為保母服喪，死了保母，像為母親服喪一樣，是魯孝公開始這麼做的啊。」

孔子適衛，遇舊館人❶之喪，入而哭之哀，出，使子貢脫驂❷以贈之。子貢曰：「於所識❸之喪，不能有所贈，贈於舊館，不已多乎？」孔子曰：「吾向❹入哭之，遇一哀❺而出涕。吾惡夫涕而無以將之❻？小子行焉。」

【章旨】此章見於《禮・檀弓上》。言孔子脫驂為賻，念舊情深。

【注釋】❶舊館人　原先住過的客館主人。館人，管理館舍，迎接賓客的人。❷脫驂　解下兩旁駕車的馬。驂，古代一車駕四馬，兩旁的馬叫驂。❸所識　相識的人。❹向　剛才。❺遇一哀　遇到主人為我盡一哀。表明他是以厚恩待我的。❻將之　送給他。

【語譯】孔子到衛國去，碰到原先住過的客館主人死了，進去哭得很悲哀，出來以後，要子貢解下駕在車旁的馬送給他作為助喪之用。子貢說：「一般相識的人死了，沒贈送什麼，卻贈給原先住過的客館主人一匹馬，不是太多了麼？」孔子說：「我剛才進去弔唁他的時候，遇到主人為我充分表達了哀思，我也流了眼淚。我怎麼可以出了眼淚，而沒有什麼東西送給他呢？年輕人照著辦吧！」

子路問於孔子曰：「魯大夫練而杖❶，禮也？」孔子曰：「吾不知也。」子路出，謂子貢曰：「吾以為夫子無所不知，夫子亦徒❷有所不知也。」子貢曰：「子所問何哉？」子路❸曰：「止！吾將為子問之。」遂趨而進曰：「練而杖，禮與？」孔子曰：「非禮也。」子貢出，謂子路曰：「子謂夫子而弗知之乎？夫子徒無所不知也。子問非也。禮：居是邦，則不非❹其大夫。」

【章　旨】此章言孔子非常敬慎，居住在哪一個國家，就不非議哪一國的大夫。

【注　釋】❶練而杖　週年祭時，還拿著哭喪棒。練，週年祭。杖，苴杖。即今之哭喪棒。❷徒　空；沒有。❸子路　此下應脫「以告」二字。❹非　非議。

【語　譯】子路問孔子道：「魯國有一個大夫，父母死了一週年了，仍然拿著哭喪棒，合於禮麼？」孔子說：「我不知道啊。」子路出來，對子貢說：「我以為先生無所不知，先生也有一些不懂得啊。」子貢說：「你所問的是什麼呢？」子路告訴了他。子貢說：「不要亂說了，待我替你去問一下。」於是快步向前問道：「週年祭的時候，還拿著哭喪棒，合禮麼？」孔子說：「不合禮啊。」子貢退了出來，對子路說：「你說先生不知道麼？先生真無所不知啊。你問錯了，按照禮的規定：住在這個國家，就不非議這個國家的大夫。」

叔孫武叔❶之母死，既小斂❷，舉屍者出戶，武孫從之，出戶乃袒❸，投❹其冠而括髮❺，子路歎之。孔子曰：「是禮也。」子路問曰：「將小斂則變服，今乃出戶，而夫子以為知禮，何也？」孔子曰：「由！汝問非也，君子不舉人以質士❻。」

【章　旨】此章見於《禮・檀弓上》。孔子肯定叔孫武叔的行為合禮。

【注　釋】❶叔孫武叔　即叔孫州仇。武是他的諡號，魯國的大夫，曾經毀謗過孔子。見《論語・子張》。❷小斂　給死者穿衣。入棺叫大斂。❸袒　古代喪禮，喪主要解上衣，露左臂，叫左袒。❹投　棄。❺括髮　束髮。《禮・檀弓上》：「主人既小斂，袒括髮。」說明古代行喪禮要括髮。❻質士　評議或糾正別人。

【語　譯】叔孫武叔的母親死了，已經為死者穿好了衣服，抬著遺體出了門，武子跟著出來，出了門才解去上衣，露出左臂，丟了帽子，束起髮來。子路歎息，孔子說：「這是合於禮的啊。」子路問道：「準備給死者穿衣服了，喪主就要換上喪服，如今出了門才換，可是先生還以為他是懂禮的，為什麼呢？」孔子說：「子路！你問錯了，有道德修養的人不稱舉別人的過錯，來議論和糾正有身分的人啊。」

齊晏桓子❶卒，平仲❷粗衰斬❸，苴絰帶❹，杖❺，以菅屨❻，食粥，居傍廬❼，寢苫❽，枕草。其老曰：「非大夫喪父之禮也。」晏子曰：「唯卿大夫❾。」曾子以問孔子，孔子曰：「晏平仲可謂能遠害❿矣。不以己之是⓫，駮⓬人之非，愻辭⓭以避咎，義也夫。」

【章　旨】此章見於《左傳・襄公十七年》。孔子盛贊晏嬰知禮恕人，遜辭避咎，是合乎義的。

【注　釋】❶晏桓子　晏嬰的父親。❷平仲　即晏嬰。齊國的賢大夫。❸粗衰斬　用粗麻布製成的不縫兩旁及下襬的喪服。衰，古代喪服。斬，不縫邊緣。❹苴絰帶　繫在頭部或腰間的粗麻帶。❺杖　苴杖。即今之哭喪棒。❻菅屨　草鞋。❼傍廬　古人居父母之喪時所住的房子。即在中門之外，東牆之下，倚木為廬。❽寢苫　睡在草編的席上。❾唯卿大夫　禮：居父母之喪，哭泣之哀，齊斬之情，饘粥之食，尊卑皆同，大夫與士無異。晏子反時以從正，家老不解，反譏其失，故晏子遜辭以答之。❿遠害　遠避禍害。⓫是　正確的。⓬駮　通「駁」。論列是非，提出異議。⓭愻辭　謙遜的語言。愻，通「遜」。謙遜；恭順。

【語　譯】齊國的晏桓子死了，他的兒子晏平仲穿上粗麻布做的喪服，兩旁及下襬都沒有縫，繫著粗麻絞的帶子，扶著竹杖，穿著草鞋，吃著稀飯，住在中門外東牆下倚木而成的房子，睡在草編的席子上，用束草做枕頭。他的老家臣說：「這不是大夫居父親的喪禮啊。」晏子說：「是卿大夫為父守喪的禮。」曾參拿這件事來問孔子，孔子說：「晏平仲可以算是能夠避禍遠害的了，他不拿自己的正確，來駁斥別人的錯誤，而是用謙遜的語言，來避免自己的失誤，做得真適宜啊。」

季平子❶卒，將❷以君之璵璠❸斂，贈❹以珠玉，孔子初為中都宰❺，聞之，歷級❻而救❼焉，曰：「送而以寶玉，是猶曝屍於中原也，其示民❽以姦利❾之端❿，而有害於死者，安用之？且孝子不順情⓫以危親，忠臣不兆姦⓬以陷君。」乃止。

【章　旨】此章本事見於《左傳・定公五年》。言孔子不畏權勢，力糾其失。

【注　釋】❶季平子　季武子之孫。悼子之子，桓子之父，魯國的執政，歷佐昭公和定公，以伐莒有功，更受三命。昭公出奔，他曾代行君事。❷將　準備；打算。❸璵璠　魯之寶玉。君主所佩。❹贈　贈賻。即送財物助人辦理喪事。❺中都宰　中都的執政。中都，魯邑。在今山東汶上縣西。❻歷級　登階；升階。❼救　阻止。❽示民　向民眾表示。❾姦利　用不正當的手段取得利益。❿端　開始。⓫順情　憑著感情辦事；順應情感的要求。⓬兆姦　表現出邪惡來。

【語　譯】季平子死了，魯國打算用君主佩帶的寶玉來裝斂，並送給他一批珠玉作為助喪之用。孔子這時剛剛擔任中都地方的執政，聽說了這事，便登階去阻止他說：「送給你這些寶玉，這就像把屍體曝露在野外一樣啊，是向民眾表示用不正當的手段去謀取利益的開始，這對於死者是有損害的，為什麼要用它呢？而且孝子不應該放任感情的要求，而使父親受到危害，忠臣不應該帶頭做出邪惡的行為，來陷害君主。」於是，終於沒有這麼做了。

孔子之弟子琴張❶，與宗魯友衛齊豹❷見宗魯❸於公子孟縶❹，孟縶以為參乘❺焉，及齊豹將殺孟縶，告宗魯使行，宗魯曰：「吾由子❻而事之，今聞難而逃，是僭子❼也。子行事❽乎，吾將死以事周子❾，而歸死❿於公孟⓫，可也？」齊氏用戈擊公孟，宗魯以背蔽⓬之，斷肱⓭，中公孟、宗魯，皆死。琴張聞宗魯死，將往弔之。孔子曰：「齊豹之盜⓮，孟縶之賊⓯也，汝何弔焉？君子不食姦⓰，不受亂⓱，不為利病於回⓲，不以回事人⓳，不蓋非義⓴，不犯非禮㉑，汝何弔焉？」琴張乃止。

【章　旨】此章見於《左傳・昭公二十年》。言孔子認為宗魯是齊豹之盜，孟縶之賊，是不值得弔唁的。

【注　釋】❶琴張　即琴牢。字子開，一字張，衛人，孔子弟子。見〈七十二弟子解第三十八〉。❷齊豹　衛國的司寇。齊惡的兒子。❸宗魯　衛人。琴張的朋友。❹孟縶　即公孟。靈公之兄。❺參乘　陪乘的人。乘車時，居於車右。亦作「驂乘」。❻由子　因你。❼僭子　使你的話失了信。❽行事　去做你的事情。❾死以事周子　當作「以死周事子」。《左傳・昭公二十年》正作「以周事子」。周，終；最後。❿歸死　接受死刑，甘心去死。⓫公孟　即公子孟縶。⓬蔽　屏蔽；遮蓋；掩護。⓭斷肱　砍斷了臂膀。⓮齊豹之盜　言宗魯慫恿齊豹作亂。⓯孟縶之賊　言宗魯為孟縶的參乘，知齊豹將殺孟縶，而不以告。⓰食姦　明知公孟不善，而受其祿。⓱受亂　明知齊豹作亂，而鼓勵其「行事」。⓲利病於回　為了某種利益，而接受姦邪的約束。回，姦邪。⓳以回事人　知難不告，是以姦邪事人。⓴不蓋非義　不掩蓋不義的事。指願終身事奉齊豹。㉑不犯非禮　指宗魯以二心事公孟，是非禮的。

【語　譯】孔子的弟子琴張，與宗魯的朋友衛國的齊豹向公子孟縶推薦了宗魯，孟縶任用了宗魯做他的陪乘。

到了齊豹將要殺孟縶的時候，便告訴宗魯要他事先離開。宗魯說：「我因為你的關係，得以事奉公子孟縶，如今聽說他有禍難便逃之夭夭，那是使你失信啊。你去幹你的事吧，我打算用死來終身事奉你，而心甘自願為公孟去死，可以嗎？」齊氏拿起兵器去擊殺公孟，宗魯用背去掩護他，宗魯的臂膀被砍斷了，殺中了公孟，宗魯也死了。琴張聽說宗魯死了，準備去悼念他。孔子說：「宗魯是齊豹的強盜、公孟的竊賊啊，你為什麼要去弔唁他呢？有道德修養的人不接受壞人的俸祿，不隱忍作亂的行為，不因某種利益而為姦邪的人所約束，不用姦邪的手段去事奉別人，不掩蓋不義的事，不干犯非禮的事。你為什麼要去弔唁他呢？」琴張才沒有去。

郕❶人子革❷卒，哭之呼滅❸。子游曰：「若是哭也，其野哉！」孔子惡野哭❹者，哭者聞之，遂改之。

【章旨】此章見於《禮·檀弓上》。言孔子認為呼名而哭，是非禮的。

【注釋】❶郕　古諸侯國名。周武王封弟武叔於此，後為春秋時魯孟氏邑，故地在今山東范縣。❷子革　《禮·檀弓上》作「子蒲」。❸呼滅　呼喊著「滅」。滅，子蒲的名。一說哭者直呼其父之名，不合常情，當以父死而自傷孤苦無告，號哭瀕於滅亡。❹野哭　不達於禮的啼哭。

【語譯】郕人子革死了，哭的人直呼其父的名字「滅」。子游說：「像這樣的哭啊，太不達禮了。」孔子討厭不達禮的哭號，哭的人聽說了，便改正了。

公父文伯❶卒，其妻妾皆行哭❷失聲❸，敬姜❹戒之曰：「吾聞好外者❺士死之，好內者❻女死之，今吾子早夭，吾惡其以好內聞也，二三婦人❼之欲供先祀❽

者，請無瘠色❾，無揮涕，無拊膺❿，無哀容，無加服⓫，有降服⓬，從禮⓭而靜⓮，是昭⓯吾子也。」孔子聞之曰：「女智無若婦，男智莫若夫，公文氏之婦智矣，剖情⓰損禮⓱，欲以明其子為令德⓲也。」

【章　旨】此章見於《禮・檀弓下》及《國語・魯語》。言孔子盛贊敬姜的明事理，識大體，以昭示其子的令德。

【注　釋】❶公父文伯　即公孫穀。孟獻子的父親。注詳〈曲禮子貢問第四十二〉。❷行哭　邊走邊哭；來回往返地哭著。❸失聲　悲傷到了極點，哽咽不能發聲。❹敬姜　文伯之母。❺好外者　喜歡結交朋友的人。❻好內者　貪圖女色的人。❼二三婦人　諸位女眷。❽先祀　祖先的祭祀。❾瘠色　憂傷過度而憔悴。❿拊膺　拍胸。表示極度的哀痛、悲傷。⓫加服　多於規定的服喪期限。⓬降服　降一等服喪。⓭從禮　依從禮制。⓮靜　閒雅；安靜。⓯昭　彰明；顯示。⓰剖情　割斷感情。⓱損禮　減少禮節。⓲令德　美德。

【語　譯】公父文伯死了，他的老婆和小老婆都來回啼哭，哽咽不能出聲，他的母親敬姜告戒她們說：「我聽說喜歡結交朋友的人，士願意為他而死；貪圖女色的人，婦女願意為他而死。如今我的兒子死得過早了，我怕他因為貪圖女色而醜聲到處流傳啊，你們諸位如果願意留下來供奉祖先，不再改嫁的，就請不要因為悲傷過度而顯得憔悴，不要痛哭流涕，不要拍打著胸脯哀痛欲絕，不要流露出悲哀的表情，不要延長服喪的期限。如果能按照禮制降一等服喪，而又能閒雅貞靜，這樣就彰明我兒子的德行了啊。」孔子聽說了道：「女子的才能沒有比得上已經結了婚的女人的，男子的才能沒有比得上已經做了丈夫的。公文氏的妻子可謂有才能了。她割斷感情，抑損禮制，用意是要彰顯她兒子的美德啊。」

子路與子羔❶仕於衛，衛有蒯聵❷之難，孔子在魯聞之曰：「柴也其來，由也死矣。」既而衛使至曰：「子路死焉。」夫子哭之於中庭❸，有人弔者，而夫子拜之。已哭，進❹使者而問故❺，使者曰：「醢❻之矣。」遂令左右皆覆醢❼，曰：「吾何忍食此！」

【章　旨】此章見於《禮・檀弓上》及《左傳・哀公十五年》。言孔子對弟子的恩情，對弟子的了解。

【注　釋】❶子羔　即高柴。孔子弟子。❷蒯聵　衛靈公的太子。曾因得罪靈公的夫人南子，而逃亡在宋，及靈公死，衛人立蒯聵之子輒為君，這就是出公。後來趙簡子把蒯聵送了回來，衛人發兵擊之，入保於宿，終因孔悝之力，被立為君，是為莊公。見《史記・衛康叔世家》。❸中庭　庭中。❹進　引進。❺問故　詢問死時的情狀。❻醢　肉醬。❼覆醢　傾掉醬汁。謂孔子傷子路被醢於衛，不忍食其相似之物。覆，傾棄。

【語　譯】子路與子羔都在衛國做官，衛有蒯聵爭位的禍難，孔子在魯國聽說了道：「高柴將要活著回來，子路是死定了。」不久，衛國的使者來了說：「子路死了。」先生在庭中哭他，有來弔唁的，先生拜謝了他。哭完以後，便引進使者詢問子路的死狀，使者說：「已經被剁成肉醬了。」孔子於是要左右的人都把醬倒掉，說：「我怎麼能夠忍心吃這個呢！」

季桓子死，魯大夫朝服❶而弔，子游問於孔子曰：「禮乎？」夫子不答，他日，又問墓而不墳，孔子曰：「今丘也，東西南北之人❷，不可以弗識❸也。吾見封之若堂❹者矣，又見若坊❺者矣，又見履夏屋❻者矣，又見若斧形者❼矣，吾從斧者焉，於是封之崇❽四尺。」孔子先反，虞❾，門人後，雨甚至❿，墓崩，修之而歸。孔子問焉，曰：「爾來何遲？」對曰：「防墓崩。」孔子不應，三云，孔子泫然⓫而流涕曰：「吾聞之，古不修墓，及二十五月而大祥⓬，五日而彈琴，不成聲，十日過禫⓭，而成笙歌。」

【章　旨】此章見於《禮・檀弓上》。言孔子合葬其父母，築墳如斧，高止四尺，又因其居無定處，在墳上做了標誌，說明孔子既盡了孝思，又崇尚儉樸。

【注　釋】❶朝服　君臣朝會時所著的禮服。❷東西南北之人　居無常處的人。❸弗識　不做標誌。❹封之若堂　築土為壟，四面呈方形，若廳堂一樣。封，築墳。❺若坊　呈坊形，周圍漸低，上平而長。❻履夏屋　《禮・檀弓上》作「覆夏屋」。覆，用茅草、蘆葦蓋的屋頂。夏屋，大屋。其形旁廣而卑。❼若斧形者　像斧的形狀。刀鋒向上，兩旁逐漸平衍，上面薄而且長。❽崇　高。❾虞　祭名。奉神主回去，舉行祭祀。❿甚至　來得很猛。⓫泫然　流淚的樣子。⓬大祥　父母死去兩週年的祭禮。⓭禫　喪家除服之禮。一般以二十五月為大祥，二十七月而禫，二十八月而作樂。

【語　譯】季桓子死了，魯國的大夫穿著君臣朝會時的禮服去弔唁，子游問孔子說：「合於禮麼？」先生沒有回答，過了幾天，又問到修墓而不築墳的問題，孔子說：「如今我孔丘是一個居無定處的人，不能沒有一個標誌啊。我看到有的人把墳築得像廳堂一樣，又看到築得像街坊一樣，又看到築得像茅草覆蓋著的大屋一樣，還看到把墳築得像一柄斧頭一樣。我照著斧頭的形狀去築墳，於是築了高四尺的墳堆。」孔子先回去，奉著神主回去祭奠，他的學生後走，忽然暴雨來得很凶，墳堆崩塌了，修好了才回來。孔子問他們道：「你們怎麼這樣晚才回來？」學生們回答說：「為了預防墳堆崩塌喲。」孔子沒有作聲。一連講了三次，孔子才淚流滿面地說：「我聽說，古代是不修墓的，到了父母死去二十五個月就祭，又過五天，彈起琴來，還有餘哀，因而不成聲調。再過十天，便除了服，於是吹笙奏樂，一如平昔。」

孔子有母❶之喪，既練❷，陽虎❸弔焉，私於孔子曰：「今季氏將大饗❹境內之士，子聞諸？」孔子答曰：「丘弗聞也。若聞之，雖在衰絰❺，亦欲與往。」陽虎曰：「子謂不然乎？季氏饗士，不及子也。」陽虎出，曾點問曰：「吾子何謂也？」孔子曰：「己則衰服❻猶應其言，示所以不非❼也。」

【章旨】此章見於《史記・孔子世家》。言孔子能夠正確地對待陽虎的挑撥。

【注釋】❶母　指孔子的母親。姓顏氏，名徵在。❷練　父母死後一週年的祭祀。❸陽虎　一名陽貨。春秋時魯人，原為季氏家臣，事季平子，平子卒而專魯國之政，欲去三桓，因劫定公及叔孫州仇以伐孟氏，虎敗，取公宮寶玉大弓奔齊，後又至晉。事見《左傳》定公五至十年、《論語・陽貨》、《孟子・滕文公》及《史記・孔子世家》。❹饗　犒賞；宴請。❺衰絰　古代居喪之服。❻衰服　喪服中的最重者叫斬衰，其次為齊衰，均為五服之一。❼不非　不欲非議。

【語譯】孔子的母親死了，已經舉行週年祭了，陽虎前去弔唁，私下裡對孔子說：「如今季氏準備大規模地宴請國內的士人，你聽說嗎？」孔子回答說：「我沒有聽說啊。如果聽說了，即使在居喪期間，也想去參加喲。」陽虎說：「你說不是嗎？季氏歡宴國內的士人，卻沒有請你啊。」陽虎走了以後，曾點問道：「您說了些什麼啊？」孔子說：「我還在居喪期內，還是應付了他幾句話，表示我沒有非議他啊。」

顏回死，魯定公弔焉，使人訪於孔子，孔子對曰：「凡在封內❶，皆臣子也。

禮：君弔其臣，升自東階，向尸而哭，其恩賜之施，不有筭❷也。」

【章旨】此章言君弔臣之禮，恩賜之施，沒有一定的數量。

【注釋】❶封內　境內；疆域之內。❷筭　計算；限數。

【語譯】顏回死了，魯定公前去弔唁，打發人去問孔子，孔子回答說：「凡是在魯國的疆域之內的，都是您的臣下啊。按照禮的規定，君主弔唁他的臣子，從東階上去，對著遺體便哭，至於所加的恩賜，則是沒有一定限量的啊。」

原思❶言於曾子曰：「夏后氏之送葬也，用盟器❷，示民無知❸也；殷人用祭器❹，示民有知❺也；周人兼而用之，示民疑❻也。」曾子曰：「其不然矣，夫以盟器，鬼器也；祭器，人器也，古之人胡為❼而死其親❽也？」子游問於孔子，曰：「之死❾而致死❿乎？不仁⓫不可為⓬也；之死而致生⓭乎？不智⓮不可為也。凡為盟器者，知喪道也。夫子⓯始死則矣⓰，羔裘⓱玄冠⓲者易之而已，汝何疑焉！」

【章旨】此章見於《禮·檀弓上》。言孔子論生人對死者應有之態度，以及始死易服之禮。

【注釋】❶原思　即原憲。字子思，孔子弟子，魯人。《禮·檀弓上》作「仲憲」。❷盟器　《禮·檀弓上》作「明器」。古代用竹、木、陶土專為死者陪葬而製作的器物。❸無知　言死者沒有知覺。❹祭器　祭祀時所用的禮器。如樽、彝、簠、簋、籩、豆之類。❺有知　死者是有知覺的。❻疑　言對死者的有知、無知，尚在疑似之間。❼胡為　為什麼。❽死其親謂其親死而無知。❾之死　謂生者往死者那裡去送葬。之，往。❿致死　認為死者無復有知。⓫不仁　不仁的事。⓬不可為　不可行。為，行；做。⓭致生　認為死者是有知的。⓮不智　是不智的事。⓯夫子　據《禮・檀弓上》「子」下當脫一「曰」字。⓰則矣　則已。⓱羔裘　用小羊皮做的袍服。古代諸侯以羔裘為朝服。⓲玄冠　朝會時的禮帽。《儀禮・士冠禮》：「主人玄冠朝服，緇帶素韠。」

【語　譯】原憲對曾參說：「夏代送葬啊，用的是竹、木、陶土製作的器皿，是告訴民眾死者是沒有知覺啊；殷代用的是人們祭祀用的禮器，那是向民眾宣告死者是有知的啊；周代兼用明器和祭器，那是向民眾表示死者到底是無知還是有知，還在疑似之間啊。」曾子說：「恐怕不是如此的吧！那些專門為送葬而製作的竹、木、陶土用品，是鬼所使用的器物啊；祭祀用的禮器，是人使用的器皿啊。古代的人為什麼要說他的父母死了是沒有知覺的呢？」子游去問孔子，孔子說：「生人拿著東西去為死者送葬，如果認定死者是沒有知覺的，這是不仁的事，不能這麼做啊；拿著東西去為死者送葬，如果認定死者是有知覺的，那是不智的事，也不能這麼做啊。凡是用竹、木、陶土製作的送葬品，是懂得送喪的道理的啊。」先生又說：「人剛停止呼吸便什麼都完了，原來穿著的朝服，換上普通百姓穿的吉服便罷，你有什麼可以懷疑的呢！」

子罕問於孔子曰：「始死之設重❶也，何為？」孔子曰：「重，主道也。殷主綴重❷焉，周人徹重❸焉。」請問喪朝❹？子曰：「喪之朝也，順死者之孝心，故至於祖考之廟而後行❺，殷朝而後殯❻，周朝而後遂葬❼。」

【章　旨】此章見於《禮・檀弓下》。孔子言設立神主及死者朝廟的用意。

【注　釋】❶設重　設置暫時的主牌，以使死者的魂靈有所依附。❷綴重　將正式的神主和暫時設置的主牌聯綴在一起，掛在新死者所附的廟堂上。❸徹重　撤去暫時設置的主牌，並把它埋掉。❹喪朝　舊時喪禮，於發引前一天，由家人奉柩朝拜祖廟，像生前遠出必向祖廟辭行一樣。❺行　離開。❻殯　把柩停在殯宮。❼遂葬　立即埋葬。

【語　譯】子罕問孔子說：「人剛死的時候，設置一個暫時的主牌，是為了什麼呢？」孔子說：「設置暫時的主牌，是讓他的神靈有所憑依啊。殷人做了神主，聯綴暫時設置的木主，一起懸掛在祖廟裡；周人做了神主，就把暫時設置的主牌撤了埋掉。」那麼請問為什麼要奉著靈柩去朝廟呢？孔子說：「奉著靈柩去朝廟啊，是依著死者生前遠行辭祖的孝心喲，所以要朝拜了祖廟才走啊。殷代朝拜祖廟之後，便把柩停在殯宮裡，周代朝拜祖廟之後，便安葬了。」

孔子之守狗❶死，謂子貢曰：「路馬❷死，則藏之以帷❸，狗則藏之以蓋❹，汝往埋之。吾聞弊帷❺不棄，為埋馬也；弊蓋不棄，為埋狗也。今吾貧無蓋，於其封❻也與之蓆❼，無使其首陷於土❽焉。」

【章　旨】此章見於《禮．檀弓下》。言孔子對於所畜之狗，有著深厚的感情。

【注　釋】❶守狗　看守門戶的狗。《禮．檀弓下》作「畜狗」。畜養的狗。❷路馬　經常所乘的馬。一說係天子、諸侯所乘路車之馬。❸帷　帳幔。❹蓋　用白茅編成的覆蓋物；車蓋。❺弊帷　破帳幔。❻封　聚土築墳。❼蓆　草席。❽陷於土　埋沒土中。

【語　譯】孔子的看守門戶的狗死了，對子貢說：「經常所乘的馬死了，就用帳幔去埋葬牠，狗死了，就用車蓋去埋葬牠。你去埋了牠吧。我聽說不把破帳幔丟掉，是為了埋馬啊；不把破車蓋丟掉，是為了埋狗啊。如今我很貧窮，沒有車蓋，在掩埋牠的時候，就給牠一床草席吧，不要讓牠的頭部埋沒在泥土中啊。」

曲禮公西赤問第四十四

【題　解】此篇由六則言論組成，有些是公西赤請教孔子有關喪葬和祭祀的禮儀的，故以「曲禮公西赤問」作為篇名。所有言論，均見於《禮記》的〈檀弓〉、〈王制〉、〈祭義〉和〈禮器〉。

公西赤問於孔子曰：「大夫以罪免，卒，其葬也如之何？」孔子曰：「大夫廢其事❶，終身不仕❷，死則葬之以士禮❸；老而致仕❹者，死則從其列❺。」

【章　旨】此章見於《禮・王制》。孔子論述以罪免和老而致仕的大夫所應該採取的葬禮。

【注　釋】❶廢其事　被廢棄不擔任工作。❷不仕　沒有做官。❸士禮　普通士人之禮。❹致仕　告老辭官；辭官歸田。❺從其列　按照他的位次。列，位次。

【語　譯】公西赤問孔子道：「大夫因為犯了罪，免了官，死了以後，他的葬禮該怎麼辦好呢？」孔子說：「大夫被廢棄了，沒有擔任工作，而且到死的時候，再也沒有出去做過官，死了便以普通士人之禮葬之；因為年老而辭官歸居的，死了就按照他原來的位次去安葬。」

公儀仲子❶嫡子死而立其弟，檀弓❷問子服伯子❸曰：「何居❹？我未之前聞也。」子服伯子曰：「仲子亦猶行古人之道，昔者文王捨伯邑考❺而立武王，微子❻捨其孫腯立其弟衍。」子游以問諸孔子，子曰：「否！周制立孫❼。」

【章旨】此章見於《禮・檀弓上》。孔子從周的宗法制度出發，認為廢嫡立庶是非禮的。

【注釋】❶公儀仲子　人名。姓公儀，字仲子，魯的同姓。❷檀弓　魯人。姓檀，名弓，是善於說禮的人，故《禮記》以「檀弓」名篇。❸子服伯子　即子服景伯。魯大夫仲孫蔑之玄孫。❹何居　什麼。居，助詞。春秋時，齊魯之間的方言。❺伯邑考　文王的長子。❻微子　即微子開（開亦作「啟」）。殷紂的庶兄。武王克殷，微子持其祭器，造於軍門，武王乃復其位如故，微子開卒，立其弟衍，是為微仲。這是按照殷代的禮制，見《史記・宋微子世家》。❼周制立孫　周代的制度，嫡子死了，應立嫡孫以繼其位。

【語譯】公儀仲子的嫡子死了，不立他的嫡孫，而立他的弟弟繼承爵位。檀弓問子服景伯道：「為什麼這樣？我過去從來沒有聽說過啊。」子服景伯道：「仲子也是按照古人的辦法喲。過去周文王不立他的長子伯邑考，而立他次子武王；微子開不立嫡孫微腯，而立他的弟弟微仲，不都是先例嗎？」子游去問孔子，孔子說：「不是的！按照周代的制度，應該立他的嫡長孫。」

孔子之母既喪，將合葬焉，曰：「古者不祔葬❶，為不忍先死者之復見也。《詩》云：『死則同穴❷。』自周公已來祔葬矣，故衛人之祔❸也離之❹，有以間焉；魯人之祔也合之❺，美夫！吾從魯。」遂合葬於防❻，曰：「吾聞之，有備物❼而不可用也，是故竹不成用❽，而瓦不成膝❾，琴瑟張而不平❿，笙竽⓫備而不和⓬，有鐘磬⓭而無簨簴⓮，其曰明器⓯，神明⓰之也。哀哉！死者而用生者之器，不殆⑰而用殉⑱也。」

【章　旨】此章見於《禮・檀弓》的下上兩篇，孔子言魯衛祔葬的得失，以及用明器的用意。

【注　釋】❶祔葬　合葬。❷死則同穴　見《詩・王風・大車》。❸祔　合葬。❹離之　分開；隔開。❺合之　合在一起，無物間隔。❻防　即防山。一名筆架山，在今山東曲阜東。❼備物　備齊品物；湊足各種物品。❽竹不成用　竹做成的籩無緣，不好用來盛物。成用，好用。成，善；好。❾瓦不成膝　言瓦做的盆，不好用來洗臉。成膝，《禮・檀弓上》作「成味」。注云：「味，當作沬。沬，靧也。」靧，洗臉的意思。❿張而不平　言無宮商之調。⓫笙竽　管樂的樂器。⓬不和　不協調。⓭鐘磬　銅製或石製的打擊樂器。⓮簨簴　懸掛鐘磬和鼓的木架。⓯盟器　冥器。亦作「明器」。專為送葬用的竹陶製品。⓰神明　神祕化；神聖化。⓱殆　接近。⓲用殉　用人去殉葬。

【語　譯】孔子的母親死了，準備立即合葬，孔子說：「古代沒有合葬，為了不忍讓那死在前面的又露出遺骸來啊。《詩・王風・大車》上說：『死了要同一個墓穴。』自從周公以來就有合葬的了。所以衛人的合葬啊，要有一個東西加以間隔，使之分離開來；魯國的合葬啊，就合在一起，這多好呀，我按照魯國的辦。」於是便把父母合葬在山東曲阜的防山。又說：「我聽說過：在陪葬的時候，備齊各種品物，但卻不能用啊。因此竹做的籩沒有緣，不能盛物，瓦做的盆不能洗臉，陳設著琴瑟，而沒有宮商之音，備齊了笙竽，卻不能協調音樂，陳列著鐘磬，卻沒有懸掛它的木架。其所以叫做冥器，是為了把它神化啊。可悲呀，死了的人卻去使用活人的器皿，不是接近用人去殉葬啊。」

子游問於孔子曰：「葬者塗車❶芻靈❷，自古有之，然今人或有偶❸，是無益於喪。」孔子曰：「為芻靈者善矣，為偶者不仁❹，不殆於用人乎？」

【章　旨】此章見於《禮・檀弓下》。孔子認為塗車芻靈，是孝子的用心，而用偶殉葬，則是不仁的。

【注　釋】❶塗車　泥車。古時送葬用的明器。❷芻靈　束茅做成的人或馬。送葬用的。❸偶　《禮・檀弓下》作「俑」。古代送葬用的木偶和陶偶。❹為偶者不仁　《孟子・梁惠王上》：「仲尼曰：『始作俑者，其無後乎！』為其像人而用之也。」偶，即俑。

【語　譯】子游問孔子道：「送葬的人，用泥做的車子，用草紮成人或馬，從古以來就有了，但如今有人用木偶或陶偶去送葬，這對於喪事是沒有好處的。」孔子說：「用草紮成人和馬的樣子，是好的，做成木偶或陶偶，是沒有仁愛的心的，那不是近於用人來殉葬麼？」

顏淵之喪，既祥❶，顏路❷饋❸祥肉❹於孔子，孔子自出而受之，入，彈琴以散情❺，而後乃食之。

【章　旨】此章見於《禮・檀弓上》。言孔子對於顏淵的深情。

【注　釋】❶祥　祭祀名。死後週年祭叫小祥，兩週年祭叫大祥。❷顏路　即顏無繇。字路，一作顏由，字季路，孔子弟子，顏淵的父親。❸饋　贈送。❹祥肉　祥祭所用的肉。❺散情　散發哀思。

【語　譯】顏淵死了，已經舉行了週年祭，顏淵的父親顏路向孔子贈送祥祭的熟肉，孔子親自出來接受了它，走進屋內，奏起琴來，散發了自己的哀思，而後才吃了它。

孔子嘗❶，奉薦❷而進，其親❸也愨❹，其行也趨趨❺以數❻。已祭，子貢問曰：「夫子之言祭也，濟濟❼漆漆❽焉。今夫子路為季氏宰❾，季氏祭，逮❿昏而奠⓫，終日不足，繼以燭，雖有彊力⑫之容，肅敬⑬之心，皆倦怠矣。有司⑭跛倚⑮以臨，其為不敬也大矣。」他日，子路與⑯焉，室事交于戶⑰，堂事⑱當于階⑲，質明⑳而始行事㉑，晏朝㉒而徹㉓。孔子聞之曰：「孰為士也而不知禮㉔？」

【章　旨】此章前節見於《禮・祭義》，後段見於《禮・禮器》。前言孔子祭祀的儀容，後言子路對季氏祭祀的改革，得到孔子的贊揚。

【注　釋】❶嘗　祭名。秋祭曰嘗。❷奉薦　奉獻祭品。❸親　指親自擔任贊禮的工作。❹慤　樸實；謹慎。❺趨趨　同「促促」。走得很快的樣子。和上「慤」字，都是缺少威儀的樣子。❻數　通「速」。❼濟濟　很有威儀的樣子。❽漆漆　儀容整潔的樣子。❾宰　治理縣邑的官吏。❿逮　及；等到。⓫奠　祭奠。⓬彊力　強壯有力。彊，通「強」。⓭肅敬　端莊敬慎；恭敬。⓮有司　主管的官吏。⓯跛倚　歪著靠著。⓰與　參與。⓱室事交于戶　言外人將饌至戶，內人於戶受饌，置於屍前。室事，正祭之時，屍（神主）在室內，故云室事。交于戶，相交承接於戶。⓲堂事　謂正祭之後，殯屍之時，屍在於堂，故稱堂事。⓳當于階　謂堂下之人送饌至階，堂上之人在階上受取。⓴質明　天剛亮的時候。㉑行事　舉行祭祀。㉒晏朝　日落的時候。㉓徹　結束。㉔孰為士也而不知禮　《禮・禮器》作「誰謂由也而不知禮乎？」直接贊美子路為知禮。孰，誰。士，文士。

【語　譯】孔子在秋天舉行祭祀，奉獻祭品向前，他親自承擔贊禮的任務時，是那樣的樸實；他走路的時候，是那樣的倉促而急速，不是很有威儀的。祭畢以後，子貢問道：「先生在談到祭祀的時候啊，總是強調要有威儀，要整修儀容，如今子路做了季氏的家臣，季氏在祭祀的時候，等到天快黑了才開祭，忙了一整天還不夠，點著燭再繼續舉行，即使有著健壯的容顏，恭敬的心理，到這時候都已經很疲倦了，主管祭祀的人也歪著靠著去面對這樣的大事，那樣就成了很大的不敬了。」後來子路參與了祭典，在正祭的時候，戶外的人將肴饌送到戶，戶內的人接了肴饌，放在神主面前，這樣交錯著承接在戶。到了正祭之後，神主移到堂上。堂下的人把肴饌送上階，堂上的人在階上接了肴饌，這樣的交錯在階上進行，天剛亮的時候才開祭，到日落的時候便結束了。孔子聽了後說：「哪一個做了文士，卻不懂得禮呢？」

◎新譯學庸讀本

王澤應／注譯

《大學》和《中庸》是儒家心性之學的精華。《大學》的「三綱領」、「八條目」強調修己是治人的前提，說明個人道德修養和治國平天下的一致性。《中庸》彰顯的「中庸之道」、「慎獨」、「致誠工夫」等，則影響了中國一代又一代的讀書人。本書透過重新注譯，除了將正文翻譯成白話，幫助讀者理解掌握外，也試圖經由「研析」的單元，將這些老祖宗的智慧，賦予現代的意義。

◎新譯孝經讀本

賴炎元、黃俊郎／注譯

《孝經》是儒家闡發孝道的主要典籍，由於文簡義淺、人人易懂，因此流傳廣遠，對中國社會的影響至深且鉅。本書除了針對本文作詳盡的注釋及語譯外，在書後更蒐集了《尚書》、《詩經》、《左傳》、《國語》、《禮記》等古籍中有關孝道的篇章，讓讀者可以對儒家孝道思想產生的淵源及其發展的概況，以及上古孝道精神能有更深入的認識。

◎新譯儀禮讀本

顧寶田、鄭淑媛／注譯　黃俊郎／校閱

《儀禮》詳細記述古人衣食住行各方面的禮儀規範，是古代生活內容豐富的再現，為研究夏商周社會的諸多層面提供了有價值的材料。古禮形式雖然於今人已不適用，但卻是揭示禮之內在意義的依據，對提高今人的道德意識、規範人的行為、扶植人的善性等都具有積極的作用。本書正文以十三經注疏本為底本，注譯簡明通俗，必要處並有補充說明，期使一般讀者都能閱讀。

◎新譯論語新編解義

胡楚生／編著

《論語》是傳統思想中的寶典，在精簡的文字中，記錄了許多孔子為人處世的哲理。本書選取《論語》書中對於人們進德勵志尤為切要的部分，凡三百六十五章，略依孔子自述從志學、而立、不惑、知命、耳順至不踰矩，學思歷程由近及遠、由下學以至上達的順序，重新編排，分為二十類目，加上簡明的注譯和精要的導讀與解義，使讀者展卷閱讀，即可了解《論語》一書義理的重點。

國家圖書館出版品預行編目資料

新譯孔子家語／羊春秋注譯;周鳳五校閱.——二版六刷.——臺北市：三民，2022
面；　公分.——(古籍今注新譯叢書)

4710660285384（平裝）
1.孔子家語－注釋

121.2

古籍今注新譯叢書

新譯孔子家語

注譯者　羊春秋
校閱者　周鳳五

發行人　劉振強
出版者　三民書局股份有限公司
地址　臺北市復興北路 386 號 (復北門市)
臺北市重慶南路一段 61 號 (重南門市)
電話　(02)25006600
網址　三民網路書店 https://www.sanmin.com.tw

出版日期　初版一刷 1996 年 7 月
初版四刷 2005 年 5 月
二版一刷 2008 年 3 月
二版六刷 2022 年 9 月
書籍編號　S031160
4710660285384

三民書局